BUCHREIHE DER ANGLIA
ZEITSCHRIFT FÜR ENGLISCHE PHILOLOGIE
10. BAND

THEODOR WOLPERS
DIE ENGLISCHE HEILIGENLEGENDE
DES MITTELALTERS

DIE
ENGLISCHE HEILIGENLEGENDE
DES MITTELALTERS

Eine Formgeschichte des Legendenerzählens
von der spätantiken lateinischen Tradition
bis zur Mitte des 16. Jahrhunderts

von

THEODOR WOLPERS

MAX NIEMEYER VERLAG TÜBINGEN 1964

Mit 2 Abbildungen im Text und 9 Abbildungen auf Tafeln

Gedruckt mit Unterstützung der Deutschen Forschungsgemeinschaft
©
Max Niemeyer Verlag Tübingen 1964
Satz und Druck: Allgäuer Heimatverlag GmbH, Kempten /Allgäu
Einband: Heinr. Koch, Tübingen

WALTER F. SCHIRMER

DEM INTERPRETEN MITTELALTERLICHER LITERATUR
UND VEREHRTEN LEHRER
IN DANKBARKEIT
ZUGEEIGNET

INHALT

X

VORWORT

Die vorliegende Studie ist literaturwissenschaftlicher Art. Sie befaßt sich nicht mit der Verbreitung der Heiligenverehrung oder mit den allgemeinen historischen und volkskundlichen Grundlagen und Entwicklungsbedingungen der Legende in England, sondern mit den Phänomenen und Problemen ihrer literarischen Gestaltung. Allerdings lassen sich gerade diese Fragen nicht ohne Prüfung des jeweiligen religiösen – mitunter auch außerreligiösen – Anliegens behandeln. Die Formen sollen nicht nur beschrieben, sondern auch aus den sie bestimmenden Geisteshaltungen – insbesondere den jeweils dominierenden Erbauungstendenzen – verstanden werden. Insofern, aber erst in zweiter Hinsicht, weiten sich die formgeschichtlichen Untersuchungen dieses Buches zu frömmigkeitsgeschichtlichen aus.

Mit der Darstellung der literarischen Formgeschichte der mittelalterlichen englischen Heiligenlegende wird ein Versuch unternommen, der sich auf nur wenige Vorarbeiten stützen kann. Ansätze liegen vor bei C. Horstmann, dem das Verdienst zukommt, den größten Teil des weit verstreuten Materials zugänglich gemacht und geordnet zu haben, und bei G. H. Gerould, der mit seinen *Saints' Legends* (Boston und New York 1916) die erste und bisher einzige gattungsgeschichtlich orientierte Übersicht vorgelegt hat. Die Mehrzahl der anderen Studien – meist zu Einzellegenden – ist sprachhistorischer, quellenkritischer, gelegentlich auch motivgeschichtlicher Art. Die größeren Gesamtdarstellungen der englischen Literatur des Mittelalters gehen durchweg von herkömmlichen literarästhetischen Normen aus und beachten die Heiligenlegenden nur insoweit, als in ihnen weltliche Erzählkonventionen und allgemeine Stilbewegungen oder auch Elemente der geistlichen Literatur, im wesentlichen der Predigt, greifbar werden. Die Frage nach der Strukturierung und Wandlung der Legenden auch über solche Einflüsse hinaus ist bisher nicht gestellt worden. Das trifft weithin auch für den Bereich der anderen europäischen Literaturen des Mittelalters zu und vor allem für die lateinische Hagiographie, deren überreiche Fülle formgeschichtlich so gut wie unerschlossen ist. Diesem Forschungsstand entspricht es, daß ebenfalls die allgemeine Literaturwissenschaft und Poetik der merkwürdigen, zwischen Literatur, Kultus und Historie stehenden Gattung wenig Beachtung geschenkt hat.

Hauptgegenstand der Untersuchung sind die Eigentümlichkeiten des Erzählens. Sprachstilistische und metrische Fragen werden nur berücksichtigt, sofern sie im Zusammenhang mit der Erzählgestaltung von Interesse sind. Diese methodische Blickrichtung ergibt sich aus der Tatsache, daß die Heiligenlegende, als Literatur betrachtet, zu den epischen Kleinformen gehört. Die Besonderheiten ihrer Gestaltung und ihrer Abweichungen von vergleichbaren weltlichen Gattungen können mit den Kategorien der Rhetorik und Metrik allein nicht erfaßt werden, sondern erst durch Prüfung derjenigen Elemente, welche die Legende zu einem erzählenden Genre machen. Allerdings ergeben sich hier besondere, unten zu erörternde Probleme.

In der Forschung wird die Heiligenlegende meist nur stofflich und gehaltlich bestimmt. Wie weit ihr auch ein eigener Formcharakter zukommt und wie weit man vielleicht von einer eigenen Erzählform „Legende" sprechen kann, läßt sich nicht theoretisch, sondern nur auf dem Weg über eine detaillierte historische Untersuchung klären. Die vorliegende Arbeit verfolgt dabei die Frage, wie weit die erkennbaren Strukturen und Darbietungsformen als Ausprägungen des jeweiligen religiösen Anliegens, also möglicherweise als legendeneigene Züge, oder als Entlehnungen aus anderen Formkonventionen zu verstehen sind. In zusätzlichen Vergleichen mit der Sakralmalerei einzelner Epochen wird geprüft, wie weit die zentralen Geisteshaltungen auch in außerliterarischen Bereichen der religiösen Kunst wirksam werden. Die Ergebnisse der Einzelanalysen machen deutlich, daß die von der Gattungspoetik bisher verwendeten Begriffe nicht ausreichen, um einige wesentliche, in der historischen Entwicklung sichtbar werdende Strukturen zu kennzeichnen. Insofern glaubt der Verfasser, auch einen Beitrag zur Diskussion des gattungspoetischen Problems der Legende zu leisten.

Hinsichtlich des zu untersuchenden Materials beschränkt sich die Studie auf die Heiligenleben, also auf den Stoff der Heiligenlegende im engeren Sinn. Jesus- und Marienlegenden, biblische Stoffe und die Gruppe der Mirakelgeschichten bleiben, um die Darstellung übersichtlich zu halten, weitgehend unberücksichtigt. Auch wird auf eine Untersuchung von Legendenstoffen in Chroniken und Predigten verzichtet, weil das nur im Zusammenhang mit einer Formgeschichte dieser Literaturzweige fruchtbar wäre. Lediglich aus Vergleichsgründen wird hin und wieder ein Blick auf die Nachbargattungen geworfen.

Zeitlich umfaßt die Arbeit die Gesamtgeschichte der englischen Heiligenlegende des Mittelalters, von ihren altenglischen Anfängen bis zur Mitte des 16. Jhs., sowie einige einflußreiche lateinische Viten und Passionen der Spätantike und des frühen und hohen Mittelalters. Bei dieser Ausdehnung des Untersuchungsfeldes kann, auch für den englischen Bereich, immer nur eine stellvertretend kleine Anzahl von Legenden einer Epoche, eines Autors oder einer Sammlung herangezogen werden, deren Auswahl unten genauer zu begründen ist. Schon im Interesse der Lesbarkeit und Klarheit der Darstellung muß auf stoffliche Vollständigkeit verzichtet werden. Allerdings lassen sich bei Beschreibung wichtiger Phänomene einige Wiederholungen nicht vermeiden, vor allem dann nicht, wenn aus Gründen der wissenschaftlichen Beweiskraft mehrere Stücke einer Sammlung oder eines Autors heranzuziehen sind.

Daß bei dem selektiven Verfahren gewisse Ergebnisse, insbesondere diejenigen, die die lateinische Hagiographie betreffen, den Charakter des Vorläufigen behalten müssen, ist dem Verfasser klar. Er nimmt dieses Risiko jedoch hin in dem Bewußtsein, daß es nur aus einer historischen Gesamtschau möglich ist, wesentliche Wandlungen zu sehen und ihren Sinn zu verstehen. Eine auf einen Zeitabschnitt oder einen Autor beschränkte Studie würde die Einzelheiten der jeweiligen Entstehungsbedingungen exakter bestimmen können, müßte aber wahrscheinlich auf ein gattungsgeschichtlich relevantes Urteil verzichten. Die folgenden Resultate werden vorgelegt in der Hoffnung, daß in ihnen die Hauptbewegungen der Formgeschichte des mittelalterlichen Legendenerzählens sichtbar werden, auch wenn Raum genug bleibt für ergänzende und differenzierende Forschungsarbeit, besonders auf dem Gebiet der lateinischen Philologie des Mittelalters und in anderen Nachbardisziplinen.

Diese Arbeit, eine erweiterte Fassung der Habilitationsschrift des Verfassers, wäre nicht geschrieben worden ohne die verständnisvolle und immer wieder ermutigende Förderung, mit der Herr Professor Dr. W. F. Schirmer, Bonn, ihr Entstehen durch Jahre begleitet hat. Ihm vor allem, aber auch seinem Nachfolger, Herrn Professor Dr. A. Esch, sowie der Philosophischen Fakultät der Universität Bonn gebührt mein Dank. Dank sagen möchte ich ferner meinen jetzigen Erlanger Kollegen, Herrn Professor Dr. K. Oettinger für kunstgeschichtliche Beratung, vornehmlich bei der Auswahl der reproduzierten Bilder, und Herrn Professor Dr. R. Till für Auskünfte betreffend die antike Biographie. Besonders verpflichtet fühle ich mich den wissenschaftlichen Assistenten Dr. Hans-Jürgen Diller, Heinz Bergner und Wolfgang Riebe sowie den wissenschaftlichen Hilfskräften Gerhard Mischel, Burghard Rieger und Reinhold Winkler am Englischen Seminar Erlangen, die mir in selbstloser Weise bei der Durchsicht der Korrekturen behilflich waren.

Die Drucklegung erfolgte mit Unterstützung der Deutschen Forschungsgemeinschaft, für deren Entgegenkommen ich an dieser Stelle danken möchte.

Erlangen, August 1964.   Th. W.

ALLGEMEINER FORSCHUNGSBERICHT[1]

I. Wesens- und Formbestimmungen der Heiligenlegende

In den Standardwerken der Legendenforschung wird der formgeschichtliche Aspekt meist nur beiläufig berücksichtigt. H. Delehaye verzichtet in seiner grundlegenden Theorie der Legendenbildung[2] auf die Erörterung der variablen kulturgeschichtlichen und -soziologischen Entstehungsbedingungen[3] und reduziert den Prozeß auf zwei Faktoren: die Volksphantasie als das Primäre und die Arbeit des ihr folgenden redigierenden Gelehrten als das Sekundäre. Damit aber stellt er die Legende lediglich in eine Reihe mit der Volksliteratur.[4] Inwiefern sich die Einfachheit der Heiligenlegende von der des Volksmärchens oder der Sage unterscheidet und vielleicht Teil des erbaulichen Anliegens des Autors ist, wird nicht untersucht. Auch bedürfte Delehayes Begriff des Volkstümlichen, der sich mit Berufung auf die Psychologie le Bons auf die begrenzte Intelligenz und Einfachheit der Menge beschränkt, vom Frömmigkeitspsychologischen her einer Korrektur. Zwar betont Delehaye bei Diskussion der Arbeit des redigierenden Hagiographen das Erbauungsmoment und hebt hervor, daß so eine neue Kunstgattung geschaffen werde, die sich zusammensetze aus Biographie, Panegyrikus und Sittenlehre;[5] er unternimmt jedoch keinen Versuch, ihren Charakter und ihre Formen näher zu bestimmen. Auch läßt er den Begriff des Erbaulichen undifferenziert. Lediglich den Auswirkungen der lobredenden Tendenz geht er nach, indem er die für die Idealportraits verbindlichen Lebensschemata herausarbeitet.[6] Seine Einteilung der Hagiographie in Stücke zu lehrhaften und zu unterhaltenden Zwecken ist für eine formgeschichtliche Betrachtung wenig ergiebig, obwohl sich von ihr aus motivgeschichtliche Entwicklungslinien ziehen lassen. Delehaye selbst verfolgt in einem seiner späteren Bücher unter diesem Gesichtspunkt das Auffüllen der zunächst auf das

---

[1] Der folgende Bericht beschränkt sich auf die für literaturwissenschaftliche Fragen wichtigen Arbeiten. Ein Gesamtüberblick würde in viele am Mittelalter interessierte Disziplinen führen und über den Rahmen dieser Studie hinausgehen. Vgl. die ältere Zusammenstellung bei R. Günther, „Über die abendländische Heiligenlegende", *Theol. Rundschau*, N. F. (1931), S. 18 ff.

[2] *Les légendes hagiographiques*, Brüssel (1905), 4. Aufl. ed. P. Peeters 1955, deutsch von E. A. Stückelberg, *Die hagiographischen Legenden*, Kempten u. München 1907.

[3] A. a. O. S. 16, dt. S. 17–18.

[4] "Celles [die Gesetze] que l'on a formulées sont verifiées par des milliers d'exemples fournis par la littérature populaire de tous les pays" (a. a. O. S. 15 f., dt. S. 17).

[5] Ebd. frz. S. 64, dt. S. 69.

[6] Vgl. dazu unten S. 34 f.

1

Martyrium beschränkten Martyrerlegende mit idyllischen, epischen oder romanhaften Zügen vornehmlich in der Jugendgeschichte.[7] Im übrigen gilt sein Hauptinteresse nicht der literarischen Gestaltung, sondern dem in der Legende enthaltenen geschichtlichen Wahrheitskern. Im Sinne der von ihm vertretenen historischen Methode des 19. Jhs.[8] lehnt er den seit der *Legenda aurea* üblichen Sprachgebrauch des Wortes „Legende", der außer den Fiktionen auch glaubhafte Martyrerakten und Heiligenbiographien umfaßt, als zu weit ab und engt ihn ein auf „eine Erzählung oder auf einen Zug, der mit der Geschichte nicht übereinstimmt."[9] Entsprechend klassifiziert er die Martyrerakten nach der Historizität der Dokumente.[10] Er macht keinen Unterschied zwischen religiöser und profaner Legendenbildung, sondern begreift beide als ein Verfälschen der Wirklichkeit[11] – ein Kriterium, das dem Wesen der christlichen Heiligenlegenden nicht gerecht werden kann.

Wie Delehayes Buch sind die meisten der um diese Zeit entstandenen Studien zur Hagiographie vom Blickwinkel des am geschichtlichen Wahrheitsgehalt und an außererbaulichen Entstehungsmotiven interessierten Historikers geschrieben. L. Zoepf[12] arbeitet nach Zusammenstellung der typischen Lebensschemata für die Heiligenviten des 10. Jhs.[13] als Spuren individueller Schreibanlässe heraus: literarische Übung, materielle Zwecke (z. B. Legitimierung von Rechtsansprüchen eines Klosters durch hagiographische Fixierung), theologische und politische Parteinahme oder das persönliche Bedürfnis eines Freundes oder Schülers, dem Verstorbenen ein Denkmal der Freundschaft zu setzen. Nach dem Grad des Individuellen glaubt Zoepf Heiligen-Biographie, Heiligen-Vita und Heiligen-Legende voneinander abgrenzen zu können.[14] Die Gesichtspunkte für diese

---

[7] *Les Passions des Martyrs et les genres littéraires*, Brüssel 1921.

[8] Delehaye, a.a.O. frz. u. dt. S. 3, beruft sich u. a. auf E. Bernheim, *Lehrbuch der historischen Methode*, Leipzig ³1903, S. 317–349, 457–468.

[9] Delehaye, a. a. O. frz. u. dt. S. 11.

[10] Ebd. frz. S. 101–118, dt. S. 111ff.

[11] "Elle [die Legende] rapporte à un personnage réel des faits imaginaires; elle met en scène, dans un endroit déterminé, des histoires de fantaisie. C'est ainsi qu'on parlera de la légende d'Alexandre de Drachenfels, sur le Rhin, de la légende du lac Rouge, Lough Derg, en Irlande" (a. a. O. frz. u. dt. S. 8).

[12] *Das Heiligen-Leben im 10. Jh.*, Leipzig und Berlin 1908 (= Beiträge zur Kulturgeschichte des Mittelalters und der Renaissance, ed. W. Goetz).

[13] Vgl. unten S. 35f.

[14] „Unter Heiligen-Biographie ist zu verstehen die Darstellung des Lebensganges eines Heiligen nach Daten und Taten in seiner äußeren und inneren Entwicklung. – Ausschluß des Wunders bei Lebzeiten und jedes unmittelbaren Eingreifens übernatürlicher Mächte. Die Stellung des früheren Mittelalters gegenüber Aufzeichnung urkundlichen Materials überhaupt verlangt persönliches Verhältnis zwischen Verfasser und Heiligen.
Unter Heiligen-Vita ist zu verstehen entweder: Darstellung des Lebensganges nach Daten und Taten in seiner äußeren und inneren Entwicklung; Wundertätigkeit zu Lebzeiten; unmittelbares Eingreifen übernatürlicher Mächte (das letzte nicht

Einteilung sind das Zeitverhältnis zwischen Verfasser und Heiligem, die Relation des Autors zum überlieferten hagiographischen Schema und vor allem die Bevorzugung von Wundermotiven oder biographischen Fakten. Diese Blickrichtung mag der historisch-kritischen Frage nach der geschichtlichen Wahrheit entsprechen. Jedoch kann ein zufälliges Mehr oder Weniger gewisser Stoffqualitäten nicht als Grundlage einer gattungstheoretischen Einteilung dienen.[15]

Mehr motivgeschichtlich und vom Standpunkt der religiösen Volkskunde und vergleichenden Religionswissenschaft hat sich H. Günter mit der Heiligenlegende befaßt.[16] An den Motiven interessieren ihn die allgemeinen, typischen Regungen der „Volksseele", als welche er, über Delehaye hinausgehend, den Glauben an Auserwählung und Hilfsmacht der Heiligen, Erwartung des Wunderbaren und das Gefühl der Hilfsbedürftigkeit nennt. Das Entscheidende in der Legende ist nach ihm die Verherrlichung des Nothelfers. Die Grundmotive sind Menschheitswünsche; sie sind auch im Märchen und Mythos wirksam.[17] Das Formproblem der Legende wird von Günter nicht untersucht.

Die literarischen Gattungsbestimmungen der Legende sind fast alle aus dem Bereich der deutschen Literaturforschung gekommen, die sich seit der beginnenden Romantik immer wieder mit dem Phänomen befaßt hat. Die Mehrzahl der Betrachter kommt in der Ansicht überein, daß eine ruhige, ausgewogene und einfach-treuherzige Erzählweise dem fromm-erbaulichen Anliegen der Gattung am ehesten entspreche. Der Entdecker der Legende in neuerer Zeit, J. G. Herder, hebt als den Zweck der mittelalterlichen Legende die Erbauung des schlichten Volkes hervor,[18] aus dessen „frommer Einfalt" er das Wesen dieser Erbaulichkeit als ein Sich-Begnügen „mit wenigen, aber starken Gedanken" bestimmt.[19] Als solche

---

unbedingt notwendig). Gleichzeitigkeit des Verfassers mit dem Heiligen; oder: Darstellung des Lebensganges unter Hinzufügung von Material, das in der Regel auf freier Phantasie und Wundergläubigkeit beruht. Es besteht keine Gleichzeitigkeit zwischen Verfasser und dem Heiligen. Unter Heiligen-Legende ist zu verstehen die Darstellung des Lebens eines Heiligen ohne Rücksicht auf die historische Wirklichkeit und individuelle Vorstellung; in den meisten Fällen begleitet von Überwiegen des Wunderbaren." A.a.O. S. 34.

[15] So auch W. Lampen, „Mittelalterliche Heiligenleben und die lateinische Philologie des Mittelalters", *Liber Floridus. Mittellateinische Studien, Festschrift Paul Lehmann*, Erzabtei St. Ottilien 1950 (S. 121–129), S. 127.

[16] H. Günter, *Die christliche Legende des Abendlandes*, Heidelberg 1910; *Legendenstudien*, Köln 1906; *Psychologie der Legende*, Freiburg 1949.

[17] Vgl. *Psychologie der Legende*, S. 3ff.

[18] „Daß sie [die Legenden] gegen die historische Wahrheit oft und viel anstoßen, ja daß sie überhaupt als Dokumente der Geschichte mit großer Vorsicht zu gebrauchen seyn, werden sie selbst nicht abläugnen wollen: denn die wenigsten sind dazu geschrieben. Als Erbauungsgeschichten, als Tugend- und Andachtsbilder sind sie da, zu Erweckung ähnlicher Tugend, ähnlicher Andacht." Abhandlung „Über die Legende", *Herders Sämtliche Werke*, ed. B. Suphan, Berlin 1887, Bd. 16, S. 388.

[19] Ebd. S. 396.

nennt er u. a. die Betrachtung von Seelengröße, geistiger Anmut, jungfräulicher Andacht und unzerstörlicher Gemütsruhe. Die für diese Wirkung eindrucksvollsten und damit wesentlich legendenhaften Formzüge[20]
sind nach seiner Ansicht eine „gewisse Innigkeit und schmucklose Einfalt,
eine populäre Herzlichkeit und Rührung" des Sprachstils[21] sowie die Verwendung des Wunderbaren, in welchem die „geheime, innere Denkart der
christlich gewordenen Völker"[22] mit Andacht den tieferen Sinn gefühlt
und gelesen habe.[23] Sehr treffend bemerkt er, daß in der mittelalterlichen
Legende das Wunderbare „seine sehr enge Topik" gehabt habe, die sich
teils aus der Bibel, teils aus der „Volksdenkart der Zeit und Gegend"
verstehen lasse.[24] Ähnlich sieht auch Friedrich Schlegel[25] in den überlieferten Legenden „faktisch die Stimmung und Weltansicht mehrerer
Jahrhunderte" ausgedrückt und „eine Fülle der edelsten und schönsten
Gefühle und Gesinnungen" vereinigt. Von einer neu zu schreibenden Legendensammlung verlangt er ein treues, einfaches, anspruchsloses Erzählen, ganz objektiv, „ohne eine subjektive Ansicht von Lob und Tadel des
zugrundeliegenden Geistes dieser Geschichte im geringsten durchschim-
mern zu lassen, ohne durch die Darstellung etwas verschönern oder überhaupt verändern zu wollen".

Die Poetik des späteren 19. Jhs. hat sich mit der Heiligenlegende so gut
wie gar nicht befaßt. Auch einige der im 20. Jh. folgenden Bestimmungsver-
suche begnügen sich damit, die Legende der einen oder der anderen verwandten Gattung zuzuordnen, wie es das Beispiel Delehayes und Günters
zeigt, die, von allgemeinen psychologischen oder motivgeschichtlichen
Erwägungen ausgehend, eine scharfe Abgrenzung zwischen Legende,
Märchen und Sage ablehnen.[26] Obwohl es immer wieder Überschneidungen

[20] „Was hierzu den meisten Eindruck machen konnte und wie es ihn machen konnte; das
ward geschrieben" (ebd. S. 388).
[21] Ebd. S. 397.
[22] Ebd. S. 393.
[23] „Was Wunder also, daß man in der Dämmerung damaliger Zeiten alle Erscheinungen
der Natur so zu sich sprechen ließ, wie das Gemüth, wie der Zustand des Herzens es
verlangte? Dem Einsamen, dem Geängsteten, dem Peinlichen, wiederum dem Be-
geisterten, dem Entzückten spricht Alles. [...] Andacht d. i. ein Aufmerken aufs
Göttliche ringsumher schrieb ja diese Legenden: Andacht sollte sie lesen; Andacht
sollten sie einflößen und wirken" (ebd. S. 391).
[24] Ebd. S. 389.
[25] „Entwurf einer neuen christlichen Legenden-Sammlung", *Concordia*, 1.–6. Heft,
1821–1823, Wien 1823, S. 304; daß es sich um einen Beitrag F. Schlegels selbst handelt,
ist allerdings nicht ganz sicher; der Artikel ist unsigniert, enthält jedoch einige für
F. Schlegel charakteristische Formulierungen; sollte er aus anderer Feder stammen,
so dürfte er doch von Schlegel überarbeitet sein.
[26] So auch vom volkskundlichen Gesichtspunkt P. Zaunert, „Sage und Legende",
Handbuch der deutschen Volkskunde, ed. W. Peßler, II, Potsdam 1934, bes. S. 328, und
L. Schmidt, *Die Volkserzählung. Märchen. Sage. Legende. Schwank*, Berlin 1963, S. 235f.
Das Märchenhafte der Legende wird ferner von R. Benz betont, vgl. Einleitung zu
seiner Übersetzung der *Legenda aurea* (Jena 1917 u. ö.) ²Heidelberg o. J., S. XVIIf.

gibt, so wäre es doch irreführend, die religiöse Erbaulichkeit der Legende zu übersehen, die sie letztlich vom profanen Märchen trennt.[27]

Herders Gedanken von der Eigenständigkeit der Legende hat als erster O. Katann aufgegriffen.[28] Er bezeichnet als ihre unumstößlichen Eigenschaften (1.) die deutliche Beziehung zur religiösen Überwelt, (2.) die moralische Erbauung und (3.) die Einfalt und Treuherzigkeit der Erzählung. Mit Berufung auf die Evangelien, in denen dieser Stil am reinsten vorliege, sieht er in der Einfachheit der Darstellung, die vom christlichen Ethos eingegeben werde, eine notwendige Voraussetzung für erbauliche Wirkung. Er bestimmt treffend den strukturellen Grundriß der Legende, wenn er ihre Handlung als „eine klar überschaubare, einfache und doch erträgnisreiche" bezeichnet, der jede Aufregung oder Intrige mit novellistischen oder romanhaften Lösungen fremd und deren Wirkung geruhsam, durchaus harmonisch und seelisch ausgewogen sei.[29] In der klaren Rundung und Gruppierung des Stoffes sieht er überdies eine dem Gedächtnis gut einprägsame Form.

Günther Müller[30] vertieft diesen Entwurf, indem er – offensichtlich an F. Schlegels Unterscheidung zwischen echter Objektivität und falscher Subjektivität anknüpfend – die Relation zwischen erbaulichem Kern und Formgebung untersucht und dabei als erster Poetiker der Legende die Möglichkeit literarisch-ästhetischer Wertung aus dem Wesen der Gattung selbst zu bestimmen sucht. Ausgehend von dem Gedanken, daß der mit dem berichteten Stoff einer Legende gegebene erbauliche Gehalt „durch die literarische Formgebung [...] mehr oder weniger rein zum Erglänzen gebracht" werden kann, formuliert er treffend: „Die literarisch-ästhetische Güte der Erzählung hängt ganz von ihrer ‚Durchsichtigkeit‘ in diesem Sinn ab und schwindet in dem Maß, in dem sie selbstgenugsam wird, zerstört sich dadurch selbst."[31] Hierin sieht er mit Recht einen Wesensunterschied zur Novelle wie zum profanen Erzählen überhaupt. Der Ton des echten Legendenberichts liege „nicht gleichmäßig auf dem Gesamtverlauf der Vorgänge [...], von denen erzählt wird, sondern auf einem besonders sinnfälligen Erscheinen des Heiligen in den Heiligen", demgegenüber alles Vorhergehende nur wie ein Auftakt klinge.[32] Er verlangt weiter, daß

---

[27] Mit Recht grenzt M. Lüthi das Wunder der Legende von dem des Volksmärchens ab, vgl. *Das europäische Volksmärchen. Form und Wesen*, Bern 1947, S. 8f. Vgl. zur Ontologie des Legendenwunders auch G. Müller, unten S. 6, Anm. 37.

[28] „Die Kunstform der Legende", *Der Gral* 17 (1922/23), S. 508–511.

[29] A.a.O. S. 510. Vgl. auch W. Kayser, *Geschichte der deutschen Ballade*, Berlin ²1943, S. 123, der den Unterschied zwischen Legende und Ballade darin sieht, daß es dem Legendenvortrag „nicht auf die Spannungen dieses einen Geschehens" ankommt, „sondern auf die Beispielhaftigkeit und Erbaulichkeit", was sich in seiner „behaglichen Breite" zeige.

[30] „Die Form der Legende und Karl Borromäus Heinrich", *Euphorion* 31 (1930), S. 454 bis 468.

[31] Ebd. S. 459.

[32] Ebd. S. 456.

die an die Darstellung anknüpfende oder sie begleitende erbauliche Betrachtung immer ganz gegenstandsbezogen sein, also mit der Erbaulichkeit des Stoffes und seiner „Grundgestalt" übereinstimmen müsse; nur dann sei sie echt legendarisch. Sie sei dagegen legendenfremd, wenn sie den erbaulichen Grundbestand trübe, also „etwa rein innerpsychologische Rührung" wecke oder „rein natürliche Tugenden" anspreche.[33] In der engen Bezogenheit von Betrachtung und gegebener „Sache", d. h. in der erbaulichen Durchdringung des Gegenstandes, nicht in irgendwelcher Lyrisierung oder Sentimentalisierung, sieht G. Müller das Wesen legendarischer Erzählformen, die er darum treffend als „Verdichtungsformen" bezeichnet.[34] Diese Überlegungen exemplifiziert er an dem von ihm untersuchten Karl Borromäus Heinrich, an dessen Legenden er als wesentliche Formen die Art des Berichts[35] und vor allem die „Verdichtung auf einen Wendepunkt hin"[36] betont. Mit letzterem meint Müller ein das Menschenleben wendendes Gnaden-Wunder, dessen Wesen er sorgfältig von der „Wendung" der Novelle abhebt.[37] Einschränkend wäre lediglich zu sagen,

[33] Ebd. S. 459f.
[34] Ebd. S. 467.
[35] „Der Ton des Berichts ist voll und stetig, ohne deshalb um jeden Preis seine eigene ‚Einfalt' und seinen Gleichfluß zu erzwingen. Es wird ganz von der ‚Sache' her gesprochen, mit dem ruhigen, festen Blick des Glaubens auf die geschöpfliche Wirklichkeit und auf den Schöpfer und Erlöser und auf ‚Maria, Mittlerin zum Mittler, Gottes Form und Lebensraum der Seelen!' Die Betrachtungen finden nicht ‚anläßlich' des Berichteten statt, sondern weisen die Einordnung des einzelnen in den geoffenbarten Heilsplan" (S. 467).
[36] Ebd. S. 457.
[37] „Die ‚Wendung' der Novelle bewegt sich überraschend kraft und in der rein natürlichen Sphäre, die ‚Wendung' der Legende dagegen wird in die natürliche Sphäre hinein aus dem Übernatürlichen her bewegt. Dort erscheint die Mannigfaltigkeit menschlicher Möglichkeiten, hier die Mannigfaltigkeit der göttlichen Gnade. Dort handelt es sich um eine ‚unerhörte Begebenheit', hier um ein Wunder; Wunder dabei nicht bildlich oder in Anführungstrichen, sondern im vollen Ernst des dogmatischen Wortgebrauchs verstanden. Und es handelt sich darum nicht nur in dem Sinn, daß jeweils Begebenheit oder Wunder vor käme, sondern in dem bis zur Wurzel scheidenden Sinn, daß es auf diese bestimmte einzigartige Begebenheit oder aber auf das Wunder ankommt. Damit ist nun auch schon von der Vielfaltigkeit der Novelle die ‚Einfalt' der Legende abgegrenzt. Denn während sich dort immer neue und überraschende Gestalten des menschlich-gesellschaftlichen Geschicks enthüllen, ist es hier immer wieder die christliche Grundgestalt der menschlichen Heilsführung, das Anklopfen der Gnade und das Antworten des gnädig Heimgesuchten. [...] Die theoretischen Möglichkeiten der Legendenwendung sind also reicher, insofern darin zwei Bereiche mit ihren Möglichkeiten durchmessen werden. Aber sie sind zahlärmer, insofern von dort Legende vorliegt, wo die Wendung sich aus dem Natürlichen ins Übernatürliche richtet – das Schweigen oder gar die Verstockung gegenüber dem Zug und Anruf der Gnade als letzte Wendung ist wesentlich unlegendär –, während der Novellenwendung alle Richtungen der menschlichen Windrose zur Verfügung stehen. Der Raum ‚der' Legende ist ontologisch weiter und anthropologisch einfältiger als der Raum ‚der' ontologisch einschichtigen und anthropologisch vielschichtigen Novelle." (Ebd. S. 457f.)

6

daß es die Anlage auf eine „Wendung" hin außer in der Gattung der Mirakelerzählung oder des *conte dévot* nur in den wenigen nach dem Saulus-Paulus-Schema gebauten Bekehrungs- und Büßerlegenden gibt.[38] In der Mehrzahl der vitahaften Heiligenlegenden macht das Wunder die Heiligkeit nur sinnfällig und bestätigt sie, wendet aber nicht das Leben. Dennoch ist G. Müllers methodischer Ansatz von grundlegender Bedeutung für eine Phänomenologie und Gattungsgeschichte der Legende, da er die Formen aus der Wechselbeziehung von Gegenstand und erbaulicher Betrachtung zu erklären sucht. Müller trifft genau den Punkt, den die bisherige literarische Erforschung der Legende übergangen hat, wenn er fordert, man müsse „den ausgehöhlten und abgesunkenen Ausdruck Erbauung an dem sinngebenden Phänomen ausrichten, um ihn bei literaturwissenschaftlicher Strukturuntersuchung, wo er nicht entbehrt werden kann, nach seiner eigentlichen Leistungsfähigkeit nutzen zu können."[39] Allerdings muß eine formgeschichtliche Untersuchung in Erweiterung der Gedanken Müllers verschiedene Tendenzen im Bereich des Erbaulichen unterscheiden, je nach Bestimmung, Darbietungssituation und Entstehungszeit einer Legende. Auch wird sie sowohl die gleichbleibenden wie die sich wandelnden Formzüge genauer zu bestimmen haben.[40]

Gleichzeitig mit G. Müller bestimmte A. Jolles[41] im Zusammenhang mit seiner Lehre von den „Einfachen Formen" das Wesen der Legende, indem er im Gegensatz zur Auffassung Delehayes und der historischen Schule des 19. Jhs. zeigte, daß nicht das Biographische und Historische, sondern die sich objektivierenden Tugenden des Heiligen und die sie bestätigenden Wunder das Entscheidende in einer Vita sind. Jedoch geben seine Gedanken keine sicheren Kategorien für die Legende als literarische Gattung ab, da er unter den „Einfachen Formen" nur die „inneren Formen" oder „Geistesbeschäftigungen" versteht, nicht die Darbietungsweise der Einzelwerke oder Gattungen (die „aktuellen" oder „gegenwärtigen" Formen). Außerdem ist seine Bestimmung der Legende für die christliche Hagiographie, die er als Paradigma wählt, zu eng. Ausgehend von der Frage, was der Heilige für die Institution Kirche bedeutet, unter-

[38] z.B. Maria Magdalena, Maria Aegyptiaca, Afra, Alexius, Franziskus.
[39] Ebd. S. 460.
[40] Die von G. Müller angeregte Dissertation von M. Höbing über *Legendarische Erzählformen des Wenzelspassionals* (Diss. Münster 1935) handelt u. a. über das „Nebeneinander von verschiedenen Erbauungstendenzen im Legendenbereich" (S. 35–39), zeigt aber nur die mit den Legendeninhalten gegebenen typischen Züge der christlichen Heiligenverehrung (Bewunderung, Liebe und Fürbittbedürfnis neben der von Jolles isoliert betrachteten *imitatio*), nicht die besonderen Erbauungstendenzen und Formen des Passionals. Das wäre nur in gattungsgeschichtlichem Vergleich möglich gewesen, worauf die Arbeit verzichtet.
[41] *Einfache Formen*, Halle 1930, Tübingen ²1958 (unveränderter Neudruck, danach wird im folgenden zitiert); vgl. auch die von A. Schossig leicht veränderte, eingeleitete u. kommentierte 2. Aufl., Halle 1956.

7

sucht Jolles das Heiligsprechungsverfahren und stellt richtig fest, daß der *servus dei* heroische Tugenden bewährt und Wunder gewirkt haben muß, die ihn als heilig bestätigen und auch noch nach seinem Hinscheiden geschehen. Das Motiv für diese Art, Menschen zu begreifen, liegt nach Jolles in dem Bedürfnis der Kultgemeinde, ein heiliges Maß von Tugend objektiviert und als nachahmenswertes Beispiel, als ein *imitabile*, vor sich zu sehen. Deshalb fasse im Gegensatz zu Biographie und Geschichtsschreibung die Vita oder Legende ein Menschenleben nicht als ein Kontinuum auf, sondern zerbreche es in seine Bestandteile, die sie dann mit dem Wert der Imitabilität fülle. Zwar werde äußerlich der Rahmen des Lebensschemas gewahrt, aber das einzig Wesentliche sei die Tugend und das sie bestätigende Wunder.

Hieran ist für eine Strukturbestimmung der Legende wichtig, daß es nicht so sehr um die durchgehende Erzählung eines Lebenslaufes als um die Darstellung des Absoluten geht. Jedoch übersieht Jolles gänzlich das eigentlich Religiöse. Seine Gedanken laufen mehr auf die Bestimmung einer Beispielerzählung allgemeiner Art als auf die einer christlichen Heiligenlegende hinaus, was besonders deutlich wird, wenn er auch moderne, in den Zeitungen gefeierte Sportgrößen als die nachzuahmenden Helden von Legenden bezeichnet. Seine Abstraktion auf eine gemeinmenschliche Geistesbeschäftigung „Legende" hin läßt ihn übersehen, daß es – um analog zu ihm zu formulieren – neben der Richtung auf ein *imitabile* auch die auf ein *venerabile, mirabile* und *amabile* im Heiligenleben gibt und daß diese Züge, die sich noch mit dem Fürbittbedürfnis der Gläubigen verbinden, sehr verschieden gemischt sein können.

Obwohl an Jolles' einseitiger Betonung der Imitabilität wiederholt und berechtigt Kritik geübt worden ist,[42] sind seine zentralen Gedanken über den unbiographischen und unepischen, gleichsam dogmatischen Aufbau der Legende von der Forschung allgemein aufgegriffen worden, vor allem von R. Petsch, der zugleich den spezifisch religiösen Charakter des exemplarischen Gehaltes betont[43] und einige der für eine Phänomenologie der Legende wesentlichen Punkte hervorhebt,[44] ohne sie allerdings genauer zu prüfen. Mit einer gewissen Berechtigung schließt er später die Legende von seiner vergleichenden und allgemeinen Betrachtung der Erzählformen aus,[45] bzw. führt sie nur gelegentlich als Gegensatz zu rechtem Erzählen an.[46] Dennoch bleibt die literaturwissenschaftliche Aufgabe, die vielleicht

---

[42] So von R. Petsch, „Die Lehre von den ‚Einfachen Formen'", *DVj* 10 (1932), S. 335 bis 369, bes. 346 f.; J. Dabrock, *Die christliche Legende und ihre Gestaltung in moderner deutscher Dichtung als Grundlage einer Typologie der Legende*, Diss. Bonn 1933 (veröffentlicht Düren 1934); M. Höbing, a.a.O.; H. Rosenfeld (s. u. Anm. 47).

[43] „Die Lehre von den ‚Einfachen Formen'", a.a.O. S. 346–347.

[44] Vgl. unten S. 26, Anm. 16, S. 28, Anm. 20, u. S. 29, Anm. 23.

[45] *Wesen und Formen der Erzählkunst*, Halle ²1942.

[46] z.B. ebd. S. 57, im Vergleich zum Märchen.

hybriden oder sekundären Formen des Erzählens in der Legende genauer zu bestimmen. Auch in einer der jüngsten theoretischen Äußerungen zum Problem wird sie nicht gelöst. Wie Katann und Schlegel nennt H. Rosenfeld als gattungskennzeichnende Form lediglich den objektiven, schlichten Bericht, der allein jedoch keine rechte Abgrenzung gegenüber Exemplum oder Chronik gestattet.[47] Obwohl Rosenfeld mit Recht G. Müllers Wendepunkttheorie zugunsten des Vitahaften der eigentlichen Heiligenlegende zurückweist, greift er die von diesem und von Petsch gestreifte Frage nach der möglichen formprägenden Bedeutung der erbaulichen Betrachtung nicht auf,[48] auch nicht in seiner neuesten Darstellung der Heiligenlegende in Deutschland, deren einleitender Teil einen vorzüglichen Überblick über den Stand der literaturwissenschaftlichen Legendenforschung gibt.[49]

Nicht nur die Legende als umfassender Gattungsbegriff, auch der Teilbereich der ausführlicheren hagiographischen Vita ist bisher nicht klar definiert worden. Eine der wichtigsten Fragen – die nach den Übereinstimmungen und Unterschieden zwischen hagiographischer Langform und legendarisch verdichteter Kurzform – ist bisher nicht gestellt worden, obwohl die legendarische Kurzform, wie sie seit der *Legenda aurea* und in gewisser Weise schon seit Gregors Dialogen vorliegt, entscheidend auf die landessprachliche Legendendichtung eingewirkt hat. Hier ist noch alles zu tun. Die Namen, mit denen die Hagiographen ihre Arbeiten bezeichnen – *vitae, legendae, historiae, passiones metricae* oder *prosaicae* – helfen nur in den wenigsten Fällen weiter. Es bleibt, wie W. Lampen mit Recht feststellt, „nur der Gesichtspunkt der inneren Form", um zu einer Eidologie der hagiographischen Vita zu kommen. Allerdings ist es fraglich, ob dazu der „Rückgriff auf den Traditionszusammenhang mit der Antike" allein

---

[47] „Die Legende als literarische Gattung", *GRM*, N. F. 2, 33. Bd. d. Gesamtreihe (1951/52), S. 70–74. S. Sudhoff, „Die Legende, ein Versuch zu ihrer Bestimmung", *Studium generale* 11 (1958), S 691–699, ist für eine Förderung des gattungstheoretischen Problems im allgemeinen.

[48] So schließt er z.B. im Widerspruch zu einer der Haupttraditionen der Hagiographie die „hymnische Verehrung" von der Form der Legende aus: „Die der Legende eigene Form besteht in einem objektiven, schlichten Bericht, sei er nun in Prosa oder in einfachen Versen vorgetragen. Den schlichten Erzählungston trifft z.B. selbst noch Goethes ,Legende vom Hufeisen' ganz gut. Aber unvereinbar mit der Form der Legende ist alle hymnische Verehrung, alle balladenhafte oder dramatische Zuspitzung, unvereinbar auch die psychologische Subjektivität des Romans, die geschliffene Form der Novelle, die Sinnbildlichkeit der Mythe und Parabel, das unbekümmerte Fabulieren der Sage" (a.a.O. S. 72). Zwar tritt (anders als in der ausführlichen hagiographischen Vita) in der volkstümlichen legendarischen Kurzform das Hymnische meist zurück, aber es ist grundsätzlich auch hier vorhanden als eine der Gefühlsreaktionen auf das erbauliche Bild des Heiligen. Auch bringt es die Formbestimmung der Legende noch nicht weiter, wenn Rosenfeld die „Sinnbildlichkeit der Mythe und Parabel" ausschließt, ohne sich mit dem Phänomen der von Jolles, Petsch, von den Steinen und anderen betonten Symbolik der Legende auseinanderzusetzen. Vgl. dazu unten S. 29.

[49] *Legende*, Stuttgart 1961, S. 3–21.

genügt.[50] Wichtiger scheint die gattungsgeschichtliche Entwicklung im Mittelalter selbst. In ihr handelt es sich zweifellos nicht nur um eine Kreuzung des spätantiken Erbes mit abendländischer „Lust zu fabulieren" – mit mehr Berechtigung ließe sich von orientalischer Fabulistik in den griechischen Heiligenleben sprechen –, sondern um einen vielschichtigen, von wechselnden Verwendungszwecken[51] und verschiedenen frömmigkeitsgeschichtlichen Bewegungen bestimmten Prozeß, in dem es u. a. zur Ausgliederung der in Legendaren gesammelten Kurzformen kommt. Um diese Linien aufzudecken, bedürfte es einer auf die „innere Form" gerichteten Gattungsgeschichte der lateinischen Hagiographie und Legende, die bisher nicht vorliegt und für die auch die unten folgenden Interpretationen nur vorläufige, durch weiteres Material zu ergänzende Versuche sind.

II. Formgeschichtliche Studien zur lateinischen Hagiographie

Eine Geschichte der lateinischen Hagiographie aus formgeschichtlicher Sicht ist bis heute nicht geschrieben und wird angesichts der Fülle und Kompliziertheit des Materials noch lange auf sich warten lassen. Eine genauere Untersuchung der von verschiedenen Bildungs- und Schreibzentren kirchlicher und weltlicher Art ausgehenden und oft nebeneinander herlaufenden Traditionen hagiographischen oder biographisch-historischen Charakters hat erst hier und da eingesetzt.[1] Bevor diese Teilbewegungen

---

[50] Lampen, a.a.O. S. 129, fordert „den Rückgriff auf den Traditionszusammenhang mit der Antike, deren literarische Produktion bis zum Untergang der Rhetorenschulen unter dem straffen Systemzwang der Gattung stand. Hier wie anderwärts müssen wir von dem literarischen Erbe des Altertums ausgehen und fragen, was das Mittelalter daraus gemacht hat. Ansatzpunkte, die sich nach dieser Richtung bieten, sind die antike *laudatio* als Spezialfall des Enkomions, die christliche Märtyrerakte und die spätantike griechische Mönchsbiographie, literarische Gattungen, die sich mit der abendländischen Freude am bunten Stoff, der ‚Lust zu fabulieren', dem Erzählerdrang, dem Bedürfnis nach Unterhaltung gemischt und gekreuzt haben. Hier müßte man einsetzen, wenn man überhaupt eine Einteilung der hagiographischen Werke haben will, die philologischen Ansprüchen genügt."

[51] Vgl. hierzu die grundlegenden Ausführungen bei B. de Gaiffier d'Hestroy, "L'hagiographe et son public au XIe siècle", *Miscellanea historica in honorem Leonis van der Essen*, Brüssel u. Paris 1947, S. 135–166.

[1] Vgl. außer den im folgenden besprochenen Werken L. Zoepf, a.a.O.; L. Van der Essen, *Étude critique et littéraire sur les Vitae des Saints mérovingiens de l'ancienne Belgique*, Löwen 1907; S. Hellmann, „Gregor von Tours", *HZ* 107 (1911), S. 1–43, „Einhards literarische Stellung", *HVj* 27 (1932), S. 40–110, beide Aufsätze auch in: S. Hellmann, *Ausgewählte Abhandlungen zur Historiographie und Geistesgeschichte des Mittelalters*, ed. H. Beumann, Darmstadt 1960; B. P. Kurtz, "From St. Antony to St. Guthlac. A Study in Biography", *University of California Publications in Modern Philology* 12, Nr. 2 (Berkeley

nicht erfaßt und die besonderen Entstehungsbedingungen sowie der genaue Verwendungszweck der wichtigsten Heiligenviten nicht geklärt sind, kann es keine literarhistorisch befriedigende Zusammenschau der lateinischen Legendenliteratur geben. Sie fehlt noch in der neuesten Übersicht über Quellen, Methoden und Geschichte der Hagiographie von R. Aigrain.[2] Einen ersten Abriß der Geschichte hat H. Günter vorgelegt, dessen Gesichtspunkt, wie schon erwähnt, der der Motivgeschichte und religiösen Volkskunde ist.[3] Da Günter es ausdrücklich ablehnt, von der geschlossenen Erzählung auszugehen, und nur die Untersuchung von Einzelmotiven für richtig hält,[4] bietet sein Buch für formgeschichtliche Fragestellungen keinen brauchbaren Ansatz. Auch die von Günter und anderen herausgestellten Motivwanderungen von der Legende zum Märchen und zur Sage und umgekehrt geben dafür nicht viel her, es sei denn sie würden unter dem Aspekt der mit gewissen Motiven sich verbindenden Erzählgestaltung betrachtet.[5]

1926), S. 103–146; P. Lehmann, „Das literarische Bild Karls des Großen vornehmlich im lateinischen Schrifttum des Mittelalters", (1934), in P. Lehmann, *Erforschung des Mittelalters*, Leipzig 1941, S. 154–207; W. Levison, "Bede as Historian", *Bede, his Life, Times, and Writings*, ed. A. H. Thompson, Oxford 1935; C. W. Jones, *Saints' Lives and Chronicles in Early England*, Ithaca, N. Y. 1947; B. de Gaiffier d'Hestroy, a.a.O. S. 135–166; H. Beumann, *Widukind von Korvey. Untersuchungen zur Geschichtsschreibung und Ideengeschichte des 10. Jhs.*, Weimar 1950; R. Wenskus, *Studien zur historisch-politischen Gedankenwelt Bruns von Querfurt* (= Mitteldeutsche Forschungen 5), Münster und Köln 1956, bes. S. 69–78; M. Schütt, "The Literary Form of Asser's 'Vita Alfredi'", *Engl. Hist. Rev.* 72 (1957) S. 209–220; B. Colgrave "The Earliest Saints' Lives Written in England", *Proceedings of the British Academy*, 44 (1958), S. 35–60; C. H. Lawrence, *St. Edmund of Abingdon. A Study in Hagiography and History*, Oxford 1960; R. W. Southern, *Saint Anselm an His Biographer*, Cambridge 1963. Vgl. zu Stand und Aufgaben der Forschung der lateinischen Philologie des Mittelalters K. Hauck, „Mittellateinische Literatur", *Deutsche Philologie im Aufriß*, ed. W. Stammler, Bd. II, Berlin ²1960, Sp. 2555–2624; zu verschiedenen Erbauungstendenzen und Verwendungszwecken der Mönchshagiographie J. Leclercq, *L'amour des lettres et le désir de Dieu* (Paris 1957) dt. *Wissenschaft und Gottverlangen. Zur Mönchstheologie des Mittelalters*, Düsseldorf 1963, S. 182–189.

[2] *L'hagiographie, ses sources, ses méthodes, son histoire*, Paris 1953.

[3] *Die christliche Legende des Abendlandes*, Heidelberg 1910, bes. Kap. 4: Entwicklungen und Wandlungen; vgl. oben S. 3.

[4] „Eine Geschichte der Legende fehlt noch und ist auch sobald nicht zu erwarten. Doch ist die heutige vergleichende Religions- und Literaturgeschichte auf dem richtigen Weg dazu. Sie hat vom Einzelmotiv auszugehen, nicht von der geschlossenen Erzählung, die Entwicklung einzelner Probleme aufzuzeigen" (ebd. S. 8). Vgl. auch die Motivsammlung von P. Toldo, „Leben und Wunder der Heiligen im Mittelalter", *Studien zur vergleichenden Lit.gesch.*, ed. M. Koch, Bde. 1–2, 4–6, 8–9 (Berlin 1901–09), und die mit ähnlichen Kategorien arbeitende, aber weiteres Material berücksichtigende Zusammenstellung von C. G. Loomis, *White Magic. An Introduction to the Folklore of Christian Legend*, Cambridge, Mass., 1948.

[5] Vgl. die Arbeiten von Karl Schmeïng, *Flucht- und Werbungssagen in der Legende*, Münster 1911; Gustav Schnürer, „Die Spielmannslegende", *Jahresbericht der Görresgesellschaft i. J. 1914*, S. 78–90; H. Sparnaay, *Verschmelzung legendarischer und weltlicher Motive in der Poesie des Mittelalters*, Groningen 1922.

Die älteren zusammenfassenden Literaturgeschichten von A. Ebert[6] und M. Manitius[7] beschränken sich auf die Kennzeichnung des historischen Kerns und der rhetorischen Eigentümlichkeiten der Legendenliteratur. Für die sprachstilistischen Aspekte sind E. Nordens Untersuchungen zum patristischen Latein aufschlußreicher, obwohl er selbst sich auf die Evangelien, Apostelgeschichten, urchristliche Briefliteratur und die Gattungen der Predigt beschränkt.[8] Die von ihm beigebrachten Zeugnisse über den Widerstreit zwischen dem niederen Stil, der „Sprache der Fischer" (in den heiligen Urkunden), und der anspruchsvollen Rhetorik der christlichen Apologetik und Polemik seit der Mitte des 2. Jhs. werfen auf das Nebeneinanderbestehen von panegyrischer und einfacher Stilrichtung in der Hagiographie ein bezeichnendes Licht. E. Auerbach scheint in seinen vorzüglichen Studien über den "Sermo humilis" und die „Lateinische Prosa des frühen Mittelalters"[9] dieses Faktum etwas zu gering einzuschätzen, wenn er an den authentischen Martyrerakten der *Passio ss. Felicitatis et Perpetuae*, an Caesarius von Arles und Gregors des Großen Dialogen die Haltung des *sermo humilis* als kennzeichnend für den Epochenstil überhaupt herausarbeitet und an einigen von cluniazensischem Reformgeist erfüllten, zugleich strengen und ornamentalen ottonischen Viten zeigt, wie sich der lateinische Sprachstil später (seit dem 7. und 8. Jh.) aus der Verbindung mit der Volkssprache löst und verschiedene

[6] *Allgemeine Geschichte der Literatur des Mittelalters im Abendlande*, 3 Bde., Bd. I, Leipzig (1874) ²1889. Ebert sieht wohl das erbauliche Anliegen der durchschnittlichen Heiligenleben, geht aber nicht seinen formalen Auswirkungen nach. Er untersucht lediglich den mehr oder weniger schmuckreichen Sprachstil, und das Ergebnis ist eine Geschichte der antiken Kunstprosa im Mittelalter, die man, wie es E. Norden getan hat, ebenso gut oder noch präziser an anderen Gattungen aufzeigen könnte. Vor allem befaßt Ebert sich mit dem historisch-biographischen Wert der Heiligenleben und urteilt etwa über Bedas *Vita s. Cuthberti*, daß sie sich „trotz aller gut gemeinten Vorkehrungen zum Schutze der historischen Wahrheit und trotz der Anführung von Augenzeugen" von seinen *Vitae abbatum* unterscheide „wie ein geschichtlicher Roman von Geschichte" (I, 642). Der höhere Wert, den Ebert dennoch der Cuthbert-Vita im Vergleich zur Durchschnittsproduktion zugesteht, gründet auf dem Vorhandensein einiger historischer Tatsachen in dem Buch, z.B. Cuthberts Predigten gegen den Rückfall ins Heidentum oder sein Aufenthalt auf dem kleinen Felseneiland Farne, wo der Anachoret nach Meinung Eberts „ein hier mit allem Detail geschildertes Robinsonartiges Einsiedlerleben führt" (ebd.).

[7] *Geschichte der lateinischen Literatur des Mittelalters*, 3 Bde., München 1911 ff. Manitius ist noch weniger daran interessiert, die Hagiographie literaturwissenschaftlich zu erfassen. Ohne Sinn für die Formunterschiede nennt er z. B. Bedas metrische *Vita s. Cuthberti* einmal (wie Ebert) einen „Heiligenroman", dann aber ein „Epos" (I, 84). An Willibalds Leben des hl. Bonifatius, das er im allgemeinen für recht glaubhaft hält, bedauert er, daß der Verfasser vom Standpunkt des Klerikers ausgehe und die Stellung seines Helden als eines Staatsmannes fast gar nicht würdige, „weshalb diese Biographie für uns heute so lückenhaft und unzureichend erscheint" (I, 637).

[8] *Die antike Kunstprosa*, 2 Bde., (Leipzig 1898) Darmstadt ⁵1958, Bd. II, S. 479–534.

[9] In E. Auerbach, *Literatursprache und Publikum in der lateinischen Spätantike u. im Mittelalter*, Bern 1958, S. 25–53 u. 65–133.

Formen des aus der spätantiken Rhetorik übernommenen Manierismus entwickelt.[10] Zweifellos ist diese allgemeine Stilbewegung vorhanden, aber schon die frühe Hagiographie kann in hohem Maße rhetorisch sein.

Das alles berührt die Frage nach den Erzählformen der Hagiographie nur indirekt.[11] Auch E. R. Curtius geht ihr nicht nach. Seine grundlegenden Untersuchungen zur lateinischen Literatur des Mittelalters gelten ausschließlich den gegebenenfalls auch in hagiographischen Texten vorkommenden rhetorischen Topoi wie Unfähigkeitsbeteuerung, *Brevitas*-Formel (bei Abkürzung des Berichts über zu viele Wunder), Unsagbarkeitstopos oder dem kunstvollen (symmetrischen und variierten) Aufbau mit Prolog und Epilog.[12] J. de Ghellincks lebendige und tiefdringende Darstellung der lateinischen Literatur des Mittelalters[13] geht mehr den Schriftstellergruppen und Einzelpersönlichkeiten in ihrer Umwelt als den Formen der Heiligenleben nach.

Die Frage nach etwaigen spezifisch hagiographischen und legendarischen Strukturen des Erzählens ist nur selten und für Teilbereiche gestellt worden. Ergebnisse liegen vor in den Studien von W. von den Steinen[14] und A. Dempf[15] über die symbolische Darstellungstendenz bei bedeutenden Hagiographen, und in der Arbeit von Ingeborg Brüning über wichtige Unterschiede zwischen althagiographischer und hochmittelalterlicher Wunderdarstellung.[16] Nach Brüning werden die Wunder in Gregors Benediktleben – vorwiegend solche der *vita activa* – als vorganghafte Wunderakte und Höhepunkte eines stark bewegten Geschehens gestaltet,[17]

---

[10] Vgl. zu diesen Fragen auch die instruktive Übersicht bei A. Blaise, *Manuel du Latin chrétien*, Strasbourg 1955.

[11] Vgl. jedoch zu Auerbachs glänzender Interpretation des Alexiusliedes unten S. 19.

[12] *Europäische Literatur und lateinisches Mittelalter*, Bern 1948; bes. Exkurs XIII, „Kürze als Stilideal", S. 481 ff.; „Zur Interpretation des Alexiusliedes", *ZRPh* 56 (1936), S. 113–137 (= E. R. Curtius, *Gesammelte Aufsätze zur romanischen Philologie*, Bern u. München 1960, S. 58–80).

[13] *Littérature latine au moyen âge* (I. *Depuis les origines de la Renaissance carolingienne a Saint Amselme*), Paris 1939; *L'Essor de la littérature latine au XIIe siecle*, 2 Bde., Brüssel und Paris 1946.

[14] „Heilige als Hagiographen", *HZ* 143 (1930), S. 229–256.

[15] *Die symbolische Franziskuslegende*, Einleitung zu der Übersetzung von H. Lützeler, München und Berlin 1929.

[16] *Das Wunder in der mittelalterlichen Legende*, Diss. Frankfurt 1952 (maschinenschriftlich).

[17] Es handelt sich nach I. Brüning „um eine rasche Folge äußerer Handlungen, die auf den Höhepunkt, den Wunderakt, hindrängen, der nach vorausgegangenem Bericht unmittelbar dargestellt wird. Breite Beschreibungen, Schilderung menschlicher Gefühle sind zurückgedrängt. Imperative können die Handlungsbewegung beschleunigen, Dialoge in direkter Rede oder Gespräche in indirekter Rede verzögern zwar den Handlungsverlauf, sind also ein retardierendes Moment im Aufbau des Ganzen, steigern aber die Spannung auf das Wunder hin. Die Bewegung klingt dann ab in der Beschreibung der Wirkung des Wunders" (S. 43–44). Schon W. P. Ker, *The Dark Ages*, Edinburgh und London 1904, S. 137, macht eine denselben Grundzug treffende Bemerkung.

während in den Mirakelgeschichten Herberts von Clairvaux und im Franziskusleben Bonaventuras Wunder der *vita contemplativa* vorwalten, die das Geschehnishafte zugunsten einer „in sich ruhenden Szene", eines Sich-Versenkens zurücktreten lassen.[18] Diese treffende Bestimmung berührt sich mit der Form der unten zu beschreibenden andachtsbildartigen Verdichtung und Verlangsamung des legendarischen Erzählens vorwiegend im 13. Jh. Jedoch verbindet sich schon bei Gregor das Akthafte mit einem kontemplativen Zug.[19] Andererseits ist der tatsächlich erkennbare Stilwandel vom frühen zum hohen und späten Mittelalter nicht nur, wie es nach der Brüningschen Untersuchung scheinen möchte, an die Bevorzugung verschiedener Wunderarten, also inhaltlich neuer Elemente gebunden, sondern ebenso in der Bearbeitung altüberlieferter Stoffe und Schemata zu erkennen. Dieser Tatbestand wird durch Kochs und Hegels wichtige Einzeluntersuchung zur Frömmigkeitshaltung und Ordenshagiographie des Hochmittelalters bestätigt.[20]

III. Die Erforschung der englischen Heiligenlegende des Mittelalters[1]

mit Hinweisen auf einzelne Studien zur deutschen und französischen Legendendichtung

Wie die lateinische so ist auch die englische Legendendichtung nur gelegentlich genauer auf ihre Formen untersucht worden. Selbst C. Horstmann, der unermüdliche Herausgeber und Erforscher englischer Heiligenlegenden,[2] läßt die Unsicherheit des späten 19. Jhs. vor diesem Phänomen

---

[18] „Das Wunder der *vita contemplativa* erwächst aus einer inneren Versenkung, aus einer Situation der Einsamkeit, der Ruhe. So können auch Träume dazu gehören, die einen inneren Zustand des Menschen darstellen. Der Aufbau der Legende beruht hier nicht auf einer knappen Folge von äußeren Geschehnissen; Schilderungen innerer Zustände, menschlichen Empfindens können der Vision vorausgehen, die als in sich ruhende Szene beschrieben wird. Spannungssteigernde Dialoge in direkter Rede fallen vor der Vision fort, ebenso die die Handlung vorwärtsdrängenden Imperative. Im Rahmen der Vision dient die direkte Rede zu Hervorhebung ihres Sinnes" (S. 44).

[19] Vgl. unten S. 61ff.

[20] K. Koch und E. Hegel, *Die Vita des Prämonstratensers Hermann Joseph von Steinfeld. Ein Beitrag zur Hagiographie und zur Frömmigkeitsgeschichte des Hochmittelalters* (= Colonia Sacra 3), Köln 1958, bes. S. 63–98; vgl. auch unten S. 162.

[1] Im folgenden werden nur die Grundlinien und methodischen Prinzipien der bisherigen Forschungsarbeit skizziert; zu den Einzelergebnissen vgl. die jeweiligen Kapitel des formgeschichtlichen Teils.

[2] Vgl. besonders die Einleitung zu *Altenglische Legenden*, N. F., Heilbronn 1881, die einen Abriß der Geschichte der englischen Heiligenlegende gibt.

erkennen, wenn er trotz grundsätzlich richtiger Einschätzung der erbaulichen Zweckbestimmung der Heiligenlegende[3] rein ästhetische Wertungen vollzieht. Das zeigt sich sowohl in seiner enthusiastischen Beurteilung gewisser literarisch ansprechender Einzellegenden wie in seinem Bedauern, daß „nur wenige ältere Legenden [...] als reine, aus Idee und Stimmung geborene Dichtungen, ohne kirchlichen Zweck" anzusehen sind.[4] Die Frage nach etwaigen legendeneigenen Formen wird von ihm nicht gestellt. Er hebt nur heraus, was sich als ein geläufiger weltlicher Erzähl- und Dichtungsstil identifizieren läßt, und geht auch dabei nicht über allgemeine Bemerkungen hinaus.

Die größeren zeitgenössischen Literaturgeschichten von B. ten Brink[5] und A. Brandl[6] oder die Darstellung von Schofield[7] und die unterschiedlichen Beiträge in der *CHEL*[8] stoßen kaum tiefer, obwohl ten Brinks stilgeschichtliche Analysen wesentlich subtiler als die Horstmanns sind und bei Betrachtung des südenglischen Legendars und der schottischen Sammlung zu einer Besinnung auf das Wesen und die grundlegenden Formtendenzen der Gattung ansetzen.[9] Brandl treibt die Formfrage insofern weiter, als er die erbauliche Wirkung und damit legendarische Eignung des alten Septenarpaars streift.[9] Erst in neuester Zeit beleuchtet W. F. Schirmer aus ähnlichem Blickwinkel die Spannungen zwischen weltlichen Stiltraditionen und hagiographischem Inhalt in den epischen Legendenerzählungen der Cynewulf-Gruppe sowie in den spielmännischen Kurzreimpaarlegenden des 14. Jhs.[10] und gibt in detaillierten Untersuchungen zum kunstvollen Legendenstil Lydgates,[11] in denen u. a. die Eignung der feierlichen Chaucerstrophe für Legendenstoffe hervorgehoben wird,[12] der literaturwissenschaftlichen Legendenforschung entscheidende Impulse.[13]

---

[3] Ebd. S. XL.

[4] Ebd.

[5] *Geschichte der englischen Literatur*, Bd. I, 2. Aufl. ed. A. Brandl, Straßburg 1899.

[6] „Englische Literatur", *Pauls Grundriß der germanischen Philologie*, Bd. II (2. Aufl.), Straßburg 1901–1909, S. 941–1134 (= Altenglische Zeit); „Englische Literatur", ebd. II, 1 (1. Aufl.), Straßburg 1893, S. 551–718 (= Mittelenglische Zeit).

[7] *English Literature from the Norman Conquest to Chaucer*, Lo. 1906, vgl. bes. die Kapitel "Legends and Lives of Saints, Visions and Books of Edification", Schofield übernimmt meist die Urteile ten Brinks oder Brandls.

[8] Vol. I: M. B. Smith, *Old English Christian Poetry*, S. 41–64; J. S. Westlake, *From Alfred to the Conquest*, S. 108–148; J. W. H. Atkins, *Early Transition English*, S. 217–242; C. L. Thomson, *Later Transition English: Legendaries and Chroniclers*, S. 335–359.

[9] Einzelheiten s. u. in den entsprechenden Kapiteln des formgeschichtlichen Teils.

[10] *Geschichte der englischen und amerikanischen Literatur*, Bd. I, Tübingen ³1959, S. 32–34, 120–121.

[11] *John Lydgate. Ein Kulturbild aus dem 15. Jh.*, Tübingen 1952.

[12] Ebd. S. 129.

[13] Vgl. u. a. die von W. F. Schirmer angeregte Dissertation von Hildburg Quistorp, *Studien zu Lydgates Heiligenlegenden*, Bonn 1951 (maschinenschriftlich), in deren Einleitung ein Überblick über die englische Legendendichtung skizziert wird.

Die Darstellungen bei R. M. Wilson,[14] H. S. Bennett,[15] K. Malone[16] und A. C. Baugh[17] gehen formgeschichtlich nicht über die Gesichtspunkte bei Horstmann, ten Brink und Brandl hinaus.

Die bisher einzige gattungsgeschichtliche Gesamtuntersuchung bietet das Buch von G. H. Gerould,[18] das den überreichen Stoff bewundernswert klar ordnet und im Gegensatz zu Horstmann und der Mehrzahl der übrigen Literarhistoriker von der Eigenart des Genre selbst auszugehen versucht.[19] Gerould gelangt deshalb vielfach zu richtigeren Urteilen. Allerdings hält er es angesichts des verschiedenartigen Materials für unmöglich, die Gattung in herkömmlicher Weise nach Ursprung, Inhalt und Form zu bestimmen[20] und beschränkt sich auf eine „psychologische Definition", indem er die religiöse Erbauung als das zentrale Anliegen der Legendenschreiber bezeichnet.[21] Er fragt nicht, welche Formen des Erzählens den jeweiligen Erbauungstendenzen am ehesten entsprechen und wie sich die Einbeziehung der erbaulichen Betrachtung in die Darstellung formal auswirken kann. Zwar prüft er wiederholt, ob sich ein Verfasser auf seinen Gegenstand einstellt, und er sieht auch richtig, daß die Einzellegenden stärker als die Stücke der ekklesiastischen Sammlungen die Dichtungsstile ihrer Zeit widerspiegeln, aber seine Aussagen bleiben in einem allgemeinen Sinne „psychologisch", ohne auf Einzelheiten der literari-

---

[14] *Early Middle English Literature*, London 1939; ders., "Some Lost Saint's Lives in Old and Middle English", *MLR* 36 (1941) S. 161–172; ders. *The Lost Literature of Medieval England*, Lo. 1952, bes. S. 92–113.

[15] *Chaucer and the Fifteenth Century*, Oxford 1947.

[16] "The Old English Period", *A Literary History of England*, ed. A. C. Baugh, N. Y. 1948.

[17] "The Middle English Period", *A Literary History of England*, ed. A. C. Baugh, N. Y. 1948.

[18] *Saints' Legends*, Boston u. N. Y. 1916.

[19] "my approach has been consistently from the point of view of the type itself" (S. VIII).

[20] Ebd. S. 1–4.

[21] "In point of fact, the definition of them as a type must be psychological rather than formal. It depends upon the causes of their development and the influence of their propagation on the human mind rather than upon the elements of their constitution. More than almost any other form of literature, the legends of saints are associated with a particular attitude on the part of their makers towards the visible and invisible phenomena of existence. They are, in the nature of the case, ecclesiastical, but not narrowly so; they are moral of tendency, but not didactic; they inculcate piety, but do not of necessity teach doctrine. They take for granted the infinity of God's power and, almost equally, the dignity of man. They demand reverence of maker and hearer alike, [...] they are inspirers of purity and militant guardians of the integrity of the human soul. [... they] show a common aspiration towards an unworldly goal. [...] This constant attitude of mind on the part of those responsible for the composition of saints' legends makes it possible to formulate a working definition of these legends as a literary type, though not as a formal type. [...] The saints' legend is a biographical narrative, [...] written in whatever medium may be convenient, concerned as to substance with the life, death, and miracles of some person accounted worthy to be considered a leader in the cause of righteousness; and, whether fictious or historically true, calculated to glorify the memory of its subject" (ebd. S. 4–5).

schen Formung einzugehen. Auch legt er die in der Einleitung formulierten Prinzipien nicht gleichmäßig und konsequent seiner Untersuchung zugrunde. Neben vorzüglichen (wenngleich summarischen) Charakterisierungen – z. B. denen der altenglischen Legendenepen, der spielmännischen Legenden des 13. Jhs. und des Chaucerschen Caecilienlebens –
stehen anfechtbare Urteile wie das über die *Seinte Marherete* der *Meidenhad-*
Gruppe, über Lydgate und das südenglische Legendar, das Gerould im
Gegensatz zu seinen methodischen Erwägungen aus einseitig ästhetischer
Perspektive sieht und abwertet. Sicherlich muß immer auch nach dem
ästhetischen Gelingen der Darstellung des Erbaulichen gefragt werden;
aber Gerould neigt dazu, Werte wie "dramatic detail" (213), "wholesome
tone of naïve realism" (213), "vividness through vigor" (220) oder "pic-
turesque use of detail" (158) absolut zu setzen – was gegenüber dem
erbaulichen Wesen der Legende, das er so treffend zu kennzeichnen weiß,[22]
unangemessen erscheint.

Als Einzelarbeit von grundsätzlicher Bedeutung ist Beatrice D. B r o w n s
Einleitung zu *The Southern Passion* zu erwähnen, in welcher das Moment
der emotional-erbaulichen Betrachtung in der südlichen Passion untersucht wird.[23] Andere wichtige Vorarbeiten zu einer Formgeschichte der
englischen Heiligenlegende liegen nicht vor. Einen stoffgeschichtlich nütz-
lichen Überblick über die *Vitae patrum* in der alt- und mittelenglischen
Literatur gibt Constance L. R o s e n t h a l.[24] Die Untersuchungen von R.
K a p p[25] betreffen weder das Mittelalter noch erfolgen sie aus formgeschichtlicher Sicht. Helen C. W h i t e gibt in dem einleitenden Kapitel "The
Saint's Legend as a Literary Type" ihrer Studien zur Tudor-Hagiographie[26]
nicht, wie man erwarten würde, einen Beitrag zu den Problemen der Legende
als literarischer Gattung, sondern beschränkt sich auf einen Abriß historischer Fakten (im wesentlichen nach H. Günter und R. Agrain) und eine –
nur auf Caxtons *Golden Legend* gestützte – sehr allgemeine und psychologi-
sierende Charakteristik der Martyrerlegende.

Auch die Erforschung der Heiligenlegende in der d e u t s c h e n und
f r a n z ö s i s c h e n Literatur hat sich, soweit Verfasser sieht, nicht in dem
hier gemeinten Sinne mit den Formen des legendarischen Erzählens be-

---

[22] "The saints' legend is, indeed, a literary type; but it has never been purely æsthetic
in aim or divorced from practical uses in the uplifting of humanity. Beauty it has not
lacked, but the grace it has most cultivated has been the beauty of holiness. At times
it has reached great elevation of form, but it has depended for its effects less upon that
than upon loftiness of sentiment. The work of edification has never been long absent
from the minds of its makers. Its power has rested in the visions of righteousness
that it has brought to the minds of common men" (ebd. S. 13).
[23] EETS. OS. 169; Einzelheiten vgl. unten S. 210.
[24] C. L. Rosenthal, *The 'Vitae Patrum' in Old and Middle English Literature*, Diss. Philadelphia 1936.
[25] *Heilige und Heiligenlegenden in England. Studien zum 16. und 17. Jh.*, Halle 1934.
[26] H. C. White, *Tudor Books of Saints and Martyrs*, Madison 1963.

schäftigt. P. Merker verfolgt in der Geschichte der Legende in Deutschland die künstlerischen Umstilisierungen zu Epen oder Versnovellen in mittelhochdeutscher, zu Romanzen und Idyllen in neuhochdeutscher Zeit.[27] Mit der Legende als Zweckdichtung zu geistlicher Erbauung befaßt er sich nicht. Ihre „innere Form" ist für ihn nur „idyllischer und stimmungsbetonter"[28] als das große Pathos rein mythischer Göttergeschichten, und er glaubt – was schwerlich dem Wesen der Legende entspricht –, daß sie „seelen- und glaubensstarke Menschen in heroisch-tragischem Kampfe mit dieser Umwelt" vorführe.[29] Bei Besprechung der Prosalegenden des 14. und 15. Jhs. werden mystische Kräfte und das Bedürfnis nach Erbaulichkeit erwähnt, jedoch nicht auf ihre formprägende Bedeutung untersucht. Interessante Gedanken zur Entwicklung legendarischer Erzählformen nicht-profaner Herkunft enthält die Dissertation von M. Höbing über das im letzten Jahrzehnt des 13. Jhs. entstandene *Der Heiligen Leben* (fälschlich *Wenzelpassional* genannt).[30] H. Rosenfeld, der die fromme, der Einfalt gemäße, ursprünglich schlichte Berichtform der Legende betont, stellt für das nach der *Legenda aurea* gearbeitete *Passional* (ca. 1300) die Vertiefung der „vorgefundenen Legenden zu lebenswarmen, in sich geschlossenen Erzählungen" fest, bestimmt aber ihre Strukturierung nicht näher.[31]

In der Romanistik haben sich die Untersuchungen zur Legende im allgemeinen noch weniger mit den der Gattung eigentümlichen Erzählstrukturen befaßt; eine der neuesten zusammenfassenden Studien gibt keinen Hinweis in dieser Richtung.[32] Wie in Deutschland scheint das hohe Mittelalter in Frankreich vorwiegend Stilisierungen im Kurzreimpaar mit Anklängen an die Erzählweise der Versromanzen gebracht zu haben.[33] Auf die Untersuchung des rhetorisch kunstvollen Aufbaus des Alexiusliedes durch E. R. Curtius wurde schon hingewiesen.[34] Wichtiger für das Erzähl-

[27] Artikel „Legende", *Reallexikon der deutschen Literaturgeschichte*, Bd. II, Berlin 1926–28, S. 176–200; *Studien zur neuhochdeutschen Legendendichtung*, 1906.
[28] Artikel „Legende", ebd. S. 177.
[29] Ebd. meine Sperrung.
[30] Vgl. oben, S. 7, Anm. 40.
[31] Artikel „Legende", *Reallexikon der deutschen Literaturgeschichte*, Bd. II, Berlin ²1959 ff. (S. 13–31), S. 21; ebenso *Legende*, Stuttgart 1961, S. 58.
[32] J. Merk, *Die literarische Gestaltung der altfranzösischen Heiligenleben bis Ende des 12. Jhs.*, Diss. Zürich 1946. Die Arbeit beschränkt sich im wesentlichen auf Übersichten der Motive, Wunderarten und Stilfiguren. Auch die etwa bei U. T. Holmes (*A Critical Bibliography of French Literature*, ed. D. C. Cabeen, vol I: "The Medieval Period", Syracuse University Press 1947, ²1952, S. 9–18) genannten Einzelstudien zur französischen Heiligenlegende heben das Erzählproblem nicht hervor.
[33] Vgl. die unten S. 168f. angegebene Literatur zur anglo-normannischen Legendendichtung und außerdem die grundlegende Darstellung von Paul Meyer, "Légendes hagiographiques en français", *Histoire littéraire de la France*, Bd. 33 (1906), S. 328–458. Gute Listen von Heiligenleben gibt nach P. Meyer J. D. M. Ford, "The Saints' Life in the Vernacular Literature of the Middle Ages", *Catholic Hist. Rev.* 17 (1931).
[34] Vgl. oben S. 13; s. auch P. J. Jones, *Prologue and Epilogue in Old French Lives before 1400*, University of Pennsylvania, Philadelphia, 1933.

problem ist E. Auerbachs Interpretation der in diesem Gedicht dargestellten Wirklichkeit und ihrer Stilformen.[35] Hier wird neben der Reduktion
der Realität in allen ihren Bereichen, einschließlich des psychologischen,
das Schematische der Darstellung betont, das sich (wie im Rolandslied) in
parataktischer Verknüpfung, geschlossenem Aufbau und unbezweifel-
barem Setzen aller Ordnungen äußere.[36] Weiter spricht Auerbach treffend
von den bildhaften und völlig voneinander isolierten Einheiten, die das
Zurücktreten des geschichtsmäßigen, zeitlichen Nacheinanders und hori-
zontalen Zusammenhangs zugunsten eines nur locker verbundenen Bilderzyklus bedingen.[37] Drittens hebt er, in Anlehnung an E. R. Curtius'
Interpretation des Alexiusliedes,[38] hervor, daß die Gestaltung „ganz auf
das Figurale der Erfüllung im Jenseits" hinauslaufe[39] und die Geschichte
des Heiligen in „Bilderszenen" zu eindringlichen Gesten konkretisiere.
Wie schon Jolles betont er, daß die Einzelstücke „in ihrer Wirkung dem
Charakter von Symbolen oder Figuren ganz nahe kommen, auch da, wo
sich keinerlei symbolische oder figurale Bedeutung nachweisen läßt;"[40]
sie erscheinen „exemplarisch, modellhaft, bedeutend", während alles Sonstige im Wesenlosen bleibt. Aber Auerbach ist aus dem umfassenden, auf
die großen Stilperioden zielenden Ansatz seines Buches heraus mehr an den
Übereinstimmungen von Rolands- und Alexiuslied (die beide den ersten
hohen Stil des Mittelalters repräsentieren) interessiert als an dem spezifisch
Legendenhaften. Während er das mystische Thema der *Gloria Passionis*
bei Bernhard, den Zisterziensern und Franziskanern[41] oder die literarische

---

[35] *Mimesis. Dargestellte Wirklichkeit in der abendländischen Literatur*, Bern 1946,
S. 112 ff.
[36] Über das Alexiuslied heißt es S. 113: „Das Bewußtsein kennt keine anderen Lagen,
und die äußere Wirklichkeit, all das viele Sonstige, was die Welt bietet, und in welches
das erzählte Geschehen doch irgendwie eingebettet werden muß, wird so sehr reduziert, daß nichts davon übrig bleibt als ein wesenloser Hintergrund für das Leben des
Heiligen; um ihn herum stehen, seine Taten mit ihren Gesten begleitend, Vater,
Mutter und Braut; noch vager und schattenhafter zeichnen einige andere für die
Handlung erforderliche Personen sich ab; der Rest ist völlig schematisch, sowohl vom
soziologischen wie vom geographischen Standpunkt."
[37] Ob allerdings dieser Befund und der Gedanke einer zahlenschematischen Anordnung
[Curtius, s. unten Anm. 38, u. A. Granville Hatcher, "The Old-French Poem St. Alexius:
A Mathematical Demonstration", *Traditio* 8 (1952), S. 111–158] zu der Theorie systema-
tisiert werden kann, daß dem Alexiuslied „ein Bilderzyklus von 25 Bildern zugrunde
liegt" [H. Lausberg, „Zur afz. Metrik", *Arch.* 191 (1955), S. 183–217, hier 205,
außerdem „Zum afz. Alexiuslied", ebd. S. 285–320], muß nach H. Sckommodaus
historisch fundiertem Einspruch [„Alexius in Liturgie, Malerei und Dichtung", *ZRPh*
72 (1956), S. 165–193, hier 183 ff., außerdem „Zum afz. Alexiuslied", ebd. 70 (1954),
S. 161–203] bezweifelt werden.
[38] *ZRPh* 56 (1936), S. 113–137, bes. S. 122, 124.
[39] A.a.O. S. 116.
[40] Ebd.
[41] "Gloria Passionis", in E. Auerbach, *Literatursprache und Publikum in der lateinischen
Spätantike und im späten Mittelalter*, S. 54–63.

Ausprägung alttestamentlicher Frömmigkeit[42] in ihren psychologischen Aspekten glänzend charakterisiert, erscheint ihm zwischen den locker gereihten Einzelbildern des Alexiusliedes nur „Leere", und zwar „keine dunkle und tiefe, in der vieles geschieht und sich vorbereitet, in der man den Atem anhält vor schauernder Erwartung, wie zuweilen im biblischen Stil, mit seinen Pausen, über die gegrübelt wird – sondern eine flache, blasse, wesenlose Dauer, zuweilen nur ein Augenblick, zuweilen siebzehn Jahre, zuweilen ganz unbestimmbar".[43] Auerbach sieht hier den stilgeschichtlichen Wandel primär als ein Schwinden des gegenständlich oder psychologisch Wirklichen. Er untersucht nicht die Emotionen, die vom Autor bzw. Publikum aus in besonderen Formen an die Tradition herangetragen werden können, und übersieht deshalb, daß die mittelalterliche Legende nicht nur „Verengung" der Wirklichkeit und ein Beispiel für den „Erstarrungs- und Reduktionsprozeß der Spätantike"[44] ist, sondern zugleich ein Auffüllen mit religiösen Substanzen und eine (besonders im Hochmittelalter hervortretende) Verdichtung auf fromme Andachtsgefühle hin. In seiner Interpretation des afrz. Leodegarliedes geht Auerbach auf die Vereinfachung als Mittel religiös belehrender Verdeutlichung ein, schätzt aber auch hier den frömmigkeitspsychologischen Ausdruckswert der Formen zu gering ein.[45]

---

[42] Vgl. *Mimesis*, Kap. I („Die Narbe des Odysseus").

[43] Ebd. S. 115.

[44] Ebd. S. 113.

[45] E. Auerbach „Über das altfranzösische Leodegarlied", *Syntactica und Stilistica. Festschrift f. E. Gamillscheg*, Tübingen 1957, S. 35–42. Das Lied wird treffend gesehen als „ein eindringliches Einzelbild, schwach begründet, aber scharf einen exemplarischen Augenblick festhaltend" (S. 40–41). Es scheint jedoch fraglich, ob bei Kennzeichnung des Kampfes zwischen der absoluten Grausamkeit und der absoluten Tugend von letzterer ohne Differenzierung gesagt werden muß, daß sie sich „im Leeren" bewege (S. 41); Auerbach selbst hebt die Konzentration auf das eine Motiv der *gloria passionis*, sowie die „Stoßkraft" der durch Redefiguren stilisierten „Gegenbewegung der göttlichen Gnade" gegen die teuflische Marter hervor. Hierin lassen sich Formen einer leidenschaftlichen Bekräftigung und Verdeutlichung des Vorgangs für die Hörer erkennen.

THEORETISCHE UND METHODISCHE
VORÜBERLEGUNGEN

Aufgrund des Forschungsstandes kann die vorliegende Studie auf keine methodischen Vorbilder und auf nur wenige gesicherte Formkategorien bezogen werden. Es muß deshalb der Versuch unternommen werden, die dem Gegenstand angemessenen Begriffe und Schritte am Material selbst zu entwickeln. Die zur Verfügung stehende stoffliche Basis – eine Auswahl aus der lateinischen und englischen Hagiographie und Legendendichtung von der Spätantike bis zum Ende des Mittelalters – scheint breit genug, um ein solches Vorgehen zu rechtfertigen, zumal auch auf einige für die Hagiographie wichtige Formzüge der Evangelien Bezug genommen wird. Hinzu kommt, daß Heiligenlegenden als Zweckdichtungen religiöser Art in ihrem Wesen festgelegt sind. Dem Heiligenkult der Kirche entsprechend sollen sie erbaulich sein und dadurch die Heiligenverehrung fördern. Gewisse Konstanten in Stoffauswahl und Erzählverfahren lassen sich deshalb grundsätzlich leichter als in einer profanen Literaturgattung bestimmen. Andererseits erschwert die eigenartige Durchdringung von theologischen, frömmigkeitspsychologischen und literarischen Elementen eine exakte Fixierung der Formzüge.

Die im folgenden skizzierten gattungstheoretischen Merkmale sind nicht im Sinne eines streng subsumierenden und alle Einzelheiten erfassenden Gattungsbegriffs gemeint, sondern als Ordnungsbegriff im Sinne eines Spielraums von Grundlinien und Beziehungspunkten, zu dem die Einzellegenden in wechselnder Relation stehen können. Keineswegs müssen sie alle gattungskennzeichnenden Kriterien aufweisen. Der zu entwickelnde Ordnungsbegriff dient nur dazu, Eigenwesen und Stellenwert des Einzelphänomens im Gesamtraum der Gattung, bzw. die größere Nähe oder Ferne zu den idealtypischen Linien zu bestimmen. Entsprechend präzise lassen sich von hier aus eventuelle Annäherungen einer Legendendichtung an nicht-hagiographische Formtraditionen erkennen[1].

---

[1] Der gemeinte Ordnungsbegriff entspricht seiner logischen Struktur nach weitgehend dem Max Weberschen „Idealtyp", der gewonnen wird „durch einseitige Steigerung eines oder einiger Gesichtspunkte, durch Zusammenschluß einer Fülle von diffus und diskret, hier mehr, dort weniger, stellenweise gar nicht, vorhandener *Einzel*erscheinungen, die sich jenem einseitig hervorgehobenen Gesichtspunkt fügen, zu einem in sich einheitlichen *Gedanken*bilde" (M. Weber, „Die Objektivität der sozialwissenschaftlichen und sozialpolitischen Erkenntnis", *Ges. Aufs. zur Wissenschaftslehre*, Tübingen 1922, S. 191). Mit Rücksicht auf die Individualität des Kunstwerks wird auf die in der aristotelischen Begriffsstruktur geforderte Vollständigkeit der gattungsartigen Merkmale im Einzelexemplar verzichtet; der Ordnungsbegriff dient vielmehr der exakteren Bestimmung des historisch-empirisch Verschiedenen. Vgl. zum Problem auch A. Hirsch, *Der Gattungsbegriff „Novelle"* (= German. Studien 64), Berlin 1928, S. 73–92.

I. Umrisse eines gattungstheoretischen Ordnungsbegriffs „Legende"

Klärend für eine literaturwissenschaftliche Bestimmung der Heiligenlegende ist schon ein Blick auf gewisse Formelemente der Evangelien, die auch historisch der Ausgangspunkt für die Hagiographie gewesen sind. Man kann das – wie bereits im Forschungsbericht erwähnt – weitgehend am Sprachstil der Legende zeigen, der im wesentlichen dem Ethos der Einfachheit, dem Vorbild des christlichen *sermo humilis* folgt. Allerdings steht daneben von Anfang an die aus der spätantiken Rhetorik übernommene und der kultischen Verehrung entsprechende enkomiastische Tendenz, die besonders seit der Beschränkung des Lateinischen auf Liturgie und Bildungszentren im 7. und 8. Jh. stärker hervortritt und erst im 12. bis 13. Jh., besonders von Jacobus a Voragine, zurückgedrängt wird.

Für die Wirklichkeitsauffassung der Heiligenlegende jedoch lassen sich kaum Abweichungen vom Vorbild der Evangelien verzeichnen, weil es hier um Grundfragen christlicher Weltsicht überhaupt geht. Entscheidend am neutestamentlichen Bericht über die Passion Christi ist, daß das äußerlich Niedrige, Realistische und Menschlich-Natürliche aufgrund der Inkarnation mit der Gegenwart Gottes verbunden wird, wie es u. a. Paulus (*Phil.* 2, 7–8) und Augustinus (*Enarrationes in Psalmos*, 96, 4) hervorheben.[1a] Hieraus ergibt sich nicht nur ein das Erhabene auf einfache Weise ausdrückender Stil, sondern trotz der Historizität der Ereignisse eine Sehweise *sub specie aeternitatis*. Zwar ist der Evangelienbericht vom Leben, Sterben und Wiederauferstehen Christi in chronologischer Reihung aufgebaut, jedoch werden nicht irdische Vorganghaftigkeit und Wandlung, sondern das bleibende und sich manifestierende Göttliche und Heilige betont. Im Gegensatz zu einigen der stärker historisch berichtenden Bücher des Alten Testaments ist die dargestellte geschichtliche Zeit nur der Rahmen für das immer gültige Erlösungswerk Gottes. Historische Zeit und Einmaligkeit des Wirkens Christi verschwinden zwar nicht aus dem Blick, aber sie sind nicht um ihrer selbst willen da, sondern in eine symbolische Zeit verwandelt, in der sich die immerwährende und kultisch wiederholbare Wahrheit ausdrückt.[2] Entsprechendes gilt für den Raum, der, verglichen mit der Beschreibungskunst der antiken Literatur und Rhetorik, wie entmaterialisiert erscheint. Er ist zwar als historischer Ort bestimmbar, vorwiegend jedoch – wie etwa der Ölberg oder Golgatha – ein Zeichen von bleibender figuraler Bedeutung. Auch das menschliche Verhalten, obwohl

---

[1a] Vgl. Zitate und Kommentare dazu bei E. Auerbach, "Sermo Humilis", *Literatursprache und Publikum in der lateinischen Spätantike und im Mittelalter*, Bern 1958, S. 35–37.

[2] Vgl. zum Begriff der „symbolischen Zeit" in der frühchristlichen Kunst O. Demus, *Byzantine Mosaic Decoration*, Lo. 1947, S. 16.

es in der Realität und Endlichkeit alles Kreatürlichen gesehen wird, erscheint nur in seiner Relation zum Heiligen, so daß der Spielraum äußerer und psychischer Bewegung von vornherein festgelegt ist.

Dazu kommt, daß die Darstellung der Evangelien – ähnlich wie in den von Reflexion und Poesie bestimmten Büchern des Alten Testamentes – auf erbauliche Verdeutlichung der Heilswahrheit zielt, was sich bekanntlich aus dem religiösen Bedürfnis der frühesten Christengemeinden erklärt, unter denen die neue Botschaft mündlich verbreitet wurde.[3] Das geschieht nicht nur in den vielen Gleichnissen und Lehrreden Christi, sondern auch im Passionsbericht selbst, der durch viele markierende Hinweise wie ins Relief gehoben und intensiviert erscheint. Das äußert sich in den Worten Christi, der Jünger und der Widersacher ebenso wie in der einprägsamen Sinnbildlichkeit der Geschehnisse und Gebärden: in Judaskuß, Geißelung, Dornenkrone, Kreuztragen, Blut aus offener Wunde, Beben der Erde und Zerreißen der Vorhänge; in Bestürzung, Flucht oder schmählichem Untergang der Frevler oder in der Erscheinung des Auferstandenen, in dessen Wundmale Thomas seine Hände legen kann, – was alles von der christlichen Kunst immer wieder aufgegriffen und andachtsbildartig dargestellt worden ist wie z. B. in den seit dem Spätmittelalter üblichen Stationendarstellungen des Kreuzweges.

Ähnlich wie die Passion werden die evangelischen Wunderberichte erbaulich verdeutlicht. M. Dibelius hat als Topik des neutestamentlichen Heilungswunders die Reihenfolge „Daten aus der Krankengeschichte, Angaben über die Technik der Heilung, Beweise für die Wirklichkeit der Gesundung" sowie – als spätere Zutat der Evangelisten – die erbaulichen Schlußkommentare herausgearbeitet.[4] An den in die Evangelien aufgenommenen Legenden betont er die erbauliche Harmonie und Ordnung, die „auf einen beglückenden Schluß hinausläuft"[5] und in der „die Frömmigkeit und Heiligkeit des Helden ebenso wie die ihm von Gott gewährte Protektion" im Mittelpunkt stehen.[6] Instruktiv ist Dibelius' Vergleich zwischen der Salbungsgeschichte bei Markus und Matthäus einerseits und Lukas (7, 36–50) andererseits, weil darin – was von Dibelius nicht eigens herausgestellt wird – die Entstofflichung der Wirklichkeit deutlich wird, die sich aus der Blickrichtung nur auf die in den Personen sichtbar werdende Frömmigkeit bzw. Bekehrung ergibt. Bei Lukas wird aus legendarem Interesse an der leidenden Frau diese „als eine bekannte Sünderin" hingestellt. „Dementsprechend wandelt sich ihre Tat: es ist nicht mehr von Königs- oder Messias-Salbung die Rede, sondern von der demütigen Verehrung eines reuigen Menschen für Jesus.

---

[3] Vgl. dazu M. Dibelius, *Formgeschichte des Evangeliums*, Tübingen ²1933, und R. Bultmann, *Die Geschichte der synoptischen Tradition*, Göttingen ³1957.

[4] A.a.O. S. 51.

[5] A.a.O. S. 103.

[6] Ebd. S. 105.

Der Schluß endlich richtet den Blick nicht auf Jesu, sondern auf des Weibes Schicksal und bezeugt so, daß die salbende Frau im Mittelpunkt der Erzählung steht."[7]

Die Struktur der Heiligenlegende ist nicht nur grundsätzlich die der Evangelienerzählungen, sondern die genannten Züge erscheinen in ihr in gesteigertem Maße. Der Kult fordert ein deutlich erbauliches, der Verehrung würdiges Bild des Heiligen. Seine Person, nicht Geschehen oder Raum, stehen im Mittelpunkt.[8] Dabei ist die Auffassung vom Menschen eine ganz andere als in Profanerzählungen oder weltlichen Biographien. Im wesentlichen geht es um die Beweise heiliger Tugenden und Gnaden im *Sanctus* sowie um die sie bestätigenden, z. T. noch nach seinem Tode geschehenen Wunder. Auf diese Grundlinien wird die darzustellende Wirklichkeit reduziert. Das Interesse gilt weniger dem Menschen als dem verehrbaren, beispielgebenden und als Hilfsmacht anrufbaren Heiligen.[9] Obwohl er als irdisches Wesen der natürlichen Bedingtheit ausgesetzt ist, wird an ihm darzustellen gesucht, wie er sich über den Bereich des Sekundären hinaus- und in die *causae primae*, „die Wirkungen Gottes",[10] hineinhebt. Als solcher ist er Gegenstand der frommen Betrachtung. In ihm scheint die religiöse Sehnsucht nach der absolut höchsten Möglichkeit des Menschen auf Erden, seiner Heiligung, objektiviert, die Macht des Geistes über das Böse vergegenständlicht. Die großen christlichen Tugenden Glaube, Hoffnung und Liebe sowie die Kardinaltugenden und die drei Evangelischen Ratschläge zur Vollkommenheit (Keuschheit, Armut und Gehorsam) werden in ihm, verschieden akzentuiert, sinnfällig gemacht.

Es verwundert unter diesen Voraussetzungen nicht, daß das Psychologische in der Menschendarstellung der Heiligenlegende noch mehr zurücktritt als in der übrigen mittelalterlichen Erzählliteratur. Auch wenn sich sagen läßt, daß bei Boccaccio (etwa *Dec.* IV, 9) selbst die Liebenden nicht so sehr eigenbewegt als getrieben erscheinen, „mit nichts als Liebe ausgefüllt,"[11] so ist doch hier wie in der Chronistik und Biographie des Mittelalters – z. B. schon bei Gregor von Tours – der Blick mehr auf das mensch-

---

[7] Ebd. S. 111. Über andere legendenhafte Züge in den kanonischen Evangelien R. Bultmann, a.a.O. S. 260–327 u. 335, Anm. 1.

[8] Vgl. auch H. Rosenfeld, *Legende*, Stuttgart 1961, S. 15, 17, 18–19.

[9] „Da liegt der Grund", sagt Jolles, *Einfache Formen*, S. 35, „weshalb jene Gemeinschaft nicht fragt, wie der Heilige sich fühlt, wenn er fromm ist, wenn er handelt, wenn er leidet. Er ist [...] ein Mittel, Tugend vergegenständlicht zu sehen, vergegenständlicht bis in die höchste Potenz, bis in die himmlische Macht."

[10] W. v. d. Steinen, a.a.O. S. 240.

[11] Cl. Lugowski, *Die Form der Individualität im Roman, Studien zur inneren Struktur der frühen deutschen Prosaerzählung*, Berlin 1932, S. 35; vgl. auch A. Jolles, Einleitung zu *Das Dekameron*, übers. v. A. Wesselski, Leipzig (Insel), 1928, S. XLIII; er spricht von dem „Geist, der sich ihres [der Menschen] Innersten bemächtigt, von dem sie fortan besessen waren".

liche Verhalten gerichtet.[12] In der Hagiographie fehlt fast jeder psychologische Spielraum. Die Heiligen scheinen, menschlich betrachtet, erlebnisleer, von nichts als Gottesliebe und anderen heiligen Tugenden ausgefüllt. Unmittelbar und unbeirrt folgen sie dem Anruf des Herrn. Nur am Rande – und vorwiegend in den früheren Martyrerpassionen und Eremitenleben – gibt es Augenblicke der Not und Anfechtung.[12a] Die Figuren sind vom Thematischen her überformt. Die Seinsverschiedenheit ihres letzten Zielpunktes von aller nur irdischen Wirklichkeit macht sie zu Wesen ganz anderer Art als die Helden profaner Erzählungen. Sie durchlaufen auch kaum eine Entwicklung und haben keine innere Geschichte. Von Kindheit an, vielfach schon im Mutterleibe, sind sie von Zeichen der Heiligkeit umgeben. Zwar gibt es auf ihrem Wege die Entscheidung für das mönchische Leben, das Martyrium, die geistlichen Ämter und ebenso – in den Asketenleben benediktinischer Richtung und in Bonaventuras *Legenda Maior s. Francisci* – die Stufenfolge geistlicher Vervollkommnung, aber in allen Prüfungen bewähren sie sich gleichermaßen und folgen ihrer Berufung. Selbst die Konversions- und Büßerleben bringen keine allmähliche Progression, sondern ein plötzliches, gnadenvolles Umschlagen, das in einem lebenslangen Sichbewähren seine Bestätigung findet.

Noch weniger läßt sich bei den Nebenpersonen von innerer Entwicklung sprechen. Ihre Reaktionen können in den natürlicheren Gefühlsbereichen liegen und deshalb belebend wirken, jedoch bleiben auch sie als verdeutlichende Attribute auf den *Sanctus* bezogen. Dieser selbst erscheint unveränderlich groß, von den anderen bewundert, gepriesen oder auch verhöhnt. Aber selbst seine Widersacher reden ihn vielfach als den Heiligen an statt mit den Worten eines situationsbedingten, natürlichen Empfindens. Sie sind wie Spiegel, die, wenn auch in sich verzerrt, den Glanz des *Sanctus* klar zurückwerfen. Dieser Mangel an szenischer Perspektive und Verknüpfung, verbunden mit demonstrativer Hinordnung aller Bewegungen und Reden auf den einen Mittelpunkt, hat bekanntlich eine Parallele im Prinzip der „Attributierung" in der mittelalterlichen Kunst.[13] Auch hier wird der Heilige grundsätzlich größer und in ruhigem Abstand zu den Nebenpersonen dargestellt. Diese wenden sich ihm oft – besonders seit dem hohen Mittelalter – mit angestrengten Blicken und z. T. unnatürlichen, ekstatisch gesteigerten Gebärden zu.[14] Ihre Funktion ist dann nicht mehr

---

[12] Vgl. dazu S. Hellmann, „Gregor von Tours", und „Einhards literarische Stellung", a.a.O.; P. Kirn, *Das Bild des Menschen in der Geschichtsschreibung von Polybios bis Ranke*, Göttingen 1955, S. 60ff. und R. Wenskus, a.a.O., S. 69ff.

[12a] Auch im afz. Alexiuslied, worauf Sckommodau gegenüber Spitzer u. Jolles hinweist („Zum afz. Alexiuslied", a.a.O., S. 190).

[13] Vgl. zur Attributierung im Sinne von „erläuternder Zuordnung" in der mittelalterlichen Kunst die grundsätzlichen Ausführungen von W. Messerer, „Einige Darstellungsprinzipien der Kunst im Mittelalter", *DVj* 36 (1962), S. 157–178, hier S. 160.

[14] Vgl. O. Pächt, *The Rise of Pictorial Narrative in Twelfth-Century England*, Oxford 1962, S. 9–11, über "the use of gestures as signposts guiding the beholder and helping him

nur die der objektiven Sinnerläuterung und des Wertmaßstabes, sondern zugleich – und seit dem 13. Jh. vornehmlich – die der emphatischen Bestätigung und Bekundung des Geglaubten, d. h. einer frommen Gefühlsäußerung.[15] Die teilweise noch vom antik-klassischen Geist beeinflußte frühmittelalterliche Buchmalerei und Hagiographie – besonders Gregor in seinen Dialogen – gestalten hier vergleichsweise lebensnäher, aus den Gegebenheiten des Vorgangs selbst heraus.

Grundsätzlich aber ergibt sich aus der erbaulichen Gruppierung der Nebenfiguren und der Konzentration auf den Vorgang der Heiligung – oder häufiger auf den Zustand des Heiligseins[16] – eine Verlangsamung und Entwertung des äußeren Geschehens. Während die ganz anders strukturierte Mirakelgeschichte auf eine pointierte Handlung angelegt und hierin der Novelle verwandt ist, fehlen den Viten – ausgenommen die wenigen romanhaften Apostellegenden und die ihnen nachgebildeten Stücke – Geschehnisfülle und abwechslungsreiche Bewegung.[17] Lediglich in einigen frühmittelalterlichen Darstellungen gibt es ein stürmisches Herbeiströmen der Menge oder ein Davonhetzen der besiegten Heiden unter dem Eindruck des großen Wunders – ähnlich den Illustrationen der Psalter von Utrecht und Canterbury (MS. Harley 603) –, aber auch hier handelt es sich nur um ein erregtes, vom Wunder überwältigtes Reagieren, ein drastisches Sichtbarmachen des Heiligen, nicht um das Auslösen eines neuen Handlungsschrittes. Eindeutiger und durchgreifender als in vergleichbaren weltlichen Erzählungen ist in der Hagiographie alles vom Ende her motiviert. Auf die Verklärung des *Sanctus* ist von Anfang an alles bezogen. Die Zukunft ist eindeutig vorausbestimmt, der Lebensplan verbindlich fest-

---

to grasp the significance of the story" (S. 10) auf den Bayeux-Teppichen im Gegensatz zu klassisch beeinflußten, noch nicht hochmittelalterlich stilisierten Buchmalereien.

[15] Vgl. dazu die Begriffsbestimmung des „Andachtsbildes", unten S. 30 ff.

[16] R. Petsch, „Die Lehre von den ‚Einfachen Formen'", *DVj* 10 (1932), S. 335–369, hier S. 368 f., spricht in seinen sonst treffenden Bemerkungen nur vom „Vorgang" der Heiligung.

[17] Die romanhafte Struktur der apokryphen Apostelgeschichten ist für den größeren Teil der hoch- und spätmittelalterlichen Legendenliteratur nicht von wesentlichem Einfluß gewesen. In altenglischer Zeit jedoch kommen Stoffe wie die Fahrt des Andreas zu den menschenfressenden Myrmidonen oder die Kreuzauffindung durch Helena der epischen Formensprache entgegen. Ohne Bedeutung für die spätere Formgeschichte der Heiligenlegende blieb das aus dem hellenistischen Roman übernommene Motiv der vielfachen Trennungen und Wiedervereinigungen der Liebenden, das – in das Verhältnis Apostel und Jüngerin umgewandelt – in der Geschichte von Paulus und Thekla erzählt wird. Vgl. zu dem ganzen Bereich E. von Dobschütz, „Der Roman in der altchristlichen Literatur", *Deutsche Rundschau* 28 (1902), S. 87–106; R. Soeder, *Die apokryphen Apostelgeschichten in der romanhaften Literatur der Antike* (= Würzburger Studien zur Altertumswissenschaft III) Stuttgart 1932; G. Bornkamm, *Mythos und Legende in den apokryphen Thomas-Akten*, Göttingen 1933; R. Helm, „Der antike Roman" (= *Handbuch der griech. u. lat. Philologie*, ed. B. Snell u. H. Erbse, Berlin 1948), Göttingen 1956 (= Studienhefte zur Altertumswissenschaft, ed. B. Snell u. H. Erbse, Heft 4), bes. S. 53–61.

gelegt.[18] Gott spricht in diesem Sinne durch Engel, Zeichen und Visionen zu den Seinen. Zwar gibt es in Profanerzählungen Vorausdeutungen durch Traum, Ahnung, Prophezeiung, festen Entschluß usw., aber in ihnen liegt wie in allem Menschlichen eine stärkere Zukunftsungewißheit. Die Handlung der weltlichen Erzählung hat deshalb noch Eigenbewegung, sie baut die fiktive Welt recht eigentlich erst auf. Im Heiligenleben kann es diese handlungsschaffende Komplikation kaum noch geben, von dramatischer Zuspitzung, Schürzung und Lösung des Knotens ganz zu schweigen. Ein balladeskes und novellistisches Gestalten ist ihm ebenso fremd und für die fromme Gläubigkeit überflüssig wie ein stoffschweres und vielfarbiges episches Erzählen. Diese Gestaltungsweisen können natürlich von den Legendenstoffen Besitz ergreifen und zu hohen literarischen Leistungen führen; sie bedeuten aber meist ein Abrücken von den erbaulichen Substanzen der hagiographischen Stoffe. Sofern es sich nicht (wie in altenglischer Zeit) um eine missionarische Darbietungssituation handelt, werden von der Kultgemeinschaft typische Verhaltensweisen und Lebensläufe erwartet, die im Grunde nur noch vermeldet zu werden brauchen, allerdings unter gleichzeitiger Verdeutlichung und Steigerung des erbaulichen Elements.

Die Blickrichtung auf die in der Person des Heiligen sichtbar werdenden wunderbaren Tugenden und Gnaden bringt es mit sich, daß – ähnlich wie in den Berichten der Evangelisten – auch die räumliche Fixierung des Geschehens von untergeordneter Bedeutung bleibt. Zwar finden sich Ortsnamen mitunter ebenso häufig wie Personennamen, aber ihnen kommt mehr eine Art reliquiare Bedeutung für die erbauliche Betrachtung zu, nicht die einer exakten räumlichen Einordnung der Ereignisse. Auch wird aus Gründen der größeren Glaubwürdigkeit das Geschehen auf einen geschichtlichen Rahmen bezogen – z. B. auf die Christenverfolgungen unter diesem oder jenem Kaiser –, aber auch hier geht es nicht um Historizität, abgesehen von solchen Viten, die – meist auf Kosten ihrer hagiographischen Intensität – mehr chronistisch und biographisch angelegt sind.

Den aus dem Wesen hagiographischen Sehens sich ergebenden Strukturverhältnissen entsprechen die in den Legenden bevorzugten D a r b i e t u n g s - f o r m e n. Grundlegend ist – der geringen Bedeutung des Zeitelements gemäß – ein r u h i g e r B e r i c h t, der die wichtigen Dinge und Begebenheiten auswählt und sie mit schlichter Selbstverständlichkeit nennt. Seine Funktion ist mehr die eines sicheren Setzens und Beglaubigens der wesentlichen Wahrheiten als die ihrer erzählerischen Entwicklung. Die Gattungspoetik hat mit Recht auf diesen Zug hingewiesen, und auch Äußerungen mittelalterlicher Legendenschreiber lassen sich in diesem Sinne verstehen.[19]

[18] Vgl. auch E. Lämmert, *Bauformen des Erzählens*, Stuttgart 1955, S. 180.
[19] Vgl. die Äußerungen in der Spielmannslegende des 13. Jhs., bei Chaucer und bei Bokenham unten S. 195, 303 und 326.

Allerdings wird der Bericht mit zahlreichen Mitteln erbaulicher Intensivierung verbunden. Das gilt nicht nur für die enkomiastische Richtung der Hagiographie, die von Anfang an feierlichen Sprachschmuck verwendete, sondern auch für die volkstümliche Legende. Eine besondere Rolle kommt der Äußerung erbaulicher Gefühle in Formen aufweisender Rede zu. In Predigten und Lehrreden wird die Heilsordnung Gottes sichtbar gemacht, in Disputationen zwischen dem Heiligen und seinem Richter prallen Glauben und Heidentum in erregten Wortgefechten aufeinander, in Gebeten spricht sich das Frommsein für den Hörer und Leser in einer unmittelbar mitvollziehbaren und beispielhaften Weise aus, die Ausrufe der Umstehenden bezeugen Überwältigtsein und Staunen, liebevolle Zuneigung oder liturgischen Jubel. In jedem Falle ist die Darstellungsperspektive weniger die des situationsbedingten, natürlichen Verhaltens der in der Szene befindlichen Personen als die der von außen herangetragenen kultischen Verehrung, Betrachtung und Devotion.

Daraus erklären sich auch die zahlreichen Wiederholungen, vor allem in der Häufung der Wunder und Tugendbeweise. Sie entsprechen dem innersten Bedürfnis der Legende nach immer neuer Bestätigung des Geglaubten,[20] und lassen sich nicht nur als Anwendung einer rhetorischen Vorschrift oder aus der mündlichen Vortragssituation vor mehr oder weniger gebildeten Hörern verstehen.[21] Ähnliche Funktion kommt der verdeutlichenden Kontrastierung zu. Immer wieder ergibt sich, christlicher Sehweise gemäß, ein dualistisches Gegenüberstellen der Kräfte: der Welt Gottes und der des Satans, des Heiligen und des Richters, des Engels und des Dämons, der Qual des Körpers und des Triumphes der Seele, der Sünde und der heiligen Tugend. Immer geht es um diese spirituellen Bezüge, nicht um ein naives Erzählen oder Ausmalen einer konkreten Begebenheit. Deshalb spielen auch Vergleiche analoger Züge (z. B. in

[20] Vgl. dazu R. Petsch, a.a.O. S. 349. Auch J. Schwietering, *Die dt. Dichtung des Mittelalters*, Potsdam 1941, S. 92, erkennt vor allem das „der Legende mit ihren wiederholten Martern, Errettungen und Heilungen immanente Prinzip der Wiederholung, das sich bis auf die einzelne zur Formel erstarrende, an die gleiche Situation gebundene Wortverbindung erstrecken kann". J. Merk, a.a.O. S. 49, spricht von „Wiederholungstypen" oder Stereotypie, jedoch wird die erbauliche Bedeutung dieses Prinzips nicht klar gesehen. Auch R. Bultmann, a.a.O. S. 442, sieht im „Gesetz der Wiederholung", nur einen Zug „volkstümlicher Erzählungsweise" in den biblischen Erzählungen. Natürlich gehört die Wiederholung zum Prinzip aller Volksdichtung, sie hat im geistl. Erzählen aber besondere bestätigende und erbauliche Funktion. Diesen Zug betont M. Blumenthal, *Formen und Motive in den apokryphen Apostelgeschichten* (= Texte u. Untersuchungen z. Gesch. d. altchristl. Lit., 4. Reihe, 3. Bd., 1. Heft = 48. Bd., 1. Heft), Leipzig 1933. Der Verfasser geht dem Geltungsbereich, der Herkunft, der Technik und dem Sinn des „Zweiheitsgesetzes" nach, vgl. bes. S. 75: „Nun kann der Erbauungscharakter der Schriften, die das Gesetz haben, nicht im mindesten zweifelhaft sein. Und sie alle handeln über geschichtliche Stoffe. Also ist das Zweiheitsgesetz das Gesetz, das für die Form erbaulicher Geschichtsdarstellungen maßgeblich ist."

[21] Vgl. dazu allgemein R. Crosby, "Oral Delivery in the Middle Ages", *Speculum* 11 (1938), S. 88–110; über Wiederholungen S. 102–108.

Bibel und Vita) eine Rolle. Schließlich ist das Prinzip der Steigerung wichtig, das die Heiligung in immer schwierigeren Prüfungen und Bewährungen sinnfällig macht.

Die Bevorzugung der genannten Darbietungsformen und Aufbauprinzipien führt in den eindringlichsten Beispielen der Legendenliteratur dazu, daß der Bericht, wenn er von der summierenden Linie in die breitere Einzeldarstellung übergeht, nicht einfach zur äußerlich bewegten Szene, zur Episode oder zum rein visuellen Erzählbild wird, sondern zum Sinnbild oder zum Andachtsbild. Mit diesen Begriffen sind Erzählstrukturen gemeint, die trotz Wesensverwandtschaft und mehrfachen Überschneidungen zu verschiedenen Zeiten verschieden stark hervortreten: das Sinnbild in der Mönchshagiographie des Früh- und beginnenden Hochmittelalters, das Andachtsbild in der volkstümlicheren Legende seit dem 13. Jh. Gemeinsam ist ihnen, daß sie, hagiographischer Wirklichkeitsauffassung gemäß, weder mit der herkömmlichen Deskription noch mit dem literarischen Symbol übereinstimmen, obwohl sie von beiden etwas in sich aufnehmen. Ohne auf volle Vorstellbarkeit und naturhafte Zusammenhänge zu zielen, dienen sie dem Zweck, im Konkreten das Geistige erfahrbar zu machen. Dabei ist unter einem Sinnbild, das man auch als Gedankenbild bezeichnen könnte, die bildhafte Verdeutlichung des transzendenten Sinnes zum Zweck der Betrachtung und Verherrlichung zu verstehen, d. h. eine besonders direkte und feierliche, auf jedes bloße Abbilden von Realität verzichtende Verbildlichung von Spirituellem, wie sie auch in weiten Bereichen der mittelalterlichen Kunst stilbestimmend ist.[22] Der Sinnbezug ergibt sich auf zweifache Weise. Grundlegend ist schon die im Stoff liegende direkte Verbindung und Identität der einzelnen Wunderbegebenheit, Tugendbewährung oder Marterung mit dem Wirken und Wesen Gottes oder des Teufels. Das Einssein des Vordergründigen mit den Mächten der Überwelt, für welche die Legende zum Schauplatz der Auseinandersetzung gemacht wird, ist ganz konkret, nicht nur metaphorisch gegeben. Jedoch tritt zu diesem Sachbezug oft eine figurale Bedeutung. Sprachliche Bildungen wie „ein Rad mit scharfen Klingen" (als Zeichen des Martyriums) oder „die Götterbilder zerspringen" (als Zeichen für die Zwecklosigkeit der Verfolgung und den schließlichen Sieg des Christentums) – worauf Jolles mit Recht aufmerksam macht – sind wie symbolische Umsetzungen des mannigfaltigen Geschehens „in irgendwie letzte, nicht weiter teilbare Einheiten".[23] Auch Gebärden, Reden und Gebetsformeln können, wie z. B.

---

[22] Vgl. W. Messerer, a.a.O., S. 162 f.; dort auch zu dem von H. R. Hahnloser, „Kirchliche und weltliche Kunst im schweizerischen Mittelalter (Zusammenfassung)", *Beiträge z. Kunst d. Mittelalters*, Berlin 1950, S. 99 ff. (hier S. 101) verwendeten Terminus „Gedankenbild".

[23] *Einfache Formen*, S. 44. Vgl. zum Symbolischen in der Heiligenlegende auch R. Petsch, „Die Lehre von den ‚Einfachen Formen'", a.a.O. S. 349 f. und W. von den Steinen, „Heilige als Hagiographen", *HZ* 143 (1931), S. 229–256.

in den Dialogen Gregors des Großen, diese Funktion übernehmen. Sie alle partizipieren nicht nur unmittelbar am Kampf des Guten gegen das Böse, sondern weisen zugleich verdeutlichend und sinnbildhaft darauf hin. Es können auch kleine symbolische Einzelheiten zur Bereicherung des Ausdruckswertes in die Gesamtvorstellung aufgenommen werden. Sie alle sind der Handlung gleichsam enthoben. Diese selbst bleibt ihnen als den Sinnträgern zugeordnet, bzw. wird selbst Ausdruck einer auf Gott gerichteten Haltung. Das kann als Verlangsamung des äußeren Geschehens, aber auch – im frühen Mittelalter – als innere, geistbeflügelte Bewegtheit erscheinen. Die Ereignisse werden nicht, wie etwa in der profanen Erzählkonvention der spätmittelalterlichen *metrical romance*, als Folge kleiner Zeitquantitäten verstanden, sondern als Manifestation göttlichen Wirkens. Diese Blickrichtung verbindet sich in den meisten frühmittelalterlichen Viten mit Heiligenlob. In solchen Fällen könnte man auch von kultbildartiger Darstellung sprechen, in welcher objektiver Sinnbezug und offizielle liturgische Verehrung zusammenwirken.

Zu diesen Funktionen und Eigenschaften des hagiographischen Sinn- und Kultbildes tritt seit den mystischen Bewegungen des hohen Mittelalters, besonders seit der *Legenda aurea* des Jacobus a Voragine, der intensive Ausdruck von Frömmigkeitsgefühlen. In den volkstümlicheren Sammlungen wird gleichzeitig die anspruchsvolle geistige Bezogenheit vereinfacht oder zurückgestellt. Es ergibt sich eine Darbietungsform, die man mit einem von der Literaturwissenschaft bisher nicht verwendeten Begriff als erzählerisches A n d a c h t s b i l d bezeichnen kann.[24] Dieses verdeutlicht

---

[24] Lediglich Herder macht von ihm Gebrauch (vgl. oben S. 3, Anm. 18), allerdings in einem allgemeinen frömmigkeitspsychologischen Sinn. In der modernen Theologie und Kunstwissenschaft wird der Begriff präziser auf bestimmte Formgebilde bezogen. Man versteht darunter nicht eine literarische, sondern eine „selbständige bildliche Darstellung eines religiösen Gegenstandes, die – im Gegensatz zur hieratischen Transzendenz des Kultbilds und zum zyklischen Historienbild – durch Auffassung und Gestaltung den persönlichen Gefühlsgehalt verkörpert, der den Betrachter bzw. Beter mit den wiedergegebenen Personen und Ereignissen verbindet". (A. Weiss Artikel „Andachtsbild", *Lexikon f. Theol. u. Kirche*, I, Freiburg i. Br. ²1957, Sp. 505; vgl. dazu auch R. Guardini, *Kultbild und Andachtsbild*, Würzburg 1939; G. Wunderle, „Andachtsbild und Andacht", *Zeitschrift f. Aszese u. Mystik* 18 (1943), S. 83 ff.). Als Ausdrucksmittel werden „betonte Beseeltheit oder starker Realismus (z.B. Passion), auch sinnbildliche Bereicherungen" genannt (A. Weiss, a.a.O.). Die deutschsprachige Kunstwissenschaft verwendet den Terminus seit den zwanziger Jahren für „eine bestimmte Gruppe von Bildwerken, die im späteren Mittelalter neben den herkömmlichen Darstellungen erscheinen und dem Bedürfnis nach stiller, gesammelter Andacht des einzelnen Gläubigen dienen". (Dorothee Klein, Artikel „Andachtsbild", O. Schmitt, *Reallexikon zur deutschen Kunstgeschichte*, I, Stuttgart, 1937, Sp. (681 bis 687) 681; vgl. auch die dort verzeichnete und besprochene Literatur.) Gemeint sind Motive, die „durch Isolierung aus biblischen Szenen [...] oder durch visionäre oder sinnbildliche Verdichtung" (A. Weiss, a.a.O. Sp. 504f.) entstanden sind, z.B. Pietá, Schmerzensmann, Christus-Johannes-Gruppe, nach G. Dehio (*Gesch. d. Deutschen Kunst*, II, Berlin ⁴1930) auch das Schutzmantelbild und das Hl. Grab sowie (nach

nicht nur den Sinn und den Vollzug des offiziellen Kultus, sondern zielt
ebenso sehr auf das fromme Miterleben bei Hörern oder Lesern. Es wird –
für das zu erbauende Publikum und von seiner Perspektive aus – aufgefüllt
mit religiösen Begleitgefühlen, mit Äußerungen der Hingabe, des Mitleides,
der Mitfreude, der Verzückung oder der Bewunderung. Hierdurch wächst
ihm eine neue – seelische – Bewegtheit und Fülle zu. Es wird einbezogen
in emotionale und kontemplative Akte der Andacht, in den lebendigen
Vollzug der Einzelbetrachtung. Die Intensität und der persönliche Charakter der Gefühlsmomente unterscheiden das erzählende Andachtsbild von
den Formen der kultisch verwendeten hagiographischen Viten. An die
Stelle der dort nur zeichenhaft objektiven und hieratischen Repräsentanz
des Absoluten, dessen Anderssein durch ein liturgisch feierliches Lobpreisen noch unterstrichen wird, tritt ein Sich-Versenken in das Wesen
des Wunders oder der hl. Person und damit eine Durchdringung und Verschmelzung von Bild und Devotion. Mehr noch als im hagiographischen
Sinnbild ergibt sich so eine Verlangsamung, ja, wie im gemalten Andachtsbild, eine „Verzuständlichung"[25] des äußeren Geschehens, gleichzeitig aber
eine Beseelung, Bereicherung und emotionale Belebung der Darstellung.[26]
Vom Standpunkt der Poetik aus liegt ein mehr lyrisches als episches Verfahren vor, das auch die Kunstwissenschaft in den Formen des plastischen
oder gemalten Andachtsbildes hervorhebt.[27]

W. Pinder, *Die Deutsche Plastik*, I (Hdb. d Kunstwissenschaft), 1914–1929, S. 92,
und *Deutsche Plastik d. 14. Jhs.*, München 1925, S. 35) Muttergottes mit dem Rosen-
strauch, Maria auf der Mondsichel, Anna im Wochenbett und (nach E. Panofsky,
"Imago Pietatis", *Festschrift f. Max Friedländer*, Berlin 1927, S. 261ff.) noch Kreuz-
schlepper, Christus am Marterpfahl, Betender Heiland, Veronika mit dem Schweiß-
tuch, Christus als neugeborenes Kind, Christus in der Rast, die Hl. Familie, Verlobung
der hl. Katharina, Maria im Ährenkleid und gewisse Formen des Kruzifixes. Letztere
wurden – zusammen mit Franziskusdarstellungen – jedoch schon von O. Sirén,
Toskanische Maler im XIII. Berlin 1922, der Sache nach, wenn auch nicht namentlich, als Andachtsbilder definiert und aus der franziskanischen Frömmigkeit erklärt.
Dieser überzeugende frömmigkeits- und formgeschichtliche Rückgriff auf das 13. Jh.
ist von größter Wichtigkeit, da er zeigt, daß das Phänomen des Andachtsbildes, in
einem weiteren Sinne verstanden, nicht erst (wie Weiss, a.a.O. Sp. 505 meint) aus
der „klösterlichen Mystikerbewegung des 14. Jh." erklärt werden muß, sondern daß
seine geistigen Grundlagen in der franziskanischen Frömmigkeit liegen. Die Formgeschichte der literarischen Legende bestätigt genau diesen Befund, jedenfalls für die
Legenda aurea und die englische Entwicklung.

[25] Vgl. E. Panofsky, "Imago Pietatis", a.a.O. S. 261ff.

[26] E. Panofsky, a.a.O., spricht für den Bereich der bildenden Kunst in diesem Sinne von
„Verbeweglichung".

[27] Wollte man – z. B. für die Zwecke einer allgemeinen Stilgeschichte – die Funktionen
einzelner Aufbauformen wie der Gebärde in der Legendenliteratur untersuchen, so
müßte man sie im Zusammenhang mit den genannten strukturellen Grundverhältnissen
der Gattung sehen. Eine Beschränkung etwa auf die bei Teufeln und Bösewichtern
erkennbaren physischen Affektgebärden und auf deren allgemeinen psychologischen
Ausdruckswert, wie sie von W. Habicht, *Die Gebärde in englischen Dichtungen des Mittelalters* (= Abh. d. Bayer. Akad. d. Wiss., Philos.-histor. Klasse, N. F., Heft 46, München

Formgeschichtlich entscheidend ist, daß das erzählerische Andachtsbild sich in den außerliturgisch oder doch nicht notwendigerweise liturgisch verwendeten Kurzfassungen der seit dem 13. Jh. üblich werdenden Legendare bzw. ansatzweise in den ähnlich verkürzenden, schon Ende des 6. Jhs. entstandenen Dialogen Gregors findet. Man kann es deshalb als eine spezifisch legendarische Darbietungsform von denen der hagiographischen Viten abheben, obwohl sich natürlich mancherlei Übergänge ergeben. Grundsätzlich aber kommt dem Andachtsbild erst in der verdichtenden Kurzfassung eine auch ästhetische Wirkung zu. Erst hier steht es beherrschend im Mittelpunkt, frei von den oft überausführlichen Reden, Gebeten und Kommentaren der längeren hagiographischen Fassungen. Es läßt sich als die wohl eigentümlichste Form des Legendenerzählens bezeichnen, die es – abgesehen von legendenhaft stilisierten geistlichen Erzählungen des Mittelalters – in keiner anderen literarischen Gattung gibt. Sie wurde meist über die *Legenda aurea* von der landessprachlichen Legendendichtung aufgegriffen und modifiziert. Die Forschung hat dieses Phänomen bisher übersehen.

Inhaltlich betrachtet, begegnen andachtsbildartige Verdichtungen besonders bei Darstellung der einprägsamen Wunder und Visionen, der Kämpfe der Einsiedler gegen die Dämonen oder der Marterungen der Blutzeugen. Weder der Ort noch die Marterwerkzeuge oder die wunderbaren Begebenheiten sind um ihrer selbst willen da. In den Visionswundern der Mirakelsammlungen des 12. und 13. Jhs. geht es primär um mystische Betrachtung der in sich ruhenden Gegebenheiten, weniger um äußere Bewegung.[28] In der Heiligenlegende dienen alle Einzelheiten nur der Vergegenwärtigung und intensiven Betrachtung des Leidens und Siegens des *Sanctus*. Seine körperliche Erscheinung wird nicht einfach äußerlich beschrieben, sondern ist Gegenstand des Mitleidens oder der Mitfreude. Sein strahlendes Angesicht etwa ist das Zeichen seelischer Läuterung, die sich auch den Umstehenden mitteilt. Seit dem 12. und 13. Jh. bekommt er Züge, die ihn dem Betrachter menschlich näher bringen. Zwar steht er auch jetzt groß und in seinen typischen Haltungen im Mittelpunkt, aber er ist von den auf ihn weisenden Figuren, Blicken, Reden, Attributen und Geschehnissen umgeben, so daß er wie in einem Kranz verdeutlichender

1959), vorgenommen wird, führt zu einer Isolierung von Gesichtspunkten, die für die (von Habicht vornehmlich untersuchte) weltliche Erzählliteratur ergiebig sein können, für die Heiligenlegende aber nebensächlich sind. Man müßte hier ganz entschieden von den (auch von Habicht, a.a.O. S. 26, generell erwähnten) religiös-kultischen Gebärden ausgehen, ihre wechselnden Funktionen bestimmen und ihre allmähliche Vermischung mit profanen Affektgebärden historisch untersuchen. Dies ist nicht das Hauptziel der nachfolgenden Analysen, die sich mehr auf die zusammengesetzten Darbietungsformen als auf ein einzelnes Aufbauelement richten; nur von Fall zu Fall und im Zusammenhang mit anderen Darbietungsmitteln wird die Bedeutung der Gebärde erörtert.

[28] Vgl. dazu Ingeborg Brüning, oben S. 13f.

Spiegelungen steht – ganz ähnlich wie auf vielen Bildern der toskanischen Malerei des 13. Jhs., wo um die Heiligengestalt eine Reihe kleiner Einzelszenen aus seiner Legende angeordnet ist.[29] Obwohl das Einzelbild der Legende aus dem epischen Zusammenhang gehoben wird, bleibt es nicht isoliert, sondern für die gefühlsmäßige Betrachtung geöffnet, mehr vom Ethos christlicher Liebesgemeinschaft als von einer nur objektiv-symbolischen Sehweise getragen. In Malerei wie Legendendichtung bringt erst die Emotionalität der franziskanischen Frömmigkeitsbewegung im 13. Jh. diesen Zug voll hervor, obwohl die Möglichkeit dazu grundsätzlich mit jeder hagiographischen Sehweise gegeben ist. In vielen früh- und hochmittelalterlichen Durchschnittsviten erschöpft sich die Betrachtung in Rufen des Staunens und Erschreckens, in homiletischer Mahnung, liturgischem Preisen und in der Beziehung der Wunder auf biblische Vorbilder. Im späteren Mittelalter, nach Abklingen der franziskanischen Andachtsbewegung, kommt es in der Literatur vielfach nur noch zu schaubildartigen Konkretisierungen.

Die Konzentration auf Einzelbilder und die grundsätzliche Entwertung der Kategorien des Raumes und der Zeit in der Legende führt zu einer locker reihenden Verknüpfungsweise. Obwohl das Nacheinander des Lebenslaufes und gewisse Zuordnungen wie die von Verhör und Martyrium oder die Reihenfolge der vom Heiligen bekleideten klösterlichen Ämter eingehalten werden, so stehen doch die Einzelheiten nicht in enger temporaler Sukzession oder in einem aus dem natürlichen Geschehen selbst sich ergebenden, exakten Kausalnexus. Sie sind Teil eines höheren Zusammenhangs, gleichsam unmittelbar und vertikal mit der Überwelt verbunden, ohne allzu dichte horizontale, logische oder zeitliche Verbindung miteinander. Sie können, weil jedes Einzelteil zugleich das Ganze spiegelt, immer wieder neu gruppiert werden, und zwar vom Standpunkt der größtmöglichen Erbaulichkeit aus. Bis in den Grundriß der Stoffverteilung hinein wirkt sich also die Betrachtungsweise des Hagiographen oder der Kultgemeinschaft aus. Die Wunder können nach Gnadengaben geordnet, zur Verdeutlichung wiederholt, auf biblische Vorbilder bezogen oder untereinander vertauscht werden, wie u. a. die Motivwanderungen von Legende zu Legende beweisen. Auch der Zahl nach sind sie nicht festgelegt. Von Fall zu Fall können mehr oder weniger Begebenheiten erzählt werden. Im allgemeinen schwillt die Stoffüberlieferung im späten Mittelalter an, aber ebenso häufig ist die *Brevitas*-Formel, mit welcher festgestellt wird, daß mehr Wunder geschahen als berichtet werden können.[30]

So ergibt sich weniger aus der vorgegebenen Stofflichkeit als aus dem religiösen Bedürfnis des Heiligenkultes in der typischen Legende eine Gesamtstruktur von größter Einhelligkeit und Überschaubarkeit. Als

[29] Vgl. O. Sirén, a.a.O., passim, bes. S. 98, dazu auch unten S. 200f. u. 204, Anm. 35.
[30] Vgl. über dieses alte rhetorische Stilmittel O. Weinreich, *Antike Heilungswunder*, Gießen 1909, Anhang 4, und E. R. Curtius, *Europ. Lit. u. lat. Ma.*, Exk. XIII.

dargestellte Wirklichkeit erscheint eine durch und durch vom göttlichen Willen gelenkte Welt, deren harmonische Ordnung den Glaubensvorstellungen der Kirche entspricht und als Bestätigung des Erwarteten erbaulich wirkt. Jeder tragische Grundton und jede Andeutung eines ernsten Konfliktes fehlen, von wenigen Ausnahmen abgesehen. Der beglückende Schluß, die Gewährung des himmlischen Lohns für den Frommen und Heiligen, sind der Zielpunkt, auf den hin der Hagiograph erzählt. Gegenwirkungen sind vorhanden und werden geschildert, aber sie interessieren nur als Widerstände gegen das Vollkommenheitsstreben des *Sanctus*, als kontrastierende Folien, vor denen sich sein Nimbus um so strahlender abhebt. Sie sind nur Versuchungen durch den Bösen, sie werden nicht mit dem analysierenden Blick des Historikers als umwelts- oder charakterbedingt erklärt. Die Sehweise ist grundsätzlich unhistorisch.

Dennoch gibt es den vitahaften Grundriß nach Art der Biographie. Aber der Hauptgrund dafür ist, das heiligmäßige Leben in seiner Gesamterstreckung, von der Geburt bis zum Tode und noch darüber hinaus, mit erbaulicher Deutlichkeit zu zeigen.[31] Im Typus der Bekehrungslegende wird die Jugendgeschichte als kontrastierender Hintergrund erzählt (Maria Magdalena, Saulus-Paulus, Franziskus u. a. m.). Auch der ursprünglich auf die Martyriumsberichte beschränkten Martyrerlegende wird die Vorgeschichte über Kindheit und Jugend beigegeben. Von Anfang an lassen sich hagiographische Lebensschemata erkennen. Für das Martyrerleben gibt Delehaye folgende Übersicht:

> *Zuerst gibt man eine mehr oder minder ausführliche Schilderung der Verfolgung. Die Christen werden überall gesucht; viele fallen in die Hände der Soldaten, unter ihnen der Held unserer Legende. Er wird verhaftet und ins Gefängnis geworfen. Vor den Richter geführt, bekennt er seinen Glauben und hält furchtbare Folterqualen aus. Er stirbt, und sein Grab wird der Schauplatz unzähliger Wunder.*[32]

Der Martyrer ist von Kindheit an Inbegriff heiligmäßiger Frömmigkeit. Dagegen erscheint der Kaiser oder Richter „stets wie ein Scheusal in Menschengestalt, triefend von Blut und nur auf die Vertilgung der neuen Religion auf dem ganzen Erdkreis bedacht".[33] Zur Profilierung dieses Grundgedankens werden besonders die Reden des Verhörs und die Folterungen genutzt. Die Auseinandersetzung zwischen Martyrer und Richter wird nicht verwendet, „um die schönen Gefühle und den Charakter des Blutzeugen leuchten zu lassen, wie dies die Alten taten, wenn sie ihre historischen Werke mit konventionellen Reden ausschmückten"; vielmehr

---

[31] Zoepf, a.a.O. S. 42, Anm. 1, nennt nur wenige Heiligenleben des von ihm untersuchten 10. Jhs., die auf die Darstellung des ganzen Lebensganges verzichten: Argobast, Florentin, z. T. auch Magnus, Corbinian und Kilian.

[32] *Leg. hag.*, frz. S. 86 f., dt. S. 92.

[33] Ebd. frz. S. 87, dt. S. 93.

handelt es sich um die „Auseinandersetzungen über die Absurdität des Heidentums und die Schönheit der christlichen Religion".[34] Man kann mit Delehaye die Unglaublichkeit und den deklamatorischen Charakter dieser wie Schülerübungen klingenden Reden rügen, jedoch wird man ihrer erbaulichen Intention und literarischen Struktur nicht gerecht, wenn man sie, verglichen mit den authentischen Martyrerakten, als falsche Rhetorik verurteilt.[35] Entsprechendes gilt für die Vermehrung der Folterqualen durch die Hagiographen. Sie schreiben, „ohne an die Grenzen der Widerstandskraft menschlicher Natur zu denken; die göttliche Allmacht muß den Heiligen am Sterben hindern, damit der Hagiograph alle Leiden und Qualen erschöpfen kann, die seine Einbildungskraft und die Erinnerung an andere Lektüre ihm eingeben".[36]

Die Abfassung der Heiligenleben ohne Martyrium ist analogen Regeln unterworfen, wenn der Schreiber sich an die Methode der Ausschmückung und erbaulichen Verdeutlichung hält.

> *Wünscht man eine recht vollständige Biographie, so zerfällt das Heiligenleben in drei Teile. Vor der Geburt: Vaterland, Eltern, Weissagung der künftigen Größe. Das Leben: Kindheit, Jugend, wichtigste Taten des erwachsenen Mannes, Tugenden und Wundertaten; Verehrung und posthume Wunderzeichen.*[37]

Für das Wirken der Heiligen spielen weiter Stand und Beruf eine Rolle.

> *Ein Bischof hat nicht dieselben Pflichten wie ein Mönch, und ein Abt übt nicht dieselben Tugenden wie eine Nonne. Aus diesem Grunde ergeben sich Episoden von verschiedener Art. Im Leben eines heiligen Bischofs z. B. ist es Regel, daß er seine Wahl nur gezwungen anerkennt; widerstände er nicht, so würde er sich des Bischofsthrones würdig halten, und wenn er sich selber so gut beurteilen würde, so wäre er kein Vorbild der Demut. Handelt es sich um einen heiligen Mönch, so muß er sich in allen Tugenden seines Standes üben, und man kann daher ohne Gefahr sich zu täuschen sein Fasten, Wachen, seine Ausdauer im Gebet und im Lesen beschreiben. Und da Gott besonders durch die Wunder die Verdienste seiner Diener offenbart, kann man sicher sein, daß der Heilige, wer er auch sei, Blinde geheilt, Lahme gehen ließ, Dämonen vertrieben habe usf.*[38]

L. Zoepf geht in seiner Untersuchung der Heiligenleben des 10. Jhs. den durch den geistlichen Stand geprägten Lebensschemata des Missionars, des Abtes oder Bischofs und der hl. Jungfrau oder Frau genauer nach.[39]

[34] Ebd. frz. S. 88, dt. S. 94.
[35] Ebd. frz. S. 88f., dt. S. 94f.
[36] Ebd. frz. S. 89, dt. S. 95.
[37] Ebd. frz. S. 92, dt. S. 99.
[38] Ebd.
[39] A.a.O. S. 40–42. Zur Auffassung des bischöflichen Amtes und seines Verhältnisses zur weltlichen Gewalt vgl. O. Köhler, *Das Bild des geistlichen Fürsten in den Viten des 10., 11. und 12. Jahrhunderts*, Berlin 1935.

Weniger präzise ist er über das Idealbild des christlichen Königs, den er lediglich als Erhalter des Friedens durch Gerechtigkeit (im Sinne Augustins) bestimmt,[40] ohne auf die besondere geistliche Würde, Askese, Selbstzucht und sakramentale Weihe einzugehen, die unter dem Einfluß der cluniazensischen Bewegung das hagiographische Bild des Herrschers im 10. Jh. bestimmen.[41] Grundsätzlich wirken sich natürlich weltliche Berufe und Stände weniger schematisch für die Darstellung aus, da sie sich nicht so unmittelbar mit geistlichen Pflichten und Tugenden verbinden lassen. Das gilt für Ritter[42] und Handwerker[43] noch mehr als für den halbgeistlichen Stand des gesalbten Königs.

II. Behandlungs- und Auswahlgesichtspunkte

Die formalen und inhaltlichen Bestimmungen des Ordnungsbegriffs „Legende" können weitgehend als hagiographische und legendenhafte Konstanten bezeichnet werden. Sie sind aus der durch den Heiligenkult festgelegten religiösen Zweckbestimmung der Hagiographie und dem historischen Material selbst abgeleitet und können als gattungsimmanent gelten. Sie bieten deshalb eine zuverlässigere Ausgangsposition für eine historische Betrachtung der Legendenliteratur als die von außen herangetragenen Normen einer nur literarästhetisch und allgemein stilgeschichtlich vorgehenden Betrachtung.

Dennoch sind sie, wie bereits mehrfach hervorgehoben, in jedem Einzelfall modifizierbar, ja sie können von anderen Formen und Darstellungstendenzen überprägt werden – wobei allerdings das eigentlich Legendenhafte in eben diesem Maße blasser wird. Ihre Wandlungen im Spielraum des skizzierten Ordnungsbegriffs und ihre gelegentlichen Berührungen mit anderen Formtraditionen sind Gegenstand der unten folgenden Untersuchung. Diese geht grundsätzlich auf die variablen Faktoren der Entstehungs- und Darbietungssituation einer Legende ein. Versionen für den mündlichen Vortrag sehen anders aus als solche für die private Lektüre, die für die liturgische Lesung bestimmten anders als die, welche homiletisch

[40] A.a.O. S. 86.
[41] Vgl. über Abbos *Vita s. Eadmundi* unten S. 143 ff. und über ottonische Viten, bes. Ruotgers *Vita s. Brunonis*, E. Auerbach, „Lateinische Prosa des frühen Mittelalters", *Literatursprache und Publikum*, S. 118–122.
[42] Vgl. zur Georgslegende unten S. 315 f., 360 ff. und K. Krumbacher, *Der hl. Georg in der griechischen Überlieferung*, München 1911.
[43] Über Handwerksheilige vgl. J. Neubner, *Die heiligen Handwerker in der Darstellung der Acta Sanctorum*, Münster 1929.

vor Laien verwendet werden. Neben dem Verwendungszweck werden der Bildungsstand von Autor und Publikum und in besonderem Maße die jeweiligen Frömmigkeitshaltungen und Erbauungstendenzen berücksichtigt. Das Erbauliche wird im Gegensatz zur bisherigen literaturwissenschaftlichen Legendenforschung als eine historisch wandelbare, die Formgeschichte bis in ihre Einzelbewegungen bestimmende Kraft verstanden. Diese ist zwar durch die christliche Heiligenverehrung umrißhaft festgelegt, jedoch durchdringen sich in ihr wie im Heiligenkult verschiedene Motive, die unter dem Einfluß wechselnder Frömmigkeitsrichtungen und Verwendungszwecke verschieden stark hervortreten können. Sie reichen von einem schlichten Gedenkenwollen oder der Bitte um Hilfe und Fürsprache bis zu ehrfürchtiger Verehrung, liturgischem Jubel, ekstatischer Liebesäußerung oder schlicht-frommer Betrachtung, und je nach der Betonung des einen oder des anderen Zuges wandeln sich die Auswahlgesichtspunkte oder Darbietungsformen des Stoffes. Im folgenden wird versucht, diese Wandlungen im Zusammenhang mit den frömmigkeitsgeschichtlichen Bewegungen zu sehen und dabei auch die nach Zeiten, Räumen und soziologischen Schichten wechselnden volkstümlichen Vorstellungen vom „typischen" Heiligen zu berücksichtigen.[1] Allerdings muß das unter Konzentration auf die Legendentexte geschehen. Querverbindungen zu anderen Gattungen der devotionalen Literatur, die für eine hier nicht beabsichtigte allgemeine Frömmigkeitsgeschichte des Mittelalters notwendig wären, werden nur gelegentlich beleuchtet.

Von besonderem literarhistorischen Interesse ist die Frage, ob sich die erkennbaren Formen unmittelbar aus dem religiösen Anliegen ergeben, also als „erbauungseigen" zu verstehen sind, oder ob vorgeprägte Darstellungsweisen aus der geistlichen oder weltlichen Literatur übernommen bzw. mitverwendet werden. Die übernommenen Züge können aus dem biblischen Bericht, der Predigt und (bei den legendarischen und landessprachlichen Kurzfassungen) aus früheren, meist ausführlicheren Formen der Hagiographie stammen. Die in der Geschichte der englischen Heiligenlegende außerdem wirksam werdenden säkularen Vorbilder sind das germanische Heldenlied und Epos, die Saga, die Ballade, der höfische Versroman, die Chronik und die moralische Beispielerzählung. Dies alles wirkt ein, weil gerade bei den volkssprachlichen Versionen auch außererbauliche Anliegen wie die Befriedigung von Unterhaltungsbedürfnis oder Wißbegierde berücksichtigt werden können.

Um zu einer philologisch exakten Prüfung der aufgeworfenen Fragen zu kommen, wird die Methode eines detaillierten Vergleichens sowohl einzelner Versionen wie ganzer Epochenstile gewählt. Ausgangspunkt ist die im frühen Mittelalter in England rezipierte Tradition der

---

[1] Vgl. zum volkskundlichen Aspekt M. Zender, *Räume und Schichten mittelalterlicher Heiligenverehrung in ihrer Bedeutung für die Volkskunde*, Düsseldorf 1959.

lateinischen Hagiographie und deren weitere Entwicklung bis zum hohen Mittelalter. Angesichts des gegenwärtigen Forschungsstandes können und sollen die in diesen Bereich fallenden Einzelinterpretationen nicht das volle Bild der stilgeschichtlichen Entwicklung der lateinischen Vitenliteratur bieten. Sie dienen lediglich der Orientierung für die weiterführenden Untersuchungen zur englischen Legendendichtung. Auch hier wird angesichts der übergroßen Stoffülle grundsätzlich am exemplarischen Einzelfall gearbeitet. Um die formgeschichtliche Entwicklung dennoch voll sichtbar machen zu können, wird die Auswahl so getroffen, daß sich zahlreiche, längsschnittartig geführte Vergleiche zwischen verschiedenen Versionen ergeben. Einen der ergiebigsten ermöglicht die Margaretenlegende, die besonders häufig in englicher Sprache bearbeitet worden ist. Mit der Julianen-, Caecilien- und Katharinenlegende, die demselben Typus der Jungfrauenpassion angehören, können weitere Sammlungen und Autoren hinzugenommen werden. Die Cuthbertlegende, ein typisches Mönchs- und Bischofsleben, läßt Vergleiche zwischen älteren Vorbildern (besonders der Martin-Vita des Sulpicius Severus und Gregors Benedikt-Leben), Bedas Hagiographie und späteren volkstümlichen Fassungen zu. Entsprechendes gilt für die lateinischen und englischen Versionen der Guthlaclegende, wobei sich Rückblicke auf des Athanasius Antonius- und des Hieronymus Paulus-Leben ergeben. Die Wulfstanlegende ist eine Bischofsvita, die wegen des im südenglischen Legendar zentral behandelten Stabwunders einen eigenen Typus darstellt. Das Edmund-Leben bietet als Königs- und Martyrerlegende einen besonderen Stoff, dessen von cluniazensischem Geist erfüllte Gestaltung bei Abbo von Fleury mit solchen des 13. und 15. Jhs. konfrontiert werden kann. Nicht in durchgehenden Vergleichsreihen, sondern von Fall zu Fall werden andere Stoffe hinzugezogen, so eine geschehnisreiche Apostellegende (Andreas), die Geschichte der Kreuzauffindung durch Helena *(Elene)*, eine Legendennovelle (Theodora), und eine Reihe anderer das Gesamtbild einzelner Sammlungen oder Epochen abrundender Stücke. Vieles kann nur summarisch oder überhaupt nicht behandelt werden. Dennoch ist zu hoffen, daß die getroffene Auswahl die wichtigsten Formen des Legendenerzählens in der englischen Literatur und in gewissen Bereichen der lateinischen Hagiographie des Mittelalters sichtbar macht, ohne in den Fehler vorschneller Verallgemeinerungen zu verfallen.

Dabei wird auch versucht, die Bewegungen der allgemeinen Form- und Stilgeschichte mittelalterlicher Literatur und Kunst im Blick zu behalten. Insbesondere werden einige dem Legendenerzählen parallele Phasen in der Geschichte der mittelalterlichen Buch-, Tafel- und Wandmalerei beachtet und durch die dieser Studie beigegebenen Reproduktionen belegt. Hierbei soll es nicht um den Aufweis stoff- und motivgeschichtlicher Entsprechungen oder um beiläufige Illustrationen zu den literarhistorischen Befunden gehen, sondern um den Versuch, die in den

Texten wirksam werdenden, mit der Frömmigkeits- und Stilgeschichte wechselnden Darstellungsprinzipien, d. h. die jeweils sinn- und struktur-gebenden Geisteshaltungen, um so deutlicher zu erfassen und in ihrer Formkraft einzuschätzen. Denn daß diese Haltungen, sofern sie repräsenta-tiv für ganze Epochen sind, gleicherweise geistliche Literatur und Kunst durchdringen und ihre Strukturen – bei allen bleibenden Unterschieden der Formensprachen – bestimmen, dürfte angesichts der nahezu identischen kultischen Funktion von Hagiographie und Sakralmalerei nicht zu be-zweifeln sein.[2] Allerdings können in dieser Studie solche Vergleiche nur von Fall zu Fall und in bescheidenem Rahmen durchgeführt werden. Es muß einer späteren Untersuchung vorbehalten bleiben, die Möglichkeit eines methodisch exakten Vergleichs von geistlichem Wort und Bild im Mittelalter weiterzuverfolgen, die durch die Blickrichtung dieser Arbeit auf die Erzählstrukturen der Legende erschlossen wird.

Dem teils allgemeinen, teils sehr speziellen Anliegen der Untersuchung entspricht es, daß summierende mit analytischen und interpretatorischen Kapiteln wechseln. Dies wird jeweils durch Teilüberschriften hervorge-hoben, so daß innerhalb der Gesamtdarstellung die Geschichte einzelner Legenden auch separat verfolgt werden kann. Den Kapiteln sind jeweils gesonderte Forschungsberichte beigefügt. Querverweise in den Fußnoten sowie die zusammenfassenden und in sich gegliederten Rubriken im Sach- und Werkregister sollen die Orientierung erleichtern.

[2] Zur Vergleichbarkeit der Struktur in Kunst und Dichtung grundsätzlich auch H. Kuhn, „Struktur u. Formensprache in Dichtung u. Kunst", H. Kuhn, *Dichtung und Welt im Mittelalter*, Stuttgart 1959, S. 15–21. Mehr an Einzelmotiven orientiert sind die Vergleiche bei W. Stammler, *Wort- und Bild. Studien zu den Wechselbeziehungen zwischen Schrifttum und Bildkunst im Mittelalter*, Berlin 1962.

39

FORMGESCHICHTLICHE
UNTERSUCHUNGEN

CHRISTLICHES ALTERTUM UND FRÜHES MITTELALTER BIS ZUM ENDE DER ALTENGLISCHEN ZEIT

I. Formale Aspekte einiger einflußreicher lateinischer Viten und Passionen des christlichen Altertums und des frühen Mittelalters

A. Bekennerleben

1. Allgemeines

Die angelsächsische Kirche wurde, wie vor allem Bedas *Martyrologium*[1] zeigt, schnell mit zahlreichen Heiligenleben bekannt. Jedoch fällt auf, daß in der im 8. Jh. in England entstandenen lateinischen und landessprachlichen Hagiographie die Bekennervita des vorbildlichen Mönchs, Bischofs und Missionars bevorzugt wird. Weder die blutige gallische Martyrerlegende[2] noch das durch Wunderphantastik gekennzeichnete frühirische Eremitenleben[3] gewinnen Einfluß, sondern die maßvollere römische und benediktinische Hagiographie. Die Bevorzugung dieses erst nach der Martyrerlegende entstandenen Zweiges der Hagiographie erklärt sich wohl wesentlich aus der besonders engen Verflechtung der angelsächsischen Kirche mit dem Benediktinerorden. Die meisten der in England in dieser Zeit geschriebenen Viten sind geprägt von der Ausgeglichenheit der benediktinischen Regel. Sie verbinden hieratisches Gotteslob, Ernst und Gemessenheit mit einer nüchtern-praktischen und humanen Gesinnung, die den Gegebenheiten der Menschennatur Rechnung trägt, das gemeinschaftliche Leben klar nach Pflichten ordnet und für die Selbstheiligung statt rigoroser Übungen einen allmählichen und stetig aufwärts führenden Stufenweg der Vollendung vorsieht.[4] Zugleich sind sie wesent-

---

[1] Vgl. dazu unten S. 76.

[2] Vgl. dazu unten S. 99.

[3] Vgl. C. Plummer, *Vitae Sanctorum Hiberniae*, 2 Bde., Oxford 1910; J. Ryan, *Irish Monasticism. Origin and Early Development*, Lo. 1931; L. Gougaud, *The Christianity in Celtic Lands* (transl. M. Joynt), Lo. 1932. Nur geringe, meist motivgeschichtliche Einflüsse seitens der irischen Hagiographie, z.B. auf die *Vita Cuthberti* und die *Vita Guthlaci*, lassen sich nachweisen; vgl. unten S. 71, Anm. 67 u. S. 85 u. 91.

[4] Vgl. dazu C. Butler, *Benedictine Monachism*, Lo. ²1927, passim, und die zusammenfassenden Gedanken bei D. Knowles, *The Monastic Order in England*, Camb. ³1950, S. 3–15. *Regula s. Benedicti* XXXVII, 1: "Licet ipsa natura humana trahatur ad misericordiam in his aetatibus, senum videlicet et infantum, tamen et Regulae auctoritas

43

lich mitgeformt von einigen im ganzen Abendland einflußreichen Bekenner-
viten des christlichen Altertums und frühen Mittelalters, die neben anderen
Asketenleben auch in Aldhelms *De laude virginitatis*, einem der in England
bis zur normannischen Eroberung verbreitetsten Bücher, berücksichtigt
werden. Die vornehmste Rolle kommt Gregors vier Büchern *Dialoge* über
das Leben und die Wunder der italischen Väter, insbesondere Benedikts zu.
Daneben sind von Bedeutung die *Vita s. Antonii* des Athanasius (in der
lateinischen Übersetzung des Antiocheners Evagrius), das erste, in der
ganzen Christenheit als Vorlage dienende Mönchsleben, ferner das von
Hieronymus verfaßte Leben des Eremiten *Paulus* und die *Martin*-Schriften
des Sulpicius Severus.[5] Ähnlich wie dort erscheinen die Heiligen der englischen Viten in heroischer Größe als machtvolle Thaumaturgen, die kraft
übernatürlicher Begnadung gewaltige Taten wie Heidenbekehrungen,
Götzenzerstörungen, Dämonenbezwingungen, Totenerweckungen und
prophetische Weissagungen vollbringen. Andererseits lassen sich von Fall
zu Fall form- und frömmigkeitsgeschichtliche Abweichungen feststellen. Zur
richtigen Einschätzung dieser und späterer Wandlungen in der Legendenliteratur ist eine Betrachtung der genannten spätantiken Viten unerläßlich.

2. Des Athanasius "Vita s. Antonii" in der Version des Evagrius

Das 94 Kapitel umfassende Antonius-Leben des Athanasius, das um 357
geschrieben wurde, beeinflußte die westeuropäische Mönchsbewegung und
Hagiographie durch die kurz danach abgefaßte lateinische Übersetzung des
Evagrius von Antiochien.[6] Es ist eine Vita, in welcher sich Stilzüge des
Enkomions und der erzählenden Lebensbeschreibung mit einer symbolischen Sehweise und einer Erbauungshaltung hagiographischer Art auf
eigenartige Weise durchdringen.[7]

eis prospiciat" (C. Butler, ed., *Sancti Benedicti Regula Monasteriorum*, Freiburg ²1927,
S. 74f.).

[5] Diese Auswahl trifft für England auch B. Colgrave, *Saints' Lives*, a.a.O.; vgl. außerdem
B. P. Kurtz, "From St. Antony to St. Guthlac. A Study in Biography", *University of
California Publications in Modern Philology* 12, No. 2, Berkeley 1926, S. 103–146.

[6] *BHL* 609, *Vita s. Antonii auctore s. Athanasio, interprete Evagrio*, Migne, *P. L.* 73,
Sp. 125–170; auch Migne, *P. G.* 26, Sp. 833–976 unter dem griechischen Haupttext
(danach hier wegen der mit Athanasius übereinstimmenden Kapitelzählung zitiert).
Die Übersetzung ist frei, verkürzt den griechischen Text meist etwas und stellt ihn
rhetorisierend um. Gelegentliche Erweiterungen sind Erklärungen für römische
Leser. Vgl. den Prolog des Evagrius über das Übersetzen nicht dem Wort, sondern
dem Sinn nach (*P. G.* 26, Sp. 833 u. 834). Dazu H. Mertel, *Des heiligen Athanasius
ausgewählte Schriften*, Bd. 2, BKV 31 (1917), S. 681f.; S. Cavallin, *Literarhistorische
und textkritische Studien zur Vita S. Caesarii Arelatensis*, Acta Universitatis Lund. N. F.
Bd. 30 (Lund 1934), Nr. 7, S. 9f. In England war die Antonius-Vita spätestens in der
2. Hälfte des 7. Jhs. bekannt. Vgl. B. P. Kurtz, a.a.O. S. 106f., Anm. 7.

[7] Zur wechselnden Bewertung des einen oder des anderen Aufbauelements in der
neueren Forschung vgl. J. List, *Das Antoniusleben des hl. Athanasius d. Gr.* (= Texte
und Forsch. z. byzantinisch-neugr. Philol. Nr. 11), Athen 1930.

Sie beginnt mit des Heiligen Geburt, Jugendzeit und Berufung zur Nachfolge Christi (Kap. 1–2), wobei Topoi der Lobrede (Volkszugehörigkeit, Eltern, Erziehung, Knaben- und Jünglingsalter) berücksichtigt werden.[8] Es folgt ein erzählender Hauptteil (Kap. 3–55) über des Antonius Erwählung des Asketenberufs und seinen Aufstieg zu Stufen immer höherer Vollendung. Hierin darf man formal den Einfluß der griechischen Martyrerlegende mit ihren nach dem Prinzip der steigenden Reihe angeordneten Standhaftigkeitsbeweisen (in Versuchungen und Martern) sehen.[9] Als Antonius sich nach dem Tode der Eltern der Askese widmet, bleibt er zunächst vor seinem Hause und widersteht hier den Versuchungen durch die Dämonen der Sinnlichkeit. Dann läßt er sich in größerer Entfernung vom Dorf bei den Gräbern nieder, wo er erneut mit den Dämonen ringt (Kap. 8–9), bis der Herr ihm Beistand leistet und ihm weitere Hilfe verspricht (Kap. 10). Im Besitz dieser „größeren Stärke" (ebd.)[10] wagt er sich als 35jähriger in noch eifrigerem Streben in die Wüste. Auf dem Wege nach dort überwindet er die Versuchung des Goldes (Kap. 12) und läßt sich in einem verlassenen Kastell nieder, das ihm die Dämonen streitig zu machen suchen. Er besiegt sie (Kap. 12–13) und tritt aus seiner Festung nach zwanzig Jahren wie ein auf geheimnisvolle Weise himmlisch Geweihter hervor (Kap. 14).[11] Durch seine planvollen asketischen Übungen hat er eine tiefe Ruhe und heitere Gelassenheit der Seele erreicht – eine Frömmigkeitshaltung, die aus der Würde seiner äußeren Erscheinung und seiner freundlichen Rede spricht.[12] Man begegnet ihr in der hagiographischen Literatur der Benediktiner wieder.

Nachdem er Kranke geheilt, Trauernde getröstet und für das Einsiedlerleben gewonnen hat (Kap. 14), gibt er in der großen Lehrrede an die Mönche nach Art der Bergpredigt (Kap. 16–43) eine Anleitung zur Reinigung der Seele durch Weltentsagung. Er verheißt den Brüdern die Mithilfe des Herrn (Kap. 19) und behandelt besonders das Verhalten gegenüber den bösen Geistern. Diese werden – mit einem gewissen psychologischen Realismus[13] – als Verselbständigung der Affekte begriffen (Kap. 42), zu-

---

[8] Ebd. S. 12f.

[9] Vgl. ebd. S. 55–59.

[10] "His auditis, exsurgens in tantum roboratus orabat, ut intelligeret se plus recepisse tunc virium, quam ante perdiderat" (Sp. 859–860).

[11] "quasi ex aliquo coelesti aditu consecratus apparuit" (Sp. 864–865).

[12] "Obstupuerunt universi et oris gratiam et corporis dignitatem, quod nec per quietem intumuerat, nec jejuniis daemonumque certamine faciem ejus pallor obsederat; sed e contrario quasi nihil temporis exegisset, antiquus membrorum decor perseverabat. Proh! quanta miracula! quae in illo animi puritas fuit? Nunquam hilaritate nimia resolutus in risum est, nunquam recordatione peccati tristitia ora contraxit, non magnis stupentium se elatus est laudibus: nihil in illo indecens solitudo, nihil asperum quotidiana cum hostibus bella contulerant; sed temperata mens aequali ad cuncta ferebatur examine" (Sp. 865–866).

[13] Vgl. B. P. Kurtz, a.a.O. S. 111.

gleich als Wesen, die ganz konkret den Luftraum bevölkern (Kap. 21, 23). Obwohl sie in vielerlei schreckhafter und verführerischer Gestalt erscheinen (Kap. 23–24) und mit allerlei Listen die einfachen Herzen in Verzweiflung stürzen (indem sie z. B. die Askese als nutzlos hinstellen, Kap. 25), soll man sie verachten, da sie aus dem Reich der himmlischen Weisheit gestürzt wurden (Kap. 28) und keine Macht mehr haben (Kap. 28–31). An ihren leeren Drohungen und an der Verwirrung und dem Trug, den sie stiften wollen, kann man sie erkennen (Kap. 36–37). Zur Ermutigung seiner Hörer erzählt Antonius abschließend von einigen Fällen, in denen er selbst Dämonenanschläge vereitelt hat (Kap. 39–41), und er empfiehlt, jede Erscheinung furchtlos und in kraftvoller Seelenruhe nach Namen und Herkunft zu befragen, wodurch ihr, wenn sie teuflischen Ursprungs sei, jegliche Kraft genommen werde (Kap. 43) – ein Motiv, das bei vielen Teufelserscheinungen in der Hagiographie wiederkehrt.

Das Entscheidende ist also das rechte Verhalten der Mönche als Glaubensstreiter im Kampf gegen die Teufel, was auch durch die weiteren Schilderungen der vorbildlichen Verhältnisse in den Klöstern (Kap. 44) und der Lebensführung des Antonius (Kap. 45–55) herausgestellt wird. Der Heilige sucht z. B. in Alexandrien das Martyrium, ohne es zu erlangen (Kap. 46), er übt noch strengere Askese (Kap. 47), er entweicht auf einen Berg in die innere Wüste (Kap. 49) und kämpft dort erneut mit den Dämonen (Kap. 51–53).

Nach diesem chronologisch erzählenden ersten Hauptteil, der zugleich symbolisch den Weg der inneren Vollendung und des Sich-Loslösens von der Welt zeichnet, folgt (Kap. 56–88) eine nach Wundern (Gnadengaben) und Tugendkategorien geordnete Charakterschilderung. Am Anfang (Kap. 56–66) steht eine chronologisch nicht näher bestimmte, lose verknüpfte Wunderreihe (Heiligungen und Visionen), deren Sinn die göttliche Bestätigung der von Antonius erreichten Tugendfülle durch äußere Zeichen ist. Um der Wundersucht der Menge entgegenzutreten, wird betont, daß es sich um Gnadengaben und Werke des Erlösers handele, der denen, die ihn gläubig anriefen, Gehör schenke (z. B. Kap. 58 und 62). Die Wunder selbst werden geschehnishaft mit belebenden Dialogen berichtet. Entsprechendes gilt für die Veranschaulichung der Tugenden (Kap. 67–88). Das strahlende Angesicht des Heiligen wird als Zeichen der Reinheit und Heiterkeit der Seele gepriesen (Kap. 67)[14], seine Glaubensfestigkeit gerühmt

---

[14] "Habebat autem et in vultu magnam gratiam, et admirabile a Salvatore etiam hoc munus acceperat. Si quis enim ignarus ejus, inter multitudinem monachorum eum videre desiderasset, nullo indicante, caeteris praetermissis, ad Antonium currebat, et animae puritatem agnoscebat ex vultu, et per speculum corporis, gratiam sanctae mentis intuebatur; nam semper hilarem faciem gerens, liquido ostendebat se de coelestibus cogitare, sicut Scriptura ait: *Corde laetante vultus floret: et in moerore constituto tristatur.* Ita et Jacob agnovit Laban socerum suum insidias sibi machinantem, dicens ad filias ejus: *Non est facies patris vestri sicut heri et nudius tertius.* Sic Samuel agnovit

(Kap. 68) und durch eine Erzählung (Reise nach Alexandrien, Widerlegung der Arianer und Heilung eines besessenen Mädchens vor seiner Rückkehr, Kap. 69–71) verdeutlicht. Als Beweis für seine Klugheit werden Disputationen mit heidnischen Philosophen wiedergegeben, in denen er die Nichtchristen in Verlegenheit und Verwunderung versetzt und sogar erbaut (Kap. 72–80). Auch seine Gaben des Rates, der Mahnung und Belehrung, sowie die Gnade, gute und böse Geister und geheime Gedanken anderer zu erkennen (nach 1 Kor. 12, 10), werden durch exemplarische Begebenheiten belegt (Kap. 81–88).

Danach wird die Chronologie der Vita mit dem Bericht vom Tode des Heiligen wiederaufgenommen (Kap. 89–92). Antonius sagt sein Ende voraus und mahnt auf dem Sterbebett die Brüder erneut, in der Askese nicht zu erlahmen, die Nachstellungen der machtlosen Dämonen nicht zu fürchten und keine Gemeinschaft mit den Schismatikern zu pflegen. Dann trifft er Anordnungen für seine Bestattung und stirbt heiteren Gesichtes, „so daß man", wie Evagrius in erbaulicher Betrachtung hinzufügt, daraus „die Anwesenheit der heiligen Engel erkennen konnte, die herniedergestiegen waren, um seine Seele hinüberzugeleiten" (Kap. 92).[15] Mit dem Preis der Askese des Heiligen, seines dennoch bis zum Tode gesunden Leibes und seiner einzigartigen Frömmigkeit (Kap. 93), sowie mit der Aufforderung an die Brüder, dieses Leben nachzuahmen und den Heiden zu verkünden (Kap. 94), schließt die Vita.

Das Aufbauschema entspricht, wie S. Cavallin feststellt, der herkömmlichen (xenophontischen) Form einer enkomiastischen Biographie, die im Prinzip die gleiche Einteilung in Erzählung der Taten, Beschreibung des Charakters und Darstellung des Todes aufweist und weniger den Lebensgang als die Tugenden des Helden hervorhebt.[16] Schon dies ergibt die Möglichkeit des Wechselns von berichtender zu kontemplativer Darstellung. Hinzu kommt, daß Athanasius die alte Form mit christlichem Inhalt und einer ausgesprochen monastischen Erbauungstendenz füllt. Er schreibt, um den „Brüdern in der Fremde" (vermutlich denen in Italien und Gallien) ein Vorbild der Askese zu geben.[17]

David: laetificatos enim habebat oculos, et dentes sicut lac candidos. Similiter agnoscebatur Antonius: quia semper eamdem faciem inter prospera et adversa retinens, nec secundis extollebatur, nec frangebatur adversis" (Sp. 939–940).

[15] "Verba finieret, et osculantibus se discipulis, extendens paululum pedes, mortem laetus aspexit: ita ut ex hilaritate vultus ejus, angelorum sanctorum, qui ad perferendam animam ejus descenderant, praesentia nosceretur" (Sp. 971–972).

[16] Cavallin, a.a.O., S. 12 u. 14; über die von Isokrates übernommene und modifizierte Enkomienform bei Xenophon vgl. grundsätzlich F. Leo, *Die griechisch-römische Biographie nach ihrer literarischen Form*, Leipzig 1901, S. 91ff., sowie die Differenzierungen bei A. Dihle, *Studien zur griechischen Biographie*, Göttingen 1956, S. 27ff.

[17] Vgl. im Prolog *ad peregrinos fratres* etwa: "Optimum, fratres, iniistis certamen; aut aequare Aegypti monachos, aut superare nitentes virtutis instantia. [...] Quoniam igitur exegistis a me, ut vobis scriberem de conversatione beati Antonii, volentibus

So kommt es, daß sich bis in das Erzählverfahren aller Teile hinein erbauliche Betrachtung (in der Form von Heiligenlob und paradigmatisch-homiletischer Unterweisung) und geschehnishafter Bericht der äußeren Taten auf vielfache Weise durchdringen. Athanasius, der im Prolog versichert, nur aus eigener Beobachtung geschrieben zu haben – ein Anspruch, der in der Folgezeit zu einem hagiographischen Topos wurde –, konstatiert die Tatsachen wie ein Chronist, z. T. blaß und summarisch.[18] Aber er tut es, wie schon in der Inhaltsparaphrase herausgestellt wurde, in Hinblick auf den im Äußeren sinnfällig werdenden, immer höher führenden Tugendanstieg des Heiligen. Hieraus ergibt sich der geistige Adel der Antonius-Vita[19] sowie ihre grundsätzlich symbolische Konzeption: die Dämonen sind Konkretisierungen der eigenen Versuchungen, die Stationen des äußeren Weges vom Elternhaus über den Rand des Dorfes bei den Toten bis zum Kastell in der Wüste und auf den Berg in der Einöde sind die Stufen inneren Kampfes und spiritueller Vervollkommung, die Wundertaten und Exempla Veranschaulichungen der Gnadengaben und Tugenden. Während so das aktive Ringen und ein entsprechend bewegungsreiches Erzählen im Vordergrund stehen, gibt es einige Stellen bildhaft ruhiger Betrachtung, aber erst nachdem Antonius die Höhe der Vollendung erklommen hat, so wenn das Antlitz des Heiligen als Zeichen seelischen Friedens geschildert wird.[20] Kennzeichnend für die Gesamtstruktur ist eine klar gegliederte Bewegung. Nur an den genannten Punkten meldet sich, noch umrißhaft knapp, jene sinnbildartig verweilende Erzählweise an, die grundsätzlich zu den Möglichkeiten der Hagiographie gehört und in der späteren Legendenliteratur, vor allem seit Gregor dem Großen, an Bedeutung gewinnt.

3. Des Hieronymus "Vita s. Pauli"

Der junge Hieronymus schrieb das Leben des Eremiten *Paulus von Theben*,[21] eine kleine, nur achtzehn Kapitel umfassende Schrift, als eine

---

discere, quemadmodum coeperit, quive fuerit ante sanctum propositum, qualem etiam habuerit terminum vitae, et si vera sint ea, quae de ipso fama dispersit, ut ad ejus aemulationem atque exemplum vos instituere possitis: [...] vos cum admiratione audientes, scio ejus propositum cupere sectari: perfecta siquidum est ad virtutem via" (Sp. 837–838).

[18] In dieser Hinsicht gilt trotz der Listschen Untersuchungen immer noch Reitzensteins gegen K. Holl gerichtetes Wort (*Des Athanasius Werk über das Leben des Antonius*, Sitzungsber. d. Heidelberger Akad. d. Wiss., philos.-hist. Klasse 5, 1914, S. 13), auf das auch Cavallin verweist: „Die innere Entwicklung, welche dieser erste Teil der Biographie zu schildern scheint, ist nicht eine rein seelische, wie Holl anzunehmen scheint. Eine solche Schilderung zu geben, hat das Altertum überhaupt nicht vermocht; es schildert das äußere Werden, die große Tat, den fertigen Charakter."

[19] Vgl. B. P. Kurtz, a.a.O., passim, bes. S. 128 u. 130.

[20] Vgl. das S. 46, Anm. 14, zitierte Beispiel.

[21] *BHL* 6596. *Vita s. Pauli auctore Hieronymo*, ed. Migne, *P.L.*, 23, Sp. 17–30.

Art Ergänzung zur *Vita Antonii*, und zwar in der Absicht, von dem eigentlich ersten, noch vor Antonius in die Wüste gezogenen Einsiedler zu berichten.

Trotz der engen Beziehung der beiden Viten zueinander hebt sich die Darstellung wesentlich von der des Athanasius ab. Ein Grund liegt in dem Umstand, daß Hieronymus sich bereits auf eine durch vieler Mund gegangene Legende stützt; als seine Gewährsleute nennt er zwei Schüler des hl. Antonius, weist sogleich aber auf die Unsicherheit der Tradition hin. Eine weitere Ursache ist in der unterschiedlichen Art der Lebensführung der beiden Heiligen zu sehen; Hieronymus betont die gleichsam private Zurückgezogenheit des Eremiten im Vergleich zu dem bedeutenden öffentlichen Wirken des Antonius, der als Lehrer und Klostergründer bezeichnet wird (z. B. Kap. 1 und 12). Vor allem ergeben sich formale Unterschiede aus dem veränderten Anliegen des Verfassers. Hieronymus will die genußfreudige römische Gesellschaft mit dem Mönchsideal vertraut machen (vgl. Kap. 17). Deshalb konzentriert er sich auf idyllische Einzelszenen, in denen er die innere Schönheit und Anmut, nicht die Gefahren und rauhen Beschwerlichkeiten des Weges zur Vollendung zu zeigen sucht. Statt des durchgeführten Schemas der enkomiastischen Biographie werden nur die Jugend und die letzten Tage des einhundertdreizehn Jahre alt gewordenen Paulus behandelt. „Wie er in der dazwischen liegenden Zeit gelebt hat, welche Nachstellungen ihm der Satan bereitet hat, das hat kein Mensch erfahren" (Kap. 1, Prolog).[22] Mit diesem Ausklammern der Hauptstrecke des Lebens werden die Dämonenkämpfe, die Lehrgespräche und die Predigt – und damit überhaupt der geistig gestraffte Gesamtaufbau und die zielbezogene Bewegung der Antonius-Vita – übergangen. Die Darstellung sucht Hieronymus volkstümlichen Vorstellungen anzupassen,[23] jedoch verbindet er mit einer durchweg einfachen Ausdrucksweise rhetorisch anspruchsvolle, an der klassischen Profanliteratur orientierte Formulierungen,[24] mit denen er den Ansprüchen der Gebildeten unter seinen Lesern gerecht werden konnte.

Zunächst erzählt er von den Schrecken der Christenverfolgungen unter Decius und Valerian, verwendet aber (Kap. 3) zur Veranschaulichung nicht wie die Martyrerlegenden ein blutiges Leiden, sondern ein farbig ausgemaltes Genrebild von dem in der Blüte seiner Jahre stehenden Jüngling, der von Blumengewinden gebunden, in einem herrlichen Garten auf einem weichen Bett zwischen Rosen und Lilien an einem sanft plätschernden

---

[22] "Quomodo autem in media aetate vixerit, et quas Satanae pertulerit insidias, nulli hominum compertum habetur" (Sp. 19).

[23] Vgl. O. Bardenhewer, *Geschichte der altkirchlichen Literatur*, Bd. III, Freiburg 1912, S. 637, wo Anm. 1 auf *Ep.* 10, 3, ad Paulum senem Concordiae (dem Hieronymus die "Vita Pauli" zusandte), hingewiesen wird: "propter simpliciores quosque multum in deiiciendo sermone laboravimus."

[24] Vgl. A. Ebert, a.a.O. Bd. I, S. 202.

Bach den zärtlichen Umarmungen einer Buhlerin ausgesetzt wird und sich schließlich die Zunge abbeißt, um das aufsteigende Lustgefühl in Schmerzen zu ersticken. Das ist die nur leicht modifizierte Verwendung des konventionellen *locus amoenus*, wobei das psychologische Verhalten des Jünglings lebendig und kunstvoll dargestellt wird. In einer ebenso kleinen und in sich abgerundeten Episode wird geschildert, wie der junge Paulus, sanftmütig und in der griechischen wie ägyptischen Literatur wohl bewandert, bei Beginn der Verfolgungen auf ein entlegenes Landgut geht (Kap. 4), von dort aber in die Gebirgseinöde flieht, als er bemerkt, daß sein Schwager ihn gegen Geld verraten will. Er findet allmählich Gefallen an der Einsamkeit und macht aus der Not eine Tugend. Im Gegensatz zu dem als Paradigma für Mönche gemeinten Antonius-Leben ergibt sich also ein müheloser und harmonischer Übergang in das Eremitendasein. Es bedarf keiner besonderen Entscheidungen, Bewährungen und Vorbereitungen; auch ein stufenweiser Tugendaufstieg fehlt. Das Ganze wird romantisiert. Paulus entdeckt eine Höhle, dringt, von ihrem Geheimnis angezogen, weiter in sie ein (was alles psychologisch bewegt und anschaulich beschrieben wird) und stößt auf eine geräumige, zum Himmel geöffnete Halle, in welcher ein klarer Quell sprudelt, von einer breitausladenden Palme überdacht (Kap. 5). Diese idyllische Wohnstätte, die „ihm gleichsam Gott selbst angeboten hatte" wie ein Geschenk, die er „lieb gewann" und in der er „sein ganzes Leben in Gebet und Einsamkeit verbrachte" (Kap. 6)[25], unterscheidet sich scharf von den Gräbern und dem mit kriechendem Gewürm angefüllten Kastell, die Antonius sich in asketischem Eifer bewußt zur Wohnung erwählt *(Vita Antonii*, Kap. 8 und 12).

Auch die dem Antonius auf der Wanderung zu Paulus begegnenden Wunder sind anderer Art als bei Athanasius. In Anpassung an die Wundergeschichten der antiken Philosophen-Aretalogie[26] und an volkstümliche Lokalsagen erzählt Hieronymus von der abenteuerlichen Begegnung mit dem Hippozentaur und dem Faun oder Satyr (Kap. 7 und 8), wobei wieder unterhaltsame Anschaulichkeit und rührende Gefühlsbewegung der Darstellung auffallen. Vor allem sticht die Friedfertigkeit der Fabelwesen von der Bösartigkeit der angreifenden Dämonen bei Athanasius ab. Sie sind Geschöpfe, in denen sich – wie später in dem Raben, der sich sanft vor Antonius und Paulus niederläßt und ihnen ein ganzes Brot bringt (Kap. 10) – die Christusverehrung der Kreatur offenbart, was der hochbetagte Wanderer mit einem „Tränenstrom übergroßer Herzensfreude" erkennt

---

[25] "Igitur adamato (quasi quod a Deo sibi offerretur) habitaculo, omnem ibidem in orationibus et solitudine duxit aetatem" (Sp. 21).

[26] Vgl. R. Reitzenstein, *Hellenistische Wundererzählungen*, Leipzig 1906 (Darmstadt 1963), S. 82; L. Schade, *Des hl. Kirchenvaters Hieronymus ausgewählte Schriften*, BKV 15 (²1914), S. 11f.; J. Plesch, *Die Originalität und literarische Form der Mönchsbiographien des hl. Hieronymus*, München 1910, betont auch den Einfluß der klassischen Form des Enkomions, S. 22ff.

(Kap. 8).²⁷ Diesem Grundton der Freude und des Vertrauens auf Gottes Güte entspricht die Bitte des Satyrs um Fürsprache für sich und seine Artgenossen am Tage der Erlösung der Welt.

Mit der bereits gekennzeichneten erlebnishaften Anschaulichkeit wird weiter berichtet, wie Antonius die Höhle des Paulus findet und erst nach einem mehr als sechsstündigen Bitten eingelassen wird. Dabei verwendet Hieronymus spielerisch zwei Zitate aus der *Aeneis*²⁸ und läßt dann Paulus lachend den hartnäckigen Bitten des Antonius nachgeben. Nach Schilderung der gemeinsamen Freude während des erbaulichen Gesprächs, der wunderbaren Speisung durch den Raben und des Lobopfers (wobei weniger der Wortlaut der Reden und Gebete als der friedliche Gesamteindruck des Ganzen betont wird) folgt der Bericht über den Abschied des Antonius. Paulus, der seinen Tod nahen fühlt, schickt Antonius zurück mit der Bitte, ihm einen Mantel zu holen, in welchem er als Leichnam eingewickelt werden möchte. Dies geschieht nicht aus Sorge um den Leib, sondern ist ein Vorwand, den Freund zu entfernen, „um ihn der Trauer über seinen Tod zu entheben" (Kap. 12).²⁹ Gerührt küßt Antonius Augen und Hände des Paulus, macht sich auf den Weg und erreicht, vor Erschöpfung keuchend, seine Behausung (Kap. 13);³⁰ jedoch sieht er schon auf dem Rückweg in einer Vision, wie Paulus, „umringt von Engelscharen, umgeben von den Chören der Propheten und Apostel, glänzend weiß wie Schnee zum Himmel hinaufsteigt" (Kap. 14).³¹ Er findet den Toten noch in der Haltung des aufrecht knienden Beters. Als er nicht weiß, wie er ohne Spaten ein Grab ausheben soll, nähern sich zwei Löwen, scharren ein Loch, kommen, „gleichsam als forderten sie den Lohn für ihre Arbeit", zu Antonius und „lecken seine Hände und Füße" (Kap. 16). Er versteht, daß sie um seinen Segen bitten, den er ihnen gewährt, und er erkennt voll Begeisterung (wie schon Kap. 8), daß selbst die Tiere das Dasein Gottes dankbar fühlen. Die aus Palmenblättern gefertigte Tunika des heiligen Paulus nimmt er mit, um sie an Oster- und Pfingsttagen zu tragen.

So gibt Hieronymus einen sehr friedlichen und harmonisierten Bericht vom Glück des Einsiedlertums. Jede Spur von Spannung und Not fehlt. Selbst die Kreatur verehrt liebevoll Gott und die Heiligen. Es ist ein Grundton, der erst in populären Legenden des späteren Mittelalters wiederkehrt. Damit verbindet sich eine leicht verständliche Darstellungsweise, die ihre

---

²⁷ "Talia eo loquente, longaevus viator ubertim faciem lacrymis rigabat, quas magnitudo laetitiae indices cordis effuderat. Gaudebat quippe de Christi gloria, et de interitu Satanae […]" (Sp. 24).

²⁸ "Talia perstabat memorans, fixusque manebat./Ad quem responsum paucis ita reddidit heros" (Kap. 9, Sp. 25 = *Aen*. II, 650; VI, 672).

²⁹ "sed ut a se recedenti moeror suae mortis levaretur" (Sp. 26).

³⁰ "Tandem fatigatus [andere Lesart: defatigatus] et anhelus ad habitaculum suum confecto itinere pervenit" (Sp. 27).

³¹ "vidit inter angelorum catervas, inter prophetarum et apostolorum choros, niveo candore Paulum fulgentem in sublime conscendere" (Sp. 27).

Wirkungen aus einer mehr plaudernden als streng mahnenden Erzählhaltung bezieht. Vor allem fällt die farbenreiche Schilderungskunst auf, mit der idyllische Genrebildchen in z. T. lebendiger psychologischer Tönung[32] und auch äußerlich bewegungsreich[33] gemalt werden. Sie unterscheidet sich deutlich von der Transparenz der Geschehnisse und der Bildlichkeit bei Athanasius oder besonders Gregor.

Den englischen Hagiographen des 7. und 8. Jhs. war die Paulus-Vita gut bekannt. Das bezeugen u. a. das Ruthwell-Kreuz, auf welchem als einzige nicht-biblische Darstellung eine Episode aus dem Paulus-Leben zu sehen ist,[34] sowie der ae. *Guthlac A*.

4. Das Martin-Leben des Sulpicius Severus

Noch populärer sind im gesamten Mittelalter die Martin-Schriften, insbesondere das Martin-Leben des Sulpicius Severus geworden,[35] das vielen Hagiographien als Fundgrube für Formulierungen, Schilderungen, Lebensereignisse und ganze Wunderberichte sowie als Vorbild für den Aufbau ihrer Viten gedient hat.[36]

Wie Severus selbst in Kapitel 1 sagt, gliedert er das Material im wesentlichen in zwei Teile, in die Zeit vor (Kap. 2–9) und nach der Erwählung Martins zum Bischof (Kap. 10–25). Die Kapitel 2–5 enthalten erste Tugend- und Wunderbeweise in der Jugend- und Soldatenzeit des Heiligen, u. a. die Schenkung des halben Mantels an den frierenden Armen (Kap. 3) und die mutige Verweigerung des Kriegsdienstes (Kap. 4). Nach seinem Aufenthalt beim hl. Hilarius (Kap. 5), als Mönch in Mailand (Kap. 6) und bei

---

[32] Vgl. die häufig gebärdenreiche Gefühlsaussprache, z.B. Kap. 14: "Et statim in faciem suam procidens, sabulum capiti superjaciebat, ploransque et ejulans, aiebat: Cur me, Paule, dimittis? cur insalutatus abis? Tam tarde notus, tam cito recedis?" (Sp. 27).

[33] Kap. 16 kommen z. B. die Löwen zunächst mit fliegender Mähne, dann mit spielenden Ohren und gesenktem Nacken ("cum motu aurium cervice dejecta", Sp. 28).

[34] Vgl. Colgrave, *Saints' Lives*, S. 39; es handelt sich um die Szene, in der Antonius und Paulus sich das vom Raben gebrachte Brot teilen, abgebildet bei G. B. Brown, *The Arts in Early England*, Lo. 1921, S. 134.

[35] *BHL* 5610. Zusammen mit den Briefen und Dialogen (*BHL* 5611–5616) in *Sulpicii Severi opera*, ed. C. Halm, CSEL I (Wien 1866), S. 107–216; dazu kritische Anmerkungen H. Delehaye, *Analecta Bollandiana* 38 (1920), S. 10 ff.

[36] Vgl. die zahlreichen Belege in *Neues Archiv d. Gesellsch. f. ält. dt. Geschichtskunde*: E. Dümmler, Bd. 11 (1886), S. 460–466; W. Gundlach, Bd. 11 (1886), S. 299; M. Manitius, Bd. 12 (1887), S. 205 f., 367, 369 f., 380 f., 385, 594; ders., Bd. 13 (1888), S. 646 f.; ders., Bd. 14 (1889), S. 165–170; ders., Bd. 15 (1890), S. 194–196; B. Krusch, Bd. 18 (1893), S. 32 ff.; ders., Bd. 19 (1894), S. 446, 448; O. Holger-Egger, Bd. 19 (1894), S. 181, 532, 566; W. Levison, Bd. 29 (1904), S. 114 ff.; ders., Bd. 35 (1910), S. 221 ff.; über Martinswunder aus späterer Zeit P. Grosjean, "Gloria postuma S. Martini Turonensis apud Scottos et Britannos", *Analecta Bollandiana* 55 (1937), S. 300–348; vgl. ferner Colgrave, *Saints' Legends* und seine Ausgaben der Cuthbert- und Guthlac-Leben; über die dem hl. Martin geweihten englischen Kirchen im 7. und 8. Jh. W. Levison, *England and the Continent in the Eighth Century*, Oxford 1946, S. 259.

Poitiers, wo er zwei Tote erweckt (Kap. 7 und 8), folgt Martins Erwählung zum Bischof von Tours (Kap. 9), nach welcher er sein asketisches Mönchsleben weiterführt (Kap. 10).

In den Kapiteln 11 bis 19 wird besonders der große Wundertäter dargestellt. Die Kapitel 11 bis 16 enthalten Machtwunder bei der Zerstörung heidnischer Kultstätten und 16 bis 19 Krankenheilungen und Teufelaustreibungen (auch Martinus selbst wird durch eine Salbe, die ihm der Engel in die Wunden streicht, geheilt, Kap. 19). Es folgen, wie der Verfasser zu Beginn von Kap. 20 sagt, Berichte von minderer Bedeutung (über kleinere Wunder). Am Hofe des Kaisers beweist der Heilige Furchtlosigkeit vor dem weltlichen Herrn (Kap. 20). Die nächsten Kapitel (21–25) zeigen ihn im Kampf mit den Dämonen. Der Teufel erscheint ihm wie dem Antonius unter mancherlei Gestalt: als Mörder eines Bauern, als Frau, als Jupiter oder als bösartiger Kritiker der früheren Verfehlungen der Brüder (Kap. 22). Er tritt heuchlerisch als frommer Mönch (Kap. 23) und als Christus auf (Kap. 24). In Kap. 25 berichtet der Autor von seinem eigenen Besuch bei Martinus und den erbaulichen Gesprächen mit ihm und gibt abschließend (Kap. 25–27) eine summarische und preisende Tugendschilderung des Heiligen, seine *interiorem uitam* [...] *et conuersationem cotidianam* (Kap. 26).

Trotz mancher Anklänge an das Antonius-Leben fehlt die dort wesentliche Anordnung der Einzelheiten nach dem Prinzip des Tugendaufstiegs durch Askese. Das Schema erinnert mehr an das der suetonischen Kaiserbiographien. Besonders könnte man an die Gliederung in *vita publica* und *vita privata* denken.[37] Jedoch handelt es sich um Heiligenlob, nicht um die Rubriken des Privatlebens bei Sueton.[38] Auch die Darstellungstendenz ist die des frühchristlichen Hagiographen, der die Trugbilder der weltlichen Literatur[39] und Philosophie[40] ablehnt und ihnen etwas Wertvolleres entgegenstellen will.[41] Seine Absicht ist es, anderen zur Erlangung des ewigen Lebens ein nachahmenswertes Vorbild zu geben,[42] das nicht in der

---

[37] So F. Kemper, *De vitarum Cypriani, Martini Turonensis, Ambrosii, Augustini rationibus*, Diss. Münster 1904, S. 43f. Zur Form der suetonischen Biographie vgl. grundlegend F. Leo, a.a.O., S. 1–16; zur Kritik an Leos formgeschichtlicher Einordnung der politischen Biographie in die hellenistische Tradition außerdem D. R. Stuart, *Epochs of Greek and Roman Biography* (= Sather Class Lectures 4), Berkeley 1928, S. 189ff., 228ff. und W. Steidle, *Sueton und die antike Biographie* (= Zetemata, Heft 1), München 1951.

[38] Vgl. A. Prießnig, *Die biographischen Formen der griechischen Heiligenlegenden in ihrer geschichtlichen Entwicklung*, Diss. München 1924, der S. 48 die *Vita Martini* als „eine enkomiastisch-panegyrische Lobschrift in der Art des Agesilaos von Xenophon und des Attikus von Cornelius Nepos" charakterisiert und betont, daß „auch die eigentliche erzählende Vita [...] nichts anderes als eine mit schriftstellerischem Geschick abgefaßte Aretalogie" ist (S. 47). Vgl. dazu S. Cavallin, a.a.O. S. 24f.

[39] z.B. die Kämpfe Hektors, "Hectorem pugnantem" (Sulpicius Severus, a.a.O. S. 110).

[40] "Socratem philosophantem" (ebd.).

[41] "unde facturus mihi operae pretium uideor" (ebd. S. 111).

[42] "si uitam sanctissimi uiri, exemplo aliis mox futuram, perscripsero [...] dedimus tamen operam, ne is lateret qui esset imitandus" (ebd.).

Schriftstellerei, im Philosophieren oder in Heldenkämpfen, sondern allein in Frömmigkeit, Heiligkeit und Gottverbundenheit gefunden werde.[43] So will er die anderen zu „weiser Lebensführung, himmlischem Kriegsdienst und göttlichem Tugendstreben kräftig anspornen".[44] Dabei denkt Sulpicius Severus an einen monastischen Kreis, der sich um die vollkommene Nachfolge Christi und die evangelischen Ratschläge bemüht (vgl. besonders Kap. 1 und 25). Im letzten Kapitel heißt es, daß das Büchlein allen „gottgeweihten Mönchen" *(omnibus sanctis)* eine willkommene Gabe sein solle.[45] Die Laien erscheinen nur am Rande als Bewunderer des Heiligen (Kap. 9, bei der Bischofswahl), jedoch wird ihnen mehr Neugierde als fromme Absicht zugetraut.[46] Für die Stoffauswahl ist interessant, daß Severus sich ausdrücklich damit begnügt, „nur das Wichtigste aufzuzeichnen",[47] wodurch er, wie man ergänzen darf, eine einfache Übersichtlichkeit und Einhelligkeit der Darstellung erreicht, wie sie schon im Antonius-Leben gegeben war und weiterhin für das hagiographische Erzählen charakteristisch bleiben sollte. Gleichzeitig nimmt er auf die Ermüdbarkeit der Leser Rücksicht, die er durch übergroße Stoffülle nicht langweilen möchte[48] – ein Gedanke, der ebenso in die hagiographische Topik eingegangen ist[49] wie das (schon bei Hieronymus begegnende) Bekenntnis zur einfachen Sprache der „schlichten Fischer" (der Evangelisten) und die Abkehr von den „geschulten Rednern".[50]

Trotz dieses nicht ohne Koketterie vorgetragenen Bekenntnisses zur Schlichtheit erweist sich Severus – wie sein Gesprächspartner Gallus[51] –

---

[43] "perennem potius uitam quam perennem memoriam quaerere, non scribendo aut pugnando uel philosophando, sed pie sancte religioseque uiuendo" (ebd.).

[44] "quo utique ad ueram sapientiam et caelestem militiam diuinamque uirtutem legentes incitabuntur" (ebd.).

[45] "illud facile confido, omnibus sanctis opusculum istud gratum fore" (ebd. S. 137).

[46] Vgl. *Dial.* III, 1: "tum Aper, nequaquam, inquit, istos nobis admisceri conuenit, quia ad audiendum curiositate potius quam religione uenerunt" (ebd. S. 199).

[47] "quamquam etiam ex his, quae conperta nobis erant, plura omisimus, quia sufficere credidimus, si tantum excellentia notarentur" (ebd. S. 111).

[48] "simul et legentibus consulendum fuit, ne quod his pareret copia congesta fastidium" (ebd.).

[49] Vgl. u. a. die anonyme *Vita s. Cuthberti*, unten S. 75, Anm. 83.

[50] "[Die Leser] meminerint etiam, salutem saeculo non ab oratoribus, cum utique, si utile fuisset, id quoque Dominus praestare potuisset, sed a piscatoribus praedicatam esse" (Sulpicius Severus, a.a.O., Prolog, S. 109–110). Über die entgegengesetzte Tendenz zum rhetorisch geschmückten Stil in den Heiligenleben vgl. oben S. 22.

[51] Gallus schützt (*Dial.* I, 27) bäurische Ausdrucksweise und mangelnde Bildung vor: "uereor ne offendat uestras nimium urbanas aures sermo rusticior" (ebd. S. 179). Das jedoch wird von Postumianus, der ihn als gebildeten Mann kennt, humorvoll als Bescheidenheitsfloskel nach Gelehrtenart entlarvt: "ceterum cum sis scholasticus, hoc ipsum quasi scholastico artificiose facis, ut excuses inperitiam, quia exuberas eloquentia" (ebd. S. 180). Allerdings räumt auch Postumianus ein, daß sich für einen Mönch keine zu geriebene und für einen Gallier keine zu geistfunkelnde Art zieme: "sed neque monachum tam astutum neque Gallum decet esse tam calidum" (ebd.).

in den zahlreichen Mirakelgeschichten der Vita und den angehängten Dialogen und Briefen als ein versierter Erzähler, der den Verlauf der Ereignisse, die sie begleitenden Gefühlsreaktionen und den gedanklichen Zusammenhang geschickt miteinander verbindet, dabei allerdings auf die der Antonius-Vita eigene Darstellung der tieferen spirituellen Aspekte verzichtet. Das zeigt sich besonders bei Behandlung der Wunder und Dämonenbesiegungen.[52] In der Vereinfachung des dargestellten religiösen Verhaltens und in der gleichzeitigen Kultivierung des Stils folgt Severus eher der Art der Paulus-Vita. Er ist nicht nur mit klassischen Vorbildern wie Terenz, Sallust, Cicero, Vergil u. a. vertraut, sondern beherrscht auch spielend literarische Formen wie den Dialog, den Brief und die einfach illustrierende oder auch anekdotenhaft pointierte Episodenerzählung nach Art der Historiographen und Rhetoren.[53]

Wie gut ihm das Erzählen von der Hand geht, zeigt die Geschichte vom Fällen der von den Heiden verehrten Föhre (Kap. 13). Die Einzelheiten werden treffsicher ausgewählt, und der Hergang wird unter dramatischer Steigerung des äußeren Geschehens berichtet. Wie der Baum schon anfängt sich zu neigen, wie er bereits kracht und niederfällt auf den Heiligen zu, der gebunden in der Fallrichtung steht und im letzten Augenblick den Baum durch das Kreuzzeichen aufhält und zurückwirbeln läßt, das alles wird in wirkungsvoller Phasenfolge mit rhetorischen Mitteln erzählt. Der geistliche Aspekt des Geschehens, das die Größe Gottes demonstrieren soll, wird nicht explizit ausgesprochen und von außen herangetragen, sondern durch das furchtbare Schreien der staunenden Heiden und die Freudentränen und das Lobpreisen der Mönche ausgedrückt, also geschickt mit den natürlichen Faktoren der Situation verbunden.[54]

Häufig ist das Geschehen wie hier effektvoll zu heftiger Bewegtheit gesteigert.[55] Ein gutes Beispiel enthält der erste Brief, der den gerade aus dem Schlafe erwachenden Heiligen in einem kurzen Augenblick der Schwäche zeigt. Martinus, der sich plötzlich von Flammen umgeben sieht,

---

[52] Vgl. dazu P. B. Kurtz, a.a.O. S. 132.

[53] Zu verschiedenen Spielarten der kurzen Erzählung in der antiken Literatur seit Herodot vgl. die Übersicht bei J. A. K. Thomson, *Classical Influences on English Prose*, Lo. 1956, S. 1–66.

[54] "at ille confisus in Domino intrepidus opperiens, cum iam fragorem sui pinus concidens edidisset, iam cadenti, iam super se ruenti, eleuata obuiam manu, signum salutis opponit. tum uero – uelut turbinis modo retro actam putares – diuersam in partem ruit, adeo ut rusticos, qui tuto in loco steterant, paene prostrauerit. tum uero in caelum clamore sublato gentiles stupere miraculo, monachi flere prae gaudio, Christi nomen in commune ab omnibus praedicari" (ebd. S. 123).

[55] Vgl. etwa "flens et eiulans accurrit" (Kap. 7, a.a.O. S. 117) und "tristes ad solam funeris expectationem adstabant propinqui, cum subito ad ciuitatem illam Martinum uenisse nuntiatur. quod ubi puellae pater conperit, cucurrit exanimis pro filia rogaturus. et forte Martinus iam ecclesiam fuerat ingressus. ibi inspectante populo multisque aliis praesentibus episcopis, eiulans senex genua eius amplectitur dicens: [...]" (Kap. 16, a.a.O. S. 125).

nimmt in seiner Verwirrung ein wenig später zum Gebet seine Zuflucht, als er es hätte tun sollen. Als er um sich die Gluthitze spürt und das Feuer schon sein Gewand versengt, versucht er zunächst, aus dem Zimmer zu stürzen, dann jedoch ergreift er „den Schild des gläubigen Gebets und überläßt sich ganz dem Herrn", indem er sich inmitten der Flammen zu Boden wirft, die auf wunderbare Weise zurückweichen.[56] Als die Mönche Martinus zu retten versuchen, entsteht heftige Bewegung unter ihnen.[57]

Wie in diesem Falle ist die Steigerung der Gebärden und äußeren Geschehnisfolge meist zugleich Ausdruck der Affekte. Für die Darstellung des tieferen geistigen Lebens seines Heiligen erklärt sich Sulpicius inkompetent (Kap. 26). Jedoch kommt er wieder auf die Gemütsbewegungen des Martinus zu sprechen. In Kapitel 7 erwähnt er sein Weinen, Seufzen, und seine Freudenrufe.[58] In Kapitel 16 läßt er ihn auf die Bitte eines Vaters um Heilung der kranken Tochter verwirrt und betroffen werden und erst nach inständigem Flehen des anderen nachgeben.[59] Wichtig ist auch, daß in dem oben zitierten ersten Brief der Heilige in einem Augenblick der Verwirrung gezeigt wird. Rückblickend spricht er mit Seufzen davon und berichtet, daß ihm nach dem siegbringenden Gebet die vorher sengende Glut als kühler Tau erschienen sei.[60] Von reicher psychologischer Tönung sind vor allem die Reaktionen des Ich-Erzählers Severus und (in den Dialogen) die des Postumianus und Gallus. Oft wird aus einer ganz persönlichen Perspektive heraus vorgetragen, so daß der Stil stellenweise

[56] "Martinus somno excitus re inopinata, ancipiti periculo et maxime, ut referebat, diabolo insidiante adque urguente praeuentus, tardius quam debuit ad orationis confugit auxilium. nam erumpere foras cupiens, cum pessulo, quem ostio obdiderat, diu multumque luctatus, grauissimum circa se sensit incendium, ita ut uestem, quam indutus erat, ignis absumpserit. tandem in se reuersus, non in fuga, sed in Domino sciens esse praesidium, scutum fidei et orationis arripiens mediis flammis totus ad Dominum conuersus incubuit. tum uero diuinitus igne submoto, innoxio sibi orbe flammarum, orabat" (*Epist*. I, a.a.O. S. 140f.).

[57] "monachi autem, qui pro foribus erant, crepitante et conluctante incendii sono, obseratas effringunt fores, demotoque igne de mediis flammis Martinum auferunt, cum iam penitus esse consumptus tam diuturno incendio putaretur" (ebd. S. 141).

[58] "corpus [scil. catechumeni] in medio positum tristi maerentium fratrum frequentabatur officio, cum Martinus flens et eiulans accurrit [...] ac foribus obseratis super exanimata defuncti fratris membra prosternitur. et cum aliquamdiu orationi incubuisset sensissetque per spiritum Domini adesse uirtutem, erectus paululum et in defuncti ora defixus, orationis suae ac misericordiae Domini intrepidus expectabat euentum" (ebd. S. 117).

[59] "qua ille uoce confusus obstipuit et refugit dicens, hoc suae non esse uirtutis: senem errare iudicio, non esse se dignum, per quem Dominus signum uirtutis ostenderet perstare uehementius flens pater et orare ut exanimem uisitaret: postremo a circumstantibus episcopis ire compulsus descendit ad domum puellae" (ebd. S. 125f.).

[60] Der Ich-Erzähler Severus berichtet: "ceterum – uerbis meis Dominus est testis – mihi ipse referebat et non sine gemitu fatebatur [...]. seque tum sensisse rorantes, quas male esset expertus urentes" (ebd. S. 141).

memoirenhaft wirkt.[61] Severus teilt in dem (wie er selbst sagt) „geschwätzigen Brief"[62] an seinen Freund den Eindruck mit, den die Erscheinung des gerade gestorbenen Martinus auf ihn gemacht habe. Dabei analysiert er den eigenen Gemütszustand und das anschließende Traumerlebnis auf subtile Weise. Die Reaktion auf die Todesnachricht wird im intimen Ton spätantiker Briefliteratur wiedergegeben, als ein seelisches Schwanken zwischen unerträglichem Schmerz und Bewunderung für die Heiligkeit des Verstorbenen. Auch sonst wird lebendig aus der konkreten Gesprächssituation heraus erzählt. Die Dialoge enthalten neben erbaulichen manche humorvolle Kommentare – z. B. über die Eßlust der Gallier, wovon Gallus sich betroffen fühlt.[63] Zwischenbemerkungen wie die Aufforderung, die unterbrochene Erzählung wiederaufzunehmen,[64] geben dem Erzählen die Lebendigkeit eines augenblicklichen Vollzuges.

Aber es wäre falsch, allein mit diesen Zügen die Darstellungsweise des Sulpicius Severus zu charakterisieren. Er zielt nicht nur auf eine lebendige Folge des äußeren und psychologischen Geschehens, sondern auch auf eine ganz klare kausale Verknüpfung der Begebenheiten, die gegenüber der meist lockeren Reihung in späteren Legenden auffällt. Das zeigt z. B. der Bericht über das von Martinus gesegnete Ölfläschchen (*Dial.* III, 3), das versehentlich von einem Diener zu Boden geworfen wird, aber nicht zerspringt. Dabei wird detailliert begründet, daß der Diener die Flasche nicht sah, weil sie auf dem hohen Fenstersims von einem Tuch verhüllt war, an dem er unvorsichtigerweise gezogen hatte:

> *uas uitreum cum oleo, quod Martinus benedixerat, in fenestra paululum editiore deposuit: puer familiaris incautior linteum superpositum, ampullam ibi esse ignorans, adtraxit. uas super constratum marmore pauimentum decidit.*[65]

Es ergibt sich ein klarer Sachzusammenhang, wie er in späteren hagiographischen Darstellungen seltener anzutreffen ist.[66] Entsprechend eindeutig wird das übernatürliche Unversehrtbleiben des Fläschchens erklärt; nicht der Zufall, sondern die Wunderkraft des Martinus wird als Ursache genannt: *quae res non potius ad casum quam ad Martini est referenda uirtutem, cuius benedictio perire non potuit.*[67]

---

[61] Vgl. auch A. Ebert, a.a.O. Bd. I, S. 336.

[62] *Epist.* II, a.a.O. S. 142.

[63] *Dial.* I, 4, a.a.O. S. 156.

[64] So *Dial.* I, 27, wo Postumianus die witzige Unterhaltung über das von Gallus vorgeschützte Unvermögen und seine angeblich bäurische Ausdrucksweise abschließt mit den Worten: "uerum adgredere potius et quod te manet explica: nimium enim dudum alias res agentes consumimus tempus, et iam solis occidui umbra prolixior monet, non multum diei uicina nocte superesse" (ebd. S. 180).

[65] A.a.O. S. 201.

[66] Vgl. über die *Vita Caesarii Arelatensis* und Gregor den Großen unten S. 59 ff.

[67] A.a.O. S. 201.

Wie in diesem Falle dient die Gedanklichkeit der Darstellung vor allem der geistlichen Belehrung. Bei der oben erwähnten, im ersten Brief dargestellten Bedrängnis des Heiligen durch Feuer wird z. B. der Augenblick der Schwäche als eine Form der Versuchung durch den Teufel gedeutet, der nur durch Glauben und Gebet besiegt worden sei. Entsprechend wird beim Fällen der heidnischen Föhre am Schluß die missionarische Bedeutung des Wunders ausgesprochen: *satisque constitit eo die salutem illi uenisse regioni*.[68] In manchen mehr der Belehrung dienenden Stücken tritt das Gedankliche parabelhaft und in kunstvoller Pointierung hervor. So stellt der Erzähler Gallus (*Dial*. II, 10) Äußerungen „voll geistlicher Würze aus dem Munde Martins" zusammen.[69] Ein Beispiel ist die Belehrung eines Soldaten durch ein aus dem Leben genommenes, recht anschauliches Gleichnis (*Dial*. II, 11).

Das Ineinandergreifen von klarer Gedankenverknüpfung und Lebendigkeit der äußeren wie psychologischen Wirklichkeit zeigt recht deutlich Kap. 3 der Vita. Als alle anderen Menschen an einem frierenden Armen vorübergegangen sind, erkennt Martin, daß dieser ihm vorbehalten ist. Nachdem so die geistige Bedeutung der Situation geklärt ist, werden die äußeren Umstände begründet: Martinus hat schon soviel verschenkt, daß er nur noch den umgeworfenen Soldatenmantel besitzt und deshalb davon dem Armen die Hälfte gibt.[70] Aber Severus bleibt nicht beim äußeren Geschehen und der gedanklichen Präzision der Geschichte stehen, sondern verfolgt das psychische Verhalten der Personen. Der Augenblick, in dem Martinus seinen Auftrag erkennt und überlegt, wie er ihm nachkommen kann, ist von situationshafter Unmittelbarkeit. Die Reaktion der Umstehenden ist ähnlich lebendig. Manche fangen an zu lachen, weil sie den Reiter in dem halben Mantel komisch finden, andere aber, die mehr Einsicht haben, seufzen tief und bedauern, es ihm nicht gleichgetan zu haben.[71] Natürlich bleibt das im Bereich eines einfachen Reagierens, aber es ist doch differenzierter und farbiger als Entsprechendes in den meisten der späteren Legenden.

In der mittelalterlichen Hagiographie, in der das Psychologische und die geschehnishafte Pointierung mehr und mehr zurücktreten, spielen die von

---

[68] A.a.O. Kap. 13, S. 123.

[69] "Operae pretium autem est, etiam familiaria illius uerba, spiritualiter salsa, memorare" (ebd. S. 191).

[70] "qui [i. e. pauper nudus] cum praetereuntes ut sui miserentur oraret omnesque miserum praeterirent, intellexit uir Deo plenus sibi illum, aliis misericordiam non praestantibus, reseruari. quid tamen ageret? nihil praeter chlamydem, qua indutus erat, habebat: iam enim reliqua in opus simile consumpserat. arrepto itaque ferro, quo accinctus erat, mediam diuidit partemque eius pauperi tribuit, reliqua rursus induitur" (ebd. S. 113).

[71] "interea de circumstantibus ridere nonnulli, quia deformis esse truncatus habitu uideretur: multi tamen, quibus erat mens sanior, altius gemere, quod nihil simile fecissent, cum utique plus habentes uestire pauperem sine sua nuditate potuissent" (ebd.).

Severus geschickt verbundenen Stil- und Darbietungsformen der spätantiken Rhetorik kaum noch eine Rolle. Die Hauptwirkung der Martin-
Schriften sollte stofflicher Art sein; in der populären Durchschnittsproduktion hat sich gleichzeitig ihre Vereinfachung des Spirituellen ausge-
wirkt.

5. Sinnbildhafte Verdichtung in Gregors des Großen Benedikt-Leben und übrigen Dialogen

Schon die einhundertfünfzig Jahre nach den Martin-Schriften (zwischen
542 und 592) entstandene *Vita s. Caesarii Arelatensis*,[72] die dem Vorbilde
der *Vita s. Martini* folgt, ist – wie die Werke des Caesarius von Arles selbst –
in einer anderen Sprache, einer schlichten Gebrauchsprosa, geschrieben, in
der man jedoch nicht nur den Verfall der klassischen Tradition, sondern
einen bewußt neuen Stil sehen darf.[73] Zwar erreicht die Vita nicht ganz das
„Festumschriebene, Herzliche und Autoritative", das die Predigten des
Caesarius auszeichnet,[74] jedoch geht es um die schlichte und sinnfällige
Darstellung des Wunderbaren, nicht um die exakte kausale und temporale Herausarbeitung der äußeren Umstände, was sich deutlich am Bericht
über das zerbrochene Fläschchen zeigt.[75] Im Gegensatz zu Sulpicius Severus[76] spielt das Tuch keine Rolle mehr im Kausalnexus. Die Ampulla
hängt, in ein Tuch eingehüllt, über dem Bett. Wie die Flasche zerbrochen
ist, wird nicht geklärt; es wird nur allgemein angenommen, daß es aus
Nachlässigkeit geschah (*Vita Caes.* I, 39):

> *Et [...] ampullulam in qua erat oleum, maxima veneratione grandique
> praesidio ad caput suum petiit debere suspendi. Quae dum fuisset mundissimo
> linteo involuta, ut credimus [sic], negligentia faciente famulorum, confracta
> est.*[77]

Entscheidend ist lediglich, daß das geweihte Öl nicht ausfließt.

Noch deutlicher zeigt sich ein schlichtes, auf Erbaulichkeit zielendes
„Christenlatein" in Gregors von 593 bis 594 fertiggestellten Dialogen.[78]
Auf der Schwelle zwischen Altertum und Mittelalter stehend, repräsentie-

---

[72] *BHL* 1508–1509, ed. G. Morin, *S. Caesarii opera omnia*, I, Maredsous 1937, S. 296–345, und Migne, *P. L.* 67, Sp. 1001 ff.

[73] Vgl. E. Auerbachs überzeugende Argumente gegen A. Malnory (*Saint-Césaire d' Arles*, Paris 1894) und G. Morin in „Lateinische Prosa des frühen Mittelalters", *Literatur-sprache und Publikum*, S. 67–72.

[74] Vgl. E. Auerbach, a.a.O. S. 71.

[75] Auf diesen Unterschied macht aufmerksam S. Cavallin, *Literarhistorische und textkriti-sche Studien zur Vita s. Caesarii Arelatensis* (= Acta Universitatis Lund, N. S. 30, Nr. 7) Lund 1934, S. 24.

[76] *Dial.* III, 3; vgl. oben S. 57.

[77] Migne, a.a.O. Sp. 1020.

[78] Ed. U. Moricca, *Gregorii Magni Dialogi libri IV*, Rom 1924; Zitate und Seitenangaben nach diesem Text. Andere Ausgaben der Benedikt-Vita s. *BHL* 1102.

ren sie einen neuartigen, teilweise schon mittelalterlich anmutenden Form-
und Frömmigkeitstypus, von dem die Legendenliteratur des hohen und
späten Mittelalters in einem viel umfassenderen Sinne als von den Martin-
Schriften ihre Impulse empfangen hat. Ihre Beliebtheit währte mehr als ein
Jahrtausend, wie zahlreiche Übersetzungen in die Volkssprachen – ins
Angelsächsische schon gegen Ende des 9. Jhs. durch Bischof Waerferth[79] –
beweisen. Der Grund dafür liegt nicht nur in dem Reichtum an bunten
Wundergeschichten, Prophezeiungen und Visionen (letztere besonders im
4. Buch), sondern auch in der Form und Tonart der Darbietung.[80] Diese
ist dem Sprachstil und der Haltung nach, wie Auerbach gezeigt hat,[81]
vom christlichen *sermo humilis* entscheidend bestimmt, in dem das „Zu-
trauliche und Einfache", das Beliebige, Gewöhnliche und Unterhaltende
sich unmittelbar ins Wunderbare, Ernsthafte, Gute und Weise erheben
können. Wenn Gregor sich zur Einfachheit der Bibel bekennt,[82] so ist das
nicht eine rhetorische Floskel, oder eine nur sprachstilistisch-ästhetische
Entscheidung, sondern die Hinwendung zur „wissenden Unwissenheit"
und „ungelehrten Weisheit"[83] seines christlichen Ethos, das sein Denken
als Ganzes durchformt. Auch das Erzählverfahren Gregors läßt sich allgemein mit diesen Kategorien umschreiben und als eine volkstümlich hand-
greifliche und herzhafte, grundsätzlich naive und mitunter humorvolle
Veranschaulichung eines Ideals geistigen Menschentums bezeichnen.[84]
Jedoch ist eine präzisere Bestimmung der Erzählstrukturen für eine formgeschichtliche Übersicht notwendig. Bei Gregor treten nämlich zum ersten
Mal jene Darstellungstendenzen voll hervor, die sich im höheren und späteren
Mittelalter – wenn auch in Verbindung mit modifizierten Einzelformen –
als spezifisch legendenhaft durchsetzen. Sie entstammen nicht einer literarischen Überlieferung, sondern entspringen Gregors Frömmigkeitshaltung und seinem seelsorgerisch-praktischen Anliegen.[85]

---

[79] Ed. H. Hecht, *Bischofs Waerferth von Worcester Übersetzung der Dialoge Gregors des
Großen*, (= Bibl. d. Angelsächs. Prosa, ed. Grein u. Wülker, V) Leipzig 1900.

[80] A. Ebert, a.a.O. I, S. 549, irrt, wenn er sagt: „So bleibt ein rein stoffliches Interesse
übrig, das, wo es wirkt, viel mehr auf die Phantasie als auf das Gemüth sich richtet."

[81] A.a.O. S. 72–77.

[82] Vgl. seinen berühmten Einleitungsbrief zu den *Moralia* zu Job (Migne, *P. L.*, 75,
Sp. 516) und dazu E. K. Rand, *Founders of the Middle Ages*, (Cambr., Mass. 1928) Dover
Edition N. Y. 1957, S. 27 f. und 293 f.

[83] Prolog *Dial*. II: "dispectis itaque litterarum studiis, [...] sanctae conversionis habitum
quaesivit. recessit igitur scienter nescius, et sapienter indoctus" (S. 72).

[84] Vgl. E. Auerbach, a.a.O. S. 73–75.

[85] Über Gregors Bedeutung für das ma. Legendenerzählen liegen keine genauen Untersuchungen vor. I. Brüning sieht mehr seine Verschiedenheit als seine Verwandtschaft
zur kontemplativen Erzählweise der hoch- und spätmittelalterlichen Legende (vgl. oben
S. 13 f.). Ein summarisches, nicht weiter belegtes Urteil über Gregors Nachwirken
findet sich bei A. Manser, „Aus dem Gärtchen der Altväter", *Sankt Benedikts-Stimmen*
42 (Abtei Emaus Prag 1918), S. 236: „Für die Folgezeit wurde er [Gregor als Verfasser
der Dialoge] bahnbrechend und hohes Vorbild der Erzählkunst."

Gregors Stimme ist die des Wissenden und Lehrenden, der nicht wie Athanasius zur Nachahmung strenger Askese auffordert, sondern zur Besinnung auf die Grundtatsachen des Glaubens durch Betrachtung der Taten und Wunder der Mönche. Als Oberhirte der Christenheit und *Servus Servorum Dei* strebt er die Erbauung der Allgemeinheit, nicht nur eines monastischen Kreises an.[86] Aus diesem Grunde stellte er sich auf das Fassungsvermögen und die religiösen Bedürfnisse des Durchschnittsklerus und vor allem der Laien seiner Zeit ein. Diese werden durch den im Dialograhmen auftretenden Gesprächspartner Petrus vertreten,[87] auf dessen Fragen Gregor immer wieder geduldig eingeht. Das klassische Kunstmittel des Dialogs, das von Sulpicius Severus zur situationshaften Verlebendigung verwendet wurde, wird ausschließlich zur Erklärung, Unterweisung und erbaulichen Verdeutlichung eingesetzt. Von Gregors eigenen Worten könnte man sagen, daß sie wie die des Diakon Servantus „überströmend von Lehrweisheit" seien.[88]

Schon hieran wird spürbar, daß es nicht nur um Klarheit der Darstellung geht. Wie in seinem *Liber regulae pastoralis* wendet Gregor sich von den zerstreuenden Äußerlichkeiten dem „Innerlichen" zu.[89] Der ehemalige Mönch hat die Wunder niedergeschrieben, um in der Beschauung des Lebens derer, die der Welt entsagt haben, Kraft zu finden in den Alltagsgeschäften des päpstlichen Hirtenamtes. Ihn erfüllt Sehnsucht nach der im Kloster, dem „Hafen der Ruhe",[90] gepflegten Betrachtung[91] und genossenen Stille.[92] Er läßt sich leiten von dem *contemplationis lumen (Dial.* II, 3, S. 81). Zwar wird, frühchristlicher Gesinnung gemäß, Ehrfurcht[93] ausgedrückt, aber vorherrschend ist das Gefühl stiller Freude und Beglückung, das sich aus der Versenkung in das Vollkommene ergibt. Diese Haltung spricht schon aus den Antworten des Petrus, der mehrfach sein Gefallen an dem Vorgebrachten ausdrückt[94] und mehr zu hören wünscht.[95] Vor

---

[86] "Magna sunt valde quae narras et multorum aedificationi profutura" (*Dial.* II, 7, S. 90).

[87] Vgl. dazu F. H. Dudden, *Gregory the Great*, 2 Bde., Lo. 1905, I, S. 324.

[88] "vir doctrina gratiae caelestis influebat" (*Dial.* II, 35, S. 128).

[89] "[animus meus] cumque se pro condiscensione multorum ad exteriora sparserit, etiam cum interiora appetit, ad haec procul dubio minor redit" (*Dial.* I, [Vorrede], S. 14).

[90] "quia cum navigamus longius, iam nec portum quietis quem reliquimus videmus" (ebd. S. 15).

[91] "infelix quippe animus meus occupationis suae pulsatus vulnere meminit qualis aliquando in monasterium fuit [...] quod nulla nisi caelestia cogitare consueverat, quod etiam retentus corpore ipsa iam carnis claustra contemplatione transiebat" (ebd. S. 14).

[92] "ut post tam pulchram quietis suae speciem terreni actus pulvere fedatur" (ebd.).

[93] Vgl. etwa: "Mira res valde et vehementer stupenda" (*Dial.* II, 35, S. 130). "Mirum valde" (*Dial.* II, 23, S. 115). "Mira sunt et multum stupenda, quae dicis" (*Dial.* II, 8, S. 93).

[94] "Fateor placit quod dicis" (*Dial.* II, 2, S. 80). "Fateor, multum placit, quod dicis" (*Dial.* II, 33, S. 127). "Placit, quod dicis" (*Dial.* II, 38 Ende des Benedikt-Lebens, S. 134).

[95] "ego autem boni viri miracula quod plus bibo, plus sitio" (*Dial.* II, 7, S. 90).

allem wirkt sie sich aus in einer eigentümlichen Durchseelung und Verdichtung der Darstellung.

Das geschieht z. T. mit so unauffälligen Mitteln wie der einfachen Nennung von Tugenden oder der Einflechtung sentenzhafter Weisheiten. Formgeschichtlich interessanter ist, daß Gregor den Geschehnisverlauf, so markant er ist, doch nur als Auftakt und Vorbereitung für die zu verdeutlichende Wahrheit behandelt. Diese wird oft – wie im Rahmendialog – in knappen und treffenden wörtlichen Reden hervorgehoben, so etwa *Dial.* II, 7, wo nach dem Wunder des Wasserwandelns Maurus und Benedikt die Wunderkraft jeweils dem anderen zuschreiben. Ein anderes Kapitel, *Dial.* I, 2, erzählt von Räubern, die sich an Libertinus vergangen haben und deren Pferde dafür festgebannt werden. Während Sulpicius Severus (2. *Dial.* 3) in einer inhaltlich vergleichbaren Geschichte in der ihm eigenen zeitintensiven, dabei zügigen und logisch klar verknüpfenden Weise auf den Höhepunkt hin steigert, gibt Gregor einen vereinfachenden, aber anschaulichen Bericht, und hebt in kurzer wörtlicher Rede die Tugend des Priors hervor. In einer anderen Erzählung (*Dial.* I, 3) wird ein Dieb von einem heiligmäßigen Gärtner gestellt, aber auch gütig belehrt und mit dem beschenkt, was er hatte stehlen wollen. Das Außerordentliche und Wunderbare wird mit sicherer Gläubigkeit, ohne nennenswerten Ausruf des Staunens vorgetragen, so z. B. als der Bruder im Garten eine Schlange findet, die ihm aufs Wort folgt. Ohne den Versuch einer Dramatisierung, in schlichter Anschaulichkeit und Schritt für Schritt, werden das Geschehen und als äußerer Höhepunkt die Gefangennahme des Diebes erzählt. Krönung des Ganzen aber ist die besonnene Lehrrede des Bruders, der den Dieb „mit großer Güte und Freundlichkeit" fortschickt und ihm sagt, er solle nicht mehr stehlen, sondern kommen, wenn er etwas brauche; mit Freude solle ihm gegeben werden, was er sonst nur mit Sünde und großer Mühe nehmen könnte.[96] In einem anderen Fall (*Dial.* I, 2) wählt Gregor zur Verdeutlichung die Form des Seelenstreites. Libertinus ist durch die Bitte einer Mutter, ihr Kind wieder lebendig zu machen, in Verwirrung geraten. Jedoch folgt Gregor nicht wie Sulpicius Severus (*Vita Martini*, Kap. 16) dem zügigen psychischen Verlauf des Erlebens, sondern stellt die kontrastierenden Seelenkräfte erbaulich heraus.

Es ließe sich sagen, daß Gregors Erzählbericht gleichsam gipfelt in diesen reifen, wahrspruchartig formulierten Einsichten. Das wird häufig durch einprägsame Gebärden unterstrichen, wie sie auch die Benediktinerregel als angemessenen Ausdruck von Frömmigkeit kennt. In ihnen, die von einer gewissen Dauer und Feierlichkeit sind, kommt ebenso wie in den Lehrreden die an sich schon würdevolle Bewegung zur Ruhe, das Vorganghafte festigt sich zum Bild, genauer gesagt, zum Sinnbild der oben

---

[96] Ich kann hier Auerbach nicht folgen, der in dieser Erzählung nur die Mischung des Wunderbaren mit dem Grotesken sieht (a.a.O. S. 74). Gregors Gleichsetzung von göttlicher Ordnung und Wunder steht dem entgegen.

definierten Art.[97] Während Martinus etwa bei einem vermeintlichen Brand in Verwirrung gerät und sich dann mitten in die Flammen wirft (Martin-Schriften, *Ep.* 1), durchschaut Benedikt sofort den Irrtum der lärmend löschenden Brüder, neigt sein Haupt zum Gebet und mahnt zur Besinnung.[98] Als Martinus, von einer großen Menschenmenge mit Spannung beobachtet, eine Halbtote zum Leben erweckt, wirft er sich zunächst betend auf den Boden und gießt dann dem Mädchen geweihtes Öl in den Mund, worauf Sprache und Bewegungsfähigkeit der Glieder wiederkehren. Die Darstellung verläuft als vielstufiger Vorgang (*Vita Martini*, Kap. 16). Benedikt dagegen, nachdem er sich über den Leichnam eines Knaben gelegt hat, richtet sich empor, streckt die Hände zum Himmel und spricht, in dieser hieratischen Gebärde verharrend, ein Gebet, das Heilung bewirkt.[99] Auch während Benedikts mystischer Vision des Weltalls (*Dial.* II, 35) werden die Ereignisse nicht nur „der Reihe nach" berichtet,[1] sondern gleichzeitig in klarer Ausgewogenheit. Das sich vom Himmel ergießende Licht und die Aufwärtsbewegung der Seele des Bischofs Germanus von Capua, die in einer feurigen Kugel von Engeln zum Himmel emporgetragen wird, stehen in komplementärer Beziehung zueinander. In diesem Rahmen erscheint als ruhiges Gesamtbild die Welt wie unter einem Sonnenstrahl vereinigt.[2] Die in der Bewegung enthaltene maßvolle Ruhe wird noch dadurch unterstrichen, daß Benedikt während der ganzen Zeit regungslos steht, den Blick unverwandt auf den Glanz des himmlischen Lichtes geheftet.[3] Entsprechendes geschieht beim Bericht über seinen Tod. Benedikt läßt sich in das Oratorium tragen, stärkt sich durch den Empfang des heiligen Sakramentes in beiderlei Gestalt, erhebt sich, steht aufrecht da, die Hände zum Himmel erhoben, und haucht seinen Geist aus.[4] Diese Gebärde – so deutlich verschieden von der des heiligen Franziskus, der sich der Legende nach auf den nackten Boden legen läßt und den Tod erwartet – entspricht gänzlich dem benediktinischen Gottes- und Menschenbegriff. Durch sein Aufstehen bewegt sich der Heilige gleichsam auf Gott zu, der als in der Höhe thronend vorgestellt wird. Zugleich verharrt er betend in der Schau

---

[97] Vgl. S. 29f.

[98] "qui eundem ignem in oculis fratrum esse, in suis viro non esse considerans, caput protinus in orationem flexit, et eos quos phantastico repperit igne deludi, revocavit fratres ad oculos suos" (*Dial.* II, 10, S. 97).

[99] "ubi dum vir Dei cum fratribus pervenisset, flexit genu et super corpusculum infantis incubuit, seseque erigens ad caelum palmas tetendit, dicens" (*Dial.* II, 32, S. 124).

[1] "Cui tantum hoc stupiscenti miraculum, vir Dei per ordinem, quae fuerant gesta, narravit" (*Dial.* II, 35, S. 130).

[2] "omnis etiam mundus, velut sub uno solis radio, collectus ante oculos eius adductus est" (*Dial.* II, 35, S. 129).

[3] "ad fenestram stans […] dum intentam oculorum aciem in hoc splendore coruscae lucis infigerit" (ebd.).

[4] "adque inter discipulorum manus inbecilla membra sustentans, erectis in caelis manibus, stetit, et ultimum spiritum inter verba orationis efflavit" (*Dial.* II, 37, S. 132).

der göttlichen Allgegenwart.[5] Das harmonische Ineinandergreifen von tätiger, zielbezogener Bewegung und essentieller Dauer läßt sich hier bis in den innersten religiösen Bezirk hinein verfolgen.

Gebärden wie diese sind weniger Intensitäts- als Qualitätsgebärden, d. h. solche, die nicht den Grad eines Affektes verdeutlichen, sondern eine innere Haltung evident werden lassen.[6] Insofern ist das Erzählen Gregors zutiefst symbolisch.[7] So wie er an Benedikt das Charisma offenbar werden läßt, im kleinsten Teil das Größte und Ganze zu erblicken, so ist ihm selbst als Erzähler die Gabe eigen, alles einzelne zeichenhaft und mystisch auf das Wesentliche und Letzte zu beziehen. Er will nicht nur gedanken-klar belehren,[8] sondern den Sinn für die letzten Glaubensgeheimnisse wecken, in welche nach Gregor nur die mystische Vereinigung mit Gott führt.[9]

Eine Folge der kontemplativen Beziehungen des Einzelnen auf das Ganze ist eine gewisse Verlangsamung des Erzählberichts. Zwar bleibt die Dar-stellung durchaus geschehnishaft. Selbst die Visionswunder werden vor-ganghaft, als Wunderakte, erzählt mit einem Sinn für den Höhepunkt.[10] Aber entscheidend ist, daß die durch das Wunder eingetretene Wendung oder Klärung hervorgehoben wird. Das Geschehen selbst wird in kon-turenhaft festen, vereinfachenden Strichen gezeichnet, als klarer Verlauf von einem festen Anfangs- zu einem festen Endpunkt hin. Man könnte von einer gewissen Zweigliedrigkeit der Konzeption sprechen, wobei dem ersten Schritt allerdings untergeordnete Bedeutung zukommt. Die frühmittelalterliche römische Ikonographie des Benediktlebens verfährt ganz ähnlich. In dem berühmten Monte-Cassino-Buch der Leben Benedikts

---

[5] Vgl. *Reg.* 19 (a.a.O. S. 54): "Ubique credimus divinam esse praesentiam, et oculos Domini in omni loco speculari bonos et malos."

[6] Vgl. dazu Thomas Ohm, „Die Gebetsgebärden in der Regel und im Leben des hl. Benedikt", *Benediktus. Der Vater des Abendlandes, Weihegabe der Erzabtei St. Ottilien*, ed. H. S. Brechter, München 1947, S. 263–280.

[7] Mit Recht wird dieser Zug von W. von den Steinen, „Heilige als Hagiographen", *HZ* 143 (1931), S. 229–256, als erhabene Idealisierung, Formung eines großen geistigen Bildes (S. 245) oder als Transparenz der Darstellung (S. 255) bezeichnet. Th. Ohm, a.a.O. S. 278, sagt über die von Benedikt genannten Gebetsgebärden: „Sehr viel liegt dem heiligen Benedikt an der Beseelung und Durchseelung des leiblichen Aus-drucks beim Gebet. Benedikt ist jedem Formalismus abhold. In allen Dingen muß das Innere mit dem Äußeren übereinstimmen."

[8] Vgl. charakteristische Fragen des Petrus wie "Doceri vellim" (*Dial.* II, 22, S. 113) oder Aussagen wie "Manus tuae locutionis tersit a me, fateor, dubietatem mentis" (ebd. S. 114). "Si cuncta esse ut asseris, constat patenter quia verba, quae propo-sueras, rebus probas" (*Dial.* II, 32, S. 125). "Ita hoc esse, ut adseris, magna ratio clamat" (*Dial.* II, 21, S. 112).

[9] "quia prolati testimonii claustra reserasti" (*Dial.* II, 2, S. 80); "occulta itaque Dei iudicia, in quantum coniuncti sunt, sciunt; in quantum disiuncti sunt, nesciunt" (*Dial.* II, 16, S. 106).

[10] Vgl. dazu I. Brüning, oben S. 13.

und Maurus'[11] (Ende des 11. Jhs., aber mit Sicherheit auf frühere Vorbilder zurückgehend) werden jeweils zwei Phasen eines Vorgangs, z. B. Erteilung eines Auftrags und seine Ausführung, Prophezeiung und Eintreten des Prophezeiten usw. nebeneinandergestellt. Ein Beispiel ist die Placidus-Episode (*Dial.* II, 7), in der Benedikt den Maurus fortschickt, um den ins Wasser gefallenen Placidus zu retten.[12] Der Begleittext des Bildes lautet unter Hervorhebung des auslösenden Befehls und des Resultates der Handlung: *Curre jubet. currit. – Puerum rapit. atque recurrit.*[13] Wie diesem Exzerpt sind Bewegung und Progression auch der Illustration eigen, die verschiedene Akte des Geschehens darstellt. Jedoch haben die Einzelgebärden die Qualität des Statuarischen und Erhabenen; die Bewegungen sind kraftvoll und gemessen, altbenediktinischer Frömmigkeitshaltung gemäß.[14] Dasselbe gilt für die literarische Gestaltung, an der man erkennen kann, daß die Verlaufsrichtung des Vorgangs auf den herauszustellenden Sinn das Entscheidende ist. Es geht nicht um spannungsreiche Aufgipfelungen, sondern um das Offenbarmachen von Glaubenssubstanzen. Statt von Szenen muß man von ausdrucksstark bewegten Sinnbildern sprechen, die in geistiger Verwandtschaft zu den andachtsbildartigen Verdichtungen hoch- und spätmittelalterlicher Legenden stehen. Jedoch unterscheiden sie sich von diesen in zweifacher Hinsicht. Sie sprechen nur aus sich selbst, als den selbstverständlichen Ergebnissen der Handlung, ohne gleichzeitig in den Gefühlsreaktionen und Interpretationen der Umstehenden gespiegelt zu werden. Trotz Sinnbezogenheit liegt eine vergleichsweise klassische und „natürliche" Handlungsauffassung vor, die noch frei ist von den „unnatürlichen" Häufungen und Verdeutlichungen aus dem Blickwinkel der erbaulich betrachtenden Kultgemeinde.[15] Hieraus folgt als zweiter Unterschied, daß die Darstellung Gregors silhouettenhaft klar und plastisch, nicht flächig-blaß oder emotional wie im hohen und späten Mittelalter konzipiert ist.

Hieraus ergeben sich weitere Konsequenzen für die Darstellung. Mehr als Sulpicius Severus konzentriert sich Gregor auf sorgfältig ausgewähltes, aber ausdrucksstarkes Detail, in das er die Sinnfülle des Ganzen zusammen-

---

[11] Bibl. Vat., Cod. vat. lat. 1202; Facsimile-Edition von M. Inguanez und M. Avery, *La Vita di S. Benedetto*, Monte Cassino 1934. Vgl. dazu O. Pächt, *The Rise of Pictorial Narritive in Twelfth-Century England*, Oxford 1962, S. 16f.

[12] Vgl. unten Abb. 1 (Taf. I).

[13] Zitiert nach Pächt, a.a.O. S. 16.

[14] Auf das Zeichen zum Gottesdienst sollen die Mönche zwar „in größter Eile" herbeikommen, aber "cum omni tamen gravitate et modestia" (*Reg.* XXII, ed. C. Butler, Freiburg ²1927, S. 58); vgl. auch *Reg.* XLIII (ebd. S. 82): "summa cum festinatione curatur; cum gravitate tamen, ut non scurrilitas inveniat fomitem."

[15] Eine analoge Unterscheidung zwischen der noch spätantiken und vergleichsweise klassischen Bewegungsdarstellung der Illustrationen zu Aelfrics Pentateuch (B. M. Cotton MS Claudius B IV) und der Verdeutlichung des Geschehens durch die Beobachter auf den typisch mittelalterlich konzipierten Bayeux-Teppichen trifft O. Pächt, a.a.O. S. 9–11.

drängt. Der erklärte Zweck seiner Dialoge ist, in der Erzählung von Wundern die heiligen Tugenden erbaulich sichtbar zu machen.[16] Als seine Konzeption des Benediktlebens kündet Gregor am Ende des ersten Buches der Dialoge an, *in laudibus Redemptoris de viri venerabilis Benedicti miraculis aliqua narrare*.[17] Deutlicher als in den oben behandelten Viten treten deshalb der kontinuierliche Zusammenhang eines biographischen Schemas und die chronologische Bindung der Begebenheiten zugunsten einer lockeren Wunderfolge zurück. Lediglich die schon in der *Vita Antonii* angewandte erbauliche Anordnung der Ereignisse als Stufen immer größerer Bewährung wird beibehalten. So werden behandelt: Benedikts Befreiung von innerer Anfechtung,[18] der nunmehr offene Kampf des Teufels gegen ihn,[19] sein Machtzuwachs durch den Geist der Weissagung,[20] seine Krankenheilungen und Erweckungen Toter zum Leben (wobei nach den aus eigener Macht und den durch Gebet bewirkten Wundern unterschieden wird)[21] und schließlich als Höhepunkt seine Vision des ganzen Weltalls, die nach Gregor möglich wurde, weil des Heiligen Seele in der Beschauung Gottes des ewigen Lichtes teilhaftig wurde.[22] Innerhalb der einzelnen Stufen werden meist mehrere Wunder als Beispiele erzählt, zum Teil wieder in steigender Reihung,[23] teils aber auch in freierer Folge. Das Schema wird nicht so streng wie in der *Vita Antonii* gehandhabt. Auch wird nicht so sehr das Ringen um Bewährung in den Blick gerückt. Der Heilige steht von vornherein in würdiger Ruhe, als „Meister der Tugenden" da (Kap. 2), der schon in seiner Jugend mit sicherer Kraft die Anfechtungen aus dem Innern in einem einzigen, symbolisch zu verstehenden Kampf abstreift (Kap. 2) und der das Gute ohne nennenswerte Anfechtung und aus „Lust an der Tugend" übt.[24] Der gewisse bei Athanasius in der Darstellung der

[16] "quia [...] aedificatio oritur ex memoria virtutum. [...] in narratione [...] signorum cognoscimus [virtus] inventa ac retenta [...] declaratur" (*Dial*. I, Prol., S. 16).

[17] Ebd. S. 70.

[18] "ex quo videlicet tempore [...] ita in illo est temptatio voluptatis edomita, ut tale in se aliquid menime sentiret. [...] liber quippe a temptationis vitio, iure iam factus est virtutum magister" (*Dial*. II, 2, S. 79). "Recedente igitur temptatione" (*Dial*. II, 3, S. 80).

[19] "nam tanto post graviora praelia pertulit, quanto contra se aperte pugnantem ipsum magistrum malitiae invenit" (*Dial*. II, 8, S. 94).

[20] "Coepit viro inter ista vir Dei etiam propetiae spiritu pollere, ventura praedicare, praesentibus absentia nuntiare" (*Dial*. II, 11, S. 98).

[21] "ecce est, Petre, quod dixi, quia hii, qui omnipotenti Deo familiarius serviunt, aliquando mira facere etiam ex potestate possunt. [...] rursum quoque, quale quantumque miraculum orando valuit obtinere, subiungam" (*Dial*. II, 31, S. 123f.).

[22] "Fixum tene, Petre, quod loquor: quia animae videnti Creatorem angusta est omnis creatura, quaelibet etenim parvum de luce Creatoris aspexerit, breve ei fit omne, quod creatum est" (*Dial*. II, 35, S. 130).

[23] "Oportit, Petre, ut interim sileas, quatinus adhuc maiora cognuscas" (*Dial*. II, 13, S. 101).

[24] "per quam [i. e. caritatem] universa quae prius non sine formidine observabat, absque ullo labore velut naturaliter ex consuetudine incipiet custodire, non iam timore ge-

Versuchungen und Dämonenangriffe gegebene psychologische Realismus[25] fehlt ebenso wie die erlebnismäßige Differenzierung der *Vita Pauli* oder *Vita Martini*. Der Bereich der äußeren wie psychischen Wirklichkeit ist reduziert, jener Entwicklungstendenz entsprechend, die E. Auerbach für die mittelalterliche Literatur seit dem Ausgang der Spätantike generell herausgearbeitet hat.[26] Gleichzeitig aber wird das Ganze innerlicher als in den früheren Viten von Erbauungsgefühlen durchwirkt und bis ins Detail transparent gemacht. Hiermit hat Gregor dem mittelalterlichen Legendenerzählen den Weg gewiesen. Auch die Einfachheit seines Sprachstils ist für einen Jacobus a Voragine beispielhaft geworden, obwohl in den dazwischen liegenden Jahrhunderten lange Zeit die rhetorisch ausgeschmückte hagiographische Vita dominierte.

Dennoch bleiben – nicht nur formal – wesentliche Unterschiede zur Legende des späteren Mittelalters. Gregor teilt die altbenediktinische Frömmigkeitshaltung, obwohl seine zur Erbauung geschriebenen Dialoge im Ton milder sind als das praktische Gesetzbuch für den beschwerlichen Tugendaufstieg der Mönche. In der *Regula* erscheint Gott vorwiegend als *tremendum*.[27] Er ist der gewaltige Schöpfer und Herr des Weltalls, der von seiner himmlischen Höhe aus als letzter Richter und Vergelter auf den Menschen herabschaut. Entsprechend ist Christus der Herr und ewige König, dem der Dienst der Seinen gebührt. Der Mensch ist vorwiegend von *timor Dei* und *tremor* erfüllt.[28] Als Gottes Kreatur schaut er zum Schöpfer auf in Furcht und Ernst; auf sich selbst sieht er in Demut zurück.[29] Er fühlt sich als Sünder, ist zuinnerst von Bußgesinnung erfüllt und – wie Antonius – bereit, als asketischer Kämpfer, als *athleta Christi*, gegen die eigene menschliche Schwäche und den Teufel anzutreten.[30] Auf der anderen Seite wird im Abt, dem Stellvertreter Christi, nicht nur der gestrenge Richter, sondern auch der gütig liebende Vater, Lehrer, Hirte und weise Arzt gesehen.[31] An anderen Stellen[32] wird von Gottes unergründlicher Barmherzigkeit gesprochen, und dem Neuling werden Leben und schöne

hennae sed amore Christi, et consuetudine ipsa bona et delectatione virtutum" (*Reg.* VII, S. 40).

[25] Vgl. dazu Kurtz, a.a.O. S. 135 u. 141.

[26] Vgl. oben S. 19f.

[27] Vgl. dazu Chr. Schmid, „Das Gottesbild der Benediktinerregel", *Benediktus. Der Vater des Abendlandes. Weihegabe der Erzabtei St. Ottilien*, ed. H. Brechter, München 1947, S. 11–22.

[28] Vgl. dazu Z. Bucher, „Das Bild vom Menschen in der Regula Benedicti", ebd. S. 23 bis 56.

[29] Vgl. besonders das umfangreiche Kap. VII über die Stufen der Demut (*Reg.*, S. 29–41).

[30] Wie sehr der Gedanke des Kampfes mit sich selbst in der Antike geläufig war, zeigt H. Emonds, „Geistlicher Kriegsdienst. Der Topos der militia spiritualis in der antiken Philosophie", *Heilige Überlieferung*. Supplementbd. d. Beiträge z. Gesch. d. alten Mönchstums u. d. Benediktinerordens, ed. I. Herwegen, Münster 1938, S. 21–50.

[31] Vgl. Chr. Schmid, a.a.O. S. 18–20.

[32] z.B. *Reg.* IV, 91.

Tage verheißen.[33] Obwohl die Gottesfurcht überwiegt, wird der Mensch auch von Gottesliebe gelenkt.[34] Hieraus folgt ein gütiger Ton, welcher der Antonius-Vita fehlt. Zugleich ergibt sich aus dem Zusammenwirken und der Spannung der beiden Blickrichtungen die Haltung der Ehrfurcht als die eigentliche Wesensmitte des benediktinischen Menschseins.[35] Gott gegenüber äußert sie sich in der Verbindung von distanzwahrender Scheu vor dem erhabensten Wesen und dem Gefühl des Angezogenwerdens von ihm als dem höchsten Gut; den Menschen gegenüber erscheint sie als das Zusammengehen von Ehrerbietung und Hilfsbereitschaft, die im anderen sowohl das Abbild des Herrn als den hilfebedürftigen Bruder sieht.

Auch bei Gregor ist Gott der Allmächtige[36] und furchtbar Strafende[37] der Wunder Wirkende und Lohnende[38], ihm gebühren Verherrlichung und Dank.[39] Aus der Vorstellung, daß er über den Menschen im Himmel thront, ergeben sich die charakteristischen Gebetsgebärden: der schon erwähnte Aufblick zum Himmel (z. B. Kap. 35), das Aufrechtstehen mit ausgebreiteten Armen und himmelwärts gerichteten Handflächen (Kap. 32; Kap. 37),[40] das demütige Neigen des Hauptes in die Hände (Kap. 33) oder das Niederknien (Kap. 32). Benedikts Gebetsweinen (Kap. 17) ist meist (wie *Reg.* 20) Ausdruck der Reue über die Sünde,[41] nicht – wie oft im Spätmittelalter – der Liebe oder Rührung. Für seine Untergebenen und Anvertrauten ist er der kraftvolle Hüter der Ordnung,[42] der gegen den Teufel hart vorgeht und im Irrtum verharrende Mönche um ihres Heiles willen mit der Rute züchtigt (Kap. 4), der über den Ungehorsam eines anderen zürnen kann (Kap. 25; Kap. 28) und mit Rücksicht auf die Klosterregel seiner dem Sterben nahen Schwester Scholastika die inständige Bitte abschlägt, das geistliche Gespräch bis zum nächsten Morgen fortzusetzen (Kap. 33).

Aber das ist nur eine Seite des gregorianischen Benediktbildes. Spürbarer als in der *Regula* wird es abgemildert durch den Geist der Liebe. Symbolisch kommt das in der letzterwähnten Begebenheit zum Ausdruck. Gott erhört gegen den Willen und die Strenge Benedikts das demütige Gebet der Scholastika und ermöglicht die Fortsetzung der Gespräche,

---

[33] *Reg.* Prol. 38f.
[34] *Reg.* IV, 23; VII, 99ff.; 111ff.; 208f.
[35] Die Wendung „Ehrfurcht vor Gott" kommt in der *Regula* fünfmal vor, z. B. *Reg.* 52, 4, "et habeatur reverentia Deo". Vgl. dazu Thomas Ohm, a.a.O. bes. S. 277.
[36] "ut servo omnipotentis Domini" (*Dial.* II, 8, S. 91).
[37] "hunc omnipotens Deus terribiliter percussit" (*Dial.* II, 8, S. 92).
[38] "nam sancti Dei homines potuerunt a Domino virtutes habere […]. ille autem signa virtutis dedit subditis" … (*Dial.* II, 8, S. 94). "venerabilis pater virtute omnipotentis Domini, quam admonitione intimaverat, miraculis ostendebat" (*Dial.* II, 29, S. 120).
[39] "qui tantae eius gloriae congaudens, omnipotenti Deo in hymnis et laudibus gratias reddedit" (*Dial.* II, 34, S. 128).
[40] Vgl. dazu Th. Ohm, a.a.O. S. 269–270.
[41] Ebd. S. 268.
[42] "coeperunt […] multi […] ad eius magisterium festinare" (*Dial.* II, 2, S. 79).

indem er Benedikt durch ein Unwetter am Fortgehen hindert. Gregor beruft sich zur Rechtfertigung des Wunders auf die Liebe als das Wesen Gottes (nach 1. Joh. 4, 8), derzufolge die Frau hier mehr vermocht habe als der Mönchsvater: *quia enim iuxta Iohannis vocem: "Deus caritas est", iusto valde iudicio illa plus potuit, quae amplius amavit.*[43]

Entsprechend heißt es von Christus, daß ihm die Ehre und Liebe der Gläubigen gebühre.[44] Benedikt selbst erscheint, besonders im ersten Kapitel, wie von Liebe umgeben. Seine Amme folgte ihm nach, weil sie ihn „außerordentlich liebte".[45] In Enfide wird er von vielen braven Leuten „aus Liebe"[46] zurückgehalten. Benedikt ist „der fromme und liebevolle (gute) Knabe" *(religiosus et pius puer)*[47]. Als er die Amme weinen sieht, empfindet er Mitleid mit ihrem Schmerz *(cum nutricem suam flere conspicerit, eius dolori conpassus)*[48] und „tröstet sie liebreich" *(blande consolatus)*.[49] Auch anderen Hilfesuchenden gewährt er Trost.[50] Dem Goten reicht er das aus dem Wasser zurückgerufene Werkzeug mit den Worten: *ecce labora, et noli contristari.*[51] Selbst die Brüder, die ihm einen Gifttrunk gereicht haben, redet er *vultu placido, mente tranquilla* an[52] und bittet Gott für sie um Erbarmen. Danach zieht er sich in die „geliebte" Einsamkeit *(ad locum dilectae solitudinis)*[53] zurück. Als ihm die künftige Zerstörung Monte Cassinos geoffenbart wird, weint er bitterlich aus Trauer, nicht wie sonst vor Gebetsbewegung und Reue.[54]

Solche Züge lassen Gregors Benedikt bei aller Erhabenheit menschlich und liebenswert erscheinen und nähern ihn dem Heiligenbild mittelalterlicher Legenden an. Dennoch unterscheidet er sich davon durch die Gottesfurcht altchristlicher Art und die *honestas* und *gravitas* des Auftretens, die altrömischer Gesinnung entsprechen und vom Mönchsvater in die *Regula* übernommen wurden. Das Entscheidende jedoch, die sinnbildhaft verdichtende Kraft der kontemplativen Grundhaltung, weist in die Zukunft. Die harmonische und schlichte Verbindung von Geschehnisbericht und Dialog, von natürlicher Handlungsprogression und bildhaft fester Ruhe sowie die wohlüberlegte, sparsame Wortgebung unterscheiden die Dialoge scharf von den vorausgehenden Heiligenviten.

---

[43] A.a.O. S. 127.
[44] "isti [viderent] quod venerantes amare debuissent" (*Dial.* II, 8, S. 94).
[45] "nunc artius amabat" (*Dial.* II, 1, S. 73).
[46] Ebd. S. 74.
[47] Ebd.
[48] Ebd.
[49] Ebd.
[50] "quos blande consolatus" (*Dial.* II, 5, S. 88).
[51] *Dial.* II, 6, S. 89.
[52] *Dial.* II, 3, S. 81.
[53] Ebd.
[54] Gregor vermerkt das ausdrücklich: "nec tamen vir Domini, ut consueverat, orando plangeret, sed merendo" (*Dial.* II, 17, S. 106–107).

6. Des Anonymus und Bedas "Vita s. Cuthberti"

a. Die anonyme Vita s. Cuthberti

Die anonyme *Vita s. Cuthberti*[55] wurde zwischen 699 und 705 von einem Mönch (möglicherweise von mehreren Mönchen) in Lindisfarne kurz nach dem Tode des Heiligen geschrieben.[56] Der Autor stützt sich einerseits auf die mündliche Tradition, wie sie von der Kirche und einigen (mit Namen genannten) Leuten bewahrt worden ist, andererseits auf literarische Vorbilder, nach denen er sein Material anordnet und z. T. auch formuliert. Es liegt also genau der Fall vor, den Delehaye als typisch für die Entstehung der hagiographischen Legenden bezeichnet.[57] Wie aus Colgraves mustergültiger Ausgabe ersichtlich,[58] sind längere wörtliche Übernahmen nachweisbar aus *Epistola Victorii Aquitani ad Hilarium*,[59] *Vita Martini*,[60] *Vita Antonii*[61] und den aus dem 5. Jh. stammenden pseudohistorischen *Actus Silvestri*,[62] die im ganzen Mittelalter populär waren. Jedoch beziehen sich diese Entlehnungen nur auf die Prologe und summarischen Charakterisierungen des Mönches, Einsiedlers und Bischofs, nicht auf die Einzelbegebenheiten, ausgenommen nur der Passus aus Sulpicius Severus (IV, 5). Die Stoffeinteilung folgt teils dem Schema der Martin-Vita, teils dem des Benediktlebens.

[55] *BHL* 2019, ed. B. Colgrave, *Two Lives of Saint Cuthbert*, Cambr. 1940 (im folgenden zitiert als *Two Lives*), S. 59–139.

[56] Vgl. ebd. S. 13.

[57] Vgl. *Les légendes hagiographiques*, Brüssel ⁴1955, S. 11, und oben S. 1.

[58] Vgl. die Kursivstellen im Text, die Marginalien und die vorzüglichen Anmerkungen.

[59] Es handelt sich um den Einleitungsbrief zu dem von Victorius v. Aquitanien in der Mitte des 5. Jhs. für Papst Hilarius verfaßten Osterzyklus, ed. *MGH, Auct. ant.* IX (1892) S. 677 ff. Der Prolog der anonymen Cuthbert-Vita (I, 1), der den Gehorsam des Schreibers gegenüber seinem Auftraggeber, Bischof Eadfrith, zum Ausdruck bringt, folgt diesem Brief (unter Auswechslung nur der Namen) und einem Passus aus dem Vorwort der Antoniusvita.

[60] I, 2: Übersicht über die Einteilung der Lebensdarstellung in die Zeit vor und nach dem Episkopat, Beschränkung auf die bedeutenderen Wunder, um den Leser nicht durch Überfülle lästig zu werden (= *Vita Martini*, Kap. 1). IV, 1: Unfähigkeitserklärung, die Verdienste Cuthberts als Bischof zu würdigen, und summarische Charakteristik seines Verhaltens, das die Würde des Hirtenamts mit dem asketischen Ideal des Mönchs und der Tugend des Eremiten verband (*Vita Martini*, Kap. 10).

[61] I, 1 nach dem Vorwort der *Vita Antonii*; II, 1: summarisches Lob der beispielhaften Askese Cuthberts im Kloster (*Vita Ant.*, Kap. 7); III, 7: als Abschluß der Berichte über Cuthberts Einsiedlerleben ein Lob seiner gleichbleibend heiteren Seelenruhe, von der alle beeindruckt sind (*Vita Ant.*, Kap. 14; Kapitelzählung wie oben nach Migne *P. G.* 26).

[62] I, 2: Unsagbarkeitstopos; II, 1: Tugendkatalog, der auch von anderen Viten übernommen wurde (z. B. der *Vita s. Columbae* von Adamnan; vgl. W. Levison, "Sigolena", *Neues Archiv* 35 (1910), S. 227 f.; ders., „Konstantinische Schenkung und Silvester-Legende", *Studi e Testi* 38 (Rom 1924), S. 213 f.; ders., „Kirchenrechtliches in den Actus Silvestri", *Aus rheinischer und fränkischer Frühzeit*, Düsseldorf 1948, S. 466 ff. Vgl. auch Colgrave, *Two Lives*, S. 316.

Die Darstellung gliedert sich in vier Bücher. Das erste behandelt das Leben Cuthberts vor Eintritt in das Kloster: die Erwählung des Heiligen durch Gott (Kap. 3), die Heilung durch einen Engel (Kap. 4), die Vision der von Engeln zum Himmel getragenen Seele des gerade verstorbenen Bischofs Aidan (Kap. 5) und die Speisung in einem verlassenen Haus (Kap. 6). Buch II berichtet vom monastischen Leben, wobei nach einem fast ganz aus der *Vita Antonii*, Kap. 7, übernommenen Lob der mönchischen Tugenden (Kap. 1) eine Reihe von Wundern erzählt wird. In drei Fällen werden Cuthbert und anderen wunderbare Speisungen auf sein Gebet hin zuteil. Als Gästebetreuer bewirtet er vorbildlich einen Fremden[63] (in Wirklichkeit einen Engel), der ihm drei Laib Brot von Gott hinterläßt (Kap. 2); er findet nach gottvertrauendem Gebet für sich und seine Mitbrüder Delphinenfleisch in der Einöde (Kap. 4); ein Adler fängt für ihn und seine Begleiter einen Fisch, von dem Cuthbert die Hälfte dem Tier läßt (Kap. 5). Ein Wunder besonderer Art enthält Kap. 3, in welchem Seetiere (zwei Ottern) dem Heiligen nach nächtlicher, asketischer Gebetsübung im Meereswasser Ehrung und Dienst erweisen.[64] Nach diesen vier Wundern, die Cuthberts Glaubenskraft demonstrieren und z. T. schon seine seherische Gabe sichtbar werden lassen, folgt eine Prophezeiung (Kap. 6), in der Cuthbert voraussagt, daß der Teufel seine Zuhörer bei einer Predigt täuschen wird. Mit je einem Rettungs- und einem Heilungswunder (Bewahrung des Hauses seiner Amme vor Feuer, Heilung einer Frau durch Teufelsaustreibung) schließt die Reihe (Kap. 7 und 8).

Buch III schildert als nächste Stufe geistlicher Vollendung das Eremitenleben auf der Insel Farne, zu dem Cuthbert sich entschließt, nachdem er das Amt des Priors längere Zeit ausgeübt hat. Dieser langsame Aufstieg zum Eremitenleben durch Bewährung in der Gemeinschaft entspricht der praktischen und nüchternen Menscheneinschätzung der Benediktinerregel.[65] Nachdem Cuthbert auf Bitten Bischof Eatas dem Kloster Lindisfarne eine Regel ausgearbeitet hat,[66] die noch bis zur Abfassung der Vita neben der benediktinischen verwendet wurde,[67] begibt er sich in die Einöde der Insel, wo sich wegen der dort von Teufeln erweckten Wahnvorstellungen sonst niemand länger aufzuhalten wagt. Jedoch ist im Gegensatz zur Antonius-Vita von keinem Dämonenkampf die Rede. Statt dessen wird vom Bauen

---

[63] Vgl. *Regula s. Benedicti*, Kap. 53.
[64] Das Motiv der Ehrerbietung durch Tiere ist schon in der *Vita Pauli* des Hieronymus (vgl. oben S. 50 ff.) und anderen Eremitenleben belegt; vgl.auch Loomis, *White Magic*, S. 70, zu dem Sonderfall "Fish assist saint". Wahrscheinlich liegt ein Einfluß irischer Heiligenviten vor, in denen Seetiere mehrfach erwähnt werden, vgl. die St. Brendan-Leben bei Plummer, *Vitae Sanctorum Hiberniae*, 2 Bde. Oxford 1910, die Auszüge bei H. Waddell, *Beasts and Saints*, Lo. 1934 u. ö., S. 111–114, und die Hinweise bei Colgrave, *Two Lives*, S. 319.
[65] Vgl. *Regula s. Benedicti*, Kap. 1.
[66] Wahrscheinlich eine strengere als die vorher dort übliche. Vgl. *Two Lives*, S. 324.
[67] "quam usque hodie cum regula Benedicti obseruamus" (*Two Lives*, S. 96).

einer Unterkunft berichtet. Cuthbert findet sie nicht vor wie Antonius und Paulus,[68] sondern muß sie durch seiner Hände Arbeit schaffen. In der Antonius-Vita wird der Gedanke der Arbeit nur kurz erwähnt;[69] in des Palladius *Historia Lausiaca*[70] bauen die Eremiten zwar ihre Zellen, aber der Gedanke steht nicht beherrschend im Vordergrund, und es handelt sich nicht um ein Bauen mit schweren Steinen und Balken. Dies mag lediglich durch die angelsächsischen oder irischen Baugewohnheiten bedingt sein;[71] es scheint hier aber auch ein benediktinisches und speziell nordwesteuropäisches Arbeitsethos und Tätigkeitsbedürfnis anzuklingen, das den von Cuthbert geäußerten Wunsch nach der *vita contemplativa* (Kap. 1) modifiziert. Cuthbert baut zwei bis drei Jahre, bevor er sich hinter verschlossene Türen zurückzieht, eingedenk der Worte *Qui non laborat nec manducet* (Kap. 5).[72] Die vier Wunder während der Eremitenzeit spielen sich bei den Bauarbeiten ab, ausgenommen nur eine Prophezeiung, die Cuthbert im Hause der königlichen Äbtissin Aelfflaed, nicht auf Farne macht (Kap. 6). Vier Brüder, die ihm helfen wollen, können einen riesigen Stein nicht bewegen, finden aber später, daß Cuthbert ihn allein in die Mauer eingebaut hat (Kap. 2). Ein Quellwunder ereignet sich, als Cuthbert dabei ist, das felsige Eiland bewohnbar zu machen (Kap. 3). Als er einen zwölf Fuß langen Balken braucht, spült die See am nächsten Tag einen heran (Kap. 4). Als er Gräben aushebt und beobachtet, wie zwei Raben das Dach eines Wetterschutzes zerhacken, um es zum eigenen Nestbau zu verwenden, verweist er sie von der Insel, und erst als sie nach einigen Tagen um Vergebung bitten und eine Gabe bringen, wird ihnen verziehen (Kap. 5). Mit summarischem Lob seines Gleichmuts in der Einsamkeit (nach der *Vita Antonii*) schließt das Buch (Kap. 7).

Buch IV behandelt die Bischofzeit, die nach der Prophezeiung Cuthberts (III, 6) nur zwei Jahre währen soll. Nach dem Bericht über die Wahl zum Bischof (gemäß *Vita Martini*) und über sein allgemeines Verhalten im Amt (Kap. 1 und 2) werden Heilungs- (Kap. 3–7) und Prophezeiungswunder (Kap. 8–10) erzählt. Zurückgekehrt auf Farne (Kap. 11) und nach Heilung eines Bruders ebenda (Kap. 12) stirbt Cuthbert friedlich und wird in der Kirche des Klosters beigesetzt (Kap. 13). Elf Jahre später findet man den Körper unverwest (Kap. 14). Mit Heilungswundern an der Grabstätte (Kap. 15–18) endet die Darstellung.

Die Erzählweise gibt dem besonderen Erbauungsbedürfnis der Mönche in Lindisfarne Ausdruck. Sie läßt sich am ehesten mit der der *Vita Benedicti* vergleichen, deren Intensität der symbolischen Konzeption sie allerdings

---

[68] Vgl. oben S. 45 und S. 50.
[69] *Vita Antonii*, Kap. 3.
[70] *Palladii Historia Lausiaca*, ed. C. Butler, Cambr. 1898, Kap. 8 und 35.
[71] Vgl. Colgraves Hinweise, *Two Lives*, S. 326.
[72] Vgl. 2 *Thess*. 3, 10: "quoniam si quis non vult operari, nec manducet." Bibelzitate hier und im folgenden nach *Biblia Sacra*, Vulgatae Editionis, nova editio, Rom 1955.

nicht erreicht. Die Haltung ist nicht wie in der *Vita Antonii* die einer enkomiastischen Biographie und eines strengen Aufrufs zur Nachfolge, sondern die eines schlicht-frommen Gedenkens und brüderlichen Mahnens angesichts der großen Tugenden Cuthberts. Die Episoden werden in aller Einfachheit erzählt und auf das Wesentliche hin gerafft. Meist sind sie von erbaulichen Erklärungen und Deutungen begleitet, die sie mit biblischen Vorbildern verbinden. Dabei werden zahlreiche Schriftworte zitiert, wodurch die Grundtatsachen des Glaubens unaufdringlich aber sinnbildhaft klar herausgestellt werden. Es entsteht ein den Dialogen Gregors sehr ähnlicher Gesamtton.[73] Allerdings fehlt der Dialograhmen, so daß keine zusätzliche Verbindung von Erzählung und Kommentar entsteht.

Ein Beispiel ist die Heilung durch den Engel (I, 4). Das Kapitel wird eingeleitet mit dem Hinweis, daß Gott seinen Erwählten durch ein weiteres Wunder ausgezeichnet habe. Die Begebenheit selbst wird als Beleg dafür angeschlossen und in episodenhafter Anschaulichkeit erzählt, aber unter Konzentration auf das erbaulich Wesentliche (hier Cuthberts Hilfsbereitschaft und Gottergebenheit), das – wie das wunderbare Rezept des Fremden – nach der Art Gregors durch wörtliche Rede aus dem temporalen Nacheinander herausgehoben wird.[74] Daß der Reiter ein Engel war, wird in ruhiger Bestimmtheit hinzugefügt als ein Teil des schlicht verkündenden Erzählberichts.[75] Abschließend folgen der Hinweis auf den Glauben (als Voraussetzung für Gesundung), die Danksagung, die Beziehung des Cuthbertschen Verhaltens auf das Beispiel des frommen Tobias und die Versicherung, daß seither die Engel Cuthbert in jeder Not beigestanden hätten. Diese Betrachtung bleibt in einen Bericht verflochten, der schlichter ist als in *Tob.* XI, wo der Prototyp des Wunders einer Heilung durch eine vom Engel genannte Salbe zu finden ist.[76]

---

[73] Vgl. z. B. *Dial.* II, 8 (Moricca, a.a.O. S. 93).

[74] "In eadem aetate alio miraculo Dei electione predestinatum, Dominus magnificauit eum. Dum ergo esset puer iam ut dixi adhuc laicus, in infirmitate premente eum acriter detinebatur. Nam quia genu tumente adstrictis neruis claudicans, pede altero terram non tangens foris deportatus iuxta parietem in solis ardore iacens, uidit hominem honorabilem et mirae pulchritudinis super equum ornatissimum in albis uestimentis sedentem, de longinquo ad se uenire. Qui uero adpropinquans ei, salutansque uerbis pacificis, interrogauit si uoluisset tali hospiti ministrare. Ille etiam intrepida mente corporis infirmitatem reuelans ait, Si Deus uoluisset et me nodibus infirmitatis pro peccatis non obligasset, in honorem eius ministrare hospitibus piger non essem. Deinde itaque uir ille post haec uerba descendens de equo, considerato genu eius quod a nullis medicis ut dixerat ante curatum erat, precepit ei dicens, Coquere farinam tritici, simul et lac, et cum calido unguens linire debes."

[75] "Puer autem post discessum uiri, precepto oboediens angelum Dei esse intellexit."

[76] *Tob.* XI, erzählt wesentlich detailreicher und rhetorischer, aber in ähnlichem Gang: "(8) Statimque lini super oculos eius ex felle isto piscis, quod portas tecum: scias enim quoniam mox aperientur oculi eius, et videbit pater tuus lumen caeli, et in aspectu tuo gaudebit. (12) Cumque adorassent Deum, et gratias egissent, consederunt. (13) Tunc sumens Tobias de felle piscis linivit oculos patris sui. (14) Et sustinuit quasi

Ähnlich werden bei den anderen Wundern der beispielhafte Glaube Cuthberts und biblische Vorbilder hervorgehoben. Als er gerade *mente fideli, pura fide* betet, hat er eine Vision (I, 5); nachdem ihm auf sein Gebet hin Speise dargeboten worden ist, vollendet er erst sein Gebet, dankt dann Gott, segnet das Brot und setzt, nachdem er durch die göttliche Speisung gestärkt ist, unter Lobpreisungen seinen Weg fort (I, 6). Als er und seine Brüder in der Einsamkeit hungern (II, 4), spricht er in längerer Lehrrede sein tiefes Gottvertrauen aus (unter Bezug auf *Matth.* 7, 7): *Petite et dabitur uobis. Querite et inuenietis. Pulsate et aperietur uobis.* Nach dem Fund der Speise fordert er auch die anderen zum Dankgebet auf. Später berichtet einer von ihnen, daß Cuthbert von dem gleichen Geist erfüllt gewesen sei wie Elias, der in seiner Frömmigkeit eine wunderbare Speisung in der Wüste empfing,[77] und er vergleicht Cuthbert in seiner ruhigen Gefaßtheit *(serenitatem)* mit dem Apostel Paulus, der vor den Seereisenden seine prophetische Gabe bewies.[78] Entsprechend wird das Speisungswunder II, 5 umrahmt. Zu Beginn steht Cuthberts Hinweis auf *Matth.* 6, 33[79] und andere Bibelstellen,[80] am Ende die Mahnung des Heiligen an den Jungen, die Hälfte des Fisches dem Adler zu lassen, sowie Gotteslob und Danksagung. Vor dem Quellwunder (III, 3) hält Cuthbert eine Predigt *(predicationem)*, in der er sein Vertrauen auf Gott ausdrückt, der Moses die Kraft verliehen habe, aus einem Felsen Wasser zu schlagen, und der den dürstenden Samson getränkt habe. Das alles ist, obwohl schlichter formuliert, ganz im Stil der Benedikt-Vita gehalten.

Trotz der erbaulichen Verdeutlichung aber bleibt der Bericht immer in Bewegung. Das betrachtende Moment überwiegt nicht das erzählende. Die konkreten Einzelheiten werden mit einer gewissen unbefangenen Frische, in zeitlicher Sukzession und mit festem Wirklichkeitssinn vorgetragen. Das ist besonders deutlich in I, 6, wo berichtet wird, wie Cuthbert bei Regen und Sturm durch eine menschenleere Gegend reitet, in einer verlassenen Hütte vor dem Unwetter Schutz sucht, sein Pferd absattelt und an der Wand festmacht. Während er im Gebet versunken ist, hebt das Pferd den

---

dimidiam fere horam: et coepit albugo ex oculis eius, quasi membrana ovi, egredi. (15) Quam apprehendens Tobias traxit ab oculis eius, statimque visum recepit. (16) Et glorificabant Deum, ipse videlicet, et uxor eius, et omnes, qui sciebant eum." Vgl. dazu den Schlußpassus der *Vita Cuthberti* I, 4: "Post paucos dies secundum fidem eius sanatus est, gratias agebat Deo miseranti qui sanitatem integre sicut cecato Tobie per angelum suum curantem dederat. Et ab hoc tempore ut ille probatissimis uiris reuelauit, angelorum auxilio deprecatus Dominum in maximis angustiis suis non est defraudatus."

[77] 3 *Reg.* 17, 6: "Corvi quoque deferebant ei panem et carnes mane, similiter panem et carnes vesperi, et bibebat de torrente."

[78] *Act.* 27.

[79] "Quaerite ergo primum regnum Dei, et iustitiam eius: et haec omnia adiicientur vobis."

[80] "Iunior fui, etenim senui; Et non vidi iustum derelictum" (*Ps.* 36, 25). "[...] dignus est [...] operarius mercede sua" (*Luc.* 10, 7).

Kopf und beißt gierig nach dem Stroh des Daches, wobei ein warmer Laib Brot mit Fleisch, sorgfältig in Leinentuch gewickelt, herunterfällt. Beschreibungen, wie man sie bei Sulpicius Severus findet, fehlen. Das Sehbare wird umrißhaft und in schlichter Gegenstandsbezogenheit gegeben, z. B. bei der Vision der zum Himmel getragenen Seele Aidans, welche wie bei Gregor (*Dial.* II, 35) *quasi in globo igneo*, aber ohne die dortige symbolische Ausdruckskraft erscheint (I, 5). Die Darstellung der psychologischen Bewegung, die bei Sulpicius Severus und bei Hieronymus zu beobachten war, entfällt. Keines der Heilungswunder z. B. zeigt ein Zögern des Heiligen, wie es in der *Vita Martini* gelegentlich erwähnt wurde. Allerdings bitten die Gläubigen Cuthbert auch nicht um eine direkte Heilung – wodurch eine Parallele zu Christus nahegelegt würde –, sondern um sein Gebet für die Kranken (z. B. IV, 5).

Wie Benedikt in Gregors Dialogen so erscheint Cuthbert von Anfang an in hoher Vollendung, jedoch wird weniger der gewaltige Wundertäter und Dämonenbezwinger als der schlichte Gottesmann und fromme Beter gesehen. Cuthbert gibt ein Beispiel des rechten Verhaltens vor Gott, der ihm *pro amore militis sui* (III, 4) seinen Schutz und seine Kraft gewährt. Man findet keine enge Beschränkung auf den monastischen Kreis, wie sie bei Sulpicius Severus oder Athanasius hervortritt, sondern wie bei Gregor (*Dial.* II, 7) eine auf allgemeine Glaubensfestigkeit gerichtete Erbauungstendenz – *propter aedificationem multorum* (II, 2).

Damit soll keineswegs bestritten werden, daß die Vita zur Erbauung der Mönche von Lindisfarne geschrieben wurde. Cuthbert wird als vorbildlich in seinem monastischen und priesterlichen Leben hingestellt, und die Brüder werden unmittelbar angeredet.[81] Die Kirche von Lindisfarne wird als „unsere" Kirche bezeichnet.[82] Außerdem scheinen Kürze und klare Einteilung des Textes auf die Darbietungssituation im Refektorium des Klosters hinzuweisen.[83] Dennoch verbindet sich all das mit einer Betonung der Grundtatsachen des Evangeliums und einer Einfachheit des Stils, die auf ein Frühstadium des Benediktinertums, der Bildung und der Glaubensverbreitung in England deuten. Es ist noch etwas spürbar vom missionarischen Werben um Glaubenshaltungen. Daneben mag die starke volkstümliche Tradition, die offensichtlich hinter der Cuthbertlegende steht, eine Rolle gespielt haben.

---

[81] I, 3: "Videte fratres quomodo iste antequam per laborem operum suorum agnoscatur."
[82] Vgl. dazu *Two Lives*, S. 11.
[83] Die Bemerkung, den Leser (Vorleser) nicht durch übergroße Länge langweilen zu wollen, findet sich zweimal (I, 2 und I, 7). Die Benediktinerregel (Kap. XX) empfiehlt kurze Gebete und damit wohl auch kurze Lesungen. Wieweit die genannten Stellen der Cuthbert-Vita jedoch Rücksichtnahme auf die konkrete Darbietungssituation oder einfach die Übernahme eines hagiographischen Topos (vgl. Martinsleben, oben S. 54) belegen, läßt sich nicht mit Sicherheit sagen.

b. Bedas *Vita s. Cuthberti* (Prosaversion)

Ganz anders gestaltete der vielseitig gebildete und belesene Beda, der eine Mehrzahl von Stilarten und Darbietungsformen sicher beherrschte[84] und über ein umfassendes hagiographisches Wissen verfügte. Letzteres zeigt sein von späteren Schreibern ergänztes und von nachfolgenden westeuropäischen Martyrologien als Vorbild benutztes *Martyrologium*[85], das zwischen 725 und 731 entstand und das bereits etwa 50 Heilige berücksichtigt. Dabei beschränkte sich Beda nicht auf Namenseintrag und Datum, sondern fügte knappe Angaben über die näheren Umstände, soweit bekannt, hinzu[86] und verfaßte so das erste „historische" oder „erzählende" Martyrolog.[87] Vorher hatte er bereits ein in seinem Besitz befindliches *Liber vitae et passionis s. Anastasii* verbessert, das schlecht aus dem Griechischen übersetzt war,[88] und aus den panegyrischen *Carmina natalicia de s. Felice* des Paulinus von Nola[89] die *Vita s. Felicis confessoris* in Prosa übertragen,[90] womit er nach seinen eigenen Worten[91] dem Beispiel der *Passio s. Cassiani*,[92] einer Bearbeitung des Hymnus auf den Heiligen Cassian von Prudentius (*Peristephanon* IX)[93], folgte. Zugleich fügte er sich damit – was noch deutlicher seine zweifache Bearbeitung des Cuthbert-Lebens in Versen und in Prosa zeigt – einer alten rhetorischen Tradition ein, nach welcher derselbe Gegenstand in Vers oder Prosa ohne wesentliche Änderung des Sinns behandelt werden konnte[94] und wofür des Sedulius *Carmen* und *Opus paschale*, die Beda kannte, oder die metrischen Martin-Leben von Paulinus[95] und Venantius Fortunatus[96] (neben der Prosa des Sulpicius

---

[84] Vgl. die grundlegenden Studien von M. L. W. Laistner, besonders "Bede as a Classical and Patristic Scholar", *Transactions of the Royal Historical Society*, 4th Series, XVI (1933), S. 69–94, und "The Library of the Venerable Bede", *Bede, His Life, Times, and Writings*, ed. A. H. Thompson, Oxford 1935, S. 237–266; beide Aufsätze jetzt auch M. L. W. Laistner (ed. C. G. Starr), *The Intellectual Heritage of the Early Middle Ages*, Ithaca, N. Y. 1957, S. 93–149; vgl. auch C. W. Jones, *Saints' Lives and Chronicles in Early England*, Ithaca, N. Y. 1947.

[85] Ed. J. A. Giles, *Venerabilis Bedae opera . . . omnia*, Bd. IV, Lo. 1843, S. 16–172; Migne, *P. L.* 94, Sp. 799–1148.

[86] Bei Aufzählung seiner Werke am Ende der *Historia Ecclesiastica* heißt es: "Martyrologium [...] in quo omnes, quos inuenire potui, non solum qua die, uerum etiam quo genere certaminis, uel sub quo iudice mundum uicerint, diligenter adnotare studui" (*Hist. Eccl.*, V, 24, ed. C. Plummer, *Venerabilis Baedae Opera Historica*, Bd. I, Oxford 1896, S. 359).

[87] Colgrave, *Saints' Lives*, S. 37; vgl. auch H. Quentin, *Les Martyrologes historiques en moyen âge*, Paris 1908, S. 17–119, und R. Aigrain, a.a.O. S. 51–68.

[88] Vgl. *Hist. Eccl.*, V, 24, Plummer S. 359.

[89] *BHL* 2870–2871.

[90] *BHL* 2873. Ed. J. A. Giles, a.a.O. Bd. IV, S. 174–201.

[91] Vgl. *Praefatio* zur Felix-Vita, Giles, a.a.O. S. 174.

[92] *BHL* 1626.

[93] *BHL* 1625.

[94] Vgl. E. R. Curtius, „Dichtung und Rhetorik im Mittelalter", *DVj* 16 (1938), S. 439 ff.

[95] *BHL* 5617.

[96] *BHL* 5624.

Severus) Vorbilder waren.[97] Mit dieser genauen Kenntnis der kontinentalen Hagiographie verband Beda die einiger irischer Viten, wie sein Bericht über das Leben Furseys zeigt.[98] In seiner *Historia Abbatum*[99] stellte er mehr in der Tonart des aus eigener Anschauung schreibenden Biographen das Leben der Begründer und ersten Äbte von Wearmouth und Jarrow dar.

Hinzu kam, wie u. a. sein *De arte metrica* beweist,[1] seine imponierende Kenntnis der klassischen und frühchristlichen Schulautoren. Das 976 Hexameter zählende metrische Cuthbert-Leben,[2] das zwischen 705 und 716 entstand,[3] ist vor allem Ausdruck dieser Formkenntnis. Zwar werden, über den Anonymus hinausgehend, einige neue Wunder behandelt[4] – worin sich das Weiterwachsen der volkstümlichen Cuthbertlegende innerhalb der dazwischen liegenden zehn Jahre manifestiert[5] –, aber Bedas Anliegen ist hier poetischer, nicht stofflicher Art. Die Gegebenheiten des Inhalts werden nur kurz berührt und die Orts- und Personennamen meist weggelassen, so daß kein eigentliches Lebensbild entstehen kann.[6] Der Stil ist schmuckreich, obwohl nicht überladen, und an zahlreichen literarischen Vorbildern orientiert, wie Zitate aus Juvencus und Vergil und weiter aus Arator, Sedulius, Cyprianus Gallus, Fortunatus sowie aus Ovid und Horaz und vielen anderen Autoren belegen.[7] Beda selbst sagt im Einleitungsbrief an den Priester Johannes in konventioneller Floskel, daß er die Wunder „singen" wolle.[8] So ergibt sich ein Heiligenleben jener Kategorie, die nach Alcuins Prolog zur Willibrord-Vita *in secreto cubili inter scolasticos tuos tantummodo ruminari debuisset.*[9] Beda schließt seinen Prolog mit dem Versprechen, später ein anderes Leben Cuthberts zu schreiben.

Dieses ist die 46 Kapitel umfassende Prosavita,[10] die auf die späteren mittelenglischen Bearbeitungen der Cuthbertlegende eingewirkt hat. Sie erschien etwa fünf bis zehn Jahre nach der metrischen Version (spätestens 721)[11] und folgt wie diese weithin dem anonymen Cuthbert-Leben, das Beda

---

[97] Vgl. W. Levison, "Bede as Historian", *Bede, His Life, Times, and Writings,* ed. A. H. Thompson, Oxford 1935, S. 126 f.; ders., *England and the Continent in the Eighth Century,* Oxford 1946, S. 161 f.; W. Jaager, *Bedas metrische Vita sancti Cuthberti* (=Palaestra 198), Leipzig 1935, S. 3; B. Colgrave, *Saints' Lives,* S. 45 f.

[98] *Hist. Eccl.,* III, 19, Plummer, S. 163–168.

[99] Ed. Plummer, a.a.O. S. 364–387.

[1] Vgl. R. B. Palmer, "Bede as Textbook Writer: A Study of his De Arte Metrica", *Speculum* 34 (1959), S. 573–584.

[2] *BHL* 2020. Ed. W. Jaager, a.a.O.

[3] M. Manitius, a.a.O. Bd. I, S. 84.

[4] Vgl. die Aufstellung bei Colgrave, *Two Lives,* S. 375.

[5] Vgl. Colgrave, *Saints' Lives,* S. 47.

[6] Vgl. W. Jaager, a.a.O. S. 5 f., S. 15 f.

[7] Einzelheiten ebd. S. 14 f.

[8] Ebd. S. 57.

[9] Vgl. unten S. 78, Anm. 16.

[10] *BHL* 2021. Ed. Colgrave, *Two Lives,* S. 141–307.

[11] Vgl. M. Manitius, a.a.O. S. 85.

selbst im Vorwort zur *Historia Ecclesiastica* als seine Vorlage nennt.[12] Seine zweite Quelle ist die seit Niederschrift der metrischen Vita offenbar noch weiter angewachsene mündliche Tradition, aus der er aber nur auswählt (Kapitel 6, 8, 9, 23, 35), was durch glaubwürdige Gewährsleute und nach gründlicher Prüfung gesichert scheint.[13] Er läßt einige der in der anonymen Vita (I, 7) nur summarisch erwähnten Wunder weg – möglicherweise weil sie zu wenig beweiskräftige Einzelheiten enthielten und er nichts hinzuerfinden wollte; andere führt er unter Nennung der Namen der beteiligten Personen aus (Kap. 31 und 35 nach Anonymus IV, 18).

Grundsätzlich verfährt Beda ähnlich wie Gregor der Große in den von ihm hochgeschätzten Dialogen.[14] Jedoch wird das historiographische Element viel stärker und vor allem methodischer berücksichtigt,[15] was sich u. a. in der planvolleren Einhaltung des biographischen Zusammenhangs zeigt. Überhaupt verhält sich Beda als der Gelehrte, der seinen Stoff sorgfältig kompiliert und mit gelegentlich etwas schulmäßig ausgebreitetem rhetorischen Können darstellt. Dazu tritt die stark didaktische Tendenz des Magisters des Klosters, der eine Fülle von Wissen mitteilt und jede Einzelheit mit reichlichen Erklärungen versieht. Der gedankliche Kommentar durchformt die gesamte Darstellung. Er breitet sich wie ein Netz über die Einzelbegebenheiten, so daß sich die intensive Symbolik der direkteren Darstellungsweise Gregors, bei dem Reflexionen auf den Dialograhmen beschränkt blieben, nicht mehr ergibt. Hinzu kommt, daß Bedas Vita offensichtlich für das offizielle Verlesen im Chor gedacht war. Sie war deshalb für die Erfordernisse eines Offiziums einzurichten, das dem steigenden Kult des Heiligen entsprach. Der schlichtere Anonymus läßt eher di⁻ Eignung für eine allgemeinere fromme Lesung erkennen. Jedoch gehören beide Fassungen, wenn auch mit verschiedener Akzentuierung, dem Typus der öffentlich verwendbaren Vita an.[16] Bedas besondere Blickrichtung zeigt sich in der im Vergleich zum Anonymus anspruchsvolleren Sprachgebung

---

[12] "partim ex eis, quae de illo prius a fratribus ecclesiae Lindisfarnensis scripta repperi, adsumsi, simpliciter fidem historiae, quam legebam, accomodans" (Plummer, I, S. 7f.).

[13] An der vorstehend zitierten Stelle fährt er fort: "partim uero ea, quae certissima fidelium uirorum adtestatione per me ipse cognoscere potui, sollerter adicere curaui" (ebd. S. 8).

[14] Vgl. die sorgfältige Zeugennennung und das Erbauungsanliegen im Vorwort zu *Dial.* I, ed. Moricca, S. 15–16.

[15] Vgl. Colgrave, *Two Lives*, Textmarginalien und S. 341.

[16] Vgl. die wichtige Abgrenzung dieses Typus gegenüber der metrischen, für die Privatlektüre gedachten Vita und gegenüber der kurzen Heiligenpredigt bei Alcuin im Prolog zu seiner Willibrord-Vita (*BHL* 8935–8936): "Duos digessi libellos, unum prosaico sermone gradientem, qui publice fratribus in ecclesia, si dignum tuae videatur sapientiae, legi potuisset; alterum Piereo pede currentem, qui in secreto cubili inter scolasticos tuos tantummodo ruminari debuisset [...] Unam quoque priori libello superaddidi omeliam quae utinam digna esset tuo venerando ore populo praedicari" (ed. W. Levison, *MGH, Script. rer. Merov.*, VII, S. 81–141, hier 113f.).

und in der ausführlicheren Behandlung des friedlichen Sterbens Cuthberts.[17] Bei der Darstellung der Psalmen singenden Mönche wird der Stil liturgisch-feierlich, dem erhabenen Zeremoniell des benediktinischen Gottesdienstes entsprechend. Wenn Beda die zur Begutachtung seines Entwurfs versammelten Senioren und Lehrer bittet, über die Wahrheit des Geschriebenen zu befinden,[18] und wenn dann alles einmütig und ohne jeden Zweifel für lesenswert erklärt wird,[19] so ist damit offensichtlich an die Chorfähigkeit der Vita gedacht. Bemerkenswert ist, wie selbstverständlich und souverän Beda sich auf die Erfordernisse der Gattung einzustellen vermag. Bei aller Wertschätzung des Geschichtlichen gilt sein Bemühen in der *Vita Cuthberti* nicht vornehmlich der Historizität der Ereignisse (wie bei Würdigung des Wirkens Cuthberts in der *Historia Ecclesiastica*), sondern der religiösen Gültigkeit und Beispielhaftigkeit des Heiligenlebens. Beda ordnet hier seine annalistisch-historiographischen Wahrheitsvorstellungen und Methoden den hagiographisch-erbaulichen unter[20] und paßt das Ganze – auch die neu von ihm in die Vita gebrachten Materialien, besonders den Bericht vom Sterben Cuthberts (Kap. 37–40) – den großen hagiographischen Vorbildern an (neben der Antonius-Vita dem Benediktleben Gregors und z. T. der Augustinus-Vita des Possidius).[21] Dies scheint der Grund zu sein, weshalb er seine Komposition als in sich abgeschlossen und ausgewogen empfindet und die Aufnahme weiteren Materials ablehnt.[22]

Bis in Einzelheiten hinein läßt sich sein Verfahren demonstrieren. Schon das erste Kapitel beginnt mit dem mahnenden Hinweis, daß Cuthbert nur darum später die Höhe des Einsiedlerlebens erreicht habe, weil er von Jugend auf seinen Nacken unter das klösterliche Joch beugte. Stärker als in der anonymen Vita wird die Heiligung des Mönchs durch das disziplinierte Leben in der Gemeinschaft hervorgehoben. Zu Beginn der Aufnahme Cuthberts in das Kloster Melrose (Kap. 6), die beim Anonymus fehlt, heißt es:

> *Interea uenerabilis Domini seruus relictis seculi rebus monasterialem properat subire disciplinam, utpote coelesti uisione ad appetenda perpetuae gaudia beatitudinis incitatus, ad tolerandam pro Domino esuriem sitimque temporalem, epulis inuitatus coelestibus (S. 172).*

---

[17] Vgl. auch Colgrave, *Saints' Lives*, S. 48f.

[18] "uestrae auctoritatis iudicio uel emendarentur falsa, uel probarentur uera esse, quae scripta sunt" (Colgrave, *Two Lives*, S. 144).

[19] "sed cuncta quae scripta erant communi consilio decernebantur absque ulla ambiguitate legenda" (ebd.).

[20] Vgl. dazu auch C. W. Jones, a.a.O. S. 74f. und 80ff.

[21] Vgl. Colgrave, *Two Lives*, Textmarginalien und S. 356. Über Bedas Auswahl von Wundern nach dem Vorbild Gregors vgl. C. G. Loomis, "The Miracle Traditions of the Venerable Bede", *Spec.* 21 (1946), S. 404–418.

[22] "Sed et alia multa nec minora his quae scripsimus praesentibus nobis ad inuicem conferentes, de uita et uirtutibus beati uiri superintulistis, quae prorsus memoria digna uidebantur, si non deliberato ac perfecto operi noua interserere, uel supradicere minus congruum atque indecorum esse constaret" (ebd. S. 144).

Schon vorher wird der Kontrast zwischen den unverständig spottenden Laien und der neuen Lebensform betont[23] und der geistliche Glanz des Mönchtums und seines *spiritualis exercitii* gepriesen.[24] Die Reihenfolge der klösterlichen Ämter Cuthberts wird genauer als im Anonymus genannt. Als er Prior wird, gibt er dem Kloster ein Beispiel „des Lebens nach der Regel" (Kap. 9). In Lindisfarne verteidigt er die *regulam monachicae perfectionis* mit großer Geduld gegen den anfänglichen Widerstand der Mönche (Kap. 16). Ferner wird die im Anonymus nicht erwähnte Vorbildlichkeit Benedikts und Antonius' hervorgehoben (Kap. 19 nach Gregor, *Dial.* II, 5, und *Vita Antonii*, Kap. 25; Kap. 20 nach Gregor, *Dial.* II, 3). In Kap. 36 wird nach Gregor (*Dial.* II, 3 und 8) vor dem Ungehorsam der Mönche gewarnt, wenn auch unter Verwendung einer ganz anderen Episode. Der Schritt auf die Stufe höchster Vollkommenheit, die der reinen Kontemplation des Anachoreten, erfolgt erst nach jahrelanger Übung im Kloster und unter ausdrücklicher Zustimmung des Abtes von Lindisfarne und seiner Brüder (Kap. 17). So entspricht es der Benediktinerregel,[25] für die Beda bewußt eintritt, während das irische Mönchstum des 6. Jhs. viel extremer auf das Eremitenleben ausgerichtet war und oft ohne Zustimmung des Abtes danach strebte.[26] Deutliche Mahnungen zu klösterlicher Disziplin finden sich auch in Kap. 39, wo der sterbende Cuthbert die Brüder beschwört, Frieden und Demut zu achten, bei Beratungen *caritatem* [...] *diuinam* [...] *et* [...] *concordiam* zu wahren. Wenn er weiter vor den Abirrenden warnt, die Ostern zur falschen Zeit feiern oder ein falsches – d. h. nicht nach der Regel Benedikts ausgerichtetes – Leben führen, so schließt er sich damit zwar an einen schon in der *Vita Antonii* (Kap. 91) gegebenen hagiographischen Topos an, nimmt aber deutlich mit pro-römischer und anti-irischer Tendenz zu den Spannungen Stellung, die sich ergeben hatten, als Cuthbert gegen den Widerstand vieler Mönche in Lindesfarne die Regel Benedikts und die Osterberechnung nach römischem Brauch eingeführt hatte. Beda läßt an dieser Stelle Cuthbert mit besonderem Nachdruck und Autoritätsanspruch reden.[27]

Schon an den zitierten Beispielen läßt sich auch die gedanklich klare Gliederung des Ganzen erkennen. Immer wieder stellt Beda mit sicherer

[23] "uulgaris turba [...] coepit irridere uitam conuersationis eorum, quasi merito talia paterentur, qui communia mortalium iura spernentes, noua et ignota darent statuta uiuendi" (Colgrave, *Two Lives*, S. 162).

[24] "At ubi gubernatrix uitae fidelium gratia Christi uoluit famulum suum artioris propositi subire uirtutem, altioris praemii gloriam promereri [...]. Compunctus est multum hoc uisu Deo dilectus adolescens, ad subeundum gratiam spiritalis exercitii, [...] non meremur semper uigilantium ministrorum Christi cernere lucem. [...] Cuthbertus [...] monasterium petere decreuit" (ebd. S. 164 u. 166).

[25] Vgl. *Regula s. Benedicti*, Kap. I, Colgrave, *Two Lives*, S. 349, und Colgrave, *Felix's Life of St. Guthlac*, Cambr. 1956, S. 180.

[26] Vgl. Colgrave, *Two Lives*, S. 349.

[27] Vgl. ebd. S. 356 f.

Hand die Zusammenhänge zwischen einzelnen Abschnitten und Kapiteln sowie zwischen Allgemeinem und Besonderem oder Lehre und Exempel her. Er verfolgt nicht nur innerhalb des biographischen Schemas den geistlichen Aufstieg Cuthberts, sondern beleuchtet wichtige Begriffe und Ereignisse. So berichtet er in Kap. 13, wie Cuthbert ein Feuer des Teufels vernichtet, und erzählt im folgenden Kapitel, wie er ein wirkliches Feuer, ein brennendes Haus, löscht. Die Gegenüberstellung wird von Beda selbst hervorgehoben, indem er in der Schlußmahnung zu Kap. 14 sagt, daß wir Menschen weder gegen das *ignem materialem* noch gegen das *ignem inexstinguibilem futurae castigationis* etwas ausrichten könnten; wir selbst könnten weder die Feuer böser Leidenschaft noch die des Gerichtes auslöschen, nur die Gnade des Herrn vermöge uns zu schützen. So wie er hier den Begriff *ignis* von verschiedenen Seiten betrachtet, so gliedert er sein Gesamtmaterial – ähnlich wie Gregor, *Dial.* II, 8 – zu Beginn von Kap. 15 in die (vorher behandelten) versteckten Machenschaften und die (nunmehr darzustellende) offene Gegnerschaft des Teufels gegen den Heiligen. Auch die Bedeutung der Wunderepisoden wird unmißverständlich festgelegt. Sie erscheinen stets als *exempla* für bestimmte Tugenden oder Kräfte des Heiligen oder zur Belehrung der Mönche. Während die anonyme Vita (III, 5) in schlichtem Berichtston von der Vertreibung und folgenden Begnadigung der Raben durch Cuthbert erzählt,[28] legt Beda (Kap. 20) die Geschichte einleitend und abschließend als eine Anprangerung menschlichen Stolzes und Ungehorsams aus und bezieht Cuthberts Handeln auf das Vorbild Benedikts.[29]

Entsprechend klar, gedankenbezogen und zugleich kunstvoll gegliedert ist Bedas Stil.[30] Er selbst nennt ihn einfach,[31] wie er auch zu Beginn der *Vita Felicis* die Sprache als *apertumque omnibus eloquium* bezeichnet. Kennzeichnend ist eine Syntax, in der das vergleichende oder kontrastierende Gegenüberstellen zweier Gedanken oder Phänomene vollzogen wird, so daß sich Kontemplation und Bericht verbinden können. Damit

[28] "Et hic quoque uenerabilis Christi famulus in duobus miraculis duorum patrum est facta secutus. In aqua uidelicet elicita de rupe, factum beati patris Benedicti qui idem pene et eodem modo legitur fecisse miraculum, sed iccirco uberius quia plures erant qui aquae inopia laborarent. Porro in arcessitis a messe uolatilibus reuerentissimi et sanctissimi patris Antonii sequebatur exemplum, qui a lesione hortuli quem ipse plantauerat uno onagros sermone compescuit" (ebd. S. 222).

[29] "Libet autem referre quoddam tunc ab eo factum miraculum, quo clarius eluscescat quantum uiris sanctis obtemperandum sit etiam in his quae negligentius imparare uidentur. [...] Factumque est ut septem diebus feruente unda conclusi tristes in insula residerent, nec tamen culpam inoboedientiae, pro qua huiusmodi carcerem patiebantur ad memoriam reuocarent" (ebd. S. 266 u. 268).

[30] Vgl. über Bedas sorgfältige Methode und klaren, von rhetorischem Pomp freien Stil schon die treffenden Bemerkungen bei W. P. Ker, *The Dark Ages*, Edinburgh u. Lo. 1904, S. 143, 146.

[31] "ablatis omnibus scrupulorum ambagibus ad purum, certam ueritatis indaginem simplicibus explicitam sermonibus commendare menbranulis" (Colgrave, *Two Lives*, S. 144).

verzichtet Beda auf die von Gregor erzielte unmittelbar symbolische Wirkung des Geschehens selbst, und vielfach gehen Frische und Schlichtheit der älteren Vita verloren, z. B. Kap. 5, wo das Speisungswunder in dem einsamen Haus durch eine vorgeschaltete Episode zwar detaillierter, aber auch exempelhafter als im Anonymus (I, 6) vorgetragen wird. Mitunter verfällt Beda in ein nur rhetorisches Amplifizieren.[32] Am besten erzählt er dort, wo er keine in der älteren Vita bereits ausgeführte Geschichte behandelt und sich also nicht zu kunstvollen Paraphrasen und zum Ausweichen vor einem gegebenen Wortlaut veranlaßt sah. Beispiele sind die recht lebendig erzählten Kap. 3, 19 und 27. Im letzteren gibt Beda Wortlaut und Vortragssituation einer Predigt Cuthberts in dialogischer Auflockerung und zeitintensiv wieder, wobei er interessanterweise auf die Unterhaltsamkeit des Geschichtenerzählens zu sprechen kommt,[33] während die anonyme Darstellung hier nur karg berichtet (IV, 8). Auch sonst schiebt er gern kleine episodische Zwischenglieder in die Begebenheiten, wie etwa Kap. 34[34] oder Kap. 1, wo das kindliche Spiel Cuthberts ebenso lebendig ausgemalt wie klar kommentiert wird. Entsprechend wird die Vision der Seele Aidans geschildert und gedeutet, nicht in der Art Gregors sinnbildhaft vor Augen gestellt (Kap. 4). Eine ausführlich gegebene Ortsbeschreibung (Kap. 17) bleibt ohne die eigentümliche Transparenz und andachtsvolle Stimmung der Benedikt-Vita. Lediglich die Darstellung des Sterbens des Heiligen verbindet schlichten Bericht mit einfacher, erbaulicher Betrachtung. Als Cuthbert dem Herefrith von den fünf Tagen seines Alleinseins erzählt hat, wagt dieser nicht, nach der Art der Versuchungen zu fragen, von denen der Heilige gesprochen hat. Er bittet nur, bei ihm bleiben zu dürfen. In dem friedlichen Bild fehlt alles Beunruhigende, im Gegensatz etwa zur *Vita Guthlaci* des Felix von Crowland und zu den Martin-Schriften des Sulpicius Severus. Bei letzterem werden auf die Ankündigung vom baldigen Tode des Heiligen heftige Gefühlsreaktionen mitgeteilt, und noch im Augenblick des Sterbens tritt Satan an den Heiligen heran.[35] Beda kommt hier der Antonius-Vita näher, sowohl in der Ereignisfolge (vgl. *Vita Antonii*, Kap. 89–92, und *Vita Cuthberti*, Kap. 37–40) als auch in der Hervorhebung der Beispielhaftigkeit eines heiligmäßigen Sterbens.

---

[32] Plummer, a.a.O., Introduction, S. XLVI, spricht von gelegentlichem "padding"; vgl. auch Colgrave, *Two Lives*, S. 14; die von Beda (Kap. 28) vorgenommene Ausweitung des einfachen Berichts des Anonymus bezeichnet Colgrave S. 15 als "mere unnecessary verbiage".

[33] "Cunque post haec aliquandiu epulis exultationi, ac fabulis indulgeremus" (ebd. S. 246).

[34] "Qui dissimulare conatus uidisse se quippiam secreti, iocose respondit, Num tota die manducare ualebam? [...] statim illa [abbatissa] ingressa ad episcopum iam tunc dedicantem aecclesiam, stupore femineo quasi nouum aliquid incertumque nuntiatura" (ebd. S. 262 u. 264). Vgl. dagegen Anonymus, S. 126: "Ipse uero respondit, Vidi animam serui Dei" und "abbatissa [...] anhelans in basilicam peruenit, nomenque fratris qui dicebatur Hadþuald indicauit".

[35] Vgl. *Epist.* III, ed. C. Halm, a.a.O., S. 149, 16 ff.

Im ganzen erscheint Bedas Cuthbert-Vita als eine lehrhaft und erbaulich kommentierte sowie liturgisch feierliche Darstellung, die bereits auf die hochmittelalterliche Entwicklung der Hagiographie vorausdeutet.

7. Felix von Crowlands "Vita s. Guthlaci" und die Formtraditionen des germanischen Heldenliedes und der Saga

Die Guthlac-Vita des Felix von Crowland[36] wurde wahrscheinlich zwischen 730 und 740 geschrieben,[37] also etwa ein Jahrzehnt nach Bedas Cuthbert-Leben. Von dem Verfasser ist nichts weiter bekannt, als daß er, wie er im Prolog sagt, die *Vita Guthlaci* im Auftrag von König Aelfwald von Ostanglien schrieb und daß er wahrscheinlich Mönch in einem der sieben Klöster dieses Königreichs war, die Aelfwald in einem Brief an Bonifatius erwähnt.[38] Warum der König das Leben eines mercischen Heiligen wünschte, ist nicht klar; vielleicht war er an Crowland, das im Grenzgebiet lag, interessiert. Felix muß, wie aus vielfachen literarischen Entlehnungen hervorgeht, gut belesen gewesen sein. Der Verwendungszweck seiner Vita ist nicht monastischer und liturgischer Art wie der des Bedaschen Cuthbert-Lebens. Wenn er davon spricht, die Erinnerung an den Heiligen wachrufen und denjenigen, die ihn gekannt hätten, eine weite, offene Straße zeigen zu wollen (Prol., S. 64), so deutet das eher eine Einstellung auf ein weiteres, auch adlige Laien einschließendes Publikum an. Jedenfalls berücksichtigt er in der Vita selbst seinen Auftraggeber, indem er von der königlichen Abstammung Guthlacs (Kap. 2 u. 3), von den Waffentaten der alten Helden (Kap. 16) wie Guthlacs selbst (Kap. 17) und dann von seinem Verzicht auf die dem König eigentlich zukommenden Ehren (Kap. 19) berichtet. König Aethelred wird lobend erwähnt (Kap. 1), und von König Aethelbald, der zu dem Auftraggeber in einem guten Verhältnis gestanden haben muß,[39] wird ein günstiges Bild entworfen (Kap. 49 und 52). Entsprechungen dafür gibt es in der Cuthbert-Vita Bedas nicht.

Auch formgeschichtlich bietet die *Vita Guthlaci* etwas Neues. Beda und der Anonymus schließen sich, auf jeweils verschiedene Weise, dem im ganzen ruhigen Erzählton der Evangelisten und solcher hagiographischer Muster an, die unter Verzicht auf psychologische Bewegung die erbauliche Vorbildlichkeit des Heiligen herausstellen. Die *Vita Guthlaci* atmet augustinischen Geist und bevorzugt den bewegteren Stil der Martin-Schriften und des Paulus-Lebens einschließlich der dort verwendeten farbigen Formulierungen aus der antiken Literatur (vorwiegend der *Aeneis*). In der erzählerischen Konzeption der Hauptszenen jedoch werden Form-

---

[36] *BHL* 3723, ed. B. Colgrave, *Felix's Life of Saint Guthlac*, Cambr. 1956; im folgenden zitiert: Colgrave, *Guthlac*.
[37] Colgrave, *Guthlac*, S. 19.
[38] Vgl. ebd. S. 15f.
[39] Vgl. ebd. S. 16.

traditionen der germanischen Heldenlieddichtung, möglicherweise auch der Saga, sichtbar.

Auf die Hinwendung zur heimischen Dichtungs- und Erzähltradition weisen vielleicht schon einige Äußerungen im Prolog. Neben dem konventionellen Bescheidenheits- und Unfähigkeitstopos und einer nach der Martin-Vita und Gregor dem Großen formulierten Entscheidung für die einfache Sprache des Evangeliums und gegen die rhetorischen Regeln des Donatus finden sich einige interessante Äußerungen über den Aufbau.[40] Felix möchte das Leben in klarer zeitlicher Sukzession von Anfang bis Ende erzählen,[41] womit er sich einerseits an Gregor anschließt,[42] andererseits an den Bericht seiner Gewährsleute. Er betont, daß er mit demselben rechten Kunstverstande *(eadem ortodemia)* und genau nach ihren Worten das Leben dargestellt habe, ohne etwas hinzuzufügen oder wegzulassen.[43] Primär dient diese Stelle, hagiographischer Tradition gemäß (wie die aus Bedas Prolog geschöpften Sätze zeigen), dem Nachweis der Historizität. Jedoch geht sie im Gegensatz zu Beda auf die Existenz heimischer Darstellungsgepflogenheiten ein, wie es indirekt auch an anderen Stellen geschieht, wenn Guthlac sich als Jüngling der Waffentaten früherer Helden erinnert[44] und später des elenden Endes früherer Könige seines Volkes gedenkt.[45] Felix selbst empfindet mit Recht, daß ihm der reine und luzide Stil anderer englischer Autoren seiner Zeit abgeht.[46] Seine Sprache steht, wie Colgrave bemerkt,[47] zwischen den beiden zeitgenössischen Schulen Englands, dem hochrhetorischen, oft überladenen und unverständlichen Stil Aldhelms, von dem Felix die Neigung zu Worterfindungen und Alliterationen übernommen haben mag (besonders im ersten Teil der Vita), und der gedanklich beherrschten und klaren Prosa Bedas, dem Felix in den letzten Kapiteln beim Bericht über das Sterben Guthlacs enger folgt.

---

[40] Felix sagt S. 60, er habe das Buch *simplici verborum vimine*, also als ein einfaches Ganzes (Flechtwerk) eingerichtet (Colgrave übersetzt treffend mit "weaving the text in a simple pattern", S. 61).

[41] Im Anschluß an die *Vita Antonii* sagt er (S. 62): "Quoniam igitur exegisti a me, ut de sancti Guthlaci conversatione tibi scriberem, quemadmodum coeperit, quidve ante propositum sanctum fuerit, vel qualem vitae terminum habueret"; am Schluß (S. 64) heißt es entsprechend: "principium in principio, finem in fine conpono."

[42] Vgl. Gregors Bemerkung über das Erzählen des Visionswunders „der Reihe nach" oben S. 63.

[43] "Prout a dictantibus idoneis testibus, quos scitis, audivi, addendi minuendique modum vitans eadem ortodemia depinxi" (S. 62–64).

[44] Kap. 16: "tunc valida pristinorum heroum facta reminiscens" (S. 80).

[45] Kap. 18: "Nam cum antiquorum regum stirpis suae per transacta retro saecula miserabiles exitus flagitioso vitae termino contemplaretur" (S. 82); vgl. auch Colgraves Anmerkung S. 178.

[46] "dum alii plurimi Anglorum librarii coram ingeniositatis fluenta inter flores rhetoricae per virecta litteraturae pure, liquide lucideque rivantur, qui melius luculentiusve conponere valuerunt" (Prolog S. 62).

[47] Colgrave, *Guthlac*, S. 17.

Etwas Ähnliches läßt sich über die Erzählweise sagen, die zwar hagiographisch erbaulich ist, aber keinen gleichmäßigen Fluß darstellt, sondern von wechselnder, mehrfach effektvoll hochgetriebener Bewegtheit erfüllt ist. An die Stelle der plastisch und gebärdenhaft stilisierten Sinnbilder Gregors treten Konzentrationen auf Augenblicke höchster Entscheidung, in denen das innere Verhalten des Helden oder der heilige Sinn des Geschehens auf dramatisch bewegte Weise und z. T. mit eindringlicher Metaphorik sichtbar gemacht wird. Dies ist offenbar der Art des germanischen Heldenliedes nachempfunden, während die phantastisch in sich verschlungenen und bizarr-grotesken Dämonenerscheinungen keltisch-irischen Vorstellungen zu entsprechen scheinen. Die variierende und sich steigernde Wiederholung eines und desselben Grundmotivs dagegen entspricht wohl eher germanischem Formgefühl. Überdies zeigen einige Stellen die für den Sagastil charakteristische knappe, jedoch psychologisch motivierende und immer kausal verknüpfende Erzählweise.[48] So ergibt sich eine Darstellung von geballter Kraft. Dabei wird von Felix nicht nur der Vorgang als solcher mitgeteilt – wie bei Gregor –, sondern auch die z. T. drastische Reaktion der Umstehenden, die das Geschehen deutet und verdeutlicht. Es ergibt sich noch nicht die andachtsbildartige Ruhe spätmittelalterlicher Legendare, weil die Reaktionen nicht bloß als Gefühlsäußerung und Reflexion erscheinen, sondern sofort in situationsbezogenes, erregtes Handeln umgesetzt werden. Auch die aus der *Aeneis* übernommenen Wendungen (vorwiegend solche, die das Anbrechen oder das Enden des Tages ausdrücken) unterstreichen die Vorganghaftigkeit der in schneller zeitlicher Sukzession verlaufenden Darstellung, in der immer wieder die Plötzlichkeit und die mit Worten nicht wiederzugebende, atemberaubende Schnelligkeit und hereinbrechende Gewalt der Ereignisse hervorgehoben wird.

Der Stilwille des Ganzen ist dem der keltisch-angelsächsischen Buchmalerei des frühen 8. Jhs. verwandt, obwohl dort noch kaum figürlich, sondern in den mitreißenden, abstrakten Linien und Tierstilisierungen einer monumentalen Ornamentik gestaltet wird. Die kühne Dynamik, bizarre Verschlingung drachenartiger Geschöpfe sowie das Wirrsal der Bewegung auf der Kreuzform-Seite des St. Chad-Evangeliars der Dom-Bibliothek zu Lichfield[49] entsprechen dem Geist der Felixschen Vision und lassen sich direkt vergleichen mit dem dort wiederholt dargestellten Andringen der unübersehbaren Feindesscharen oder der wolkenhaft heranjagenden, wirbelnden und durch Wandritzen quellenden Dämonen. Aber auch die in der Illumination sich andeutende Bändigung des Aufruhrs durch Wiederholung und Variation sowie durch Verknüpfung der einzelnen

---

[48] Vgl. über allgemeine Stiltendenzen des Saga-Erzählens A. Heusler, *Die altgermanische Dichtung*, (²1941) Darmstadt 1957, S. 217–231, bes. S. 219 über das planmäßige Fortschreiten leicht ergänzbarer Glieder.

[49] Vgl. unten Abb. 2 (Taf. I), *Gospels of St. Chad*, fol. 220. Dazu O. E. Saunders, *Englische Buchmalerei*, I, München 1927, S. 14.

Bewegungsgruppen zu Flechtmustern und durch das umrißhafte Herausarbeiten des Kreuzes, das alles übergreift,[50] hat bei Felix seine Entsprechung, und zwar in der großlinig geführten Darstellung, der Profilierung der Einzelszenen und der Betonung der Heiligengestalt. Allerdings wird in der Guthlac-Vita die keltische Phantastik wesentlich stärker mit lateinischem und vor allem germanischem Formensinn verbunden, so daß sich eine festere Gesamtkonzeption ergibt.[51]

Als eine andere kunstgeschichtliche Parallele zu Felix können die späterliegenden Psalter-Illustrationen von Utrecht (9. Jh.) und Canterbury (Brit. Mus. MS. Harley 603, ca. 1000) genannt werden, in denen erstmals eine entsprechend heftige Bewegtheit in figürlicher Darstellung erscheint.[52] Das Monumentale ist aber bereits in kleinere, skizzenhaft schnelle Einzelszenen aufgelöst, die jeweils von heftigen psychischen Affekten hochgetrieben und durch ekstatische Gebärden akzentuiert sind. Die szenische Verkleinerung und etwas weichere Gefühlstönung passen eher zu den ebenfalls ins 8./9. Jh. gehörenden ags. Guthlac-Dichtungen.[53] Jedoch atmet die stürmisch erregte, sich immer wieder zu Höhepunkten aufgipfelnde Aktivität noch den Geist der Felixschen Vita. Dies zeigt sich besonders in der Darstellung des schnellenden Speerfluges und seines vernichtenden Aufpralls durch die dreifach hintereinander gesetzten Geschosse. Hier wird durch variierende Wiederholung die Wucht zielbezogener Bewegung betont, wie es ganz ähnlich in der *Vita Guthlaci* geschieht. Ferner zeigt der (im Gegensatz zur Utrechter Vorlage) zu einem edelsteinartigen Ornament stilisierte Stern eine angelsächsische Vorliebe für das Dekorative.[54]

Die Vita läßt sich nach herkömmlichem Schema in vier Teile gliedern: die Zeit vor dem Eintritt Guthlacs in das Kloster (Kap. 1–19), sein Leben in der klösterlichen Gemeinschaft (Kap. 20–26), sein Leben als Einsiedler auf Crowland (Kap. 27–50) und die posthumen Wunder (Kap. 51–53). Das Einsiedlerleben ist der eigentliche Hauptteil, was sich u. a. aus der Einleitung zu Kap. 28 mit der nochmaligen Nennung der Gewährsleute ergibt.[55] Das eigentümliche Erzählverfahren läßt sich am besten in einer fortlaufenden Betrachtung der Kapitel verfolgen.

Nach kurzer Erwähnung der Abstammung und des väterlichen Wohnsitzes (Kap. 1–2) wird unter ständiger Betonung des Zeitverlaufs berichtet,

---

[50] Letzteres ist auf dem in Abb. 2 gewählten Ausschnitt nicht zu erkennen; vgl. jedoch Saunders, a.a.O. Tafel 8.

[51] Insofern zeigt die Guthlac-Vita Verwandschaft zur Kreuzformseite des Lindisfarne-Evangeliars, abgebildet bei Margaret Rickert, *Painting in Britain. The Middle Ages*, London 1954, Plate 4. Hier wird das dominierende Kreuz eindeutig und sicherer als auf dem Blatt des St. Chad-Evangeliars hervorgehoben; vgl. dazu auch M. Rickert, a.a.O. S. 14f.

[52] Vgl. unten Abb. 3 (Taf. II).   [53] Vgl. unten S. 117, Anm. 8.

[54] Vgl. M. Rickert, a.a.O. S. 46. Eine literarische Parallele ist das edelsteingeschmückte Kreuz in Cynewulfs *Elene*, unten S. 128.

[55] Vgl. Colgrave, *Guthlac*, S. 182; auch S. 93.

daß der Vater heiratete (Kap. 3) und daß nach einiger Zeit seine Frau empfing und gebar. Während sie in den Geburtswehen liegt, wird angekündigt, daß die herbeilaufenden Scharen ein himmlisches Wunder erblicken und es als Zeichen der Auserwählung eines Kämpfers Gottes deuten. Erst nach dieser Vorbereitung (Kap. 4) folgt als Höhepunkt das Wunder selbst. Es wird in den Phasen eines sich steigernden Verlaufs vorgetragen, begleitet von heftigen Gefühlsreaktionen der Menge und von Interjektionen des Autors (*mirabile dictu!*, *ecce*, *en subito* usw., Kap. 5–9). Der Ton ist vornehmlich der der Ruhmrede. Eine wunderbare Hand, goldrot schimmernd, greift aus den Wolken bis zu dem vor dem Geburtshaus stehenden Kreuz, wo der zu künftiger Größe bestimmte Knabe geboren wird (Kap. 5). Als die Menge voll des größten Staunens zusammenströmt (Kap. 6, das nur aus einem Nebensatz besteht und den vorganghaften Auftakt für das Kommende gibt), berührt die Hand plötzlich die Tür des Hauses, wird dann zurückgezogen und verschwindet wieder in den Wolken. Voller Staunen über dieses neue Wunder *(stupefacti)* stürzen alle nieder, ihre Gesichter am Boden *(prostrati, [...] pronis vultibus)*, und verherrlichen in Demut den Herrn der Himmelsmacht (*Dominum gloriae magnificabant*, Kap. 7). Während sie sich nach beendetem Gebet über den Sinn des Zeichens klar zu werden versuchen, stürzt eine Frau in größter Eile aus dem Hause (*inmensa velocitate currens*, Kap. 8), fordert alle auf stillzustehen und verkündet ihnen, daß ein Kind, zu künftigem Ruhm bestimmt, geboren sei *(Stabilitote, quia futurae gloriae huic mundo natus est homo)*. Einige halten das für ein Zeichen künftigen irdischen Erfolges, die Weiseren aber sehen darin die Erwählung zu den ewigen Freuden des Himmels (Kap. 8). Nachdem so noch einmal eine Deutung geschickt in den Geschehnisverlauf verflochten ist (auf welche am Ende der Vita wiederum Bezug genommen wird), endet der Bericht mit der Verbreitung der Kunde des Wunders, die, da so viele zugegen waren, die äußersten Grenzen Ostangliens erreicht, „noch bevor der strahlende Glanz der Sonne in den westlichen Horizont getaucht war" (Kap. 9). Die Darstellung ist in höchstem Grade bewegt und dürfte von starker Wirkung auf den zeitgenössischen Leser oder Hörer gewesen sein.

Wie in den anderen frühmittelalterlichen Viten[56] ergibt sich die Bewegtheit des Erzählens wesentlich aus der Vorstellung, daß Gott in der Höhe, in großer Entfernung von der Erde, thront und von dorther tätig in die Geschicke eingreift in einem auf den Menschen gerichteten Bewegungsakt, der sich in himmlischen Zeichen und in der Entsendung von Boten und Helfern vollzieht. Entsprechend wird das Andringen der dämonischen Mächte wie etwas von außen Kommendes gesehen. Es ergibt sich eine von heftiger Aktion erfüllte Darstellung des Ringens um den Men-

---

[56] Vgl. Benedikt-Vita oben S. 63f. und Margaretenpassion (Rebdorf-Version) unten S. 105.

schen. Die Vorbilder finden sich im Alten Testament, vornehmlich in den Psalmen, wo vielfach vom Eingreifen der Hand (oder der Rechten) des Herrn und vom Angriff der Feinde die Rede ist.[57] Benediktinische Gemessenheit und ruhige Zusammenschau, die bei Gregor alle Bewegung übergreift und auch bei Beda dominiert, fehlt ebenso wie das sichere Gefühl des Eins- und Vertrautseins mit Gott, das den Heiligen der hoch- und spätmittelalterlichen Legende erfüllt und deren Erzählweise wieder beschaulich werden läßt. In der Guthlac-Vita walten hohe Erregung und eine elementare Frömmigkeitshaltung frühmittelalterlicher Art vor – Staunen und Erschrecken vor dem *tremendum*, Ehrfurcht vor dem gewaltigen Gott und das Bedürfnis, ihn zu ehren.

Es paßt in diesen Zusammenhang, daß bei Guthlacs Taufe (Kap. 10) sein Name als *belli munus* gedeutet wird,[58] weil „er durch sein Kämpfen gegen die Laster den Lohn ewiger Freude erlangen sollte". Die handlungsbetonte Auffassung des Heiligenlebens als eines Ringens gegen die Feinde ist hier in eine symbolische Formel zusammengezogen. Die anschließenden Kapitel (11–15) berichten (in Anlehnung an die *Vita Antonii*) summarisch, aber mit der kennzeichnenden Betonung des Ereignishaften von Guthlacs Erziehung und seinem beispielhaft frommen Verhalten als Kind. Zusammenfassend heißt es (Kap. 15), daß „der Glanz geistigen Lichts" als Zeichen des Kommenden aus ihm leuchtete, womit der Blick auf die künftigen Ereignisse gelenkt und die Gesamtbewegung der Erzählung in Fluß gehalten wird.

Die nächste Phase ist eine erzählliedhafte Variation der hagiographisch vorgezeichneten Bahn. Als sich bei dem kraftvollen Jüngling ein edler Herrschertrieb meldet,[59] kommen ihm die großen Taten der alten Helden, die er offenbar aus Liedern kennt, in den Sinn. Er erwacht wie aus einem

---

[57] Vgl. etwa *Vulgata, Ps.* 20, 9: "Inveniatur manus tua omnibus inimicis tuis"; 31, 4: "die ac nocte gravata est super me manus tua"; 43, 3: "Manus tua disperdidit gentes [...] plantasti eos"; 17,36: "et dextera tua suscepit me"; 137, 7: "extendisti manum tuam, et salvum me fecit dextera tua"; 138, 10: "manus tua deducet [...] et tenebit me dextera tua." Entsprechend bewegt stellt das Alte Testament den Zugriff der Feinde dar, aus deren Händen der Psalmist immer wieder um Befreiung bittet. Vgl. etwa 21, 21: "Erue [...] et de manu canis unicam meam"; 30, 16: "Eripe me de manu inimicorum meorum"; 70, 4: "Deus meus, eripe me de manu peccatoris et de manu contra legem agentis et iniqui"; ferner 77, 42; 81, 4; 87, 6; 105, 10; 139, 5; 143, 7 u. ä. Auch das Bild des Kämpfens der Heerscharen findet sich bekanntlich sehr oft im Alten Testament. Wie sehr die Vorstellung vom Eingreifen der Hand Gottes im frühen Mittelalter verbreitet war, zeigen zahlreiche bildliche Darstellungen dieses Motivs; vgl. dazu Colgrave, *Guthlac*, S. 177.

[58] Eigentlich nach an. *leikr* wohl „Kriegsspiel", vgl. Colgrave, *Guthlac*, S. 174; über die charakteristische Umdeutung des Namens im südenglischen Legendar des 13. Jhs. vgl. Colgrave, ebd.

[59] "iuvenili in pectore egregius dominandi amor fervesceret"; Felix, für den König schreibend, ist darauf bedacht, den Herrschertrieb als *egregius* zu bezeichnen und ihn nicht von vornherein abzuwerten.

Traum, sammelt Gefolgsleute um sich und legt selbst Waffen an (Kap. 16). Die situationshafte Gegenwärtigkeit ist die des Heldenliedes und der Saga. Auf letztere weisen ferner die psychologische Motivierung, temporal-kausale Verknüpfung sowie die feste Sachbezogenheit und Knappheit des Stils. Ähnlich wird Kap. 17 angeschlossen. Nach der Zerstörung vieler Städte, Dörfer und Festungen der Feinde, dem Anwachsen des eigenen Heeres und dem gewaltigen Anhäufen von Beute, wird Guthlac (wie es wieder unter Konzentration auf den Augenblick heißt) wie von einem göttlichen Rat belehrt, den dritten Teil der von ihm gehorteten Schätze an die Eigentümer zurückzugeben. Den Höhepunkt dieser Besinnung und die Umkehr Guthlacs geben Kap. 18 und 19, die ähnlich detailliert wie die Darstellung des Geburtswunders sind und den zweiten Gipfel in der Gesamtdarstellung ausmachen: Nach neunjährigen siegreichen Kriegszügen zwingt die Erschöpfung aller zum Frieden. Es ergibt sich für Guthlac ein Zustand der Lebensungewißheit – *inter dubios volventis temporis eventus et atras caliginosae vitae nebulas, fluctuantes inter saeculi gurgites* (Kap. 18), wie es in einem an die altenglischen Elegien erinnernden Ton heißt. Als Guthlac sich eines Nachts zur Ruhe legt und seine schweifenden Gedanken wie stets das Menschenlos umkreisen, beginnt plötzlich – *mirum dictu!* wie Felix ausruft (Kap. 18) – eine geistliche Flamme in seinem Menschenherzen so zu brennen, als ob sie seine Brust durchschnitten hätte. Dies ist eine eindrucksvolle Fortführung und Variation der Bewegung und des Bildes der nach dem Hause Guthlacs greifenden Feuerhand, die jetzt gleichsam sein Innerstes erreicht hat und ihn zur Entscheidung zwingt. Während Guthlac nachsinnt über den elenden Tod der früheren Könige, über die vergänglichen Reichtümer und den verächtlichen Ruhm dieser Welt (eine geschickte Wiederaufnahme des schon nach dem Geburtswunder verwendeten Motivs), enthüllt sich ihm die Gestalt des eigenen Todes, und er erkennt, vor Angst bebend, daß sein kurzes Leben täglich mehr dem Ende zutreibt. Er erinnert sich der Worte *ne in hieme vel sabbato fuga vestra fiat* (*Matth.* 24, 20). Und indem er das und anderes überdenkt (wie es unter erneuter Hervorhebung der psychischen Bewegungsphase heißt), gelobt er plötzlich, ein Diener Christi zu werden, falls er den nächsten Tag erlebe (Kap. 18). Interessanterweise wird das innere Geschehen dieses Kapitels also nicht ganz zum Abschluß gebracht, sondern durch die gestellte Bedingung auf seine Fortsetzung ausgerichtet; dabei erzeugt die mit dem Gelübde gegebene Zukunftsungewißheit eine leichte, sonst in hagiographischen Texten selten anzutreffende Spannung.[60] Das nächste Kapitel, wieder in der charakteristischen Zeitstaffelung des klaren Vor- und Nachher aufgebaut, die Felix in seinem Einleitungsbrief erwähnt, setzt mit einer nach Vergil gearbeiteten Schilderung ein: Als die Sonne die Nebel der Nacht

---

[60] Über Zukunftsungewißheit in der Legende vgl. oben S. 26f.; außerdem bei Aelfric unten S. 139.

zerteilt hat und während die Vögel singen, erhebt sich Guthlac, kleidet sich an, bekreuzigt sich und bittet seine Gefolgsleute, einen anderen Führer für ihre Streifzüge zu suchen. Als seine Genossen das hören, werden sie (ähnlich wie die Beobachter des Geburtswunders) von gewaltigem Staunen erfaßt; ihre Versuche, ihn von seinem Vorhaben abzubringen, sind umsonst.

In den folgenden Kapiteln werden summarisch, aber in der bei Felix nicht anders zu erwartenden Vorganghaftigkeit dargestellt: sein Eintritt ins Kloster Repton (Kap. 20), der Katalog seiner Tugenden als Mönch (Kap. 21),[61] seine Gelehrigkeit (Kap. 22) und sein frommer Eifer (Kap. 23). Interessant ist, daß selbst der Einstrom der Gnade in den Heiligen als Bewegungsvorgang gesehen wird, der sich mit dem des Geburtswunders vergleichen läßt.[62] Der Entschluß, in die Einsamkeit zu gehen, wird ähnlich wie die Entscheidung für das mönchische Leben, allerdings nicht in derselben Steigerung, dargestellt. Als Guthlac von der Askese der alten Väter gelesen hat, ist sein Herz erleuchtet und entbrennt vor Eifer, die Wüste aufzusuchen. Nach einigen Tagen macht er sich mit Zustimmung der Senioren auf die Suche nach einem einsamen Platz, den er im Sumpfland findet, das farbig beschrieben wird (Kap. 24). Die Reise ist erfolgreich, und er trifft auf der Insel Crowland am Feste des heiligen Bartholomäus ein, auf dessen Hilfe er deshalb von Anfang an baut. Er kehrt nochmals zu den Brüdern zurück und läßt sich dann endgültig auf Crowland nieder, wieder am Fest des hl. Bartholomäus (Kap. 25–27). Schon die mehrfachen Reisen bringen eine eigentümliche, in der Cuthbert-Vita so nicht gegebene Bewegung in die Darstellung. Das wird noch deutlicher im Bericht über das Einsiedlerleben, zu dessen Beginn erneut betont wird, daß in derselben Reihenfolge erzählt werde, wie die Ereignisse von den Gewährsleuten Wilfrid und Cissan berichtet worden seien (*eodem ordine, quo conperi, easdem res narrare curabo*, Kap. 28).

Der eindrucksvollste Teil des Eremitenlebens ist der über die Versuchungen und Kämpfe Guthlacs (Kap. 29–36). Am Anfang steht, was für das künstlerische Gefühl des Felix zeugt, ein Gegenbild zu der nach Guthlac greifenden Hand Gottes, das nicht weniger dynamisch ist: Der Teufel steht auf und schießt mit kühler Überlegung und aller Kraft einen Giftpfeil der Verzweiflung ab.[63] Es folgt in kausaler und temporaler Anknüpfung die Beleuchtung der neuen psychologischen Situation: Während das Gift wirkt, verwirren sich Guthlacs Sinne, er verzweifelt an der Größe seines Unternehmens und den eigenen Schwächen und Sünden, die er überdenkt. Das Motiv ist ein hagiographischer Topos, der schon in der

---

[61] Nach *Vita Fursei*, Kap. 1 (ed. Krusch, *MGH, Script. rer. Merov.*, IV, S. 434).

[62] Kap. 22: "Cum enim litteris edoctus psalmorum canticum discere maluisset, tunc frugifera supra memorati viri praecordia roscidis roris caelestis imbribus divina gratia ubertim inrigabat" (S. 84).

[63] Die Konzeption ist ähnlich wie in der Psalterillustration von Canterbury, vgl. oben S. 86 und Abb. 3 (Taf. II).

Antonius-Vita belegbar ist; Felix aber nimmt es sehr geschickt in die erlebnishafte Bewegung des Augenblicks hinein. Guthlac fühlt die Vergangenheit als immer stärkere Last und weiß drei Tage lang nicht, wohin er sich wenden soll. Dann, immer noch in tapferem Kampf gegen die zerstörerischen Gedanken, beginnt er *velut prophetico spiritu* (Kap. 29), Psalmenverse zu singen (*In tribulatione invocavi Dominum* usw.). Da erblickt er Sankt Bartholomäus, seinen Helfer. Das erlebt Guthlac – und wieder liegt eine Variation des durch das Geburtswunder gesetzten Grundbildes vor – als ein Herankommen engelhaften Lichtes, das die Wolken unfrommer Gedanken zerteilt und ihn jubeln läßt. Bartholomäus verspricht ihm von nun an ständige Hilfe.[64] In Kapitel 30 widersteht Guthlac der Versuchungsrede der Teufel, die ihn zu übermäßigem Fasten verleiten wollen (vgl. Antonius-Vita, Kap. 16); die Teufel reagieren mit lauten Klagen und Seufzern, die weithin die Luft erfüllen. Höhepunkt der Versuchungen ist Guthlacs Entführung bis an die Tore der Hölle (Kap. 31–33). Hiermit wird das Motiv der Höllenvision in die Darstellung aufgenommen, wofür Felix Vorbilder bei Vergil, in der altchristlichen Literatur und in der irischen Hagiographie finden konnte.[65] Die Darstellung ist außerordentlich farbig und bewegt. Guthlac sieht während des nächtlichen Gebets, wie sich seine winzige Zelle plötzlich mit schaurigen Gestalten füllt, die durch Bodenlöcher, Türspalten und Wandritzen eindringen, aus den Lüften und der Erde gleichzeitig, und die sich wie ein dunkles Gewölk ausbreiten (eine neue Spielart der Bildvorstellung herankommender Mächte). Das schaurige Äußere der Erscheinungen wird in einem langen Katalog gehäufter Nomina umschrieben.[66] Aber die Darstellung bleibt vorganghaft. Das Geschrei wird so furchtbar, daß es fast den ganzen Raum zwischen Erde und Himmel erfüllt. Dann greifen die Geister unverzüglich an, sie fesseln den Mann Gottes „schneller als es mit Worten zu sagen ist", zerren ihn aus der Zelle, werfen ihn in das Sumpfwasser, schleifen ihn durch das dichteste Dornengestrüpp, reißen ihn an seinen Gliedern, fordern ihn auf, sofort das Sumpfland zu verlassen, fahren aber mit ihren Peinigungen fort, als er sich standhaft weigert. Schließlich entführen sie ihn in die kalten Lüfte, wo weitere Scharen böser Geister herangeflogen kommen, so daß sich der nördliche Himmel wie von schwarzen Wolken verdunkelt (eine Steigerung des Bildes der andringenden Feinde). Unter gewaltigem Getöse wird Guthlac durch die dünne Luft vor die Höllenpforten getragen, und der

---

[64] Vgl. *Vita Antonii*, oben S. 63.

[65] Einzelheiten vgl. Colgrave, *Guthlac*, S. 180; zum Hereinbrechen göttl. Lichts vgl. Augustin, *Conf.*, VIII, 12, 29, unten S. 408.

[66] "Erant enim aspectu truces, forma terribiles, capitibus magnis, collis longis, macilenta facie, lurido vultu, squalida barba, auribus hispidis, fronte torva, trucibus oculis, ore foetido, dentibus equineis, gutture flammivomo, faucibus tortis, labro lato, vocibus horrisonis, comis obustis, buccula crassa, pectore arduo, femoribus scabris, genibus nodatis, cruribus uncis, talo tumido, plantis aversis, ore patulo, clamoribus raucisonis" (Kap. 31).

Augenblick der höchsten Prüfung und Entscheidung ist gekommen. Durch die heftige Bewegung des äußeren Geschehens hindurch richtet sich die Darstellung auf das seelische Verhalten Guthlacs in dieser Situation. Als er in die rauchenden Höhlen hinunterblickt, vergißt er alle eigenen Qualen. Er sieht, wie die aufzüngelnden schwefligen Flammen mit eisigem Hagel wechseln[67] und mit ihrem Sprühregen fast die Sterne berühren, und er beobachtet, wie böse Geister in den Schlünden umherlaufen, um die Seelen der Verdammten auf die verschiedensten Weisen zu peinigen. In diesem Augenblick der Anfechtung und Schwäche, als der Mann Gottes schaudert vor Entsetzen, brüllen die Dämonen wie aus einem Munde auf ihn ein und drohen mit drastischen Worten, ihn in diesen Abgrund zu stürzen. Aber Guthlac hat sich inzwischen gefaßt; er widersteht *inmotis sensibus, stabili animo, sobria mente* (Kap. 31). Gerade als die Teufel ihn in die Hölle hinunterstürzen wollen (eine Fortführung der Angriffsbewegung), bricht Sankt Bartholomäus mit dem gewaltigen Glanz des Himmels in das nächtliche Dunkel ein, das vom Licht zerrissen wird (Kap. 32). Auch diese plötzliche Wende ist also eine Variation des leitmotivischen Bildes der aus den Wolken greifenden Hand Gottes. Auf das Geheiß des Bartholomäus wird Guthlac von den Geistern in aller Behutsamkeit zu seiner Wohnstätte zurückgetragen. Am nächsten Morgen sieht er, wie zwei der Besiegten ihre Niederlage lebhaft beklagen (Kap. 33).

Einen letzten, dramatisch dargestellten Angriff erlebt Guthlac in einem bösen Traum. Als er betet, wird er vom Schlaf übermannt. Er hört das Geschrei einer Menge, steht plötzlich vor seiner Hütte, sieht britische Krieger in hellen Haufen auf sich zukommen und fühlt sich schließlich von scharfen Speerspitzen erfaßt und in die Luft gehoben. Wieder gibt das eigenartige Erlebnis des Andringens anderer Mächte dem Erzählen seine innere Form und Bewegung. Auch der Beistand Gottes wird (mit den Psalmenworten *Exurgat Deus*, Kap. 34) als ein Heraufkommen und Erscheinen erfleht. Ähnlich wird der von seinem Jünger Beccel geplante Mordanschlag (Kap. 35) erzählt, nicht als ein warnendes Beispiel des Ungehorsams (wie Entsprechendes bei Beda),[68] sondern als ein Fall der Verführung durch den bösen Geist, der in das Herz des Jüngers eindringt und ihn mit Mordlust erfüllt (eine der charakteristischen psychologischen Motivierungen), dann aber erkannt und gebannt wird. Diese Lebhaftigkeit fehlt vergleichbaren Berichten bei Gregor (*Dial.* II, 3 u. 8).

Das Erscheinen der bösen Geister in Gestalt wilder Tiere (Kap. 36) wird von Felix in engem Anschluß an die *Vita Antonii*, Kap. 8, mehr als eine Folge äußerer Begebenheiten erzählt. Das gilt ebenso für die nachfolgenden Mirakelgeschichten (Kap. 37–46), in denen schon aus inhaltlichen Gründen

---

[67] Über die Vorstellung, daß eine der Höllenqualen in dem Wechsel von Hitze und Kälte besteht, vgl. Colgrave, *Guthlac*, S. 184f.
[68] Vgl. oben S. 80f.

kaum noch Augenblicke der Entscheidung und des Sichbewährens für den *vir Domini* vorkommen können. Die Darstellung erreicht deshalb für den modernen Leser nicht mehr die Kraft der ersten Teile. Die lebendige Erzählung des äußeren Geschehens dominiert. Dennoch wird das emotionale Verhalten des Heiligen hier und da berücksichtigt, mehr jedenfalls als in vielen anderen hagiographischen Texten. Guthlac z. B. lächelt, als eine Erwartung eintrifft (Kap. 40) oder als er eine menschliche Torheit anderer durchschaut (Kap. 43 und 44). Bei den anderen Figuren wird das Gefühlsleben z. T. recht farbig dargestellt, z. B. Kap. 41, als die Eltern des Besessenen, die von dem Eremiten gehört haben, sich entschließen, ihn aufzusuchen. Auch die Empfindungen des Geheilten werden überzeugend wiedergegeben.

Erst mit dem Bericht über Guthlacs Tod (Kap. 50) kommt wieder stärkere innere Bewegung in die Erzählung. Jedoch bieten sich, da ein Bild des friedlichen Sterbens gegeben wird (im wesentlichen nach dem Vorbild Bedas), nur z. T. die von Felix bevorzugten Möglichkeiten der Steigerung. Immerhin bringt er einige intensivierende Züge, die im Vergleich zu Bedas Fassung auffallen.[69] Die leitmotivische Metaphorik des stürmischen Andringens einer Macht wird wieder aufgenommen. In situationshafter Pointierung wird erzählt, daß Guthlac, als er einen inneren Krampf verspürt und den Angriff von Krankheit und Schwäche fühlt, darin die auf ihn zukommende Hand Gottes erkennt und voll Jubel beginnt, sich auf die ewigen Freuden vorzubereiten. Die Auslegung des Geburtswunders durch die weiseren Beobachter trifft also zu. Die Bildvorstellung des Anfangs erscheint noch einmal deutlich, als der Bruder Beccel beim Tode Guthlacs plötzlich sieht, wie das Haus vom „Glanz himmlischen Lichtes" erfüllt wird, der sich wie ein Turm aus Feuer von der Erde bis zum Himmel aufhebt, so daß die Mittagssonne verblaßt. Die Reaktion des Beobachters, der bei der Ankündigung des Todes von Trauer ergriffen wurde, ist tiefes Erschrecken. Auch weiterhin ist die Emotionalität stärker als bei Beda. Ein menschlich rührender Zug ist Guthlacs Bitte, seiner Schwester Pega Mitteilung von seinem Tode zu machen. Als sie davon hört, fällt sie ausgestreckt und wie tot zu Boden, vor Schmerz unfähig, ein Wort zu äußern. Erst nach einer Weile vermag sie sich wie aus einem Schlaf zu erheben und, indem sie aufseufzt, für den richterlichen Schiedsspruch des Herrn dankzusagen. Bei Beda dagegen wird die Kunde vom Tode Cuthberts unter dem Psalmensingen der Mönche aufgenommen, ohne daß menschliches Erschrecken und Trauer zum Ausdruck kämen. Interessant ist ferner, daß

---

[69] Wie schon B. P. Kurtz, a.a.O. S. 121, feststellt, ist die Darstellung bei Felix dramatischer. Colgrave, *Guthlac*, S. 192, ist entgegengesetzter Meinung; er sieht bei Beda die größere "reality and poignancy" und "an air of verisimilitude and credibility which Felix's account entirely fails to convey". Größere Glaubwürdigkeit und Realität sind aber kein Gegenbeweis gegen die ausdrucksstärkere Bewegtheit der Felixschen Darstellung.

bei Felix selbst die Sterbeszene eine gewisse situationshafte Bewegung bekommt. Während Herefrith beim Tode Cuthberts nicht wagt, nach den Versuchungen zu fragen, erbittet Beccel von Guthlac die Gunst, ihm noch vor seinem Scheiden das Geheimnis seines ständigen Sprechens mit einem Unsichtbaren zu erklären. Guthlac erzählt, daß es ein Engel des Herrn war, der jeden Morgen und Abend zu seiner Tröstung gekommen sei.

Zusammenfassend läßt sich die im Vergleich zu Gregor und Beda zügige Bewegtheit der Darstellung festhalten, deren heldenliedartige Aufgipfelungen zu dramatischen Augenblicken der Entscheidung ebenso auffallen wie die intensiv bewegte, ein Grundmotiv variierende Metaphorik. Gleichzeitig gemahnen Klarheit und Knappheit der psychologischen Motivierung an die Saga-Tradition. Mit diesen Formüberlieferungen verbindet sich das Bild eines Heiligen, der als Kämpfer gegen den Teufel und für den Glauben auftritt und dabei neben augustinischer Spontaneität den geistigen Adel und die Entschlossenbeit eines Antonius beweist.[70] Dies alles wie auch die elementare Frömmigkeitshaltung der Ehrfurcht und des Erschreckens vor der Allmacht des Herrn lassen die Vita als missionarisch höchst wirkungsvolle Gestaltung erscheinen. Es verwundert keineswegs, daß gerade sie und nicht das Cuthbert-Leben Bedas in altenglischen Versen bearbeitet worden ist.

8. Andere frühe Bekennerviten in England

Neben der anonymen Cuthbert-Vita, Bedas hagiographischen Arbeiten und dem Guthlac-Leben sind unter den frühesten in England geschriebenen lat. Heiligenleben noch zu nennen[71] das Leben *Gregors des Großen*[72] von einem Mönch zu Whitby, des Eddius *Vita s. Wilfridi*[73] und die anonyme, zwischen 717 und 725 entstandene *Vita s. Ceolfridi* eines Mönches zu Wearmouth.[74] Die Viten Wilfrids und Ceolfriths befassen sich – wie Bedas *Historia Abbatum* – mit Bischöfen und Äbten, die den Verfassern aus persönlichem Umgang vertraut waren und nicht bereits als Heilige, sondern als Freunde, Lehrer und geistliche Väter verehrt wurden, denen mit der Vita ein Denkmal der Freundschaft gesetzt werden sollte. Deshalb fehlen in Bedas *Historia Abbatum* die Mirakelgeschichten ganz, im Ceolfrith-Leben wird nur kurz von wunderbaren Begebenheiten am Grabe des Verstorbenen berichtet, und selbst in Eddius' Wilfrid-Leben, das

---

[70] Nach B. P. Kurtz, a.a.O. S. 141–142, ist die Guthlac-Vita das erste westeuropäische Heiligenleben, das den Geist der Antonius-Vita unverfälscht – und zugleich in überraschender literarischer Ausgestaltung – wiedergibt.

[71] Vgl. dazu Colgrave, *Saints' Lives*, S. 49–60, C. W. Jones, a.a.O., passim, und L. E. Wright, *The Cultivation of Saga in Anglo-Saxon England*, Edinburgh 1939, S. 43–55.

[72] *BHL* 3637, ed. F. A. Gasquet, *A Life of Pope St. Gregory the Great*, Lo. 1904; englische Übersetzung auch bei C. W. Jones, a.a.O. S. 95–121.

[73] *BHL* 8889, ed. W. Levison, *MGH, Script. rer. Merov.* VI (1913), S. 163–263; ed. Colgrave, *Eddius's Life of Wilfrid*, Cambr. 1927.

[74] *BHL* 1726, ed. C. Plummer, *Bedae Hist. Eccles.*, I, S. 388–404.

die Wunder stärker berücksichtigt, gilt das Hauptinteresse der geschichtlichen Bedeutung Wilfrids für die Verteidigung der kirchlichen Unabhän-
gigkeit gegenüber den Herrschaftsansprüchen der nordhumbrischen Könige. Das wunderbare Zeichen bei seiner Geburt (übernommen aus Felix'
Vita Guthlaci) soll seine Erwählung als Werkzeug Gottes erweisen, während
mit den an seinem Grabe geschehenden Wundern bestätigt wird, daß er
jetzt wie zu Lebzeiten seinen Anhängern Schutz vor den weltlichen Herren
gewährt.

Dieser Typus der stärker historisch und biographisch orientierten Bischofsvita wurde beeinflußt von entsprechenden kontinentalen Vorbildern,
z. B. der *Vita s. Ambrosii*, die etwa 20 Jahre nach Ambrosius' Tode von
dessen Sekretär und Diakon Paulinus auf Wunsch des heiligen Augustinus
geschrieben wurde,[75] und der *Vita s. Aurelii Augustini*, einem Werk des
Possidius, der ein enger Freund des Augustinus war.[76] Beide Viten waren
Beda bekannt,[77] möglicherweise auch das *Fulgentius*-Leben des Fulgentius
Ferrandus.[78] In allen Stücken dieses Typus herrscht als Darbietungsmittel
ein einfacher Erzählbericht vor, der den biographischen Fakten Schritt
für Schritt folgt und auf den Ton freundschaftlicher Zuneigung gestimmt
ist.[79] In Eddius' Wilfrid-Leben fallen der streng chronologische Bericht und
die nüchterne Beurteilung der Tatsachen auf, in der Ceolfrith-Vita eine an
Beda geschulte, sorgfältig mit den Quellen arbeitende historiographische
Methode. Bedas eigene Darstellung der *Historia Abbatum* ist eine das letzt-
genannte Werk ausweitende und ergänzende geschichtlich-biographische
Arbeit, die sich durch kleine farbige Schilderungen, klare Sachbezogenheit
und saubere Gedanklichkeit auszeichnet, in der aber auch das Material
erbaulich harmonisiert und mit menschlicher Wärme erfüllt ist. Letzteres
gilt besonders für den gegenüber dem Anonymus stark erweiterten Bericht
über die Krankheit des Benedict Biscop, der sich, da er es selbst nicht mehr
kann, Psalmen vorsingen läßt (I, 12), der noch einmal den Besuch des
ebenfalls dem Tode geweihten Sigfrid empfängt (I, 13) und der schließlich
seinen Geist aufgibt (II, 1). Die Erzählung folgt einer Psalmenstelle (*Ps.*
LXV, 12, 13), und in entsprechend feierlicher und poetischer Form ist
vom Heraufkommen der winterlich kalten und stürmischen Nacht und
dann vom Anbruch des Tages, des ewigen Glücks und des heiteren, ruhigen
Glanzes bei Eintritt in die Ewigkeit die Rede.[80] Gerade als die Mönche
im Chor den 82. Psalm singen – *Deus, qui similis erit tibi?* –, was als gött-

[75] *BHL* 377, ed. Migne, *P. L.* 14, Sp. 27–46.
[76] *BHL* 785, ed. Migne, *P. L.* 32, Sp. 33–66.
[77] Vgl. Colgrave, *Saints' Lives*, S. 56.
[78] *BHL* 3208, ed. Migne, *P. L.* 65, Sp. 117–150; *Acta SS.*, Ian. I, S. 32–45; G. Lapeyre,
Vie de Saint Fulgence de Ruspe, Paris 1929.
[79] Vgl. Colgrave, *Saints' Lives*, S. 57.
[80] "Nox ruit hibernis algida flatibus, diem mox sancto nascitura aeterne felicitatis,
serenitatis et lucis" (Plummer, a.a.O. S. 377–378).

liches Zeichen ausgelegt wird, erhebt sich die heilige Seele, befreit aus dem irdischen Gefängnis des Fleisches, zur Glorie immerwährenden Glücks.[81] Der Aufbau und die erbauliche Stilisierung entsprechen der Sterbeszene in Bedas Cuthbert-Vita; aber die Sprachgebung, so würdig sie ist, wird nicht zu dem dort erreichten Grad liturgischer Feierlichkeit gesteigert. Bei dem historischen Grundcharakter des Werkes lag dazu kein Anlaß vor.

Von größerem formgeschichtlichen Interesse ist die anonyme Gregor-Vita, da sich ihr Verfasser immer wieder auf die mündliche Überlieferung als seine einzige Quelle beruft.[82] Allerdings läßt sich keine Stilisierung nach Art der angelsächsischen Dichtungstradition oder der Saga-Erzählung erkennen. Auch sind offensichtlich die großen hagiographischen Vorbilder des frühen Mittelalters hier ohne Einfluß gewesen. Möglicherweise ist die Vita, wie C. W. Jones annimmt,[83] eine volle Generation vor den anderen englischen Heiligenleben entstanden, obwohl sich das nicht beweisen läßt (das einzige erhaltene Manuskript, jetzt in St. Gallen, MS. 567, stammt aus der ersten Hälfte des neunten Jahrhunderts). Die einzigen erkennbaren, allerdings sehr stark genutzten literarischen Vorlagen sind Gregors exegetische Schriften und Dialoge, sowie die Vulgata. Umständlich erklärende und betrachtende Partien, an Gregors Bibelauslegungen erinnernd, stehen im Vordergrund und geben dem Ganzen einen vorwiegend homiletischen Charakter. Ein Hauptgedanke ist – u. a. im Anschluß an Gregors *Homiliae in Evangelia*, II, 29 (vgl. *Vita Gregorii*, Kap. 6) –, die Überlegenheit der von Gregor gewirkten geistigen Wunder (der Errettung von Seelen durch die Gabe der Lehre und des Verstandes) gegenüber Totenerweckungen herauszustellen. Dennoch werden einfache Wundergeschichten erzählt, in einem ganz kunstlosen Stil (z. B. Kap. 20–23). Des Autors Informationen über Gregors apostolisches Wirken sind spärlich (Kap. 5), und er beklagt sich wiederholt über die Dürftigkeit der ihm zu Ohren gekommenen Überlieferung. Er beleuchtet Gregors Bedeutung für die Missionierung Englands (Kap. 9–11), wobei er schlicht von der berühmten Begegnung des Papstes mit jungen Angelsachsen auf dem Marktplatz von Rom und der Deutung des Namens *Angli* als *Angeli* erzählt.[84] Es folgen Kapitel über Ereignisse bei der Bekehrung der Angelsachsen (12–19). Dabei wird u. a. die Translation der Gebeine König Edwins nach Whitby, „in unser Kloster hier", und ihre Bewahrung östlich des dem heiligen Gregorius geweihten Altars der Kirche Sankt Peter erwähnt (Kap. 19). Es folgen Wundertaten Gregors, Kommen-

---

[81] "et sic anima illa sancta longis flagellorum felicium excocta atque examinata flammis luteum carnis fornacem deserit, et supernae beatitudinis libera peruolat ad gloriam" (ebd. S. 378).

[82] Vgl. dazu C. E. Wright, a.a.O. S. 43–48, 85–91.

[83] a.a.O. S. 65.

[84] Bedas Bericht in der *Hist. Eccl.* II, 1 (Plummer, S. 79 ff.) ist wesentlich kunstvoller und ausführlicher, nach Art einer den Papst charakterisierenden geschichtlichen Erzählung. Eine Beeinflussung Bedas durch die *Vita Gregorii* oder umgekehrt liegt nicht vor.

tare zu seinen Schriften und ein Bericht über Tod und Begräbnis. Dies alles ist ungeschickt und in unregelmäßiger Folge erzählt, wofür sich der Autor zu Beginn des 30. Kapitels entschuldigt. Offenbar verfaßte er das Leben, als in der Kirche zu Whitby dem heiligen Gregor ein Altar geweiht wurde. Dieses praktische Bedürfnis würde die sonst wenig verständliche Verknüpfung der Gregor-Legende mit dem Edwin-Stoff erklären.

B. Martyrerpassionen

1. Allgemeines

Die typische Martyrerpassion behandelt im Gegensatz zur Bekennervita nicht eine im Rahmen eines biographischen Schemas mehr oder weniger lose angeordnete Wunderreihe, sondern konzentriert sich von vornherein auf die Erprobung der Tugenden im Martyrium. Die Vorgeschichte des Helden (seine Kindheit und Jugend) wird meist nur kurz erwähnt. Schon sie ist eine der vielen literarischen Beigaben zur Ausschmückung und erbaulichen Verdeutlichung. Die frühesten Martyriumsberichte wie die Akten des Polykarpos, der Scilitanischen Martyrer und der Perpetua und Felicitas berichteten nur den Tod der Glaubenszeugen in rührender Einfachheit und stützten sich dabei auf Gerichtsprotokolle, Augenzeugenberichte und Selbstaufzeichnungen der Martyrer.[85] Aber selbst hier läßt sich von Anfang an eine Stilisierung auf das Erbauliche hin erkennen. Wie schon Auerbach in seinen Studien zum *Sermo Humilis* betont, gibt das Motiv des Leidenstriumphs, der *Gloria Passionis*, dem realistisch und kunstlos dargestellten Geschehen in den Perpetua-Akten[86] eine Würde, die nach antiker Auffassung vom Erhabenen mit den Alltagsbereichen des Lebens nicht vereinbar war. So schlicht und unmittelbar die Geschehnisse im Gefängnis als Erlebnis der Perpetua erzählt werden, so ist doch die Tendenz nach hagiographischer Verdeutlichung der erbaulichen Aspekte spürbar. Sehr treffend sagt Auerbach, daß Perpetua „eifrig und hartnäckig mit ihrem kleinen Krug dem Vater vordemonstriert, daß sie nichts anderes ist und heißen kann als Christin".[87] Eine ähnliche Betonung des Ungewöhnlichen ist der hilflose Wutanfall des Vaters. Noch deutlicher in diesem Sinne wirkt das Hoch- und Glücksgefühl der Martyrerin vor ihrer Erprobung. Ihr Bruder kann sie anreden: *Domina soror, iam in magna dignatione es* (Kap. 4). Entsprechend wird das Schicksal der Sklavin Felicitas,

---

[85] Übersicht und Literaturangaben zu den ältesten Martyrerakten B. Altaner, *Patrologie*, Freiburg i. Br. ⁶1960, S. 195–197. Zur Auffassung des Martyriums: H. v. Campenhausen, *Die Idee des Martyriums in der Alten Kirche*, Göttingen 1936.

[86] *BHL* 6633, *Passio ss. Perpetuae et Felicitatis*, ed. *Acta SS.*, Mart. I, 633–638, 3. Aufl. 632–636; zu neueren Ausgaben u. Literatur vgl. E. Auerbach, a.a.O. S. 49, Anm. 28.

[87] A.a.O. S. 51.

die im Gefängnis zu früh niederkommt, durch ihre und aller Mitgefangenen Freude triumphierend hervorgehoben (Kap. 18). Eine erbauliche Bestätigung des von Gott gewollten Martyriums ist vor allem eine Vision, um die Perpetua bittet und die ihr zuteil wird; sie sieht eine bis zum Himmel reichende eherne Leiter von unvorstellbarer Größe (Kap. 4).

Die verdeutlichenden Mittel wurden in der Hagiographie bald verstärkt, vor allem durch Verwendung des Motivs vom unzerstörbaren Leben und Ausweitung der Verhöre und Bekenntnisreden.[88] Erst nach mehrfachen Folterungen und grausamen Tötungsversuchen und nach einer entsprechenden Häufung höchst wunderbarer Errettungen gelingt es, den Martyrer, der sich als standhaft und der Gnade Gottes würdig erwiesen hat, mit dem Schwert hinzurichten. Dieser Zug kennzeichnet vor allem die Martyrerlegende des Ostens, die von unsäglichen Qualen erzählt und über die Wunder der Hl. Schrift[89] und Apostelgeschichten[90] hinaus auf andere Quellen[91] zurückgreift. Charakteristische Beispiele sind die Christophorus- und Georgslegende. Als extreme Fälle lassen sich mit Günter[92] das Martyrium der heiligen Witwe Julitta und ihres Söhnchens Cyrikus, mit Delehaye[93] die Passionen der Heiligen Clemens von Ankyra und Agathangelos nennen, deren Leiden nicht weniger als 28 Jahre dauern und aus den grauenvollsten Foltern bestehen. Mit entsprechender Deutlichkeit werden die langen Disputationen bei den Verhören behandelt (vgl. besonders Caecilia und später Katharina von Alexandrien), wobei meist mit großem rhetorischen Aufwand die christliche Lehre dargelegt und verteidigt, der Götzenglaube angegriffen und verspottet, die angedrohte Qual verachtet und den Widersachern das Gericht Gottes vorausgesagt wird, falls sie nicht selbst zur Bekehrung bereit sind.

[88] Vgl. oben S. 28 u. 35.

[89] Vgl. das Nachwirken der Geschichten von Daniel und den Löwen (die ihm kein Leid zufügen, aber die Feinde verschlingen) oder von den drei Jünglingen im Feuerofen (die das Feuer nur wie milder Tau berührt, die Peiniger indessen verbrennt) in der hagiographischen Topik. Entsprechend werden alt- und neutestamentliche Krankenheilungen, Totenerweckungen, Brotvermehrungen, Visionen usw. übernommen.

[90] Die Standhaftigkeitsbeweise der jungfräulichen Martyrerinnen gehen direkt oder indirekt auf die Thekla-Akten zurück.

[91] Vgl. besonders H. Günter, *Psychologie der Legende*, Freiburg 1949; zur Übernahme antik-heidnischer Motive auch die seither in vielem korrigierten Forschungen von H. Usener und seiner Schule (Literaturangaben H. Günter, *Die christliche Legende des Abendlandes*, Heidelberg 1910, S. 198, Anm. 19). Der These von der Identität von vorchristlichem und christlichem Kultträger ist besonders Delehaye mit archäologischen, literarischen und liturgischen Gründen entgegengetreten und hat Beweise erbracht, daß der christliche Martyrerkult an historische Personen anknüpfte, deren Ruf wunderbarer Heiligkeit dann allerdings auch gegen heidnische Kulte aufgeboten wurde; vgl. *Les Légendes grecques des Saints militaires*, Paris 1909; *Les Origines du culte des martyrs*, Brüssel 1912; *Les Passions des martyrs et les genres littéraires*, Brüssel 1921.

[92] *Die christliche Legende des Abendlandes*, S. 134 ff.

[93] *Les Légendes hagiographiques*, S. 89–91.

Die ursprünglich im Osten beheimatete Martyrerpassion wanderte im Laufe des 4. Jhs., solange das römische Reich noch eine Einheit darstellte, auch in den Westen. Jedoch hat Papst Damasus um 380 Stellung dagegen genommen, und 496 erneuerte eine römische Synode unter Gelasius I. das Verdikt. Nach Meinung Günters[94] waren die Zeiten in Rom (410 Plünderung durch die Westgoten, 455 durch die Vandalen, seit Ende des Jahrhunderts Festsetzung der Ostgoten in ganz Italien) nicht dazu angetan, der orientalischen Fabulistik Interesse entgegenzubringen. Die römische Martyrerpassion ist anfangs viel schlichter als die orientalische, aber sie ist nur in ausschmückenden literarischen Bearbeitungen, nicht in authentischen Berichten erhalten. Als Beispiele wären Agnes, Laurentius und Sixtus, Sebastian, Clemens und die unten näher zu behandelnde Caecilienlegende zu nennen, die eine für römische Passionen charakteristische Verbindung mit einer zweiten Legende (Valerian und Tiburtius) aufweist, was wahrscheinlich auf den gemeinsamen Bestattungsort der Heiligen zurückgeht.[95] Gleichzeitig ergibt sich durch das Auffüllen der einen Erzählung mit mehreren Heiligen desselben Typus und durch ihre Gruppierung um eine moralische Idee – hier die der Virginität[96] – eine unaufdringliche Steigerung der erbaulichen Deutlichkeit. Noch die Martyrerbilder im *Peristephanon* des Prudentius (um 400)[97] und im *Liber in gloria martyrum* des Gregor von Tours um 590[98] sind weit entfernt von orientalischer Phantastik.[99] Erst kurz danach entsteht in Gallien eine in Italien so nicht hervorgetretene Martyrerliteratur nach östlichem Muster, als deren Beispiele etwa die der Christophoruslegende nachgebildete Savinianus-Passion[1] und das Leiden von Crispinus und Crispianus[2] zu nennen sind.

Grundsätzlich ist zu den frühmittelalterlichen lateinischen Passionen zu sagen, daß ihr Stil die Tendenz zum Rhetorischen und Liturgisch-Feierlichen hat, die für die Entwicklung des von der Volkssprache sich lösenden Kirchenlateins seit dem 6./7. Jh. charakteristisch ist.[3] Jedoch sind Sprachschmuck und erbauliche Betrachtung noch nicht so verselbständigt wie in einigen hochmittelalterlichen Fassungen. Trotz Verwendung hymnischer Metaphorik und Psalmen-Formeln bleiben Gebete, Reden und Gebärden der heiligen Personen und der Umstehenden an die konkrete Situation gebunden. Das Geschehen spricht oft – wie bei Gregor dem Großen –

---

[94] A.a.O. S. 136f.

[95] Vgl. G. Frenken, *Wunder und Taten der Heiligen*, München 1925, S. XX.; Delehaye, *Étude sur le légendier romain*, Brüssel 1936, S. 75ff.

[96] Vgl. hierzu und zur Theorie der Zyklenbildung durch Schaffung verwandtschaftlicher Bande zwischen den Personen R. Aigrain, *L'hagiographie*, Paris 1953, S. 223 u. 229.

[97] Migne, *P. L.*, 60, Sp. 277–594.

[98] *MGH, Script. rer. Merov.* I, 2 (1885), S. 484–561.

[99] Vgl. H. Günter, *Die christliche Legende des Abendlandes*, S. 133ff.

[1] *BHL* 7438, ed. *Acta SS.*, Jan. II, S. 939–941, 3. Aufl. III, S. 554–556.

[2] *BHL* 1990, ed. *Acta SS.*, Oct. XI, S. 535–537.

[3] Vgl. dazu oben S. 12f: und unten S. 102.

sinnbildhaft aus sich selbst. Die erbauliche Erklärung wird noch nicht wie im hohen Mittelalter zu der Vielfalt von kontemplativen Spiegelungen und Verdeutlichungen des eigentlichen Geschehens gesteigert. Die Vorgänge nehmen einen noch vergleichsweise „natürlichen" Verlauf. Dabei ergeben sich aus der kämpferischen Auseinandersetzung des Heiligen mit den Dämonen und Christenverfolgern energiegeladene, schnellende Bewegungen von starker Ausdruckskraft. Die angreifenden Feinde, die vom Himmel geschickten göttlichen Zeichen und Boten, die Entschlossenheit des heiligen Kämpfers – all das führt zu einer kraftvollen Dynamik und gelegentlich gebärdenhaft geballten Bildlichkeit, die an Felix von Crowlands Stil oder auch an Gregors des Großen symbolische Sehweise gemahnen und etwas von augustinischem Geist atmen. Allerdings liegen meist nur Durchschnittsproduktionen von geringem literarischen Wert vor.

Die Möglichkeit einer dramatischen Bewegungsführung ist schon mit der Konzentration der Martyrerlegende auf die Passion gegeben. Der sich im Martyrium ereignende Zusammenprall der göttlichen mit den teuflischen Mächten, die Anordnung der Prüfungen des *Sanctus* nach dem Prinzip der sich steigernden Reihe und sein schließlicher Triumph bewirken eine straffere und zielbezogenere Verlaufsrichtung als im typischen Bekennerleben, obwohl auch hier (wie in der Antonius- oder Guthlac-Vita) das Motiv des Dämonenkampfes oder die stufenweise Steigerung der Tugendbeweise vorherrschen können. Entscheidend ist in beiden Fällen die Blickrichtung der frühmittelalterlichen Hagiographie nicht nur auf den erhabenen Sieg, sondern auch auf das persönliche Versuchtwerden und Ringen des Heiligen. Dieser hat nicht nur körperlichen Schmerz, sondern vor allem die seelische Not zu überwinden, in die der Teufel ihn zu stürzen trachtet. In der Rebdorf-Version des Margareten-Lebens (Kap. 11) wird unter Bezug auf Gregor den Großen und Hieronymus' Paulus-Leben die vom Teufel erregte Furcht (mit der er *animi vigorem* zu zerstören suche) als die eigentliche Gefahr bezeichnet. Sicherer sei es, in Bergen und Höhlen bei den wilden Tieren zu leben, als von Verfolgern ergriffen und durch Angst „von der Höhe des heiligen Glaubens herabgeschleudert zu werden". Die vorwaltende Erbauungstendenz der frühen Martyrien ist die Betonung des beispielhaften Überwindens der Furcht in heroischer Standhaftigkeit und Glaubensfestigkeit. Eine typisch frühmittelalterliche Sehweise ist es, wenn die Umstehenden an Margareta *robustissimam constantiam* (Kap. 26) bewundern oder wenn Cynewulf Julianens heldenhafte Geduld preist. So erscheinen die Heiligen in ehrfurchtgebietender, hoher Vollendung – Margareta ist z. B. die *sanctissima virgo* (Kap. 27); dennoch wird in ihnen eine geistliche und gewisse menschliche Bewegung gesehen.

In England machte die frühgallische Martyrerpassion wenig Schule. Der monastisch-asketische Gedanke steht hier, wie oben gezeigt, im Vordergrund. Selbst Missionare wie Bonifatius, die auf dem Kontinent den Martyrertod erlitten, wurden bald vergessen.[4] Beda erzählt zwar die wahrscheinlich in der ersten Hälfte des 6. Jhs. in Mittelfrankreich entstandene schlichte *Passio s. Albani*[5], des *Protomartyr Angliae*, in seiner *Historia eccles.*, I, 7, aber gerade hier werden alle Grausamkeiten gemieden. Das Verhör entspricht römischem Brauch und enthält nur eine Geißelung vor der Enthauptung. Die Ereignisse werden als würdiges Bewähren heiligen Glaubensmutes gesehen. Dazu tritt das Interesse des Kirchenhistorikers, der die Ausbreitung des Christentums in England zur Zeit der römischen Besetzung verdeutlichen will. Der Bericht ist zügig und wird durch lebendige Dialoge und eine Schilderung der Schönheit des sanften Hügels, auf dem Alban hingerichtet wird, aufgelockert. Im Gegensatz zum hagiographischen Schema befiehlt der Richter, unter dem Eindruck der großen Wunder vor und bei Albans Tod, den Abbruch der Verfolgung und fördert so den christlichen Glauben. Später wird an der Richtstätte eine Kirche gebaut. Im Grunde sieht Beda auch hier nicht so sehr das Martyrium, sondern – wie in der Cuthbert-Vita – die aufbauende Arbeit der Missionare und die Ausbreitung des Christentums. Dennoch wurden natürlich auch in England die rhetorisch ausgeschmückten Passionen der älteren, von der gesamten Kirche verehrten Martyrer bekannt, wie unter anderem Bedas *Martyrologium*, das *Old-English Martyrology*[6] und Cynewulfs *Juliana* beweisen. Ende des 10. Jhs. finden sich zahlreiche Martyrien in Aelfrics Heiligenleben und es folgen im 11. Jh. mehrere ae. Einzelstücke, u. a. eine Bearbeitung der Margaretenpassion.

2. *"Passio s. Margaritae"* (*Rebdorf-Version*)

Die früheste der erhaltenen lateinischen Fassungen der Margaretenpassion liegt in einem Manuskript aus dem ehemaligen Augustiner-Chorherrenstift Rebdorf im Bistum Eichstätt (Bayern) vor.[7] Sie teilt manche Züge mit der griechischen Version des Simeon Metaphrastes aus dem 10. Jh.,[8] stellt jedoch eine eigene Redaktion dar.

---

[4] Vgl. dazu F. Liebermann, *Die Heiligen Englands*, Hannover 1889, S. III.

[5] *BHL* 206–210. Vgl. zur Textgeschichte bis zu Beda W. Meyer, *Die Legende des hl. Albanus des Protomartyr Angliae in Texten vor Beda* (= Abh. d. kgl. Gesellsch. d. Wissenschaften zu Göttingen, Phil.-hist. Kl. N. F. Bd. 8, Nr. 1), Berlin 1904.

[6] Ed. G. Herzfeld, *An Old-English Martyrology*, EETS. OS. 116.

[7] *BHL* 5308, ed. *Acta SS.*, Juli V, S. 33–39; ihre genaue Datierung ist ungewiß, jedoch wird sie früh angesetzt, vgl. *Acta SS.*, ebd. S. 33 und Mack, EETS. OS. 193, S. IX, Anm. 4; E. A. Francis, "A Hitherto Unprinted Version of the 'Passio Sanctae Margaritae' with Some Observations on Vernacular Derivatives", *PMLA* 42 (1927), S. 95, datiert sie im 6. Jh. Allerdings setzt die im Prolog verwendete Bezeichnung *moderni* (vgl. S. 102, Anm. 10) doch wohl einen größeren Zeitabstand zu Gregor dem Großen voraus. Vgl. W. Freund, *Modernus und andere Zeitbegriffe des Mittelalters* (= Neue Münstersche Beiträge z. Geschichtsforschung 4) Köln (u. Münster) 1957, S. 111.

[8] Vgl. Mack, a.a.O. S. IX.

Es handelt sich, wie schon aus dem konventionellen Prolog (Kap. 1–3) ersichtlich, um eine der enkomiastischen Bearbeitungen der Martyrien, die in der östlichen und westlichen Hagiographie vom 6. bis zum 8. Jh. einen großen Raum einnahmen[9] und in denen sich die zunehmende liturgisch-kultische Verehrung der Heiligen spiegelt. Der Autor will nach dem Vorbild des Ambrosius und Gregors des Großen die unvollkommenen Akten der Heiligen verbessern – also rhetorisch bearbeiten –, was mit dem Glauben vereinbar sei und auch die Gebildeten zu befriedigen vermöge.[10] Der Stil ist vergleichsweise beherrscht; er ist orientiert am biblischen Bericht, an den feierlich-ernsten Formeln und Metaphern der Liturgie und frühchristlicher Hymnen sowie an Gregors des Großen Dialogen.

Der Inhalt der Passion ist der einer typischen Martyrerlegende. Zur Zeit der Christenverfolgungen unter den Kaisern Diokletian und Maximian entdeckt Aedesius, daß seine Tochter Margareta Christin ist, und verstößt sie. Als sie die Schafe ihrer Pflegemutter weidet, wird sie vom Präfekten Olibrius gesehen, der in Liebe zu ihr entbrennt. Sie wird ihm vorgeführt und nach ihrem Bekenntnis zu Christus in den düsteren Kerker geworfen, wo sie weder Speise noch Trank findet, jedoch werden ihr Trost und Stärkung durch den Engel und durch geistliches Licht zuteil. In einer groß angelegten ersten Gerichtssitzung (Kap. 16–23) versucht Olibrius vergeblich, Margareta von ihrem Glauben abzubringen. Es folgen die ersten Marterungen, die die Jungfrau mit Geduld erträgt. Für den folgenden Tag wird sie zum Feuertode verurteilt. Im Kerker widersteht sie einer Drachen- und einer Teufelserscheinung. In himmlischer Vision sieht sie das Kreuz, auf dem sich eine Taube niederläßt, während eine Stimme sie als siegreiche Martyrerin preist. Furchtlos tritt sie ihren Richtern entgegen. Feuer- und Wassermarter können ihr nichts anhaben. Das Faß, in dem sie ertränkt werden soll, birst auf ihr Gebet. Viel Volk wird gläubig. Dann läßt der Richter sie enthaupten.

Entscheidend für die Darbietungsweise ist eine Frömmigkeitshaltung,

---

[9] Vgl. B. Kötting, „Hagiographie", *Lexikon für Theologie und Kirche IV*, Freiburg [2]1960, Sp. 1317.

[10] Nec minor quoque fides accommodanda est melleis beati Papae Gregorii dictionibus, quorum dulcedine ita textus beatae Felicitatis & filiorum est ejus illitus, ut ejus nectarea suavitate etiam fastidiosi perfrui delectentur. Horum [i. e. Ambrosii et Gregorii] autem validissimam auctoritatem, qui caelestis aedificii jure possent vocari columnae, moderni etiam non improbabili tenore secuti sunt, cupientes videlicet herili gregi si non patulis phialis, angustis saltem cyathis propinare (Prol., S. 34, Kap. 2). In der Bezugnahme auf Gregor ist dessen Predigt auf St. Felicitas gemeint, in welcher er – wie auch Augustinus – das achtfache Martyrium der Heiligen verherrlicht und homiletisch betrachtet, die als Mutter – gegen die Natur, aber für Gott – ihren sieben Söhnen rät, den Götzendienst zu verweigern, und die sie alle sterben sieht, bevor sie selbst den Tod erleidet. Die Legende ist dem Makkabäer-Stoff (2. Makk. VI, 18–31) nachgebildet, von dem eine (fälschlich) dem Ambrosius zugeschriebene *Passio ss. Machabaeorum* (*BHL* 5106) vorliegt. Zum Entstehen der Felicitas-Legende zuletzt H. Delehaye, *Étude sur le légendier romain*, Brüssel 1936, S. 116–123.

in der sich wie bei Gregor dem Großen hohe Spiritualität und Sinn für das Natürlich-Menschliche miteinander verbinden. Aber alles ist von einer spontaneren, weniger gemessenen Bewegung durchwaltet, wenn sich auch nicht die Erregtheit der *Vita s. Guthlaci* ergibt.

Die Blickrichtung auf das Geistlich-Sakrale zeigt sich in den eindeutig sinnbezogenen Titeln und Namen Gottes[11] und Christi[12], wobei besonders die Allmacht des Weltenschöpfers betont wird, und zwar vorwiegend in feierlichen *nomina agentis*, in denen sich wie in den frühchristlichen Hymnen das Wirken seiner Schöpferkraft vorganghaft ausspricht. Der Engel, den Margareta erbittet, ist *angelus tuae lucis* (Kap. 28); das Leuchten, das den Kerker erfüllt, ist nicht materieller Art, sondern das Licht der Wahrheit (*lumen veritatis*, Kap. 25). Dem entspricht die Auffassung des Drachen – wie schon bei Athanasius und Gregor (z. B. *Dial.* II, 8) – als Manifestation des bösen Prinzips.[13] Die Hirtenszene ist nicht eine idyllische *descriptio loci* der antiken Pastoraldichtung – wie sie Hieronymus in seiner *Vita Pauli* verwendet –, sondern Zeichen für Margaretens Demut und Milde nach dem Beispiel der biblischen Rachel.[14] Durch die Einbeziehung des alttestamentlichen Vorbildes wird wie in Bedas Cuthbert-Vita das Einzelne auf die geistige Ordnung des Ganzen bezogen.

Bei aller Betonung des Spirituellen und der gleichbleibenden Glaubenskraft zeigt hier doch das Verhalten der Heiligen eine gewisse natürliche Bewegung des Gefühls von Furcht zu Zuversicht und Freude. Nacheinander werden als Stufen verschiedener Gebetshaltungen spürbar das demütige Eingeständnis der Schwäche und Angst vor dem Martyrium, die inständige Bitte um Schonung, die Anrufung des göttlichen Beistands, das Gottvertrauen und nach der Engelserscheinung die Empfindung des Sich-Getröstet-und-Gestärkt-Wissens und der Freude. Die Gebete, die einen großen Raum einnehmen, setzen sich vorwiegend aus solchen liturgischen Formeln und Psalmversen zusammen, die der persönlichen Not und Bitte Ausdruck verleihen. Innerhalb des Rahmens der liturgischen Sprache wird ein lebendiges und vorganghaftes Beten spürbar. Als die Fünfzehnjährige von den Christenverfolgungen hört, betet sie darum, vor Verfolgungen bewahrt zu werden, damit sie nicht aus Furcht vor Foltern vom wahren Glauben abfalle (Kap. 6 und 7). Als Olibrius Soldaten nach ihr schickt, fleht sie voll Furcht um göttlichen Beistand (Kap. 11). Auch das folgende

---

[11] Etwa: "Domine Deus, rex caeli & terrae, creator visibilium & invisibilium, aeternae vitae largitor, atque moerentium consolator" (Kap. 28).

[12] Etwa: "tuorum militum propugnator" (Kap. 29).

[13] "ecce, caput nequitiae cum mille nocendi artibus, variis machinationibus atque phantasticis praestigiis illam terrificare aggressus est" (Kap. 29). Die Wendung *mille nocendi artibus*, die auf Vergil, *Aeneis* VII, 338, zurückgeht, findet sich in vielen erbaulichen und hagiographischen Schriften, z. B. Sulpicius Severus, *Vita Martini*, Kap. 22.

[14] "[Margareta] Pascebat autem eas [i. e. oviculas] cum omni humilitate, & mansuetudine: sicut illa quondam Rachel, mater patriarchae Joseph, puella humilis & decora patris sui oves humiliter custodiebat" (ebd. Kap. 9).

Gebet spricht sie in großer Not.[15] Mit den Worten des Psalmisten bittet sie um Standhaftigkeit.[16] Des weiteren betet sie für das Heil ihrer Seele, die Bewahrung ihrer Jungfräulichkeit, die sie Gott geweiht hat,[17] und um Hilfe durch den heiligen Engel des Herrn.[18] Im Kerker ruft sie Gott um Beistand an (Kap. 28). Er soll ihr den Engel des Lichtes in den Kerker schicken und mit seiner Rechten alle Vorspiegelungen und Gaukeleien des Bösen verjagen.[19] Dem Teufelsspuk hält sie die Worte des Psalmisten (90, 13) entgegen: *Tu enim dixisti: Super aspidem & basiliscum ambulabis, & conculcabis leonem & draconem.* Als der Teufel in neuer Gestalt erscheint, verkündet Margareta, daß der mächtige Herr ihr Beistand ist: *magnum dominum habeo adjutorem magnumque auxiliatorem* (Kap. 30).[20] Nach der himmlischen Erscheinung waltet Freude in Margareta vor, von Furcht ist keine Rede mehr.[21] Deutlich zeigt sich auch im Verhalten des Olibrius eine Entwicklung, und zwar von mildem Verstehen zu wütendem Haß. Er spricht mit Nachsicht von ihrem Irrtum und betont, daß alle ihr gewogen seien und niemand sie verderben wolle (Kap. 17). Als Margareta Gott ihren alleinigen Ratgeber nennt, geht Olibrius geduldig auf sie ein und sucht sie ruhig und ausführlich *per dulcia verba* (Kap. 18) zu mahnen. Nach ihrer langen Bekenntnisrede, in der sie ihre Kleinheit und Ungelehrtheit gegenüber dem Richter, aber auch die Überlegenheit des ihr von Christus gegebenen Glaubens betont,[22] spricht der Präfekt von *seductio Christi* (Kap. 21) und redet nochmals lange und mit Güte (*nostra clementia*, Kap. 22) und schließlich mit Drohungen auf sie ein. Erst nach ihrer um so entschiedeneren Replik (mit der antithetischen Klimax: *Occide, reseca, incende, bestiarum dentibus trade: interficere quidem potes, separare a caritate Christi nullatenus valebis*, Kap. 23) ist der Richter *furibundus* (Kap. 24) und läßt sie martern.

So behalten Margaretens beispielhaftes Überwinden der Furcht und ihre

---

[15] "tormentorum poenas virgo Christi Margareta pertimescens" (Kap. 12).

[16] "Miserere, Domine, miserere famulae tuae: subveni, succurre mihi in hac tribulatione: da fortitudinem, da tolerantiam ad superandos aculeos poenarum" (ebd.).

[17] "pudor virginitatis meae, quem tibi Domino consecravi, illibatus permaneat" (ebd.).

[18] "Domine Deus, mitte nunc sanctum angelum tuum, qui custodiat, protegat atque defendat corpus meum & animam meam, ut te laudem, te glorificem: quia tu es benedictus in secula seculorum" (ebd.).

[19] "Lumen autem, quod caeca mihi carceris obscuritas abstulit, angelus tuæ lucis adveniens restauret, omniaque antiqui hostis phantasmata dextera tuae potentiae procul abjiciat" (Kap. 28). Vgl. über die Vorstellung der schützenden Hand Gottes im Frühmittelalter oben S. 87f.

[20] Vgl. "Confitebor nomini tuo: quoniam adjutor et protector factus es mihi, et liberasti corpus meum a perditione [...] et in conspectu astantium factus es mihi adjutor. Et liberasti me secundum multitudinem misericordiae nominis tui [...]", *Eccli.* 51, 2–4, in *Lectio* des 1. *Commune Virginum* des heutigen *Missale Romanum*.

[21] "caelistis [...] visitatio [...] Christi Virginem laetificavit" (Kap. 32). Weitere Einzelheiten im Vergleich zur Mombritius-Version unten S. 171 ff.

[22] "Ne mireris, o judex, quod tibi mea parvitas, rationem ponere novit: hoc non humanum est argumentum. [...] credendo docta sum" (Kap. 20).

Bewährung der Demut, Glaubenskraft und Tapferkeit genügend menschliche Züge, um als nachahmbar zu erscheinen. Imitabilität der Heiligen, weniger ihre Verehrung – wie später in der Mombritius-Version – ist die wesentliche Erbauungstendenz. Es paßt dazu, daß Margareta am Schluß eine ernste, schlichte Predigt an die Heiden hält und dadurch viele vom Irrtum zum Glauben bekehrt (Kap. 38–40). Dazu aber tritt, frühmittelalterlicher Religiosität gemäß, immer wieder feierliches Gotteslob. Gott wird in großem Abstand, in himmlischer Höhe vorgestellt. Sein Beistand bedeutet Herabkunft. Bei der *caelestis* [. . .] *visitatio* (Kap. 32) ergießt sich göttliches Licht, sonnengleich (*instar solis*); das Zeichen des heilbringenden Kreuzes erstrahlt, und auf diesem läßt sich eine schneeweiße Taube nieder. Wie in der Guthlac-Vita soll die Rechte des Herrn die Heilige schützen (Kap. 28).[23] Margareta ihrerseits blickt in tiefster Demut zum Herrn auf.

Auch der Erzählbericht bleibt stets geistlich bezogen. Zwar gibt es eine gewisse Sachrelation und Historizität, z. B. in der geschichtlichen Übersicht (Kap. 4 und 5) oder bei der Gerichtsverhandlung, die etwas von der gerechten Verfahrensweise der römischen Justiz wiedergibt. Dennoch ist alles wie von innerer Bewegung erfüllt. Noch vor Beginn des eigentlichen Legendenberichts steht das ausführliche Gebet der Heiligen um Schutz und Hilfe (Kap. 6 und 7). So wird das Wesentliche gleich in den Vordergrund gestellt, das Übrige dann nachgeholt. Auch das bei der Verhaftung gesprochene Gebet wird als das thematisch Wichtigste allein, ohne Erwähnung der Begleitumstände gegeben, gleichsam *mediis in rebus*. Erst nachträglich, vor Olibrius, wird in zurückgreifendem Botenbericht das Versäumte nachgeholt.[24] Überhaupt ist das äußere Geschehen in knappe Nebensätze gedrängt und scheint nur als Umrahmung der Gebete dazusein.[25]

Auch sonst tritt das dinghaft Konkrete zurück. Die wesentlichen Darbietungsmittel sind Gebet, Bekenntnisrede, Disputation, Schmeichel- und Versuchungsrede usw. Margaretens äußere Erscheinung ist von geistlicher Transparenz. Als sie erneut vor den Richter tritt, geschieht das *cum laeta*

---

[23] Zitat oben S. 104, Anm. 19. Vgl. dazu *Graduale* ("Dextera tua Domine, glorificata est in virtute: dextera manus tua confregit inimicos." *Exod.* 15, 6) und *Lectio* ("Ideo accipient regnum decoris, et diadema speciei de manu Domini: quoniam dextera sua teget eos, et brachio sancto suo defendet illos." *Sap.* 5, 17–18) im 1. bzw. 2. *Commune plurim. Martyrum* des heutigen *Missale Romanum*.

[24] (Kap. 13): "Hanc cum apprehendissemus, & lenioribus & asperrimis verbis flectere studuimus; sed nulla promissione dignitatis, nulloque timore poenarum animum ejus emollire potuimus. Verumtamen ut vestra industria liquidius haec indagare possit, vestro examini praesentetur." Gleichzeitig wird durch diese Anordnung eine fließende Geschehnisverknüpfung ermöglicht, ohne verlangsamend und bildmäßig wirkende Wiederholungen, wie man sie oft in spätmittelalterlichen Versionen antrifft. Das nächste Kapitel in der Rebdorf-Version kann geschehnishaft-zügig fortfahren (Kap. 14): "Quibus auditis, nequissimus judex admodum contristatus, jussit eam suo conspectui velocius praesentari." Dabei wird wieder die Schnelligkeit des Vorgangs ("velocius") betont.

[25] Genau umgekehrt verfährt eine englische Margaretenlegende des 14. Jhs., s. u. S. 294.

facie (Kap. 33), weil sie himmlischen Trost erfahren hat. Entsprechend heißt es etwas früher (Kap. 15): *caelestis luminis illustratione clarificata*. Bei der ersten Marterung wird Margareta an den Füßen aufgehängt und grausam gegeißelt, so daß ihr Blut wie ein Quell zu Boden strömt (Kap. 24):

> *Audiens haec praeses furibundus, jussit eam a capite suspendi, & virgis crudeliter caedi. Apparitores autem nefaria jussa complentes ita tenerrimum ac sanctissimum corpus ejus verberabant, ut sanguis ejus veluti fons inundaret super terram.*

Dies ist keine zuständliche Beschreibung, sondern ein berichteter Vorgang, der jedoch in dem abschließendem Vergleich zeichenhaft verdichtet und abgeschlossen wird. Es liegt eine Spielart jener sinn- und andachtsbildartigen Erzählstruktur vor, die wesentlich zur Phänomenologie der Legende gehört und die dem von Gregor verwendeten Typus ähnelt. Jedoch deuten die den Vorgang begleitenden starken Reaktionen der Umstehenden und des Richters, die nur Verdeutlichungen der sich offenbarenden göttlichen Macht sind und keine neuen Handlungen auslösen, auf Formzüge des höheren Mittelalters voraus. Die Umstehenden reden auf die Heilige ein, um sie zum Aufgeben ihres Widerstandes zu bewegen. Sie weist sie sanft, aber bestimmt zurück; sie vergibt ihnen, weil sie im Dunkeln wandern und das Licht der Wahrheit nicht sehen.[26] Sie wird nun auf die Folter gespannt und mit eisernen Krallen noch grausamer zerfleischt; ihr Leib wird so zerissen, daß die Umstehenden und der Richter sich schaudernd abwenden.[27] Dabei geht es nicht um die konkrete Ausmalung der Einzelheiten, sondern um die Geduld der Jungfrau, die die Qualen mit himmlischer Hilfe erträgt.

Das Auffallende und auf altbenediktinische Haltung Weisende ist, daß die Darstellung sich trotz ihrer stark geistlichen Formung eine gewisse Objektivität und eine noch relativ reich geschichtete Wirklichkeit bewahrt, die von der Ebene des hilfesuchenden Menschen bis hin zur Majestät des Schöpfers, vom Prinzip des Bösen bis zur Vollkommenheit der Heiligen und der Engel reicht. Obwohl alles auf hagiographisch eindeutige Weise unlösbar in den Kampf Gottes, der Engel und der Heiligen gegen den Satan verflochten ist, bleibt dem menschlichen Verhalten und der Umwelt eine gewisse Eigenfarbe erhalten. In der späteren Mombritius-Version tritt das ganz zurück, auch die Dynamik des Psychischen und Spirituellen, die wie ein Nachhall frühchristlich-augustinischen Geistes anmutet.[27a]

---

[26] Vgl. *Sap.* 5, 6: "Ergo erravimus a via veritatis, / Et iustitiae lumen non luxit nobis, / Et sol intelligentiae non est ortus nobis."

[27] "Tunc indignatus praeses jussit Christi Martyrem in eculeo suspendi atque sacratissimos ejus artus acutissimis ungulis laniare. [...] pervenerunt usque ad secreta ventris, & patefactis visceribus effusoque cruore, cunctis astantibus crudelissimum videbatur, adeo ut etiam ipse nefandissumus arbiter, & qui aderant, averterent species suas, & exhorrerent istiusmodi videre cruciatus" (Kap. 26).

[27a] Vgl. zur Erstarrung dieser Dynamik i. Spätma. unten S. 407f.

3. Passio s. Julianae

Wie die Rebdorf-Version des Margaretenlebens ist die *Passio s. Julianae*[28] wahrscheinlich vor 600 verfaßt.[29] Heiligenauffassung und Darstellungsweise ähneln der Margaretenpassion, jedoch wird das homiletische Element stärker berücksichtigt.

An Juliana wird nicht nur ihre edle Abstammung, sondern auch ihre hohe Bildung hervorgehoben, wie es ähnlich in der Caecilien- und vor allem in der hochmittelalterlichen Katharinenlegende geschieht. Sie hat sich Christus versprochen. Als Eleusius mit ihr verlobt wird, verlangt sie, daß er Präfekt werde, bevor sie ihn heiraten könne. Als er diese Bedingung jedoch erfüllt hat, fordert sie als nächstes seine Bekehrung zum Christentum (Kap. 1). Eleusius wendet sich an ihren Vater, doch dessen Versuche, die Tochter durch Worte und Gewalt umzustimmen, sind vergeblich; voll Zorn übergibt er sie dem Eleusius zur weiteren Bestrafung (Kap. 2). Dieser, erneut von ihrer Schönheit ergriffen, sucht sie mit schmeichlerischen Worten zu gewinnen. Juliana beharrt auf ihrer Bedingung, die der Präfekt nicht annehmen kann, da ihn der Kaiser sonst absetzen und enthaupten lassen würde. Juliana stellt seiner Furcht vor dem sterblichen Herrn ihren Glauben an den unsterblichen gegenüber. Das geschieht in schneller Rede und Gegenrede (Kap. 3). Nun läßt der erzürnte Präfekt sie peitschen und sechs Stunden an den Haaren aufhängen. Während dieser Zeit ruft die Hängende Christus um Hilfe an: *Christe fili Dei veni, adiuua me* (Kap. 4). Eleusius läßt sie herabnehmen und fordert, daß sie endlich den Göttern opfere. Juliana entgegnet knapp, daß seine Marterungen sie nicht besiegen könnten, sondern daß sie ihn im Namen Christi überwinden und Satan bezähmen werde. Vertrauen und Mut werde sie im Anblick des Herrn finden. Dies alles ist von schlichter Vorganghaftigkeit und ergibt sich aus der Situation, ohne vielfältige erbauliche Brechung und Spiegelung. Die Haltung der Heiligen hat bei aller Sicherheit noch etwas von der menschlichen Bewegung, die auch an der Margareta der Rebdorf-Version auffiel. Nachdem sie auf wunderbare Weise vor Verbrennung mit glühendem Metall bewahrt worden ist und während sie gebunden im Kerker liegt (Kap. 4), bittet sie wie Margareta in einem langen Gebet (Kap. 5) um den Beistand des Allmächtigen *in isto tempore doloris*, weil Gott die menschliche Natur und ihre Unfähigkeit zu leiden kenne. Sie fleht darum, daß er, dem ewiger Ruhm gebühre, seine Kraft in seiner Magd zeigen wolle. Dies geschieht in der schwersten aller Prüfungen, der Versuchung der Seele. Vorganghaft genau auf die Situation innerer

---

[28] *BHL* 4522, ed. *Acta SS.*, Febr. II, S. 873–877 (danach wird im folgenden zitiert); Mombritius (Neuausgabe) II, S. 77–80; W. Strunk, *The Juliana of Cynewulf*, Boston u. Lo. 1904, S. 33–49.

[29] Vgl. E. Brunöhler, *Über einige lateinische, englische, französische und deutsche Fassungen der Julianenlegende*, Diss. Bonn 1912, S. 5.

Not bezogen, erscheint der Teufel in Gestalt eines Engels und bestellt ihr im Namen Gottes, sie möge den Göttern opfern, um ihr Leben zu retten. Unter tiefem Seufzen ruft Juliana Gott an, erhebt ihre Augen zum Himmel und bittet unter Tränen, der Herr möge sie nicht verlassen, sondern ihr Herz mit seiner Kraft stärken und ihr offenbaren, wer jener sei, der sie zum Götzendienst überreden wolle. Sofort sagt eine himmlische Stimme, daß sie Vertrauen haben und ihn ergreifen möge; dann werde sie erfahren, wer er sei (Kap. 6). Juliana erhebt sich *de doloribus, in quibus erat constricta* (so zwei Manuskripte,[30] in den anderen heißt es in schlichter Ortsbestimmung *de pauimento*[31]), macht das Kreuzzeichen, ergreift den Dämon und fragt nach seinem Namen und Auftraggeber. Belial bekennt eine lange Reihe seiner Untaten von der Verführung Adams und Evas bis zu der Tötung des Petrus und Andreas (Kap. 7). Nach seinem Herrn befragt, nennt er den Namen Beelzebub und erzählt von dessen Wirken: er sei *totius mali inuentor* (Kap. 8) und beauftrage seine Helfershelfer *tentare animas fidelium* (ebd.). Wenn ein Christ den Versucher zurücktreibe, so müsse dieser die übelsten Qualen erdulden. Juliana verlangt einen genauen Bericht über die Taten, zu denen er und die Seinen auszögen (Kap. 8). Wie er bei ihr eingedrungen sei, antwortet Belial, so suchten er und seinesgleichen Zugang zu allen Menschen. Wenn sie einen Klugen und Eifrigen fänden, der in Gottes Dienst verharrte, weckten sie vielerlei Wünsche in ihm und wendeten seine Seele ihren Vorspiegelungen zu; sie ließen ihn in seinem Denken irren und in Gebet und guten Werken erlahmen. Wenn sie sähen, wie andere zur Kirche gingen, um zu bereuen, der Hl. Schrift zu lauschen und ihr zu folgen, dann drängen sie ebenfalls sofort in ihre Häuser ein, legten ihnen vielerlei Gedanken ins Herz und hielten sie so vom Guten ab. Wo aber einer so weise sei, von eitlen Gedanken abzulassen, zum Gebet und zur Hl. Schrift zu eilen und die heilige Kommunion zu empfangen, da müßten sie schnell fliehen. – Die Gnadenkraft des Abendmahls wird in einem zweiten Satz unterstrichen (Kap. 9): *Quando enim Christiani communicant diuinum mysterium, recedentes nos sumus illa hora ab eis.*

Die homiletische Mahnung verbindet sich hier mit einem auch in *Guthlac* und anderen frühen Bekennerleben zu beobachtenden Sinn für innerseelische Vorgänge. Zudem sind die Beispiele eng auf die gegebene Situation bezogen. Dazu kommt, daß die Angriffe auf die Seele – wie das Geschehen überhaupt – in kraftvoller äußerer Bewegung dargestellt werden. Juliana bindet dem Dämon nach weiterem Redewechsel die Hände auf den Rücken, legt ihn auf den Boden und schlägt ihn mit einem der Stricke, mit denen sie gebunden ist. Als er laut um Gnade ruft (Kap. 10), verlangt sie genaue Auskunft über seine Schandtaten. Er berichtet, daß er vielen das

---

[30] *Acta SS*, a.a.O. S. 876, Anm. a zu Kap. 7.
[31] Ebd. S. 875, Kap. 7.

Augenlicht gelöscht, manchen die Füße gebrochen, andere ins Feuer geschickt, aufgehängt, in Sümpfe getaucht und zu gewaltsamem Tod oder grausamer Folter getrieben habe; niemand aber habe ihm eine solche Niederlage zugefügt wie die jetzt gegen ihn kämpfende Jungfrau (Kap. 11). Als Juliana wieder zum Präfekten geführt wird, schleift sie den wimmernden Dämon, der sie um christliche Nächstenliebe bittet und ihr vorwirft, *ferox* zu sein, hinter sich her über das Forum und schleudert ihn in eine Kloake – *proiecit eum in locum stercore plenum* (Kap. 12).

Ähnlich wie Antonius nach seinem Tugendaufstieg erscheint sie nun auf dem Gerichtsplatz mit glorreichem Angesicht (*facies eius gloriosa visa est omnibus*, Kap. 13). Der Präfekt bewundert sie und fragt, wer sie die Zaubersprüche gelehrt habe, mit denen sie zur Überwinderin ihrer großen Leiden geworden sei. Juliana wendet sein Wort zu der stolzen Replik, daß Christus sie die Verehrung des Vaters, des Sohnes und des Heiligen Geistes gelehrt, Satan und seine Dämonen besiegt und ihr seinen Engel zur Hilfe und zum Troste geschickt habe. Sie fordert Eleusius zur Umkehr und Buße auf im Namen des vergebenden Christus (Kap. 13). Der Präfekt jedoch läßt sie aufs Rad flechten und dem Feuer aussetzen. Während des furchtbaren Geschehens steht die Heilige unbeweglich im Glauben an Christus da, zerschundenen Leibes, aber unbeugsamen Glaubens (*Beata autem Iuliana stabat immobilis in fide Christi, contrita corpore, sed rigida fide*).[32] Da kommt ein Engel des Herrn vom Himmel, löscht die Flamme, und die Fesseln fallen ab (Kap. 14). Julianens Haltung der Ruhe ist nicht nur durch die metaphorisch-gedankliche Beziehung auf den Glauben sinnerfüllt, sondern schon als sichtbare heroische Gebärde inmitten der andringenden äußeren Bewegung von symbolischer Ausdruckskraft. Dies erinnert an Gregors des Großen Stil. Das gilt auch für das weitere Verhalten der Jungfrau. Ohne Schmerzen steht sie da, lobt Gott, breitet die Hände in hieratischer Haltung zum Himmel aus und spricht unter Tränen und Seufzen ein großes Preis- und Dankgebet zum Herrn. Sie ruft ihn – wie Margareta in der Rebdorf-Version – nach dem Vorbild frühchristlicher lateinischer Hymnen mit erhabenen Titeln seiner Allmacht an, z. B. (Kap. 15) *vitae dator, creator omnium seculorum*, [...] *paradisi plantator & viuentis arboris humani generis gubernator*, erinnert an die zahlreichen Beispiele seines großen heilsgeschichtlichen Wirkens und dankt ihm in einem schlichten Satz dafür, daß er sie in ihrer Unwürdigkeit und Sündhaftigkeit seiner Hilfe gewürdigt hat. Sie bittet, sie aus der Böswilligkeit des Tyrannen zu befreien, und gelobt, Gott ewig zu ehren (Kap. 15). Auf ihr Beispiel hin bekehren sich dreihundert Menschen zum wahren Gott, sagen den Götzen den Dienst auf und werden auf kaiserlichen Befehl sofort enthauptet (Kap. 16). Der Präfekt befiehlt,

---

[32] Vgl. das biblische Vorbild in der Martyrerliturgie: "Stabunt justi in magna constantia adversus eos, qui se angustiaverunt et qui abstulerunt labores eorum" (*Sap.* 5, 1, *Lectio* des 1. *Commune Martyrium Temp. Pasch.* des heutigen *Missale Romanum*).

Juliana lebendig zu verbrennen. Als die Heilige das hört, hebt sie erneut die Hände dem Himmel entgegen und fleht weinend um den Beistand Gottes, der nicht zulassen möge, daß Eleusius über ihn triumphiere. Ein Engel des Herrn kommt, zerteilt und löscht das Feuer, während die Heilige – wieder ein Sinnbild gottvertrauender Ruhe inmitten schnellender Bewegung – unverletzt in den Flammen steht und den Herrn lobt (Kap. 17). Nun faucht der Präfekt „gegen sie" wie ein wildes Tier und überlegt, welche grausame Tötungsart er noch anwenden kann. Er läßt sie in ein Gefäß mit wallendem Blei stoßen. Aber der Topf springt zurück und verbrennt fünfundsiebzig der Umstehenden. Als der Präfekt das sieht, zerreißt er in wütender Gebärde seine Kleider und schmäht seine eigenen Götter, die nichts gegen die Jungfrau auszurichten vermochten und ihn selbst verleitet haben, Unrecht zu tun. Besondere Ausdruckskraft ergibt sich aus der Konzentration auf die eine Situation und ihre dynamische innere und äußere Bewegung, die unmittelbar das Folgende auslöst: Eleusius befiehlt, Juliana sofort mit dem Schwert hinzurichten (Kap. 18). Die Heilige empfindet große Freude, da das Ende ihrer Leiden gekommen ist. Es handelt sich um eine durch die Situation ausgelöste Emotion, um einen Erlebnisvorgang in der Heiligen selbst – nicht, wie später in der Mombritius-Version des Margaretenlebens, um liturgischen Jubel aus der Perspektive der Kultgemeinde. Auf dem Wege zur Richtstätte sucht der Dämon die Menschen gegen Juliana aufzuwiegeln, aber auf einen Blick aus ihren Augen wendet er sich zur Flucht (Kap. 19). Vor der Hinrichtung hält Juliana wie Margareta, aber mit stärkeren Mahnungen, eine Predigt an die sie begleitenden Konvertiten und Christen. Alle sollen – wie es mit leicht monastischer Betonung heißt – auf der Hut sein vor den Dämonen, sollen unermüdlich in der Kirche beten und der Schrift lauschen; das wird in einem zweiten Satz bekräftigt (Kap. 20): *Bonum est vigilare ad Deum, bonum est frequenter psallere, bonum est orare sine cessatione, quia nescitis quando vitam istam finiatis.*[33] Dann bittet Juliana um ein Gebet für sich, bittet Gott um Aufnahme in den Himmel und wird enthauptet (Kap. 20). Die zwei folgenden Kapitel berichten von der Translation ihres Leibes und vom elenden Ende des Eleusius, der auf der Seereise zu seiner Stadt in einen Sturm gerät, mit seinen Begleitern ertrinkt, an einen verlassenen Ort gespült und dort ein Fraß der Vögel und wilden Tiere wird. Wie in der Rebdorf-Version wird die gewaltige Wirkung, die von der Manifestation des Heiligen ausgeht, wie eine schnellend vorwärtstreibende Bewegung bis zu deren Endpunkt verfolgt.

---

[33] Auf benediktinische Herkunft weisen auch die hieratische Gebetsgebärde und das Gebetsweinen (S. 109), vgl. dazu oben S. 63f. und 68.

II. Die altenglischen „epischen" Heiligenleben der Cynewulf-Gruppe des 8. und 9. Jahrhunderts

1. *Allgemeines*

Das formgeschichtlich Wesentliche der Cynewulf-Gruppe ist, daß hier die hagiographischen Stoffe im Sinne der altgermanischen Dichtungstradition umgestaltet werden, obwohl gerade Cynewulf bis in die Sprachgebung hinein die klare Ordnung der lateinischen Syntax anstrebt und der allzu verschlungenen Bildlichkeit des heimischen Stils entgegenwirkt.[1] Es ergeben sich keine eigentlich legendenhaften Erzählformen, sondern eigentümliche Verbindungen von hagiographischen und profanen Stiltraditionen. Dabei geht es, den Gepflogenheiten des altgermanischen Heldenliedes gemäß, nicht um bloße Anschaulichkeit, sondern vornehmlich um die eindrucksvolle Gestaltung von Entscheidungssituationen und anderen Augenblicken starker innerer Erregung. Eine imaginative und hochstilisierte Schilderung besonders der Seefahrten, Kämpfe und Schlachten – sowie eine expressive Metaphorik – dienen vielfach dem Ausdruck der Gefühle und Gedanken der in der Bewährung stehenden heiligen Personen. Damit wird ein der lateinischen Hagiographie weitgehend fremder Aspekt behandelt.[2] Auch die Erzählhaltung hat einen veränderten Akzent. Es geht primär um Heiligenlob nach Art des Preisliedes auf den Helden, jedoch finden sich neben der altenglischen Dichtungssprache auch die Formeln und Bilder der Martyrerliturgie. Dazu treten eine ernste, maßvolle homiletische Mahnung und ein missionarisches Werben um Nachfolge. Groß und wuchtig wird die Imitabilität der Heiligen herausgearbeitet. Die Erbauungstendenz ist, durch das Preisen und Vergegenwärtigen des inneren Ringens, Sich-Bewährens und Siegens eine unmittelbare Gefühlsbeeinflussung der Zuhörer zu erzielen im Sinne einer Teilhabe an den großen und starken Gefühlen (z. B. des Gottvertrauens, des Mutes und der Freude über den Glanz des Himmels), mit denen die Erschütterungen durch Todesfurcht, Not und Sorge überwunden werden sollen.

Der Grad der Verwendung der heimischen Dichtungstradition bzw. der homiletisch-hagiographischen Überlieferung ist unterschiedlich. Teils finden sich vertiefende, auf das Innere gerichtete Gestaltungen im besten Sinne des germanischen Epenstils *(Guthlac B, Elene)*, teils mehr äußerliche Darstellungen (wie *Andreas*). Teils geht es um erzählerische Gestaltung, teils wie in *Guthlac A* mehr um eine predigthafte Darbietung. Im ganzen läßt sich erkennen – besonders in *Juliana* und *Elene* –, wie aus der preisenden oder mahnenden Haltung heraus neben dem eigentlichen Geschehnis-

---

[1] Vgl. dazu K. Sisam, "Cynewulf and his Poetry", *Proc. Brit. Acad.* 18 (1933) und in K. Sisam, *Studies in the History of Old English Literature*, Oxford 1953, S. 1–28, bes. 17f.

[2] Vgl. oben S. 24f., jedoch auch S. 100.

vorgang seine Spiegelung und Verdeutlichung durch Betrachtung, Eingehen auf das Verhalten der Umstehenden und gehäufte Metaphorik ausgedrückt wird. Damit deutet sich auch in der Cynewulf-Gruppe eine den Epochenstil des ausgehenden Frühmittelalters kennzeichnende Umschichtung des hagiographischen Erzählens an, die im hohen und späten Mittelalter ihren Höhepunkt erreichen sollte. Allerdings bleiben in den altenglischen Stücken die Reaktionen der den Heiligen umgebenden Personen meist vorganghaft und mit der konkreten Situation verbunden. Es findet sich noch kein bloßes Aussprechen der erbaulichen Emotion oder Reflexion wie etwa in der *Legenda aurea*, außer in der direkten Form der Predigt oder der Totenklage nach dem Vorbild der altenglischen Elegien.

2. Guthlac A

Der altenglische *Guthlac A*[3] ist weniger eine Erzählung als eine poetische Predigt auf den Heiligen. Die Darstellung ist um vieles einfacher als bei Felix und erreicht nicht dessen Intensität.

Die Vereinfachung beginnt mit dem Fortlassen der Jugendgeschichte und der Klosterzeit Guthlacs. Aus dem ganzen Leben wird im Grunde nur der Dämonenkampf behandelt, und davon wiederum nur die Entführung Guthlacs an die Pforten der Hölle. Seine Wundertaten werden nicht berichtet; sie klingen an in der Freude der Tiere über Guthlacs Triumph. Auch der Tod des Heiligen wird nur kurz berührt. Dagegen wird stark herausgestellt, daß er in die ewigen Freuden eingeht, wovon die friedliche Szene nach dem Sieg eine Vorstellung gibt.

Wesentlicher als diese Stoffbeschränkung sind die ganz andere Tendenz und Struktur. Statt des bei Felix vielfach gestaffelten äußeren wie innerseelischen Geschehens und der Betonung der Entscheidungssituation wird das Grundsätzliche und Beispielhafte in Guthlacs Verhältnis zu Gott mit groben, aber deutlichen Strichen herausgehoben (vgl. *bysen*, 175, sowie Aufforderungen der Hörer zur Nachfolge 344–347, 361–366a, 763–768). Der Bericht als Darbietungsmittel tritt zurück und verliert seine genaue Orts- und Zeitbestimmtheit. Reden, die etwa ein Drittel des Textes ausmachen, homiletische Kommentare und liturgisches, z. T. heldenliedartig stilisiertes Heiligenlob stehen im Vordergrund. Der Prediger und Lobredner, nicht der hagiographische Erzähler hat das Wort. Das mitverwendete germanische Element ist hauchdünn, nur eine Art stilistischer Verkleidung.

Der Verfasser hat Felix' Vita offenbar gekannt, wenn er auch sehr frei auswählt oder möglicherweise sich nur ungenau an sie erinnert.[4] Homile-

---

[3] Ed. G. Ph. Krapp u. E. van Kirk Dobbie, *The Exeter Book*, N. Y. 1936, S. 49–72.
[4] Colgrave, *Guthlac*, S. 20; Gerould, "The Old English Poems on St. Guthlac and Their Latin Source", *MLN* 32 (1917), S. 77–89, weist in detaillierter Vergleichung nach, daß das Material für *Guthlac A* und *Guthlac B* aus Felix' Vita gezogen ist; so auch C. W.

tisch belehrend ist schon die – bei Felix nicht vorhandene – Einleitung (1–92: Herkunft der Heiligen aus vielen Ständen, Erwerb der Vollkommenheit durch Beachtung der heiligen Gebote, Beispielhaftigkeit der Heiligen, Ewigkeit der himmlischen und Vergänglichkeit der irdischen Güter). Auf diesen allgemeinen Rahmen wird die Gruppe der Eremiten bezogen, die in der Wüste in Erwartung des Himmels leben und vom Teufel versucht werden, aber von den Engeln, den Streitern Gottes, Unterstützung empfangen. So belohnt Gott – wie es für die Zuhörer betont wird – alle seine Getreuen.

In diesen Zusammenhang wird das Beispiel Guthlacs gestellt. Der Verfasser kann, wie er es selbst ausdrückt (91–98a), dazu übergehen, „wie Guthlac sein Herz bezwang", den Willen Gottes tat und sich von allem Bösen abkehrte. Dieser Kampf wird zunächst pastoraltheologisch zusammengefaßt unter Betonung des Bestehens der Prüfungen und der Hinwendung zu Gott. Es folgt eine geraffte Darstellung der Jugendzeit, wobei statt der Empfindungen Guthlacs das Prinzipielle herausgestellt wird, vertreten durch den guten und den bösen Engel, die wie im spätmittelalterlichen geistlichen Spiel um die Seele des Heiligen ringen. Der Versucher rät, sich Dieben zuzugesellen und mit ihnen nächtliche Beutezüge zu unternehmen. Das ist die predigthafte Reduktion dessen, was bei Felix als königlich-kriegerischer Wagemut erschien und nicht von vornherein abgewertet wurde. Von einer wirklichen Konversion kann in der altenglischen Fassung nicht mehr die Rede sein. Vom Standpunkt des Erklärers aus wird gesagt, daß der Allmächtige dem Streit zwischen den beiden Geistern ein Ende setzte und seitdem als Tröster und Helfer Guthlac beistand, während dieser, wie wiederholt wird, als Kämpfer in der Einöde „sein Herz bezwang" und vielen Britanniern damit ein Beispiel gab (174b–175a).

Die Darstellung des Kampfes (170ff.) erfolgt mit heldenliedähnlicher Konzentration auf das Einzelgeschehen an dem von Gott erkorenen, einsamen Ort, der mehrfach genannt wird (146b–153a, 215–217, 255–257a, 270–271a, 328–329), jedoch ohne die im Erzähllied mögliche situationshafte Dichte und Lebendigkeit. Es geht um Ruhmrede, welche die Kraft und die glorreichen Taten des Gottesstreiters verherrlicht (z. B. 323–325a), den Gotteslohn für seine Standhaftigkeit betont (448b–450) und die Erbärmlichkeit und Machtlosigkeit der Teufel von vornherein herausstellt. Guthlac verkündet gegenüber den Drohungen der bösen Geister (240b

Kennedy, *The Earliest English Poetry*, Lo. 1943, S. 250. Die von H. Forstmann, *Untersuchungen zur Guthlac-Legende* (= Bonner Beiträge zur Anglistik 12) Bonn 1902, S. 1–17, herausgestellten Unterschiede beweisen nicht, „daß Vita und Gedicht unabhängig [von einander] sind" (S. 17), sondern nur, daß sie verschiedenen Zwecken dienen und verschiedenen Forntraditionen angehören. Auch die von C. Schaar, *Critical Studies in the Cynewulf Group* (= Lund Studies in Englisch 17) Lund u. Kopenhagen 1949, S. 40f., vermutete Benutzung einer anderen Quelle ist nicht zwingend.

bis 261) die Unabänderlichkeit seiner Inbesitznahme der Wohnstatt, den Schutz, den Gott ihm gewährt, und die Zwecklosigkeit ihrer Bemühungen. Der Bericht über den Hergang des Sieges fehlt nicht ganz, aber wichtiger ist das lobende und belehrende Herausstellen der beispielhaften Sicherheit Guthlacs und des Beistandes der Engel (323–325a). Guthlac ist gut vorbereitet auf den Angriff der Teufel; denn „Gott macht stark in der Antwort und im Mut" (292–295). Die Rede des Heiligen wird als Verkündigung der Wahrheit erklärt (295b). Seine Worte (296–322) sind eine Mahnrede für jeden Christen, nicht mit weltlichen Waffen zu kämpfen, sondern Christus durch kostbare Opfergaben zu erfreuen. Auch die dritte Rede Guthlacs (361–389) ist predigthaft für die Zuhörer konzipiert, ohne Bezugnahme auf die in der Gesprächssituation eigentlich anzuredenden Dämonen. Es heißt iterativ *Oft worde bicwaeð* (360). Es zieme sich für jeden, darauf zu hören. Nur durch Gehorsam gegenüber Gott werde der Geist Ruhe finden. Abschließend wird nochmals die Allgemeingültigkeit der Prüfungen Guthlacs für jeden Christen herausgestellt (383b–389). Die wütende Reaktion der Teufel auf diese Rede wird nur kurz erwähnt. Dann folgen ein predigthafter Kommentar und ein erneuter Lobpreis auf Guthlac (390–403). Dieses Ignorieren des eigentlichen Geschehniszusammenhangs im Interesse homiletischer Verdeutlichung weist bereits auf hochmittelalterliche Methoden des Legendenerzählens voraus.[5]

Der gleiche Ton setzt sich durch die ganze Fassung fort. Es wird maßvoll für die Abkehr des Menschen von der reinen Weltfreude und für die Bejahung der Weisheit des christlichen Glaubens und der Askese geworben, außerdem für die Verehrung der Heiligen, in denen Gott seine Macht offenbare (526–529). Die von den Teufeln gerügten Mißstände in den Klöstern werden ähnlich wie in der *Vita Martini* (Kap. 22) aus dem wilden Herzen und der Weltfreude der Jugend erklärt, die nicht schon in ihrem ersten Lebensdrang die Weisheit des Alters haben könne, jedoch allmählich zu ihr finden und sich dann ganz von der Genußsucht abkehren werde. Ein ähnlicher Gedanke erscheint bei Felix, wenn er Verständnis für die kriegerischen Gelüste des heranwachsenden Guthlac aufbringt.

Daß Guthlac vor das Höllentor gezerrt wird, wird nur kurz vermeldet, in deutlichem Gegensatz zu der dramatisch aufgegipfelten Darstellung bei Felix. Den Teufelsdrohungen wird eine lange Antwort Guthlacs (592 bis 684a) entgegengestellt, in welcher beispielhaft seine Ergebung in den göttlichen Willen und sein Bekenntnis zum Schöpfer, dem Dank und Lobpreis gebühre, ausgesprochen werden (599–611). In einer kommentierenden Parenthese (620b–622) wird hinzugefügt, daß „fruchtbare Rede" in denen hervorgebracht werde, die Gottes Willen täten. Weiter spricht Guthlac jubelnd von seiner Erwartung des Leuchtens der ewigen Freude im Himmel (637–657) und stellt in gewaltigen Worten den gestürzten Engeln

---

[5] Vgl. auch oben S. 65, Anm. 15, über die Stilentwicklung in der Buchmalerei.

ihre ewige Hoffnungslosigkeit, Pein und Ohnmacht vor Augen. Glühendes Werben für den Himmel und Abschreckenwollen vor der Hölle sind offenkundig.[6]

Als neuer Kontrast wird der Erregung der vorausgegangenen Kämpfe der Friede nach dem Sieg gegenübergestellt (742ff.). Das Leben in Gottes Schutz unter Verzicht auf Weltlust, aber voller Freude über die schöne Schöpfung des Herrn, wird als das wahre Glück gepriesen. Der Ton erinnert an den des lobpreisenden Psalmisten und der *Vita Pauli* des Hieronymus. Auch die anschließende unmittelbare Wendung an das Publikum (748b bis 751) mit ihrer Betonung der Glaubwürdigkeit des Vorgebrachten (752–759) hat im Schlußkapitel der *Vita Pauli* eine Parallele; ein direkter Einfluß wäre denkbar. Mit erneuter homiletischer Nutzanwendung (760ff.) schließt die Darstellung: so wie hier liebe Gott alle Menschen und wünsche, daß sie zur Weisheit gelangten. Für die Seelen bereite er „angenehme Pfade", durch welche das Leben sich klar ordnen lasse – ein erneutes unaufdringliches Werben für ein monastisches oder doch kirchentreues Leben und ein trostverheißendes Gegenbild zu dem unklugen Gebaren der Jugend und dem wilden Teufelsspuk, von dem vorher die Rede war. Nur ganz kurz wird ein Hinweis auf den Tod Guthlacs eingeschoben. Das Wesentliche ist die Feststellung, daß er nun ganz in Freude wohnen könne (784b–787a), wie es für die Seelen aller Gerechten möglich sei. Mit einem Katalog der christlichen Tugenden schließt mahnend für alle der Prediger.

3. Guthlac B

Läßt sich *Guthlac A* als eine Heiligenpredigt im Gewande altenglischer Dichtungssprache bezeichnen, so ist *Guthlac B* eine erzählliedhaft verlebendigende Darstellung des Sterbens des Heiligen, die, wie die Forschung seit langem betont hat, Felix eng folgt. Die Frage, wie und ob die beiden Stücke, die sich inhaltlich überschneiden, zusammengehören, ist oft aufgeworfen und verschiedenartig beantwortet worden. Stellt man die große Länge der Vita des Felix einerseits und die Bedürfnisse eines mündlichen Vortrags vor Laien andererseits in Rechnung, so verliert das Problem an Schwierigkeit. Der oder die Verfasser der beiden altenglischen Guthlacgedichte mußten entweder auswählen oder summarisch verkürzen. Während letzteres bei Aelfric und besonders in den Legendaren des hohen und späten Mittelalters geschieht, entschied man sich hier für das erstere und teilte den Stoff in zwei Hälften, die in sich geschlossene Einheiten darstellten und nach Bedarf getrennt oder in zeitlichem Abstand voneinander vorgetragen werden konnten. Vielleicht machten die geistlichen Verfasser auch

---

[6] In der *Vita Martini* dagegen stellt Martinus mit „heiliger Kühnheit" sogar dem Teufel Begnadung in Aussicht, wenn er nur Reue empfände und von seinem Treiben abließe (Kap. 22) – Gedanken, die in einer volkstümlichen Heiligenpredigt der altenglischen Zeit nicht angebracht waren.

bewußt von der altenglischen Dichtungskonvention Gebrauch, die Taten des Helden in verschiedenen Liedern zu besingen. Auf jeden Fall konnten sie durch verschiedenartige Formgebung wechselnden Erfordernissen gerecht werden: das eine Mal durch eine Predigt, das andere Mal durch eine heldenliedartige Veranschaulichung und Vergegenwärtigung der Situation eines heroischen Sich-Bewährens.[7]

Es fällt schon auf, daß *Guthlac B* den Sündenfall Adams und Evas sowie Guthlacs Jugendgeschichte, Versuchungen und Wunderwirken zwar summiert, aber doch vorganghaft darstellt (894–950a). Die Haupterzählung beginnt mit dem Bericht über Krankheit und Tod des Heiligen (950b ff.). Sie konzentriert sich also auf den Augenblick der Erprobung und Entscheidung. Aus der Vorlage wird vieles, was dort an anderer Stelle erwähnt wird, in die Sterbeszene eingefügt, die dadurch eine neue Ausdruckskraft gewinnt: Guthlac erscheint auch hier in kämpferischer Grundhaltung (im Gegensatz zu der friedlichen Sterbeszene bei Felix), der Tod (statt der Dämonen) ist der angreifende Feind, und die über Felix aus Vergil entlehnten und der altenglischen Dichtersprache angepaßten metaphorischen Wendungen für den Wechsel der Tageszeiten und das Verstreichen der Zeit betonen die Unaufhaltsamkeit des Geschehens. Thematisch und psychologisch rücken die Erwartung des Todes, die Überwindung von Schmerz und Schwäche und die Gewißheit kommender himmlischer Freude in den Mittelpunkt.

Von wesentlicher Bedeutung für die lebendige Darstellung der inneren Situation Guthlacs ist die mehrfach wiederholte Bildvorstellung der angrei-

---

[7] Dieser gattungsgegebene Unterschied zwischen den beiden Teilen der Guthlac-Dichtung ist bisher nicht beachtet worden. So zitiert z. B. W. Habicht, *Die Gebärde in englischen Dichtungen des Mittelalters*, S. 36 ff., für die konkret gebärdenhafte Darstellung der Teufel ein Beispiel aus *Guthlac B* (903 ff.), als Hauptbelege für die „in ätherischer Körperlosigkeit beschriebenen Regungen des Heiligen" (S. 37) zwei Passagen aus *Guthlac A* (542 ff. u. 608 ff.). Natürlich ist es richtig, daß eher die Bösewichter als die Seelenregungen des Heiligen konkret dargestellt werden können. Aber im vorliegenden Fall sind zwei verschiedenartige Formtraditionen mit im Spiel, die jeweils die Gesamtkonzeption – nicht nur die der einen oder der anderen Personengruppe – betreffen. Außerdem ist die Relation zwischen der Darstellung der Teufel und des Heiligen komplexer, als die Zweiteilung in ein äußerlich-konkretes Verfahren (für die Bösewichter) und ein innerlich mitfühlendes (für den Heiligen) erkennen läßt. Die Tradition der frühmittelalterlichen Hagiographie weist verschiedene Zuordnungen der beiden Bereiche auf. Die Teufel werden teils als Verselbständigung der Affekte des Heiligen (vgl. Antonius-Vita oben S. 45 f.), teils als Gestaltwerdungen des geistigen Prinzips des Bösen (vgl. Margaretenpassion und andere Viten, oben S. 103) verstanden. In *Guthlac B* erscheinen die Unholde, besonders Krankheit und Tod, als situationsbezogene Verlebendigungen der innerseelischen Not des Heiligen. Auch werden sie nicht nur „von außen her" (Habicht, S. 39), sondern durchaus mit einer gewissen Einfühlung in ihre inneren Regungen gesehen, als andringende Feinde nämlich, die nach ihrem Opfer lechzen und den Sitz der Seele beharrlich suchen. (Vgl. dazu die nachfolgende Interpretation. Über ähnliche Situationen in *Juliana*, S. 122, 108, bei Felix S. 90 ff.)

fenden und immer näher kommenden Feinde Krankheit und Tod, denen Guthlac mit großer Seelenkraft und christlicher Festigkeit entgegensieht, obwohl sein Körper Qualen erduldet und matt wird. So heißt es gleich nach dem plötzlichen Überfall der Krankheit (939b–940a), daß er sein Herz gegen den Angriff der ihn umgebenden Feinde wappnet (959b–961a), sein Schicksal auf sich nimmt „wie unsere Vorfahren", dem andrängenden Tode kühn entgegentritt und dadurch Raum gewinnt (970b–975). Ähnlich werden (976–999) die bei Felix (Einleitung zu Kap. 50) gegebenen Reflexionen über die Unvermeidbarkeit des Sterbens für jeden Menschen enger in die Situation eingeflochten. Während es bei Felix heißt: *Nam sicut mors in Adam data est, ita et in omnes dominabitur. Quisquis enim huius vitae saporem gustaverit, amaritudinem mortis evitare nequit* (a.a.O. S. 150–152), wird jetzt gesagt, daß der Becher des Todes Eva, Adam und allen anderen Menschen gereicht worden sei und daß sich in der grausamen Zeit des Sterbens die Tür immer von selbst öffne und den Eingang freigebe für jenen Unheimlichen, der mit gierigen Klauen angreife und nach dem Töten lechze und der nun, bei Beginn der Nacht, dicht an Guthlacs Seite herangetreten sei. Es handelt sich um eine der stärksten Stellen des Gedichtes.

Auch in den Worten des heiligen Kämpfers, der wie bei Felix kaum noch atmen und sprechen kann, wird das Gefühl für das Heranrücken und Eindringen des Feindes ausgedrückt. Die Entsprechungen bei Felix (a.a.O. S. 152) lauten: *statimque ut se subita infirmitate diri languoris vir Dei arreptum persensit* und *molestia me tetigit nocte hac* (nach Beda, *Vita Cuthberti*, Kap. 37). In der altenglischen Dichtung wird daraus u. a. (1027 bis 1034a):

> "*Ic wille secgan þæt me sar gehran,*
> *wærc in gewod in ðisse wonnan niht,*
> *lichord onleac. Leomu hefegiað,*
> *sarum gesohte. Sceal þis sawelhus,*
> *fæge flæschoma, foldærne biþeaht,*
> *leomu lames geþacan, legerbedde fæst*
> *wunian wælræste. Wiga nealæceð,*
> *unlæt laces.*

Das Bild des personifizierten Todes wird besonders eindringlich, als er zum letzten Angriff ansetzt (1139b–1145a). Er kommt näher heran, verstohlenen Schritts, aber stark und stetig, und sucht den Sitz der Seele. Sieben Tage lang schon sind die schnellenden Pfeile heiß eingedrungen in die Nähe des Herzens und haben des Lebens Hort aufgeschlossen, den sie mit List gesucht haben.[8] Bei Felix findet sich dafür an dieser Stelle keine

---

[8] Vgl. die Illustration aus dem Canterbury-Psalter, unten Abb. 3 (Taf. II) und dazu oben S. 86 u. 90. Die Wahl der kleineren Ausschnitte, die Akzentuierung markanter Einzelheiten (hier der schnellen Pfeil- bzw. Speerbewegung), und das gleichzeitige Schwinden des monumentalen Gesamtzusammenhangs unterscheiden *Guthlac B* und den Psalter von der *Vita Guthlaci*.

Entsprechung. Auch etwas weiter wird aus dem *pondus infirmitatis* der lateinischen Vita *awrecen wælpilum* (1154), und beim Sterben des Heiligen heißt es noch einmal *awrecen wælstrælum* (1286). Die Konsequenz, mit der dieses Bild durchgehalten wird, ist von großer Wirkung. Eine deutliche Parallele ist die bei Felix zentral stehende Vorstellung vom Herannahen göttlicher Zeichen und Hilfsmacht und vom Angriff der Teufelsscharen. Jedoch wird das bei Felix mehr episch erzählend (als ein zeitlich gegliederter, konkreter Vorgang) dargestellt, während *Guthlac B* stärker der poetischen Tradition metaphorischer Stilisierung folgt. Das Weiterschreiten der Zeit im Wechsel der Tageszeiten (z. B. 1096b–1098a, 1212–1216a und 1278b bis 1282a) wirkt z. T. wie die Bildersprache der angelsächsischen Lyrik. Dennoch läßt sich nicht mit C. Schaar folgern, daß die altenglische Fassung unabhängig von der lateinischen Vita entstanden sei; in den anderen Kapiteln seines Textes verwendet Felix ähnliche Wendungen, die nun auf die Einzelszene konzentriert werden. Das gilt auch für die lyrisch stilisierte Behandlung der Motive der himmelwärts steigenden Feuersäule, des Triumphgesangs der Engel und der sich ausbreitenden süßen Düfte beim Tode des Heiligen (1308b–1325a).

Einen eigenen Zug bekommt die altenglische Version noch durch die der lebendigen Situation angepaßte stärkere menschliche Zeichnung des Jüngers Beccel, der den Tod des Meisters tief beklagt und schließlich vor Pega, der geistlichen Schwester des Eremiten, eine Elegie auf den Tod seines Herrn singt. Schon bei Beccels erster Erwähnung wird seine Willensrichtung ausgedrückt. Er ist gekommen, um der Predigt des Einsiedlers zu lauschen, und er befindet sich in Gedanken (1001b–1007a). Als er den von der Krankheit befallenen und schwach gewordenen Guthlac erblickt, wird er von Kummer erfüllt, was bei Felix an dieser Stelle noch nicht gesagt wird. Auch die Erwähnung der Jugend des Jüngers, der von neuem klagt (1047b–1050a), fehlt hier in der Vita, hat jedoch in der Kennzeichnung des jugendlichen Irrens bei Darstellung der frühen Kriegstaten Guthlacs seine Entsprechung. Bemerkenswert ist in der altenglischen Fassung vor allem das Verhalten des Jüngers beim Tode des Meisters. Während Felix nur in einem Satz vom Überbringen der Botschaft an Pega berichtet, wird in *Guthlac B* die Treue des Gefolgsmannes herausgestellt. Von mehreren ausdrucksstarken Bildern umschrieben, die alle die pfeilschnelle Bewegung auf den Wogen ausdrücken, wird die Reise flußabwärts auf dem kleinen Boot verdeutlicht, wobei die äußere Hast und das Schlagen der Wellen Symbole der inneren Erregung sind und dem Klageschrei und dem Hervorstürzen der Tränen entsprechen (1326b–1343). Diese Verdeutlichung des Geschehens durch kleinere, hochemotionale und von affektischen Gebärden bestimmte Teilszenen findet sich ganz ähnlich in den Illustrationen des Canterbury-Psalter.[9] Auch der bei Felix fehlende,

---

[9] Vgl. unten Abb. 3 (Taf. II) und oben S. 86, 90 u. 117.

im Stil der altenglischen Elegien gehaltene Klagegesang,[10] mit dem das nicht vollständig erhaltene Gedicht abbricht, paßt in die Welt der Psalter-Bilder. Der Jünger beklagt den Tod seines siegreichen Herrn, des besten zwischen den Meeren, der von den weltlichen Freuden auf Geheiß Gottes in die Majestät des Himmels hinübergeschritten sei, um dort in den Höhen eine Wohnstatt zu suchen. Er aber, der Diener, der seine Mission erfüllt habe, müsse notgedrungen von dannen gehen, „traurigen Herzens, niedergeschlagen und schweren Gemüts". Der subjektive Ton der Trauer und das Pathos des feierlichen Herrenlobs fügen sich ganz der heimischen Dichtungsüberlieferung ein.[11]

In dieser erzählliedhaft lebendigen Bearbeitung der Geschichte vom Sterben des Heiligen wird nur gelegentlich etwas von homiletischer Verdeutlichung spürbar, die in *Guthlac A* die Gesamtdarstellung bestimmt. Das ist z. B. in der Trostrede des Heiligen für seinen Jünger (1064–1093) der Fall, wo die Gnadenferne und Hoffnungslosigkeit der Dämonen mit der Sündlosigkeit und Begnadung Guthlacs konfrontiert werden. Ähnlich wird nach Guthlacs letzter, aus tiefster Meditation erwachsener Predigt (1109b–1123a) gesagt, daß solche Weisheit bei einem Menschen als das größte aller Wunder betrachtet werden müsse (1127b–1130a). Außerdem wird hier eine Wertung ausgesprochen, die der germanischen Hochschätzung des Wissenden entspricht und eine Wunderauffassung repräsentiert, deren Geistigkeit gegenüber dem stofflichen Wunderglauben der meisten späteren Legenden auffällt. Zweifellos war *Guthlac B* für den Vortrag vor einem anspruchsvollen, der altenglischen Heldendichtung kundigen Publikum gedacht.

4. Cynewulfs "Juliana"[12]

Daß Cynewulf unter den Martyrerpassionen die Julianenlegende auswählte, mag ein bloßer Zufall sein. Vielleicht aber zog er sie Stücken wie dem Margaretenleben vor, weil er in ihr das pastoraltheologische Element schon stark ausgeprägt vorfand und das Motiv der die Seele mit Versuchungen angreifenden Teufel gut einarbeiten konnte. Außerdem ließ sich die schon in der *Passio s. Julianae* herausgestellte Gebärde unerschütterlicher Bewegungslosigkeit inmitten tödlicher Gefahr[13] im Stil germanischer Dichtungsüberlieferung steigern und verherrlichen.

---

[10] Schon ten Brink, *Gesch. d. engl. Lit.* I, 2. Aufl., ed. A. Brandl, Straßburg 1899, S. 67, findet den letzten Abschnitt „tief empfunden und in höchstem Grade wirkungsvoll"; vgl. auch Gerould, *Saints' Legends*, S. 84; C. W. Kennedy, a.a.O. S. 258; C. Schaar, a.a.O. S. 42.

[11] Wie stark die Parallelen der Wortgebung des ganzen Gedichts zur nationalen Dichtertradition sind, zeigt detailliert Schaar, a.a.O. S. 300ff.

[12] Ed. I. Gollancz, *The Exeter Book*, EETS. OS. 104, S. 242–284; W. Strunk, a.a.O.; G. P. Krapp u. E. V. K. Dobbie, *The Exeter Book*, N. Y. 1936, S. 113–133, danach wird im folgenden zitiert.

[13] Vgl. dazu oben S. 109.

Nach Meinung der Forschung geschieht das bei Cynewulf unter Häufung von äußeren Kraftbeweisen, weshalb seit ten Brink und Brandl die literarische Bedeutung der Juliana gering eingeschätzt[14] und das Gedicht wohl zurecht als ein Frühwerk des Verfassers angesehen wird.[15] In der Tat wird eine Reihe von unheldischen Gefühlsäußerungen gemieden. Von Tränen und Seufzern der Jungfrau vor oder während ihrer Marterung ist, soweit das an den erhaltenen Stellen des unvollständig überlieferten Manuskripts überprüfbar ist, nicht mehr die Rede. Als sie am Baum hängt, spricht sie kein Wort. Das in der lateinischen Fassung folgende Redegefecht, in dem Juliana ihre Hoffnung äußert, daß sie Mut finden werde (Kap. 4), wird übergangen. Selbst im Kerker fehlt das lange Gebet, in dem Juliana den Beistand des Allmächtigen erfleht (Kap. 5). Auch wird nicht erwähnt, daß sie sich *de doloribus* erhebt (Kap. 7). Während in der Abschiedsrede an die Umstehenden die pastorale Warnung vor den Angriffen des Feindes verstärkt wird, fehlt ihr letztes Gebet um gnädige Aufnahme in den Himmel. Auch auf Darstellung der äußeren Bewegungen – der Gebetsgebärden, des Sich-Erhebens vom Boden, des Aufblickens zum Himmel – wird verzichtet. Die Gestalt bekommt einen unbeweglichen, monumentalen Zug.

Aber das ist keine Veräußerlichung ihrer Erscheinung. Ihre Kraftbeweise sind nur Zeichen einer inneren Haltung, die immer preisend, z. T. aus der Perspektive und mit den Formulierungen der Martyrerliturgie herausgestellt wird. Schon Gerould weist darauf hin, daß durch Ausweiten der Einleitung (die Bemühungen Julianens um ein Vermeiden der Heirat nehmen etwa ein Drittel der Darstellung ein) und des Kampfes mit dem Teufel im Gefängnis (bei Cynewulf nahezu die Hälfte, in der lateinischen Passio nur ein Drittel des Textes) das Interesse auf den geistlichen Kampf gelenkt und so dem Stoff mehr Würde und Kraft verliehen werde.[16] Ob man bei dem nur unvollständig überlieferten altenglischen Text ganz so weit gehen kann, ist fraglich. Aber Cynewulf ist sicherlich bemüht, die religiöse Haltung Julianens deutlich herauszustellen. In diesem Sinne läßt sich schon die von der Forschung immer wieder hervorgehobene Tatsache deuten, daß er die erste von Juliana an Eleusius gestellte Bedingung – daß er Präfekt werden müsse – meidet. Obwohl der lateinische Text damit nicht mehr als ein Beispiel der im ersten Kapitel erwähnten großen Klugheit und Weisheit der Jungfrau geben will, mochte deren Verhalten dem unbefangenen Hörer als Doppelspiel erscheinen.[17] Auch einige

---

[14] Vgl. Gerould, *Saints' Legends*, S. 65–70.

[15] Vgl. auch W. F. Schirmer, *Gesch. d. engl. u. amerik. Lit.*, I, S. 33, und C. W. Kennedy, a.a.O. S. 213.

[16] Gerould, *Saints' Legends*, S. 68.

[17] C. W. Kennedy spricht von "something approximating deceit" und sieht (S. 210) in Cynewulfs Modifikation eine bewußte Änderung: "Cynewulf, undoubtedly finding a blemish of characterization in this duplicity, and in subordination of a prenuptial proviso so important in the eyes of the Church, omits all reference to the prefecture."

andere Punkte der Vita – Julianens Gebet um einen schmerzvollen Tod ihres Verfolgers (Kap. 5) und das Schlagen des Teufels, bis er schreit (Kap. 10) – werden im altenglischen Gedicht gemildert. Umgekehrt werden Julianens Entscheidungen und die Richtungnahme ihres Willens auf Gott hervorgehoben. Als Eleusius sie zu lieben beginnt, wird gleich gesagt, daß sie in ihrem Geist den heiligen Glauben trug und daß sie sich fest entschloß, ihre Jungfräulichkeit um der Liebe Christi willen unbefleckt von jeder Sünde zu bewahren (28–31). In der lateinischen Vita hat diese Stelle keine Entsprechung.[18] Ähnlich heißt es, daß sie ihre Liebe fest auf Gott gerichtet hatte (106–107) oder daß sie gesegnet, weise und Gott lieb war (130–131); mit Vorliebe wird ihre Furchtlosigkeit, germanischem Empfinden gemäß, hervorgehoben (147, 209).

So verhält sie sich auch, als ihr der Teufel in Gestalt eines Engels erscheint. Unverzüglich und ohne Furcht fragt die von Christus Erwählte, woher er komme (258–259). Aber gerade jetzt wird der Augenblick ihrer Prüfung beleuchtet; es ergibt sich, obwohl nur umrißhaft, eine jener hochgesteigerten Situationen der Entscheidung und Bewährung, wie sie der altgermanischen Heldenliedtradition gemäß sind. In der *Vita Guthlaci* ließen sich mehrere solcher Aufgipfelungen feststellen, welche dem Ganzen eine eigentümlich fluktuierende Bewegtheit verliehen. Ähnlich wie Guthlac angesichts des Höllenschlundes wird Juliana jetzt von schrecklicher Angst erfaßt, als sie plötzlich von dem vermeintlichen Engel hört, daß sie die Marter von sich abwenden soll. Hier wird an den Grundlagen ihres Glaubens gerüttelt, weil das Götzenopfer erlaubt wird. Mit dem Blick auf diese innere Erschütterung heißt es, daß die Jungfrau in ihrer Unschuld nun begann, die Seele mit Festigkeit zu wappnen und Gott anzurufen (267–271).[19] Um den Glauben ringend, bittet sie darum, Gott möge es nicht zulassen, daß sie die Verehrung seiner Gnade aufgebe, so wie es jene gefährliche Botschaft besage, die sie auf den Pfad des Bösen drängen wolle (272–282).[20] Im Gegensatz dazu ist die lateinische Vita (Kap. 6) auf den Ton der Klage der seufzenden und weinenden Juliana gestimmt, die im tiefen Vertrauen auf Gott die Stärkung ihres Herzens erfleht. Das

Schaar dagegen, a.a.O. S. 29, möchte mit Hinweis auf dieselbe Auslassung in der *Legenda aurea* und in anderen Texten für Cynewulf die Benutzung einer anderen (nicht erhaltenen) Version annehmen.
[18] Vgl. jedoch *Ps.* 118, 1 ("Beati immaculati in via, / Qui ambulant in lege Domini") oder *Jac.* I, 12 ("Beatus vir qui suffert tentationem: quoniam cum probatus fuerit, accipiet coronam vitae, quam repromisit Deus diligentibus se."), die noch im *Commune Virginum* (Introitus) bzw. 1. *Commune Unius Martyris extra Tempus Paschale* (Lectio) des heutigen *Missale Romanum* verwendet werden.
[19] Vgl. *Sap.* 5, 18 ("Accipiet armaturam zelus illius, / Et armabit creaturam ad ultionem inimicorum") in der *Lectio* des 2. *Commune plurimum Martyrum extra Tempus Paschale* des heutigen *Missale Romanum*.
[20] Vgl. *Ps.* 1, 1 ("Beatus vir qui non abiit in consilio impiorum, / Et in via peccatorum non stetit").

Erschrecken und Zögern der Cynewulfschen Juliane währen allerdings nur einen Augenblick. Des weiteren wird die im Namen Gottes siegende Heilige gezeigt, der keine falschen Götter gewachsen sind, was mit missionarischer Betonung der Kraft des wahren Glaubens gegenüber dem heidnischen geschieht.

Auch die Ausweitungen der Reden des Dämons konzentrieren sich auf Situationen innerster Versuchung des Menschen durch den Teufel. Die listigen Methoden des Angreifers werden mit ähnlicher Metaphorik wie in der *Vita Guthlaci* und in *Guthlac B* herausgestellt. Ein Beispiel sind die Verse 382–405, in denen der Dämon vom Angriff auf den Kämpfer Gottes spricht, der in der Gefahr nicht versagt, sondern seinen geistigen Schild gegen ihn hält. Dann muß sich der Angreifer an Schwächeren und Feigeren versuchen, die er verlocken und im Kampf hindern kann. Dabei erspäht er schnell ihre geheimsten Gedanken, er sieht, worin die Stärke ihres Herzens liegt und was ihren Widerstand ausmacht. Er öffnet das Tor in der Wand durch einen Angriff und schießt, wenn der Turm durchstoßen und ein Zugang erzwungen ist, in die Seele des Angegriffenen einen Pfeilregen böser Gedanken. Ein weiterer Beleg für die Blickrichtung auf die seelische Situation des Menschen sind die Verse 647–665, in denen Juliana während ihrer letzten Ansprache an die Umstehenden dazu auffordert, Wache zu halten und Vorsorge zu treffen gegen die plötzlich auftauchenden Feinde, die der Seele den Weg zur Stadt des ewigen Ruhms verlegen wollen.

Ähnlich wird bei den anderen Personen des Gedichtes der Blick auf die innere Haltung und die Situation gelenkt, in welcher sie sich befinden. Das läßt sich sowohl an dem Dämon zeigen, der (438–453) seine eigene elende Lage beklagt, wie an Eleusius und an dem Vater Julianens. Eleusius, in der lateinischen Fassung knapp als *Senator* und *amicus Imperatoris* (Kap. 1) bezeichnet, wird bei Cynewulf durch die Ausübung einiger Amtshandlungen (19b–22a) und sein eifriges Bemühen um die falschen Götter (22b bis 24a) charakterisiert. Beides sind Verlaufsrichtungen, die sich an den Einleitungspassus (1–17) anschließen, in welchem auf dieselbe Weise der dem Kaiser gegebene Titel *persecutor Christianae religionis* (Kap. 1) umgesetzt wird in ein stark bewegtes Bild des wütenden Vorgehens seiner Soldaten gegen die Christen. Statt der sachlich konstatierten Beziehung des Eleusius zu Juliana (*Hic desponsauerat quandam puellam* [...] *nuptiarum complere festinebat festiuitatem*, Kap. 1) wird die seelische Verfassung des Eleusius hervorgehoben. Er beginnt, in seinem Herzen zu lieben, sein Verlangen wird stark (26b–27, 38–39), aber er weiß nicht genau, wie die Dinge wirklich stehen und daß das Mädchen seine Liebe verschmäht (33b–35a). Nicht durch Boten, sondern in einem Augenblick persönlichen Gegenüberstehens und „vor einer Menge Männer" (45) erhebt Juliana ihre Forderung an ihn, daß er erst von seinem Götzendienst ablassen müsse. Darauf steigt wilder Zorn in Eleusius auf, und er läßt, außer sich vor Erregung, unverzüglich ihren Vater zur Beratung holen (58–62a), während in der Vita nur gesagt wird *Audiens haec praefectus vocauit patrem eius* (Kap. 2). Nachdem die beiden Männer nochmals als sündenbeladene Heiden bezeichnet worden sind (64b–65), bringt Eleusius, erregten Sinnes (67), seine Klage vor. Er fühlt sich entehrt durch die Verachtung, die das Mädchen seiner Liebe vor allem Volk (74) entgegengebracht hat. Die Passio hat hier keine wörtliche Rede, sondern summiert nur *dixit ei omnia verba quae ei mandauerat Juliana* (Kap. 2). Die Reaktion des Vaters (schon im Lateinischen *cum magno furore*, ebd.) wird intensiviert (78–79, 90). In seiner ersten Rede an die Tochter spricht er liebevoll zu ihr und sucht sie – über die Vorlage hinausgehend – unter Hinweis auf den Vorteil einer Heirat mit dem mächtigen und reichen Eleusius zur Vernunft zu bringen. Auf ihre Weigerung folgen heftige (im lateinischen Text fehlende) Wutausbrüche (117–118, 140–141, 158), bevor er sie den Auspeitschern und dann dem Präfekten übergibt.

Ähnliches gilt für die Zornesäußerungen des Eleusius bei den folgenden Verhören und Marterungen. Seine drohende Haltung vor allen Leuten wird betont (184–186). Er verlacht und verhöhnt die Gepeitschte (189) und hält eine wesentlich längere Mahnrede als in der lateinischen Fassung (190–208), wobei er von seinem Standpunkt aus ihre innere Haltung als blasphemisch, hartnäckig und streitsüchtig beklagt und seine eigene Situation nicht wie in der Vita mit der Abhängigkeit vom Kaiser kennzeichnet, sondern als innere Zwangslage darstellt, in welche ihn ihre feindseligen Lästerreden gegen die Götter brächten, die nur mit den schwersten Strafen geahndet werden könnten. Als sie ihm widersteht, ist er beschämt über seine Unfähigkeit, ihren Sinn zu wenden, und er läßt sie deshalb an den Haaren aufhängen und auspeitschen. In der lateinischen Fassung heißt es stereotyper, ohne Blick für die spezifische Situation „vor allen Leuten", *commotus ira* (Kap. 4).

Äußere und innere Bewegung um Juliana steigern sich zu einem Höhepunkt bei dem erfolglosen Versuch, sie durch Feuer und dann durch flüssiges Blei zu töten. Nachdem der Engel des Herrn auf ihr (im Gedicht nur in den letzten Versen erhaltenes) flehentliches Bittgebet das Feuer zerteilt hat, in welchem sie unversehrt steht und Gott lobt, wird nicht wie in der Passio gleich vom wütenden Schnauben des Präfekten gesprochen, sondern seine innere Verfassung wird ironisch beleuchtet (569–570): „das konnte der Mächtige schwer ertragen – wenn er es nur vor der Welt zu wenden vermöchte!" Die Vorkehrungen für das Bleikochen werden detaillierter als im lateinischen Text gegeben und mit dem Angriff des Dämons verbunden, der die Weisungen dazu gibt und Kriegsgesänge anstimmt. Die Bewegung geht in atemberaubende Hast über, die sich in der schnellen Folge der immer neuen Handlungsschritte (durch die viermal – 553, 563, 577, 589 – gesetzte Konjunktion *ða* gekennzeichnet) und in einer intensiven Wortgebung (*bælfira mæst*, 579, *ymbboren mid brondum. Bæð hate weol*, 581, *ofestlice*, 582, usw.) ausspricht. Als Juliana, die Sünden- und Schuldlose, wie es im Kontrast zur aufflammenden Wut des Eleusius heißt, in das kochende Metall gestoßen worden ist, da teilen sich die Flammen, das Blei springt weit und hoch heraus und ereilt, heiß und gierig, in seinem gewaltigen Lauf (587) die Erschreckten. Die Heilige aber steht unversehrt in der Glut und lobt Gott, wobei ihre erhabene und überlegene Ruhe durch das zweimal ausgedrückte *stod* (589, 592) mit der turbulenten Bewegung um sie herum kontrastiert wird. Eine ähnliche Konfrontierung findet sich an anderer Stelle auch in der Vita,[21] jedoch werden dort die Kontraste nicht so gegeneinander gesteigert, und die wilde Bewegung nach der Errettung Julianens ist nur eine Teilreaktion neben anderen. Bei Cynewulf dagegen kommt der Präfekt nach der Enthauptung der Heiligen nicht zufällig auf der Seereise um (wie im lateinischen Text), sondern er wird vor Entsetzen hinaus auf die See getrieben und lange Zeit auf den Wellen herumgestoßen. Schließlich werden er und seine Begleiter vom Tode und den Wellen weggespült in die Hölle, die sie, wie es heißt, freudenlos suchten, in welcher es aber niemandem nützt, vom Anführer Gaben zu erwarten (671–688a). Die eine Schreckensbewegung verläuft also als eine, wenn auch verschlungene Linie bis zum Endpunkt. Dagegen wird die Heilige, wie Cynewulf verdeutlichend hinzufügt, unter Lobgesängen zu Grabe getragen (688b–695a). Kontrastierung und vielgestaltige Bewegung sind Vergegenwärtigungen der gewaltigen Wirkung, die von der Heiligen ausgeht. Die Tendenz, mehr die Spiegelung des Geschehens als dieses selbst zu geben, die für die hochmittelalterliche Hagiographie kennzeichnend werden sollte, deutet sich an, bleibt aber noch an die Darstellungen kurzer, dynamischer Verläufe gebunden. Diese entsprechen dem erregten und auf kleine Einzelszenen sich konzentrierenden Linienstil der Psalter von Utrecht und Canterbury.[22]

Im ganzen wird man sagen müssen, daß Cynewulfs *Juliana* kein sehr einheitliches Werk ist. Nur stellenweise und mehr am Rande wird jene vertiefende Darstellung spürbar, die aus der Tradition der altgermanischen Dichtung heraus möglich war. Eine Martyrerpassion, die aus der Perspektive der zeitgenössischen Heiligenverehrung das Bild der siegreichen Kämpferin zeigen mußte, bot offenbar nicht dieselben Möglichkeiten einer eindringlichen Umgestaltung wie ein von Versuchungen heimgesuchtes Einsiedlerleben oder das epische Geschehen der *Elene*. Dennoch zeigt sich auch in *Juliana* eine formgeschichtlich interessante Berührung von hagiographischer, liturgischer, homiletischer und altgermanischer Stilüberlieferung.

---

[21] Vgl. oben S. 110.
[22] Vgl. unten Abb. 3 (Taf. II) und oben S. 86, 117 u. 118f.

5. Cynewulfs "Elene"

Neben dem ins Lyrisch-Elegische spielenden *Guthlac B* kann die mehr episch gehaltene Darstellung der *Elene*[23] wohl als die künstlerisch gelungenste altenglische Bearbeitung eines Legendenstoffes bezeichnet werden. Es handelt sich um die Geschichte von Helenas Auffindung des wahren Kreuzes in Jerusalem, die nach F. Holthausens Untersuchungen im wesentlichen auf Versionen der *Vita Quiriaci* zurückgeht.[24] Zunächst wird von Kaiser Konstantin erzählt, der auf die Kampfansage barbarischer Stämme mit seinem Heer an die Donau zieht, angesichts ihrer überlegenen Schar aber Furcht empfindet. Die nächtliche Vision eines Kreuzes, das die Aufschrift "In hoc signo vinces" trägt, stärkt seinen Mut. Er läßt ein Kreuz derselben Art anfertigen und dem Heere vorantragen. Wo das Zeichen auftaucht, weichen die Feinde zurück. Nach dem Sieg zieht der Kaiser Erkundigungen über das Kreuz ein, und ein paar Christen können ihm die Wahrheit darüber sagen; er bekehrt sich und wird getauft. Dann schickt er seine Mutter Helena mit großem Gefolge nach Jerusalem, um das Kreuz aufzufinden. Sie zitiert 3000 der gelehrtesten Juden zu einer Ratssitzung, um von ihnen etwas über den Tod Christi zu erfahren, jedoch verhehlen sie, was sie wissen. Schließlich erklärt sich der Weiseste von ihnen, ein gewisser Judas, nach wiederholten Verhören und nach siebentägiger Einkerkerung – während welcher ihm die Überzeugung von der Wahrheit des Christentums gekommen ist – bereit, den Weg zur Hinrichtungsstätte zu weisen. Drei Kreuze werden entdeckt, unter denen das des Herrn an seiner Wunderkraft als das rechte erkannt wird. Die Kaiserin läßt auf dem Kalvarienberg eine Kirche errichten und dort das Kreuz aufbewahren. Vom Glauben des Judas gerührt, läßt sie den Papst kommen, der den Juden tauft und als Cyriakus zum Bischof von Jerusalem weiht. Auf dessen Gebet hin findet die Kaiserin auch die Kreuzesnägel und schickt sie Konstantin, damit er sie am Zügel seines Pferdes führe und so siegreich gegen seine Feinde ziehen könne.

Dieser geschehnisreiche Stoff eignete sich vorzüglich zur Bearbeitung in der Art des heimischen Heldenepos und konnte fast ohne inhaltliche Veränderung übernommen werden. Höhepunkte der poetischen Stilisierung sind, wie die Forschung seit langem herausgestellt hat,[25] die breite, dynamisch bewegte Schilderung der Schlacht (Sammlung der feindlichen Massen, dann Kampf und Sieg 18b–53, 105–143), die Einschiffung und Meerfahrt Helenas (212–275, offensichtlich von ähnlichen Passagen in

---

[23] Ed. G. P. Krapp, *The Vercelli Book*, N. Y. 1932, S. 66–102 (Zitate nach diesem Text); F. Holthausen, *Cynewulfs Elene*, Heidelberg (1905) rev. ⁴1936; P. O. E. Gradon, *Cynewulf's Elene*, Lo. 1958.

[24] *BHL* 7022, 7023, ed. *Acta SS.*, Mai I, (3. Aufl.), S. 450–455; vgl. den aus verschiedenen Überlieferungszweigen zusammengesetzten lat. Text in Holthausens Ausgabe sowie die dort und bei Gradon, S. 15–22, gegebene Übersicht über die Relationen der lat. Fassungen.

[25] Vgl. u. a. Holthausens Ausgabe, S. XIII.

Beowulf, 240 ff., beeinflußt) sowie der Epilog. Der mittlere Teil der Dichtung (etwa 300–900) zeigt mehr Übereinstimmung mit dem lateinischen Text.[26] Charakteristisch ist das Hin- und Hergleiten zwischen schilderndem Bericht und Ruhmrede (z.B. 238 ff.), aber stilbestimmend bleibt die energische Bewegung des Ganzen. Das zeigt u. a. die zunächst ausgangsungewisse Darbietung der Wunder auf dem Kalvarienberge (803–893), bei denen abgewartet werden muß, ob der Rauch aus der Erde emporsteigt, um den Judas gebetet hat. Sogar hinter der panegyrischen Worthäufung eines Gebetes läßt sich ein epischer Aufbau erkennen. Das große Gebet des Judas (725–802) gliedert sich in eine feierliche Anrufung Gottes (725–783), die eine epische Schilderung seiner Himmelsmacht und seines Heilswirkens ist, und in die Bitte (784–802) um ein Zeichen für den Aufenthaltsort des Kreuzes, was ebenfalls als bewegter Vorgang gegeben wird (792 b–795 a):

> *Forlæt nu, lifes fruma,*
> *of ðam wangstede wynsumne up*
> *under radores ryne rec astigan*
> *lyftlacende.*

Während der englische Bearbeiter hier genau seiner Vorlage folgt, geht er an anderen Stellen über sie hinaus, so wenn er die Gemütsreaktionen der Personen als Geschehensverlauf mit anschaulichen Einzelheiten mitteilt, z.B. die Freude Helenas über die Bekehrung und Weisheit des Judas (952 b–966) und ihre Rede an die Juden vor ihrer Abfahrt (1201–1217). Im hohen Mittelalter, z. B. im südenglischen Legendar, werden entsprechende Partien als ein gleichgetöntes Mitfühlen gegeben. Aus der *Elene* dagegen ließen sich beliebig viele Umsetzungen der oft nur knappen Angaben der Quelle in orts- und zeitbestimmte Handlungsphasen beibringen, die jeweils die vom Heiligen ausgehende Wirkkraft verdeutlichen. Dies gilt besonders für eine der germanischen Dichtungstradition gemäße Erweiterung, in welcher von dem schnellen Ausbreiten der Nachricht der Kreuzesfindung berichtet wird (967–1016). Zuerst wird in allgemeinen Wendungen das Eintreffen der ruhmreichen Kunde in aller Welt gepriesen, was den Juden Bestürzung, den Christen Freude gebracht habe. Dann wird unter Konzentration auf die menschliche Einzelsituation und ihre Emotionen berichtet, wie die Kaiserin ihrem Sohn „die größte der Freudenkunden" (983) durch Boten melden läßt (979 b–988 a), wie den Kaiser Freude über die „hehre Kunde" ergreift (988 b–998 a) und wie er die Boten zurücksendet mit dem Geheiß, eine Kirche auf dem Kalvarienberg zu bauen (998 b–1014 a), was von Helena ausgeführt wird.

Dieser Passus zeigt außerdem, daß Cynewulf beim Einsatz seiner Stilmittel primär den Ruhm und die Verehrung des Kreuzes betont, dem sich – wie er herausstellt – sogar der mächtigste Kaiser der Welt beugt. Dieser

---

[26] Vgl. O. Glöde, *Untersuchungen über die Quelle von Cynewulfs Elene*, Rostock 1885, S. 47.

wird als Vorbild des christlichen Herrschers und Kriegsmanns gepriesen. Seine und seiner Mutter Macht und Würde und ihre Unterordnung unter Gottes Gesetz werden immer wieder verdeutlicht. So heißt es etwa in dem eingangs gegebenen Herrscherlob (11–18a) von Konstantin (13b–15a):

> *He wæs riht cyning,*
> *guðweard gumena.   Hine god trymede*
> *mærðum ond mihtum.*

In der lat. Überlieferung wird knapp und im Zusammenhang mit der Zeitangabe von *magno viro Constantino* gesprochen. Die altenglische Fassung sagt nach seinem Sieg über die Feinde, daß er täglich das Gesetz des Herrn kündete und daß er, „der Eschenberühmte und Unfeige, der Goldfreund der Männer", sich in den Dienst Gottes fügte (198–202a). Entsprechend heißt Helena „Siegfrau" (*sigecwen*, 260) und „schöngekleidete Kampffrau, geschmückt mit Gold" (*geatolic guðcwen golde gehyrsted*, 331); sie „harrt in Majestät auf dem Königsthron" der eintretenden Juden (329f.). Über allem aber ist das Preisen des machtvollen Kreuzes hörbar. Bei der Kampfschilderung fliehen die Hunnen – wie es in Erweiterung der lat. Überlieferung heißt – jählings vor dem hochgehobenen „heiligen Baum" (127b–129):

> *Flugon instæpes*
> *Huna leode, swa þæt halige treo*
> *aræran heht Romwara cyning,*

und nach der Schlacht wird noch einmal im Anschluß an den lat. Text gesagt (144–147):

> *þa wæs gesyne þæt sige forgeaf*[26a]
> *Constantino cyning ælmihtig*
> *æt þam dægweorce, domweorðunga,*
> *rice under roderum, þurh his rode treo.*

Dies ist die erbauliche Verdeutlichung im Stil der altgermanischen Dichtung. Es paßt zu dieser Tendenz, daß Hinweise auf die Heilsgeschichte ausführlicher gegeben werden (176–188). Die Macht Christi wird hervorgehoben durch ihre Gegenüberstellung mit dem Zornesausbruch Satans über die Bekehrung des Judas (902–933, 939–952). Die Gründe für den Tod des Stephanus (491) und die Bekehrung des Saulus (474–489) werden genau angegeben, um damit den Blick auf die göttliche Lenkung und den tiefen Sinn des äußeren Geschehens zu richten. Der erzählende Teil schließt mit einem – über die Vorlage hinausgehenden – missionarischen Werben für das Fest des heiligen Kreuzes. Allen, die das Kreuz des mächtigen Herrn der Welt ehren, soll das Tor der Hölle verschlossen und das des Himmels geöffnet sein (1228b–1235).

[26a] Hier und im folgenden mußte aus satztechnischen Gründen auf die in den Quellen am Zeilenanfang gelegentlich verwendeten Majuskeln für þ und ʒ verzichtet werden.

Aber diese erbauliche Betonung erfolgt nicht einseitig von außen her, aus der Perspektive des lobredenden und mahnenden Predigers (wie in *Guthlac A)*, sondern – wie schon an einigen Beispielen deutlich wurde – vorzugsweise über die Darstellung der Gefühle der Personen und ihrer inneren Einstellung zum Geschehen.[27] Hiermit wird der künstlerisch ansprechendste Zug der germanischen Heldendichtung – die Konzentration auf seelisch bewegte Augenblicke der Entscheidung – nutzbar gemacht, wenn es bei der äußeren epischen Geschehnisfülle des Stoffes auch nicht in dem Maße wie in der Felixschen *Vita Guthlaci* geschieht. Aber vergleichbar sind doch Guthlacs nächtliches Reflektieren, das zur Abkehr von den Kriegszügen führt, und Konstantins Erwachen sowie seine Vision des Kreuzes. Der lateinische Text sagt nur: *Ea vero nocte, veniens vir splendidissimus suscitavit eum et dixit.*[28] Die altenglische Fassung gibt in anschaulicher Ortsbezogenheit und vor allem in phasenhaft lebendiger Gliederung des Erlebens die Situation des Schlafens, das erste Wahrnehmen der Vision – die dem Kaiser strahlender erscheint als alles andere, was er je gesehen hat –, das Aufschrecken aus dem Schlafe und das plötzliche Schwinden der Schatten der Nacht, als der himmlische Bote ihn beim Namen ruft (69–78). Nach dessen ausführlich wiedergegebener Aufforderung, zum Himmel zu blicken (79–85a), heißt es, daß Konstantin bereit war, seine Brust öffnete und nach oben blickte (85b–88a) – ähnlich wie Guthlac bei Felix sich von einer Flamme im Innersten getroffen fühlt. Der lateinische Text sagt hier nur: *Et intendens in caelum vidit.*[29] Auch die Schilderung des leuchtenden, gold- und edelsteingeschmückten Baumes über den Wolken ist eindringlicher als im Lateinischen, der in demselben Manuskript überlieferten Vision in *The Dream of the Rood*[30] vergleichbar. Hinzu kommt, daß die Szene in ihrer äußeren wie inneren Bewegung zum Abschluß gebracht wird, so daß eine in sich geschlossene Episode entsteht, ähnlich den vielen Teildarstellungen der Psalter-Illustrationen von Utrecht und Canterbury. Das Licht und der Bote steigen aufwärts zu den himmlischen Heerscharen. Die Sorge des Kaisers, die ihn beim Heranstürmen der feindlichen Scharen befiel (61b–68), schwindet, und die durch die Vision geschaffene neue Gemütsverfassung, die große Freude, tritt an ihre Stelle (945–997). Das Umschlagen der Stimmung ermöglicht es auch dem Hörer, die Wirkung der Kreuzesmacht unmittelbar mitzuerleben.

Ähnlich wird die Freude, welche die Menschen ergreift, an verschiedenen Stellen ausgedrückt (z. B. 194ff., 246f., 289f., 849f., 988b–992a). Während in der lateinischen Fassung Helena die Nägel *cum magno timore* empfängt,

---

[27] Hierauf weist schon E. Groß, *Das Wunderbare im altenglischen geistlichen Epos*, Diss. Frankfurt a. M. 1940, S. 106–108, hin.

[28] Zitiert nach F. Holthausen, a.a.O. S. 3.

[29] Ebd. S. 4.

[30] Ed. G.P. Krapp, a.a.O., und B. Dickins u. A. S. C. Cross, *The Dream of the Rood*, London (1939) rev. 1954.

128

wird in der altenglischen Bearbeitung stärkste Freude ausgedrückt (1131b bis 1138a). Das Gegenbild dazu ist die Niedergeschlagenheit der Juden, wenn sie zur Versammlung erscheinen oder sie verlassen (320, 377f., 555, 560). Bei Judas ergibt sich wie bei Konstantin ein Gefühlsumschlag von Trauer in Freude. Während das Lateinische nur sagt *Iudas dixit*, wird der Heldenliedtradition gemäß die (in diesem Falle allerdings nur scheinbar) ausweglose Situation beleuchtet, in der er sich zu entscheiden hat und die ihn mit tiefem Kummer erfüllt (627–631). Seiner anfänglichen Standhaftigkeit (682b–683a) wird sein durch siebentägiges Hungern im Kerker geschwächter Zustand (691b–698) gegenübergestellt – was beides im lateinischen Text fehlt. Um so eindringlicher ist der Kontrast zu seiner Freude, als er das heilige Zeichen, das *wuldres wyndean*, in der Erde entdeckt und in die Hand nimmt (839-844a). Auch die lateinische Fassung sagt hier *laetus* und etwas später *magno gaudio repletus*, aber doch nicht in dem bewegten Wechsel von der einen zur anderen Stimmung. Ferner werden in der altenglischen Fassung des Judas tiefes Nachsinnen und seine Weisheit in einer an die Guthlac-Vita erinnernden Weise verstärkt (588b–597, 881a, 934–938). Die Freude und das eifrige, ernste Nachdenken sind Zeichen für den Glauben, den der Zuhörer, da es sich um ein inneres Verhalten handelt, unmittelbar und erbaulich miterleben kann.

Das ist noch mehr der Fall in dem stark subjektiv getönten, frommen Epilog des Autors (1236–1321). Hier bezeichnet er – in der Einkleidung einer Altersklage über die Torheit der Jugend und die Vergänglichkeit der Welt – seine Dichtkunst als eine Gabe, die ihm erst in späten Jahren und zusammen mit seiner geistigen Erleuchtung von Gott verliehen worden sei. Er konfrontiert die Empfindungen seines vergangenen Lebens mit der jetzigen Einsicht in die Unbeständigkeit des Irdischen, und er schließt mit einer Vision des letzten Gerichts. Diese Gedanken wie auch der stark persönliche Ton, der die zentralen Gefühle und Willensrichtungen bestimmter Lebensaugenblicke hervorhebt, lassen sich in der Tradition der christlich-germanischen Dichtung belegen.[31] Der Passus ist als wirkungsvolle, mitreißende Mahnung an die Hörer, nicht autobiographisch gemeint.

Wie hier werden stets die Einzelelemente der Darstellung, einschließlich der farbigen Schilderungen und Reden, nicht um ihrer selbst willen gebracht, sondern in der Absicht, dem religiösen Anliegen einen künstlerisch starken Ausdruck zu verleihen. Die Spiegelung und Verdeutlichung des im Geschehen sich äußernden Heiligen ergänzt den eigentlichen Ereignisbericht, bleibt aber in vorganghafter Bewegung, die sich wie in *Guthlac B* und *Juliana* in mehreren dramatisch pointierten Episoden ausdrückt. Dabei erreicht *Elene* einen Grad ästhetisch-geistiger Geschlossenheit, den, abgesehen von *Guthlac B*, keines der anderen altenglischen Legendenepen oder -gedichte aufweist.

---

[31] Vgl. Gradon, a.a.O. S. 20–22.

Die vorstehende ₁Wertung bestätigt der altenglische *Andreas*,[32] von dem schon Brandl, allerdings in positivem Sinne, sagt, daß ihm „die Abenteuerlust des hellenischen Romans [...] aus allen Falten des christlichen Gewandes" sehe,[33] und den Kennedy zusammen mit der altenglischen Judith dem Typus der "religious heroic tale" zuordnet.[34] Schon der Stoff – die abenteuerliche Seereise des Apostels zu den Menschenfressern mit dem Ziel, Matthäus aus deren Gewalt zu befreien und sie schließlich durch seine Wunderkräfte zu bekehren, – mußte einer Steigerung der äußeren Effekte entgegenkommen. Aber offenbar war der Autor auch seinerseits mehr um abenteuerliche und wortstilistische Wirkungen als um das Sichtbarmachen geistlicher Substanz bemüht. Dabei gelingen ihm farbige und wirkungsvolle Einzelheiten.[35] Unbefriedigend ist jedoch, daß die aufwendigen Schilderungen mitunter um ihrer selbst willen und ohne rechte Verbindung mit der Situation gebracht werden. So ziehen z. B. die Myrmidonen dem Matthäus entgegen wie eine Armee gegen eine andere (45 ff.); als sie sich bereit machen, um nach ihren Gefangenen zu sehen, werden sie beschrieben wie ein Heer, das sich zum Treffen rüstet (125 b ff.). Auch die kämpferische Entschlossenheit des Andreas (z. B. 230 ff.) paßt nicht immer in den Zusammenhang. Die eindringliche Schilderung der bitterkalten Nacht während seiner Gefangenschaft ist zwar eine glänzende Probe der Stilkunst des Verfassers, steht aber isoliert im Ganzen – im Gegensatz zu *Guthlac B* oder Felix' *Vita Guthlaci*, wo die Schrecken der Nacht unmittelbar auf die Versuchungen und Ängste der Seele bezogen werden. Auch die der kriegerischen Welt verhaftete Bildersprache und die z. T. einprägsamen Personifikationen[36] erreichen nicht die dort gegebene expressive Kraft. Im *Andreas* fehlen, wie schon Gerould hervorhebt,[37] ein einheitlicher Gesamtplan und eine zentrale Erbauungstendenz. Das Streben ist ausschließlich auf wirkungsvolle literarische Ausformung der in der angel-

---

[32] Ed. G. P. Krapp, a.a.O. S. 3–51. Über die Quellenverhältnisse aufgrund der erstmalig von F. Blatt edierten lateinischen Fassungen (*Die lat. Bearbeitungen der Acta Andreae et Matthiae apud anthropophagos*, Gießen-Kopenhagen 1930) vgl. zuletzt C. Schaar, a.a.O. S. 12–24.

[33] „Englische Literatur" (Altenglische Zeit), a.a.O. S. 1039.

[34] LA.a.O. S. 267–281.

[35] Vgl. etwa die Darstellung der Apostel als einer Schar tapferer und berühmter Krieger (7 ff.), die kämpferische Entschlossenheit des Andreas (405 ff.), den Abschied der Myrmidonen vom Apostel, der wieder über das Meer fährt (1706–1722), die Schilderung der Morgendämmerung (123 ff., 241 b ff., 835 ff.), der Nacht und vor allem des Sturms (369 b–380 a).

[36] Der Haß (768–770) wird mit dem „tödlichen Gift des Drachen oder der Schlange" verglichen, der Hunger (1087 f.) ist ein „blasser Tischgenosse", Frost und Reif sind „graue Kämpfer, die zur Schlacht schreiten" und die Heimat der Krieger in wintrige Bande schlagen.

[37] *Saints' Legends*, S. 86.

sächsischen Dichtungsüberlieferung beliebten Einzelmotive gerichtet. Während Felix im Vorwort zur *Vita Guthlaci* betont, daß er von Anfang bis Ende erzählen wolle, sagt nun der Verfasser umgekehrt, daß er beabsichtige, sich auf einige kurze Teile der Geschichte zu beschränken (1478ff.). Ähnlich wie *Guthlac A* und *Guthlac B*, aber äußerlicher, gibt er die weit ausholende Behandlung von Einzelpartien nach Art der alten Heldenliedtradition, nicht eine geschlossene Vita, und es lassen sich eine Reihe von Parallelen zum *Beowulf* nachweisen.[38] Für eine Geschichte der englischen Heiligenlegende steht das Stück am Rande und überschreitet eigentlich schon den Formenbereich des Hagiographischen.

III. Die erste englische Sammlung von Heiligenleben: Aelfrics *Lives of the Saints* (Ende des 10. Jhs.)

Mit der Reformation des verweltlichten Klerus und der Mönchsorden unter Dunstan und Aethelwold nach dem Beispiel der cluniazensischen Klöster, besonders Fleurys, setzte eine rege kirchliche, wissenschaftliche und künstlerische Tätigkeit in England unter dem verstärkten Einfluß kontinentaler Vorbilder ein.[1] Literarisch kam sie besonders der geistlichen Prosa in Homilie und Heiligenleben zugute, die sich nun wesentlich stärker als zur Zeit Cynewulfs an der Klarheit der lateinischen Muster orientiert.

In diese Zeit fallen die ernstgehaltenen *Blickling Homilies*,[2] die wahrscheinlich in den siebziger Jahren des 10. Jhs. entstanden sind. Es handelt sich um neunzehn, teilweise nur fragmentarisch erhaltene Stücke, von denen die ersten reine Homilien auf die Erlösungsgeschichte von Weihnachten bis Pfingsten und Mariä Himmelfahrt sind, die letzten erzählend dargestellte Heiligenpredigten auf Johannes den Täufer, Petrus und Paulus, Michael, Martin und Andreas. Diese Sammlung läßt in einigen glänzenden Beschreibungen – wie der des Berges Olivet (Nr. XI, Himmelfahrt) oder des Jüngsten Gerichts (Nr. VII, Ostern) – und in ihrer oft eindringlichen Metaphorik das Einwirken der poetischen Tradition der

---

[38] Vgl. Kennedy, a.a.O. S. 268–269.

[1] Vgl. F. M. Stenton, *Anglo-Saxon England*, Oxf. 1943, Kap. XIII "The Tenth Century Reformation" und die dort angegebene Literatur. Zur Entwicklung der Buchmalerei vgl. O. Homburger, *Die Anfänge der Malschule von Winchester im 10. Jahrhundert*, 1912; F. Wormald, *English Drawings of the Tenth and Eleventh Centuries*, Lo. 1952; Margaret Rickert, *Painting in Britain. The Middle Ages*, Lo. 1954, S. 33–58 (mit weiteren bibliogr. Hinweisen). Ein anschauliches Zeit- und Lebensbild gibt E. S. Duckett, *Saint Dunstan of Canterbury*, Lo. 1956.

[2] Ed. R. Morris, *The Blickling Homilies of the Tenth Century*, EETS. OS. 58, 63, 73.

Angelsachsen erkennen.[3] Jedoch zeichnet sich ebenso die für die weitere Entwicklung entscheidende Orientierung am klaren Berichtstil der lateinischen Hagiographie ab. Die kurze und anspruchslose Darstellung des Andreas-Lebens (Nr. XIX, auch in C.C.C.C. Ms. 198 als Einzelstück erhalten) zeigt im Vergleich zum epischen *Andreas* des 8. bis 9. Jhs. den formgeschichtlichen Wandel. In der syntaktischen Verknüpfung noch unsicher, schließt es sich wie die anderen Stücke eng an die Vorlagen an.

1. *Verwendungszweck und Erbauungstendenz der Aelfricschen Heiligenleben*

Eine entschiedenere Hinwendung zur lateinischen Hagiographie, allerdings mit einem auf Verdichtung und Verdeutlichung gerichteten Stilwillen, repräsentiert Aelfric, Mönch zu Winchester und Cerne und (seit 1005) Abt von Eynsham, der um 1020 starb. Sein Ruhm als größter englischer Prosaschriftsteller seiner Zeit[4] gründet auf seinen *Homiliae Catholicae*[5] (990–994), zwei Sammlungen von je vierzig Predigten für das Kirchenjahr (nach den Vätern, vornehmlich Gregor und Beda), und auf den in rhythmischer, alliterierender Prosa geschriebenen *Lives of the Saints*[6] (ca. 996), die hier genauer zu untersuchen sind. Auch diese Sammlung umfaßt in ihrem besten Manuskript (B. M. Cotton Julius E. VII), wenn man einige nichthagiographische Teile mitrechnet, vierzig Stücke. Das Verzeichnis enthält bereits einige englische Heilige wie Alban, Aetheldred, Swithun, Oswald, Edmund und Sigwulf und neben anderen Heiligenleben Homilien für einzelne Feste Christi, einen Auszug aus dem Buch der Könige und die Passion der Makkabäer, die als alttestamentliche Martyrer verehrt wurden. Die Anordnung ist die des kirchlichen Jahres, einsetzend allerdings mit dem Weihnachtsfest statt mit dem ersten Adventssonntag und abschließend mit dem Leben des Apostels Thomas.[7]

Über den Verwendungszweck der Sammlung hat Aelfric sich mehrfach geäußert. Er habe in den beiden früheren Büchern die Passionen und Leben derjenigen Heiligen behandelt, die das englische Volk an eigenen Fest-

---

[3] Vgl. auch C. Brown, "Beowulf and the Blickling Homilies, and Some Textual Notes", *PMLA* 53 (1938), S. 905–916.

[4] Vgl. M.M. Dubois, *Aelfric. Sermonnaire, Docteur et Grammairien*, Paris 1943; R. W. Chambers, *On the Continuity of English Prose from Alfred to More and his School*. Einleitung zu "Nicholas Harpsfields' Life of More", EETS. 186 und separat EETS. 186A, S. LXVIII; D. Knowles, *The Monastic Order in England*, Cambr. ³1950, S. 48.

[5] Ed. B. Thorpe, *Homilies of the Anglo-Saxon Church*, 2 Bde., Aelfric Society, London 1844–46. Über Aelfrics eigene Überarbeitung der Manuskripte vgl. K. Sisam, "MSS Bodley 340 und 342. Aelfric's Catholic Homilies", *Studies in the History of Old English Literature*, Oxf. 1953, S. 148–198.

[6] Ed. in 4 Teilen W. W. Skeat, EETS. OS. 76, 82, 94, 114 (1881–1900); zur Reihenfolge der früheren Werke Aelfrics vgl. K. Sisam, a.a.O. S. 298–301.

[7] Zu Quellenfragen vgl. J. H. Ott, *Über die Quellen der Heiligenleben in "Aelfrics Lives of Saints"*, I, Diss. Halle 1892; G. Loomis, "Further Sources of Aelfric's Saints' Lives", *Harvard Studies in Philology* 13 (1931).

tagen feiere;[8] nun wolle er solche folgen lassen, die nicht allgemein von der Kirche, wohl aber von den Mönchen in besonderen Offizien verehrt würden.[9] Allerdings schließt er subtilere Stoffe wie die *Vitae patrum* (also Asketenleben mit ihren vielen Versuchungen und extremen Bußübungen) aus mit der Begründung, daß er selbst und die Mönche sie nicht ganz zu ergründen vermöchten und daß man diese „Perlen Christi" der Mißachtung aussetze, wenn man sie den Laien vorlege.[10] Aelfric gibt den Martyrerpassionen als eindeutigen Vorbildern einer tapferen Glaubenszeugenschaft den Vorzug. Das tatenreiche Wirken großer Äbte und Bischöfe behandelt er nur gelegentlich (z. B. Benedikt und Cuthbert in der zweiten Homiliensammlung). Er selbst sagt, daß nichts so sehr geeignet sei, den matt gewordenen Glauben wiederaufzurichten, wie die Passionen der Martyrer.[11]

Damit ist auch die zentrale Erbauungstendenz genannt. Es geht – wozu die verweltlichte englische Kirche des 10. Jhs. genügend Anlaß bot – um die Entfachung des Eifers zu strenger Tugendübung durch das Beispiel der Heiligen, um „Erbauung auf den Glauben hin".[12] Derselbe Gedanke wird im englischen Vorwort der Sammlung ausgedrückt[13] und im *Sermo de Memoria Sanctorum* (Nr. 16, 9–12) detailliert:

We magon niman gode bysne.
ærest be þam halgum heah-fæderum.
hu hi on heora life gode gecwemdon.
and eac æt þam halgum þe þam hælende folgodon.

Als Vorbilder werden genannt: die Martyrer, die lieber ihr Leben als den Glauben aufgaben; die Väter, die den wahren Glauben mit Gottes Hilfe formulierten; die sehr enthaltsam lebenden Bischöfe; die weisen, in Keuschheit lebenden Priester; viele vorbildliche Mönche und reine dem

---

8 Vgl. *Praefatio*: "passiones uel uitas sanctorum ipsorum, quos gens ista caelebre colit cum ueneratione festi diei" (EETS. OS. 76, S. 2, Z. 6f.). Da es sich bei diesen Bearbeitungen um reine Predigten handelt, werden sie hier nicht herangezogen.

9 "et placuit nobis in isto codicello ordinare passiones etiam uel uitas sanctorum illorum quos non uulgus sed coenobite officiis uenerantur" (ebd. Z. 7ff.).

10 "Nec tamen plura promitto me scripturum hac lingua, quia nec conuenit huic sermocinationi plura inseri; ne forte despectui habeantur margerite christi. Ideoque reticemus de libro uitae patrum, in quo multa subtilia habentur quae non conueniunt aperiri laicis, nec nos ipsi ea quimus implere" (ebd. Z. 9ff.); vgl. zu der Wendung *Margaritae Christi* Matth. 13, 44ff.: "Simile est regnum caelorum thesauro abscondito in agro [...] Inventa autem una pretiosa Margarita, abiit, et vendidit omnia, quae habuit, et emit eam" (*Evangelium* in dem 2. *Commune Virginum* des heutigen *Missale Romanum*).

11 "Illa uero que scripturus sum suspicor non offendere audientes, sed magis fide torpentes recreare hortationibus, quia martyrum passiones nimium fidem erigant languentem" (EETS. OS. 76, S. 2, Z. 14ff.).

12 "aliis prodesse edificando ad fidem lectione huius narrationis quibus-cumque placuerit huic operi operam dare, siue legendo, seu Audiendo; quia estimo non esse ingratum fidelibus" (ebd. Z. 2ff.).

13 "eowerne geleafan to getrymmenne" (ebd. S. 4, Z. 39f.) und "ac we woldon gesettan be sumum þas boc. mannum to getrymminge" (ebd. S. 6, Z. 70–71a).

Dienste des Herrn ergebene Mägde. „Alle diese wohnen nun um ihrer Reinheit willen *(for heora clænnysse)* mit Christus in ewiger Freude.“[14] Die asketischen Gedanken der Reformbewegung des 10. Jhs. werden in der abschließenden moraltheologischen Belehrung und Mahnung noch deutlicher. Im Hinblick auf das nahe Ende der Zeiten ruft Aelfric dringlich zur schnellen Abkehr von den Versuchungen des Teufels auf, der gerade jetzt so furchtbar wüte. Nach Nennung der drei Kardinaltugenden zählt er acht Hauptsünden auf, dann acht Haupttugenden, mit welchen jene überwunden werden könnten, und greift in einem kurzen Schlußwort nochmals den Gedanken des Kampfes auf: mit diesen Tugenden sei es möglich, gegen die vom Teufel gesäten Sünden anzugehen, man müsse aber tapfer kämpfen *(gif we cenlice feohtað,* 379b) und sich anstrengen *(gif we swincað nu hér,* 381b).[15]

Neben dieser Mahnung wird die Hoffnung auf Fürbitte der Heiligen bei Gott nur kurz als persönliches Anliegen des Autors genannt.[16] Sie hat noch nicht die zentrale Stellung, die sie in vielen hoch- und spätmittelalterlichen Legenden einnimmt. In den Wundern der Heiligen wird immer wieder, der ehrfürchtigen Frömmigkeitshaltung des Frühmittelalters gemäß, das Wirken der Allmacht Gottes betont.[17] Die Wunder, die Gott mittels seiner Heiligen wirkt, gereichen nicht so sehr ihnen als ihm zum Ruhme: *and his halgena wundra / wurðiað hine. forþan þe hé worhte þa wundra þurh hí* (57b–58). Gott wird einem irdischen König verglichen. Wie diesem ein zahlreiches Gefolge zukomme, so wähle der himmlische Herr zur Ausführung seines Willens heilige Diener aus *(halige þenas,* 64); über einige von ihnen, deren Zahl unübersehbar sei, wolle er, Aelfric, schreiben.[18]

2. Aelfrics Formwille

Die homiletische Blickrichtung bewirkt einen Erzählstil, in dem sich der schlichte Geschehnisbericht mit Formen verbindet, die den geistlichen Sinn verdeutlichen und intensivieren. Zwar sagt Aelfric generell, daß er aus dem Lateinischen übersetze[19] – er übernimmt also die vorgegebenen hagiographischen Formen –, aber er hebt doch einige Punkte hervor, die seinen eigenen Formwillen kennzeichnen. Der erste betrifft die vereinfachende Behandlung des historischen Materials. Statt, wie die Vorlagen, jeweils

---

[14] EETS. OS. 82, S. 352, 217f.

[15] Vgl. zu den acht Hauptsünden M.W. Bloomfield, *The Seven Deadly Sins,* Michigan State College Press 1952, S. 112f. und Anmerkungen.

[16] "and to munde as sylfum. þæt hi us þingion to þam ælmihtigan gode. swa swa we on worulde heora wundra cyðað" (EETS. 76, S. 6, 71–73).

[17] z. B. ebd. S. 6, 53–58.

[18] Ebd. 59–70.

[19] Ebd. S. 2, Z. 1: "Hunc quoque codicem transtulimus de latinitate ad usitatam Anglicam sermocinationem."

von der Regierungszeit zweier Kaiser zu sprechen, habe er es, englischen Vorstellungen gemäß, vorgezogen, immer nur einen zu nennen.[20] Eine entsprechende Vereinfachung nimmt Aelfric auf allen Gebieten einschließlich des theologischen vor.[21] Zweitens bemüht er sich um eine Übertragung des Sinnes in eine „einfache und offenkundige Sprache", nicht um ein wörtliches Übersetzen.[22] Er schließt sich also einer im Wesen der Hagiographie liegenden und auf erbauliche Akzentuierung gerichteten Formtendenz an, die schon bei Gregor dominierte. Dazu tritt – wiederum wie bei Gregor – ein Bemühen um knappe Darstellung, wenn auch mit teilweise anderen Mitteln. Hierbei handelt es sich nicht um einen zufälligen Rückgriff auf das in der rhetorischen Überlieferung verankerte „Stilideal der Kürze",[23] sondern Aelfric verfährt mit einem feinen Sinn für die besondere Ausdruckskraft der gedrängten Form: Wenn er die längeren Partien lateinischer Viten kürze, so verliere die Darstellung dadurch nicht, sondern werde vielfach „um so würdiger".[24]

Diese Bemerkungen Aelfrics sind von größter formgeschichtlicher Bedeutung. Sie belegen sein Streben nach einem einfachen, aber sinnbildhaft auf das erbaulich Relevante hin verdichteten Stil,[25] dem er auch in seiner *Vita s. Aethelwoldi* folgt.[26] Es ist überraschend, daß trotz dieser Hinweise die

---

[20] "Unum cupio sciri hoc uolumen legentibus, quod nollem alicubi ponere duos imperatores siue cesares in hac narratione simul, sicut in latinitate legimus; sed unum imperatorem in persecutione martyrum ponimus ubique; Sicut gens nostra uni regi subditur, et usitata est de uno rege non de duobus loqui" (ebd. S. 2–4, Z. 17–21).

[21] Dorothy Bethurum, "The Form of Aelfric's Lives of the Saints", *S. P.* 29 (1932), S. 515–533, stellt für eine Reihe von Stücken fest, daß historisches Detail, geographische Namen und Dogmatisches weggelassen wurden.

[22] "Nec potuimus in ista translatione semper uerbum ex uerbo transferre, sed tamen sensum ex sensu, sicut inuenimus in sancta scriptura, diligenter curauimus uertere Simplici et aperta locutione quatinus proficiat Audientibus" (ebd. S. 4, Z. 22–25).

[23] Vgl. E. R. Curtius, a.a.O., Exkurs XIII.

[24] "Hoc sciendum etiam quod prolixiores passiones breuiamus uerbis, non adeo sensu, ne fastidiosis ingeratur tedium si tanta prolixitas erit in propria lingua quanta est in latina; et non semper breuitas sermonem deturpat sed multotiens honestiorem reddit" (ebd. S. 4, Z. 25–29).

[25] Vgl. zum Begriff des Sinnbildes oben S. 29f.

[26] *BHL* 2646, ed. J. Stevenson, *Chronicon monasterii de Abingdon*, Bd. II, RS., S. 255–266. Auch hier bezeichnet er die kurze, unrhetorische Erzählweise als die seine: "brevi quidem narratione mea, tum sed et rustica [...] huic stylo ingero" (Stevenson, a.a.O. S. 255). Auch C. L. White, "Aelfric. A new Study of his Life and Writings", *Yale Studies in English* 2 (1898), S. 157, sieht in der Vita "simplicity and directness" und "straightforward tone" (S. 158). D. J. V. Fisher, "The Early Biographers of St. Ethelwold", *Engl. Hist. Rev.* 67 (1952), S. 381–391, macht sehr glaubhaft, daß Aelfrics Vita eine Kurzfassung der Wulfstan zugeschriebenen längeren Version ist (*BHL* 2647, ed. Migne, *P. L.* 137, Sp. 81–104). Unter Hinweis auf ähnliche Kürzung der Quellen in den altenglischen Legenden kennzeichnet Fisher das Verfahren Aelfrics treffend: "He followed his original closely at those points where he deemed the matter essential to the narrative. Everything not immediately relevant to his purpose of telling a simple and edifying story he excised." (S. 391.)

Formen seines geistlichen Erzählens – im Gegensatz zu denen seines Sprachstils – nicht erforscht, sondern nur beiläufig und terminologisch ungenau charakterisiert worden sind. Horstmann nennt Aelfrics Heiligenleben nicht ohne Berechtigung „die erste Legendensammlung".[27] A. Brandl hebt an ihnen eine „Behaglichkeit, die an den Ton der Volksbücher gemahnt", hervor.[28] Caroline L. White stellt den lehrhaften Zug in den Vordergrund und bezweifelt deshalb den Legendencharakter der Stücke.[29] Marguerite-Marie Dubois[30] wiederum spricht von einer „hagiographischen Sammlung" statt von einem „Legendar", ohne jedoch eine Begründung dafür zu geben. Die These von G. H. Gerould[31] über den Einfluß der spätantiken Reimprosa und ihren Cursus auf Rhythmus und Alliteration der Aelfricschen Heiligenleben bietet keinen Beitrag zur Frage nach den Erzählformen und ist außerdem in einigen wichtigen Punkten von Dorothy Bethurum zurückgewiesen worden.[32] Die Verfasserin vertritt mit Recht die Auffassung, daß nicht die stark rhetorische homiletische Tradition der Spätantike, sondern der ausgewogenere Stil Bedas und Gregors d. Gr. und außerdem die Alfredsche englische Prosa für Aelfric einflußreich waren und daß Rhythmisierung und Alliteration bewußte Anpassungen an die im Volk beliebte Stilform der weltlichen Heldenlieder gewesen seien. Diese Zuordnung zu den Traditionen zeichnet sich auch in der Erzählweise ab, die allerdings mit Bezeichnungen wie *effective story-telling*,[33] wie sie sich ähnlich schon in Geroulds gattungsgeschichtlichem Überblick finden,[34] nicht hinreichend charakterisiert ist. Auch der Hinweis auf einen gewissen Verlust an Lebendigkeit und auf Aelfrics wohltuend gelassene Zurückhaltung gegenüber den grellen Einzelheiten grausiger Martyrerpassionen[35] trifft nur Teilaspekte, nicht den vollen Ausdruckswert und die Gesamtstruktur seines Legendenerzählens.

---

[27] *Ae. Leg.*, N. F., 1881, S. XLI.

[28] A.a.O. S. 1104.

[29] A.a.O. S. 129f.: "written as it was, especially for the laity, at the request of two laymen, Aethelweard and Aethelmaer, the teaching of catholic truth was an important part of its purpose. It does not read quite like a book of legends of the saints, but as one of Christian instruction, illustrated largely by those who had exemplified Christian faith. Its character is not so different from the first two volumes as its title might indicate."

[30] *Aelfric. Sermonnaire, Docteur et Grammairien*, Paris 1943, S. 113: "ces quarante sermons [...] ne forment pas un livre de légendes mais une collection hagiographique."

[31] "Abbot Aelfric's Rhythmic Prose", *Mod. Phil.* 22 (1925), S. 353ff.

[32] A.a.O.

[33] D. Bethurum, a.a.O. S. 519.

[34] "Aelfric became more and more the story-teller, less and less the preacher. [...] he kept his mind alert against error, bad taste, and inexpediency – open to purpose and effect. [...] At the same time, he must be given credit for a vigor of handling that is most admirable. A legend never suffered from his treatment. Teacher he always was, [...] but a wise teacher who knew when and how to use pure narrative" (*Saints Legends*, S. 119f.).

[35] D. Bethurum, a.a.O. S. 522–523.

3. Die "Passio s. Caeciliae" und Aelfrics Caecilienleben

Die Quelle des Aelfricschen Caecilienlebens, die längere Fassung der lateinischen *Passio s. Caeciliae*[36], ist eigentlich eine Doppellegende.[37] Von formalem Interesse ist der im Vergleich zur Margareten- und Julianenlegende auffallende Reichtum an Personen, die alle eine gewisse Eigenbewegung haben, ihrem Wesen nach aber ähnlich und um eine zentrale Idee gruppiert sind. Caecilia steht in Verbindung mit Valerian, Tiburtius, Maximus und Papst Urban, die bis auf letzteren durch sie zu Bekehrung und Martyrium gebracht werden. Schon aus dieser variierenden Wiederholung des einen Grundmotivs ergibt sich eine Verdeutlichung des erbaulichen Aspekts. Hinzu kommen vermehrte Anlässe zu Lehr- und Bekenntnisreden. Neben den Glaubensdarstellungen durch Caecilia – allein das Gespräch mit Tiburtius umfaßt sechs Kapitel (Kap. 10–15) – stehen die des Bischofs und Papstes Urban, des Engels, der Brüder Valerian und Tiburtius vor dem Richter und die des Maximus. Im übrigen ist das tragende Darstellungsmittel wie in der Rebdorf-Version des Margaretenlebens ein klar auf die religiöse Substanz bezogener Bericht, der allerdings bei dem Figurenreichtum der Caecilienlegende einen gelegentlich mehr erzählenden Ton hat und eine reichere Szenenfolge aufweist. In der Personendarstellung wird ähnlich wie in der Rebdorf-Fassung eine gewisse menschliche Gefühlsbewegung berücksichtigt, so in der Notlage Caeciliens, als sie, die nur Christus liebt, dem Valerian verlobt wird (Kap. 3):

> *Caecilia vero subtus ad carnem cilicio induta, desuper auro textis vestibus tegebatur. Parentum enim tanta vis et sponsi circa illam erat exaestuans, ut non posset amorem sui cordis ostendere, et quod solum Christum diligeret indiciis evidentibus aperire nolebat. Quid multa?*

---

[36] *BHL* 1495, ed. Mombritius (Neuausgabe Paris 1910), I, S. 332–341. Für die folgenden Untersuchungen wird der kritisch edierte Text des Mombritius-Typus bei H. Delehaye, *Étude sur le Légendier romain. Les saints de novembre et de décembre*, Brüssel 1936, S. 194–220, benutzt.

[37] Vgl. dazu auch oben S. 99. Die Passion erzählt, wie Caecilia, die ihr jungfräuliches Leben Christus geweiht hat, von ihren Eltern mit Valerian verheiratet wird, diesem aber in der Brautnacht eröffnet, daß ein Engel des Herrn sie behütet und jeden Versuch, ihre Jungfräulichkeit zu verletzen, ahnden wird. Valerian verspricht, das Gebot des Herrn zu achten, falls er den Engel sieht. Caecilia unterweist ihn im Glauben und schickt ihn zu Papst Urban, der ihn tauft. Danach kann Valerian den Engel sehen, der einen Rosen- und einen Lilienkranz in den Händen trägt (auf Martyrium und himmlische Freude vordeutend). Auch Valerians Bruder Tiburtius wird belehrt, getauft und sieht den Engel. Die beiden Brüder bestatten hingerichtete Christen, werden ergriffen, verhört und getötet, nachdem sie noch vor ihrem Martyrium Maximus, den sie begleitenden Offizier, für den Glauben gewonnen haben. Auch Maximus erleidet das Martyrium. Danach wird Caecilia, die ihren Brüdern Mut zugesprochen hat, ergriffen, verhört, gefoltert und schließlich hingerichtet; vom tödlichen Schwertstreich getroffen, lebt sie noch drei Tage und wirkt große Wunder.

Diese Situation führt zu dem Gespräch zwischen den beiden in der Brautnacht, wobei die Heilige dem jungen Gemahl eröffnet, daß ein Engel des
Herrn ihre Jungfräulichkeit schütze und sie deshalb nicht berührt werden
dürfe (Kap. 4).[37a] Ein ähnlich lebendiges und zugleich den Sinn verdeut-
lichendes Darbieten findet sich auch weiterhin in der Caecilienlegende.

Aelfrics Fassung[38] beginnt, wie schon Brandl feststellte, in einem geradezu
volksbuchartigen Erzählton:

> *In on ealdum dagum wæs sum ædele mæden*
> *cecilia gehaten fram cild-hade cristen*
> *on romana rice* [...].

Auch sonst waltet über weite Strecken ein vereinfachender und großliniger
Erzählbericht vor. Die besondere psychologische Situation in der Brautnacht wird ausgespart; statt dessen wird – in Anpassung an germanische
Vorstellungen – konkret erzählt, wie eines Tages der edle Jüngling Valerian
die Brautgabe bringt und das Mädchen holt (20–21). In summierender
Zeitangabe heißt es auch (27 b) *and sang symle swa*, während Mombritius
detailliert ausführt (Kap. 3):

> *Et biduanis ac triduanis ieiuniis orans, commendabat Domino quod timebat.*
> *Invitabat angelos precibus et lacrimis interpellabat apostolos, et sancta omnia*
> *Christo famulantia exorabat ut suis etiam eam deprecationibus adiuvarent;*
> *suam Domino pudicitiam commendabat.*

Wie hier entsprechen Aelfrics Vereinfachungen durchweg der Art eines
kraftvoll-schlichten Erzählens, das im Volkston gehalten und von einer
nach vorwärts gerichteten, zügigen Bewegung getragen ist.[39]

Gleichzeitig aber wird die Eindeutigkeit und Bestimmtheit des Ganzen
gewahrt. Das ergibt sich schon – im Gegensatz zu der sprunghaften
Episodenfolge in der Cynewulf-Gruppe – aus der Übernahme des klaren,
die Einzelheiten gedanklich verknüpfenden Berichtstils der lateinischen
Hagiographie. Dazu treten verschiedene Methoden erbaulicher Verdeutlichung. Aus dem volkstümlichen Erzählen ergibt sich ein fließender
Wechsel von summierenden Strecken und knappen, szenisch-bildhaften
Profilierungen, so z. B. als die Gestalten der beiden gefesselten Brüder
auf dem Weg zur Hinrichtung umrißhaft im fortschreitenden Geschehen
sichtbar gemacht werden:

[37a] Zum Topos des Keuschheitsgelöbnisses in der Ehegemachszene vgl. B. de Gaiffier
d'Hestroy, "Intactam sponsam relinquens. A propos de la Vie de S. Alexis", *Analecta Bollandiana* 65 (1947), S. 157 ff.

[38] EETS. OS. 114, S. 356–376 (Nr. 34).

[39] Auch der Teil über das Martyrium der Brüder beginnt im Gegensatz zur lateinischen
Version in volkstümlich erzählendem Neueinsatz (196–200): *þa wæs on rome byrig sum*
reðe cwellere . | almachius gehaten . se wæs heah-gerefa . | and he mid manegum witum
gemartyrode þa cristenan . | þa ða he of-axian mihte . and man ne moste hi bebyrigan. |
Ualerianus þa and his fore-sæda broþor

(238) *þa cwæð se gingra broðor of þam bendum him to.*
(247) *þa cwædon þa halgan gebroþra þe he on bendum lædde.*

Solche Augenblicke werden wie hier genutzt, um die große Würde der *halgan gebroþra* hervorzuheben. Von ähnlicher Doppelwirkung ist die Prophezeiung, daß Maximus die Seelen der beiden Gemarterten zum Himmel werde auffahren sehen, falls er seine Schlechtigkeit bereue (239 bis 242). Diese Bedingung und die als kräftiger Schwur gegebene Antwort des Maximus bewirken sowohl Ausgangsungewißheit als auch Betonung des Moralischen und der göttlichen Wunderkraft (244–246):

Fyr me forbærne gif ic ne buge to criste.
siþþan ic geseo hu eowre sawla farað
to þam oþrum life þe ge embe sprecað.

Akzentuierungen ergeben sich mitunter schon aus der Kürzung des hagiographischen Berichts. So werden etwa die in Caeciliens Weisung an Valerian enthaltene genaue Beschreibung seines Weges zu Urban und seine Taufe fortgelassen. Um so eindrucksvoller ist das eigentliche Erscheinen des Engels selbst, das als anschauliche Situation (56–68) und mit einem Ausruf der Überraschung bzw. der Verkündigung gegen die verbindende Erzähllinie abgesetzt wird (56f.):

Efne þa færlice ætforan heora gesihþum
com godes engel mid anum gyldenum gewrite.

Hier wird das Wunderbare auch durch emotionale Reaktion ausgedrückt. Dasselbe gilt für das Bild des die Kränze tragenden Engels. Was die lateinische Fassung in konstatierender, hypotaktischer Syntax mitteilt, wird schaubarer, in erzählender Reihung ausgebreitet, unter preisender Hervorhebung des wunderbaren Glanzes der Blumen (74–79):

and godes engel standande mid gyldenum fyþer-haman.
mid twan syne-helmum gehende þam mædene.
þa cyne-helmas wæron wundorlice scinende
on rosan readnysse . and on lilian hwitnysse.
and he forgeaf þa ænne þam æþelan mædene.
and oþerne þam cnihte . and cwæð him þus to.

Wirkten die Gestalten der beiden Brüder hinter ihren Fesseln mehr linear, so ist diese Darstellung weicher und malerischer. Immer wieder finden sich Verdeutlichungen der einen oder anderen Art; jedoch überwiegt der Linienstil, der sich auch in der zeitgenössischen Malschule des Klosters Winchester, dem Aelfric angehörte, und in Canterbury durchsetzte.[40] Dabei

---

[40] Vgl. dazu M. Rickert, a.a.O. S. 47, und unten Abb. 4, Taf. III (die Canterbury oder Sherborne Abbey zugeschriebene Kreuzigung des *Sherborne Pontifical*, ca. 992–995, MS. lat. 943, fol. 4 v., Bibl. Nationale, Paris). Die hier auf Christus weisenden Bewegungen und Gebärden, die silhouettenhafte Klarheit und Ruhe des monumentalen Kreuzes und

bleibt aber, dem Stil Gregors nicht unähnlich, die Darstellung in geschehnishafter Bewegung, auch wenn die Einzelszenen mittels sparsam verwendeter Gebärdensprache (z. T. der hagiographischen Überlieferung entnommen) und mittels metaphorischer Wendungen und Worthäufungen (nach heimischen Formtraditionen) hochstilisiert werden. So gipfelt etwa das Herankommen des Engels (56–68) in den Kernsätzen des Glaubensbekenntnisses, oder über das lateinische *At ille audiens adoravit et dixit* hinaus wird die Gebetshaltung des Niederkniens betont (87): *þa cneowode se cniht and cwæð to þam engle.* Ähnlich heißt es nach dem Lehrgespräch zwischen Caecilia und Tiburtius (171 f.): *þa feoll tiburtius forht to hire cneowum. and clypode hlude . and cwæð mid geleafan.* Das Lehrgespräch selbst, das in der Quelle sechs Kapitel umfaßt, wird auf die zentralen Glaubenswahrheiten und den feierlich mahnenden *Vanitas-Mundi*-Katalog beschränkt, der jedoch zu gestalthafter Anschaulichkeit gesteigert wird durch Verbindung der ausgewählten Einzelheiten mit dem personifizierten Leben. So wird das Begriffliche auf eine großlinig sichtbar werdende Figur von expressiver Kraft bezogen, ähnlich wie in der zeitgenössischen englischen Buchmalerei.[41] Während es im Lateinischen (Kap. 11) heißt:

> *Dicit ei Caecilia: "Et hoc quod in isto mundo vivitur vita est? quam humores tumidant, dolores extenuant, ardores exsiccant, aeres morbidant, escae inflant, ieiunia macerant, ioci solvunt, tristitiae consumunt, sollicitudo coartat, securitas hebetat, divitiae iactant, paupertas deiicit, iuventus extollit, senectus incurvat, frangit infirmitas, maeror consumit, et in his omnibus mors furibunda succedit, et ita universis gaudiis carnalibus finem imponit et, cum esse desierit, nec fuisse putetur. Pro nihilo enim computatur iam omne quod non est. Illa enim vita quae isti vitae succedit, aut perpetuis tribulationibus datur iniustis, aut aeternis gaudiis iustis offertur."*

sagt Aelfric (140–153):

> *þa axode tiburtius . is ænig oþer lif?*
> *Cecilia him cwæð to . Cuð is gehwilcum menn*
> *þæt þis lif is geswinc-ful . and on swate wunað .*
> *þis líf bið alefed on lang-sumum sarum .*
> *and on hætum ofþefod . and on hungre gewæht .*
> *mid mettum ge-fylled . and modig on welum .*

des Corpus, die Reduktion der Umwelt und des Geschehens auf einfachste Grundlinien und die feine Beseeltheit von Johannes und Maria sind Gestaltzüge, die sich auch bei Aelfric finden. Vgl. ferner die Kreuzigung MS. Harley 2904, fol. 3 v., wahrscheinlich aus Ramsey Abbey, spätes 10. Jh. (Rickert, Plate 30), sowie Knut und Aelfgyfu (Winchester, New Minster Register, 1020–1030, MS. Stowe 944, fol. 6) und Kreuzigung (Winchester, New Minster Offices, 1023–1035, MS. Cotton Titus D. XXVII, fol. 65 v.), beide Rickert, Plates 37 A und 37 B.

[41] Vgl. 'Luxuria' nach Prudentius, *Psychomachia*, Malmesbury, Anf. 11. Jh., MS. Corp. Christ. Coll. Cambr. 23, fol. 21 v. (Abb. Rickert, Plate 38 B), und 'Vita' vom *Leofric Missal*, Glastonbury, vor 979, MS. Bodley 579, fol. 49 v. (Abb. Rickert, Plate 29 A).

mid hafen-leaste aworpen and ahafen þurh iugoðe .
mid ylde gebiged . and to-bryt mid seocnysse .
mid unrotnysse fornumen . and geangsumod þurh cara .
þonne cymð him deað to . and deð of ge-mynde
ealle þa blysse þe he breac on his life .
and on þam ecan life þe æfter þysum cymð
bið þam rihtwisum forgifen rest . and gefea .
and þam unrihtwisum þa ecan wita.

Nach diesem Höhepunkt mahnender Belehrung wird der Ton schlicht summierenden Erzählens wieder aufgenommen. Der Bericht über die Nacht im Hause des Maximus ist bei Aelfric wie in der Quelle ortsbestimmt und geschehnisreich (252–256). Jedoch werden die geist-erfüllten, bildhaft-einprägsamen Paulusworte vom Anlegen der Waffenrüstung des Lichtes als eigentlicher Zielpunkt der Phase herausgestellt (259–261):

Nu ge la godes cempan . awurpað caflice eow fram
þæra þeostra weorc . and wurðað ymbscrydde
mid leohtes wæpnum . to þysum gewinne nu.

Immer wieder wählt Aelfric mit sicherem Blick das Wesentliche und Wirksame aus den langen Lehr- und Bekenntnisreden aus, z.B. auch aus der *exhortatio* an die Umstehenden die ausdrucksstarken Formeln und Sprachbilder, die das Christliche vom nur Menschlichen abheben (294–299). Aus dem langen Streitgespräch zwischen Caecilia und ihrem Richter wird der treffende Vergleich des Stolzen mit einer luftgefüllten Blase, die bei einem Stich zerplatzt (315–319), herausgegriffen – was auch in den späteren englischen Versionen meist beibehalten wird. Der konkrete Hinweis, der Richter möge seine Götzenbilder anfassen und dann feststellen, daß sie nichts als Stein und Erz seien, geht auf die lateinische Passio zurück, wirkt jedoch bei Aelfric stärker (334–341), weil anderes und Komplizierteres weggelassen wird.

Die Klarheit und Einhelligkeit des Ganzen wird außerdem durch gelegentliche, über die Quelle hinausgehende Vorausbestimmungen des Geschehens festgelegt. Von Valerian wird gleich zu Anfang gesagt (12b) *se is nu halig sanct.* Das Ergebnis seines nächtlichen Gesprächs mit Caecilia wird ebenso vorweggenommen (29–30):

and Cecilia sona þæt snotere mæden
gespræc hire brydguman. and þus to gode tihte.

Zu Abschluß der Unterredung wird die Bekehrung Valerians bestätigt (50). Aus alledem ergibt sich die erbauliche Wirkung eines von Gott gelenkten und geordneten Ganzen, dessen Hervorhebung auf den Legendenstil des hohen Mittelalters vorausweist.

4. Das Edmund-Leben bei Abbo von Fleury und Aelfric

a. Abbos Vita

Die besondere Bedeutung des lateinischen Edmund-Lebens liegt darin, daß es von Abbo von Fleury stammt, einem der Wortführer der cluniazensischen Bewegung und gelehrtesten Männer seiner Zeit, der zwei Jahre in Ramsey gewirkt hatte.[42] Hinzu kommt, daß sich schon Abbo auf eine starke volkstümliche Tradition stützt.[43] Er verarbeitet, was er von Dunstan gehört hat, dessen Gewährsmann Edmunds ehemaliger Waffenträger war:

> qui eam [sc. passionem] simpliciter et plena fide referebat gloriosissimo regi Anglorum Adelstano, jure-jurando asserens quod eadem die fuisset armiger beati viri qua pro Christo martyr occubuit.[44]

Mit Ausnahme des letzten Wunders, wie Abbo am Ende des Widmungsbriefes bemerkt, basiert also alles auf dieser alten und einfachen Erzählung. Schriftliches zeitgenössisches Material, wie es Beda in seiner *Vita s. Cuthberti* verwertete, stand ihm nicht zur Verfügung. Besonders die Wundererzählung der *Inventio* und *Translatio* sowie die Unterredung von König und Bischof lassen die Verwendung volkstümlich-mündlicher Überlieferungen erkennen. Sowohl im *Anglo-Saxon-Chronicle*[45] als in Assers Annalen[46] erscheint Edmund als kämpfender König, noch nicht als opferbereiter Martyrer. Auch in der ein Jahrhundert später liegenden Chronik des Fabius Ethelwerd wird die Heiligkeit des Königs noch nicht erwähnt, wohl seine Beisetzung in Beodoricsworth (dem späteren Bury St. Edmunds). Erst in Abbos Vita werden *Inventio* und *Translatio* des Leichnams mit dem Wolfs- und Kopfwunder verbunden. Dem Wunsch auch der anglonormannischen Gesellschaft nach genauerer Kenntnis des Edmund-Lebens kam im 12. Jh. Gaufridus de Fontibus mit seinem *Liber de infantia Sancti Eadmundi* nach.[47] Hier wird wie so oft im hohen und späten Mittelalter eine Legendenüberlieferung zu eposartigen Dimensionen ausgeweitet. Dies geschieht durch einen abenteuerlichen Bericht über die Umstände (Kreuzzugsreise, Finden eines Nachfolgers im fremden Lande, Ringmotiv beim

---

[42] Aelfric nennt ihn einen "swyðe gelaered munuc", *Saints' Lives* XXXII, 1 (EETS. OS. 114, S. 314). Nach Th. Arnold ist er "one of the most enlightened and active-minded men of his day" (a.a.O. S. XXII); ähnlich D. Knowles, *The Monastic Order in England*, Cambridge ³1950, S. 37; M. Manitius, *Geschichte der lateinischen Literatur des Mittelalters*, Bd. 2, München 1923, S. 668, jedoch kommt zu dem Schluß: "Nirgends zeigt sich besonders tiefes Eingehen oder etwa besondere Gelehrsamkeit."

[43] Vgl. allgemein dazu auch C. E. Wright, *The Cultivation of Saga*, S. 58–60.

[44] *Passio s. Eadmundi* (*BHL* 2392), ed. Th. Arnold, *Memorials of St. Edmund's Abbey*, I, RS. 1890 (S. 3–25), S. 4; diese Stelle krit. ediert auch bei Wright, *The Cultivation of Saga*, S. 252.

[45] Ed. Ch. Plummer, Oxford 1892.

[46] Ed. J. A. Giles, *Six Old Engl. Chronicles*, Lo. 1896.

[47] *BHL* 2393, ed. Th. Arnold, a.a.O., I, S. 93–103.

Wiedererkennen, Tod des alten Königs), unter denen Edmund – angeblich Sohn eines deutschen Fürsten, der im „alten Sachsen" lebte[48] – auf den Thron von East Anglia berufen wurde. Das 14. Jh. fügte den Namen von Edmunds Eltern und den seiner deutschen Geburtsstadt – Nürnberg – hinzu.[49] In diesem Stoffreichtum begegnet das Edmund-Leben dann in John Capgraves *Nova Legenda Angliae*[50] und, wenn auch umstilisiert, bei John Lydgate.[51] Auch die das posthume Heiligenleben erweiternden Mirakelsammlungen fehlen in der Entwicklung nicht. Im 11. Jh. entsteht das *Liber de miraculis Sancti Eadmundi* des Hermannus Archidiaconus von St. Edmunds,[52] und zwischen 1180 und 1212 das *Opus de miraculis Sancti Aedmundi* des Abtes Samson von St. Edmunds.[53] Eine umfangreiche, versromanhafte Gestaltung findet das Edmund-Leben in dem um 1240 verfaßten *La Vie Seint Edmund le Rey* von Denis Piramus.[54]

Abbo konzipiert mit einer ganz anderen Intention, obwohl auch er eine Reihe hagiographischer Konstanten verwendet.[55] Er ist weder an einem episodenhaft-unterhaltsamen Stoff noch – wie Felix von Crowland – an der Übernahme der in England heimischen Erzähltradition interessiert. Sein Blick gilt dem cluniazensisch strengen Idealbild des gesalbten christlichen Königs, der sein von der Kirche empfangenes Hirtenamt zu verwalten hat. Dabei war es nicht leicht, das Verhalten eines vorbildlichen Königs mit dem eines Martyrers zu verbinden, weil kampfloses Martyrium angesichts der Bedrohung des Volkes durch feindliche Heere mit den Königspflichten schwer vereinbar scheint. Jedoch vertritt Abbo – wie nach ihm Florence of Worcester *(Chronicle)* und William of Malmesbury *(De gestis pontificum)* – eine eindeutig kirchliche Auffassung, die sich von der weltlichen des *Anglo-Saxon-Chronicle*, Assers und des Fabius Ethelwerd abhebt.[56]

Seine Methode der Darstellung ist die eines vorwiegend begrifflichen und wissenschaftlichen Erklärens. Hauptanliegen ist die theologische Fundierung des Geschehens. Dazu treten Betrachtungen und Argumente geschichtlicher, geographischer und medizinischer Art. Nach zwei gelehrten Kapiteln über die Geschichte der Angelsachsen und die Geographie Ostangliens folgt ein panegyrisches Lob der edlen Abstammung und Tugenden Edmunds (Kap. 3). Dieser ist nicht nur ein Christ, den Herzens-

---

[48] Wahrscheinlich hat ein Mißverständnis aus dem Manne "ex Antiquorum Saxonum nobili prosapia" (Kap. 3) bei Abbo einen Fürstensohn aus dem alten Sachsen werden lassen.

[49] *BHL* 2399, *Vita et passio*, MS. Bod. 240, ed. C. Horstmann, *Nova Legenda Anglie* II, Oxford 1901, S. 573–688.

[50] *BHL* 2401; vgl. unten S. 330.

[51] Vgl. unten S. 316 ff.

[52] *BHL* 2395–2396, ed. Th. Arnold, a.a.O., I, S. 26–92.

[53] *BHL* 2398, ebd. S. 107–208.

[54] Ed. Th. Arnold, a.a.O., II, S. 137–250.

[55] Vgl. die Rückgriffe auf die *Vita Martini*, die Manitius, II, S. 671, Anm. 1, angibt.

[56] Vgl. dazu Th. Arnold, a.a.O., I, S. XX.

frömmigkeit,[57] liebenswürdige Rede gegenüber jedermann[58] sowie Demut und Milde auszeichnen,[59] sondern auch ein vorbildlicher Herrscher (*Nactus vero culmen regiminis*, Kap. 4), der gütig, streng, ausgeglichen und freigebig gegenüber Witwen und Waisen ist und stets die Weisheit der Hl. Schrift vor Augen hat.[60]

Die berichtete Handlung ist lediglich Spiegelung und Verdeutlichung dieser hohen Vollendung. Die Ostangeln haben ihn wegen seiner Tugend nicht nur einstimmig zum König gewählt, sondern ihn gleichsam geraubt, damit er bei ihnen das Herrscheramt ausübe (Kap. 3). Seine Vollkommenheit reizt auch den Teufel, ihn zu versuchen. Der Einfall der Dänen unter Hinguar und Hubba wird als haß- und neiderfüllter Schlag Satans gesehen, also ganz in der Tradition der alten Martyrerpassionen und Mönchsviten,[61] denen der Reformer Abbo nahestand. Es geht auch nicht um einen nur äußerlichen Angriff, sonden um die Erprobung der Standhaftigkeit und Geduld des Heiligen (Kap. 4). Der Auftrag an Hubba lautet: *ad impatientiam, si posset, erumpere cogeret, ut desperans Deo in faciem benediceret* (Kap. 5). Erst nachdem die beiden Dänenführer dergestalt in den teuflischen Plan eingefügt sind – sie werden später als *ministri diaboli* (Kap. 11) bezeichnet – werden sie historiographisch typisiert als Träger einer brutalen kriegerischen Gesinnung, deren Ziel die Vernichtung Britanniens ist.[62] Nach Schilderung verschiedener Greueltaten wird nachträglich als Motiv für die Suche des *impiissimus* nach Edmund (Kap. 6) dessen Kriegsruhm genannt, der zu den Dänen gedrungen ist und sie gereizt hat. Hinguar tötet, wen er findet, um zu verhindern, daß Edmund eine Streitmacht sammelt. Dennoch wagt er keine offene Schlacht, als er ihm gegenüberliegt, sondern hält sich in den Schlupfwinkeln verborgen, aus denen er nur nachts, „wie es die Gewohnheit der Wölfe ist", heimlich und in räuberischer Absicht in die Ebene kommt.[63] Ein zu Edmund geschickter Bote bezeichnet in großsprecherischer Rede seinen Herrn als *Terra marique metuendus dominus noster* [...], *rex invictissimus* (Kap. 7) usw. und fordert in seinem Namen die Hälfte aller Schätze und die Anerkennung der dänischen Oberherrschaft von Edmund. Im Falle der Weigerung soll dieser Herrschaft und Leben verlieren.

Nach der historiographischen Detaillierung folgt eine scharfe Beleuchtung des spirituellen Hintergrundes durch die Beratung Edmunds

---

[57] "Nam erat ei species digna imperio, quam serenissimi cordis jugiter venustabat tranquilla devotio" (Th. Arnold, a.a.O., I, S. 7).

[58] "Erat omnibus blando eloquio affabilis" (ebd.).

[59] "humilitatis gratia praeclarus, et inter suos coaevos mirabili mansuetudine residebat dominus, absque ullo fastu superbiae" (ebd.).

[60] "semper habens prae oculis dictum illud Sapientis: 'Principem te constituerunt? noli extolli, sed esto in illis quasi unus ex illis'" (ebd. S. 8; bzw. Ecclus. XXXII, 1).

[61] Vgl. *Vita Antonii*, Kap. 5 und 9.

[62] "Inguar [...] conatus est in exterminium adducere totius fines Britanniae" (Th. Arnold, a.a.O., I, S. 8f.).

[63] "velut lupis vespertinis mos est clanculo ad plana descendere" (ebd. S. 10f.).

Abb. 1. Maurus-Placidus-Episode aus Gregors d. Gr. Benedikt-Leben, Monte-Cassino-Buch (E. 11. Jh., auf frühere Vorbilder zurückgehend). Text S. 64f.

Abb. 2. Kreuzformseite des St. Chad-Evangeliars, Ausschnitt um 90⁰ gedreht, (A. 8. Jh.). Text S. 85f.

Tafel I

Abb. 3. Canterbury-Psalter, Illustration zu Ps. 109 (um 1000). Text S. 86, 90, 117, 118f., 124, 128.

Tafel II

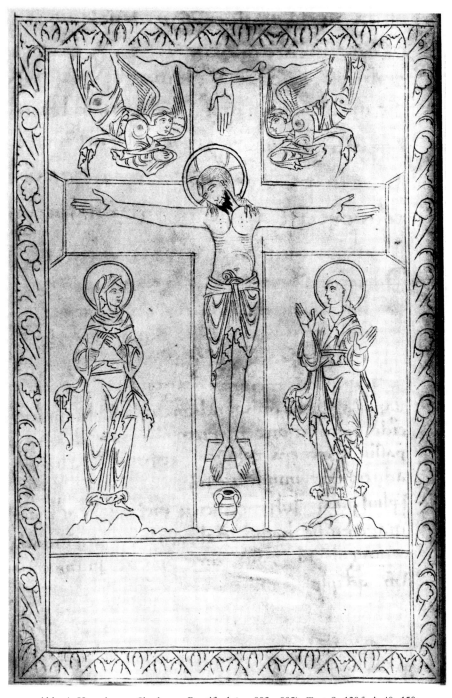

Abb. 4. Kreuzigung, Sherborne Pontifical (ca. 992—995). Text S. 139 f. A 40, 150.

Abb. 6. Blinde Bettler suchen Heilung durch das Wasser, in dem St. Edward die Hände gewaschen hat. Edmund-Leben, Cambr. Univ. Libr. (E. 13. Jh.) Text S. 274f.

mit einem seiner Bischöfe und durch seine ausführliche Antwort an Hinguar (Kap. 8 und 9). Der Bischof rät dem König zur Unterwerfung. Edmund jedoch, der das Problem gründlich von verschiedenen Seiten beleuchtet, kommt zu dem Schluß, sich dem Ansinnen des Teufelssohnes widersetzen zu müssen. Er erklärt, daß er gegen die Überlassung der Hälfte der Schätze nichts einzuwenden habe,[64] jedoch könne er der Oberherrschaft der Heiden nicht zustimmen, weil das im Widerspruch stünde zu dem ihm von Gott erteilten Herrscherauftrag, für den er feierlich geweiht worden sei. Er weist auf seinen Taufeid hin, in dem er dem Satan widersagt habe, auf seine Firmung und auf seine Königssalbung mit dem heiligen Öl. Dreifach geweiht, habe er beschlossen, *Anglorum reipublicae* [...] *plus prodesse quam praeesse* (Kap. 8); und in Gegenwart der Großen *(praesentibus palatinis)* habe er gelobt, für Christus allein zu leben, unter ihm allein zu regieren und das Volk zum Dienste Gottes zu leiten. Hinguars Anerbieten könne er nur annehmen, wenn dieser Christ werde. Diese geistlich-sakramentale Begründung des Königtums entspricht sowohl der Geisteshaltung und religiösen Heroismusforderung der Cluniazenser wie der Tradition des seit den Karolingern festgelegten abendländischen Krönungsritus, nach welchem der Herrscher – wie Priester, Propheten oder Martyrer – den charismatisch ausgezeichneten Gliedern des *corpus mysticum* zugezählt wird.[65] Daneben nennt Edmund seine dem germanischen Denken entsprechende Treueverpflichtung gegenüber den Gefolgsleuten und seine Ehre als König, die durch eine schmähliche Flucht befleckt würden. Wie die Seinen gefallen sind, so will auch er sterben.

Die gliedernde und explizite Darstellung der Gründe in längerer wörtlicher Rede und direkter Darstellung der gedanklichen Argumentation zeigt eine gegenüber Gregor dem Großen veränderte Darstellungsweise. Abbo geht es nicht um ausdrucksstarke Gebärdensprache und schlichte, durchseelte Worte, sondern um eine theologisch differenzierende und begrifflich klärende Stellungnahme. Er bezeichnet Edmund bei seiner kampflosen Gefangennahme als den dreifach Gesalbten, als Glied (der Kirche) Christi[66] und vergleicht sein Verhör mit dem des Herrn vor Pilatus.[67] Beim Martyrium wird eine detaillierte Beschreibung des mit Pfeilen geradezu gespickten Leibes gegeben, der zwei Vergleiche (mit Igel und Distel) sowie eine Beziehung auf das Vorbild Sebastians angeschlossen werden (Kap. 10). Nach Edmunds Tod lassen die Dänen seinen

---

[64] "opes conferre cupit, quibus non egeo" (Kap. 8; ebd. S. 13); ähnlich in der Botschaft an Hinguar (Kap. 9): "Thesauros et divitias [...] sumat consumatque tua insatiabilis aviditas" (ebd. S. 13f.).

[65] Vgl. A. Dempf, *Sacrum Imperium*, Darmstadt ²1954, S. 147ff.

[66] "Tunc sanctus rex Eadmundus in palatio, ut membrum Christi, projectis armis capitur" (Kap. 10; Th. Arnold, a.a.O., I, S. 15).

[67] "atque innocens sistitur ante impium ducem quasi Christus ante Pilatum praesidem, cupiens ejus sequi vestigia, qui pro nobis immolatus est hostia" (ebd.).

zerfetzten Leib liegen, verstecken aber das Haupt, von dem Abbo in geistlicher Betrachtung und an die Überlegungen Edmunds über seine sakramentale Salbung anknüpfend sagt (Kap. 11): *illud caput sanctum, quod non impinguaverat peccatoris oleum, sed certi mysterii sacramentum.* Die Darstellung des Kopf- und Wolfswunders (Kap. 13) beginnt mit den rühmenden Worten: *Quod ut factum est, res dictu mirabilis et saeculis inaudita contigit.* In glanzvoller Rhetorik wird eine medizinische Erörterung des unerhörten Wunders vom sprechenden Kopf angeschlossen. Erst dann folgt der Bericht vom Wolf, der den Kopf die ganze Zeit über bewacht hat. Auch dieses Wunder wird weniger erzählend als vom allgemeinen Zusammenhang her erklärend eingeleitet: *Cui miraculo rerum conditor illud annexuit, dum coelesti thesauro insolitum custodem dedit.* Vom Forttragen des Hauptes, das Abbo als *inestimabilis pretii margaritam* bezeichnet, wird in feierlichstem Stil berichtet (Kap. 14).

Das Ganze ist eine kunstvolle, vielseitig belehrende hagiographische Darstellung, in der das eigentliche Geschehen hinter der Vielfalt der wissenschaftlichen und insbesondere theologischen Betrachtung zurücktritt. Begrifflichkeit und Mittelbarkeit der Komposition muten bereits hochmittelalterlich an.

b. Aelfrics Darstellung

Anders als Abbo bemüht Aelfric sich,[68] die Gestalt des Heiligen groß und eindringlich als beherrschende Kontur sichtbar zu machen. Er folgt zwar dem Aufbau seiner Quelle, läßt aber schon den gelehrten Apparat der historiographischen und geographischen Einleitungskapitel fort, indem er gleich mit dem Tugendkatalog beginnt. Auch dieser erscheint nicht in der bei Abbo gegebenen Differenzierung, sondern, Aelfrics Erbauungstendenz gemäß, reduziert auf das Beharren im rechten Glauben und in Sündlosigkeit (16–17, 19, 25). Der Däneneinfall wird nicht mit dem Hinweis auf das Eingreifen des Teufels eingeleitet, sondern zunächst in epischem Tonfall (26–28):

> *Hit ge-lamp ða æt nextan þæt þa deniscan leode*
> *ferdon mid scip-here hergiende and sleande*
> *wide geond land swa swa heora gewuna is.*

Daß der Teufel mit den Feinden verbündet ist, wird nachträglich erwähnt (30b: *geanlæhte þurh deofol*), bleibt aber formal mit dem Geschehen verflochten. In schlichter Ereignisfolge – ohne daß der herausfordernde Kriegsruhm Edmunds als Kausalnexus verwendet würde – wird weiter das Verhältnis der Dänen zum Heiligen dargestellt (43–45):

> *He sende ða sona syððan to þam cyninge*
> *beotlic ærende. þæt he abugan sceolde*
> *to his man-rædene gif he rohte his feores.*

---

[68] EETS. OS. 114, S. 314–334.

Da die ausführlichen Zwischenberichte Abbos fehlen, entsteht außerdem eine Situation persönlichen Gegenüberstehens der beiden Könige, die der im germanischen Heldenlied oder in der späteren Volksballade nicht unähnlich ist. Gebärdenhaft eindringlich wirkt auch ein auf die Person Hinguars bezogener Vergleich, der an die Stelle der ausführlichen und sachkundigen Beschreibung der dänischen Kriegsmethoden bei Abbo tritt (39 f.):

> *And se fore-sæda hinguar færlice swa swa wulf*
> *on lande bestalcode . and þa leode sloh*

Die Verbindung von *wulf* und *stalcode* hat große Ausdruckskraft und beweist Aelfrics Sinn für feine Bedeutungsschattierungen; sie bezeichnet mit der schwerfälligen, alles niedertretenden Gangart das Wüten und die Roheit des Eindringlings. Zwar gibt es für den Wolf einen Beziehungspunkt in Abbos Text,[69] aber diese Stelle ist mehr ein gelehrter Vergleich als eine expressive Metapher. Aelfrics Wendung ist wie ein Nachklang der bewegten Personifikationen der Cynewulfschen Dichtungen, der *Vita Guthlaci* und des *Guthlac B.* Auch die Boten- und Beratungsszene wird sinnfälliger als bei Abbo. Es wird nicht nur auf Umständlichkeit und sprachlichen Prunk der Argumentation verzichtet, sondern Edmund handelt entschlossener und in einem volkstümlichen Sinne königlicher, wenn es heißt (56) *Hwæt þa eadmund clypode ænne bisceop.* Das wenig herrscherliche, jedoch der hagiographischen Tradition gemäße Seufzen Edmunds bei Abbo[70] wird übergangen. Auch der Augenblick der Entschlußfassung wird anders gestaltet. Abbo spricht anschaulich vom Erstaunen des Königs und seinem kurzen Zubodenblicken, jedoch kommt es ihm mehr auf die folgende feierliche Rede an, worauf schon das *sic* hindeutet.[71] Bei Aelfric bekommt diese Phase etwas von der Ausdruckskraft der Entscheidungssituation im germanischen Heldenlied, bleibt allerdings verhaltener und flächiger. Aelfric beschränkt sich, ohne einen Kommentar zu geben, auf das momentane Schweigen und die Gebärde des Niederblickens, der er dann die königliche Willensäußerung entgegensetzt (62–63):

> *þa suwode se cyningc and beseah to þære eorþan.*
> *and cwæþ þa æt nextan cynelice him to.*

Die Rede, die Abbo als ein eigenes Thema gestaltet, wird bei Aelfric enger an die Gestalt des Heiligen gebunden und in ihrem Ton festgelegt. Abbos ausführliche Argumentation über die sakramentale Königsweihe fällt fort, jedoch wird neben Gefolgschaftstreue (74–77) und Mut (78–80a) die

---

[69] Vgl. oben S. 144.

[70] "Quo audito, rex sanctissimus alto cordis dolore ingemuit, et accito uno ex suis episcopis" (Kap. 8). Vgl. dazu die Beispiele aus der *Passio s. Julianae* oben S. 108 u. 109.

[71] "rex obstupuit, et capitis defixo lumine in terras paululum conticuit, et sic demum ora resolvit" (Kap. 8).

Treue Gott gegenüber (80b–82) als Grund für Edmunds Todesbereitschaft genannt, und die von ihm gestellte Bedingung für eine Unterwerfung ist wie bei Abbo die Forderung der Bekehrung Hinguars (91–93). Aelfric wahrt also die geistliche Grundlinie der Abboschen Passio trotz gewisser Änderungen im einzelnen.

Bei der kampflosen Gefangennahme steht der König in seiner Halle, denkt an den Erlöser, wirft dann seine Waffen von sich mit dem Wunsche, Christi Beispiel zu folgen, der Petrus den Kampf untersagte (101–105).[72] Ausführliche Betrachtungen fehlen hier wie sonst bei Aelfric. Das Königliche und Christliche in Edmund wird durch Gebärden oder knappe Epitheta ausgedrückt, wobei Festigkeit im Glauben als das Wesentliche im Vordergrund steht.[73] Auch die sich steigernde Wut der Heiden wird mit dem Glauben des Heiligen in Verbindung gebracht (113b–114): *and þa hæþenan þa | for his geleafan wurdon wodlice yrre.* In der lateinischen Fassung fehlt die einprägsame Wiederholung dieses Motivs. Die Aelfricsche Verdeutlichung bezieht die Darstellung auf die einfache Grundlinie des vorbildlichen Christen und Königs. Ähnlich wird die Darstellung der Marterung auf die Umrißlinien des Geschehens reduziert. An die Stelle der zwei bei Abbo gegebenen Vergleiche tritt nur einer, der jedoch um so ausdrucksstärker – einem Sinnbild ähnlich – den Gipfelpunkt der Phase darstellt (116–118):

> *Hi scuton þa mid gafelucum swilce him to gamenes to .*
> *oð þæt he eall wæs besæt mid heora scotungum*
> *swilce igles byrsta . swa swa sebastianus wæs .*

Übergangen werden auch die genaue Beschreibung des Halbtoten (der bei Abbo vom Holz gerissen wird und dessen Rippen zu sehen sind), die theologischen Überlegungen bei Auffinden des Kopfes und die umständliche Suche der Christen nach Edmund. Aelfric verwendet (133–144) einen einfachen und kräftigen Bericht und akzentuiert seine Bedeutung – wie bei der wunderbaren Engelerscheinung in der Caecilienlegende – durch eine emotionale Spiegelung, hier die Trauer der Mannen um ihren Herrn (136):

> *and wurdon swiðe sarige for his slege on mode.*

Das Wunder selbst wird vorangekündigt (145–147), wodurch das weitere Geschehen für die erbauliche Betrachtung herausgehoben wird. Dennoch bleibt der Bericht innerhalb des abgesteckten Rahmens in erzählerischer

---

[72] "Hwæt þa eadmund cynincg mid þam þe hingwar com . stod innan his healle þæs hælendes gemyndig . and awearp his wæpna wolde geæfen-læcan cristes gebysnungum . þe for-bead petre mid wæpnum to winnenne wið þa wælhreowan iudeiscan."

[73] Vgl. etwa (108) "and swa syððan læddon þone geleaffullan cyning"; (111b ff.) "and he symble clypode/betwux þam swinglum mid soðan geleafan/to hælende criste". (Aus Abbos "semper Christum invocando flebilibus vocibus" (Kap. 10) wird hier das wenig königliche "flebilibus vocibus" weggelassen); (121) "ac mid anrædum geleafan hine æfre clypode".

Bewegung und gipfelt in dem einprägsamen Bild vom wachenden Wolf, der von den Suchenden gefunden wird (154–157). Bis in die Haltung der ihn verehrenden Kreatur drückt sich also unmittelbar und symbolisch die bannende Kraft des Heiligen aus – in einer unaufdringlichen und doch unübersehbaren Spiegelung des eigentlichen Geschehens. Ähnlich erhebt sich der schlichte Translationsbericht zu einer feierlichen Beschreibung des heiligen Leichnams, der rein und ohne Wundmale ist, und nur um den Hals, wo der Todesschlag ihn getroffen hat, von einem roten Streifen gezeichnet ist (176–185):

þa wæs micel wundor þæt he wæs eall swa gehal
swylce he cucu wære mid clænum lichaman .
and his swura wæs gehalod þe ær wæs forslagen .
and wæs swylce an seolcen þræd embe his swuran ræd
mannum to sweotelunge hu he ofslagen wæs .
Eac swilce þa wunda þe þa wælhreowan hæþenan
mid gelomum scotungum on his lice macodon .
wæron gehælede þurh þone heofonlican god .
and he liþ swa ansund oþ þisne and-werdan dæg .
and-bidigende æristes . and þæs ecan wuldres .

Dies ist keine bloße Deskription. In der sinnfällig gemachten Gestalt drücken sich erbauliches Gefühl für das Wunderbare und ein ernster Sinn für Gottes Allmacht und die Ewigkeit aus. Dabei wird, der seelsorgerischen Tendenz Aelfrics gemäß, als die Vorsausetzung für dieses Wunder die Reinheit des Heiligen in mahnendem Ton hervorgehoben (186–188):

His lichama us cyð þe lið un-formolsnod
þæt he butan forligre her on worulde leofode .
and mid clænum life to criste siþode .

Auch bei Abbo findet sich dieser Gedanke, aber nicht in der sinnbildhaften Auswahl und Betonung wie bei Aelfric.

5. *Zusammenfassung: Aelfrics Erzählweise in formgeschichtlicher Sicht*

Im Unterschied zu den Heiligenleben der Cynewulf-Gruppe erzählt Aelfric zusammenhängend und klar, nach hagiographischem Vorbild.[74] Außerdem weiß er die Einfachheit und kraftvolle Bewegung heimischer Darstellungsweise zu verwenden. Auch zu seiner Zeit waren die Heiligenleben dem englischen Volk noch wenig bekannt. Es kam vor allem darauf an, die Tatsachen als solche zu vermitteln. Aelfric konnte nicht, wie der Legendenschreiber des 13., 14. oder 15. Jhs., voraussetzen, daß den Hörern die

---

[74] Vgl. dazu auch G. H. Gerould, "Aelfric's Lives of St. Martin of Tours", *JEGP* 24 (1925), S. 206–210.

Wesenszüge der Überlieferung vertraut waren. Das stofflich Gegebene teilt er deshalb getreulich Zug um Zug mit.

Aber mit seinem Erzählen verbindet sich ein ebenso feierliches Verkünden der christlichen Wahrheit. Die gesamte Formensprache seiner Heiligenleben ist in diesem Sinne expressiv. Auch die berichtenden Partien werden energisch auf das Wesentliche hin gerafft. Das Ganze scheint wie durchgeistigte, dabei volkstümlich einfache Linienkunst, die immer wieder in reliefartigen Gebärden, umrißhaften Bildern, Metaphorik, heiligen Worten, Vorausdeutungen oder auch Gefühlsreaktionen gipfelt, die wie Spiegelungen zum Bericht treten und seine Erbaulichkeit steigern. Dabei werden die äußeren Gebärden – meist aus den hagiographischen Vorlagen ausgewählt – reichlicher verwendet als in den Stücken der Cynewulf-Gruppe, in denen der inneren Gedanken- und Gefühlsfolge mehr Raum gewährt wurde. Insofern ließe sich bei Aelfric von einer gewissen Konkretisierung der Heiligengestalten und von ihrer Einbeziehung in den Raum sprechen, wie es ähnlich in der Malschule von Winchester geschieht, die sich von den stärker ornamentalen Darstellungen der vorhergehenden Epoche ebenso unterscheidet wie Aelfrics Heiligenleben von denen des 8. Jhs. Andererseits läßt sich auch in der Buchmalerei seines Klosters jene eigentümliche Einbeziehung des verdeutlichenden Kommentars – meist durch demonstrierende, auf die heiligen Personen gerichtete Gebärden und Bewegungen – beobachten. Hinzu kommt, daß bei Aelfric – trotz seiner Tendenz zum Monumentalen und seiner geistigen Verwandtschaft zum Linienstil der Buchmalerei[75] – eine feine Sensibilität für Gefühls- und Wortnuancen vorhanden ist, die für einige Jahrhunderte als einzigartig gelten darf[76] und die sich gelegentlich, z. B. bei Erwähnung des Wunderbaren, mit der Weichheit und Emotionalität des Malstils von Winchester vergleichen läßt.[77]

Durch letzteres ergibt sich auch eine gewisse Nähe zur hoch- und spätmittelalterlichen Legende. Jedoch gewinnen die dem Bereich des *fascinans* angehörenden Elemente noch keine formprägende Bedeutung, sondern bleiben dem klar geordneten und zügig bewegten Bericht oder der preisenden Tendenz eingeordnet. Auch schaltet Aelfric noch nicht mit der Freiheit vieler Legendenerzähler des späteren Mittelalters. Ehrfürchtig blickt er zur Überlieferung auf und verkündet sie wie etwas Unverrückbares, damals Geschehenes und heute noch Gültiges, in dem sich das Wirken Gottes machtvoll manifestiert. Das Heilige bricht über Menschen wie Valerian als etwas noch nie Gehörtes und Fremdes herein und löst in ihnen Erschrecken aus. Im Erlebnis des Numinosen waltet wie im Jahrhundert Cynewulfs das *tremendum* vor, und der Abstand zwischen dem Allmächtigen und den

---

[75] Vgl. oben Abb. 4 (Taf. III) und dazu oben S. 139f., Anm. 40.
[76] Vgl. auch D. Knowles, *The Monastic Order in England*, S. 48.
[77] Vgl. dazu oben S. 139.

Menschen ist weit. Dennoch deuten das vereinfachende Kürzen, die einheitliche Tönung und Übersichtlichkeit der Aelfricschen Darstellung – sowie die Komposition im Rahmen einer größeren Sammlung – auf die Entwicklung der späteren Legendare voraus. Aelfrics Heiligenleben stellen eine aus der seelsorgerischen Absicht des Verfassers und der historischen Situation geprägte Übergangsform dar, die zwischen älterer Hagiographie, germanischer Stiltradition und hochmittelalterlicher Legende steht.

IV. Altenglische Heiligenleben des 11. Jhs. in Prosa

1. Übersicht

Aus nachaelfricscher Zeit liegen keine altenglischen Legendensammlungen vor. Lediglich Prosaleben sind erhalten, vorwiegend recht einfache und für die Laienpredigt zurechtgeschnittene Stücke: *Guthlac*,[1] *Swithun*,[2] *Margareta*,[3] *Maria Aegyptiaca* (Fragment),[4] *Chad*,[5] *Malchus*,[6] *Neot*,[7] *Veronika*,[8] *Christopher* (Fragment),[9] *Legenden vom Kreuz*,[10] *Jamnes und Mambres* (Fragment)[11] und *Quintinus* (Fragment).[12] Während bei dem älteren, noch in die Zeit vor Aelfric reichenden *Chad* und dem die Mißstände der Zeit beinahe wie Wulfstans *Sermo ad Anglos*[13] anprangernden *Neot* die homiletische

---

[1] Ed. Ch. W. Goodwin, *The Anglo-Saxon Version of the Life of St. Guthlac*, Lo. 1848; P. Gonser, „Das angelsächsische Prosa-Leben des hl. Guthlac", *Anglistische Forschungen* 27, Heidelberg 1909, S. 100–173.
[2] Ed. Facs. J. Earle, Lo. 1861.
[3] Vgl. unten S. 152ff.
[4] Ed. J. Earle in seiner Swithun-Ausgabe, Lo. 1861.
[5] Ed. R. Vleeskruyer, *The Life of St. Chad: An Old English Homily*, Amsterdam 1953.
[6] Ed. O. Cockayne, *The Shrine*, 1864–69.
[7] Ed. R. F. Wülker, „Ein angelsächsisches Leben des Neot", *Anglia* 3 (1880) S. 102 bis 114; vgl. auch E. Kölbing "Collationen", *Engl. Studien* 6 (1883), S. 450–451.
[8] Ed. L. C. Müller, *Collectanea Anglo Saxonica*, Lo. 1835 und ed. C. W. Goodwin, *The Anglo-Saxon Legends of St. Andrew and St. Veronica*, Lo. 1851.
[9] Ed. G. Herzfeld, „Bruchstück einer ae. Legende", *Engl. Studien* 13 (1889), S. 142–145; S. Rypins, *Three Old English Prose Texts*, EETS. OS. 161, S. 68–76, eine ziemlich genaue Übersetzung der *Passio s. Christophori* (BHL 1766), ed. *Acta SS*, Jul. VI, S. 146 bis 149; vgl. auch Rypins, "The Old English Life of St. Christopher", *MLN* 35 (1920), S. 186f.; E. Einenkel, „Das altenglische Christoforusfragment", *Anglia* 17 (1895), S. 110–122; K. Sisam, "The Compilation of the Beowulf Manuscript", *Studies in the Hist. of Old Engl. Lit.*, Oxford 1953, S. 65–96.
[10] Ed. R. Morris *Legends of the Holy Rood*, EETS. OS. 46. Vgl. N. R. Ker, "An Eleventh-Century Old English Legend of the Cross before Christ", *Med. Aev.* 9 (1940).
[11] Ed. O. Cockayne, *Narratiunculae Anglice Conscriptae*, Lo. 1861.
[12] Ed. Herzfeld, *Engl. Stud.* 13 (1889), S. 145.
[13] Ed. D. Bethurum, *The Homilies of Wulfstan*, Oxford 1957, S. 255–275 (3 Versionen).

Form vorherrscht, läßt sich bei den anderen Einzelstücken im allgemeinen ein Zurücknehmen der lehrhaften Einrahmung und ein Abrücken „auf das Gebiet der reinen Erzählung" beobachten.[14] Die Übersetzungen des *Christopher*, der *Maria Aegyptiaca*, der *Margareta* und des *Quintinus*, bedeuten für Brandl eine „weitere Ausgestaltung der geistlichen Prosaerzählung [... bis] knapp an die Grenzen des Romans".[15] Aber auch hier sind predigthafte Züge sehr stark.[16]

Die Zeit, besonders die zweite Hälfte des Jahrhunderts, war eine Periode politischer und monastischer Reorganisation, in welcher u. a. auch die Buchmalerei der Qualität und Quantität nach zurücktrat. Ein Stück wie der nach Felix' Vita übersetzte *Guthlac* zeigt, wie einfach und unbeholfen der Ausdruck dieser Fassungen sein konnte,[17] in denen sich keine Spur der rhythmisierenden und alliterierenden Prosa eines Aelfric mehr findet. Durch Auslassung der in der Vita des Felix die Satzverbindungen herstellenden Partikel wie *igitur, ergo, ecce, subito* usw.[18] entsteht eine ungelenke Syntax. Andererseits ergibt sich aus dem häufigen Fortlassen des *velut* in den Vergleichen eine Vergegenständlichung, wie überhaupt der konkrete dem abstrakten Ausdruck vorgezogen wird. Ein charakteristisches Beispiel ist die veranschaulichende Behandlung des Bildes vom Anlegen der Rüstung des Glaubens.[19]

2. Das Margaretenleben als volkstümliche Predigtlegende

Formgeschichtlich interessanter ist das altenglische Margaretenleben. Es ist die erste in Westeuropa erhaltene volkssprachliche Bearbeitung dieses Stoffes.[20] Drei verschiedene, offenbar unabhängig voneinander im 11. Jh. entstandene Versionen sind bekannt,[21] von denen die zweite eine genauere

[14] Vgl. Brandl, a.a.O. S. 1054 und 1112.

[15] Ebd. S. 1117.

[16] Geroulds Bemerkungen über die genannten Einzellegenden beziehen sich nicht auf formale Aspekte.

[17] Vgl. Gonser, a.a.O. S. 95.

[18] Vgl. ebd. S. 54.

[19] Ebd. S. 116, Z. 57 ff. u. S. 139, Z. 11 ff.; mit den lateinischen Stellen konfrontiert S. 68 f.

[20] Vgl. B. Assmann, *Ags. Homilien u. Heiligenleben* (= Bibl. d. Ags. Prosa, ed. Grein-Wülker, Bd. III) Kassel 1889, S. 264, und F. M. Mack, *Introduction* zu *Seinte Marherete*, EETS. OS. 193, S. XXVf.

[21] a) Ms. Cott. Tib. A III, ed. O. Cockayne, *Narratiunculae Anglice Conscriptae*, 1861, S. 39–49, eine sehr genaue Übersetzung eines lateinischen Textes des Mombritius-Typus;

b) MS. Corpus Christi Camb. 303, ed. B. Assmann, a.a.O. S. 170–180, eine Fassung, die interessante Abweichungen von den übrigen Versionen des Mombritius-Typus aufweist. Sie übergeht den konventionellen Prolog und Epilog und macht den Autor Theotimus zum Pflegevater Margaretens, der sie, die von ihrem Vater als Kleinkind ausgesetzt worden ist, gefunden und bis zu ihrem 15. Lebensjahr aufge-

Untersuchung lohnt. Thematisch stellt sie vor allem den Gegensatz zwischen Götzendienst und wahrem Glauben heraus. Dies geschieht mit solch mahnendem, seelsorglichem Eifer, daß man den Nachklang einer nicht zu fern liegenden missionarischen Zeit darin erkennen kann. Schon der Prolog (Z. 1–7) hebt dieses Anliegen hervor. Margareta wird von Anfang an als Beispiel hingestellt, so ganz deutlich in einem der eigentlichen Erzählung vorausgeschickten Abschnitt (21–32).[22] Dabei wird ihr vorbildliches und regelmäßiges Beten zum rechten Gott und in der richtigen, ehrfürchtigen Weise betont. Die Erbauungstendenz ist unverkennbar die der *imitatio*, die in kräftigem Predigerton immer wieder unterstrichen wird. So wird z. B., über die Rebdorf-Version hinausgehend, eine Predigt Margaretens an das Volk eingefügt, in welcher die Heilige ihre Worte an Männer, Frauen, Knechte und Mägde richtet und sie auffordert, den von Menschenhand gebildeten Heidengötzen zu entsagen (23–30). Nach der Predigt wird in verdeutlichender Kontrastierung festgestellt – wie es auch schon eingangs geschieht – ,daß Margaretens Vater den Teufel, sie aber Gott und alle seine Heiligen verehrt habe. Auch vor ihrem Tode hält Margareta eine kurze, eindringliche Predigt an das Volk, in welcher sie zur Bekehrung zum Glauben aufruft und selbst ein Beispiel tiefster Demut gibt, indem sie sich, obwohl Christus sie gerade als Heilige gepriesen hat, als einen sündigen Menschen bezeichnet.[23] Da dies ihre letzten Worte sind, erhalten sie besonderes Gewicht. Es geht dem Verfasser nicht so sehr um Heiligenlob als um nachahmbare Frömmigkeit. Immer wieder wird seelsorglich-praktisch auf die vorbildlich ehrfürchtige Gebetshaltung und den Gebetseifer der Heiligen hingewiesen, unter Hervorhebung expressiver Gebärden, wie sie in späteren oder früheren Fassungen nicht vorkommen.[24] Auch das

zogen hat. Wie weit hier Züge einer verlorengegangenen Quelle vorliegen, ist nicht mit Sicherheit zu sagen, Gerould, "A New Text of the Passio S. Margaritae", *PMLA* 39 (1924), S. 547, nimmt eine solche Quelle an und mißt deshalb der altenglischen Version eine größere Bedeutung bei, als es gewöhnlich geschieht. Daß gerade über die Gründe und Einzelheiten der Vertreibung aus dem Elternhaus manche Verschiedenheiten in der Überlieferung bestehen, hat schon E. Krahl gezeigt (*Untersuchungen über vier Versionen der mittelenglischen Margaretenlegende*, Diss. Berlin 1889, S. 33–35). Man braucht deshalb nicht Abhängigkeit von bestimmten Quellen anzunehmen; die Kindheit und Jugend eines Heiligenlebens ist, wie die Hagiographie des Mittelalters immer wieder zeigt, der Teil, der mit einer gewissen Freiheit des Erzählens behandelt werden kann, da er vor der eigentlichen Bewährung der Heiligkeit liegt.
c) Die dritte Version, MS. Cott. Otho. B. X., existiert nicht mehr. Assmann, S. 264, gibt *Incipit* und *Explicit*.

[22] "Dæʒhwamlice hi hire utsanʒes and hire ʒebedu ʒeorne ʒefylde and þæt unʒelærde folc swiðe myneʒode to ures drihtones hersumnesse" (Z. 21–22).

[23] Sie bittet um ein Gebet für sich selbst, da sie sehr sündig sei (Z. 342 f.). Im Mombritius-Text wird eine entsprechende Demutsformel im Zusammenhang mit den vielen preisenden und glückverheißenden Worten nur gestreift (ed. Assmann, a.a.O. S. 209 bis 220, Z. 388).

[24] Als sie von den Greueln der Heiden hört, betet sie nur noch öfter zu Gott (41 f.). Ihre

beispielhafte Bewahren jungfräulicher Reinheit wird – vor allem bei Erduldung der Martern – herausgestellt, aber weniger nachdrücklich, was vielleicht ebenfalls mit dem Vortrag vor einem Laienpublikum erklärt werden kann. Vom Verschlucktwerden Margaretens und dem Bersten des Drachen ist nicht mehr die Rede – was entweder für den kritischen, mehr auf die beispielhafte Frömmigkeit gerichteten Sinn des Verfassers oder für die Heranziehung einer der Rebdorf-Version verwandten und vom Mombritius-Text abweichenden Quelle spricht.

In den Gebeten dominiert ehrfürchtige Scheu vor dem *tremendum* im Heiligen. Jedoch verbindet sich mit diesem noch frühmittelalterlich wirkenden Zug ein Ton gefühlsstarker Christusliebe, ein Erleben des *fascinans* im Göttlichen, das den in der schlichten Sprache des Volkes gehaltenen Worten einen treuherzigen Klang verleiht und sie (im Gegensatz zu der liturgischen Gebetssprache der etwa gleichzeitig entstandenen Mombritius-Fassung)[25] zum praktischen Beispiel eines für das Volk geeigneten Betens werden läßt. Dem entspricht es, daß die Jungfrau als schlichte Magd Gottes gesehen wird, die ihr Leben Christus geweiht hat und nur ihm in Liebe anhängt. Dieser Gefühlston eines vertrauenden Christusverhältnisses ist neu und weist voraus auf weitere Entwicklungen im 12. und 13. Jh. Zusammen mit der starken Betonung ehrfürchtiger Scheu vor dem erhabenen Gott bildet er eine wohl gerade für die Übergangszeit vom frühen zum hohen Mittelalter bezeichnende Mischung gebetspsychologischer Elemente.[26]

Gebete verrichtet sie voll Ehrfurcht auf dem Boden ausgestreckt, ihre Arme erhebend oder nach Osten weisend (60–61, 119–120). Daß sie in richtiger Weise betet, wird bei der Drachenerscheinung ausdrücklich gesagt: "Sancta Marȝareta hi to eorðan ȝestrehte and hire rihtwise ȝebedu to ȝode ȝesænte" (186–187). Die den Teufel bannende Macht des Kreuzzeichens wird nicht nur bei dem Eintritt in den Kerker betont (169). Margareta vertreibt den Drachen, indem sie mit der einen Hand sich selbst bekreuzigt, mit der anderen in Richtung auf das Untier das heilige Zeichen macht (197–199). Auch ihr letztes Gebet wird in fußfälliger Verehrung verrichtet (313), und nach dem Gebet wirft sich Margareta nochmals zu Boden und berührt ihn mit dem Angesicht (326–327). Selbst als sie während ihrer Folterung an den Füßen aufgehängt ist, betet sie mit erhobenen Händen (120 und 154).

[25] Vgl. dazu unten S. 170 ff.

[26] Im ersten Gebet bittet Margareta um Schutz vor der starken Versuchung der Teufel, vor allem gegen deren "sweteste lufa" (46 f.); denn nur Christus gehört all ihr Hoffen und Lieben. Ihr Gebet um Hilfe (61–73) bei Abführung durch die Soldaten ist dem in der Mombritius-Version ähnlich, aber die Anreden Christi lauten "Drihten leof" (66) bzw. "leofa drihten" (73) und kehren so immer wieder. Daneben hebt Margareta ehrfürchtig die Macht des Weltenkönigs hervor und ruft ihn an als "dorcyninȝ" (66). Liturgische Formulierungen wie "Fac me laetari semper in te, domine" oder Wendungen wie "Non proiiciatur margarita mea in lutum" im Mombritius-Text fehlen ebenso wie die Bitte um erfolgreiches Reden vor dem Präfekten. Alles bleibt schlicht auf die beispielhafte Bewahrung der Reinheit bezogen. Die Sprachbilder am Schluß des Gebetes in Mombritius jedoch kehren wieder. Sie werden wohl ihrer Anschaulichkeit und Ausdruckskraft wegen übernommen (70–72).

Es handelt sich nach den bisherigen Beobachtungen also mehr um eine Legendenpredigt für einfache Hörer als um eine Legendenerzählung. Dennoch gibt es einige volkserzählerisch wirkungsvolle Passagen, die der Prediger geschickt einzusetzen weiß. So beginnt der Bericht mit der reihenden Formel „Es war einmal ein Land [...] da war ein Gottesknecht [...] und da waren ein heidnischer König und seine Königin." Daß der Vater Margaretens zum Heidenkönig geworden ist, paßt in diesen Erzählton. Auch weiterhin werden die historisch getönten Einzelheiten der Überlieferung volkstümlich typisiert. Die Christenverfolgungen erscheinen nur noch in schematischer Reduktion auf einfachste Grundlinien (32–35), die Tötung der Christen wird katalogartig-formelhaft – an germanischen Epenstil erinnernd – aufgezählt (35–39). Ein Motiv für die Aussetzung Margaretens wird nicht gegeben; der Befehl des Königs ist Begründung genug (13–14). Die Ereignisse werden durch polysyndetisch verwendetes *and* und *ða* aneinandergereiht. Gelegentlich findet sich spannungsteigernder Szenenaufbau. So fragt z. B. Olibrius Z. 93f.:

On hwilca wisa ræde ʒe me, hu ic muʒe þis mæden bismærian?

Und darauf heißt es nur:

And hi ealle þa swiʒedon (Z. 94).

Welche Maßnahmen zu ergreifen sind, bleibt zunächst offen. Gleichzeitig demonstriert die Szene die Ratlosigkeit und das Begehren des Olibrius. Sein am nächsten Morgen gegebener Befehl wird unmittelbar angeschlossen, ohne daß, wie in Rebdorf, das Zusammenströmen der Menge und die Vorbereitungen zur Gerichtssitzung als erzählende Verbindungslinie gegeben würden. Wie in einer Volksballade folgt auf die Willensäußerung gleich die Tat – was in den spielmännisch stilisierten Fassungen des 12. und 13. Jhs. noch deutlicher wird. Das Motiv des Schweigens ist auch an anderer Stelle noch einmal intensivierend eingesetzt. Bevor Margareta in das wallende Wasser gestoßen wird, redet Olibrius auf sie ein, um sie zum Nachdenken zu bewegen. Sie aber schweigt (284f.). Diese stumme Geste gehört einer anderen Stiltradition an als die bei Mombritius stehende Rede. Sie macht, germanischer Kunstüberlieferung folgend, die innere Haltung zeichenhaft sichtbar, zu deren Verdeutlichung auch die zahlreichen flehentlichen Gebetsgebärden eingesetzt werden. Diese Tendenz begegnete schon in Felix' Guthlac, Cynewulfs Elene und bei Aelfric. Nun aber werden markante Gebärden, katalogartige Worthäufungen und gefühlsstarke Gebete mehr in den Vordergrund geschoben. Die Schandtaten der Heiden und die Leiden der Christen werden grell beleuchtet und stärker als früher aus dem Blickwinkel anklagender Parteinahme gesehen. Die Perspektive der Darstellung ist weniger die des ruhigen Berichtens und Beschreibens aus dem Zusammenhang des Geschehens als die eines akzentuierenden, von außen herangetragenen Verdeutlichens und Hinweisens, was besonders auffällt, wenn etwa die an den Füßen aufgehängte Margareta mit erhobenen Händen betet. Wir begegnen damit einem Darbietungsmodus, der grundsätzlich schon hochmittelalterliche Züge aufweist und dem auf den Bayeux-Teppichen verwandt ist.[27]

---

[27] Vgl. oben S. 65, Anm. 15, über die These von O. Pächt.

ZWEITER TEIL

DAS HOHE MITTELALTER UND DAS JAHRHUNDERT DER FRANZISKANISCHEN FRÖMMIGKEIT

I. Überblick über die frömmigkeits- und formgeschichtlichen Wandlungen in der lateinischen und landessprachlichen Hagiographie des 12. und 13. Jhs.

Mit der zunehmenden Emotionalisierung und Spiritualisierung der abendländischen Religiosität und dem gleichzeitigen Anwachsen der Laienkultur werden Kräfte wirksam, die auch die Hagiographie entscheidend beeinflussen sollten. Es sind dies innerhalb der Kirche die Steigerung des Heiligenkults allgemein sowie die neuen asketischen und mystischen Zeitströmungen, und im Profanbereich die höfische und gelehrte Literatur des hohen Mittelalters, die insbesondere durch Versroman, Historiographie und Biographie auf die Hagiographen einwirkt. Beiden Richtungen ist, obwohl unter ganz verschiedenen Aspekten, eine stärkere Berücksichtigung des Menschlichen eigen. Profan- und Sakralsphäre stehen einander nach der Christianisierung Europas nicht mehr so schroff gegenüber wie in frühmittelalterlicher Zeit, sondern können harmonischer aufeinander und auf den in Kirche und Welt zugleich stehenden Christen bezogen werden.

Wie in der Theologie etwa eines Thomas von Aquin der Widerhall der Wahrheit noch in den natürlichen Dingen und in jedem Wesen geduldig und liebevoll gesucht wird, so erscheinen in den Viten der führenden Ordensreformatoren und Bischöfe mehr die schlichte Arbeit der Organisatoren, das seelsorgerische Wirken der Prediger oder ihre persönliche Tugend und Devotion als die großen, übernatürlichen Wundertaten der Dämonen- und Heidenbezwinger, die in den Passionen und Missionarsleben der heroischen Zeit im Vordergrund standen. Unter diesen Voraussetzungen können – besonders in der landessprachlichen Legendendichtung – die Konventionen der weltlichen Literatur und Kunst grundsätzlich leichter auf die geistliche (und umgekehrt die der Hagiographie auf das höfische Epos) übertragen werden. Wo das geschieht, ergibt sich die Verbindung des einen mit dem anderen als etwas Selbstverständliches, nicht mehr wie in altenglischer Zeit als bewußte Umstilisierung mit missionarischer Tendenz.

Dennoch tritt im Hochmittelalter – unter dem Einfluß bernhardischer und zisterziensischer sowie franziskanischer Frömmigkeit – an den bedeutendsten Werken der Legendenliteratur der Unterschied zwischen geistlichem und weltlichem Erzählen scharf zutage. Zwar wird – von liturgischen Stilisierungen abgesehen – in der hochmittelalterlichen Legende das Menschliche stärker als in der frühmittelalterlichen Hagiographie gesehen, aber das Interesse richtet sich viel entschiedener auf den verinnerlichten Menschen als etwa im höfischen Versroman oder in der Historiographie. Abgesehen von den biographisch orientierten Heiligenviten, die besonders im England des 12. Jhs. eine Rolle spielen,[1] zielt die Darstellung auf die emotionalen und seelischen Zustände und Stimmungen, mit denen das Heilige und Wunderbare erlebt wird, nicht auf psychologische Ausarbeitung, wie es, z. T. unter dem Einfluß Suetons, in der zeitgenössischen Geschichtsschreibung und Biographie der Fall ist.[2] Auch die äußere Erscheinung des Menschen und der Welt wird kaum in den Blick genommen. Ebenso fehlt die – augustinischen Geist atmende – innerseelische und auch äußere Dynamik, die in vielen frühmittelalterlichen Viten, besonders den germanisch stilisierten, durch Konzentration auf Augenblicke der Anfechtung, Entscheidung und heroischen Bewährung ausgelöst wird. Zwar ergibt sich in seltenen Fällen eine überraschende Unbefangenheit und Intimität der Personendarstellung.[3] Meist jedoch geht es weniger um den Heiligen selbst als um die von ihm hervorgerufene erbauliche Wirkung auf das fromme Gemüt der Gläubigen und deren Reaktionen. Hauptanliegen ist das Erschließen des Sinnes für die geheimnisvolle Gegenwart des Wunderbaren. Angestrebt wird ein direktes Suggerieren religiöser Stimmungen – wie in der franziskanischen Malerei des frühen 13. Jhs. – oder auch eine intellektuelle Betrachtung der geistigen Wirklichkeit, weniger eine deskriptive Schilderung der materiellen Gegebenheiten und Verläufe.[4] Dazu kommt, daß frömmigkeitspsychologisch nun andere Gefühlsqualitäten eine Rolle spielen als im frühen Mittelalter. An die Stelle des *tremendum* tritt das intensive Erleben des *fascinans*. Nach jahrhundertelanger Verehrung sind die Heiligen für Kirche und Volk etwas so Vertrautes geworden, daß man sich ihnen wie Freunden und Geliebten nahen kann, die Geborgenheit verheißen oder an denen sich mystische Leidenschaft entzündet. Das Martyrium kann ohne seine Schrecken, als etwas Herbeizusehnendes, als eine Form ekstatischer Liebesvereinigung mit Christus angesehen werden, wie es besonders seit Bernhard v. Clair-

---

[1] Vgl. unten S. 166ff. Zu biographischen Zügen in Heiligenleben des 10. Jhs. vgl. L. Zoepf, *Das Heiligen-Leben im 10. Jh.*, Leipzig u. Berlin 1908.

[2] Vgl. M. Schütt, "The Literary Form of William of Malmesbury's 'Gesta Regum'", *EHR* 46 (1931), S. 255–260.

[3] Vgl. die ersten von den Mitbrüdern des Ordensstifters verfaßten Franziskuslegenden und Joinvilles Ludwig-Leben; dazu R. W. Southern, *Saint Anselm and his Biographer*, Cambridge 1963, S. 336.

[4] Vgl. zum Einfluß etwa der franziskanischen Frömmigkeit auf die Malerei des 13. Jhs. O. Sirén, *Toskanische Malerei im XIII. Jh.*, Berlin 1922, passim, bes. S. 20f., und E. W. Tristram, "Franciscan Influence in English Mediaeval Wall-Painting", in A. G. Little, *Franciscan History and Legend in English Mediaeval Art*, Manchester 1937 (= British Society of Franciscan Studies, vol. 19), S. 3–11.

vaux geschieht.[5] Damit verbindet sich, in den Jungfrauenlegenden, vielfach das *Sponsa-Christi*-Motiv. In den Neufassungen alter Martyrerpassionen kann der liturgisch gesteigerte Triumph des im Himmel Erhöhten und das Lob seiner großen Hilfeleistung für alle seine Diener in den Vordergrund treten und die scheue Verehrung und den hieratischen Ernst ersetzen, mit denen im Frühmittelalter der beispielhaft kämpfende, große und geheiligte Mensch betrachtet wurde. Der *Sanctus* verkörpert nicht mehr das aus ehrfürchtiger Schau gesehene *venerabile* und streng zur Nachahmung auffordernde *imitabile*, sondern eher ein *amabile* und *mirabile*, und er wird als Hilfsmacht in aller Not gesehen. Dies äußert sich in verschiedenen Frömmigkeitshaltungen einer mehr persönlichen Art – im Bitten um Schutz, im Gefühl für das Glückverheißende, in einem hymnisch sich ausdrückenden Entzücken, im Mitleiden- und Mitlieben-Wollen oder in einem still-beschaulichen Sich-Versenken in die Schönheit und Wirkkraft des Wunders, das nicht mehr als etwas überwältigend Neues gesehen wird, sondern als etwas Geläufiges und Geglaubtes, das dennoch die Welt wie mit überirdischem Glanz erfüllt. Im Mittelpunkt steht die Wiedergabe dieses inneren Eindrucks, einer fromm empfundenen Impression, nicht mehr wie im Frühmittelalter die Expression des transzendentalen Wahrheitsgehalts.

Daraus ergeben sich weitreichende formgeschichtliche Konsequenzen. Das Wesentliche ist, daß viel stärker als früher der hagiographische Bericht mit verdeutlichender und erbaulicher Betrachtung, und zwar vorwiegend emotionaler Art, verbunden wird, so daß zu dem eigentlichen Geschehen dessen vielfältige Spiegelungen treten, ja zum eigentlichen Anlaß der Darstellung werden können. Es geht im hohen Mittelalter grundsätzlich nicht mehr wie in missionarischer Zeit um eindringliche Verkündigung und Darstellung des objektiven Geschehens und die Erklärung und Steigerung des elementaren Sinnzusammenhanges, sondern um das Aussprechen einer Vielfalt von erbaulichen Reflexionen und Begleitgefühlen. Schon bei Beda ließ sich diese Blickrichtung ansatzweise erkennen in der Athanasius folgenden systematisierenden Anordnung und lehrhaften Deutung des Stoffes sowie im Einordnen des einzelnen in den Gesamtzusammenhang durch Beziehung auf alttestamentliche oder kirchengeschichtliche Vorbilder. Bei dem Cluniazenser Abbo von Fleury erschienen theologische Betrachtung und panegyrisches Heiligenlob in weiterer Differenzierung. Jetzt tritt dieses Bedürfnis – von den biographisch-historiographisch konzipierten Viten abgesehen – beherrschend in den Vordergrund.[6] Auch handelt es sich nun

---

[5] Vgl. Bernard v. Clairvaux, *Sermo in Cant.* 61: "Non hoc facit stupor, sed amor." (Migne, *P. L.* 183, Sp. 1074.) Vgl. dazu E. Auerbach, "Gloria Passionis", in *Literatursprache und Publikum in der lateinischen Spätantike und im Mittelalter*, Bern 1958, S. 54–63, bes. S. 56–58.

[6] Vgl. etwa Kap. 20 der unten genannten *Vita s. Hildegundis* sowie Hegel und Koch, a.a.O. S. 77. Für die *Matthias*-Vita des Lambert von Lüttich stellt R. M. Kloos die "Exemplifizierung des Wunders" durch Einbeziehung in größere und allgemeinere Zusammenhänge als Eigentümlichkeit des Verfassers heraus, *Lambertus de Legia* [...] (= Trierer Theologische Studien 8, 1958).

noch deutlicher um ein Gliedern und Rubrizieren nach kleineren Teil-
aspekten und Untergruppen – z. B. der Tugenden nach den sieben Gaben
des Hl. Geistes[7] – und um ein Streben nach katalogartiger Vollständigkeit,
worin sich der Einfluß der scholastischen Methode bemerkbar macht. Es
ergibt sich nicht mehr die klare Linienführung, Plastizität und direkte
Symbolik des Geschehens wie bei Gregor dem Großen, sondern eine
eigentümlich indirekte, flächig zerdehnte, in kleine Einzelheiten aufgelöste
und verlangsamte Darstellungsweise, die sich jedoch unmittelbar an den
religiösen Sinn wendet und deren Strukturprinzip die Akkumulation möglichst vieler erbaulicher Hervorhebungen (in Gebet, Rede, Kommentar
und ähnlichem) sowie das grelle Kontrastieren des Heiligen mit dem
Teuflischen ist. Sofern damit eine gewisse äußere, aber im Äußeren nicht
haftenbleibende Anschaulichkeit verbunden wird, ergeben sich Formen,
die in ihrer eigentümlichen Transparenz und Statik als erzählerische Ver-
bildlichungen der Andacht, als Andachtsbilder, erscheinen. Erst in den
Verdichtungsformen der legendarischen Kurzfassungen jedoch, insbesondere in denen der *Legenda aurea*, gewinnen sie eine auch ästhetisch überzeugende Gestalt. Die Gefahr der Überausführlichkeit des Kontemplativen
wird hier überwunden durch Konzentration auf emotions- und sinner-
füllte Einzelheiten. Diese sind ähnlich wie bei Gregor zum Bilde gerundet
und von symbolischer Intensität. Allerdings sind sie keine stark aus sich
selbst sprechenden Gebärden und Verläufe. Äußerlich einfach und statisch,
sind sie die Träger eines innigen Frömmigkeitsgefühls, das ihnen die Qualität eines inneren Leuchtens gibt. Als erzählerische Andachtsbilder repräsentieren sie die wohl kennzeichnendste, auch auf die landessprachlichen Fassungen wirkende Form des hoch- und spätmittelalterlichen Legendenerzählens. Mit der auf volle Anschaulichkeit zielenden Deskription in der zeitgenössischen Profanliteratur haben sie nichts gemein. Die Orts- und Personenbeschreibungen in Versroman, Historiographie und Biographie sind
mit ihnen nicht identisch; der eigentümlich „unepische" Grundzug der
Heiligenlegende, von dem in den gattungstheoretischen Überlegungen oben
die Rede war, wird wesentlich von ihrer Struktur bestimmt.

Eine andere Wirkung der frömmigkeitsgeschichtlichen Wandlungen ist
die – auch motivgeschichtlich greifbare – Bevorzugung von Wundern,
die nicht mehr primär die übernatürliche Kraft des Thaumaturgen demonstrieren, sondern den wunderbaren Schutz, den Gott seinen Auserwählten
wie allen Frommen gewährt. Außer in den Heiligenleben selbst tritt dies
besonders in den Sammlungen posthumer Wunder zutage, die seit dem
12. Jh. in sogenannten Mirakelbüchern vielen Viten, auch denen der
ältesten Heiligen, beigefügt werden,[8] und ebenso in den zahlreichen

---

[7] Vgl. dazu K. Koch u. E. Hegel, *Die Vita des Prämonstratensers Hermann Joseph von Steinfeld. Ein Beitrag zur Hagiographie und Frömmigkeitsgeschichte des Hochmittelalters*, Köln
1958, S. 67.

[8] Vgl. ebd. S. 11, Anm. 3, und S. 24, sowie die dort angegebene Literatur.

Marien-, Hostien- und Kruzifixus-Legenden der Mirakelsammlungen etwa der Zisterzienser Herbert von Clairvaux[9] und Caesarius von Heisterbach.[10] Es geht stets um das wunderbare Behütetwerden der gläubigen und treuen Verehrer der Heiligen in den kleinen und großen Fährnissen des Lebens, auch dann, wenn sie gelegentlich gefehlt haben. Trotz vieler Unterschiede im einzelnen läßt sich von einer zusammenhängenden neuen Phase in der abendländischen Hagiographie sprechen,[11] die in Theologie, Erbauungsschrifttum, geistlicher Lyrik[12] und Gebetbuchliteratur[13] ihre Parallelen hat.

Erste Anzeichen der gewandelten Sehweise enthalten die Viten der cluniazensischen Äbte, in denen bewußt auf jede Monumentalisierung nach Art der alten Missionarsviten verzichtet wird. Wie bereits bei Abbo von Fleury die Tugenden und die sakramentale Weihe des christlichen Königs im Vordergrund standen, so wird in der *Praefatio* der Vita Odos des zweiten Abtes von Cluny, ein detaillierter Tugendkatalog statt großer Machtwunder gegeben:

> *Laudent ergo qui volunt expulsores daemonum, curatores cadaverum, caeterosque infamatos viros virtutibus. Ego inter omnes exiguus, Odonis mei primam patientiae laudabo virtutem deinde contemptum rerum, post haec animarum lucrum, restaurationem coenobiorum, vestimentum cibumque monachorum, pacem Ecclesiarum, concordiam regum et principum, custodiam viarum omnium, instantiam mandatorum, perseverantiam vigiliarum et orationum, respectus pauperum, correptionem juvenum, honorem senum, emendationem morum, amorem virginum, consolationem continentium, misericordiam miserorum, intemeratam observantiam regularum, ad postremum specimen omnium virtutum.*[14]

Demgegenüber verkörpert Bernhards von Clairvaux um 1150 entstandene Darstellung des Lebens seines Freundes *Malachias*, des Erzbischof-Primas von Irland, die emotionale Richtung der neuen Frömmigkeit.[15] Mit Intuition, tiefer Erregung und klarem Geist geht Bernhard, stellenweise in mystischer Zwiesprache mit dem Heiligen, dem Wesen geistlicher Voll-

[9] Ed. Migne, *P. L.* 185, Sp. 1271–1384.

[10] *Caesarii Heisterbacensis Dialogus miraculorum*, ed. Jos. Strange, 2 Bde., Köln, Bonn und Brüssel 1851, *Die Wundergeschichten des Caesarius von Heisterbach*, ed. A. Hilka, 3 Bde., Bonn 1933–1937 (= Publikationen der Gesellsch. f. rhein. Geschichtskunde 43); vgl. dazu A. Schönbach, *Studien zur Erzählliteratur des Mittelalters VII. Über C. v. Heisterbach* (Sitz. Ber. d. Wiener Akad. d. Wiss. Bd. 144 [1901], 159 [1908], 163 [1909], Sonderausg. 1902ff.); Ph. Schmidt, *Der Teufels- und Dämonenglaube in den Erzählungen des C. v. Heisterbach*, Theol. Diss., Basel 1926.

[11] Vgl. dazu K. Koch u. E. Hegel, a.a.O. S. 67.

[12] Vgl. F. J. Raby, *Christian Latin Poetry*, Oxford 1927.

[13] Vgl. F. X. Haimerl, *Mittelalterliche Frömmigkeit im Spiegel der Gebetbuchliteratur Süddeutschlands* (Münchener theol. Studien, Hist. Abt., 4) München 1952.

[14] *BHL* 6292–6969, ed. Migne, *P. L.* 133, Sp. 43–86; hier Sp. 49. Hierauf verweist R. W. Southern, a.a.O. S. 323–325.

[15] *BHL* 5188, ed. *Acta SS.*, Nov. II,1, S. 143–166; auch Mombritius (Neuausgabe Paris 1910) II, S. 143–169.

kommenheit nach, so wie es ihm persönlich in Malachias erscheint. Dabei lassen die Leidenschaftlichkeit und gewandte Dialektik seines äußerst lebendigen Stils den großen Prediger seiner Zeit erkennen. Daß es ihm vor allem um die Kraft der geistlichen Wirkungen, nicht nur um die Lebensgeschichte als solche geht, sagt schon der erste Satz der *Praefatio*, wonach eine Heiligen-Vita Spiegel und Beispiel, vor allem jedoch Würze des Lebens sei *(ueluti condimentum uitae hominum super terram)*.[16] In ähnliche Richtung weisen die hagiographischen Arbeiten des Petrus Damiani, vor allem sein Leben des hl. *Romuald*,[17] in denen die Wunder wie „in eine irrationale Atmosphäre"[18] getaucht erscheinen. Hildegard von Bingen, die nicht aus geschichtlicher Nähe zu ihren Heiligen schreibt, erzählt die Leben der Heiligen Rupert[19] und Disibod[20], „wie das lebendige Licht in wahrer Vision es mir gezeigt und mich gelehrt hat".[21]

Der kontemplative Grundzug und die leidenschaftliche Unbedingtheit dieser „visionären Legenden"[22] kehren wieder in Zisterzienser-Viten wie der *Vita s. Hildegundis* (der Hildegund-Joseph von Schönau),[23] der *Vita s. Engelberti* des Caesarius von Heisterbach,[24] in einer Prämonstratenser-Vita wie der des *Hermann Josef von Steinfeld*, deren tiefe und schlichte Jesusfrömmigkeit, Marienmystik und visionäre Ausdrucksformen bemerkenswert sind,[25] oder in den Beginenviten des brabantisch-westdeutschen Raums, z. B. in dem von Jakob von Vitry 1215 geschriebenen Leben der *Maria von Oignies* mit seiner gesteigerten Christus- und Sakramentsfrömmigkeit,[26] das als der „Prototyp [...] einer neuen Art Hagiographie überhaupt" gelten darf, in welcher sich das Heiligenideal der Zeit konkretisiert.[27] An die Darstellungsweise des hochgebildeten Jakob von Vitry schlossen sich die gröberen Viten des Thomas von Chantimpré an:[28] die Vita der Zister-

---

[16] Mombritius II, a.a.O. S. 143, Z. 22. Vgl. dazu W. von den Steinen, „Heilige als Hagiographen", *HZ* 143 (1931), S. 229–256, hier S. 238.

[17] *BHL* 7324, Migne, *P. L.* 144, Sp. 953–1008; dort auch die übrigen von Petrus Dam. verfaßten Viten.

[18] W. von den Steinen, a.a.O. S. 244.

[19] *BHL* 7388, ed. *Acta SS.*, Mai III, S. 504–508; Migne, *P. L.* 197, Sp. 1083–1092.

[20] *BHL* 2204, ed. *Acta SS.*, Jul. II, S. 588–597; Migne, *P. L.* 197, Sp. 1095–1116.

[21] Übersetzung W. von den Steinen, a.a.O. S. 234, nach dem Prolog zur Rupert-Vita.

[22] W. von den Steinen, a.a.O. S. 244.

[23] *BHL* 3938, ed. *Acta SS.*, Apr. II, S. 782–790; eine Kurzfassung bei Caesarius von Heisterbach, *Dialogus miraculorum*, I, 40; vgl. Koch u. Hegel a.a.O. S. 77.

[24] *BHL* 2546, *Acta SS.*, Nov. III, S. 644–681; dt. Übers. K. Langosch, *Geschichtsschreiber der deutschen Vorzeit* 100 (Münster und Köln 1955); weniger von diesen Zügen zeigt dagegen die kurz nach Bernhards Tode (1153) von mehreren Autoren geschriebene *Vita (prima) s. Bernardi* (*BHL* 1211–1220), ed. *Acta SS.*, Aug. IV, S. 256–326; vgl. dazu Koch u. Hegel, a.a.O. S. 77.

[25] *BHL* 3845, ed. *Acta SS.*, Apr. I, S. 686–714 (3. Aufl. S. 683–706); vgl. dazu Koch u. Hegel, a.a.O., passim, bes. S. 15–26, 81–96.

[26] *BHL* 5516, ed. *Acta SS.*, Jun. IV, S. 636–666 (3. Aufl. V, S. 547–572).

[27] Vgl. Koch u. Hegel, a.a.O. S. 79.

[28] Vgl. ebd. S. 78, Anm. 70.

zienserin *Christina Mirabilis* von Sankt Trond,[29] in der H. Günter eine Steigerung zu extremster Wundersucht sieht,[30] das Leben der *Luitgard von Tongern*[31] und das der *Margarete von Ypern*.[32]

Ein Höhepunkt der kontemplativen und mystischen Richtung in der europäischen Hagiographie ist Bonaventuras zwischen 1260 und 1263 entstandene *Legenda maior s. Francisci*,[33] die sich nicht in schulmäßigen Distinktionen und Aufzählungen ergeht, sondern aus ebenso tiefer wie klarer Schau für das Geheimnis der Heiligkeit des Franziskus den nur chronologischen Aufbau des Lebens durch eine Stufenfolge innerer Vollendung ersetzt, deren fünfzehn Schritte durch Kapitelüberschriften exakt herausgehoben werden.[34] Sie reichen von des Franziskus Bekehrung und Ordensgründung über seine *austeritas vitae humilitas et obedientia* usw. sowie seine Stigmatisierung (die ihm, der Christus ganz in seinem Innern trägt, auch äußerlich die Wundmale des Gekreuzigten aufprägt)[35] bis zu seinem Sterben in *patientia*, das er auf sich nimmt, indem er, vor Schwäche am Boden ausgestreckt und die nackte Erde küssend, die Brüder tröstet und den Tod erwartet. Dieser selbst wird ohne jeden Stachel, als letzte Vollendung und Sublimierung gesehen: als ein Aufgenommen-Werden der Seele in die Unermeßlichkeit göttlichen Lichtes.[36] Frömmigkeitsgeschichtlich sind neben den *stigmatibus sacris* besonders die Kapitel *De fervore caritatis et desyderio martyrii, De pietatis affectu*,[37] *De humilitate* und *De amore paupertatis et mira suppletione defectum* hervorzuheben. In der innigen Christusliebe und dem ekstatischen Verlangen nach dem „christlichen Sterben für Christus"[38] wird ein bernhardisches Motiv aufgegriffen und gesteigert. Dieses Mit-

---

[29] *BHL* 1747, ed. *Acta SS.*, Jul. V, S. 650–660.

[30] *Die christliche Legende des Abendlandes*, S. 165.

[31] *BHL* 4950, ed. *Acta SS.*, Jun. III, S. 234–262 (3. Auf. IV, S. 189–209).

[32] *BHL* 5319, ed. H. Chouquet, *Sancti Belgi ordinis praedicatorum*, Couai 1618, S. 144–200.

[33] *BHL* 3107, ed. *S. Bonaventurae Opera omnia*, VIII (Quaracchi 1898), S. 504–549 (564); auch *Acta SS.*, Oct. II, S. 742–783 und Mombritius (Neuausgabe Paris 1910) I, S. 489 bis 532.

[34] Er selbst sagt am Ende des Prologs (zitiert nach Mombritius I, S. 490, Z. 37–42): "Nec semper historiam secundum ordinem temporis texui propter confusionem uitandam: sed potius ordinem aptioris uincturae seruare curaui: secundum quod eodem peracta tempore diuersis materiis uel diuersis patrata temporibus eidem materiae congruere uidebantur. Initium autem uitae ipsius progressus et consumatio quindecim distincta capitulis describuntur inferius annotatis."

[35] "Igitur non ultra apparens uisio mirabilem in corde ipsius reliquit ardorem: sed et in carne non minus mirabilem signorum impraessit effigiem" (ebd. S. 525, Z. 35–37).

[36] "Tandem cunctis in eum completis mysteriis anima illa sanctissima carne soluta et in abyssum diuinae claritatis absorta beatus uir obdormiuit in domino" (ebd. S. 529, Z. 38–39).

[37] Diese Kapitelüberschrift nicht bei Mombritius (dort Teil von *De amore paupertatis*), jedoch *S. Bonaventurae opera omnia*, a.a.O.

[38] "Sexto nanque suae conuersionis anno desyderio matyrii flagrans [...]. Verum quia martyrii fructus adeo cor eius allexerat: ut preciosam pro Christo mortem super omnia uirtutum merita peroptaret" (ebd. S. 514, Z. 27–28, 48–50).

leiden-Wollen, das den Menschen Christus ähnlich macht,[39] sowie das unschuldige und liebevolle Sich-eins-Fühlen mit dem Nächsten und allen Geschöpfen,[40] die Bewährung von Demut und Armut und das Trösten-Wollen der Schwachen zeichnen ein Heiligenideal, das in seiner ekstatischen Emotionalität, aber auch in seinem liebevoll-gütigen Grundton von unverkennbar franziskanischer Tönung ist. Hierzu paßt, daß Bonaventura – wie Gregor der Große – für die Darstellung der Geheimnisse einen bewußt schlichten Stil wählt, von dem er glaubt, daß er die Frömmigkeit fördere.[41]

Mit Recht läßt sich von der Franziskus-Vita sagen, daß hier nicht irgendeiner der vielen mittelmäßigen Nachahmer schreibt, sondern ein Heiliger über seinesgleichen, der wie vor ihm Gregor der Große, aber auf eigene Art, die Tradition der Hagiographie erneuern konnte.[42] Schon die kurz darauf entstandene *Legenda aurea* des Dominikaners Jacobus a Voragine atmet verwandten Geist.

In England hatte es zwischen dem Jahrhundert Bedas und der Zeit Dunstans keine nennenswerten Beiträge zur lateinischen Hagiographie gegeben, während auf dem Kontinent, besonders im fränkischen Bereich, die Tradition der großen Bischofs- und Missionarsviten weitergeführt wurde. Sie wurde nach der normannischen Eroberung in den Klöstern Englands schnell bekannt, wofür u. a. das Lektionar von Canterbury ein Beweis ist.[43] Die ersten Nachahmungsversuche, die Viten der hl. Bischöfe Dunstan, Oswald und Ethelwold, sind jedoch enttäuschend. Die *Vita s. Oswaldi*,[44] von einem Schüler Abbos von Fleury in Ramsey geschrieben, sucht z. B. das Heiligenlob mit gelehrten Kapiteln über Zahlenmystik und Astronomie zu erweitern. Es ergibt sich weder die monumentale Größe der Viten des frühen Mittelalters noch wird – im Gegensatz zu den etwa gleichzeitig entstandenen Viten der cluniazensischen Äbte – ein historisch zuverlässiges Bild von der Persönlichkeit oder der Organisationsarbeit der monastischen Reformer des 10. Jhs. gewährt.[45]

Erst im 12. Jh. füllt sich die englische Hagiographie mit neuem Leben. Hier sind vor allem Eadmers Arbeiten zu nennen. Er kürzte und verein-

---

[39] "per compassionem transformabat in Christum" (ebd. S. 509, Z. 53–54).

[40] "per condescensionem inclinabat ad proximum: per uniuersalem conciliationem ad singula refigurabat ad innocentiae statum" (ebd. S. 509, Z. 54–55).

[41] "Curiosum stili ornatum negligendum esse putaui: cum legentes deuotio plus simplici sermone quam phalerato proficiat" (ebd. S. 490, Z. 36–37).

[42] Nach W. von den Steinen, a.a.O. S. 235, gab Bonaventura „den Späteren das Vorbild, wie man ein erschütterndes Leben zu einem Beispiel christlicher Ethik, katholischer Harmonie, hoher theologischer Bedeutung mildern und ründen könne".

[43] Vgl. dazu R. W. Southern, a.a.O. S. 322, und die Übersichten über merovingische hagiographische Texte in englischen Bibliotheken bei B. Krusch u. W. Levison, *Passiones Vitaeque Sanctorum Aevi Merovingici*, MGH, Script. rer. Merov. VII, S. 545f., 572–574, 630–633.

[44] *BHL* 6374, ed. J. Raine, *The Historians of the Church of York* (RS.), I, S. 399–475.

[45] Vgl. dazu R. W. Southern, a.a.O. S. 322–323.

fachte u. a. die manierierte anonyme Oswald-Vita[46] und zeichnete in der *Vita s. Anselmi*[47] trotz chronikartigen Aufbaus in warmherziger, schlichter Sprache ein Bild des milden, menschenfreundlichen Erzbischofs und großen Theologen, und zwar unter bewußter Konzentration auf seine persönlichen, ja privaten Gespräche. Eadmer nennt als seine Gegenstände *privatam conversationem*, [...] *morum qualitatem* und zuletzt erst *miraculorum exibitionem* – in deutlichem Gegensatz zur Betonung der dämonenbezwingenden Wundertaten in der frühmittelalterlichen Hagiographie.[48]

Für die weitere frömmigkeitsgeschichtliche Entwicklung kann die in der zweiten Hälfte des 13. Jhs. entstandene und von zisterziensischem Geist erfüllte *Vita Ailredi* des Walter Daniel genannt werden.[49] Der schlichte Bericht wird gelegentlich durch preisende Ausrufe unterbrochen (Kap. 44), vor allem durch mehrfache Betrachtungen der geistigen Persönlichkeit Ailreds, der in seinem Verhalten als Novize (Kap. 8), während der Meditation (Kap. 10), bei Gebet (Kap. 11) und Handarbeit (Kap. 12), in seinen Eigenschaften als Mönch (Kap. 13), in seinen intellektuellen Qualitäten (Kap. 18) und in seinen Bemühungen um Heiligkeit (Kap. 40) gesehen wird. Man erkennt hier das der zisterziensischen Tradition gemäße, auf Bernhard *(De gratia et libero arbitrio)* und letztlich auf Augustinus zurückgehende Bemühen um Erkenntnis der menschlichen Seele als eines Mittels der Gotteserkenntnis. Walter Daniel selbst bezieht sich (Kap. 17) auf Ailreds *Speculum Caritatis*[50]: "Eo quod opus illud sic in se contineat imaginem Dei amoris et proximi, sicut in speculo ymaginem considerantis constat peruideri." Diese Überlegungen nimmt er zum Anlaß, die Geistigkeit Ailreds darzustellen.

Die praktische Mystik der Viten-Literatur erreicht natürlich nicht die Höhe der großen spekulativen Geister des Jahrhunderts, sondern bleibt auf der Ebene der schlichten Frommen.[51] Willen, Herz und Gefühl – besonders die Seelenfreundschaft und die Nächstenliebe – werden von den Zisterziensern betont, wozu sich Ailred selbst in *De spirituali amicitia*[52] äußert. Ein solcher Geist spricht auch aus der Frömmigkeit der Reklusin *Christina of Markyate*, deren Leben von einem Mönch von St. Albans in der zweiten Hälfte des 12. Jhs. wahrscheinlich für die Nonnen der von

---

[46] *BHL* 6375.

[47] *BHL* 525, ed. Migne, *P. L.* 159, Sp. 347–486; R. W. Southern, *The Life of St. Anselm, Archbishop of Canterbury, by Eadmer*, London 1963.

[48] *Praefatio*, ed. Southern, S. 1; vgl. dazu R. W. Southern, *Saint Anselm and His Biographer*, S. 314–343. Ein Beispiel für die Lebendigkeit und zugleich Tiefe der Reden Anselms sind etwa seine Gedanken über sein künftiges Klosterleben, Kap. 3 (ed. Southern, S. 9–10).

[49] Ed. F. M. Powicke, *The Life of Ailred of Rievaulx*, London 1950.

[50] Vgl. dazu Powicke, a.a.O. S. LVI–LXI.

[51] Vgl. auch Koch u. Hegel, a.a.O. S. 115 über Hermann Joseph von Steinfeld.

[52] Ed. J. Duvois, Brügge u. Paris 1948.

Christina gegründeten Priorei zu Markyate geschrieben wurde.[53] Hier wird erzählt, wie der innige Glaube der Christina theologischen Argumenten gegenüber die Oberhand behält und wie sie gleichgesinnte Gefährtinnen und die geistliche Freundschaft des Abtes von St. Albans gewinnt. Der Bericht zeugt von großem Vertrautsein des Verfassers mit dem Leben der Einsiedlerin; manche Kapitel haben den Ton persönlichen Empfindens.

Der in der volkstümlichen Legende deutlichste Zug der zunehmenden Emotionalisierung ist der sich steigernde Wunderglaube der Zeit. Er äußert sich nicht nur in der extremen Art der Wunder – in der Vita der *Christina mirabilis* ist von der Rückkehr ins Leben, von Körperlosigkeit, Wasserwandeln, Unverletzlichkeit u. a. m. die Rede –, sondern auch in ihrer zahlenmäßigen Häufung, was sich besonders an den bereits erwähnten Mirakelbüchern ablesen läßt. Ailred, der selbst die von Wundern erfüllten Leben Ninians[54] und Eduards[55] schrieb, veranlaßte Reginald von Durham zur Abfassung der Wunder St. Cuthberts, den er sehr verehrte;[56] daneben sind allein für Cuthbert mehrere andere Mirakelsammlungen, meist aus dem 12. Jh., erhalten.[57] Aus der gesamten europäischen Hagiographie der Zeit ließen sich entsprechende Beispiele anführen.[58] Die gelegentlich geäußerten Einschränkungen oder kritischen Gedanken der Einsichtigeren vermochten gegen diese Entwicklung der Heiligenverehrung nichts auszurichten. Walter Daniel äußert in seiner *Epistula ad Mauricem*[59] den Gedanken, daß es der vollkommenen Liebe, und nicht unbedingt der Wunder zur Heiligkeit bedürfe.[60]

Neben diese im wesentlichen frömmigkeitsgeschichtlich bedingten Tendenzen der Hagiographie tritt ebenfalls im 12. Jh., besonders in England, ein starker Zug zur historiographisch-biographischen Vita, in dem sich die schnelle Ausbreitung humanistischer Bildung zeigt. Relativ frühe Bei-

---

[53] Ed. C. H. Talbot, *The Life of Christina of Markyate, A Twelfth Century Recluse*, Oxford 1959.

[54] Vgl. unten S. 284 ff.

[55] Vgl. unten S. 167 f.

[56] *BHL* 2032, *Miraculi auct. Reginaldo mon. Dunelmensi*, ed. J. Raine, *Reginaldi mon. Dunelmensis libellus de admirandis b. Cuthberti virtutibus*, Surtees Soc. I (1835), S. 1–292.

[57] *Historia de S. Cuthberto et de commemoratione locorum eius priscae possessionis*, ed. Th. Arnold, *Symeonis monachi opera*, I (RS. 75), S. 196–214 (*BHL* 2024, 2025). *Auctarium de miraculis et translationibus*, ed. Th. Arnold, a.a.O., I, S. 229–261, II, S. 333–362 (*BHL* 2029). *Translationes et miracula auct. Symeone Dunelmensi* (Historia Dunelmensis ecclesiae, II, 6 – III, 20), ed. Th. Arnold, a.a.O., I, S. 56–108 (*BHL* 2030).

[58] Vgl. dazu Koch u. Hegel, a.a.O. S. 24; zur Edmundlegende oben S. 143.

[59] Ed. Powicke, a.a.O. S. 66–81.

[60] "[...] magna sunt miracula patris nostri. Sed miracula et magna habere possunt homines malli. Sed Perfectum caritatem quam habuit Alredus boni possident soli. Si habuerim omnem fidem, ait Apostolus, ita ut montes transferam, caritatem autem non habuero, nichil michi prodest" (ebd. S. 78).

spiele sind Wilhelm von Malmesburys *Vita S. Aldhelmi*[61] und *Vita s. Wulfstani*.[62] In letzterer nimmt sich der Verfasser vor, Überlieferung und Anordnung des Materials von Coleman, seiner (heute verlorengegangenen) altenglischen Vorlage, zu übernehmen und überhaupt den eindeutigen Tatsachen den Vorzug vor eventuell geäußerten Reden zu geben, es sei denn, diese rechtfertigten wegen ihrer besonderen Bedeutung eine kurze Erwähnung.[63] Neben zahlreichen Wundern, die er kritiklos und ganz im hagiographischen Sinne der Tradition entnimmt,[64] behandelt er ausführlich die historischen Ereignisse vor und nach der normannischen Eroberung. Er gliedert – nach Art der suetonischen Biographie,[65] möglicherweise auch nach dem Typus der *Antonius*-Vita, die bereits den xenophontischen Aufbau mit christlichem Gehalt gefüllt hatte[66] – die Darstellung in (erstens) chronologischen Bericht von Wulfstans Abstammung und seinen Taten als Mönch, Prior und Bischof (Bücher I und II) und (zweitens) Charakteristik – *interiorem eius uitam et mores*, wie er selbst sagt.[67] Hier behandelt er im wesentlichen – aber nicht ganz konsequent – das Nicht-Mirakulöse in Wulfstans Leben. Dabei gibt er – ungewöhnlich für ein hagiographisches Werk,[68] aber nach Art der profanen Biographie und Historie – eine Beschreibung auch des Äußeren seines Heiligen, die allerdings dem hagiographischen Anliegen untergeordnet bleibt, weil durch die Bescheidenheit der Kleidung die beispielhafte Demut Wulfstans exemplifiziert wird.[69]

Mehr aktuelle politische Zeitbezüge weisen die Viten der zweiten Jahrhunderthälfte auf. In seiner 1163 verfaßten und Heinrich II. gewidmeten *Vita Edwardis Regis Confessoris*[70] verarbeitet Ailred von Rivaulx trotz seiner eindeutig asketischen Grundhaltung viel historisches Material, das er teils im Sinne eines religiös ausgerichteten Fürstenspiegels sieht, teils auf poli-

---

[61] *Gesta Pontificum Anglorum*, liber V, BHL 257, ed. Hamilton, RS. 52, S. 330–443; Migne, *P. L.* 179, Sp. 1617–1680.

[62] BHL 8756, ed. Migne, *P. L.* 179, Sp. 1735–1772; R.R. Darlington, *The Vita Wulfstani of William of Malmesbury*, Camden Society, Third Series, vol. 40, London 1928.

[63] "Huius ego ut uoluistis insistens scriptis, nichil turbaui de rerum ordine; nichil corrupi de gestorum ueritate. Sane uerbis que uel dicta sunt, uel in tempore dici potuerunt, enarrandis supersedi; consulens in omnibus ueritati, ne uideretur periclitari. Ociosi enim est hominis, et sue indulgentis facundie, cum gesta sufficiant, uerba nundinari, nisi forte sint aliqua, que propter eximium sui splendorem, breuem exigant mencionem" (ed. Darlington, S. 2).

[64] Vgl. dazu auch entsprechende Äußerungen in seiner Aldhelm-Vita, die H. Günter, a.a.O. S. 172, zitiert.

[65] Vgl. oben S. 53.

[66] Vgl. oben S. 47f.

[67] Ed. Darlington, S. 46. Vgl. die ähnliche Formulierung bei Sulpicius Severus, oben S. 53.

[68] R. W. Southern, *Saint Anselm and His Biographer*, S. 327, Anm. 1, nennt als zweites Beispiel im 12. Jh. nur noch Reginald von Durham, *Libellus de vita et miraculis S. Godrici, heremitae de Finchale*, BHL 3596–3598, ed. I. Stevenson, Surtees Soc. 20 (1847), S. 212f.

[69] Einzelheiten zum Inhalt unten S. 229f.

[70] BHL 2423, ed. Migne, *P. L.* 195, Sp. 737–790.

tische Zielsetzungen Heinrichs umdeutet.[71] Hinzuweisen ist ferner auf die zahlreichen, nach der Ermordung Thomas Beckets erschienenen *Thomas*-Leben, in denen sich neben religiösem Verehrungswillen wechselnde politische Parteinahmen ausdrücken.[72] Von besonderem zeitgeschichtlichen und biographischen Wert sind die von William Fitzstephen[73] und Johann von Salisbury[74] verfaßten Viten. Schon kurz darauf setzte in den verschiedenen Viten-Sammlungen, Legendaren und volkstümlichen Chroniken die legendenhafte Typisierung und Ausgestaltung des Thomas-Lebens ein.[75]

Im 13. Jh., der Zeit der Ausbreitung der Franziskaner und Dominikaner in England, tritt in der Hagiographie der historiographisch-biographische Zug wieder zurück und macht – besonders in der volkssprachlichen Legendendichtung – einer stark seelsorgerischen Tendenz Platz. Diese ist deutlich erkennbar in dem weitverbreiteten und volkstümlich einfachen südenglischen Legendar, das zur Unterhaltung und Belebung auch Elemente einer für Laien bearbeiteten Chronistik aufnimmt. In den davor entstandenen drei Legenden der *Meidenhad*-Gruppe drückt sich die mystisch-monastische Frömmigkeit von Reklusinnen oder Nonnen aus.

Nur vereinzelt läßt sich in der mittelenglischen Legendenliteratur bis 1300 der Einfluß der höfischen Dichtung feststellen und auch dann nur – im Gegensatz zu Frankreichs und Deutschlands hochhöfischer Legendenpoesie – auf einer volkstümlichen und spielmännischen Ebene. Die eindrucksvollsten Beispiele dieser Gruppe sind zwei unten zu untersuchende Versionen der Margaretenlegende. Wesentlich stärker ist der höfische Einfluß in den anglo-normannischen Heiligenleben, deren Blüte ins 13. Jh. fällt und von denen etwa fünfundsiebzig erhalten sind.[76] Der Versform – dem paarweise gereimten Achtsilber – wie der Handlungsführung, Beschreibung, psychologischen Behandlung und der Bewertung von Schönheit und Ritterlichkeit nach sind sie den höfisch-versromanhaften Erzählungen sehr ähnlich.[77] Als Beispiel besonders episodenreicher und bunt

---

[71] Vgl. U. Broich, „Heinrich II als Patron der Literatur seiner Zeit", in: W. F. Schirmer u. U. Broich, *Studien zum literarischen Patronat im England des 12. Jahrhunderts*, Arbeitsgem. f. Forschung des Landes Nordrhein-Westfalen, Wiss. Abh. Bd. 23, Köln u. Opladen 1962 (S. 27–216), S. 54–58.

[72] Vgl. E. Walberg, *La Tradition hagiographique de saint Thomas Becket avant la fin du XIIᵉ siècle*, Paris 1929.

[73] *BHL* 8176, ed. Migne, *P. L.* 190, Sp. 103–192, J. C. Robertson, *Materials for the History of Thomas Becket Archbischop of Canterbury*, RS. 67, III, S. 1–154.

[74] *BHL* 8179–8180, ed. Migne, *P. L.* 199, Sp. 193–208.

[75] Vgl. P. A. Brown, *The Development of the Legend of Thomas Becket*, Diss. Philadelphia 1930.

[76] Vgl. Gerould, *Saints' Legends*, S. 134, außerdem S. 127–139.

[77] Vgl. A. T. Baker, "Saints' Lives Written in Anglo-French", *Essays by Divers Hands, Transactions Royal Soc. of Lit. of the U. K.*, New Series, vol. IV, ed. E. Gosse, London 1924, S. 119–156, bes. S. 125: "[...] the description of persons, the ideals of beauty and moral rectitude are alike in the saints' life and the national epic." Außerdem R. M. Wilson, *Early Middle English Literature*, London 1938, S. 61.

beschreibender Darstellung nennt A. T. Baker einen wahrscheinlich 1170 entstanden *Saint Giles* von William of Berneville.[78] Aus einer *Maria Aegyptiaca* (Corpus Christi, Oxford) zitiert er den Schönheitskatalog, der Maria als Kurtisane in einer Weise "not matched by any contemporary poet" beschreibt.[79] In der Tat wird hier die leibliche Schönheit der Heiligen in einer Ausführlichkeit behandelt, wie sie in der lateinischen Hagiographie so gut wie unbekannt und auch in der Geschichte der englischen Heiligenlegende nicht nachzuweisen ist.[80] Wahrscheinlich wurde die Mehrzahl der anglonormannischen Heiligenleben von oder für Frauen geschrieben, da in den Nonnenklöstern nicht Latein, sondern Französisch die vorherrschende Sprache war.[81]

Daß selbstverständlich auch in lateinischer Sprache zahlreiche Heiligenleben nach Art der Versromane bearbeitet wurden, sei hier nur am Rande vermerkt. Die Erweiterungen gelten vorzugsweise den in der älteren Überlieferung nicht oder nur kurz berücksichtigten Kindheits- und Jugendjahren des Heiligen und seiner edlen Abstammung. So wird z. B. der *Edmund-Rex*-Legende die ausführliche Darstellung des abenteuerreichen Lebens des Vaters des Heiligen vorangesetzt.[82] Ähnlich wird die *Thomas-Becket*-Legende ausgeweitet. Im *Libellus de ortu s. Cuthberti*[83] (Ende des 12. Jhs.) wird in romanhaft-pittoresker Ereignisfolge von Cuthberts hoher irischer Abstammung, seiner Fahrt nach England und seinem Schulbesuch in Lothian erzählt – eine Darstellung, welcher der Kompilator des mittelenglischen metrischen Cuthbertlebens des 15. Jhs. in seinem ersten Buch folgt und welcher die Motive für bildliche Darstellungen im St. Cuthbert-Fenster in York entnommen wurden.[84]

---

[78] A.a.O. S. 131 ff.

[79] Ebd. S. 153.

[80] Vgl. zu *Seinte Iuliene* unten S. 184 f.; zu Bokenhams Margaretenleben unten S. 328.

[81] Baker a.a.O. S. 121; vgl. auch M. D. Legge, *Anglo-Norman in the Cloisters*, Edinburgh 1950. Eine detailliertere Untersuchung des anglo-normannischen Materials aus formgeschichtlicher Sicht kann im Rahmen dieser Arbeit nicht erfolgen; sie bleibt ein dringendes Desiderat der Forschung. Über eine anglo-normannisch schreibende Nonne des späten 12. Jhs., Clemence von Barking, Essex, vgl. neuerdings W. MacBain, Einleitung zu seiner Ausgabe *The Life of St. Catherine, By Clemence of Barking*, Oxford (Anglo-Norman Text Society) 1964.

[82] Vgl. oben S. 142 f.

[83] *BHL* 2026, ed. J. Raine, *Miscellanea biographica*, Surtees Soc. 8, (1838), S. 63–87.

[84] Vgl. dazu J. T. Fowler, *The Life of St. Cuthbert in English Verse*, Surtees Soc. 87 (1891), S. VI.

II. Eine hochmittelalterliche Martyrerpassion liturgischen Stils: *Passio s. Margaritae* (Mombritius-Version)

Die stärker betrachtende Haltung der hochmittelalterlichen Hagiographie zeigt sich nicht nur an den Legenden der neuen Heiligen, sondern auch am Stoff einer der alten Martyrerlegenden, die jetzt stärker als früher aus der Perspektive der liturgischen Feier gesehen wird. Was in der Rebdorf-Fassung der Margaretenpassion nur angedeutet war, erscheint in der Mombritius-Version, die in drei Varianten und zahlreichen Manuskripten vorliegt,[1] in hoher Steigerung. Sie wurde die populärste Fassung des Margaretenlebens im hohen und späten Mittelalter und diente, nicht nur in England, als Vorlage für fast alle landessprachlichen Bearbeitungen.[2] Wahrscheinlich ist sie eine ziemlich wörtliche Übersetzung aus dem Griechischen, jedoch ist ihre genaue Quelle nicht bekannt.[3] Sie weist neben unverkennbar hochmittelalterlichen Zügen einige frühmittelalterliche Charakteristika in Gebetshaltung und Gebärden auf und dürfte deshalb der Übergangszeit vom frühen zum hohen Mittelalter angehören. Das älteste in England erhaltene Manuskript wird auf ca. 1000 datiert.[4]

Schon der Prolog läßt eine ganz andere Erbauungs- und Darstellungstendenz als in der etwa 400 Jahre älteren Rebdorf-Fassung erkennen. Der Schreiber Theotimus – *vocatus a domino et doctus profunditate litterarum* (Z. 9–10) will darstellen *omnia, quae passa est beatissima Margareta [...] quomodo pugnavit contra daemonem et vicit eum et coronata est.*[5] Der Prolog der Rebdorf-

---

[1] *BHL* 5303, 5304, 5305. Die am weitesten verbreitete Variante 5303 ed. Mombritius, Neuausgabe Paris 1910, II, S. 190–196; B. Assmann, *Angelsächsische Homilien und Heiligenleben* (= Bibl. d. ags. Prosa, ed. Grein u. Wülker, III, Kassel 1889), S. 208–220 (MS. Harley 5327, 11. bis 12. Jh., einer der frühesten Texte, nach dem deshalb im folgenden zitiert wird); F. M. Mack, *Seinte Marherete*, EETS. OS. 193, S. 127–142 (MS. Harley 2801, ca. 1200); H. G. Gerould, "A New Text of the 'Passio S. Margaritae' with Some Account of Its Latin and English Relations", *PMLA* 39 (1924), S. 525 bis 556, Mather MS., spätes 14. Jh. Gute Übersichten über die Abweichungen verschiedener Texte voneinander bei H. G. Gerould, a.a.O., und E. A. Francis, "A Hitherto Unprinted Version of the 'Passio Sanctae Margaritae' with Some Observations on Vernacular Derivatives", *PMLA* 42 (1927), S. 87–105 (Edition von *BHL* 5306, einer dem Mombritius-Typus verwandten und wahrscheinlich später entstandenen Version nach einem engl. MS. des 13. Jhs.).

[2] Vgl. F. Vogt, „Über die Margaretenlegende", *PBB* 1 (1875), S. 233–287; daneben wurde nur *BHL* 5306 häufiger herangezogen.

[3] Vgl. E. A. Francis, a.a.O. S. 95, u. H. Usener, *Acta S. Marinae et S. Christophori* (= Festschrift zur fünften Säcularfeier d. Carl-Ruprechts-Univ. zu Heidelberg), Bonn 1886, S. 8–9.

[4] MS. Cotton Nero E. 1, vgl. F. M. Mack, a.a.O. S. XXV.

[5] Z. 19–21. Etwas weiter oben heißt es entsprechend: "multi martyres passi sunt et apostoli coronati sunt et innumerabiles sanctificati sunt. In nomine domini nostri Iesu Christi vicerunt hunc mundum et superaverunt tyrannos et carnifices" (Z. 3–5).

Version nannte als Themen nur *vita* und *passio*. Die Herausstellung von Drachenkampf und Krönung sind stoffliche Erweiterungen des Mombritius-Typus, der vom Schreiber im Prolog (Z. 18–19) ausdrücklich als Kompilation verschiedener älterer Texte bezeichnet wird. Die beiden Zugaben bewegen sich in Richtung auf das Fabulöse und die liturgische Verherrlichung des Triumphes der im Himmel Gekrönten, wie er ähnlich im *Graduale* des *Officium Commune unius Martyris extra Temp. pasch.* des heutigen *Missale Romanum* zum Ausdruck kommt: *Gloria et honore coronasti eum* (Ps. 8, 6).[6] Die Rebdorf-Version dagegen zielte – mit anderen Psalmenversen und Kultformeln – auf die heroische Größe und Imitabilität der Heiligen sowie auf hieratisches Gotteslob.

Den festlichen Ton zeigen vor allem die Gebete, die mehr den Versikeln und Responsorien eines die Heilige preisenden Offiziums entsprechen als einem Beten aus ihrer menschlichen Situation und die auch zahlreicher sind (neun, mit der Schlußrede an die Umstehenden zehn) als in der Rebdorf-Version (sieben). Das in dieser dem eigentlichen Geschehen vorausgestellte lebendige Bittgebet (Kap. 7) fehlt ganz. Margaretens Gebet bei ihrer Verhaftung (Z. 51–63) läßt weniger von der Demut und Hilfsbedürftigkeit der Heiligen erkennen als dort. In Rebdorf fleht Margareta um *fortitudinem* und *tolerantiam* (Kap. 12) sowie um Befreiung ihrer Seele aus der Gewalt des blutbefleckten Feindes und um Entsendung des heiligen Engels zu ihrem Schutz, in Mombritius bittet sie mehr um die Erhaltung von Gaben, die sie bereits sicher besitzt: *ne polluatur fides mea [...] non immutetur scientia mea. Non proiiciatur margarita mea in lutum* (Z. 55–57). In der Rebdorf-Version sagt Margareta nicht *fides mea*, sondern betet ehrfürchtiger, sie möge von Gottes heiliger Religion (*a tua sancta religione*, Kap. 12) nicht getrennt werden. Auch erstrebt sie nicht mit der Betonung wie in Mombritius geistliche Freude (*Fac me laetari semper in te, domine Iesu Christe, et te laudare semper*, Z. 53–54), was dem liturgisch jubelnden Ton dort entspricht.[7] Hierzu paßt die Verwendung des dem hohen Mittelalter geläufigen *Sponsa-Christi*-Motivs, das sich auch in den Formeln der Martyrerliturgie findet: *Cessa de mea virginitate. Ego Deum adiutorem habeo [...]. Ego ancilla Dei. Ego sponsa Christi, qui est benedictus in saecula saeculorum. Amen.* (Z. 235 bis 240).[8] Dagegen ist das mystische Verlangen nach der Passion, das seit

---

[6] Vgl. auch *Graduale* des *Commune Martyrum Temp. pasch.*: "Posuisti, Domine, super caput ejus coronam de lapide pretioso" (Ps. 20, 4).

[7] Vgl. *Introitus* ("Exsultate, justi, in Domino: rectos decet collaudatio." Ps. 32, 1) und *Offertorium* ("Exsultabunt Sancti in gloria, laetabuntur in cubilibus suis: exaltationes Dei in faucibus eorum." Ps. 149, 5–6) des *Commune plurim. Martyrum extra Temp. pasch.* im heutigen *Missale Romanum*.

[8] Vgl. das *Sponsa-Christi*-Motiv in Verbindung mit dem Krönungsmotiv im *Tractus* des *Commune Virginum* des heutigen *Missale Romanum*: "Veni, Sponsa Christi, accipe coronam quam tibi Dominus praeparavit in aeternum: pro cujus amore sanguinem tuum fudisti."

Bernhard von Clairvaux zu einem Hauptthema hochmittelalterlicher und franziskanischer Frömmigkeit wurde,[9] erst ansatzweise vorhanden.[10]

Charakteristisch ist die unterschiedliche Strukturierung der Gebete beider Versionen. Wo Rebdorf immer wieder den lebendigen Verlauf persönlicher Gebetsbewegung ausdrückt (wenn auch in liturgischen Formeln), da gibt Mombritius eine mehr litaneiartige Akkumulation aus der Perspektive der die Heilige verehrenden Kultgemeinschaft. Ein Beispiel ist Margaretens glanzvolles Gebet nach der Befreiung vom Drachen (Z. 207–224).[11] Die Symbole der Bibel- und Hymnensprache sind dabei mehr rhetorischer Schmuck als Zeichen klarer und fester Sinnbezogenheit. Das zeigt auch ein Gebet wie (Z. 162–165): *Deus qui iudicium sapientiae decrevisti, quem contremiscunt omnia saecula et in eis habitantes, quem expavescunt omnes potestates, desperatorum spes, pater orphanorum et iudex verus, lumen a lumine.* Hier sind die letzten Glieder mehr auf Christus, die ersten dagegen eher auf Gottvater beziehbar.

Die Verschiebung der Perspektive des Betens vom Blickpunkt der Heiligen auf den der feiernden Kirche zeigt sich auch in Wendungen, in denen Margareta ihre Eigenschaften visionsartig betrachtet oder sich selbst in vorgegebene Kategorien einordnet. So kann sie in dem eben erwähnten jubelnden Dankgebet ausrufen (211–220), daß sie ihren erblühenden Glauben, die Freude ihrer Seele, ihr aufleuchtendes Kreuz, ihren vor Süße duftenden Leib und das aus ihr strömende Öl gesehen habe – Wendungen, deren ekstatischer Ton der vom Hohen Lied inspirierten hochmittelalterlichen Frömmigkeitshaltung bernhardischer Richtung entspricht.[12] In ihrer Bekenntnisrede stellt Margareta sich in die Gruppe der heiligen Jungfrauen: *Ego trado corpus meum, ut cum iustis virginibus requiescam* (Z. 97 f.). In ihrem Fürbittgebet am Schluß ist sie bereits die Hilfe Gewährende. Sie bittet für alle, die sie verehren werden, d. h. die ihr Leben schreiben, lesen oder anhören, die ihr eine Kerze oder eine Kirche weihen usw. Vor allem – und hierin spürt man die verhältnismäßig späte Entstehungszeit der Fassung – sollen in den Häusern, in denen man sie verehrt,

---

[9] Vgl. oben S. 163 f.

[10] Vgl. "Si corpus meum tenerum exterminatur, anima mea cum iustis virginibus requiescit. Per ista corporis tormenta animae salvae inveniuntur" (122–124). "Sed ideo tradidi carnem meam in tormenta, ut anima mea coronata sit in caelis" (157–158).

[11] "Laudo et glorifico nomen tuum, Deus, gaudeo et exsulto, lapis angularis Christe Iesu, rex immortalis, columna fidei, principium sapientiae et innumerabilium angelorum perpetuus rex, fundamentum forte. [...] Perpetuus imperator, refugium omnium peccatorum, gubernator et turris fortitudinis, corona martyrum, virga aurea, cathedra refectionis, lapis pretiosus, salvator omnium, Deus benedictus in saecula saeculorum. Amen."

[12] "Nunc fidem meam florentem vidi, gaudium animae meae, [...]. Vidi crucem meam florentem. Vidi corpus meum odore suavitatis emanans. Vidi oleum sanctum a me veniens. Exspecto columbam meam hilarem ad me venientem" (Z. 210–218). Vgl. dazu Bernhards *Sermo in Cant.* 61 oben S. 159, Anm. 5. Vgl. auch im *Tractus* des *Commune Virginum* des heutigen *Missale Romanum*: "Dilexisti justitiam, et odisti iniquitatem: proptera unxit te Deus tuus, oleo laetitiae pro consortibus tuis. Specie tua et pulchritudine tua intende, prospere procede et regna" (Ps. 44, 8 u. 5).

172

keine blinden, stummen oder von unreinem Geist besessenen Kinder geboren werden. Allerdings wird Margareta noch nicht unmittelbar als Patronin der Gebärenden genannt; das geschieht erst in späteren, vorwiegend vulgärsprachlichen Fassungen. Sie steigert ihre Abschiedsworte an die Umstehenden nach Art der großen liturgischen Gebete: *Deo enim gratias ago, regi omnium saeculorum, qui me dignam fecit in parte iustorum introire. Hymnum dico Deo, laudo et glorifico Christum, qui es benedictus in saecula saeculorum. Amen.* (Z. 319–394). Dieser Jubel entspricht der schon im ersten Gebet geäußerten Bitte um himmlische Freude, und als der Scharfrichter Malchus sich weigert zuzuschlagen, werden Margareta sogar Worte in den Mund gelegt, die denen des Erlösers am Kreuz (*Luc.* 23, 43) nachgebildet sind: *Si hoc non feceris, non habebis partem mecum in paradiso.* (Z. 399f.). Der Rebdorf-Version, in welcher Margareta nur eine ernste, schlichte Predigt an die Heiden hält (Kap. 38–39), ist das Fürbittmotiv noch fremd. Dort bittet Margareta mit ihren letzten Gebetsworten um Aufnahme in den Himmel, wobei sie nun erstmals um die Erlangung der ewigen Freuden fleht: *ideoque suppliciter exoro, ut nunc anima mea a tuis suscipiatur angelis, quatenus aeternae felicitatis gaudia cum Sanctorum coetibus possidere, tuamque optabilem, quam semper optavi merear videre praesentiam.* (Kap. 41). So läßt Rebdorf selbst in diesen feierlichen Worten etwas Menschliches sichtbar werden.

Das formelhafte Beten in der Mombritius-Version kann man auch als ein Demonstrieren der einem Heiligen zustehenden Feierlichkeit, als einen für ihn aufgehäuften Wortschmuck verstehen, der eine Art Konkretisierung des Verehrungsbedürfnisses darstellt. In diesem Sinne wirken auch stoffliche Beigaben, die das anschauliche *Wie*, das *quomodo*, des Drachenkampfes und der Krönung vor Augen führen. An die Stelle des geistlich-linienhaften Konzeption von Rebdorf tritt eine teilweise szenisch bunte Deskription. Der Drache wird eindringlich, mit einer orientalisch wirkenden Phantastik beschrieben.[13] Vor ihm erblaßt die sonst selbstsichere Margareta *ut herba pallida* (Z. 186), und alle ihre Glieder zittern (Z. 187). Mit entsprechender rhetorischer Affektdarstellung wird der Zorn des Olibrius durch verändertes Mienenspiel sichtbar gemacht, als er von der Weigerung Margaretens hört: *Olibrius vero immutavit vultum faciei suae* (Z. 67). Als Höhepunkt der Drachenepisode wird im Gegensatz zur Rebdorf-Version das Verschluckt-Werden Margaretens durch die Bestie in drastischen Einzelheiten geschildert.

---

[13] "Et ecce subito de angulo carceris exivit draco horribilis totus variis coloribus, deauratis capillis, et barbae eius aureae videbantur, dentes eius ferrei. Oculi eius velut margaritae splendebant. De naribus eius ignis et fumus exibant. Lingua eius anhelabat, super collum eius erat serpens, et gladius candens in manu eius videbatur et foetorem faciebat in carcere et erexit se in medio carceris et sibilavit fortiter et factum est lumen in carcere ab igne, qui exibat de ore draconis" (Z. 179–186). Vgl. schon in der *Vita Martini* Kap. 24, die Schilderung des prachtvoll geschmückten, als Christus sich ausgebenden Teufels; bei Gelegenheit der Veranschaulichung des höllischen Blendwerks wird auch sonst reichere Beschreibung gegeben; vgl. *Vita Antonii*, Kap. 53 und *Vita Guthlaci*, Kap. 31, 33, 36.

Der Drache schiebt seinen Gaumen über ihren Kopf und schlägt die Zunge unter ihre Ferse. In seinem Innern jedoch bekreuzigt die Heilige sich, und das Untier zerbirst – was von Jacobus a Voragine in der *Legenda aurea* und von Simeon Metaphrastes als frivol und apokryph kritisiert wird. Ein anderer Teufel in Gestalt eines Mohren erscheint, wiederum farbig und gebärdenhaft gesehen: *ut homo niger, habens manus ad genua colligatas* (Z. 206f.). Nach Margaretens feierlichem Gebet (Z. 207–224) kommt er heran und bittet um Schonung. Er bekennt vor der Heiligen seine dunklen Pläne, worauf diese ihn bei den Haaren faßt, zu Boden stößt und ihm den Fuß triumphierend auf den Kopf setzt. Darauf erstrahlt Licht. Ein bis zum Himmel reichendes Kreuz Christi wird sichtbar, eine Taube schwebt hernieder und verkündet der Jungfrau im Stil liturgischer Responsorien: *Beata es Margareta, te sanctae exspectant portae paradisi* (Z. 243f.). Margareta stellt nun den Teufel zur Rede, der kleinlaut darum fleht, sie möge den Druck ihres Fußes lockern, dann wolle er antworten. Im Verhör muß er seinen Namen (Beelzebub) und den seines Königs (Sathanas) nennen. Er berichtet über sein böses Wirken unter den Menschen und erzählt die bekannte Geschichte von den Flaschenteufeln (dem Gefäß Salomos).[14] Um dieser schaubildartigen Detaillierung Glaubwürdigkeit zu verleihen, bezeichnet sich der Autor, einer beliebten hagiographischen Konvention folgend,[15] als Augenzeugen, der durch das Fenster des Kerkers zugesehen hat.[16]

Von der ganzen phantastischen Geschichte steht in Rebdorf nichts. Dort ist der Drache wie bei Gregor nur teuflisches Blendwerk, das die Heilige in Furcht versetzen soll, ein Symbol, nicht ein konkretisiertes Ungeheuer, und er entweicht, als Margareta ihm im Namen Gottes gebietet. Das Bild der dem Teufel den Fuß in den Nacken setzenden Jungfrau fehlt; lediglich ein biblischer Vorklang (*Ps.* 90, 13) ist in einem Gebet vorhanden. Die Mombritius-Fassung dagegen gestaltet auch des weiteren in einer ereignisreich bewegten Anschaulichkeit. Nach der wunderbaren Errettung der Heiligen vom Feuer- und Wassertod kommt ein großes Erdbeben, eine Taube schwebt vom Himmel, die im Schnabel eine goldene Krone – die der Martyrer – trägt. Die Fesseln fallen von Margaretens Gliedern und eine Stimme ertönt: *Veni, Margareta, in requiem Christi tui, veni in regnum*

---

[14] Über dieses dämonologische Motiv vgl. auch F. M. Mack, *Seinte Margerete*, EETS. OS. 193 S. XXVIIIf.

[15] Über die beliebte literarische Fiktion der Hagiographen, unter dem Namen eines Schülers, Freundes oder Begleiters des Heiligen zu schreiben, vgl. H. Delehaye, *Les légendes hagiographiques*, a.a.O. S. 67f.

[16] "Theotimus autem erat in carcere et nutrix eius ministrans ei panem et aquam, et aspiciebat per fenestram et orationem eius scribebat et omnia, quae ei eveniebant, cum Dei timore notabat" (Z. 176–178). Vgl. auch "Ego Theotimus tuli reliquias beatae Margaretae et reposui eas in scrinio, quod feci de lapide cum odore suavitatis, et posui eas in Antiochia civitate in domum inclytae matronae" (Z. 417–419). An anderer Stelle soll die Zeugenschaft durch exakte Angaben wie "Erat enim hora septima" (Z. 159f.) erwiesen werden.

caelorum. Beata es, quia virginitatem desiderasti (Z. 337–339). Aufgrund dieses Wunders werden fünftausend gläubig, Frauen und Kinder nicht gerechnet. Olibrius läßt die Bekehrten enthaupten. Dies alles aber bedeutet nicht nur szenische Bewegung – die auf eine noch relativ frühe Entstehungszeit zu Beginn des hohen Mittelalters weist –, sondern zugleich ein erregtes Reagieren der himmlischen Boten und der Umstehenden auf das im Mittelpunkt stehende außerordentliche Ereignis, den Triumph Margaretens. Wir haben, wie schon in der Struktur der Gebete, mehr Spiegelung und Verdeutlichung der glanzvollen Wirkung des Vorgangs als diesen selbst. Das gilt auch für die Wortgefechte zwischen Margareta und Olibrius, in deren gegeneinanderprallenden Reden die hochgesteigerten Affekte hymnischen Jubels und teuflischen Hasses zum Ausdruck kommen, und zwar in litaneiartiger Häufung. Bezeichnenderweise bittet Margareta in ihrem ersten Gebet darum, daß Gott ihre Lippen zum erfolgreichen Reden öffnen möge. So spricht sie stellvertretend für die feiernde Kirche, nicht aus der Perspektive ihres eigenen lebendigen Reagierens in der Situation. Ihre Worte stehen wie auf Spruchbändern. Olibrius ist nur noch kontrastierende Folie; die vergleichsweise natürliche und geduldige Argumentation, mit der er sich in der Rebdorf-Fassung auf das Geschehen selbst einstellt, ist geschwunden.

Überall läßt sich diese Verschiebung des Blickwinkels erkennen. Bei der ersten Marterung Margaretens sprechen die Umstehenden in der Rebdorf-Version ganz natürlich und unmittelbar ihren Schmerz und ihren sehnlichen Wunsch aus, Margareta zu befreien. Man spürt etwas von dem menschlichen Ton altbenediktinischer Frömmigkeit und auch von der scheuen Zurückhaltung, wenn vom „Leiden, das wir in deinen Gliedern sehen," ohne schaubildartige Detaillierung gesprochen wird.[17] Entsprechend fühlt sich Margareta gütig und verzeihend in die Lage der Umstehenden ein, die vom Licht der Wahrheit noch nicht gehört haben und deshalb nur auf menschliche Weise *(humaniter)* handeln können.[18] In der Mombritius-Version dagegen weisen die Umstehenden wie mit Fingern auf den konkret sichtbar gemachten, zerrissenen Leib der Entblößten: *O Margareta, vere dolemus te, quia vidimus te nudam laniari et corpus tuum macerari* (Z. 116f.). Der Verlust ihrer Schönheit wird als festes Resultat formelhaft ausgesprochen: *O qualem decorem perdidisti propter incredulitatem tuam* (Z. 117f.).

---

[17] "O speciosa Virgo! valde dolemus nimiumque angustiamur de cruciatu, quem in tuis membris videmus, summoque conamine te liberare optaremus, sed non valemus: consilium autem tibi dabimus, & quomodo possis evadere non negamus. Iste nam tyrannus, ut ipsa conspicis, a furore irae suae non desinit, sed semel iratus perdere festinat de terra memoriam tuam" (Kap. 24).

[18] "Cessate, o viri clarissimi, obsecro; recedite, o nobiles mulieres, & nolite plorando disrumpere sensum meum: quoniam secundum Apostolum: Corrumpunt bonos mores colloquia mala. Parco autem vobis, quoniam humaniter hoc facitis, & in tenebris ambulantes lumen verum non cernitis. Si enim lumen veritatis cognitum haberetis, non solum me de via recta abstrahere formidaretis, verum etiam vosmetipsos ultroneos mecum pro Christi nomine traderetis ad poenam" (Kap. 25).

Ähnlich starr und ohne Gefühl für die menschliche Situation der Umstehenden ruft Margareta: *O mali consiliarii. O saevissimi vos et pessimi* (Z. 120). Sie stellt sich nicht wie in Rebdorf vor, wie die anderen handeln würden, wenn sie den Weg der Wahrheit sähen, sondern sie fordert imperativisch und die Heilsbedeutung Christi preisend: *Credite vos in Deum meum, qui fortis est in virtute et petentes se exaudit et pulsantibus aperit portas paradisi* (Z. 124ff.). In äußerster Schroffheit fährt sie auch den Präfekten an: *O impudicus canis et audax* [...] *O horribilis et irrationabilis leo et abominatus a Deo, confusus a Christo, cuius virtute confringitur perpetua poena* (Z. 128–133). Diese Steigerung fehlt in der Rebdorf-Version ebenso wie die hymnische Erhöhung des Bildes vom fließenden Blute. Während es in der Rebdorf-Fassung nur heißt *ut sanguis ejus veluti fons inundaret super terram* (Kap. 24) – wo das Fließen also mit schlichter Sachlichkeit auf den gegebenen Ort *(super terram)* bezogen wird –, sagt der Mombritius-Text *et sanguis eius tamquam aqua de fonte purissimo decurrebat* (Z. 112ff.).[19]

Entsprechend wird die Darstellung vom Sterben der Heiligen ins Triumphale erhöht. Nach ihrem Fürbittgebet folgen die Zeichen des Himmels, die wie ein vielfacher Widerschein und Glanz die Heilige umgeben. Donner ertönt, und eine Taube und ein Kreuz erscheinen. Alle, auch Margareta, stürzen zu Boden vor der glänzenden Krone des Herrn. Die Taube berührt die Heilige und verheißt ihr in langer Lobrede (und bereits unter Nennung ihrer Fürbittmacht) den Himmel. Nach Margaretens feierlicher Abschiedsrede weigert Malchus sich zuzuschlagen, und er stürzt, als er den Streich geführt hat, mit den Worten *Domine, ne statuas mihi hoc peccatum* (Z. 402) zitternd neben der Heiligen nieder. Engel schweben vom Himmel, setzen sich auf den Leib der Heiligen und preisen Gott. Sogar die Teufel werden aufgeboten und müssen Gott loben. Sie sprechen nicht aus, was sie selbst fühlen, sondern das, was die Verherrlichung Margaretens heischt. Sie kommen knirschend, ihre Glieder verrenkend und rufen mit lauter Stimme – aus der Perspektive der Liturgie –: *Unus Deus fortis, Deus magnus beatae Margaretae* (Z. 406). Wie vorher Drache und Dämon, müssen auch sie die wahre Größe des richtigen und einzigen Gottes anerkennen. Nun strömen *omnes infirmi, caeci, claudi, surdi, debiles* (Z. 407) herbei, berühren den heiligen Leichnam, und es geschehen die ersten posthumen Wunder: *omnes salvi fiebant* (Z. 408f.). Engel entführen den Leib in den Himmel, indem sie feierlich mit den Worten der Praefation singen: *Sanctus, sanctus, sanctus, dominus Deus Sabaoth, pleni sunt caeli et terra gloria tua. Osanna in excelsis. Benedictus, qui venit in nomine domini, rex Israel* (Z. 412–414). Diese erregte Bewegung am Schluß, mit dem rhetorisch geschilderten *quomodo* des *coronata est* (Z. 20, 21), entspricht der verherrlichenden Tendenz der ganzen Fassung und zeigt neben der gesteigerten Wundersucht nochmals die stärkere Einbeziehung des äußerlich Schaubaren und

---

[19] Hervorhebung nicht bei Mombritius.

Szenischen. Die Rebdorf-Version dagegen läuft als einfacher hagiographischer Bericht aus, nachdem Margareta – aus der natürlichen Situation und ihrem persönlichen Empfinden heraus – eine schlichte und eindringliche Mahnrede an die Umstehenden gehalten hat.

III. Englische Heiligenleben des 12. und frühen 13. Jhs.

1. Die monastisch-mystischen Heiligenleben der "Meidenhad"-Gruppe

In der englischen Legendendichtung finden der gesteigerte Heiligenkult und die praktische Mystik des 12. und frühen 13. Jhs. literarischen Ausdruck in drei für Nonnen oder Reklusinnen geschriebenen Stücken der sog. *Meidenhad*-Gruppe, den Leben der hl. Katharina von Alexandrien, Margareta und Juliana, die wahrscheinlich um die Wende vom 12. zum 13. Jh. im westlichen Mittelland entstanden und damit die ersten in mittelenglischer Sprache erhaltenen Heiligenleben sind.[1] Sie verherrlichen in ekstatisch gesteigerter Sprache und unter besonderer Betonung des *Sponsa-Christi*-Motivs sowie des bernhardisch-zisterziensischen Martyrium-Verlangens,[2] das in der Mombritius-Fassung der Margaretenpassion nur anklang, die geistliche Freude und Kraft gottgeweihter Jungfräulichkeit, wie es ähnlich in der zur gleichen Zeit entstandenen *Meidenhad*-Predigt geschieht, die in symbolischer Sprachgebung für die mystische Vermählung mit Christus wirbt und der Vollendung des Magdtums – homiletisch starr und vereinfacht – die Ehe als Elend gegenüberstellt (als niedere Fleischeslust, in den Schmerzen des Gebärens, in den durch Kinder verursachten Sorgen und andererseits in den Nöten der kinderlos Verheirateten). Dieselbe Frömmigkeitshaltung, die letztlich vom Hohen Lied inspiriert ist und mit der Mystik Anselms, Bernhards und der Viktoriner verbunden ist, spricht aus dem Liebeswerben Gottes um die Seele in der *Ancrene Riwle*,[3] aus kürzeren Stücken wie *þe Wohunge of ure Lauerd*, *On Lofsong of ure Louerde* und *On Ureisun of ure Louerde*,[4] und aus *Sawles Warde*,[5] der sehr freien Übersetzung

[1] Sämtliche Texte nach MS. Bodley 34 in Faksimile bei N. R. Ker, *Facsimile of Ms. Bodley 34*, EETS. 274; Einzelausgaben unten Anm. 15, 20 u. 33.

[2] Vgl. dazu oben S. 158f.

[3] *Wells* 40, ed. M. Day, *The English Text of the Ancrene Riwle*, EETS. 225; ed. J. R. R. Tolkien, *The English Text of the Ancrene Riwle. Ancrene Wisse*, EETS. 249.

[4] *Wells* 171, 172, 169, ed. R. Morris, *Old English Homilies (before 1300), Series I, Part II*, EETS. OS. 34; W. M. Thompson, *þe Wohunge of ure Lauerd*, EETS. 241. Über den Einfluß Anselms und der Viktoriner auf diese Stücke vgl. W. Vollhardt, *Der Einfluß der lateinischen geistlichen Literatur auf einige kleinere Schöpfungen der englischen Übergangsperiode*, Diss. Leipzig 1888.

[5] Ed. R. Morris, *Dan Michel's Ayenbite of Inwyt*, EETS. OS. 23; R. Morris, *Old English Homilies (before 1300), Series I, Part II*, EETS. OS. 34.

eines Teils von Hugos von St. Viktor *De Anima*. Hier wie in den Legenden ist die scheue Ehrfurcht vor der Allmacht und Größe Gottes zwar nicht geschwunden – sie läßt sich in den Formeln feierlicher Lobgebete erkennen –, aber stärker ist der Ton liebenden Verlangens, mit dem Christus als der himmlische Bräutigam gesucht wird. Besonders in dieser Hinsicht stehen die Heiligen stellvertretend für die Frömmigkeit der Nonnen oder Reklusinnen. Wie die liturgisch betrachtete Margareta der Mombritius-Fassung werden sie aus dem Blickwinkel des gemeinsamen (hier monastischen) Anliegens gesehen. Sie erscheinen als geistliche Schwestern, die unter den drastischen Umständen des Martyriums dieselben Tugenden bewährt und Freuden erfahren haben, denen die jetzt lebenden unter der Klosterregel nacheifern. Gleichzeitig verringert sich die in altenglischer Zeit bestehende Distanz zu den Heiligen. Bei aller Verehrung treten im Verhältnis zu ihnen Liebe und Hilfserwartung in den Vordergrund – *þet teos hali leafdi. in heouene luuie us þe mare* heißt es im Prolog der Julianenlegende.[6] Auch dies entspricht der allgemeinen Entwicklung der Heiligenverehrung im hohen Mittelalter, wie sie sich schon in den spätaltenglischen Legenden und – hinsichtlich der Hilfserwartung – in der Mombritius-Version des Margaretenlebens anbahnt.

Der literarischen Form nach handelt es sich bei den Stücken der *Meidenhad*-Gruppe um Predigtlegenden, die zum Vortrag vor lateinunkundigen frommen Frauen bestimmt waren.[7] Gerould irrt, wenn er in der reichen Verwendung von Alliteration nur "affected mannerism", nicht ein "instrument of art" sieht.[8] Die stabende Bindung von Wortgruppen, die formelhaften Wendungen, rhythmischen Wiederholungen und Paraphrasierungen sowie die eigentümliche Interpunktion[9], die nicht metrische Einheiten, sondern Sprechtakte wechselnder Länge hervorhebt, dienen dem Vortrag, beweisen aber nicht, wie Einenkel meint,[10] das Vorliegen von Versdichtung. Die *Meidenhad*-Gruppe gehört in die Geschichte der englischen Prosa und muß als kunstvolle Fortentwicklung des literarischen Englisch der angelsächsischen Zeit verstanden werden, das im westlichen Mittelland, vor allem durch Wulfstans Beispiel gefördert, weiterlebte und in *Ancrene*

---

[6] Ed. d'Ardenne, EETS. 248, S. 3, Z. 8.

[7] Vgl. ebd. Z. 5–7, wo allerdings nur Lateinunkundige, nicht ausdrücklich Frauen genannt werden. Vgl. zu den englischen Übersetzungen für Nonnen auch R. W. Chambers, *On the Continuity of English Prose from Alfred to More and his School*, Einleitung zu *Nicholas Harpsfield's Life of More*, EETS. 186, separat als EETS. 186A, S. XCIIf., XCVIf.

[8] *Saints' Legends*, S. 209.

[9] Vgl. auch d'Ardenne, a.a.O. S. XXVIII–XXIX, und schon Karl Luick, *Angl. Bbl.* 23 (1912), S. 226–235 (Besprechung von O. Victor, *Zur Textkritik und Metrik der frühmittelenglischen Katharinenlegende*, EETS. 80).

[10] Vgl. E. Einenkel in seiner Ausgabe der Katharinenlegende, EETS. OS. 80, S. XXI–XXXIX.

Riwle und *Sawles Warde* einen neuen Gipfel erreichte.[11] Deshalb treten auch die epischen Elemente der Cynewulf-Tradition zurück. Formbestimmend ist die homiletische Tendenz. Sie verbindet sich allerdings – wie die vorfranziskanische monastische Malerei des 12. und 13. Jhs. – mit anspruchsvoller Darstellungskunst,[12] hier mit der Schilderungsfreude, dem ausdrucksreichen Anrufungs- und Bilderstil und dem erzählerischen Berichtston der alliterierenden Dichtung. Diese wird jedoch nicht einfach nachgeahmt, sondern mit gewissen Motiven und Erzählgepflogenheiten der hochhöfischen Romanzenliteratur verbunden.[13]

a. Seint Katherine

Die Legende der hl. Katharina von Alexandrien bildete sich wahrscheinlich erst im hohen Mittelalter aus. Lateinische Bearbeitungen sind nicht vor dem 11., griechische nicht vor dem 10. Jh. belegt.[14] Verehrung und Legende der Heiligen breiteten sich aber, wie die zahlreichen späteren lateinischen und volkssprachlichen Bearbeitungen zeigen, seit der Zeit der Kreuzzüge rasch im Abendland aus, wo die Heilige später den Vierzehn Nothelfern zugezählt wurde. Durch Katharina, nicht Juliana, wurde das mit Messern besetzte Rad zu einem Symbol des Martyriums schlechthin.

Vielleicht erklärt sich die große Beliebtheit der Legende aus dem gesteigerten Sinn des späteren Mittelalters für eine gedankliche Betrachtung der Glaubenstatsachen, für Gelehrsamkeit und Disputation. Katharina, die Tochter des verstorbenen Königs Costus, ist nicht nur jung und schön, sondern den Studien ergeben und sowohl in den antiken Autoren wie in der christlichen Glaubenslehre bewandert. Als eines Tages Kaiser Maxentius von allen Einwohnern der Stadt das Opfer vor seinen Götzen verlangt, wirft sie ihm in langer Lehrrede seine Tyrannei und den Unsinn des Bilderdienstes vor. Er ist erstaunt über ihre Weisheit, Jugend und Schönheit und beruft fünfzig Philosophen, die sie widerlegen sollen. Es ergibt sich eine Darstellung, in der die wunderbare Überlegenheit der Jungfrau in vielen erbaulichen Spiegelungen, Kontrastierungen und Betrachtungen mehr für den Leser verdeutlicht als in situationsbedingtem Agieren gezeigt wird. In der Disputation kommt es zu großen Darlegungen

---

[11] Vgl. R. W. Chambers, a.a.O. S. XCII–C.

[12] Vgl. über den Gegensatz zwischen der liturgisch-feierlichen monastischen Wandmalerei (z. B. in der St. Gabriel's Chapel der Krypta in Canterbury) und den der praktischen Volksseelsorge dienenden frühfranziskanischen Fresken: E. W. Tristram, "Franciscan Influence in English Mediaeval Wall-Painting", in A. G. Little (ed.), *Franciscan History and Legend in English Mediaeval Art* (= Brit. Society of Franciscan Studies, 19), Manchester 1937, S. (3–11) 5–6.

[13] Vgl. dazu auch die spätere *Erkenwald*-Legende, unten S. 295 ff.

[14] Vgl. dazu H. Knust, *Geschichte der Legenden der Hl. Katharina von Alexandrien und der Hl. Maria Aegyptiaca*, Halle 1890, S. 1–11; H. Varnhagen, *Zur Geschichte der Legende der Katharina von Alexandrien nebst lateinischen Texten*, Erlangen 1891, S. 1–9.

der Glaubenswahrheiten durch Katharina. Die Weisen geben sich geschlagen, bekennen den Christenglauben und werden von dem aufgebrachten Kaiser verbrannt. Als Katharina sich weigert, seine Frau und damit Kaiserin zu werden, läßt er sie peitschen und einkerkern und verläßt für einige Tage die Stadt. Bei seiner Rückkehr sind seine Frau Augusta und ein Offizier, Porphyrius, von Katharina bekehrt worden. Sie werden hingerichtet; die Jungfrau selbst soll auf einem mit Messern gespickten Rade getötet werden, aber als sie daraufgeflochten ist, lösen sich auf wunderbare Weise ihre Fesseln, das Rad bricht, und die umherfliegenden Speichen töten viele Zuschauer. Bei der Enthauptung Katharinens fließt Milch statt Blut aus ihren geschundenen Gliedern, und Engel bringen sie auf den Berg Sinai, wo später Kirche und Kloster gebaut werden.

Dies ist die Stofftradition der am weitesten verbreiteten lateinischen Bearbeitung (*BHL* 1663), der die englische Version trotz Kürzungen ziemlich eng folgt.[15] Dennoch lassen sich charakteristische Abweichungen und Ausweitungen erkennen. Das Wesentlichste ist die Einführung des Motivs der Brautschaft Christi (1501–1528, 1878–1881, 1892–1895, 2104 bis 2109), das an die Stelle der allgemeineren lateinischen Formulierungen *ille amor meus. ille dulcedo et dilectio mea*[16] tritt. Christus wird von Katharina als *mi leof* (1880), *mi deorewurðe leofmon* (1894) und von der zu Christus bekehrten und grausam gemarterten Kaiserin als *mi neowe leofmon | þe ich on wið luue leue* (2106–2107) angerufen. Katharina jubelt, daß er sich ihrer Jungfräulichkeit mit dem Ring des wahren Glaubens vermählt hat (1507 bis 1509), so daß sie in hymnisch-liturgischen Worten ausrufen kann: *He is mi lif & mi luue; he is þ[et] gledeð me; mi soðe blisse buuen me, mi weole & mi wunne; ne nawt ne wilni ich elles. Me swete lif, se swoteliche he smecheð me & smealleð, þ[et] al me þuncheð sauure & softe þ[et] he sent me* (1520–1528). Damit wird auch den Nonnen oder Reklusinnen selbst ein Leben in Christusminne nahegelegt, besonders wenn der Engel Katharina mit den Worten tröstet, daß ihr *leofmon* und *lauerd*, dessen lieben Namens wegen sie diese Mühsal auf sich genommen habe, überall und an jedem Ort bei ihr sein werde, um sie zu behüten (679–684). Auch die Mahnung, beharrlich weiterzuführen, was man begonnen habe (677–678), weist in diese Richtung. Die lateinische Fassung ruft nur allgemein zur Standhaftigkeit in einem Kampf auf, der zur Ehre des Herrn begonnen worden sei.

Auch sonst wird das Liebes-Motiv mehr als in der lateinischen Fassung berücksichtigt. Katharina berichtet, daß sie den Glauben „lernte und liebte" (831), und sie spricht von denen, „die ihn [Gott] recht glauben und lieben" (950–951). Im Gebet erinnert sie sich daran, daß Gott denjenigen, die um seiner Liebe willen geduldet haben, Trost und Erleichterung geschenkt habe (628–633). Auch die Königin leidet „um der Liebe zu ihrem lieben

---

[15] Beide Fassungen ed. E. Einenkel, *The Life of St. Katherine*, EETS. OS. 80.
[16] Ebd. S. 71.

Herrn willen" (2127–2130). Katharina hat „Auge und Herz" bei der Hl. Schrift (111–113) – nach der lateinischen Version liest sie nur *attentius* –, und der Kaiser wird ihr Herz nicht von Gott wenden (1494–1495). Es paßt hierzu, daß die Menschennatur Christi stärker als in der lateinischen Vorlage betont wird. Aus Liebe zu seinen Geschöpfen, so heißt es, ist er Mensch geworden (899, 908–920), wie ein Mensch erlitt er Hunger, Müdigkeit und Schmerz (1028–1031, 1167–1173), und er nahm letztlich Menschenart an, um darin sterben zu können (1100–1107). Auch Katharina verlangt sehnsuchtsvoll nach dem Martyrium, um so die Vereinigung mit Christus als Triumph des Leidens zu finden.[17] Diese Verbindung verschiedener Motive religiöser Liebesleidenschaft ist in der englischen Fassung lebendiger als in der Passio und entspricht – zusammen mit dem Grundton liturgischen Jubels – der Passionsmystik Bernhards und der allgemeinen Richtung der monastischen Frömmigkeitshaltung des 12. Jhs.[18]

Auf der anderen Seite gibt es im engen Anschluß an die lateinische Fassung feierliche Lobgebete auf den Herrn. Einige herrscherlobartige Titel, mit denen der Kaiser die Jungfrau anredet (1442–1450), muten archaisch an. Eine Schönheitsschilderung der äußeren Erscheinung der Jungfrau gibt es (im Gegensatz zur Julianenlegende) noch nicht. Wie in der Vorlage wird Katharinens „schöne Gestalt" nur kurz erwähnt (309–311), und der Kaiser lobt ebenso knapp ihr „liebliches Gesicht" und ihren „angenehmen Mund" (313–314). Dagegen werden die ewigen Freuden in der goldfunkelnden, immer sommergleichen und leuchtenden Stadt Gottes (1642–1705) gepriesen und ausgemalt, wie es ähnlich – wenn auch nicht mit derselben Ekstase – in älteren Texten geschieht.[19] Entsprechend werden die grausamen Marterungen Katharinens wie auch der Kaiserin in ihren schaurigen Einzelheiten aus der Quelle übernommen und gesteigert. Die Götzenaltäre sind von verderblichem Blut besudelt (203–204), und Katharinens „lieblicher Leib" ist nach der rohen Marterung von Blut „überschäumt" (1542–1543). Dies ist weniger eine Steigerung der Realistik als der Leidenschaftlichkeit, mit der die Passion in den Vordergrund gestellt wird. Dabei ist die Katharinenlegende im Vergleich zu den beiden anderen Heiligenleben der Gruppe noch verhaltener und wohl etwas früher anzusetzen. Ihr Verfasser erzählt schlichter, mit einem Blick für die einfacheren menschlichen Reaktionen. Er übernimmt anschaulich die erzählerisch wirkungsvolle Partie am Anfang der Passio, in welcher Katharina zunächst

---

[17] Vgl. Passio: "quia vocat me dominus jesus christus [. . .] sed carnem et sanguinem meum in sacrificium offerre desidero quia et ipse semet ipsum pro me optulit deo patri in holocaustum (a.a.O. S. 93). quia michi talis cruciatus non est interitus ad consumptionem. sed transitus ad vitam. non interitus ad erumpnam sed transitus ad gloriam" (ebd. S. 94f.). Englische Fassung: "for mi longeð heomeward; / for me lauerd, Iesu Crist, / mi deorewurðe leofmon, / lutel ear he haueð ileaðet" (1892–1895, ebd. S. 93).

[18] Vgl. dazu oben S. 158f.

[19] Vgl. etwa die ahd. Parallele, ed. Einenkel, a.a.O. S. 141–142, u. oben S. 112 u. 114.

das vielstimmige Lärmen auf dem Platz vernimmt und dann, als sie hinzu-
getreten ist, die Einzelheiten sieht. Lebendiger und mit anderer Akzentuierung als in der Vorlage wird der Augenblick vor Beginn ihrer großen Mahnrede behandelt. Als Katharina sieht, wie die Christen angesichts des drohenden Todes ihren Glauben verleugnen, bezweifelt sie, ob der Widerstand
eines jungen Mädchens gegen den mächtigen Kaiser Sinn hat. Dies wird
ähnlich wie in altenglischen Heiligenleben als eine Situation des Zögerns
und der Anfechtung aufgefaßt (173–179), während die Heilige in der
lateinischen Fassung nur den Widersinn der heidnischen Opfer bedenkt.
Auch ihre Art des Betens erinnert an ältere Traditionen. Katharina „erhob
ihr Herz zum hohen Heiland", „der im Himmel geehrt wird" und von
dem sie „Hilfe, Heil und Weisheit suchte". Danach „bewaffnete sie sich
mit dem wahren Glauben" (dem Kreuzzeichen, das auch im lateinischen
Text erwähnt wird) und „stürzte vorwärts, erglühend von der Flamme
des Heiligen Geistes" (180–196). Der ehrfürchtige Grundton und die
Dynamik des Vorgangs sind wie ein Nachhall angelsächsischen Stilempf-
findens in einer grundsätzlich hochmittelalterlich-mystischen Gefühls- und
Seelenlage.

b. Seinte Marherete

Die monastische Erbauungstendenz ist noch deutlicher in *Seinte Marherete*,[20]
das auf den Mombritius-Typus des Margaretenlebens zurückgeht.[21] Als
Publikum sind die Insassen eines Nonnenklosters unverkennbar.[22] Der
einleitende Aufmerksamkeitsruf verheißt Witwen, verheirateten Frauen
und vor allem Jungfrauen, die danach verlangen, den Herrn zu lieben und
in Virginität zu leben, daß sie durch das Beispiel Margaretens zu den
Freuden des Himmels finden können (S. 4, Z. 7–14).[23] Immer wieder wird
das Ideal der Keuschheit verherrlicht. Es verbindet sich mit dem Verlangen
nach der mystischen Vereinigung mit dem himmlischen Bräutigam,[24] für
welche das Martyrium herbeigesehnt wird.[25] Ausdrucksmittel hierfür sind
die gegenüber der lateinischen Version ausgeweiteten Gebete, in denen die

---

[20] Ed. F. M. Mack, *Seinte Marherete þe Meiden ant Martyr*, EETS. OS. 193.
[21] So schon Vogt, a.a.O. S. 282, u. Krahl, a.a.O. S. 8–10, F. M. Mack druckt in ihrer
Ausgabe eine Lesart der Mombritius-Fassung nach einem englischen Manuskript von
ca. 1200 ab (S. 127–142), nach dem wegen der zeitlichen Nähe zur englischen Version
im folgenden zitiert wird.
[22] Aufzählung der zahlreichen Einzelbelege dafür bei Mack, a.a.O. S. XXX–XXXII, u.
Krahl, a.a.O. S. 11 u. 15.
[23] Hinweise und Zitate nach MS. Bodl. 34 in Macks Ausgabe.
[24] Vgl. etwa S. 28, Z. 25–27: "Ich am mi lauerdes lomb, & he is min hirde. Ich am godes
þeowe & his þrel to don al þet his deore wil is." Oder 44, Z. 6–9: "Festne wið fulluht
mi sawle to þe seoluen, & wið þes ilke weattres wesch me wið-innen, & warp from
me a-wei eauer-euch sunne, & bring me to þi brihte bur. brudgume of wunne."
[25] Vgl. S. 4, Z. 24–S. 6, Z. 4, bes. S. 6, Z. 1–4: "& ȝirnde & walde ȝorne, ȝef godes wil
were, þet ha moste beon an of þe moni moder-bern þet swa muchel drehen for drihtin."

Süße der Gegenwart Christi[26] und andere fromme Gefühle eindringlich und für die Hörerinnen miterlebbar dargestellt werden. Auf unmittelbares und ekstatisches Miterleben zielen auch die gegenüber dem Mombritius-Text intensivierten, drastischen Schilderungen des Drachen, der grotesk und furchtbar zugleich wirkt (S. 20, Z. 20–34)[27], wie der Marterungen. Während im lateinischen Text in liturgisch preisender Betrachtung vom Fließen des Blutes *de fonte purissimo* die Rede ist (S. 131, Z. 17, vgl. auch *pro multa sanguinis effusione*, ebd. Z. 19–20, *sanguinis effusionem*, S. 132, Z. 24), wird nun in ganz ähnlichen Formeln wie in der Katharinenlegende gesagt, daß unter den Schlägen der Folterknechte der „anfangs liebliche Leib", „überall zerriß und vor Blut schäumte" (S. 12, Z. 18–19) oder „daß das Blut herausbarst und an ihrem Leib herunterfloß wie ein Bach aus der Quelle" (S. 14, 5–6). Bei der Feuerfolter konstatiert die lateinische Fassung nur *Conburebant autem corpus eius tenerum* (S. 138, Z. 15). Die englische berichtet in grausamen Einzelheiten, daß „die schneeweiße Haut sich schwärzte, als sie gesengt wurde, in Blasen auseinanderplatzte, sich überall aufwarf", und daß „ihr lieblicher Leib in den Flammen knisterte, so daß alle aufschrien, die dieses schaurige Werk in ihren Seiten sahen" (S. 42, Z. 13–17). Es handelt sich hier nicht einfach um "realistic details",[28] sondern um eine grelle und stürmische Steigerung der Kontraste zum Zweck der eindringlichen Verdeutlichung und unmittelbaren Beeinflussung des Gefühls zu glühender Hingabe an das Mysterium der im Martyrium vollzogenen Vereinigung mit Christus – so wie man immer wieder in mystischen Traktaten Anweisungen findet, die Verhärtung der Herzen durch Teilhabe an der Passion des Erlösers zu überwinden.[29] Dieselbe Tendenz steht hinter der Schilderung des Drachen, dem überschwenglichen Gebetsjubel der Jungfrau und der im Vergleich zu Mombritius noch schrofferen Haltung, die Margareta gegenüber Olibrius an den Tag legt, womit sie für die Hörerinnen ein mitreißendes Beispiel der Kühnheit und Unbeirrbarkeit gibt.[30] Auch die Affekte des Olibrius (S. 16, Z. 2; S. 42, Z. 30) werden gegenüber der Quelle stark gesteigert. Elemente altenglischer Erzähltradition fehlen.

In alledem erkennt man das Verfahren eines auf die Seelsorge seines besonderen Publikums bedachten Predigers. Das zeigt auch die Aufnahme eines ausführlichen homiletischen Exempels in das Geständnis des zweiten Teufels. Dieser gibt nicht (wie in der Mombritius-Fassung) eine Aufzählung

---

[26] Vgl. etwa S. 26, Z. 10–12: "Ich habe isehen hali & halwende eoli as hit lihte to me, & ich me seolf smelle of þe swote Iesu, swottre þen eauer eani þing þet is on eorðe."

[27] Aus den *oculi eius splendebant sicut Margarite* (bzw. *oculi eius sicut ignis* oder *uelut flamma ignis splendebant*) in einigen Hss. der lat. Fassung (vgl. ebd. S. 133, Anm. 3) wird *steappre þen þe steoren & ten ʒimstanes, brade ase bascins, in his ihurnde heaued on eiðer half on his heh hokedenease* (ebd. S. 20, Z. 25–27).

[28] So Mack, a.a.O. S. XXXII.

[29] Vgl. dazu E. Auerbach, "Gloria Passionis", a.a.O. S. 60.

[30] Vgl. zu letzterem Mack, a.a.O. S. XXXI–XXXII.

seiner zahlreichen Sünden, sondern illustriert seine Verführungskunst am Fall eines unbescholtenen Mannes und einer reinen Frau, die er zunächst harmlos miteinander reden läßt, dann durch allerlei Schliche zu fleischlicher Lust anstachelt und schließlich zur Sünde führt.[31] Daran schließt sich eine dem Dämon in den Mund gelegte belehrende Auswertung,[32] in welcher ausführlich die Mittel erörtert werden, die dem Menschen in der Versuchung helfen können: Mäßigkeit, Buße, Gebet, geistliche Betrachtungen, Fasten und schließlich, wenn die Leidenschaft allzu mächtig wird, das Meiden der Gefahr, das darin besteht, daß die beiden Betroffenen nicht mehr ohne Zeugen zusammensitzen oder miteinander reden dürfen. Hier wie in der ganzen Darstellung steht die einem Nonnenpublikum angemessene Betonung des Ideals der Virginität sowie der Regeln des klösterlichen Zusammenlebens im Vordergrund.

c. þe Liflade ant te Passiun of Seinte Iuliene

In der Julianenlegende[33] liegen die Verhältnisse sehr ähnlich, jedoch läßt sich eine stärkere Annäherung an die Konventionen der höfischen Literatur erkennen, sowohl in der farbigen Ausgestaltung einiger Motive wie in der Übernahme einiger weltlicher Vorstellungen überhaupt. Man möchte deshalb annehmen, daß dieses Stück etwas später als *Marherete* und *Katherine* entstanden ist oder doch von einem anderen Verfasser stammt.

So wird z. B. das Sich-Verlieben des Eleusius als Verwundung durch einen Pfeil Amors dargestellt (Z. 35–36), und sein Zustand wird mit den Symptomen der konventionellen Liebeskrankheit beschrieben: er seufzt wie einer, der tief verletzt ist (Z. 198), sein Herz beginnt sich zu erhitzen, die Schrecken der Liebe durchfahren ihn („das Mark schmilzt, Strahlen der Liebe schießen durch alle Glieder", Z. 199–201), innerlich wird ihm glühend heiß, äußerlich aber bebt er vor Kälte (Z. 201–202), und schließlich vermag er an keine andere Heilung und Freude zu denken als an Julianens Leib, den er sich gefügig machen will (Z. 202–204). Es paßt hierzu, daß Eleusius nicht nur Julianens Teint bemerkt, der „liliengleich und rot wie Rosen ist", sondern auch „alles so schön Gestaltete unterhalb ihres Angesichts" (Z. 196–197). Hier deutet sich bereits das Frauenbild der höfischen Kunstdichtung und der Laienkultur an. Es handelt sich zwar noch nicht

---

[31] Ebd. S. 32, Z. 4–31.

[32] Ebd. Z. 32–S. 36, Z. 23.

[33] Ed. S. R. T. O. d'Ardenne, *þe Liflade ant te Passiun of Seinte Iuliene*, (Liège 1936), 2. Auflage, EETS. 248. Zitate und Zeilenangaben nach der dort abgedruckten Version des MS. Bodl. 34. Die indirekte Quelle ist die auch der ae. *Juliana* zugrundeliegende *Passio* (*BHL* 4522, 4523, Editionen s. oben, S. 107, Anm. 28), zu der d'Ardenne nach MS. Bodl. 285 (einer etwa gleichzeitig mit Bodl. 34 entstandenen Kompilation lateinischer Viten) eine Version kollateral mit dem englischen Text abdruckt, die in einigen zusätzlichen Punkten, aber auch nicht ganz, mit der frühme. Fassung übereinstimmt. Vgl. dazu d'Ardenne, S. XXII–XXV.

um Beschreibungen, wie sie in anglonormannischen Versionen[34] und im späteren Mittelalter üblich sind, aber die Zurückhaltung ist doch nicht mehr so groß wie in den beiden Schwesterlegenden, in den bisher betrachteten lateinischen Passionen oder in der altenglischen Julianen- und Margaretenlegende, wo die körperliche Schönheit der Jungfrau immer nur ganz allgemein und als Anlaß für die Liebe der Heiden genannt wird – aus einer Haltung heraus, die für die geistliche Literatur des früheren Mittelalters typisch ist.[35] Auch in der Behandlung der Kohärenz des Geschehens unterscheidet sich die Julianenlegende grundsätzlich von altenglischen Versionen und graduell auch von den beiden anderen Stücken der *Meidenhad*-Gruppe. Während schon *Seinte Marherete* geringfügige Umstellungen aus diesem Grunde vornahm,[36] werden jetzt kleinere Zwischenglieder und Motivierungen in die Handlung eingeschoben, so daß an einigen Stellen die großlinige Darstellung der Quelle durch farbige Einzelschritte ersetzt ist. Als Juliana von Eleusius die Erringung eines höheren Amtes verlangt, wird als Motivierung hinzugefügt, daß sie sich so eine Zeitlang vor ihm schützen wollte (55–61). Der vierrädrige, mit kostbaren Tüchern geschmückte Wagen, auf dem Eleusius sich durch die Straßen ziehen läßt, wird in anschaulichen, zum Teil formelhaften Wendungen beschrieben (166–168). Wie vorher Amor genannt wurde, so werden die Götter Apoll und Diana erwähnt, die Julianens Vater verehrt (107–109). In konkretisierenden Wendungen wird gegenübergestellt, daß Juliana häufig zur Kirche geht (49f.), Eleusius sie sich aber zur Ehe und im Bett wünscht (55). Wie eine romanzenhafte Ausweitung erscheint besonders die Schlußepisode. Eleusius wird nicht von seinem bösen Gewissen hinaus aufs Meer getrieben – was bei Cynewulf ein Symbol für die Herrschaft der Dämonen über ihn ist und wie die Weiterführung der einen Schicksalslinie seines Lebens wirkt –, sondern er hat nun eine genau umrissene Absicht, mit der eine neue Phase der Handlung eingeleitet wird. Er will das Schiff erreichen, mit dem Julianens Leichnam fortgetragen wird, um ihn im Meer zu versenken (756–759). Dabei kommt er in ein Unwetter, das Schiff zerbricht und er und seine Mannen ertrinken jämmerlich.

Aber dies alles geschieht natürlich nur mit jener liturgisch feiernden und homiletischen Tendenz, die auch die beiden anderen Legenden der Gruppe beherrscht. Durch die gewissen versromanhaften Stilisierungen tritt der Bereich der Welt in einen noch schrofferen Kontrast zu Glaubensmut, Leidensfähigkeit und Christusliebe der Heiligen. Ebenso drastisch wie der Drache in der Margaretenlegende wird jetzt das Verprügeln des Teufels im Kerker und auf der Straße behandelt (445–453, 505–513), wobei nicht

[34] Vgl. oben S. 168f.
[35] Vgl. dazu M.-L. Portmann, *Die Darstellung der Frau in der Geschichtsschreibung des früheren Mittelalters*, Basel und Stuttgart 1958, passim, und zusammenfassend S. 142.
[36] Vgl. dazu Mack, a.a.O. S. XXX.

versäumt wird, zu sagen, daß Juliana dem Dämon die Hände so fest auf den Rücken band, „daß ihm jeder Nagel schmerzte und von Blut schwarz wurde" (447–448). Die Folterungen werden wie in den beiden anderen Legenden in grellen Einzelheiten berichtet, wobei immer wieder der blutüberströmte Leib herausgestellt wird. In kontrastierender Formel wird gesagt, daß ihr schöner Leib nach den grausamen Schlägen „vor Blut schäumt" (155–157), „daß er von Blut überströmt ist" (211–215) und daß die Ruten, mit denen er geschlagen wird, „ganz mit geronnenem Blut beklebt" sind (238–241). Höhepunkt ist die Darstellung der Tötungsräder, die nicht nur detailliert beschrieben, sondern in ihren Grauen erregenden Wirkungen auf die Betrachter gesehen werden (544–552). In geschehnishafter Steigerung wird dann geschildert, wie die in Bewegung gesetzten, surrenden Räder alles zerreißen, was ihnen in den Weg kommt, und wie sie beginnen, die Knochen Julianens zu zerfetzen, so daß das Mark herausspritzt und sich mit ihrem Blut mischt (553–565). Das alles aber erschöpft sich nicht in Deskription, sondern ist leidenschaftliche Hochstilisierung und Isolierung der Einzelheiten auf mitreißende Gefühlswirkungen hin.

Das direkte Suggerieren eines intensiven Miterlebens richtet sich aber vor allem auf die Teilhabe an der mystischen Frömmigkeit, die Juliana, die sich selbst als *þi wummon* (328) bezeichnet, immer wieder in ihren ekstatischen Gebeten zu ihrem himmlischen Bräutigam äußert (vgl. etwa 242–252, 271–308, 327–330). Mit der Brautmystik verbindet sich – bernhardischzisterziensischer Frömmigkeit gemäß – das Leidenwollen um der Liebe Christi willen (152–154, 177–179, 229–230). Juliana kann körperlichen Schmerz und Christuserwartung mit gleich stürmischer Freude erleben. Wie in der Margaretenlegende werden diese Gefühle vor allem in Gebeten ausgedrückt, so daß sich die frommen Zuhörerinnen leicht mit ihnen identifizieren konnten. In eindringlichem Sprechrhythmus und in den Formeln des alliterierenden Stils werden Wort und Haltung der Liebe in ihren weltlichen und himmlischen Bedeutungen umkreist. Man könnte sagen, daß die fiebrig gesteigerten, dramatischen Begleitumstände nur die grell verdeutlichenden Spiegel der eigentlich im Zentrum stehenden monastischen Frömmigkeitsäußerungen sind. Diese Blickrichtung des Verfassers wird auch an einer Reihe von Einzelheiten deutlich. Wenn der Dämon die Nonnen als seine mächtigsten Gegner bezeichnet (in einer der direkten Anreden an das Publikum), so stellt er die treue Liebe zu Christus in ihrem Herzen sowie Demut und Milde als die Wurzel ihrer Kraft heraus (476–487). An anderer Stelle wird betont, daß diejenigen, die Christus nicht verlassen wollen, von ihren nächsten Verwandten verlassen werden (277–278). Die Klosterinsassen müssen insofern das gleiche Los wie Juliana tragen und werden wie diese durch eine Überfülle geistlicher Freuden belohnt.

2. Spielmännische Episodenlegenden

a. Zwei Fassungen des Margaretenlebens in der volkstümlichen Balladenstrophe

Meidan Maregrete (= M.M.)[37] und *Seynt Mergrete (= S.M.)*[38] sind Legenden, die mit vereinzelten anderen Stücken[39] der Formtradition des höfischen Kunstepos angehören, allerdings in der Abwandlung des romanzenhaften Erzählliedes französischer bzw. anglonormannischer Herkunft[40] und mit deutlicher Wendung ins Spielmännisch-Volkstümliche und Balladenhafte.[41] Sie sind nicht mehr wie die Legenden der *Meidenhad*-Gruppe an einen monastischen Kreis, sondern an ein allgemeines Publikum gerichtet, was der immer größer werdenden Popularität der Margaretenlegende im späteren Mittelalter entspricht.[42]

---

[37] *Index* 2672, MS. Trin. Cambr. 323 (B. 14, 39), ed. Hickes *Thesaurus*, I, S. 224 ff., abgedr. Horstmann, *Ae. Leg. N. F.* 1881, S. 489–498; MS. 13. Jh., Entstehungszeit nach Horstmann noch früher.

[38] *Index* 203, Advocates MS. 19. 21. 1 (Auchinleck), ed. Horstmann, ebd. S. 226–235; MS. erstes Viertel d. 14. Jhs., Entstehungszeit 1. H. d. 13. Jhs.

[39] *Seynt Katerine, Index* 1158 und 1159, ed. Horstmann, *Ae. Leg. N. F.*, S. 242–259; nach Gerould, *Saints' Legends*, S. 219, von den Katharinenlegenden "one of the most successful [...] that has ever been penned." *Gregorius, Index* 209, ed. Horstmann, *Arch.* 55 (1876), S. 422–438, u. C. Keller, *Die me. Gregoriuslegende*, Heidelberg 1914, auch in zwei spätere MSS. des südenglischen Legendars (Bodl. 3938 = Vernon; Bodl. 14716 = Rawl. poet. 225) und in MS. Advocates 19. 21. 1 (Auchinleck) aufgenommen, laut Horstmann (*Ae. Leg. N. F.*, S. XLII) „nach französischer Quelle noch vor 1250 verfaßt". Vgl. zu späteren Bearbeitungen im 14. Jh. unten S. 289. Auch die dem Text des MS. Laud 108 des südengl. Legendars unterliegende ältere Legende der *Maria Magdalena* (*Index* 3159) gehört in diese Stilrichtung.

[40] Daß bei der Margaretenlegende die Möglichkeit einer direkten frz. Vorlage gegeben ist, zeigen Sprachfloskeln wie "þe vie of on(e) maiden (meidan)", *S. M. (M. M.)*, Z. 4. Allerdings muß man Krahl (a.a.O. S. 49, Anm. 1, u. S. 53) zugeben, daß diese Annahme nicht zwingend ist. Auch Gerould, "A New Text of the 'Passio S. Margeritae'", a.a.O., S. 551, glaubt nicht, daß es sich um eine Übersetzung aus dem Altfranzösischen handelt, gibt jedoch keine Belege.

[41] Horstmann, a.a.O. S. XLIIf.: „Sie stehen offenbar unter der Einwirkung des französischen Kunstepos, doch ist ihr Stil durchaus eigenartig national, echt volksthümlich episch, eher germanischen als französischen Charakters, mit eigenthümlichen Wendungen, Attributen und Gleichnissen, plastisch und von tiefster Empfindung durchdrungen." Daß es sich dabei auch um balladenhafte Elemente handelt, hat Gerould, *Saints' Legends*, S. 211, mit Bezug auf Rhythmus, Dialog und Beschreibung erkannt, jedoch nicht im Hinblick auf die gesamte Erzählstruktur untersucht.

[42] Die Versicherung in der vorletzten Strophe von *S.M.*, das Leben der Heiligen sei *now ouer al þe world name-couþe and riif*, ist nicht nur eine spielmännisch preisende Formel, sondern entspricht den Tatsachen. Vgl. über die Verbreitung der Margaretenlegende in der mittelalterlichen Literatur F. Vogt, „Über die Margaretenlegenden", *PBB* 1 (1874), S. 263–287. Margareta wurde, wie schon die Mombritius-Version zeigte, seit dem hohen Mittelalter angerufen als Helferin der Frauen in Kindsnöten. Sicherlich wird auch der erregende Inhalt der Drachenepisode mit zur Verbreitung der Legende beigetragen haben. Nach F. Spencer, "Development of the Legend of St. Margaret", *MLN* 4 (1889), S. 393 ff., 5 (1890), S. 121 ff., 141 ff., 213 ff. hat auch die Hirtenszene Margaretens Popularität bei der Landbevölkerung gesteigert. Sämtliche

Über den hohen Kunstwert dieser Dichtungen ist die Forschung einer Meinung. Horstmann zählt die Margaretenlegende aufgrund der plastischen, empfindungsreichen und wohllautenden Gestaltung zu den „schönsten Erzeugnissen der altenglischen Sprache".[43] Gerould fügt aus gattungsgeschichtlicher Sicht hinzu, daß sie in einzigartiger Weise die künstlerischen, menschlichen und erbaulichen Möglichkeiten des Stoffes realisiere und damit "adequate in every respect to the requirements of the 'genre' at its best" sei.[44] Obwohl man diesem Urteil grundsätzlich zustimmen kann, verlangt doch das Verhältnis von Erbaulichkeit und Formgebung eine genauere Untersuchung. Dabei sind die trotz weitgehender Übereinstimmung zwischen den beiden Versionen bestehenden Unterschiede von Interesse, die von der Forschung bisher nicht beachtet worden sind. Die chronologische Relation zwischen ihnen ist nicht eindeutig. *M.M.* scheint die ältere Fassung zu sein, obwohl sie auch umgekehrt eine vereinfachte und zersungene Form von *S.M.* sein könnte.

aa. Seynt Mergrete

Schon in den ersten Versen gibt der Verfasser nach Anrede aller umstehenden Christen in einem Aufmerksamkeitsruf spielmännischer Art seine Absicht kund (3–4):

> *Listen, and ʒe schul here telle | wiþ wordes fair and swete*
> *þe vie of on maiden, | men clepeþ seyn Mergrete.*

Mit der Wendung *wordes fair and swete* ist, wie die Sprachgebung im einzelnen erweist, vorwiegend das ästhetisch Schöne gemeint. Jedoch schwingt in der Formel auch zartes Frömmigkeitsgefühl mit. *Fair* heißt nicht nur „schön", sondern auch „angemessen, geziemend"; *swete* muß nicht nur „süß" im Sinne des Wortklangs heißen, sondern kann auch – wie es in Anreden Christi und der Gottesmutter im Gedicht selbst geschieht (z. B. 134) und wie man es in der Jesus- und Marienlyrik der Zeit immer wieder hört – die Innigkeit frommer Empfindungen ausdrücken. Entsprechend wird als das Thema der Dichtung bezeichnet (407): *Hou sche þoled hir passioun | stille wiþouten striif.* Das Rührende und Sanfte der stillen Dulderin wird also gesehen, nicht die objektive Tugendfülle oder der Sieg über die Versuchungen. Liebevolle Vermenschlichung der demütigen Heiligen zeigt sich auch sonst. Sie ist von hohem poetischen Reiz und zugleich erbaulich, da sie das Heiligmäßige mit dem schlicht Mädchenhaften in Einklang

---

me. Fassungen, ausgenommen nur Lydgates im 15. Jh., gehen auf den Mombritius-Typus zurück. Daß dieser, und nicht eine strengere Version nach Art der Rebdorfschen, Verbreitung und Nachahmung fand, entspricht dem Geschmack des mittelalterlichen Publikums und der meisten Legendenschreiber. Vgl. dazu allgemein Delehaye, *Les légendes hagiographiques*, S. 73.

[43] A.a.O. S. XLIII.

[44] *Saints' Legends*, S. 211.

bringt; jedoch ergibt sich damit auch eine Reduktion der geistlichen Substanz des Stoffes.

In ihrem ersten Gebet (67–76) drückt Margareta weder Furcht (wie in Rebdorf) noch überlegene Sicherheit (wie in Mombritius) aus, sondern ihre Ergebung in Gottes Willen, dessen Ratschluß sie es überläßt, ihr einen Engel zu senden, da sie selbst unfähig sei, sich zu verteidigen (71–72). Eingedenk der Ausweglosigkeit ihrer Situation befiehlt sie sich der Liebe Christi und äußert – hochmittelalterlicher Auffassung gemäß[45] und wie bereits in *Seynte Marherete* – freudiges Verlangen nach dem Martyrium, wobei sich menschliche Not und Christusliebe durchdringen (73–76). An die Stelle der liturgischen Gebetsformeln in der Mombritius-Fassung ist eine gemütvolle Sprache getreten, in welcher das Mädchen außer Christusminne und Leidensbereitschaft sogar eine Bitte für ihre Peiniger ausspricht; letzteres findet sich auch in der *Legenda aurea*,[46] fehlt aber in den früheren Fassungen und in *M.M.* (153–156):

Sche loked vp to Jhesu Crist, | Mergrete, and si3ed sore
And seyd: "swete Jhesu Crist, | y leue opon þi lore.
For þis men þat pin me þus, | y crie, lord, þi nore:
For3if hem and lete me suffre! | for me þou suffredest more."

Während in Rebdorf, Mombritius und der altenglischen Prosafassung Margareta um Bewahrung vor dem Feuer und dann vor dem Wasser betet, ergibt sie sich nun demütig in den Willen des Herrn (314–316):

"Jhesu Crist mi louerd – | yblisced mot þou be! –
3if þe þi wille, | þe water þat y se,
Lete me cristen þerinne | in þe name of þe!"

So kann ihre Rettung vor dem Wasser stärker als in den hagiographischen Fassungen als ein überraschendes Wunder erscheinen, das in seiner Wirkung auf sie selbst *(confort)*, das Volk *(bigan to fle)* und Olibrius *(a sori man was he)* unterstrichen wird (317–324). Nicht so sehr das Gnadengeschehen selbst als die Wirkung des Wunderbaren wird empfunden. Bezeichnend ist, daß Margaretens Güte und Milde auch in den Umstehenden liebende Zuneigung erweckt,[47] während in früheren Versionen, ausgenommen die der *Meidenhad*-Gruppe, nur von Erstaunen und Furcht die Rede ist. Die mitfühlenden Autoreinsprachen weisen in dieselbe Richtung.[48]

[45] Vgl. oben S. 158f.
[46] Vgl. unten S. 208.
[47] 32b "gode hede þai toke"; 34a "Alle þai loued hir ful wele"; 39b "ful 3ern þai hir biheld".
[48] 180 "Saue þe help of Jhesu Crist / help no hadde sche non." 381 "Sche crid opon Malcous –/ nold sche neuer blinne." Die groben Verwünschungen, mit denen Olibrius und seine Gesellen bedacht werden, sind nur die Entsprechung zu dieser Anteilnahme: 265 "þan it spac Olibrious –/ Crist 3iue him iuel dede!" – 309 "Alle þe wicke turmentours –/ hong mot þay hei3e!" – 324 (in ironischem Ton) "Olibrius þat was king / a sori man was he!"

Der schlicht volkstümliche Frömmigkeitston unterscheidet sich sowohl von den feierlichen Stilisierungen Aelfrics oder der altenglischen Prosafassung wie von der ekstatischen Emotionalität der *Seinte Marherete*. Es wäre denkbar (und das südenglische Legendar ist dafür ein Beispiel), daß aus der veränderten Gefühlslage eigene Darbietungsformen gebildet würden. Aber der Verfasser der *Seynt Mergrete* wählt den bereits vorgeprägten Stil eines liedhaft-spielmännischen Erzählens, der sich harmonisch auf das menschlich getönte Heiligenbild beziehen läßt. Dadurch wird diese Version zu einer interessanten, wenn auch bescheidenen Parallele zu hochhöfischen deutschen und französischen Legendendichtungen. Ihre Verbindung von tief frommer Gesinnung und anmutiger weltlicher Form bekundet einen für das Hochmittelalter charakteristischen Stilwillen, der sich in der späteren englischen Legendendichtung so nicht mehr findet. Allerdings wird durch die gewählte Formensprache mehr die weltliche als die geistliche Wirklichkeit erfaßt.

Auffällig ist schon, daß die Nebenfiguren mehr Eigenbewegung als in früheren Fassungen haben. Sie handeln stärker als in *Seinte Marherete* aus eigenem Impuls, nicht ausschließlich in Reaktion auf das sichtbar werdende Heilige. Auch werden, bevor sie agieren, Willensrichtung oder Gefühl deutlich herausgestellt. Dies entspricht der Balladen- und Romanzentradition und führt wie dort zu einer Erzählbewegung, die in kleineren, episodenhaften Schritten, nicht mehr in der Großlinigkeit der Rebdorf-Version oder der Guthlac-Vita verläuft. Die beiden ersten Strophen stellen den Vater Margaretens vor. Er wird nicht nur als Heidenkönig bezeichnet wie in der altenglischen Prosaversion, sondern sein böser Sinn, der Wankelmut seines Herzens und sein auf Vernichtung des Christentums gerichtetes Trachten werden hervorgehoben (5–12):

> *Hir fader was a patriarke, | as y ʒou telle may,*
> *In Antiage he was born | opon þat false lay;*
> *Feble was his hert, | vnstable was his fay,*
> *Deue þinges and doumbe | he serued niʒt and day.*
>
> *Teodosus was his name. | in god no leued he nouʒt:*
> *He leued opon his fals godes | wiþ hondes þat were wrouʒt;*
> *Wicked weren his werkes | and feble was his þouʒt,*
> *And euer he þouʒt to bring | cristendom to nouʒt.*

Die so bestimmte Verlaufsrichtung seines Handelns wird folgerichtig entwickelt (13–40) und erreicht mit der Entfernung Margaretens aus dem elterlichen Hause den Abschluß der ersten Phase. Als die Königin mit Margareta schwanger geht, wahrsagt ein Schriftgelehrter, daß das Kind eine Christin wird.[49] Der König befiehlt darauf die Tötung sofort nach der

---

[49] Diese Stelle (17b–22) ist mit der Illustration der Rückseite aus dem MS. herausgeschnitten; auch in *M.M.* fehlt dieser Passus. Er ist jedoch dem Inhalt nach erhalten in der kurzzeiligen Fassung *Mergarete*, Ashm., 20–26.

Geburt. Das löst den Schmerz der Mutter aus und ihre Absicht, das Kind zu retten. Auch die Königin wird also als Person mit bestimmter Willensrichtung eingeführt, und auch auf ihren Entschluß folgt die Tat: sie läßt das Kind heimlich nach *Azie* bringen (23–28). In der zweiten Geschehensphase, der Begegnung Margaretens mit Olibrius, läßt sich derselbe psychologisch motivierende Erzählaufbau erkennen. Der Einsatz erfolgt wieder unvermittelt, in spielmännisch ausrufender Art (41–42):

Olibrious was lord, | as we heren telle,
Of Antiage and Azie, | to ȝeuen and to selle.

Dann werden Sinnen und Trachten des Präfekten (43–44) und, nachdem er Margareta erblickt hat, sein Wunsch, sie zu besitzen, ausgedrückt (48). Es folgt der in klangvolle, balladenhafte Formeln gefaßte Auftrag an die Soldaten, der nicht nur wie bei Mombritius ein Befehl, sondern eine intensive Aussprache des eigenen Verlangens ist.[50] Auch in seiner ärgerlichen Reaktion auf die Meldung der Boten spricht Olibrius eine Absicht aus, wodurch eine gewisse neue Spannung entsteht.[51] Parallele Fälle der Willensäußerung der Personen vor ihrem Handeln ergeben sich z. B. bei den Boten (57), Margareta (59–60) Olibrius und Margareta (293–296), noch einmal bei Olibrius, der sich etwas besonders Teuflisches ausdenkt (305 bis 308), und bei dem Scharfrichter Malchus (341–344, 389–394). Spielmännisch-balladenhafte Psychologisierung und Rhythmisierung zeigen sich besonders eindrucksvoll in den Liebeswerbungen des Präfekten, die an die Stelle der offiziellen Gerichtssprache der lateinischen Fassung treten.[52] Auch des weiteren wird die Sprachgebung geschickt der Situation angepaßt. Zuerst läßt Olibrius schmeichelnd um die *damisel* (62) werben; dann sagt er im ersten Verhör liebevoll *Maiden Mergrete* (89); nach ihren wiederholten Weigerungen fährt er sie jedoch mit *wenche* (158) an. Interessant ist ferner, wie über weitere Strecken hinweg motiviert wird. Der zweite

[50] He seyd to his kniȝtes: | "a fair maiden y se;
Kestes hir opon hors, | and sche schall wende wiþ me.
And ȝif ich may enquere | of kin þat sche be fre,
Of alle þe wimen þat y wot | best hir schal be.

And for hir michel feirhed, | ȝif sche be born of þral.
Hir mariage | no tineþ sche nouȝt al:
Wele y schal hir cloþe | in sikelatoun and pal,
Sche schal be mi leman | and haue gold to wal." (49–56)
[51] "Bringeþ hir bifor me! | y turn hir mode ful sone,
Y do hir leue opon mi god, | þriies ar it be none." (83–84)
[52] "Maiden Mergrete, | mi leman schaltow be.
Ichold þe for mi wiif, | ȝif þow be of kin fre;
ȝif þow be of þraldam born, | y giue þe gold an fe.
þou schalt be me leman, | so long so it be." (89–92)
"Trowe on me & be mi wiif: | wele þou schalt spede;
Antioge and Azie | þow schalt haue to mede;
Sikelatioun and purpel-pal | þat schal be þi wede,
Wiþ' þe best metes in me lond | wele y schal þe fede." (113–116)

Teufel – volkstümlich zu einem Scheusal gesteigert, das an allen Zehen Augen hat – gesteht Margareta, daß er besonders gern gebärenden Frauen Kummer bereitet (241–248). Auf seine Worte kann sie sich später bei ihrer Fürbitte für Frauen in Kindsnöten beziehen (361–362), so daß ihr Titel als Patronin der Gebärenden aus dem Geschehen heraus begründet erscheint, was in keiner anderen englischen Version geschieht.

Wesentlichen Anteil an der erzählenden Umstilisierung der lateinischen Prosa hat die vierzeilige Septenarstrophe *aaaa*, die sich bis in formelhafte Wendungen hinein als prägende Form erweist. Sie fordert einen einheitlichen inhaltlichen oder emotionalen Nenner, was eine Verlangsamung des Erzähltempos, ein wiederholendes und mit Auffüllungen arbeitendes Darstellen bedingt. Andererseits lassen sich je zwei der durch deutliche Zäsuren getrennten Langzeilen als eine Balladenstrophe *abcb* lesen, in welcher meist vier- und dreitaktige Verse abwechseln. Auf jeden Fall sind kleine Einzelbewegungen nach Balladenart möglich. In wirkungsvoller Ausgewogenheit zueinander stehen etwa die Folgen Hauptsatz und Relativsatz (100: *þe coroun was of þornes | þat on his heued stode*) oder *Inquit*-Formel und wörtliche Rede (121: *þan it spac Olibrious: | "now it schal be sene"*). In anderen Fällen enthält das zweite Glied des Langverses eine rhythmisch-melodisch hervorgehobene Umstandsbestimmung des ersten (55: *Wele y schal hir cloþe | in sikelatoun and pal*). Viele andere Kombinationen kommen vor, meist jedoch sind die Gewichte so verteilt, daß in jedem Vers die sinnschweren und klangvollen Wörter in Flügelstellung stehen und sich die Waage halten. Sprach- und Erzählstil bekommen einen liedhaften Klang.

Bei aller Kunst des Motivierens, Psychologisierens und klangvollen Formulierens läßt sich dennoch nicht übersehen, daß es vorwiegend die weltlichen Elemente und Randbezirke des Stoffes sind, denen das künstlerische Geschick zugute kommt: die Liebeswerbungen, die Vorgeschichte von Geburt und Aussetzung des Kindes, das Verhalten des Scharfrichters und der Boten usw. Auffällig ist ferner, daß Dinge, die für die Erbaulichkeit gänzlich nebensächlich sind – wie das Überbringen der Botschaft an Margareta (57–76) und das Heranführen der Jungfrau durch die Boten (85–88) – ausführlich berichtet werden, während sie bei Mombritius fehlen oder nur leicht berührt werden. An solchen Einzelheiten wird deutlich, daß eine gänzlich andere Formtendenz als im Frühmittelalter oder in der *Legenda aurea* und im südenglischen Legendar vorwaltet. Es geht um ein stofffreudiges, episodisch ausbreitendes Erzählen, nicht ein sinn- oder andachtsbildartiges Verdichten auf das erbaulich Wesentliche hin. Die Gestaltungsweise verstärkt mehr die etwaigen Bewegungs- und Spannungsmomente des Stoffes als seinen religiösen Kern. Allerdings verleiht sie gleichzeitig dem Geschehen und dem ins Menschlich-Liebliche transponierten Heiligenbild Emotionalität und entspricht insofern dem volkstümlich schlichten Erbauungsgefühl, das die spielmännisch vereinfachte, höfische Stilisierung begleitet. Es ergibt sich ein sowohl frommes wie reizvoll lebendiges, mitunter lyrisch getöntes und streckenweise balladenhaft bewegtes Erzähllied von der hl. Margareta, das man analog zu der von W. Kayser definierten mittelalterlichen Episodenballade[53] als Episodenlegende bezeichnen kann. Es handelt sich nicht – wie in späteren geistlichen Legendensammlungen – um Formen eines rein erbaulichen Erzählens.

bb. Maidan Maregrete

Mit nur 312 Versen ist *M.M.* gegenüber den 412 Versen von *S.M.* die kürzere Version. In ihr fehlen einige Gebete und Dialoge sowie gefühlsgetönte Einschiebsel.[54] Vor allem verzichtet sie auf das für *S.M.* charakteristische Herausarbeiten der Willensrichtung der Person vor ihrem Handeln. Die Darstellung konzentriert sich im allgemeinen auf die Wiedergabe des konkreten Geschehens und Sprechens. So wird z. B. im Gegensatz zu *S.M.* in der zweiten Strophe nicht das innere Verhalten des Vaters, sondern nur das äußere Geschehen mitgeteilt (5–8):

> *Hire fader was a patriarc, . as ic ou tellen may,*
> *In Auntioge wif e ches . i ðe false lay;*
> *Deve godes ant doumbe . he serued, nitt ant day, –*
> *So deden mony oþere, . þat singet weilaway.*

Auch die Rettung des Kindes durch die Mutter wird in schlichtem Erzählbericht gegeben (11–16). Olibrius äußert nicht erst seine Absicht *(S.M.*, 44, *Al þat leued on Jhesu Christ | Olibrious þou ȝt*[55] *to quelle)*, sondern handelt gleich (32):

> *Alle þat leueden on Jhesu Crist . e heitt hem aquelle.*

Die Glaubenstreue Margaretens wird schlicht als *trouðe* bezeichnet (48):

> *ðe t r o u ð e of hire herte . nolde ho nout furlete,*

während *S.M.* von den Gedanken des Herzens spricht (60):

> *þe þ o u ȝ t e s of hir hert | wald sche nouȝt forlete.*

Ähnlich verhalten sich zueinander *M.M.* 122: "*Meidan Maregrete, . is þis pine god?*" und *S.M.* 130: *And seyd*: "*Meidan Mergrete, | þen k e þe þis paines gode?*" Diese Verschiedenheiten könnten ein sprachlicher Zufall sein, jedoch ordnen sie sich in die Linie der Hauptunterschiede ein. Wo *M.M.* (133–136) nur den Vorgang gibt:

---

[53] W. Kayser, *Geschichte der deutschen Ballade*, Berlin ²1943, Kap. 3, „Die Ballade in mittelhochdeutscher Zeit", S. 17–42, vgl. bes. S. 41 f.

[54] Eine stoffliche Kürzung ergibt sich daraus, daß die Einkerkerung Margaretens in *M.M.* mit einem einzigen Satz summarisch dargestellt wird (153). Es fehlen die Szene des zweiten Wortwechsels zwischen Olibrius und Margareta (*S.M.* 165–172), der wütende Befehl des Olibrius (*S.M.* 173–176), dessen Ausführung unter Betonung der mitleiderregenden Schmerzen und Verlassenheit der Jungfrau (177–182) und die trostverheißende Einsprache des Autors, die diesen Passus beschließt (*S. M.* 184–185).

[55] Diese und die folgenden Sperrungen nicht in Horstmanns Text.

De sergaunʒ deden so, . to hire gonnen go,
Al þet fel from þe fleisc . gunnen ho to flo;
Al þet blod þat in hire was . out it ede þo.
Al þis ho þolede, . ant oþere pinen mo,

bringt *S.M.* (141–144) psychologisierend die Gefühle der Folterknechte:

Alle þe curssed þeues | were ful glad in þouʒt;
To do þe kinges hest | þai no targed nouʒt.
Anon as þe turmentours | to Mergrete were ybrouʒt,
þai to-drowen hir white flesche | wiþ iren crokedly wrouʒt.

Ein weiterer Unterschied dieser Strophen ist, daß *M.M.* drei Sätze mit anaphorischem *Al* parallel setzt, während *S.M.* vielgliedrig und differenzierender darstellt. Im ersten Fall ergibt sich eine liedhaft sangbare, im zweiten eine mehr erzählerische Wirkung. Das zeigt auch die Antwort des Olibrius an Margareta. In *M.M.* wird sie in klanglich ausgewogenen, volkstümlichen Formeln gegeben (145–148):

ðenne spec Olibrius: . "þis oure pouste;
Er hauedestou eyen, . nou maistou nout isee.
Lef on me ant be my wif! . ful wel i rede þe;
Yef þou leuest oþer-weis, . sclawen scaltou bee."

S.M. ist rhetorischer und führt die neue Anrede *wench* erzählerisch steigernd ein (157–160). Ein anderes Beispiel ist die Drachenbeschreibung, die in *M.M.* mit einem volksliedartigen Vergleich schließt,[56] während in *S.M.* (201–204) auf die Erscheinung des Drachen die Reaktion Margaretens folgt, also ein neues, die weitere Handlung psychologisch vorbereitendes Moment. Im Stile eines Gemeinschaftsliedes ausgeprägt, erscheint die Sangbarkeit von *M.M.* im Fürbittgebet Margaretens. Dieses wird durch keine *Inquit*-Formel eingeleitet und ist eine der wenigen Stellen, die länger als in *S.M.* sind. Die zweite und dritte der Strophen enden mit kehrreimartigen Schlußbitten, von denen die letzte das gemeinschaftliche *us* enthält. Man könnte sie sich vom zuhörenden Publikum mitgesungen oder in den Schlußbitten wiederholt denken. Möglicherweise handelt es sich auch um ein schon vorher separat bestehendes Lied auf die hl. Margareta, das in die Darstellung aufgenommen wurde (273–284):

---

[56] "Meidan Maregrete . lokede hire bi-side:
   Ho sei a foul dragun . ine þe hurne glide,
   Berninde ase fur, . ant goninde ful wide;
   He wert ase grene . so gres ine someres tide." (169–172)
   Vgl. auch des Präfekten Befehl zur Feuermarter *M.M.* 235: "From þe necke to þe
   to, . scalden ir as an henne." *S.M.* 285 hebt an dieser Stelle psychologisierend die boshafte Einstellung des Präfekten hervor: "Olibrious on Mergrete | anon he gan to grenne."

"Alle þat my lif . wollet heren oþer rede,
Oþer for me cirche sette, . mid almes-dede,
Jhesu Christ my louerd . mit monscipe þou am fede;
ðe heie blisse of hiuene . habben ho to mede.

Alle þat habbet me aday . ine memorie
Oþer mid gode herte . iheret myne vie,
Jhesu Christ my louerd, . sone sainte Marie,
Haue merci of þe soules, . leie were þe bones lye!

Jhesu Christ my louerd, . wen wiman bet scal be,
Iher hire bone, . yef ho clepet to me;
Deliure hir myd menske . for þe loue of þe tre
Dat tou dedest þi bodi on . to maken us alle fre!"

Es paßt zu der liedhaft schlichten Abrundung und Reihung von *M.M.*, daß die Martyrergeschichten von Laurentius und Stephanus, die der heranwachsenden Margareta von ihrer Pflegemutter erzählt werden, als *Tales* [...] *ful feire ant ful euene* (19) bezeichnet werden. Dies mag eine Floskel sein, die nichts ausdrückt als Ziemlichkeit und Angemessenheit der Darstellung, jedoch scheint der Gedanke an Ausgeglichenheit und Gleichmaß mitzusprechen *(euene)*, was den Ton von *M.M.* in der Tat gut träfe.

Beide Versionen gehören zu dem Grundtypus, der hier als Episodenlegende bezeichnet wird, stellen aber verschiedene Stufen der Gestaltung dar. In *M.M.* verbinden sich die Volksliedelemente (strophig gereihte Einzelbilder, schlichte Gefühlssprache und gleichmäßig ruhiger Erzählbericht) mit einer Einfachheit der Frömmigkeit, die sie der bald darauf entstehenden südenglischen Sammlung annähert. In *S.M.* wird die Darstellung emotional und balladenhaft intensiviert und dadurch im Ton weltlicher, obwohl auch erbauliche Ausweitungen hinzutreten.

b. Eine Placidus-Eustachius-Legende in der sechszeiligen Schweifreimstrophe

Wohl etwas später als die im heimischen Balladenmetrum abgefaßten Margaretenlegenden liegt eine Placidus-Eustachius-Legende, die in der äußerlich kunstvolleren, in der Lyrik des 13. Jhs. und besonders in der Romanzendichtung beliebten Schweifreimstrophe $aa_4b_3cc_4b_3$ geschrieben ist.[57] Horstmann, der den literarischen Wert des Stückes sehr hoch einschätzt, schwankt in der Charakterisierung, indem er es teils „mehr lyrisch als episch gebaut",[58] teils volkstümlich und „echt episch in dem stäten Forttriebe der Handlung und in der Fülle der Stimmung"[59] findet. Gerould dagegen, der die Verwirrung der Ereignisfolge und Anschaulichkeit sowie

---

[57] *Index* 211, MS. Bodl. 1687 = Digby 86 (ca. 1275) sowie Bodl. 6922* = Ashmole 61 (wesentlich jünger), ed. Horstmann, *Ae. Leg. N. F.*, S. 211–219.
[58] *Ae. Leg. N. F.*, S. XLIII.
[59] Ebd. S. 211.

das Fehlen von Emotion bemängelt, spricht von einer der "poor imitations of the meaner romances".[60] Man muß Gerould zustimmen. Der aventiurenhafte Stoff der Placidus-Eustachius-Geschichte rechtfertigt zwar eine Darstellung im spielmännisch-höfischen Romanzenton, jedoch wird im vorliegenden Fall nur ganz formelhaft und nichtssagend, in der von Chaucers *Sir Thopas* parodierten Weise, verfahren. Weder die religiösen oder moralischen Aspekte des Stoffes – wie in der *Legenda aurea* und Partridges Version im 16. Jh.[61] – noch die Möglichkeiten psychologischer Belebung oder farbiger Schilderung – wie in *S.M.* – werden genutzt. Das eine wie das andere wird nur bei Namen genannt. So heißt es etwa von den Tugenden und vom Verhalten des Eustachius:

> *Wiþ þe riche he was god,*
> *And wiþ þe pouere milde mod,*
> *And riȝt-ful mon of dede.* (10–12)
> *Of honting he couþe .I.-nou,* (13)
> *Ich habbe .I.-wopen al mine fille,*
> *.I. nelle nammore, ich wile be stille:*
> *Godes help is fulney".* (193–195)
> *He wes hayward and kniȝt!* (216)
> *þe enperoures cunsiler* (238)
> *Wiseste kniȝt of alle he was* (241).

Wichtige zu erwartende Gefühlsreaktionen fehlen (z. B. 106–109, 118–122) oder werden in stereotypen Formeln wiedergegeben:

> *"Me þinkeþ, min herte wile bleden.*
> *Hou shal ich ou moderlese feden?*
> *Ne wes me nevere þus wo".* (130–132)
> *þe kniȝt wes ney .I.-swowe,* (159)
> *þe kniȝttes wepen for blisse –* (399).

Wirkungsvoll ist nur der ähnlich wie in *S.M.* nach Spielmannsart vollzogene Wechsel in der gegenseitigen Anrede der Personen je nach der Situation. Beim Wiedersehen von Eustachius und seiner Frau sagen diese zunächst *Dame* (373) und *Sire* (376), dann, als sie einander erkennen, *mi leue spowse* (378), *mi louerd* (379), *lemman* (382) und *mi lefman* (385). Auch vermögen einige Stellen über des Eustachius Not (109–114) sowie seine Klage (175–195) anzusprechen, jedoch nur, weil an diesen Stellen einige der Wendungen der bedeutenderen geistlichen Lyrik der Zeit übernommen werden. Der Darstellung fehlt der rechte innere Zusammenhang – wie man etwa an der plötzlichen Verwendung der Formel *Al for loue of mine* (60) ohne entsprechende durchgehende Emotionalität des Tons erkennen kann oder auch an der erstmaligen Nennung von *seint Eustace* (421) in der letzten

---

[60] *Saints' Legends*, S. 212.
[61] Vgl. unten S. 365 ff.

Strophe, nachdem vorher nur von *sire Ewstas* (367, 397) und ähnlichem die Rede war. Auch das äußere Geschehen ist sprunghaft und locker in einer Weise, die nicht allein aus dem Wesen der Schweifreimstrophe erklärt werden kann, sondern das Ungeschick des Autors verrät, z. B. bei plötzlicher Nennung des Taufsteins (63), dem unerklärten Verlust des Viehs (100–102) und bei dem nicht näher motivierten oder begründeten Mitanhören des Gespräches der Brüder durch die Mutter (361). Entsprechendes gilt für die Anschaulichkeit der Darstellung, die zwar angestrebt wird (vgl. etwa 37: *Bituene min hornes þou miȝt loke*), aber nur bis zu einer Aufzählung von Gemeinplätzen kommt (vgl. 19–24, 37–45), ohne die gegenständliche Fülle von *S.M.* und *M.M.* oder selbst noch der Chaucerschen Romanzen-Parodie zu erreichen. Es ist nicht ausgeschlossen, daß es sich um eine zersungene Fassung handelt; gewisse volksliedhafte Formeln wie *Ouer þat corn þer comen þre* (223) und *Ounder one linde-tre* (74) sowie die zuweilen unklare Handlungsverknüpfung lassen diese Vermutung zu.

IV. Andachtsbildartige Verdichtung in der *Legenda aurea* des Jacobus a Voragine

1. Allgemeines zur Entwicklung der lateinischen Legendare und zur Frömmigkeitshaltung und Formtendenz der "Legenda aurea"

Seit Eusebius hatte es neben den Einzelviten und kalendarischen Übersichten immer auch schon Sammlungen von Heiligenleben gegeben. Für den Orient sind die Asketenleben bei Palladius von Helenopolis *(Historia Lausiaca)*, Rufinus *(Historia Monachorum in Aegypto)* und Johannes Moschus *(Pratum Spirituale)* zu nennen, für das Abendland vor allem Gregors des Großen *Dialogi* und Gregors von Tours *In gloria Martyrum et Confessorum*. In der östlichen Kirche erreichten die Sammlungen in der zweiten Hälfte des 10. Jhs. ihren Höhepunkt mit dem Werk des Simeon Metaphrastes. Im Abendland sind neben Aelfrics früher volkssprachlicher Arbeit die seit dem 13. Jh. hervortretenden Legendare zu nennen, Sammlungen kurzgefaßter Heiligenleben, welche die Legendenliteratur des späten Mittelalters nachhaltig beeinflußten. Nach den Studien von P. Dondaine[1] hat Jean de Maillys *Abbrevatio in gestis et miraculis sanctorum* (kurz nach 1225 in der ersten Ausgabe vollendet, zweite Ausgabe um 1243)[2] als erste

---

[1] "Le Dominicain français Jean de Mailly et la 'Légende dorée'", *Archives d'hist. dominicaine*, I (1946), S. 53–102.

[2] Übersetzung "Abrégé des gestes et miracles des saints", *Bibl. d'hist. dominicaine*, I (1947).

Sammlung dieser Art zu gelten, der das *Liber epilogorum in gesta sanctorum* (zwischen 1245 und 1246)[3] und das berühmte *Speculum historiale* (1244) des Vinzenz von Beauvais folgten.[4] Als spätere Kompilationen sind unter anderem das *Speculum sanctorale* des Bernhard Guidonis († 1331), das *Legendarium* des Peter Calo († 1348), der *Catalogus sanctorum* des Petrus de Natalibus († nach 1400), das *Sanctilogium* des Johannes Gielemans († 1487), das *Legendarium nonnullorum sanctorum abbreviatum* des Hilarion von Mailand († 1494) und – für England – die *Nova Legenda Angliae* des die Arbeit des John auf Tynemouth († ca. 1349) verwertenden John Capgrave († 1464) zu nennen, ein Werk, das 1516 im Druck erschien.[5]

Der frömmigkeits- und literaturhistorische Einfluß aller dieser Bücher ist übertroffen worden von der *Legenda aurea*[6] des Jacobus a Voragine, die Bernhard Guidonis vergeblich durch sein *Speculum sanctorum* zu verdrängen suchte. Ihre genaue Entstehungszeit ist nicht bekannt, jedoch scheint sie – jedenfalls in erster Fassung – vor 1264 zu liegen.[7] Sie fand eine außerordentliche Verbreitung im gesamten Abendland, wurde dabei inhaltlich stets erweitert und in alle Landessprachen übersetzt. Die älteste erhaltene Handschrift (1288, Einsiedeln) umfaßt 182, der erste Druck (um 1470) 448 Stücke. Caxtons englische Bearbeitung, die eine Reihe englischer Heiliger berücksichtigt und zuerst 1483 erschien, zählt 249 Nummern.[8]

Das Werk des Predigermönches Jacobus und späteren Erzbischofs von Genua diente wie andere von Dominikanern kompilierte Legendare der Popularisierung der Legende,[9] erreichte jedoch als Erbauungsbuch eine geistliche Tiefe, die das Frömmigkeitsgefühl weiter Schichten des späten Mittelalters ansprach. Die Vielfalt der bunten Stoffe, die es verarbeitete, bringt manche märchenhaften Elemente mit sich, die aber nicht die Gestal-

---

[3] Nach B. Altaner, *Der hl. Dominikus*, Breslau 1922, S. 85.

[4] Vgl. A. Poncelet, "Le Légendier de Pierre Calo", *Analecta Bollandiana* 29 (1910), S. 5–116; darin über die Geschichte der Gattung der "légendes abrégés" S. 14–44; allerdings wird hier Jean de Mailly chronologisch hinter Vinzenz von Beauvais gestellt; vgl. auch die Übersicht bei R. Aigrain, a.a.O. S. 11–106, bes. S. 62–68.

[5] Vgl. unten S. 330.

[6] Ed. Th. Graesse, *Jacobi a Voragine Legenda aurea vulgo Historia Lombardica dicta*, Dresdae et Lipsiae 1846 (Lipsiae ²1850, Bratislaviae ³1891); nach der ersten Auflage wird im folgenden zitiert.

[7] Vgl. A. M. Zimmermann, "Jacobus a Voragine", *Lexikon f. Theol. u. Kirche*, V, Freiburg ²1960, Sp. 850; M. Sticco, "Giacomo da Varrazze", *Enciclopedia Cattolica*, Città del Vaticano 1951, VI, Sp. 332, datiert sie auf die Zeit zwischen 1253 und 1270. Vgl. auch unten S. 211, Anm. 18.

[8] Vgl. unten S. 383 ff.

[9] Vgl. zu den unmittelbaren Vorläufern des Jacobus die Übersicht bei J. J. A. Zuidweg, *De duizend en een nacht der heiligen-legenden. De legende van Jacobus van Voragine*, Amsterdam 1948; zu Bartholomäus von Trient: Walter Jaroschka und Alfred Wendehorst, „Das Kreuzensteiner Legendar. Ein Beitrag zur Geschichte der österreichischen Hagiographie des Spätmittelalters", *MIÖG* 65 (1957), S. 369–418, bes. S. 376 f.

tungsweise bestimmen. Diese ist nicht die des Märchens,[10] „novellistisch-märchenhaft"[11] oder „abenteuerlich".[12] Dem am Zeitgeschehen interessierten Historiker, der die *Legenda aurea* nicht als Geschichtsquelle anerkennen kann, oder dem am Volkstümlichen interessierten Literarhistoriker mag sie so erscheinen. Jedoch repräsentiert sie einen ganz anderen Erzählungstypus. Die Unterschiede ergeben sich nicht nur aus der hagiographischen Wirklichkeitsauffassung, auf Grund derer sich z. B. das Wunder der Legende von dem des Märchens oder der mehr oder weniger wendepunktartigen Begebenheit der Novelle abhebt.[13] In der *Legenda aurea* kommt als formgeschichtliches Moment das Streben nach andachtsbildartiger Verdichtung hinzu, durch das ein neuer Stil des Legendenerzählens eingeleitet wird.[14] Eine im Wesen der Hagiographie liegende, schon bei Gregor dem Großen erkennbare Tendenz tritt in den Vordergrund, allerdings mit Modifikationen, die sich aus der frömmigkeits- und stilgeschichtlich veränderten Situation ergeben. Der Hauptunterschied zu Gregors Dialogen beruht auf der gesteigerten Gefühlsinnigkeit der Franziskanermystik, die als allgemeine

[10] R. Benz, Einleitung zur Übersetzung der *Legenda aurea* (Jena 1917, 1921) ²Heidelberg o. J. (1955), S. XVIII, überbetont diesen Aspekt, wenn er in der typenhaft-bildlichen Vereinfachung der Zeitverhältnisse, Personen und Dinge ebenso einen märchenhaften Zug sieht wie im „Klang des schlichten, bildgesättigten Worts, das gefühlt" werde, dem „Innigkeit, Nähe und Heimlichkeit" eigne, und das kein kunstvolles „Reden über die Sache, sondern stets die Sache selbst" sei.

[11] Vgl. O. Rühle, "Legenda aurea", *RGG* IV, ³1960, S. 265: „Die Sammlung trägt novellistisch-märchenhaften Charakter."

[12] Vgl. A. Potthast, *Bibliotheca Historica Medii Aevi*, Berlin ²1896, I, S. 634: „Zusammengetragen aus früheren Legendarien, neigt sehr zum Abenteuerlichen."

[13] Vgl. dazu oben S. 5 u. 6.

[14] Diese Auffassung (vgl. auch oben S. 30 ff. u. S. 160) ist gegenüber J. J. A. Zuidweg, *De werkwijze van Jacobus de Voragine in de Legenda Aurea*, Diss. Amsterdam 1941, nachdrücklich zu betonen. Zuidweg kommt nach gründlichen Quellenuntersuchungen von mehr als 40 Stücken der *Legenda aurea* zu dem grundsätzlich richtigen Ergebnis, daß Jacobus immer wieder vom Wortlaut der Quellen ausgeht und diesen lediglich abkürzt, vereinfacht und für den Zeitgeschmack einrichtet (a.a.O. S. 152 f. und S. 154). Jedoch bleibt die entscheidende Frage offen, worin das Wesen der vereinfachenden Abkürzungen und des Zeitgeschmacks liegt. So hebt Zuidweg etwa das Fehlen lebendiger Beschreibungen und genügender Erklärungen im Paulus-Leben als schweren Mangel gegenüber der Quelle, der *Vita s. Pauli* des Hieronymus, hervor (ebd. S. 48–51). Obwohl es sich bei der Version der *Legenda aurea* um eine extrem kurze Fassung handelt, kann man Einzelwendungen wie "ferens fructus palmarum" nicht einfach als „sinnlose Andeutungen" bezeichnen, nur weil ihnen Zusätze wie "quasi pacis obsides" fehlen (ebd. S. 50: "Een aanduiding met enkele woorden, zoals hier, is zinneloos voor wie de bron niet kent.") In Verdichtungen wie diesen kommt ein neuer Sinn, nämlich ein Gefühl für das unerklärlich Wunderbare, zum Ausdruck, obwohl es sich hier zugegebenermaßen um eines der schwächeren Stücke des Jacobus handelt. De Wyzewa (*Jaques de Voragine, La Légende Dorée, Traduite du Latin* [. . .], Paris 1902 u. 1935) hat sicherlich die Bedeutung der Quellen für Jacobus unterschätzt; aber sein Satz, daß Jacobus trotz der Verwendung von Vorlagen einen eigenen Stil gehabt habe ("un style, et une façon de raconter", zitiert nach Zuidweg, a.a.O. S. 152), wird durch Zuidweg nicht widerlegt.

Volksfrömmigkeit bis in das Werk des Dominikanermönchs wirkt. Sie äußert sich in einem tief-frommen Sinn für das Wunderbare, Tröstliche, Hilfe-Gewährende und Liebenswerte des göttlichen Gnadenwirkens im Heiligen. Hinzu kommt – unter dem Einfluß des die Jahrhundertmitte beherrschenden Thomas von Aquin und der scholastischen Methode – ein streng gedanklicher Zug, ein Bedürfnis nach Belehrung und Erbauung durch katalogartiges Rubrizieren vieler kleiner Definitionen und Differenzierungen, die sich unterscheiden von den elementaren und großlinigen Glaubensunterweisungen Gregors. Beides, der emotionale und der intellektuelle Zug, wurzelt in dem Bedürfnis nach einer wesentlich intuitiven und mystischen Schau.[15] Freilich wird die anspruchsvollere und ekstatischere Mystik des 12. Jhs. oder Bonaventuras vereinfacht. Monastische Motive wie das der Brautschaft Christi treten zurück. Auch das liturgisch Feierliche schwindet – wie in der zeitgenössischen Malerei der Franziskaner.[16] Hauptanliegen ist neben volkstümlicher Belehrung die intensive Betrachtung des mit dem schlicht Menschlichen sich vielfältig verbindenden Wunderbaren.

Hieraus ergibt sich, daß das Erzählen weniger markant, bewegt und plastisch als bei Gregor ist. Das äußere Geschehen spricht nicht so stark wie dort aus sich selbst. Die Figuren, die Ereignisse und der Raum werden einfacher und flächiger gesehen, sind aber zugleich von frommer Emotionalität und Spiritualität erfüllt, die unmittelbar, nicht erst über das konkret Vorzustellende, auf die Erregung der Andachtsgefühle zielen, ähnlich wie in der zeitgenössischen toskanischen Sakralmalerei.[17] Nur die eine Heiligengestalt wird in ihrer wunderbaren, seraphischen Vollendung betrachtet, alles andere tritt zurück – die Landschafts- und Architektur-Elemente des Raumes[18] und die zeitliche Verknüpfung der Einzelwunder, die, wie ein

[15] Benz betont mit Recht den bei aller Gedanklichkeit mystischen Grundzug: „Etymologie ist hier mystische Interpretation der Namensbestandteile nach ihrem irgendwie möglichen sinnlichen Anklang, wobei die geläufige rationale Bedeutung oft völlig außer acht bleibt." „[...] bei aller Strenge der Disposition, bei aller Gründlichkeit der dogmatischen Auslegung ist die Art der Beweisführung, das Bewähren durch Stellen der Bibel und Sprüche der Kirchenväter etwas Überlogisches." (a.a.O. S. XVI).

[16] Vgl. E. W. Tristram, "Franciscan Influence in English Mediaeval Wall-Painting", a.a.O. S. 5–6.

[17] Vgl. O. Sirén, a.a.O. S. 108, über ein Bildwerk in Sta. Croce in Florenz, St. Franziskus und 20 Szenen aus seinem Leben darstellend, zwischen 1261 und 1275 entstanden: „Der Wert seiner [des Malers] Legenden-Illustrationen wie seiner übrigen Werke darf nicht in dem Streben gesucht werden, den Verlauf äußerer Ereignisse zu schildern, sondern in der Gabe, seelische oder emotionelle Zustände und Stimmungen zu suggerieren. Wohl sind seine Mittel in dieser Hinsicht äußerst begrenzt und mangelhaft; kommen wir ihm aber entgegen und suchen wir seine Andeutungen zu verstehen, so müssen wir zugeben, daß seine Darstellungen auf eine mehr direkte Art die geistige Grundstimmung der Franziskuslegende ausdrücken, als spätere Schilderungen desselben Motivs."

[18] Vgl. über Entsprechendes in der toskanischen Malerei des 13. Jhs. O. Sirén, a.a.O. S. 98.

locker gefügter Kranz, chronologisch noch unbestimmter als in den meisten ausführlichen Viten, um den groß und ruhig in der Mitte stehenden *Sanctus* angeordnet sind.[19]

Aufschlußreich für die Erbauungs- und Darstellungstendenzen des Jacobus a Voragine sind einige seiner Äußerungen über die Gründe der Heiligenverehrung. In *De omnibus sanctis* (Caput CLXII)[20] werden mit Berufung auf den scholastischen Theologen Wilhelm von Auxerre genannt (1.) die in ihr einbeschlossene Verehrung Gottes, (2.) die Erlangung der Fürbitte der Heiligen, (3.) die Tröstung der Menschen, (4.) das Beispielhafte der Heiligenleben *(exemplum nostrae imitationis)*, (5.) die Verpflichtung, die Feste, welche die Heiligen im Himmel über einen reuigen Sünder feiern, durch Feste zu ihren Ehren zu entgelten, (6.) die Mehrung unserer eigenen Ehre und Würdigkeit. Kennzeichnend für den Grundton der *Legenda aurea* scheint besonders der dritte Punkt über die Tröstung der Menschen:

> *Tertia est propter augmentum nostrae securitatis, ut scilicet per sanctorum gloriam, quae nobis in eorum festivitate proponitur, nostra spes et securitas augmentetur; si enim homines mortales nobis similes potuerunt ita per sua merita sublimari, constat, quod nos similiter poterimus, cum manus domini abbreviata non sit.*[21]

Das Gefühl der eigenen Hoffnung und Sicherheit ergibt sich aus dem Wissen, daß Sterbliche, uns ähnlich, von Gott erhöht wurden. Hier klingt die Wirkung der wunderbaren Begnadung der Heiligen auf das fromme Gemüt an. Auch die nach Johannes Damascenus angeschlossenen Gründe für die Reliquienverehrung weisen in ihrer byzantinischen Bildersprache vor allem auf das Ausfließen segensreicher Wirkungen. Die Köstlichkeit der Leiber der Heiligen wird damit erklärt, daß sie *promptuarium Dei, templum Christi, alabastrum spiritualis unguenti, fontes divini et organum spiritus sancti* gewesen seien.[22] Besonders die Deutungen der beiden Bilder „Büchse geistlicher Salbe" und „göttlicher Brunnen" variieren den Gedanken der strömenden Wirkungen: *unguentum boni odoris ex se manans sanctorum reliquiae tribuentes* [...]. *Fontes nobis salutares dominator Christus sanctorum suorum praebuit reliquias multiformia beneficia irrigantes.*[23] Von der großen Heiligkeit der Apostel wird entsprechend gesagt:

> *propter eorum maximam sanctitatem et gratiarum plenitudinem vita et conversatio Christi in iis tamquam in speculo relucebat et cognoscebatur in iis sicut sol in suo splendore, sicut rosa in suo odore, sicut ignis in suo calore.*

---

[19] Auch dies hat seine interessante Entsprechung in der franziskanischen Andachtsbildmalerei. Vgl. O. Sirén, ebd., zitiert unten S. 204, Anm. 35. Zum südenglischen Legendar und der franziskanischen Malerei in England vgl. unten S. 214f.

[20] Graesse, a.a.O. S. 718–728.

[21] Ebd. S. 720.

[22] Ebd. S. 721.

[23] Ebd. S. 722.

An anderen Stellen spricht Jacobus von der Liebe in der Verehrung Gottes und der Heiligen. Bekenner sollen mit Herz, Mund und Werken bekennen (*corde, ore et opere*).[24] Weil wir der Liebe ermangeln, sind wir bedürftig, die Heiligen anzurufen (*propter inopiam, quam habemus in amando, quia plerumque imperfectus homo magis sentit se affici circa unum sanctum, quam etiam circa Deum*).[25]

Diese Vorstellungen – die Heiligen als Spiegel, aus denen Leben und Wandel Christi leuchten, als Rosen, die duften, Feuer, das wärmt, Vorratskammern Gottes, Tempel Christi, Büchsen geistlicher Salbe, göttliche Brunnen usw. – lassen sich auf die Erzählweise des Jacobus übertragen. Seine Legenden sind von ähnlicher geistlicher Transparenz und frommer Emotionalität. Auch seine Sprache sucht er zu einem „Sprachrohr der göttlichen Stimme" zu machen, zu einem mit „leiblichen Lippen" gesprochenen „himmlischen Orakel":

> *Item Ambrosius in Hexaëmeron: hoc est pretiosissimum, quod homo divinae vocis sit organum et corporalibus labiis exprimit coeleste oraculum.*[26]

Dabei kommt es wie bei den Leibern der Heiligen, den Tempeln Christi, nicht auf äußeren Schmuck, Plastizität der Erscheinungen oder Bewegungen an, sondern auf den „Reichtum lebendiger Gnade", auf die Beseelung des Tempels, die wiederum die Seele lebendig macht:

> *Deus autem spiritus est; qualiter igitur non honoranda animata templa Dei et animata Dei tabernacula etc.? [...] Non quem diversitas marmorum splendentium facit, sed quem praestat varietas viventium gratiarum. Ille decor carnem delectat, iste vivificat animam, ille pro tempore dejicit et decipit oculos, iste autem in perpetuum aedificat intellectum.*[27]

Wunder geschehen ohne die leidenschaftliche Dynamik, die die Guthlac-Vita beherrschte, und ohne die ekstatische szenische Bewegtheit der Mombritius-Version der Margaretenlegende. Es fehlt auch noch bei den Marterungen der Einsatz materieller Instrumente, der die späteren schaubildartigen Konkretisierungen beherrscht. Die Ereignisse geschehen ohne pathetische Gebärden, sie sind unauffällig und von einer gewissen Stille, aber gerade deshalb um so wunderbarer. Der Wandel geht bis ins Motivgeschichtliche. In den zisterziensischen Mirakelsammlungen werden geschehnisarme Visions- und Hilfswunder bevorzugt.[28] Die franziskanische Vorstellungswelt läßt Franziskus seine Stigmatisierung in der Einsamkeit – während der Vision des sechsflügeligen Seraphen – empfangen, und die Vogelpredigt vollzieht sich ohne jede Dramatik als ein plötzliches Stillstehen der auf den Heiligen blickenden und ihm zuhörenden Vögel.[29]

---

[24] Ebd. S. 725.
[25] *De letania majori et minori* (Cap. LXX), ebd. S. 316.
[26] Ebd. S. 722.
[27] Ebd. S. 721.
[28] Vgl. oben S. 14, 160f. u. 162.
[29] Vgl. unten Abb. 5, S. 249, und *Legenda aurea*, Cap. CXLIX.

2. Die Margaretenlegende der "Legenda aurea"

Die Margaretenlegende der Sammlung[30] ist wesentlich kürzer als der im ganzen Mittelalter äußerst populäre Mombritius-Typus, auf den sie im wesentlichen zurückgeht. Sie verzichtet auf die langen, rhetorisch geschmückten Gebete und die Abschiedsrede Margaretens, mit Ausnahme des Fürbittgebetes am Ende,[31] und vereinfacht die erregten Dialoge zwischen Margareta und Olibrius.

Zu einem kleinen Teil erfolgen diese Kürzungen unter dem Gesichtspunkt der Glaubwürdigkeit und Gültigkeit der Überlieferung. Jacobus bezeichnet das Verschlucktwerden der Jungfrau vom Drachen und dessen Zerplatzen als „frivol und apokryph". Szenische Beigaben wie der Donnerschlag und die niederschwebenden Engel und Tauben sowie vor allem die Malchus-Geschichte werden von ihm unterdrückt. Jedoch geht es weniger um kritisches Ausscheiden des Unglaubwürdigen als um Konzentration auf das für das 13. Jh. Erbauliche.

Dies ist besonders deutlich in der am Anfang stehenden Namensdeutung, einer der wenigen und höchst charakteristischen Erweiterungen, die Jacobus hier wie in allen anderen Legenden seiner Sammlung vornimmt. Es handelt sich nicht um rhetorischen Schmuck, sondern um ein Sich-Einstimmen in das heilige Wesen Margaretens, und zwar in einer zugleich mystischen wie scholastisch ordnenden Art, indem aus der vergleichenden Betrachtung der *margarita*, des kostbaren Steins, die wunderbaren Kräfte *(virtutes)* der Heiligen abgeleitet werden:

Margareta dicitur a quadam pretiosa gemma, quae margarita vocatur: quae gemma est candida, parva et virtuosa. Sic beata Margareta fuit candida per virginitatem, parva per humilitatem, virtuosa per miraculorum operationem. Virtus autem hujus lapidis dicitur esse contra sanguinis effusionem, contra cordis passionem et ad spiritus confortationem. Sic beata Margareta habuit virtutem contra effusionem sui sanguinis per constantiam, quia in suo martirio constantissima exstitit, contra cordis passionem, id est, daemonis tentationem per victoriam, quia ipsa dyabolum superavit, ad spiritus confortationem per doctrinam, quia per suam doctrinam multorum animos confortavit et ad Christi fidem convertit.[32]

Dies ist wie symbolisches Vorspiel und Auftakt für die fromme Betrachtung. Margaretens Kräfte sind gleichsam die Kristallisationspunkte für die Darstellung. Alles scheint auf sie hin erzählt und verdichtet. Das eigentlich Geschehnishafte tritt demgegenüber zurück, obwohl es in summierenden Linien von klarer Übersichtlichkeit geboten wird – auch dies in auffallender Parallele zu dem umrißhaft schlichten, auf komplexe Farbgebung und

---

[30] A.a.O. S. 400–403.
[31] Vgl. unten S. 208.
[32] A.a.O. S. 400.

Dekoration verzichtenden Stil der franziskanischen Malerei.[33] Noch weniger als in den beiden hagiographischen Versionen des Margaretenlebens ist bei Jacobus Ausgangsungewißheit und damit eine erzählerisch spannende Wirkung möglich.

In der Darstellung des Margaretenlebens selbst wird die Vorgeschichte abgekürzt. Des Kindes Übergabe an eine Pflegemutter geschieht ohne Motivierung. Eine erzählfreudige Schilderung ihres dortigen Aufenthaltsortes, wie sie die spielmännischen englischen Versionen des 13. Jhs. bieten, fehlt. Der nächste Satz berichtet schon vom Zusammentreffen mit dem Präfekten Olibrius. Daß er gekommen ist, um die Christen auszurotten (*Mombritius, S.M.* und *M.M.*), und daß er im Zusammenhang mit der großen Christenverfolgung unter Diokletian und Maximian erscheint (*Rebdorf*), bleibt ungesagt. Das Umweltmaterial wird also weitgehend ausgespart. Wir finden nichts von dem gewissen Wirklichkeitsinteresse, das früher vorhanden war und vor allem später wieder hervortritt. Dargestellt wird die alles Äußere verwandelnde und inspirierende Intensität des frommen Gefühls für das Wunderbare. Die Ausführung des von Olibrius erteilten Befehls, Margareta zu holen, wird nicht einmal vermeldet, geschweige denn (wie in *S.M.* und *M.M.*) in episodischer Folge erzählt. Statt dessen folgt gleich das entscheidende Verhör: *Cum ergo ejus adspectui fuisset praesentata.*[34] Wir haben also eine Reihung von Einzelbildern, die weder scharf gegeneinander abgegrenzt noch konkretisierend ausgeführt sind.[35] Das Verhör ist seitens des Olibrius lediglich Gefühlsreaktion auf die Schönheit und den Adel Margaretens. Der Präfekt geht nicht auf ihr Äußeres ein, sondern spricht metaphorisch von *pulcherrima margarita,*[36] womit für den Leser die Wesensdeutung der Namensinterpretation wieder anklingt:

> *Cui praefectus: duo prima tibi recte conveniunt, quia nobilis haberis et pulcher-*
> *rima margarita comprobaris, sed tertium tibi non convenit, ut puella tam*
> *pulchra et nobilis Deum habeat crucifixum.*[37]

[33] Vgl. O. Sirén, a.a.O., bes. S. 78: „Es mag sein, daß der abstrakte, visionäre Eindruck zum großen Teil eine Folge des primitiven Linienstils des Künstlers ist, einer Manier, die mit seinen begrenzten formellen Kenntnissen in Verbindung steht; aber er hat es verstanden, sich an das Wesentliche bei dem Motiv zu halten und es in einer Form auszuprägen, die er ganz beherrscht."

[34] A.a.O. S. 400f.

[35] Vgl. O. Sirén, a.a.O. S. 98, über die fälschlich Berlinghieri zugeschriebene Kreuzigung, Akademie Florenz, (Abb. 22 bei Sirén): „Der Künstler scheint weder Zeit noch Interesse für solche Akzessorien [Landschafts- und Architekturelemente] gehabt zu haben; er hält sich nicht mit Details und Ornamenten auf und hat nicht dasselbe Gefühl für einen geschlossenen dekorativen Effekt wie Bonaventura. Es ist wohl nicht zu leugnen, daß die kleinen illustrierenden Kompositionen ein bißchen zerrissen und lose zusammengefügt wirken, besonders da ihnen jede Einfassung fehlt; aber ihre dramatische Ausdrucksfülle ist unbestreitbar."

[36] A.a.O. S. 401.

[37] Ebd.

Margareta bewährt deutlich in diesem Verhör ihre *virtutem* [...] *ad spiritus confortationem*, sie versucht sogar, obwohl erfolglos, Olibrius zum Glauben zu bekehren – was in keiner der anderen lateinischen Versionen erwähnt wird und die Heilige um so seraphischer und gnadenvoller erscheinen läßt. Ihre Antwort im zweiten Verhör ist ein schlichtes Glaubensbekenntnis, gleichsam die Substanz ihrer *doctrina*, welche, wie der Prolog vorbereitend gesagt hat, die Kraft der *spiritus confortatio* hat. Besonders das in den hagiographischen Versionen so nicht genannte Martyriumsverlangen – *Christus in mortem semetipsum pro me tradidit et ideo pro Christo mori desidero* – spricht in einfachen Worten ein tiefes Frömmigkeitsgefühl aus.

Besonders interessant ist die Stilisierung bei Darstellung der ersten Marterung der Heiligen. Während sie bei Mombritius und Rebdorf als ein Vorgang aufgefaßt wird, der in zwei Phasen abläuft, zieht Jacobus alles auf einen Satz zusammen:

> *Tunc praefectus jussit eam in equuleum suspendi et tam crudeliter primo virgis, deinde pectinibus ferreis usque ad nudationem ossium laniari, quod sanguis de ejus corpore tamquam de fonte purissimo emanavit.*[38]

Zielpunkt des Satzes ist die Vorstellung des wie aus lauterster Quelle aus dem Leibe fließenden Blutes – ein Andachts- und Sinnbild, dessen Spiritualisierung und fromme Emotionalisierung sich wesentlich aus dem Beiwort *purissimo* ergibt, das zwar schon im Mombritius-Text erscheint,[39] jedoch nicht in der bedeutsamen Vereinzelung wie hier; auch ist das dort verwendete Prädikat *decurrebat* konkreter als das *emanavit*, das ein geheimnisvolles, unaufdringliches In-Erscheinung-Treten suggeriert. Es geht um die Transparenz des erbaulich hervorgehobenen Wunders der reinen und sich verströmenden Jungfräulichkeit, nicht um die drastische Vergegenständlichung, mit der in der alliterierenden *Seinte Marherete* der anfangs liebliche Leib der Heiligen mit seinem blutigen Zerrbild kontrastiert wird. Jacobus zielt nicht auf ein ekstatisches Miterleben, sondern auf stille Betrachtung eines Zeichens, dessen Äußeres, um mit Jacobus' Vorstellungen von den Leibern der Heiligen zu sprechen,[40] nur Hülle, „Sprachrohr" und „leibliche Lippe" für das Wunder der „göttlichen Stimme" des „himmlischen Orakels" ist. Die zentrale Stellung, die das Bild des fließenden Blutes in der Mystik des Jacobus einnimmt, erkennt man an seiner Wiederkehr in anderen Legenden[41] wie an den Deutungen, die Jacobus ihm in *De omnibus sanctis* gibt. Hier wird im Unterschied zur hochmittelalterlichen Auffassung nicht das Triumphale des Sieges über alle Schrecken betont, sondern die „Köstlichkeit" des Blutes, das heißt seine tröstliche Bedeutung und Gefühlswirkung für die Heiligen und alle

[38] Ebd.
[39] Vgl. oben S. 176.
[40] Siehe oben S. 201 f.
[41] Vgl. zur Georgslegende unten S. 363, Anm. 47.

Gläubigen. Sein Wert liegt darin, daß es Lösegeld für Sünden, Nachlaß und ewiges Heil ist: *Ista pretio sui sanguinis sibi emerunt et ideo eorum sanguis dicitur pretiosus, id est pretio plenus.*[42] Ebenso wird das Blut Christi betrachtet, und mit den Worten Cyprians wird das Martyrium als das Ende aller Sünden und Gefahren, als Führer zum Heil, Lehrmeister der Geduld und Haus des Lebens verstanden: *Item Cyprianus: martirium est delictorum finis, periculi terminus, dux salutis, patientiae magister, domus vitae.*[43] Mit den Worten St. Bernhards wird hinzugefügt, daß der Tod der Heiligen deshalb kostbar sei, weil er Ruhe nach der Mühsal, Freude am Neuen und Sicherheit des ewigen Lebens gebe: *De tertio Bernardus: tria sunt, quae mortem sanctorum faciunt pretiosam, quies a labore, gaudium de novitate, securitas de aeternitate.*[44] Die Vorbildlichkeit ihres Todes für den Kampf der anderen wird nur als ein Aspekt neben der Schutzgewährung durch die Heiligen betrachtet.[45]

Diesem begütigenden und harmonisierenden Grundton fehlt alles Schroffe, Schreckliche und Kämpferische. Auch das *tamquam de fonte purissimo* ist im Sinne des Kostbaren gemeint. Die Heilige beweist so ihre Standhaftigkeit. Sie hat diese *virtus*, während der Präfekt das Fließen des Blutes nicht ertragen kann und sich abwendet: *Praefectus autem faciem chlamyde operiebat nec tantam sanguinis effusionem videre poterat.*[46] Auch jetzt kommt es nicht so sehr auf den äußeren Vorgang als auf seinen Sinn, hier die Blindheit des Heiden, an.

Die anschließende Klage der Umstehenden ist ebenfalls nur da, um mit Margaretens Antwort in knapper, kontrastierender Formel an die geistliche Substanz des Geschehens zu erinnern: *haec carnis cruciatio est animae salvatio.*[47] Desgleichen richtet sich Margaretens Antwort an Olibrius auf das Wesentliche, ohne auf die starren Formulierungen der andern Versionen zu verzichten oder die menschlichen Nebenumstände zu beachten: *impudens canis et insatiabilis leo, in carnem potestatem habes, sed animam Christus reservat.*[48] Die rhetorische und szenische Ausweitung bei Mombritius wird gemieden, so daß der Sinn um so klarer hervortritt. Bei der Drachenerscheinung wird betont, daß das Untier die Verkörperung des Menschenfeindes ist: *Ubi dum esset, oravit dominum, ut inimicum, qui secum pugnat, sibi visibiliter demonstraret.*[49] Mit keinem Wort außer dem summarischen *immanissimus* wird der Drache beschrieben. Es wird nicht gesagt, woher er kommt und wie er sich bewegt, sondern es heißt einfach *apparuit*. Das ist von einer gewissen Vorstellbarkeit, jedoch fehlt das *quomodo* szenischer Buntheit, das bei Mombritius mit Drachenbeschreibung, Erbleichen und Erzittern der Heiligen, wunderbarer Kreuzeserscheinung und Engelsstimme gegeben wird. Auch beim Auftreten des zweiten Höllenwesens wird im Gegensatz zu

---

[42] A.a.O. S. 724.
[43] Ebd.
[44] Ebd.
[45] Ebd.

[46] Ebd. S. 401.
[47] Ebd.
[48] Ebd.
[49] Ebd.

206

Mombritius und den englischen Legenden des 12. und 13. Jhs. auf Deskription verzichtet; statt dessen wird erklärt, daß es sich um den Teufel handelt, der, um Margareta zu versuchen, Menschengestalt angenommen hat: *Dyabolus iterum, ut eam decipere posset, in speciem hominis se mutavit.*[50]

Jedoch spricht aus allem – wie besonders aus der Betrachtung des strömenden Blutes – ein feiner Sinn für das Wunderbare. Die im Prolog genannte Eigenschaft des kostbaren Steines – *virtuosa per miraculorum operationem* – durchwaltet die gesamte Darstellung. Als Olibrius Margareta in den Kerker werfen läßt, erstrahlt dort eine „wunderbare Helligkeit": *Deinde eam deponi fecit et in carcerem recludi jussit et mira ibi claritas fulsit.*[51] Dies ist nicht mehr das geistliche *lux veritatis* der Rebdorf-Fassung, auch nicht das von dramatischen Ereignissen begleitete grelle Licht der Mombritius-Version, sondern ein stilles, trostverheißendes Leuchten und ein Schimmer frommer Andacht.[52] Ähnlich wird die übergroße *constantia* Margaretens während ihrer letzten Marterungen betrachtet: *ita ut cuncti mirarentur, quomodo tam tenera puella tot posset tormenta sustinere.*[53] In den früheren Versionen klagen die Umstehenden und versuchen, das Mädchen umzustimmen. Margaretens Standhaftigkeit ist dort ein Geschehen, das Gegenbewegungen auslöst. Bei Jacobus ist es etwas, das verwundern läßt. Ebenso erscheint Margaretens Errettung als ein Ereignis von wunderbarer Art: *sed subito terra concutitur et cunctis videntibus virgo illaesa egreditur. Tunc V millia virorum crediderunt.*[54] Was hier durch *sed subito* abgesetzt wird, erflehen in Rebdorf und Mombritius Bittgebete. Dadurch aber, daß die Errettung nicht weiter erklärt oder vorbereitet wird, rückt das Wunder als solches mehr in den Blick. Das Ende der Legende wird summarisch und schlicht, nicht als triumphales Schlußbild wie in der Mombritius-Fassung gegeben. In der nach einem Heiligen zitierten Betrachtung versenkt Jacobus sich – wie in der Namensinterpretation – noch einmal in das reine Wesen und die Überfülle der Tugenden Margaretens:

> *De hac sancta virgine sic dicit quidam sanctus: beata Margareta fuit timoris Dei plena, justitia praedita, religione cooperta, compunctione perfusa, honestate laudabilis, patientia singularis, nihilque in ea contrarium religioni christianae inveniebatur, odiosa patri suo, dilecta domino Jesu Christo.*[55]

Entsprechend große Unterschiede zwischen den hagiographischen Viten und der legendarischen Kurzfassung bestehen in der Auffassung der Heiligen. Statt der zwar Menschenfurcht empfindenden, aber doch hoheitsvollen Jungfrau in der Rebdorf-Fassung und der triumphierenden Margareta der Mombritius-Version erscheint bei Jacobus die Heilige einerseits

---

[50] Ebd. S. 401 f.
[51] Ebd. S. 401.
[52] Vgl. auch Georgslegende, zitiert S. 362, Anm. 46.
[53] Ebd. S. 402.
[54] Ebd.
[55] Ebd. S. 403.

als schlichtes Mädchen, andererseits als wunderbare Verkörperung der Tugenden und Kräfte einer *pretiosa gemma*. Sie sucht Olibrius zu bekehren und betet noch vor ihrem Tode *devote* für ihre Verfolger. In dieser Verbindung schlichter Menschlichkeit mit engelsgleicher Vollendung und Heiligkeit liegt das Besondere. Margareta wird nicht vorwiegend aus der Perspektive eines menschlichen Miterlebens dargestellt (wie in den mittelenglischen Spielmannslegenden), sondern als Kristallisation und Bildwerdung heiligmachender und trostbringender Gnade. Deshalb wird auch ihre Bedeutung für die praktische Hilfserwartung der Gläubigen betont. Von ihren Gebeten in der Mombritius-Fassung wird lediglich ihr Fürbittgebet am Ende vereinfacht wiedergegeben, weil sie hier als Patronin der Gebärenden erscheint.[56] Dazu paßt es, daß Jacobus immer wieder – wie etwa in der *Bernhard*-Legende – Mirakel kompiliert, die den Heiligen als den Beschützer der Frommen erweisen.

Aus der Beziehung aller Einzelheiten auf die erbaulichen Substanzen ergibt sich eine klare Komposition, in welcher der schlichte Bericht und die bildhaft ruhenden Einheiten aufleuchten als Verdichtungen der Grundgedanken und Grundgefühle der frommen Betrachtung. Nie wird Jacobus rührselig oder einseitig intellektuell, obwohl sein oft scholastisches Rubrizieren zunächst so erscheinen mag. In der wohltuenden Ausgewogenheit der Elemente, die sich mit einer sicheren Einfachheit des Sprachstils verbindet, liegt das Wesentliche seiner Methode, die einen Höhepunkt und eine Wendung im Legendenerzählen des Mittelalters darstellt. Dabei spielt das Bemühen um verkürzte Darstellung eine große Rolle. Was in den ausführlichen hagiographischen Viten materialreich und explizit nebeneinandergestellt wird, erscheint jetzt oft in andachtbildartiger Konzentration.

Obwohl Jacobus in seinem Legendar sehr unterschiedliche Stofftraditionen verarbeitet hat, treffen diese Beobachtungen für die gesamte Sammlung zu, was im Rahmen dieser Arbeit jedoch nur noch von Fall zu Fall und im Vergleich zu englischen Versionen gezeigt werden kann.[57] In der *Legenda aurea* wird das eigentlich „legendarische" Erzählen des Mittelalters zum ersten Male voll und über ein bis zwei Jahrhunderte traditionsbildend sichtbar.

---

[56] Vgl. zum Margaretenkult im späteren Mittelalter oben S. 187 f., Anm. 42.
[57] *Caecilia* S. 221, 303 ff., *Georgius* S. 362 f., *Placidus-Eustachius* 366 ff.

V. Das südenglische Legendar des 13. und frühen 14. Jhs.

1. Übersicht über Erforschung, Entstehungsgeschichte und Verwendungszweck

Die erzählerische Form der südenglischen Legenden ist bisher kaum untersucht worden. Bei Horstmann finden sich nur allgemeine und z. T. widersprüchliche Bemerkungen.[1] Ten Brink sieht die Notwendigkeit einer nicht konventionell ästhetischen Betrachtungsweise[2] und stellt Überlegungen an zur Bedeutung des Septenarpaars.[3] Brandl erscheint die Sammlung als ein „quantitativ imposantes Unternehmen, das den englischen Kathedralen jener Zeit gleicht, mit ihren breit-mächtigen Verhältnissen, gleichförmigen Riesenfenstern und zahlreichen Heiligenstatuen ohne besonderen Ausdruck". Künstlerische Feinheit sei bei einem solchen Massenprodukt nicht zu erwarten; „das alte Septenarpaar und ein leidlich fließender Stil mit gelegentlichen Ausdrücken ruhiger Teilnahme genügten".[4] Brandl detailliert nicht weiter, berührt aber mit seiner Bemerkung einen Grundzug der Darstellung, die in der Tat auf ruhige Teilnahme, allerdings im Sinne der Erbauung, abzielt.[5] Die Urteile bei Schofield, in der *CHEL* und bei R. M. Wilson gehen über das bei Horstmann, ten Brink und Brandl Gesagte nicht hinaus. Enttäuschend ist auch Gerould über das südengliche Legendar. Im Gegensatz zu den methodischen Vorüberlegungen seiner Einleitung vergleicht er es mit dem als Wertmaßstab gesetzten farbigen Erzählen der Versromanzen und findet folglich die Mehrzahl langweilig.[6] Nur längere

---

[1] *Ae. Leg. N. F.*, 1881, S. XLIII heißt es (zutreffend): „Als reine Dichtung, als Schöpfung wirklicher Dichter, tritt die Legende zurück. Dafür tritt sie jetzt im letzten Viertel des 13. Jhs. in den Dienst der Kirche und wird von mönchischen Dichtern massenweise, in großen Sammlungen, für die Verlesung in der Predigt bearbeitet. Dies erklärt den auffallenden Rückgang des poetischen Stils; der practische Zweck der Erbauung und Belehrung, die Verständlichkeit wird maßgebend, die dichterische Form, der Schmuck der Rede zur Nebensache; der sprachliche Ausdruck wird in der Hand mittelmäßiger dichterischer Talente ungelenk, arm und plump, der Versbau holperig, der Reim dürftig und matt." Im Vorwort zu *The Early South-English Legendary*, M.S. *Laud 108* (EETS. OS. 87, 1887, S. XII) dagegen spricht Horstmann vorwiegend von wirkungsvoller Erzählkunst im weltlichen Sinne: "The style of these legends is, no doubt, coarse and rude to the modern taste; but it is popular, adapted to the subject, to the public, and to the occasion. The narrative is generally happy and well conducted. Some of the stories are written in a vigorous style, which rises to dramatic force (as Thomas Becket); others are full of humour."

[2] Über das Legendar sagt er a.a.O., I, S. 313: „Bald die zarteste Poesie, die innigste Gemütstiefe, bald groteske, ja widerwärtige Szenen, wunderliche Mirakel. Nicht selten freilich verbinden sich diese Elemente und gemahnen uns an die Notwendigkeit, unsern modern ästhetischen Maßstab beiseite zu legen, wenn wir die Erzeugnisse der Phantasie früherer Tage würdigen wollen."

[3] Vgl. unten S. 215, Anm. 27.

[4] *Pauls Grundriß*, 1. Aufl., II, 1, S. 631.

[5] Über Brandls Bewertung des Septenarpaars, s. unten S. 215 f.

[6] *Saints' Legends*, S. 158.

Stücke wie *St. Thomas à Becket*, *St. Brendan*, *St. Patrick*, *St. John the Evangelist*, *St. Thomas the Apostle*, *St. Clement*, *St. Francis* und *St. Edmund Rich, Archbishop of Canterbury*, die in anschaulichen Einzelheiten dargestellt werden, läßt er gelten. Lediglich Beatrice D. Brown nimmt in ihrer vorzüglichen Einleitung zur Ausgabe der *Southern Passion*[7] den schon bei Brandl geäußerten Gedanken der gemütvollen Teilnahme auf; sie spricht von "appeal to feeling" und formuliert treffend: "The flavour lies rather in certain passages of sympathetic narrative, and results from an inherent delicacy of reaction on the part of the poet to situations of especially profound appeal."[8] Sie gibt keine genauere, qualitative Bestimmung des Gefühlsgehaltes, erkennt aber in der *Southern Passion* einen predigthaften Ton[9] und macht glaubhaft, daß die *Meditationes Vitae Christi*[10] in ihrer ganz ähnlichen Mischung von Meditation, Predigt und gefühlshaltiger Erzählweise für die *Southern Passion* vorbildlich gewesen seien. In den Legenden liegen die Verhältnisse ähnlich, obwohl Emotion und Betrachtung, der einfacheren Thematik entsprechend, schlichter sind. Ihr spezifisches Wesen und ihre Bedeutung für die Erzählformen bleiben zu untersuchen.[11] Auch eine Darstellung der späteren formalen Wandlungen innerhalb der etwa zwei Jahrhunderte währenden Geschichte des Legendars fehlt und kann unten nur angedeutet werden.[12]

Die Mehrzahl der vorliegenden Arbeiten befaßt sich mit dem Problem der Verfasserschaft, für welche entweder Altbenediktiner oder – in neueren Studien – Bettel- und Predigermönche in Anspruch genommen werden. Ferner ist die Frage nach der Rolle der Zisterzienser aufgeworfen worden. Aber über das Fragen ist die Forschung kaum hinausgekommen. Auch die folgenden Analysen der Frömmigkeitselemente und Erzählformen, für welche das Problem der Verfasserschaft sekundär ist, vermögen hierzu keine sichere Antwort zu geben. Dennoch legen sie gewisse, unten zusammenzufassende Rückschlüsse auf den Verwendungszweck und das Anliegen der Sammlung und damit auf den oder die Verfasser und Bearbeiter nahe.

Die Sammlung ist in 51 Handschriften überliefert. Die vermutlich älteste (MS. Laud 108, von Horstmann zwischen 1280/85 und 1290/95 datiert)[13]

---

[7] EETS. OS. 169, besonders Kap. I *(The Southern Passion in its relation to the South English Legendary)* und Kap. IV *(The Meditationes Vitae Christi and the Lignum Vitae)*.

[8] Ebd. S. XVI.

[9] "a more explicit didacticism and hortative tone" (S. XIII); "it is, in short, more obviously than any of the other pieces a sermon" (ebd.).

[10] Ed. Chambers, *The Mediaeval Stage*, Oxford 1903, Bd. 2, S. 309.

[11] B. D. Brown spricht S. LXXIX nur von dem "general mould [...] of commented narrative interrupted with emotional apostrophe", womit die Form des erbaulichen Berichts berührt wird.

[12] Eine exakte Studie unter Heranziehung der zahlreichen noch unveröffentlichten Manuskripte bleibt ein dringliches Desiderat der Forschung.

[13] Ed. C. Horstmann, EETS. OS. 87, S. X u. S. XIII. Die Datierung ausschließlich auf

umfaßt 67 Stücke, eine der jüngsten (MS. Bodley 779, Anfang 15. Jh.) 135.[14] Dazwischen liegen eine Reihe von Manuskriptgruppen aus verschiedenen Zeiten und mit wechselndem Inhalt,[15] von denen die MSS. Harley 2277 (um 1300) und Corpus Christi Cambr. 145 (frühes 14. Jh.) mit ihren 90 (nach Horstmanns Zählung 92) Stücken die erste vollständige und für die späteren Handschriften richtungweisende Redaktion darstellen.[16] Die folgenden Untersuchungen gehen deshalb durchweg von den Versionen dieser Manuskripte aus.

Von großem formgeschichtlichen Interesse ist die Relation des südenglischen Legendars zur *Legenda aurea*. Während von Horstmann noch jeder Einfluß der lateinischen Sammlung auf die englische bestritten wurde,[17] läßt er sich schon in den frühesten Stücken des Legendars, so in der Margareten- und Caecilienlegende, nachweisen.[18] Anders steht es mit den in

Grund paläographischer Kriterien ist jedoch unsicher, die Annahme, daß Laud den ursprünglichen Bestand der Sammlung repräsentiert, unbewiesen. An Laud lassen sich Spuren einer Überarbeitung erkennen (vgl. Horstmann, S. X, W. Schmidt, *Über d. Stil d. Legenden d. MS. Laud 108*, Diss. Halle 1893, S. 1 f.).

[14] Das Manuskript ist noch nicht veröffentlicht. Inhaltsverzeichnisse in Horstmanns Tabellen, EETS. OS. 87, S. XXII–XXIII, und bei C. Brown, *Register*, I, S. 29–37.

[15] Vgl. hierzu die synoptischen Übersichten bei Horstmann, a.a.O. S. XIII–XXIII.

[16] Ed. Ch. D'Evelyn u. A. J. Mill, *The South English Legendary*, EETS. 235 und 236, *Introduction and Glossary*, EETS. 244.

[17] *Ae. Leg. N. F.*, S. XLV und EETS. OS. 87, S. VIII.

[18] Schon ten Brink, a.a.O. I, S. 313, erkannte für die Margaretenlegende Übereinstimmungen mit der *Legenda aurea*; M. E. Wells, "The *South English Legendary* in Its Relation to the *Legenda aurea*", *PMLA* 51 (1936), S. 337–360, stellt fest (S. 352), daß "the *English Legendary* presents a striking parallel in contents and arrangement to the *Legenda aurea*". Die Verfasserin übernimmt dabei die von P. Butler, *Legenda aurea – Légende dorée – Golden Legend*, Baltimore 1899, S. 4, postulierte Vordatierung der *Legenda aurea* auf 1260–1270, bzw. 1255–1263 nach späteren Untersuchungen [E. C. Richardson, "Jacobus de Voragine and the Golden Legend", *Princeton Theological Review*, I (1903), S. 273; Theodore de Wyzewa, *Légende dorée*, Paris 1917]. Andere Datierungen vgl. oben S. 198, Anm. 7. W. F. Manning, "The Middle English Verse *Life of Saint Dominic*: Date and Source", *Speculum* 31 (1956), S. 82–91, der mit B. Altaner, *Der heilige Dominikus, Untersuchungen und Texte*, Breslau 1922, S. 152–153, die *Legenda aurea* etwas später (1271–1288) datiert, kommt zu dem Ergebnis, daß 23 der 60 Legenden in MS. Laud 108 auf die *Legenda aurea* zurückgehen. "If one considers that 10 of these 60 Lives are of English saints, and therefore not included in the Latin collection, the percentage of Lives based on the Latin is 46 per cent. The English poet employs the usual devices of expansion of dialogue, omission of etymologies and prologues, and omission of proper names and miracles which do not interest him. Nevertheless, the translations are for the most part close, and the author's dependence on his Latin source is evident from the preservation of the order of episodes, and the retention of dialogue and descriptive detail. Even the *Life of Mary Magdalene*, which is greatly expanded, observes this parallelism of construction and detail. The twenty-three Lives are: Saints James the Greater, Matthew, Leger, Catherine, Lucy, Agatha, Nicholas, Julian the Hospitaller, Christopher, Dominic, Clement, Bartholomew, Thomas, Eustache, Martin, Leonard, Mary Magdalene, Hyppolitus, Blaise, Cecilia, The Eleven Thousand Virgins, All Saints, and All Souls (S. 83–84, Anm. 15)." Über

der *Legenda aurea* nicht enthaltenen Legenden englischer Nationalheiliger, von denen das Legendar mehr als jede andere englische Sammlung enthält.

Für die folgenden Einzeluntersuchungen werden neben den alten Martyrerlegenden noch *Edmund the King, Cuthbert* und *Wulfstan* (jeweils im Vergleich zu ihren Quellen) herausgegriffen. Kursorisch und im Vergleich zu den nordenglischen Versionen werden außerdem die Andreas- und Katharinenlegende behandelt.[19] Dennoch bleibt diese Auswahl wie jede problematisch; sie läßt sich nur rechtfertigen durch die Tatsache, daß die ermittelten Erzählformen und Erbauungstendenzen für die ganze Sammlung in dieser Zeit typisch sind, so verschiedenartig die Quellen von Fall zu Fall auch sein mögen.

2. Das emotional-erbauliche Anliegen und die metrische Form

Die Fassung des südenglischen Legendars in *Corpus Christi* und *Harley* sowie viele der späteren Redaktionen beginnen mit einer *Banna Sanctorum* als Prolog.[20] Hier werden (15–66) die Heiligen in einem ausgeführten, allegorisierenden Vergleich, wie er zur Predigtkonvention der Zeit gehört[21] und wie er sich ähnlich in der *Legenda aurea* findet,[22] als die Heerschar Christi gesehen. *Oure swete Louerd* (21) hat die Propheten und Patriarchen als seine *trompours* (26) und *alblasters* (25) vorausgeschickt, dann ist er selbst nach seiner Taufe im Jordan als tapferer König auf dem Schlachtfeld erschienen (48–52). Trotz seines Kreuzestodes wäre die christliche Sache verloren gewesen, wenn nicht die nach ihm folgenden Ritter – die Apostel und Martyrer –, von seinem Beispiel angespornt, um so tapferer gekämpft hätten (53–56). Die Taten der Heiligen werden mit denen der Helden in weltlichen Rittererzählungen verglichen, die zwar gern gehört würden, jedoch größtenteils Lügen seien. Wirklich wahre Geschichten von Kämpfern könne man in den Taten der Apostel und Martyrer finden (60–66).

Interessanter als diese konventionellen Gedanken ist die emotionale Art des Sprechens. An einer Stelle wendet sich der Verfasser unmittelbar mit der Mahnung zu lieben an sein Publikum (57–58):

die Abhängigkeit der „Legende von den elftausend Jungfrauen" von der *Legenda aurea* vgl. auch F. Schubel, *Die südenglische Legende von den elftausend Jungfrauen* (= Greifswalder Beiträge zur Lit.- u. Stilforschung, Heft 21), Greifswald 1938, S. 98f.

[19] Im Kap. über die nordenglische Sammlung unten S. 269ff.

[20] EETS. 235, S. 1–3 (Nr. 1). Den Titel *Banna Sanctorum* enthalten nur einige Manuskripte. In anderen ist der Prolog *De natiuitate, þe cristendam of þe world* oder *De baptismo qui dicitur nouus fructus* überschrieben. Vgl. dazu M. E. Wells, "The Structural Development of the 'South English Legendary'", *JEGP* 41 (1942), S. 323.

[21] Zum allegorischen Element in der zeitgenössischen volkstümlichen Predigt vgl. G. R. Owst, *Literature and Pulpit in Medieval England*, Oxford ²1961, S. 56–109.

[22] Cp. LXX, *De letania majori et minori*, ed. Graesse, a.a.O. S. 312–316, hier 314–315.

Wel aȝte we louie Cristendom. þat is so dure iboȝt
Wiþ oure Louerd is heorte blod. þat þe sper haþ ysoȝt.

Schon die monastischen Heiligenleben der *Meidenhad*-Gruppe und die spielmännischen Episodenlegenden wiesen das Liebesmotiv auf. Jetzt aber erscheint es in einer Weise, die zugleich inniger *(so dure iboȝt, heorte blod)* und schlichter ist. Der Ton ist unverkennbar der der franziskanisch geprägten Volksfrömmigkeit des 13. Jhs., und die Verwandtschaft mit der ganz ähnlichen Frömmigkeitshaltung der *Legenda aurea* wird sofort spürbar. Jedoch behandelt Jacobus das Motiv des kostbaren Blutes wie alle Stoffe in einer zugleich mystischen und gedanklichen Weise. Das südenglische Legendar ist anspruchsloser. Es spricht einfache Gefühle unmittelbar und mit Wiederholungen aus. Das Adjektiv *swete* ist schon im Prolog ein Schlüsselwort. Der Boden, so heißt es in allegorischer Einkleidung, war zu hart für den Samen Christus; er mußte mit Regen besprengt werden. Dieses „süßen Regens Tau" war „sein süßes Herzblut" (11–14) und später das des Erzmartyrers Stephanus, der Apostel und anderer Blutzeugen (17–20). Hier spricht sich eine schlichte Liebe aus, zugleich ein tröstliches Sich-Geborgen-Wissen der Frommen. Ein Gefühl für das Wunderbare schwingt mit, wenn vom Erblühen des Christentums, der „neuen Frucht", gesprochen wird (1–3). Dazu tritt zärtliches Mitgefühl mit dem Dulden der Martyrer. Das Erzählen soll *bi reuwe of ham* (66) erfolgen. Das Erlebnis der eigenen Beglückung der Christen durch die Heiligen drückt das Stück *All Saints* (72) aus. Es spricht im Gegensatz zu Aelfrics *Sermo de Memoria Sanctorum* nicht von der Vorbildlichkeit der Heiligen, sondern außer von ihrer Verehrungswürdigkeit nur von der Freude, die sie den Menschen auf immer neue, wunderbare Weise schenken. Dies wird besonders deutlich zu Ende der Vision des Küsters von St. Peter (73–78). Auch in der *Legenda aurea*, auf die dieser Passus zurückzugehen scheint, wird das Trostverheißende der Heiligenverehrung in den Vordergrund gestellt, allerdings mit einer Vielzahl theologischer Begründungen, die dem im ganzen gedanklicheren Aufbau der lateinischen Sammlung entsprechen.

Die volkstümlich-emotionale Frömmigkeit verbindet sich im südenglischen Legendar mit eindeutig homiletischen Zügen. Die Sammlung ist – und auch das entspricht franziskanischer bzw. dominikanischer Tradition – von einer solchen Klarheit und Einfachheit des Aufbaus und der Sprache, daß Belehrungen und Frömmigkeitsgefühle direkt, ohne ablenkendes Detail den Hörern mitgeteilt werden können. Derselbe praktische Verwendungszweck bestimmt bekanntlich die Kirchenmalerei der Bettelorden, welche die bildlichen Darstellungen im Sinne einer *biblia pauperum* verstanden, die der Belehrung und dem unmittelbaren Suggerieren frommer Haltungen und Stimmungen diente. Dabei ist die zeitgenössische franziskanische Wandmalerei in England wesentlich einfacher als die toskanische des 13. Jhs. Noch um 1230 hatten sich die englischen Franziskaner in strengster Befolgung des Armutsideals ihres Ordensstifters gegen Glas-malerei und Bilder an ihren Kanzeln gewandt.[23] Die erhaltenen Bilder sind großflächig und von schlichter Linienführung, in den Motiven auf die wesentlichsten Frömmigkeitshaltungen und Stimmungswerte reduziert.[24] Entsprechendes gilt für die franziskanische Buchmalerei des 13. Jhs., die mit einfachsten Mitteln die entscheidenden Seelenlagen und vor allem die geheimnisvolle Präsenz des Wunderbaren zum Ausdruck zu bringen sucht.[25]

Wesentlich für die volkstümlich einfache und zugleich erbauliche Dar-bietungsweise des südenglischen Legendars ist die verwendete Versform, das von Haus aus lyrische Septenarpaar. Seine Länge und paarweise Reim-bindung bedingen einen gleichmäßig ruhigen, dem Gegenstand angemesse-nen metrischen Gang und legen einen entsprechenden Sprachstil nahe. Die Gesamtwirkung unterscheidet sich von der einer schlichten Prosa nur durch das Moment der Reihung der einzelnen Verse und Reimpaare. Hierdurch ergibt sich eine Verlangsamung und eine oft formelhafte Um-ständlichkeit des Erzählens. Jedoch ist wichtig, daß die Langzeile eher als der Kurzvers erbauliche Zusätze gestattet, die sich unmittelbar mit dem Bericht verbinden, so daß sich leicht ein andachtsbildartiges Verweilen und Auffüllen der Darstellung ergibt.[26] Natürlich bietet der Septenar auch zu belehrenden, chronistischen oder geographischen Hinweisen sowie zu gelegentlichem stofflichen Ausmalen Gelegenheit, jedoch führt das Gleich-maß des Verses weniger zu einer lebendigen und detaillierten Eigenbe-handlung als zu einem schlichten Einbeziehen der Teilelemente in den einmal angeschlagenen frommen Grundton. Die Einzelbilder fügen sich

---

[23] Vgl. die Chronik des Thomas of Eccleston, ed. A. G. Little, *Fratris Thomae vulgo dicti de Eccleston Tractatus de Adventu Fratrum Minorum in Angliam*, (Paris 1909) Manchester 1951, S. 38: "Et quidem [der Visitator] tam arcta exstitit tunc conscientia fratrum in aedificiis construendis et picturis habendis, ut propter fenestras capellae in loco Gloverniae maximam vim constitueret, et propter pulpitum, quod frater ipse quidam pinxerat, sibi caputium auferret: gardiano quoque loci idem fecit, quia picturam toleraverat." Über andere Aspekte frühfranziskanischer Frömmigkeit nach dieser Chronik vgl. unten S. 244 f.

[24] Vgl. E. W. Tristram, "Franciscan Influence in English Mediaeval Wall-Painting", a.a. O. Plates I–VI u. S. 5 f.: "Even the manner of execution of these paintings was an indication of the spirit which inspired them. They were wrought swiftly and directly, very often in line, with simple tinting, and are vigorous in conception and telling in expression. The pigments consist of little more than lime, vegetable black, ochre, red ochre, and burnt earth. One might almost imagine them to be illustrations put before the congregation by the preacher, examples upon which he relied to point the moral of his exhortations. Or, again, they may be seen as reflections in graphic art of the miracle plays which were used by the Franciscans as a means of presenting the Scriptures and the lives of the saints in the most vivid manner, and with the impress of their own particular teachings."

[25] Vgl. unten Abb. 5, S. 249, wo der Stimmungsgehalt sich mit andachtsbildartiger Statik und Verdeutlichung verbindet.

[26] Siehe auch unten S. 262 zum Vergleich zwischen Langzeile und Kurzreimpaar.

unaufdringlich und schmucklos und eher flächig als plastisch, aber als Konzentrationen des Andachtsgefühls in das Ganze ein – dem Stil der franziskanischen Wand- und Buchmalerei Englands im 13. Jh. sehr ähnlich.[27]

Dem entspricht die lockere Gliederung nach Versgruppen. Die Zeilen werden nicht wie die Verse der Episodenlegenden zu festen Stropheneinheiten gebunden, sondern zu unterschiedlichen Folgen von 4, 6, 8, 10, 12 oder gelegentlich auch mehr Versen zusammengefaßt. In manchen Fällen scheint das zufällig oder nur aus Gründen der Übersichtlichkeit im Manuskript zu geschehen, oft aber ergeben sich inhaltlich abgerundete und emphatisch auf einen Höhepunkt gesteigerte Einheiten,[28] die auf eine deklamatorische Vortragsweise schließen lassen, über die sonst nichts Sicheres bekannt ist. Hinzu kommt, daß der Autor seine Stimme immer wieder über den das Ganze tragenden ruhigen Legendenbericht erhebt und sich unmittelbar an sein Publikum wendet. Er ergreift predigthaft Partei, indem er preist oder anprangert, den Effekt des Wunderbaren betont oder die homiletische Mahnung unterstreicht. Er kann auch, z.B. bei der Drachenerscheinung in der Margaretenlegende, argumentierend hervortreten und die Glaubwürdigkeit eines Wunders mit seinen Hörern erörtern, jedoch geschieht das selten. Seine Stimme wechselt gelegentlich, aber das Übergreifende bleibt ein fromm-emotionaler Grundton.

Brandl glaubte, in der Verwendung des Septenarpaars eine bewußte Abwehrstellung der sächsischen Geistlichkeit gegen das auch im englischen Publikum immer erfolgreicher werdende Kurzreimpaar der französischen Romanzenschreiber zu erkennen.[29] Obwohl diese These schwer zu beweisen ist, mögen doch die englischen Geistlichen und Prediger, wenn sie vorzugsweise in Septenarpaaren schrieben, an die Möglichkeit eines

[27] Ten Brink, a.a.O., I, S. 319, sieht mehr die Eintönigkeit des Metrums: „Die Darstellung im Legendencyclus wird durch die metrische Form des Alexandrinerpaars bedingt. Dieses bestimmt den Satzbau, die Übergänge, die formelhafte Wiederholung mancher Wendungen und Flickwörter. Eine gewisse Ähnlichkeit des Stils verbreitet sich von hier aus über sämtliche Legenden, wie verschieden ihr Inhalt und ihre Bedeutung auch sein mögen [...]. Dem etwas holperigen Vers entspricht eine etwas unbeholfene Darstellung, deren Hauptvorzug ihre Naivetät ist. Von der Fülle der Diktion, von dem Pathos, welches in älteren alliterierenden Heiligenleben zur Erscheinung kommt, findet sich hier keine Spur. Schlicht und nüchtern, ohne jeden poetischen Schmuck, ohne gelegentliche Hebung des Tones, und ebenso ohne Eleganz und Rundung verläuft in monotoner Weise die Erzählung. Nur zuweilen bricht die Empfindung oder die Reflexion des Dichters durch, ohne jedoch seinem Vers einen höheren Schwung zu verleihen. Wie durch Zufall decken sich hier und da Gedanke und Form zu stärkerer Wirkung. An einigen Stellen ist es die Poesie des Stoffes, welche an der schmucklosen Darstellung kein Hindernis findet, unser Herz zu ergreifen. Ja, der treuherzige Glaube, der fromme Sinn dieser Dichtung vermag an sich schon eine ähnliche Wirkung auszuüben."

[28] Vgl. besonders über die Cuthbertlegende, unten S. 223 ff.

[29] *Englische Literatur* (Mittelenglische Zeit), a.a.O. S. 619.

volkstümlich einfachen und zugleich erbaulichen Vortrags in diesem Versmaß gedacht haben, das weniger Reime erforderte und dem unmittelbaren Ansprechen frommer Gefühle entgegenkam. Es scheint charakteristisch, daß der in holprigen Kurzreimpaaren geschriebene *Cursor Mundi* für die Passion als den erbaulich emotionalen Höhepunkt eine Fassung in Septenarpaaren verwendet.

3. Die Margaretenlegende

Die Quellenverhältnisse dieser 320 Verse umfassenden Version[30] sind wie die der meisten anderen englischen Margaretenlegenden nicht ganz klar. Zentral steht der Mombritius-Typus, jedoch liegen auch Anklänge an die von Rebdorf vertretene Tradition vor (Gebet Margaretens vor Auftreten des Olibrius; die der Gerichtssitzung vorausgehende Beratung zwischen Olibrius und den Edlen und Weisen der Stadt, 93f.).[31] An die *Legenda aurea* erinnert u. a. die Kritik an der apokryphen Drachengeschichte (165ff.). Jedoch findet sie sich auch schon bei Simeon Metaphrastes und könnte deshalb auf eine andere, nicht erhaltene Fassung zurückgehen.

Die Heilige, nicht die Erzählung eines vielgliedrigen Geschehens, steht beherrschend im Vordergrund. Allerdings wird nicht ein äußeres Bild oder ein nur sachlicher Bericht gegeben, sondern Margaretens Frömmigkeitsgefühl, das der Hörer mitvollziehen kann. Von hier aus, nicht wie in *S.M.* oder *M.M.* aus der Willensrichtung der Nebenfiguren und in Einzelepisoden, wird der erste Teil (1–22) aufgebaut. Der Unglaube des Vaters ist kein selbständiger Vorgang, sondern wird aus der Sicht der Heiligen abgewertet (6–8):

> *Margarete is ʒonge doʒter . ypaid þer wiþ noʒt nas*
> *For hure herte hure bar anon . Cristene forto beo*
> *þe false godes heo held deuelen . þat heo miʒte aldai iseo.*

Die folgenden Verse heben mit dem volkstümlich ausgedrückten Martyriumsverlangen Margaretens erneut ihre Frömmigkeit hervor (9–12):

> *Of seinte Steuene heo hurde telle . and of sein Lauerence also*
> *Hou in stronge martirdom – he were to deþe ido*
> *And of oþer martirs ek . þat þolede pine here*
> *Heo ne wilnede noʒt so muche . as to beo hore yuere.*

Beim Tode ihrer Mutter ist sie *ʒong and tendre inou* (13). Ihr Vater entdeckt, daß sie sich zum Christentum hingezogen fühlt – *þat heo to Cristendom drou* (14) –, und schickt sie zu einer Pflegemutter (15–16), die ihr Herz wenden soll (16): *hure herte forto wende.* Der Blick bleibt also auf Margareta und ihren frommen Sinn gerichtet. Die beiden folgenden Verseinheiten (23–30)

---

[30] EETS. 235, S. 291–302 (Nr. 52).
[31] Interessanterweise finden sich diese beiden Punkte auch in der altenglischen Prosafassung, s. oben S. 152ff.

stellen diesem Bild reiner Frömmigkeit die Bösartigkeit der Kaiser Diokletian und Maximinian und ihrer Richter gegenüber, die nichts anderes
im Sinn haben, als Christen zu suchen und zu töten. Dies geschieht unter
betonter Spitzenstellung und Wiederholung des anprangernden Wortes
luþer – was für den deklamatorischen Stil wie für die Eindeutigkeit des
Aufbaus charakteristisch ist.

Dann wird der Blick auf Margareta zurückgelenkt. Sie betet heimlich
Tag und Nacht um ein standhaftes Herz (31–34). Ihr Christenglaube wird
dadurch hervorgehoben, daß selbst die sie liebende Pflegemutter nichts
von diesem Geheimnis ahnt (35–38). Auch die Gegenüberstellung von
Jugend und Martyriumsverlangen bewirkt Verdeutlichung und Emotionalisierung. Dabei ist die Darstellung weniger als in *S.M.* mit einer
bestimmten Örtlichkeit verbunden; wie in der zeitgenössischen Malerei
erscheint sie äußerlich blasser, als erbauliche und einfache Gefühlsschilderung. Die Begegnung Margaretens mit Olibrius gliedert sich nicht in die
Abfolge von Willensäußerung, Befehl und Botenentsendung des Präfekten
sowie Botenbericht usw., sondern erscheint nur als heftige Gefühlsreaktion
des Olibrius (44–46):

Anon riʒt in fole loue . is herte to hure drou
Him longede sore after hure . his men forþ he sende
And het hom þat hi hasteliche . after hure wende.

Zugleich wird dieses Verhalten aus der Perspektive des Predigers – ähnlich
wie in der altenglischen Prosaversion – als *fole loue* (44), *folie* (49) und
sunne of lecherie (50) gebrandmarkt und mit der im ersten Wort dieses
Abschnitts nochmals genannten Reinheit der *clene maide* (43) kontrastiert.
In einem mehr ausmalenden Stil hätte man das Eingehen auf Margaretens
Schönheit erwartet, auf die im nächsten Halbvers angespielt wird: *heo
þoʒte him uair inou* (43b). Aber es geht nicht um erzählende Entwicklung
und volle Anschaulichkeit, sondern um Miterlebbarkeit der gleichbleibenden Frömmigkeit der Heiligen innerhalb eines nur blaß gezeichneten Um-
risses. Auch das folgende Gebet (52–58), das Margaretens Gottergebenheit
vor Augen führt, ist weniger als in *S.M.* aus der konkreten Situation gesprochen. Daß die Jungfrau Olibrius überbracht wird, vermeldet nur ein
passivischer Satz, dem die Stofflichkeit der episodischen Darstellung fehlt,
der jedoch konturenhaft und großflächig – durch Kontrastierung von
Seinte und *luþer* – das Bild der Heiligkeit erneuert (59): *Seinte Margarete
was forþ ibroʒt. tofore þe luþer Iustice.*

So geht es durch die ganze Version weiter. Das Gespräch zwischen
Margareta und Olibrius z. B. stellt schroff den Unterschied zwischen beiden
heraus. Ein Versuch, das Verhalten des Präfekten den Umständen gemäß
lebendig zu entwickeln (wie in *S.M.*), wird nicht gemacht. Während der
Richter wütet, spricht die Jungfrau furchtlos (64) und sanft (83); vor dem
Tyrannen erscheint sie mild, heilig und voll Martyriumsverlangen (96–98).

Die Nebenfiguren haben keine Eigenbewegung, sondern sind Reaktionen auf das wunderbar Vollkommene. Wie Spiegel, wenn auch beim Antagonisten verzerrt, werfen sie den Schein der Heiligkeit zurück. Das betrachtende Element bleibt nicht auf Gebete oder Kommentare beschränkt, sondern prägt die ganze Erzählgestaltung, die das gleichbleibend Wunderbare und Heilige in seinen Wirkungen heraushebt und mehr statisch bildhaft und homiletisch eindringlich als szenisch oder psychologisch differenziert darstellt. Auch der Geschehensbericht, der das durchlaufende und elementare Darbietungsmittel bleibt, ist nur eine ruhige Verbindungslinie, die nicht auf phasen- oder spannungsreiche Bewegung zielt.

Das zeigt auch die Darstellung der Marterung Margaretens (111–149). Rebdorf, Mombritius und *S.M.* geben eine Geschehnisfolge, die sich in zwei durch erzählerische Zwischenstrecken getrennte Verhöre und Folterungen gliedert, wobei die Wiederholung des Geschehens, alter hagiographischer Tradition gemäß, das Heroische der Glaubensbewährung unterstreicht. Das südenglische Legendar konzentriert sich verkürzend auf eine Marterung, stellt diese aber zuständlicher und gefühlsintensiver dar, was interessanterweise auch in der Margaretenlegende der *Legenda aurea* geschieht (und wieder auf eine mögliche Beeinflussung weist). Schon die Doppelung in ausführlichen Befehl (111–114) und Ausführung (115–126) verlangsamt die Darstellung der südenglischen Version. Hinzu kommen die schmerzerfüllten Autoreinsprachen und Klagen der Umstehenden (129 bis 133), die stärker als in den anderen Fassungen auf das Bild des Leidens bezogen werden. Das gilt besonders vom Verhalten des Olibrius, von dem dreimal (in den anderen Fassungen höchstens einmal) gesagt wird, daß er den Anblick nicht ertragen konnte (127–128, 137–140, 148–149). Selbst durch den Antagonisten wird also die Aufmerksamkeit der frommen Hörer auf die Schmerzen und die Geduld der Martyrerin gelenkt. Diese steht bildhaft im Mittelpunkt; das Wort „sehen" erscheint viel häufiger als in anderen Fassungen,[32] und es wird mehr Detail gegeben als bei dem gedanklicher gestaltenden Jacobus. Aber das Entscheidende ist nicht wie in *Seinte Marherete* das visuelle Schauen drastischer Einzelheiten, sondern eine einfache Gegenständlichkeit und konturenhafte Anschaulichkeit (z.B. beim Bild des strömenden Blutes, 120), in die emotional erbauliche Elemente eingeschmolzen sind (117–124):

Wiþ scorgen and kene pricken. & made hure many a wonde
Al hi todrowe hure tendre vleiss. þat reuþe it is to telle
Bi stremes þat blod orn adoun. so water doþ of welle
For hure limes tendre were. þe scorgen smart and kene
Bi peces þat fleiss fel adoun. þe bones were ysene
Alas hure swete tendre body. so villiche todrawe so
Alas hou miȝte enyman. such dede for ruþe do.

---

[32] Verse 112, 122, 125, 127, 128, 129, 137, 138, 147, 148.

Formal liegt hier und an den übrigen genannten Stellen ein Gebilde vor, das man – wie Entsprechendes in der *Legenda aurea* – als erzählerisches Andachtsbild bezeichnen kann. Allerdings wird im südenglischen Legendar stärker als bei Jacobus das menschlich Rührende betont. Die Form läßt sich nicht auf eine profane Erzähltradition zurückführen, sondern nur auf das erbauliche Anliegen und die Darbietungssituation der volkstümlichen Vortragslegende. Die Tendenz des Predigers, das Fromme und Wunderbare deutlich zu zeigen und eindringlich mitfühlen zu lassen, findet ebenso wie in der gleichzeitigen Malerei der Franziskaner unmittelbaren Ausdruck.[33]

Dabei ist die Erzählweise anspruchslos, wie u. a. die einfachen, z. T. wörtlichen Wiederholungen beweisen, so das dreimalige Sich-Abwenden des Olibrius und die mehrfache Verwendung des Taubenmotivs (293 f., 299 f., 313 f., während bei Mombritius zuletzt Engel statt der Taube erscheinen). Jedoch kann der Vortrag wirkungsvoll gesteigert werden. Das zeigt besonders die Darstellung der Wunder. Bei den Errettungen Margaretens wird in Rebdorf, Mombritius und der altenglischen Prosaversion ein mehr oder weniger bewegter Vorgang gestaltet, der sich von den Gebeten bis zu dem darauf folgenden Erhörtwerden erstreckt. Die südenglische Fassung läßt – wie schon *S. M.* – die Gebete fort und konstatiert nur die Tatsache der plötzlichen Tröstung oder Errettung, die deshalb um so wunderbarer und bestaunenswerter erscheinen (153, 164, 239 f., 243 f., 253 f.). Natürlich gehört die Feststellung der Errettung oder Heilung zur Topik des Heilungswunders überhaupt;[34] die Betonung dieses Aspektes aber und die resultierende Gefühlswirkung fügen sich in die schon beobachtete bildhaft verdichtende und emotionalisierende Gestaltungstendenz ein.

4. Die Caecilienlegende

Die Caecilienlegende des südenglischen Legendars ist wie viele andere Stücke der Sammlung eine Mischredaktion. Als Quellen haben schon E. Kölbing[35] und F. Holthausen[36] sowohl die *Legenda aurea* als auch den Mombritius-Typus genannt. Letzterer scheint – mit starken Kürzungen – die Hauptquelle gewesen zu sein. Vor allem die Reden sind in ihrer Länge reduziert, bleiben aber, da sie zum Kernbestand der Caecilienpassion gehören, in ihrem Gehalt unangetastet. Die Besonderheiten der Umformung lassen sich eindeutiger an den berichtenden Partien ablesen.

Wie in der Margaretenlegende geht es von Anfang an mehr um das gleichbleibende und gefühlsbetonte Bild der Heiligen als um ein erzählendes

---

[33] Vgl. hierzu wie zu den folgenden Interpretationen Abb. 5, S. 249.
[34] Vgl. oben S. 23.
[35] „Zu Chaucers Caecilien-Legende", *Engl. Studien* 1 (1877), S. 215–248.
[36] „Zu Chaucers Cäcilien-Legende", *Arch.* 87 (1891), S. 265–273.

Nacheinander. Die Konstante des frommen Verhaltens der Jungfrau erscheint als durative Formel, zeitlich unbestimmt, aber gefühlsintensiv (4). Wann und unter welchen Umständen das Mädchen sich taufen läßt, erfährt man nicht; auch nicht, wie es zu ihrer Verlobung kommt (die Zusammenhänge werden zu *þoru hire frendes strengþe* summiert).[37] Zu Valerian werden nur Name und Vornehmheit mitgeteilt. Es wird nicht ausdrücklich gesagt, wann Caecilia das prachtvolle Kleid trägt, obwohl sich das natürlich aus dem Zusammenhang ergibt. Auch wo diese Geschehnisse stattgefunden haben, bleibt – im Gegensatz etwa zum nordenglischen Legendar – unerwähnt. Die zeitlichen und räumlichen Relationen verfließen; was bleibt, sind die das Gemüt ansprechenden erbaulichen Grundlinien, die mit einigen gegenständlich-anschaulichen Elementen zu einem Bilde für die fromme Betrachtung verbunden werden (1–8):

> *Seyn Cecile of noble kunne | ibore was at rome.*
> *Our lord crist heo louede wel | ar heo fram cradel come*
> *Heo lette hire baptise stilliche | as we findeþ iwrite.*
> *ʒerne heo bed ihesu crist | hire maidenhod to wite.*
> *þoru hire frendes strengþe | ispoused heo was to a man.*
> *Of gret nobleie & richesse | þat het valerian.*
> *þis maide werede robe of pal | & cloþes swiþe riche.*
> *Gerlans & tresours al of golde | þe here next hire liche.*[38]

Dasselbe liegt in den Zeilen 9–12 vor, in denen in einer nur angedeuteten Anschaulichkeit die fromme, sich Gott weihende Jungfrau dargestellt wird:

> *Wen þe menstrales songe hor song | of hor menstrasie.*
> *þis maide stilliche song of god | & seynte marie.*
> *Of þe sauter heo song þis vers | þat mest was In hire þoʒt.*
> *'Let lord myn herte vn-wemmed be | þat Ine be confounded noʒt.'*

Innerhalb dieser Einheit gibt es zwar eine zeitliche Relation (9/10), aber diese drückt charakteristischerweise nicht Sukzession, sondern Gleichzeitigkeit aus; auch kommt es weniger auf das temporale Verhältnis als auf

---

[37] Durch diese Vereinfachung wird gleichzeitig wie schon bei Aelfric die Heirat der Verantwortung Caeciliens entzogen; die gewisse menschliche Schwierigkeit der Situation, die in der ausführlichen Fassung anklingt, wird ausgespart, und das Heiligenbild wirkt dadurch um so eindeutiger. Als Valerian und Tiburtius die erschlagenen Christen beerdigen und sich so in Gefahr begeben, wird entsprechend das Fernbleiben Caeciliens (was in keiner anderen der hier untersuchten Versionen belegt ist) mit der simplen Formel erklärt (133) *Cecile, vor heo womman was | atom heo moste abide.* Die Möglichkeit auch nur des leisesten Zweifels an ihrer Vollkommenheit wird dadurch ausgeschlossen.

[38] Zitiert wird nach dem frühesten MS. der südenglischen Caecilienlegende, MS. Ashmole 43, ed. B. E. Lovewell, "The Life of St. Cecilia", *Yale Studies in Engl.* 3 (1898), S. 72–90; auf die anderen MSS. wird von Fall zu Fall verwiesen.

die thematisch erstrebte Gegenüberstellung der profanen Lieder der *minstrels* und der psallierenden Heiligen an.[39]

Ähnliche Beispiele einer mehr erbaulich-bildhaften als szenisch-bewegten oder detailliert beschreibenden Darstellung finden sich auch weiterhin. Tiburtius z. B. sieht nach seiner Bekehrung und Taufe durch Papst Urban in derselben Weise wie vorher sein Bruder den Engel mit Caecilia im Zimmer umhergehen (131–132). Durch diese Wiederholung festigt sich die bildähnliche Vorstellung. Die *Legenda aurea* und Mombritius geben das Resultat der Bekehrung nur summarisch. Das Martyrium Caeciliens wird wie das Margaretens als ein ausgeweitetes, in sich durch Wiederholungen intensiviertes Schlußbild gegeben (217–256). Während Aelfric und auch die *Legenda aurea* hier knapp berichten, folgen im südenglischen Legendar aufeinander der ausführliche Urteilsspruch (217–220), die Klage der Umstehenden und Caeciliens Antwort (221–228), dann die Marter in siedendem Wasser (229–232), das neue Urteil des Richters (233–234) und die Vollstreckung (235–242, mit stark emotionalen Zusätzen über die Grausamkeit des Henkers) sowie das fromme Verhalten und Wunderwirken der todwunden Caecilia während dreier Tage (243–256).

Daß es sich um emotional getönte, nicht rein deskriptive Darstellung handelt, zeigen auch sonst die Wunder. Bei der Rückkehr des von Urban getauften Valerian zu Caecilia wird in allen Versionen die Situation der Engelserscheinung bildhaft beschrieben. Mombritius tut das recht detailliert (Kap. 8), die *Legenda aurea* behandelt das Motiv umrißhaft, ohne Erwähnung der weißen Taufkleidung und des schimmernden Gefieders des Engels; um so ruhiger und sinnbildhafter erscheinen dort die das Martyrium symbolisierenden Kränze aus Rosen und Lilien: [...] *et rediens, Caeciliam cum angelo loquentem in cubiculo invenit. Angelus autem duas coronas ex rosis et liliis in manu habebat, et unam Caeciliae et aleram Valeriano tradidit, dicens:* [...].[40] Das südenglische Legendar gibt zunächst eine Sphäre des Wunderbaren, die sinnenhaft als Leuchten und „sehr süßer Duft" empfunden wird (68):

> *He vond hire chambre li3t wiþþinne | & swiþe suote smulle.*

Erst danach werden die Gegebenheiten selbst ganz schlicht hinzugesetzt (69):

> *He uond Cecile his gode spouse | & an angel bi hire stonde.*

Auch jetzt wird die Helligkeit des Engels nicht wie bei Mombritius oder im späteren nordenglischen Legendar im einzelnen beschrieben, sondern in

---

[39] Ganz ähnlich, wenn auch nicht so gemütvoll, formuliert die *Legenda aurea* (Graesse, S. 771f.): "et cantantibus organis illa in corde soli domino decantabat dicens: fiat, domine, cor meum et corpus meum immaculatum, ut non confundar, et biduanis et triduanis jejuniis orans commendabat domino, quod timebat."

[40] Ed. Graesse, a.a.O. S. 773.

preisender Formel als ein alles andere Licht überstrahlender Glanz bezeichnet (70):

Briʒtore þen eny leome | to gerlans he huld an honde.

Man könnte von einer gewissen Lyrisierung des Bildes sprechen. Das Erleben des Wunderbaren ist hier wie an vielen anderen Stellen zum Prinzip der Darstellung geworden. Hinzu tritt ein homiletisch-erklärender Zug. In einem Einschub (77–78) wird die sinnbildhafte Bedeutung der Kränze genannt und damit der Gesamtzusammenhang deutlich gemacht:

þe lilie tokeneþ ʒoure maidenhod | þat is so wit & suote.
þe rose bitokeneþ ʒoure martirdom | uor þeron deie ʒe mote.[41]

Noch über den Weggang des Engels hinaus verweilt die Darstellung bei der Verwunderung Caeciliens und Valerians, die nicht wissen, wohin er entschwunden ist (85–86):

þe angel wende wiþ þis word | me nuste war he bicom.
þis two clene þinges wiþ Ioie Inou | hor eiþer to oþer nom.

Während Mombritius und Aelfric an dieser Stelle von geistlicher Betrachtung und Freude in Christus sprechen, bleibt das südenglische Legendar im Bereich emotionalen Reagierens auf das wunderbare Erscheinen des Engels und verdichtet so die kompliziertere Wirklichkeit der hagiographischen Quelle zu einem gemütvoll-erbaulichen Bilde.[42] Ein Nachklang des Wunders spiegelt sich noch im Verhalten des hinzukommenden Tiburtius (88):

He stod stille & bihuld aboute | as he nuste war he were.[43]

Ähnlich wird schon in Vers 65 nach der Belehrung Valerians durch den alten Mann voll Verwunderung gesagt:

After þis wite mon he bihuld | he nuste war he bicom.

Immer wieder richten sich Blick und Empfindung auf das Wunderbare, das im Mittelpunkt steht und alle in seinen Bann zieht. Formal ergibt sich eine mehr andachtsbildartig verweilende als geschehnishaft fortschreitende Struktur.[44]

[41] Die einzigen von Holthausen ermittelten Parallelen zu dieser Stelle finden sich in einer Predigt des Jacobus a Voragine, *De s. Caec.*, *sermo II* (Per lilium virginitas, per rosas martyrium designatur) und in einem Hymnus Isidors im *Breviarium Toletanum*. (In rosis docens cruorem, castitatem liliis. Liliis corusca in nobis castitas praefulgeat: Punicis rosis voluntas Passionis ferveat). Zitate nach Holthausen, a.a.O. S. 272.

[42] In späteren Manuskripten scheint ein Zug zu stärkerer Vermenschlichung spürbar zu werden. MS. Cotton Cleopatra D IX (14. Jh.) liest (Lovewell, S. 79): (81) "Mochy was þe ioie of þis clene þinges / þat aiþer to oþer nom." Das jüngste Manuskript (Bodley 779, 15. Jh.) läßt bezeichnenderweise *clene* und damit den Andachtston weg (85): "þe two þingus eyþer of oþer gret ioyʒe nom."

[43] Auch Kölbing, a.a.O. S. 232, erkennt diese Zeile als selbständig für das südenglische Legendar an, äußert sich aber nicht weiter dazu.

[44] Vgl. Abb. 5 die wie gebannt um Franziskus sitzenden und auf ihn blickenden Vögel.

Eine Gestalt wie Maximus hat noch weniger Eigenbewegung als Tiburtius. Wenn er unter dem Eindruck des Wunders sofort zum Richter läuft und bekennt, daß er Christ ist, so erscheint das als eine vom Wunder wie selbstverständlich ausgehende Wirkung. Aelfric und die hagiographische Quelle bringen eine bewegtere Ereignisfolge, die von den wörtlichen Reden des Maximus an der Stätte des Wunders über die Konversionen und die Benachrichtigung des Richters bis zu dessen Befehl reicht, Maximus vorzuführen.

Wie im ganzen Legendar ließe sich die Emotionalität der Gestaltung noch am Wortschatz nachweisen.[45] So wird etwa *stilliche* mehrfach verwendet; oder es heißt gemütvoll *leue broþer* (107) oder *Suete heorte* (15). Der Ton ist der eines treuherzigen Mitfühlens und schlichten Frommseins. Als Caecilia in der Hochzeitsnacht Valerian ihr Geheimnis mitteilt, reagiert dieser bei Mombritius mit Gottesfurcht, bei Aelfric mit Erschrecken, im südenglischen Legendar aber mit dem Ton stiller Ergebung (27):

ȝif þou wolt, lefmon | þat ich ileue þis.[46]

5. Die Cuthbertlegende[47]

Entsprechendes läßt sich an der Cuthbertlegende beobachten, die auf Bedas oben behandelte *Vita s. Cuthberti* (Prosaversion) zurückzugehen scheint. Schon die ersten Verse zeigen ein gegenüber der Quelle gänzlich gewandeltes Anliegen. Sie versprechen nicht mehr ein Beispiel mönchischer Vollendung, sondern – in ausrufendem Ton – *vair miracle* (1–2):

Sein Cubert was ibore. here in Engelonde
God dude for him vair miracle . as ȝe ssolleþ vnderstonde.

Hieran ist nicht nur die Wunderankündigung als solche interessant, sondern die Hervorhebung des Eindrucks des Wunderbaren auf das fromme Gemüt, der mit *vair* als wohltuend schön und angemessen bezeichnet wird. Damit unterscheidet sich der Ansatz ebensosehr von Aelfrics Heiligenleben, in denen es um die Verkündigung der großen Taten und Tugenden geht, wie von den *wordes fair and swete* der spielmännischen Legenden des 12. und 13. Jhs.[48] Auch mit den genauen chronistischen Angaben einer *Brevis relatio* des Cuthbert-Lebens aus dem 12. Jh.[49] hat die süd-

---

[45] Vgl. dazu die bei William Schmidt, *Über den Stil der Legenden des MS. Laud 108*, Diss. Halle 1893, gegebenen Listen, die dort allerdings nicht in diesem Sinne ausgewertet werden.

[46] Weitere Einzelheiten zur südenglischen Caecilienlegende s. unten S. 265ff. im Vergleich zur nordenglischen Version.

[47] EETS. 235, S. 118–121.

[48] Vgl. oben S. 188.

[49] *BHL* 2031, ed. H. Hind, *Symeonis Dunelmensis Opera et Collectania*, I, Surtees Soc. 51 (1867), S. 223–226.

englische Legende nichts gemein. Sie geht nicht von bereits vorgeprägten Formen aus, sondern vom einfachen Eindruck und der Betrachtung des Wunderbaren, also von den für erbaulich gehaltenen Wesenheiten als solchen.

Innerhalb des biographischen Rahmens behandelt die Legende fünf Wunder. Das erste (3–28), die Ermahnung des spielenden Cuthbert durch ein kleines Kind (einen Engel), wirkt schon durch die Vorstellung des Ballspiels volkstümlicher als Bedas klassisch anmutende Beschreibung jugendlicher Lauf- und Ringspiele und führt den mit *vair miracle* angeschlagenen Gundton fort, indem es das auf Cuthbert zukommende Kind charakterisiert (5–6):

> *þer com go a lite child ... hit þoʒte þreo ʒer old*
> *A swete creature & fair . it was milde & bold.*

Die wunderbare Wirkung, die von diesem Wesen auszugehen scheint, setzt sich in einer Reihe von Einzelheiten fort: in den mahnend-liebevollen Worten des Kindes (7–8) – Beda berichtet hier gedanklich zusammenfassend –, in seiner Trauer und in den darauf bezogenen Reaktionen des Mitleids und des Trösten-Wollens bei den Gespielen (11–16), in Cuthberts volkstümlich-gemütvoller Frage nach dem Grund des Weinens (17–18) und schließlich in der bei Beda fehlenden deutlichen Wendung ins Geheimnisvolle (23): *Mid þis word me nuste . woder þis ʒonge child wende.* Dieser Zusatz vermag wie die entsprechenden Formulierungen in der Caecilienlegende die Wundererwartung des Publikums zu erregen. Er bereitet den Schlußsatz der Versgruppe vor, der den Zuhörern die Auflösung des Rätsels und die Bestätigung der Erwartung bringt (24): *An angel it was of heuene . þat oure Louerd þuder sende.* So wird die ganze Phase als Erzählbericht verlangsamt und auf den Nenner des Wunderbaren gebracht. Elemente, die nicht dazu passen, fehlen, wie z. B. Bedas Beschreibung der Körperkräfte Cuthberts. Weder im Anonymus noch bei Beda findet sich eine das Wundergefühl ansprechende und eine fromme Stimmung suggerierende Steigerung der Darstellung. Ein Engel wird dort an dieser Stelle noch nicht erwähnt; Beda spricht in sorgfältiger Unterscheidung zunächst von einer Warnung *per hominem*, auf die dann, weil Cuthbert ihr nachkommt, die Tröstung durch einen Engel folgt: [...] *etiam angelico uisu et affatu confortari promeruit.*[50] Beda tritt bewußt einer Gefühlsreaktion entgegen, die nur im Staunen stehen bleibt.[51] Der Magister des Klosters will seine Mönche nicht durch ein aus den großen Zusammenhängen gelöstes Mirakel in Verwunderung versetzen, sondern ihre Gedanken auf die Allmacht und den objektiven Heilsplan Gottes lenken.

---

[50] Colgrave, *Two Lives*, Kap. 2, S. 158.
[51] Ebd., Ende Kap. 1: "Nec mirandum cuiquam, paruuli lasciuiam per paruulum potuisse Domino agente cohiberi, qui ad prohibendam prophetae insipientiam, ore subjugalis muti rationabilia uerba cum uoluit edidit, in cuius laude ueraciter dictum est, quia ex ore infantium et lactantium perfecisti laudem."

Auch die Gestaltung des dritten Wunders, der Heilung Cuthberts (39–58), läßt den Engel zunächst unerkannt als einen Ritter erscheinen und hebt die Wirkung des Unerklärlichen hervor.[52] Das schon bei Beda und beim Anonymus geheimnisvoll wirkende Rezept wird zu einer gut deklamierbaren Zauberformel gesteigert (51–54). Darauf verschwindet der Fremde auf rätselhafte Weise (55), bis es am Schluß der Versgruppe wieder triumphierend heißt (56): *An angel of heuene it was. þat oure Louerd þuder sende.* Die zwei anschließenden Zeilen (57–58) bestätigen die erfolgte Heilung. Beda dagegen sagt von vornherein, daß Cuthbert, der *puer Domini*, für die Befolgung der an ihn ergangenen Mahnung mit der Erscheinung eines Engels belohnt wurde, und wertet abschließend das Wunder ausdrücklich als Zeichen seiner Auserwähltheit. Auch der Anonymus (I, 4), der das Wunderbare der Heilung stärker als Beda betont, stellt das Ganze hin als Ehrung dessen, der von Gott erwählt ist. In der südenglischen Fassung wird das Wunder aus diesem größeren Zusammenhang gelöst und chronologisch in die Zeit nach Cuthberts Eintritt in das Kloster verlegt.

Das vierte Wunder, die Speisung Cuthberts (59–84), ist nach demselben Schema aufgebaut. Der Wunderbericht selbst beginnt mit der summarischen Versicherung, daß Gott für Cuthbert viele Wunder wirkte und daß oft Engel kamen, ihn zu speisen. Hierdurch wird das Mirakel stimmungsmäßig vorbereitet (62–63), im Gegensatz zu den lateinischen Versionen, in denen dieser Hinweis erst nachträglich erfolgt. Das Wunder selbst stellt Beda als eine Prüfung Cuthberts hin[53] und bemerkt, daß der Heilige durch Wunder zu noch größerem Tugendstreben angespornt worden sei. Erst danach wird die Stärkung des Hungernden mit besonderen, vom Herrn bereiteten Speisen – also mit solchen übernatürlicher Art – vermeldet.[54] Im südenglischen Legendar ist weder vom Tugendbemühen Cuthberts die Rede, noch bezeichnet das *wiþ him ofte hi ete* (63) mehr als das Essen irdischer Speise. In den nächsten Versen (64–68) wird zwar seine vorbildliche Nächstenliebe als Gästebetreuer betont, aber ohne asketischen Zug und vereinfacht auf das menschlich Gütige hin, wie es von jedem Christen erwartet wird: *þe gistnynge was wel swete* (64) und *Wel gladlich gistes þen mete he ʒaf . he nolde noman werne* (65). Die Einzelbegebenheit selbst wird mit feinem Sinn für das Stimmungsmäßige erzählt und mit einer dem Alltagsleben entnommenen Anschaulichkeit verbunden (69–84): Eines Tages erscheint ein edler, schöner Gast (69) und bittet um der Nächstenliebe willen um Speisung. Cuthbert reicht ihm Waschwasser für die Hände,

---

[52] Daß das zweite Wunder (29–38), die Vision, diesen Verlauf nicht aufweist, ergibt sich aus der ganz anderen Natur eines Visionswunders.

[53] "probandae suae gratia deuotionis angelum Domini suo suscepisse fertur hospitio" (Colgrave, a.a.O., Kap. 7, S. 176).

[54] "Denique sepius ex eo tempore angelos uidere et alloqui, set et esuriens cibis speciali sibi munere a Domino praeparatis meruit refici" (ebd. S. 178).

setzt ihn an den „hohen Tisch" und beschafft *wiþ gode herte* (72) reichlich zu essen und zu trinken. Er geht zum Backhaus, um dem Gast das frische Brot zu holen und ihn „noch froher zu machen" (74). Bei seiner Rückkehr jedoch findet er diesen nicht mehr und gerät in große Verwunderung (75–76):

> *þo he com aзen wiþ hot bred . is gist ne vond he noзt*
> *þer of hadde þis holyman . gret wonder inis þoзt.*

Es folgt in gegenständlicher und gefühlvoller Schilderung (77–84), wie Cuthbert im Schnee vergeblich nach den Spuren des Gastes sucht, in einer nahe gelegenen Kammer „sehr süßen Duft" wahrnimmt und dort einen gedeckten Tisch mit drei warmen Broten findet. Er empfindet große Freude und sagt sich, daß der Fremde ein Engel Gottes gewesen sei, der die Menschen nähre, aber nicht selbst genährt werden wolle (82b–84). Das alles ist weniger weiterführendes Geschehen als erbauliches Erleben des Wunders, das mit den letzten Zeilen der Versgruppe eindrucksvoll erklärt wird. Bei Beda reagiert Cuthbert mit ehrfürchtiger Scheu und mit Schrecken – *Stupefactus ergo uir Dei*[55] (was genau Vers 72 entspricht), *pauensque talia secum loquitur*[56] –, im südenglischen Legendar mit Freude: *wel þat he was glad* (82b). Trotz des Überraschungseffektes wird das Wunder letztlich wie in den vielen Erzählungen um Franziskus oder bei Caesarius von Heisterbach und Jacobus a Voragine mit Ruhe und Selbstverständlichkeit in die Alltagswelt einbezogen.

Auch das fünfte Wunder, die körperliche Stärkung durch zwei Ottern, die Cuthbert frisch lecken (85–96), wird in charakteristischer Weise umgeformt. Bei Beda (Kap. 10) und dem Anonymus ist es ein Wunder, in dem die Macht des großen Wundertäters über die Geschöpfe des Meeres demonstriert wird: die Ottern erweisen ihm Gehorsam und Verehrung; in den folgenden Kapiteln huldigen ihm Vögel und Menschen. Das südenglische Legendar wendet den Vorgang zu einem Hilfs- und Heilungswunder: die Kreaturen des Meeres helfen Cuthbert wie vorher die Engel. Als der Heilige, der sich bis zum Kinn ins kalte Meerwasser gestellt hat, vor Schwäche zusammenbricht (90), kommen die Ottern und lecken ihn gesund (91–94a). Es wird nicht gesagt, daß es sich um einen Akt der Verehrung handelt. Der Vorfall wirkt als Zeichen der Liebe, von der die Schöpfung erfüllt ist, ähnlich wie in den von Franziskus, dem Freund der Tiere, erzählten Wundern.[57] Es wird auch nicht erwähnt, daß es sich um eine asketische Übung Cuthberts handelt. Beda dagegen sagt ausdrücklich, daß Cuthbert, so im Wasser stehend, die ganze Nacht hindurch Gott lobt: *Ingressusque altitudinem maris, donec ad collum usque et brachia unda tumens*

---

[55] Colgrave, *Two Lives*, S. 176.
[56] Ebd. S. 178.
[57] Zu Parallelen in der Chronik des Franziskaners Thomas von Eccleston vgl. unten S. 245, Anm. 12.

adsurgeret, peruigiles undisonis in laudibus tenebras noctis exegit.[58] Bei Morgengrauen steigt der Heilige ans Land und betet mit gebeugtem Knie. Da kommen die Ottern aus der See, legen sich vor ihn, hauchen seine Füße an und wischen sie mit ihrem Haar. Auch damit mag Hilfeleistung gemeint sein, aber es wird nirgends gesagt, daß Cuthbert dadurch gesund gemacht wurde (*hol & sond*, 94). Vielmehr erteilt Cuthbert den Tieren nach ihrem Dienst seinen Segen – wovon im südenglischen Legendar nicht mehr die Rede ist: *Completoque ministerio, percepta ab eo benedictione patrias sunt relapsa sub undas.*[59] In der englischen Version wird nur gesagt, daß Cuthbert, der sich wieder gesund und stark fühlt, zur Matutin im Chor steht und eifrig und gern mitsingt (*ʒeorne*, 95). Dieser Gefühlston fehlt bei Beda. Auch zu Anfang der Wunderepisode, wo das südenglische Legendar gefühlsstarke Formeln wie *wel stilleliche* (86) oder *Into þe colde se* (87) verwendet, sagt Beda in nüchtern-klarem Bericht: *At ille egressus monasterio sequente exploratore descendit ad mare, cuius ripae monasterium idem superpositum erat.*[60] Es ist für die Objektivität Bedas ferner bezeichnend, daß er den Beobachter miterwähnt. Auch nach Cuthberts Ehrung durch die Tiere wird der der hagiographischen Tradition angehörende Augenzeuge wieder genannt, der nun so erschreckt ist, daß er kaum das Kloster erreichen kann. Die sachliche Darstellungsweise Bedas verfolgt die zwei Geschehenslinien – das Verhalten Cuthberts und das des Beobachters – nebeneinander. Das südenglische Legendar dagegen konzentriert sich auf nur ein Phänomen von andachtsbildartiger Grundstruktur. Der Beobachter wird erst nachträglich, zu Beginn der nächsten Versgruppe erwähnt.

Es ist nicht ausgeschlossen, daß diese Stoffauswahl den ersten Lesungen der damals gebräuchlichen Breviere, speziell dem *Breviarium Eboracum* folgt. Letzteres enthält sämtliche vom südenglischen Legendar gewählten Wunder und läßt ebenfalls die Speisung Cuthberts nach einem langen Ritt fort (Beda V, Anon. I, 4).[61] Aber die stoffliche Begrenzung der südenglischen Fassung geht weiter. Nur ganz summarisch, allerdings in homiletischer Klarheit, wird mitgeteilt, daß Cuthbert die Ordensregel genau einhielt, bußfertig war, als heiliger Mönch galt (37–38) und später sein Bistum gut kannte, d. h. seiner bischöflichen Pflicht gemäß viel umherreiste (102). Es fehlen aber fast alle Kapitel und Wunder, welche seine mönchische Vorbildlichkeit illustrieren. Das Wunder um den beispielhaften Gästebetreuer wird ins allgemein Christliche umgedeutet. Nicht ein einziges Mal erscheint Cuthbert als der große Thaumaturg der heroischen Zeit; von Teufels-

---

[58] Colgrave, *Two Lives*, Kap. 10, S. 188.
[59] Ebd. S. 190.
[60] Ebd. S. 188.
[61] Vgl. zur Stoffverteilung der Cuthbertlegende in den Brevieren die Übersichten in den Marginalien von J. T. Fowler, *The Life of St. Cuthbert in English Verse, c. A. D. 1450*, Surtees Soc. 87 (1891). Zum Fehlen der Speisung des Pferdes und des Motives des reitenden Mönchs auch unten S. 242 u. 252.

austreibungen, Krankenheilungen oder Totenerweckungen ist nicht die Rede. Statt dessen werden in allen vom südenglischen Legendar gewählten Mirakeln an Cuthbert selbst wunderbare Prophezeiung, Heilung, Speisung, Stärkung und Gesundung wirksam. Cuthbert ist mehr Empfänger als Täter der Wunder. Es geht nicht mehr um die Profilierung des bestimmten Heiligentypus eines Klostermannes oder missionarischen Bischofs, sondern vornehmlich – wie in den vielen Marienlegenden und Sammlungen posthumer Heiligenwunder des späteren Mittelalters – um das Behütetwerden eines Gläubigen. Der um Cuthbert gestellte Kranz schöner Mirakel ließe sich ohne Veränderung auf jeden anderen frommen und schlichten Menschen übertragen. Er ist primär Stimmungsträger. Auch die biographische Genauigkeit der Cuthbert-Vita wird reduziert; historische Fakten werden vereinfacht, weggelassen oder in Vorstellungen umgeändert, die dem Publikum bzw. dem Verfasser bekannter waren und für die vielleicht ein besonderes Interesse vorlag.[62] Hauptanliegen der Darstellung sind die *vair miracle*. Die irdische Wirklichkeit scheint wie von Gottes schützender Hilfsmacht erfüllt, ihrer Besonderheiten und Bedrohungen entkleidet; erzählstrukturell erscheint sie, der Konzeption eines Märchens nicht

---

[62] So wird etwa V. 35 aus dem Altbenediktiner ein Zisterzienser (grei monk), der statt in Melrose in das Zisterzienserkloster *Gireuaus* (Jervaulx Abbey, Yorks., gegr. 1150, 1156) eintritt. In MSS. Laud 108 und Ashmole 43 wird der Name ebenso angegeben, in späteren MSS. als *Germans* (Trin. Coll. Cambr., R. III, 25, ca. 1400) oder gar *cleruaus* (Bodl. 779, Anfang 15. Jh.); vgl. dazu J. T. Fowler, a.a.O. S. [IV], Anm. 2. Mit wachsendem zeitlichen Abstand nimmt also die Unsicherheit in der Namensangabe zu. Die Nennung von Jervaulx kann ein reiner Zufall sein, deutet jedoch eher auf ein bewußtes Anknüpfen an die den einfachen Hörern bekannte Welt. Der Verfasser hat vielleicht eine Entsprechung zu Ripon (Yorks.) gesucht, jener Filialgründung von Melrose aus, in welche Cuthbert nach Beda, Kap. 7, entsandt wurde und in welcher er nach Anonymus II, 2 sein Klosterleben begonnen hat. Ripon aber war im 10. Jh. in ein säkulares Stiftskapitel umgewandelt worden, während kaum 30 Kilometer entfernt, ebenfalls nahe am Ure gelegen, die Zisterziensergründung Jervaulx sich im 12. und 13. Jh. schnell zu einem bedeutenden Hause entwickelte (vgl. dazu D. Knowles und R. N. Hadcock, *Medieval Religious Houses. England and Wales*, London 1953, S. 110). Der Verfasser verwendete also einen Namen, der in seiner Zeit geläufig war und der sich geographisch mit Ripon verbinden ließ. Auf die Entsendung Cuthberts in die Filialgründung wird nur in einer volkstümlich typisierenden Wendung ohne Namensnennung Bezug genommen (V. 60). – Möglicherweise liegt bei Gireuaus auch eine Verwechslung mit Jarrow vor, das durch Bedas Wirken und seine *Vita Abbatum Wiremuthensium et Girvensium* bekannt war und das vielleicht als englisches Kloster der Grafschaft Durham dem schottischen Melrose vorgezogen werden sollte. In beiden Fällen jedenfalls geht der Verfasser von den zeitgenössischen, nicht den historischen Verhältnissen aus, für welche bei einem südenglischen Publikum wohl auch wenig Interesse bestanden hätte. Dieselbe Einstellung verrät die Verlegung des bischöflichen Wirkens Cuthberts von Lindisfarne nach Durham, das seit dem 11. Jh. Bischofssitz war und wohin Cuthberts Schrein übertragen worden war. Der Verfasser stellt sich in seiner volkstümlichen Darstellung mehr auf die durch die Translation geschaffenen Gegebenheiten der Heiligenverehrung als auf die geschichtlichen Fakten ein, im Gegensatz zu dem Kompilator des metrischen Cuthbert-Lebens des 15. Jhs. (vgl. dazu unten S. 342 ff.).

unähnlich, auf eine Ebene selbstverständlichen Beschütztwerdens projiziert.[63] Der Lohn für den Frommen, Gütigen, Liebevollen, Hilfsbereiten oder geduldig Leidenden wird gewissermaßen vorverlegt in das
diesseitige Leben. Ein dergestalt frömmigkeits- und mirakelerfülltes, allseits
behütetes Leben wird auf die schlichten Zuhörer tröstlich und verheißungsvoll gewirkt haben, als eine Bestätigung ihres Wunderglaubens.

Es ist kein Zufall, daß der Verfasser der südenglischen Cuthbertlegende
die Worte „Hoffnung" und „Trost" bei einem der Wunder (46/47) in
Erweiterung Bedas verwendet. In der Darstellungsweise zeigen sich darüber
hinaus Züge eines unverkennbar mündlich-predigthaften Vortrags, der
gelegentlich eine leicht an spielmännische Gepflogenheiten erinnernde,
effektvolle Zuspitzung erfährt. Jedoch geht es dabei nicht wie in der
Episodenlegende um bunt-vorgängliche Erzählgestaltung, sondern um ein
um so intensiveres, andachtsbildartiges Darstellen des Wunderbaren.[64]

6. Die Wulfstanlegende

Nicht in allen Fällen hat das südenglische Legendar die historischen
Elemente so vereinfacht wie in der Cuthbertlegende. Es gibt Stoffe wie
das Leben Wulfstans, Chads, Swithuns, Kenelms oder des Thomas von
Canterbury und Oswald Episcopus, in denen der chronistische oder biographische Rahmen enger mit der Legende verknüpft ist, vermutlich weil
es sich dabei im wesentlichen um südenglische Heilige und Verhältnisse
handelt, für welche bei Verfasser und Publikum größeres Interesse bestand. Aber selbst in solchen Fällen läßt sich eine die bisherigen Beobachtungen bestätigende Formgebung erkennen. Der hier ausführlich und
stellvertretend für die anderen zu untersuchenden Wulfstanlegende[65] ist die
stoffliche und formale Besonderheit eigen, daß sie eine einzelne Begebenheit – das Stabwunder, durch das Wulfstan sein Bischofsamt wiedererhält –
„wendepunktartig" in die Mitte stellt. Dadurch ergibt sich ein wesentlich
geschlossenerer Aufbau als in der Cuthbertlegende und anderen die Lebensereignisse und Wunder reihenden Abt- und Bischofsleben. Dennoch wird
der Stoff nicht auf einen novellistischen Effekt hin gesteigert, sondern zu
einem erbaulichen und mit frommem Gefühl betrachteten Bilde gerundet.

William of Malmesburys Wulfstan-Vita[66] enthält das Stabwunder noch
nicht. Nach dem Schema der antiken Biographie, möglicherweise auch

---

[63] Obwohl grundsätzlich am Unterschied zwischen Märchen und Heiligenlegende festzuhalten ist (vgl. oben S. 4f.), ergibt sich hier und unter dem genannten Aspekt eine
interessante Berührung.

[64] Dieser Grundzug wird auch deutlich im Vergleich der südenglischen Version zu ihrer
späteren Prosabearbeitung in der *Gilte Legende*, s. unten S. 377ff.

[65] EETS. 235, S. 8–15 (Nr. 5).

[66] Vgl. oben S. 167.

nach dem Typus der Antonius-Vita[67] behandelt er zunächst Herkunft und Taten (Bücher I und II) und dann den Charakter und das Sterben des Heiligen (Buch III). Neben einer Fülle von Wundern und Tugendbeweisen[68] werden ausführlich die historischen Ereignisse vor und nach der normannischen Eroberung berücksichtigt.[69] Hieran ist der Historiker William of Malmesbury unschwer zu erkennen. Mehrfach bezieht er sich auf seine Quelle Coleman. Ferner erörtert er verschiedene politische Gesichtspunkte. Manche Kapitel haben den Inhalt und Stil einer Chronik,[70] andere sind lebendig und anekdotenhaft erzählt,[71] wie es ebenfalls historiographischer Tradition entspricht. Dennoch dominiert der hagiographische Charakter des Werkes. Die Erbauungstendenz ist, wie die Mehrzahl der Wunder und Tugendschilderungen zeigt, die Darstellung beispielhaft schlichter, demütiger Frömmigkeit. Die allgemeine moralische Absicht wird im Prolog ausgesprochen.[72]

[67] Vgl. oben S. 46.

[68] *Buch I*: z. B. tugendhafte Kindheit, Widerstand gegen Versuchungen, Ablehnung einer reichen, vom Bischof angebotenen Pfründe, Eintritt in das Kloster zu Worcester, Reformen schon als Prior; tauft die Kinder der Armen, ohne wie die korrupten Priester Geld zu verlangen; verbindet als Bischof von Worcester mönchische Frömmigkeit mit bischöflicher Autorität; wirkt viele Wunder (rettet z. B. einen vom Glockenturm stürzenden Bauarbeiter). *Buch II*: Viele Heilungswunder; predigt dem Volk, tauft, firmt; baut und konsekriert viele Kirchen; rettet ein Schiff, das in Seenot geraten ist, bewirkt durch seine Predigt Einstellung des Sklavenhandels zwischen Bristol und Irland, stiftet Frieden unter Streitenden; *Buch III* hat *interiorem eius uitam et mores* (a.a.O. S. 46) zum Gegenstand, gibt also seine persönlichen Tugenden: Beschreibung seines Äußeren (wobei die Bescheidenheit seiner Kleidung betont wird), Verzicht auf fleischliche Nahrung; nächtliches Gebet mit den Mönchen, Psalmen-Singen auf der Reise, beim Einschlafen; auch während des Schlafens läßt er sich Heiligenleben und Erbauungsbücher vorlesen; er nimmt reuige Sünder auf, lehrt Reiche die Armen beschenken, liebt die Einsamkeit für fromme Betrachtung, mahnt die von den Gebetsstunden fernbleibenden Mönche, visitiert regelmäßig die Diözese, vertreibt verheiratete Priester und ist selbst demütig.

[69] *Buch I*: Aufnahme in den Haushalt Brihteahs, Bischofs von Worcester (Kap. 2); Ealdred, der Nachfolger Brihteahs, wird Erzbischof von York, Wulfstan wird als sein Nachfolger in Worcester vorgeschlagen; entsprechende Verhandlungen unter den Großen (Kap. 10–11); ein Teil der Einkünfte von Worcester wird von Ealdred usurpiert (Kap. 13); Harold wird König, wird im Norden nicht anerkannt, aber Wulfstan weiß die Großen umzustimmen und prophezeit nationales Unglück und Triumph des Lasters (Kap. 16). *Buch II* behandelt die Zeit nach der normannischen Eroberung. Wulfstan wird von Wilhelm dem Eroberer geehrt, fordert von Thomas von York, dem Nachfolger Ealdreds, die verlorenen Gebiete zurück, die ihm auch von einer Versammlung der Großen zugesprochen werden; außerdem gibt Lanfranc ihm noch das Bistum Chester (Kap. 1). Der von den Normannen, speziell Lanfranc, erhobene Vorwurf der Unwissenheit Wulfstans, den William in den *Gest. Pont.* berührt, wird mit keinem Wort erwähnt.

[70] Etwa I, 16.

[71] z. B. die Rettung des vom Glockenturm stürzenden Bauarbeiters, I, 8.

[72] "Multa et ut nostra fert opinio innumera, sunt in scripturis sanctis, quibus diuina dignatio mentes mortalium ad bone uite cultum informat, tum precepta tum exempla. [...] Nec uero hec dico quod multis hanc beatitudinem arrogem; ut sicut ipse fuit imitator Christi, sic possint eum imitari" (S. 2–3).

Die Version des südenglischen Legendars geht offenbar nicht auf William of Malmesbury zurück, jedenfalls nicht als Hauptquelle, sondern auf eine Gruppe von Kurzfassungen, die Anfang des 13. Jhs. entstanden sind und erstmals von dem in der mündlichen Tradition vorhandenen und beliebten Stabwunder berichten.[73] Obwohl mit diesen, besonders mit MS. Cott. Vesp., inhaltlich große Übereinstimmungen bestehen, ist die Gestaltung im südenglischen Legendar doch eine ganz andere. Für den ersten Teil ist die geschickte Einbeziehung des Historischen in das legendarisch vereinfachte Bild von Interesse.

Als Anliegen der Darstellung hebt die zweite Zeile nach der Namensnennung hervor: *Swuþe holyman al is lif* [*he*] *was. as ich vnderstonde,* und die Heiligkeit Wulfstans wird als unveränderliche Konstante bei jeder neuen stofflichen Einzelheit klar herausgestellt. Schon in der Kindheit zieht es Wulfstan in die Kirche (4), im Kloster hält er die Regel gut (11), und sein Sinn ist nur darauf gerichtet, Gott und die heilige Maria zu preisen (12). Dazu werden sein nächtliches Beten in der Kirche und sein Fasten und Schweigen (19–22) als andachtsbildartige Veranschaulichung gegeben. Zusammenfassend und den Stimmungswert stillen Frommseins suggerierend heißt es: *So longe he was at Wircetre . in holy lyf þus stille* (23). Die Folge seiner Frömmigkeit ist, daß man ihn zum Prior macht (24). Mönchs- und Priorzeit werden also weniger temporal als durch die gleichbleibende Heiligkeit, aus erbaulicher Sicht, verknüpft. Dem Wirken als Prior wird (ähnlich wie in der Cuthbertlegende) ein zusammenfassendes Urteil

---

[73] Es handelt sich um zwei Redaktionen. Die e r s t e ist eine in 3 MSS. erhaltene Kürzung der *Vita* Williams, die deren Einteilung und Kapitelfolge wahrt und einiges Neue, vor allem das Stabwunder, aufnimmt (ed. Darlington, a.a.O. S. 68–110); über die Beliebtheit dieses Wunders heißt es (S. 78): "Huius autem memoria miraculi usque adeo per Angliam grata et celebris habita est; quod non fuit opus scripto comprehendere, quod erat omnium assertione et attestatione subnixum." Als genaue Entstehungszeit dieser Durhamer Fassung (so benannt nach dem Hauptmanuskript MS. B. IV, 39 b) vermutet Darlington das erste Jahrzehnt des 13. Jhs., als sich Wunder am Grabe des Heiligen ereigneten und Verhandlungen wegen seiner Kanonisation im Gange waren. Er nimmt an, daß die Abkürzung zur Information der Prälaten geschrieben wurde, die von Innozenz III. delegiert worden waren, um die Wahrheit der Wunder und den Charakter des irdischen Lebens Wulfstans zu prüfen (a.a.O. S. XXI). Zu diesem Zweck mochte das Stabwunder, das sich angeblich vor den Augen aller Würdenträger ereignet hatte und ein eindrucksvolles Bild von der Demut und Frömmigkeit Wulfstans gab, besonders geeignet erscheinen. Noch mehr Berührungspunkte mit der südenglischen Version bietet eine z w e i t e ganz knappe Fassung (MS. Cott. Vesp., E. 9, ed. Darlington, a.a.O. S. 111–114), die nach Darlington (S. XXII) im 13. Jh. für die Nonnen von Westwood (Worcestershire) geschrieben wurde. Der Text basiert offensichtlich auf einer der Durhamer Fassung nahestehenden Version. Er ist in neun *lectiones* eingeteilt und zeigt ein deutlich monastisch-erbauliches Anliegen. Inhaltlich jedoch enthält er alle im südenglischen Legendar vorkommenden Züge, z. B. auch die sonst nicht belegte Erwähnung der Freundschaft zwischen Aldredus und Wulfstan *(lectio quarta)*, den Kampfbericht *(lectio quinta)*, die Zusammenfassung der Heilungswunder *(lectio octava)*, die bildhafte Darstellung des Weckungswunders nach Wulfstans Tode und die Beschränkung auf dieses eine posthume Wunder *(lectio nona)*.

über Wulfstans Liebe zu Gott und allen guten Menschen vorausgestellt, was dem Gefühlston des *þus stille* (23) entspricht (25–26). Nach bewährter Predigtpraxis folgt ein Beispiel, die Rettung des vom Glockenturm stürzenden Arbeiters durch Wulfstans Kreuzzeichen (31–41), und abschließend ein Lob der großen Macht Gottes (42–44). Beim Preis der Bischofszeit Wulfstans wird, wie schon beim Eintritt in das Kloster, sein frommer Eifer betont: *And aforcede him to serui wel . God & seinte Marie* (56). Historische Namen und Ereignisse werden geschickt in das gefühlsbetonte Heiligenbild einbezogen: Was von St. Oswald in der Priorei von Worcester begonnen sei, habe Wulfstan vollendet (29); der Name seines Vorgängers Ealdred wird mit Wulfstans Liebe zu ihm und allen guten Menschen verbunden (47 f.):

> *þat seint Wolston louede wel . and he hym also*
> *For ech god man wol louie oþer . it were elles misdo.*

Für eine längere Strecke (57–90) wird zwar die Betrachtung des Heiligen wie in den lateinischen Kurzfassungen von einem historischen Bericht über die normannische Eroberung unterbrochen, jedoch bleibt auch dieser kein Fremdkörper, sondern wird emotional mit dem Ganzen verflochten. Die Ereignisse werden nicht so sehr dargestellt und historisch erklärt als beklagt, wobei ein volkstümlich-nationales Element, der Gegensatz zwischen einheimischen Engländern und fremden Eroberern, stärker als in den lateinischen Versionen hervortritt. Die Treulosigkeit der Barone wird angeprangert (77–80), und Wilhelm selbst gibt nach dem Siege zu (88), nur durch Verrat gewonnen zu haben. An das Thema vom geschehenen Unrecht kann die eigentliche Legende wieder anknüpfen, indem sie auch Wulfstan dem König gegenüber diesen Vorwurf aussprechen läßt (93–94). Der beim König aufkommende Zorn (97) führt zu Wulfstans Absetzung. Dieser Verbindungspassus (91–100) fehlt in den lateinischen Fassungen. Interessant ist, daß er, wie so oft im südenglischen Legendar, ohne genaue zeitliche oder räumliche Fixierung bleibt. Dagegen ist er eindeutig mit dem bisher gegebenen Gesamtbild des Heiligen verbunden; denn daß Wulfstan gegenüber ungerechten Menschen seine Stimme erhebt, entspricht seiner vorher erwähnten Liebe zu allen, die gut sind.

Vor diesem im ganzen summarischen Bericht nun entwickelt sich unter Distanzwechsel die bildhaft und emotional verweilende Darstellung des Stabwunders. Den Anfang der Gerichtssitzung markieren der Zorn des Königs und die leidenschaftlichen Vorwürfe der Anwesenden gegen Wulfstan (107 bis 114). „Wie ein Dieb" muß dieser vor dem Richter erscheinen, und es werden *wordes grete* (109) gesprochen. Dieser Erregung wird wirkungsvoll die stille Erscheinung Wulfstans gegenübergestellt (115–128): *Sein Wolston stod wel mildeliche* [...]. Güte, Milde und Gottvertrauen (denn nur Gott kann dem Hilflosen beistehen, 116) werden als unveränderliche Züge seines Wesens wieder deutlich. Aus seiner Antwort (117–128) sprechen außerdem

Gehorsam gegenüber der Kirche und selbstverständliche Amtstreue. Den Stab, den er einst vom König erhielt, will er – und damit kommt ein gewisses Spannungsmoment in die weitere Darstellung – vor ihnen allen demjenigen zurückgeben, von dem er ihn empfangen hat. Nach dieser feierlichen Ankündigung folgt verdeutlichend die Ausführung. Seine milde Gesinnung beibehaltend (*And nom is crois wel mildeliche*, 130), stößt Wulfstan den Bischofsstab in den Marmorsarkophag des hl. Edward und läßt ihn dort stehen (129–132). Alles weitere ist nur Gefühlsreaktion auf dieses Wunder. Wulfstans Verhalten drückt Demut und fromme Ergebenheit aus (mehrfaches Vorkommen von *mildeliche*), als er die Versammlung bittet, den Stab einem Besseren als ihm zu geben (133–136), und dann fortgeht (*wel softe*, 137). In der Darstellung des allgemeinen Erstaunens (137–142) bleibt das Bild des herausragenden Stabes, auf den alle Leute blicken, unverändert. Nach vergeblichen Anstrengungen anderer versucht auch Gondolf umsonst, den Stab herauszuziehen (143–150). Das Volk antwortet mit Verwunderung, und viele strömen herbei. Als letzte Ausstrahlung des Wunders folgt die Einsicht des Königs und des Erzbischofs, daß sie ungerecht gehandelt haben. Sie senden nach Wulfstan, er möge „ihren Fehltritt wiedergutmachen" (152), womit das anfangs gegebene Thema vom geschehenen Unrecht wieder anklingt.

Auch weiterhin wird der Gefühlston gleichbleibender Frömmigkeit beibehalten. Wulfstan folgt dem Gebot gehorsam (154–155) und kehrt zurück (*wel mildeliche & stille*, 156). Nach demütigen Weigerungen nimmt er das Amt wieder an (169). Er zieht langsam und leicht den fest im Marmor steckenden Stab heraus (170–171), wodurch der konkrete, nun symbolisch wirkende Mittelpunkt des ausgedehnten Erzählbildes nochmals in den Blick kommt, auf den schon bei der Verleihung von Ring und Stab durch König Edward (53–54) durch stärkere Hervorhebung der Insignien vorbereitet worden war. Das abschließend erwähnte posthume Wunder steht in ähnlicher Relation zu einer früheren Begebenheit. Wie Wulfstan zu Anfang der Legende als nächtlicher Beter erscheint, so ermahnt er jetzt die an seinem Sarge versammelten, aber vor Übermüdung in den Schlaf gefallenen Mönche zum Gebet (201–218), wiederum unter Wahrung seines Wesenszuges der Milde, indem er sich *wel mildeliche* (212) erhebt. Immer wieder fällt das Wiederaufnehmen eines Motivs als Mittel gefühlsintensiver und sinnvertiefender Darstellung auf.

7. Die Edmundlegende

Die Edmundlegende[74] gibt Gelegenheit, außer der lateinischen Vita Abbos[75] auch Aelfrics altenglische Fassung[76] in eine vergleichende Betrachtung ein-

---

[74] EETS. 236, S. 511–515 (Nr. 77).
[75] Vgl. oben S. 142 ff.   [76] Vgl. oben S. 146 ff.

zubeziehen und die bisher gewonnenen Einsichten von hier nochmals zu überprüfen. Die südenglische Version beginnt wie die Aelfrics mit dem Namen des Heiligen, fährt jedoch nicht mit der Aufzählung seiner Tugenden fort, sondern bezieht sich auf das den Gläubigen gegenwärtige große Fest (1):

> *Seint Edmund þe holi king : of wham we makieþ gret feste.*

Spuren von Abbos Einleitungskapiteln tauchen in der volkstümlich einfachen Erklärung auf, daß es damals in England noch mehrere Könige nebeneinander gab und daß in einem Teilbereich Edmund herrschte (2–4). In dem Tugendkatalog (5–6) erscheint dieser nicht nur als gütiger Mensch, sondern auch als höfischer Ritter:

> *Swiþe fair knyȝt he was & strong : & hardi in eche poynte*
> *Meok mylþe & ful of milce : &swiþe curteys & quoynte.*[77]

Letzteres scheint neu und ein Anklang an die versromanhafte Ausgestaltung der Edmundstradition zu sein.[78] Im Gegensatz zu Abbo (und Aelfric) fehlen die besonderen geistlichen Tugenden und Pflichten des Herrschers und damit das Spannungsverhältnis zwischen der Verantwortung des Königs für sein Volk und seiner Bereitschaft zu kampflosem Martyrertod. Ähnlich wird aus dem Mönch und Bischof Cuthbert im südenglischen Legendar ein einfacher, gläubiger Mensch, und selbst in der Wulfstanlegende – obwohl dort mehr historisches Kolorit gewahrt bleibt – wird nur die schlichte Frömmigkeit in den Mittelpunkt gestellt. Die Sehweise ist die des volkstümlichen Predigers und Legendenschreibers.

Deshalb wird auch die Bösartigkeit der Feinde betont. Während Aelfric den Einfall des dänischen Kriegsvolkes als einen ihrer Beutezüge in epischerzählendem Ton darstellt, bezieht die südenglische Fassung das Geschehen sofort auf die Verderbtheit der beiden Anführer: *þat were of liþer þoȝt* heißt es Vers 7b und gleich weiter (8): *Faste here red togadere nome : to bringe Engelond to noȝt.* Nicht das objektive Geschehen, sondern die böse Absicht wird gesehen. Von Anfang an ist das Verhalten der Dänen ein einziges haßvolles Reagieren auf die Vortrefflichkeit Edmunds, den sie zu töten trachten (17–18):

> *Of þe godnisse of seint Edmund : he hurde moche telle*
> *In to his lond he wende anon : to fondi him to quelle.*

Bei Aelfric und Abbo dagegen folgt die Suche nach dem König erst auf die Zerstörung der Stadt; das Kriegsunternehmen ist noch von einer gewissen Eigenbewegung, die ihm im südenglischen Legendar abgeht. Für die

---

[77] Vgl. auch MS. Laud 108, ed. Horstmann, a.a.O. S. 297:
Swyþe fair knyȝt and strong he was : and hardy and quoynte.
Meoke and milde and ful of milce : and large in eche poynte.
[78] Vgl. dazu oben S. 142f.

eigentliche Ausführung der bösen Pläne bleiben nur die Verse 10–12, die das genaue Echo der in Vers 8 geäußerten Absicht sind und mehr gefühls-starke Anklage gegen die Sünde und das Böse als sachlichen Erzählbericht enthalten. Entsprechendes gilt für den erbarmungslosen Überfall auf die Stadt, obwohl er ausführlicher als bei Aelfric gebracht wird (19–26). Die Einzelheiten sind jedoch ihrer Gefühlswirkung wegen da, wie die Wieder-holung von Wörtern wie *reuþe* zeigt (23–25):

Children fram here moder breost : he drouȝ & let hem quelle
& al todrawe tofore here moder : þat reuþe hit is to telle
þe modres he let siþþe quelle : þat reuþe hit was ynouȝ

Außerdem ist diese Akkumulation nur die Bestätigung der von Anfang an als *liþer* gekennzeichneten Haltung der Feinde, nicht eigentlich ein weiter-führender Geschehnisbericht. Aelfric faßt an dieser Stelle die Ereignisse erzählend zusammen (40–41). Besonders deutlich ist der Unterschied in der Suche nach dem König. Statt der episch einleitenden Behandlung dieses Motivs bei Aelfric (43–45) führt das südenglische Legendar den Ton haßgetriebener Mordabsicht weiter (27–31), der sich vor allem in der Hast äußert, mit welcher die Eindringlinge den König verfolgen (30–31).
Der auffälligste Unterschied zwischen der südenglischen und den beiden älteren Versionen besteht darin, daß im Legendar die Beratungsszene und damit der Blick in die problematische Situation des Heiligen ausgelassen wird. Die Szene, die vor allen anderen geeignet war, die Besonderheit des Heiligen wenigstens andeutungsweise darzutun, wird nicht genutzt. Ebenso wenig wie Edmund zu Anfang der südenglischen Legende in seiner Würde und Verantwortlichkeit als König erschien, wird jetzt eine besondere Begründung seines Verhaltens als Martyrer versucht. Die Dänen treffen ganz einfach und zufällig Edmund vor der Stadt, nehmen ihn gefangen, foltern und enthaupten ihn. Die kompliziertere hagiographische Über-lieferung interessiert nicht mehr und wird in diesem Falle grob vereinfacht. Dagegen steigert sich die Emotionalität der Betrachtung. Die Marterung erscheint als ein rührendes Andachtsbild des unbeweglich dastehenden Dulders:

(36) *& ilad tofore þe prince naked : his honden faste ibounde*
(43f.) *Hi stode afur & bende here bowes : & here arewes riȝte*
    And as to a merke schote to him : as euene as hi miȝte
(46) *& euere stod þis holi man : stille as þeȝ he lowe*
(53f.) *þat eche pece ful fram oþer : wonder hit was of his lyue*
    Euere he stod as him neroȝte : & cride on God wel blyue

Auch das Wunder bei Auffinden des Hauptes des Heiligen wird mit starker Gefühlsaussprache verbunden. Während Aelfric den Wolf dem Zuge nur nachfolgen und dann umkehren läßt (161–163), stimmt im südenglischen Legendar das Tier eine mitleiderregende Klage an, wodurch die Darstellung emotionalisiert und verlangsamt wird (85–88):

& þe wolf makede þo deol ynouʒ : þo he þat heued forþ bere
He ʒal & furde pitousliche : as þeʒ he witles were
He suede hem euere while he miʒte : ʒullinge wel sore
Atte laste he wende al awei : þer me neseʒ no more.

Besonders deutlich ist die andachtsbildartige Umformung am Schluß
der Legende. Aelfric erzählt in epischer Folge vom schnellen Begräbnis
des Hauptes und des Leibes durch die Landbevölkerung (164–167), dann
von der *translatio*, die nach vielen Jahren erfolgt, als wieder Friede herrscht
und eine Kirche am Bestattungsort gebaut worden ist (168–173). Das bei
der Überführung festgestellte Wunder – das Zusammenwachsen von Haupt
und Leib und die Heilung der Schußwunden – wird in erzählender Sukzession berichtet (174–183). Erst am Schluß wird der gegenwärtige unver-
weste Zustand sowie seine Bedeutung als Zeichen für das vom Heiligen
geführte reine Leben hervorgehoben. Das südenglische Legendar dagegen
setzt mit dem festen Ergebnis ein, daß man den Heiligen (*al isound*, 90) nach
Edmundsbury brachte und daß er in einem herrlichen Schrein dort zu
sehen ist (92):

þer he lyþ al hol & sound : as hi seoþ þat comeþ him to.

Es wird also die Präsenz des Wunderbaren im jetzt Sichtbaren vorausgesetzt – in einer Verbildlichung, die ausschließlich Stimmungsträger ist
und auf detaillierende Deskription verzichtet. Erst danach folgt der Bericht,
bei dem es sich um ein episch entwertetes Vermelden ohne Eigenbewegung
oder Orts- und Zeitbestimmung handelt, der jedoch bezogen wird auf das
jetzt sehbare Wunder und die ihm geltende fromme Devotion (93–100):

For his bodi þat was so todrawe : bicom al hol anon
As þe while he was alyue : boþe in flesch & bon
His heued as faste to þe bodi : as hit was euer er
In al his bodi þer nas wem : as meni man iseʒ þer
Bote as his heued was of ismyte : as oure Louerd hit wolde
A smal red lyne al aboute : schyninge of golde
Wele whiche fair pelrynage : is þider forto fare
To honury þat holi bodi : þat haþ ibeo þer so ʒare.

Der belehrende Ernst Aelfrics, der Gott als den Urheber des Wunders und
die Reinheit Edmunds als moralischen Grund dafür nennt, ist geschwunden.
Nicht die Imitabilität und ehrfurchtgebietende Heiligkeit des Königs sind
die formbestimmenden Erbauungstendenzen, sondern es geht um die
Weckung des frommen Gefühls für die beglückende Gegenwart und Wirkkraft des Wunders – wozu die für das südenglische Legendar typische
Schlußfloskel paßt (102):

Grante ous þe ioye þat he is inne : after oure ending Amen.

8. Zum Problem der Verfasserschaft

Die Frage ist, wie weit auf Grund der herausgestellten Charakteristika der Form und Frömmigkeitshaltung sowie des Verwendungszwecks und gewisser anderer im Text gegebener Hinweise dem schwierigen Problem der Verfasser und Benutzer der Sammlung näherzukommen ist.

Die meisten Merkmale weisen auf wandernde Prediger und bestätigen damit die von B. D. Brown vertretene These von der Entstehung des Legendars bei den Bettelmönchen.[79] Das vereinfachte Heiligenbild, die Erbauungstendenzen, der predigthaft eindringliche Aufbau sowie die zahlreichen volkstümlichen Höreranreden und schlichten Erklärungen gelehrter Ausdrücke wie *arsmetike* (*Edmund the Confessor*, 235) oder *hereseie* (*Dominic*, 36)[80] deuten darauf hin, und die Grundform des erzählerischen Andachtsbildes läßt sich stilgeschichtlich in genauer Parallele zur gleichzeitigen franziskanischen Malerei in England sehen. Hinzu kommt der Inhalt der Sammlung, der eine besondere Eignung für den Vortrag von wandernden Predigern zu beliebigen Zeiten und an verschiedenen Orten hat. Die Redaktion der MSS. Harley und Corpus Christi Cambr. zeigt die planvolle Einrichtung des Legendars für alle wichtigen Gelegenheiten des Kirchenjahres. Das Temporale ist wie in der *Legenda aurea* – wenn auch mit dem 1. Januar statt im Sinne des Kirchenjahres mit dem 1. Advent beginnend – mit den Heiligenlegenden verbunden, unter denen englische Lokalheilige starke Berücksichtigung finden. Andere Stoffe kommen dem Unterhaltungsbedürfnis einer allgemeinen Hörerschaft entgegen: die bunten Begebenheiten in Stücken wie *Brendan* (Nr. 40), *Mary of Egypt* (Nr. 31) oder in den Marienmirakeln der *Theophilus*legende (Nr. 45); die Situationskomik in *Dunstan* (Nr. 41), wo der Heilige den Teufel überlistet und mit einer glühenden Zange zwackt, oder in *Anastasia* (Nr. 84), wo der liebestolle Richter in der Küche rußige Töpfe und Kessel statt der vermeintlichen Jungfrauen umarmt – derselbe Stoff, den im 10. Jh. Hrotsvit von Gandersheim in ihrem dialogisierten *Dulcitius* verarbeitete und der sich auch in der *Legenda aurea* findet. Ferner werden vertraute Alltagsszenen – z. B. das Brotbacken in *Cuthbert* oder die Eier verkaufende Marktfrau (Nr. 50, *Swithun*, 55–70) – und volkstümliche Sentenzen einbezogen (z.B. Nr. 24, *Edward the Elder*, 40, 92). Dazu tritt zur Befriedigung naiver und laienhafter Neugierde die Vermittlung profanen Wissens in vereinfachter Form. Zu nennen sind chronikartige Übersichten über die Geschichte Englands und einzelner Bistümer (besonders Winchesters und Worcesters) und Abteien (vorwiegend aus demselben südlichen und südwestlichen Teil Englands),[81] ein umfangreicher historisch-geographischer Exkurs über

---

[79] B. D. Brown, a.a.O. S. CX.
[80] Vgl. auch B. D. Brown, a.a.O. S. CXV.
[81] Vgl. außer der Wulfstanlegende mit ihrem Appell an das volkstümliche Nationalgefühl die chronikartigen Teile, vorwiegend kirchengeschichtlicher Art, in Nr. 19, *Oswald the*

die fünf alten Königreiche Englands in *Kenelm*[82] und ein Abriß der damaligen Naturwissenschaft (Nr. 65, *Michael*, Part III, 391 ff.), in welchem Themen wie die acht Firmamente und sieben Planeten, der Einfluß des Mondes auf die Erde, die Entstehung von Blitz und Donner, die Temperamentenlehre, das Wachsen des menschlichen Embryo u. a. m. behandelt werden. Theologisch wird der Unterschied zwischen den drei Seelen des Menschen (729 ff.) herausgestellt. Nimmt man all das zusammen, so ergibt sich ein reichhaltiges Repertoire, dem der *Legenda aurea* nicht unähnlich, aber nicht so systematisch angeordnet und konkreter auf die englischen Verhältnisse und die Bedürfnisse des direkten Vortrags vor Laien bezogen.

Wie geschickt die verschiedenartigen Materialien trotz ihrer Eigenfarbe dem erbaulichen Anliegen untergeordnet und in die legendarische Darstellung einbezogen werden, haben die Einzelinterpretationen gezeigt. Wie in der Wulfstanlegende werden die Gründung und Festigung von Kathedralstädten und Klöstern grundsätzlich nicht als historische Begebenheit, sondern als das fromme Werk der Heiligen gesehen,[83] der Ort wird zum Schauplatz ihres Martyriums[84] oder zur Aufbewahrungsstätte der Reliquien.[85] Die gelegentlich ausführlicher dargestellten Kriegsereignisse werden wie in *Wulfstan* und *Edmund the King* als Auseinandersetzung zwischen Gut und Böse aufgefaßt, die Herrscher und Heerführer als Freunde oder Feinde, als Befürworter oder Gegner der heiligen Sache. Das Ausmaß der legendarisch-erbaulichen Umformung ist beträchtlich, was besonders deutlich wird, wenn man die Behandlung derselben Stoffe in zeitgenössischen Reimchroniken, z. B. der des Robert of Gloucester, heranzieht. Auch dort erscheinen (beim Bericht über König Edmund) Hinguar und Hubba von vornherein als Bösewichter (*ssrewen*, 5289), und von ihrer Art des Mordens und Brennens heißt es (5298–5299):

> *þere hii barnde & robbede. & þat folc to grounde slowe.*
> *& as wolves among ssep. reuliche hom drowe.*[86]

Aber hier wie bei Darstellung des Martyriums (5300–5306) fehlt die für die Legende so charakteristische Gruppierung aller Teile zum gefühlsintensiven Andachtsbild.

Die Vermutung, daß als Verfasser und Benutzer der Sammlung vor allem wandernde Prediger in Frage kommen, findet eine weitere Stütze in der

---

Bishop, 1–27, 111–150; Nr. 20, *Chad*, 1–36; Nr. 32, *Alphege*, 18–96, dabei Ansprache des Nationalgefühls 185–186, 217–224; Nr. 41 *Dunstan*, 21–24, 35–54, 93–154; Nr. 50, *Swithun*, 1–12, 71–75, 81–98.

[82] Nr. 51, 9–74.

[83] Vgl. Nr. 32, *Alphege*, 18–32.

[84] Vgl. Nr. 46, *Alban*, 93–96.

[85] Vgl. Nr. 24, *Edward the Elder*, 79–80, 144; Nr. 41, *Dunstan*, 24; Nr. 58, *Oswald the King*, 40.

[86] W. A. Wright, *The Metrical Chronicle of Robert of Gloucester*, 2 Bde., London 1887 (RS), I, S. 385.

auffälligen Hervorhebung der Predigttätigkeit einiger Heiliger, wie sie auch Bonaventura in seiner Franziskus-Vita[87] oder Thomas von Eccleston in seiner Chronik[88] vornehmen. So wird z. B. Benedikt (Nr. 26, 48–54) zum Prediger, der im Lande unter den Leuten umherzieht. Diese Modifikation der Benediktlegende erscheint wichtiger als die Tatsache ihrer Aufnahme in das Legendar, die als solche kein Beweis für benediktinische Verfasserschaft sein kann.[89] Während Benedikt sich in Gregors Vita vor Gründung der Abtei auf dem Monte Cassino mehrfach in die „geliebte Einsamkeit" zurückzieht und erst nach der Zerstörung des heidnischen Tempels dem umliegenden Volke predigt und viele zum Glauben bekehrt[90] – ein Grundriß, dem die *Legenda aurea* folgt –, übergeht das südenglische Legendar Benedikts Alleinsein und nennt nur seine weiten Wanderungen und die Predigten vor vielen Leuten (48–49):

And suþþe he wende wide aboute . & prechede in þe londe
To God he turnde muche folk. and to Christendom

Daran schließt sich der Bericht über sein Bekehrungswerk auf dem Monte Cassino (50–54). Ähnlich wird von Christophorus gesagt, daß er ausgezogen sei, das Evangelium zu predigen (Nr. 56, *Christopher*, 114), wovon in der *Legenda aurea* nichts steht. Besonders in dem kurzen Stück *Peter the Dominican* (Nr. 36) wird die Macht des Predigers betont. Die *Legenda aurea* berichtet neben anderen Wundertaten summarisch von Peters Eifer als Prediger und seiner kräftigen, den Irrglauben der Ketzer niederwerfenden Argumentation. Dabei wird der Heilige unter mehreren Aspekten betrachtet – als Bekenner, Martyrer, Prophet und Lehrer –, und es folgt eine Fülle posthumer Mirakel. Das südenglische Legendar dagegen konzentriert sich auf die Kunst der Predigt des Petrus und veranschaulicht sie in einer konkreten Situation. Schon einleitend heißt es: *Sein Peres þe frere prechor* (1), *frere prechour iwis* (4), *Frere prechor he was þritti ʒer. ar he ymartred were* (5). Die Gewalt seines Wortes und der von ihm vorgebrachten Gründe ist so groß, daß die Häretiker ihm nicht zu entgegnen wagen, jedoch insgeheim den Entschluß zu seiner Ermordung fassen. Es wird also ein ursächlicher Zusammenhang zwischen der Predigt und dem glorreichen Martyrertod hergestellt, wodurch die Darstellung übersichtlicher und gleichzeitig zu einem einprägsamen Beispiel für die ruhmreiche Tätigkeit des *Ordo Praedicatorum* wird.

Noch deutlicher werden die Verdienste der Dominikaner in der Legende des Ordensstifters selbst hervorgehoben. Dabei ist der Ton triumphierender

---

[87] Vgl. Kap. *De efficacia praedicandi et gratia sanitatum* (Mombritius, I, S. 521).

[88] Ed. A. G. Little, *Fratris Thomae vulgo dicti de Eccleston Tractatus de Adventu Fratrum Minorum in Angliam*, (Paris 1909) Manchester 1951, bes. Collatio VI "De promotione praedicatorum", S. 27–33.

[89] Über die Katholizität des Legendars vgl. unten S. 243.

[90] *Dial.* II, 8, ed. Moricca, S. 96: "et commorantem circumquaque multitudinem praedicatione continua ad fidem vocabat."

als in der Fassung der *Legenda aurea,* die im übrigen als Quelle gedient zu haben scheint.[91] Das große Ziel, in der ganzen Christenheit zu predigen und alle zu bekehren, wird wiederholt genannt,[92] und, über die *Legenda aurea* hinausgehend, heißt es (100–104):

> *So þat þe ordre of frere prechours : seint Dominic bi-gan þo,*
> *þat hath i-saued wel mani a man : and ʒeot it schal wel mo.*
> *clerkes huy onder-fenguen sone : þat þe Abite nome;*
> *So þat euere mo and mo : freres þere bi-come.*

Konkreter auch als bei Jacobus wird das äußere Bild der mit Stab und Buch über Land wandernden Prediger gegeben (106–107, 108–109, 114–115):

> *þo porueide he in is ordre : ʒwane freres wenden ouer lond,*
> *to bere ane bok at heore rugges : and ane staf in heore hond.*
>
> [...] *þe freres go*
> *þoruʒ þe londe, two and two : and to-gadere non mo.*
>
> *he het heom wende to and two : and prechi in þat lond,*
> *At heore rugge bere ane bok : and ane staf in hore hond.*

Darüber hinaus scheint die schon von Gerould[93] festgestellte Überlänge bzw. Überkürze einiger Stücke zu beweisen, daß das Legendar nicht zum Verlesen innerhalb der Messe – also statt einer normalen Predigt – geeignet war, jedoch vorzüglich für die freiere Vortragsweise von Wanderpredigern bei verschiedenen Anlässen auch außerhalb des Gottesdienstes und oft im Freien.[94] Geroulds Vermutung, daß die Sammlung für die Privatlektüre oder zum Verlesen im Refektorium eines Klosters bei und nach den Mahlzeiten gedacht war, läßt sich auf Grund der volkstümlichen Vortragsweise nicht halten. Diese macht es ferner sehr unwahrscheinlich, daß eine Gruppe oder ein Angehöriger der Benediktiner oder Zisterzienser als Verfasser anzunehmen ist; dazu haben sich im Süden wie in anderen Teilen Englands die Klöster der kontemplativen Orden im 13. Jh. zu wenig um die Laienseelsorge in den zu ihren Gebieten gehörenden Pfarrkirchen gekümmert.[95] Außerdem darf man bei ihnen, die ihrer Verfassung nach mehr die Belange des eigenen Klosters als des gesamten Ordens sahen, kaum Interesse für die englischen Lokalheiligen verschiedener Orte voraussetzen.

---

[91] Vgl. dazu W. F. Manning, "The Middle English Verse Life of St. Dominic. Date and Source", *Speculum* 31 (1956), S. 82–91, der als Quelle die *Legenda aurea* glaubhaft macht und als Verfasser der zwischen 1280 und 1290 entstandenen ersten Version einen englischen Dominikaner annimmt, dessen Fassung dann (möglicherweise von einem Benediktinermönch) für die Kompilation von MS. Laud 108 kopiert und leicht verändert worden sei.

[92] Vgl. Verse 74–76, 93–95 (ed. Horstmann, a.a.O. S. 280).

[93] *Saints' Legends*, S. 154.

[94] Vgl. dazu G. R. Owst, *Preaching in Medieval England,* Cambridge 1926, S. 195–221; *Literature and Pulpit in Medieval England,* Oxford 1961, S. 3–6.

[95] Vgl. B. D. Brown, a.a.O. S. XCVI, und D. Knowles, *The Religious Orders in England,* I, Cambridge (1948) ⁴1960, S. 148–149.

Die in der Benediktinerregel geforderte *stabilitas loci,* die auch die Zisterzienser bejahten, indem sie ihr Wirken in einsame Gegenden verlegten und
möglichst nie die engen Grenzen ihrer Klausur überschritten, repräsentiert
eine ganz andere Haltung als die der Dominikaner und Franziskaner, die in
den Kategorien des Gesamtverbandes und der Provinzen ihrer Orden zu
denken gewohnt waren und ihrer Sendung gemäß als Prediger weite
Strecken zurücklegten. Schon die Standortwahl für die ersten 34 Franzis-
kanergründungen in England (bis ca. 1240) in den beiden Universitäts-
städten, in 15 von insgesamt 19 Kathedralstädten (ausgenommen nur einige
kleinere, die von Benediktinern beherrscht wurden) und in 25 damaligen
bzw. künftigen *county towns*[96] zeigt, wie sehr sich die Bettelmönche von den
Zisterziensern unterschieden, deren kaum ein Jahrhundert vorher erfolgte
Gründungen vor ihrer Ankunft gänzlich unbekannt waren und auch heute
meist noch in vergleichsweise dünn besiedelten Gegenden liegen. Ein
Unternehmen wie das südenglische Legendar kann man sich schon auf
Grund seiner erstaunlichen Verbreitung nicht anders als im Bereich der
aktive Laienseelsorge treibenden und an verschiedenen Orten gleichzeitig
wirkenden neuen Orden entstanden denken. Auch für spätere Redaktionen
kommen – möglicherweise neben Weltgeistlichen – vorwiegend sie als
Benutzer und Bearbeiter in Frage. Für Horstmanns Vermutung, daß
Mönche der Benediktinerabtei Gloucester als Verfasser anzunehmen wären,
lassen sich keine Stützen finden.[97] Ebenso dürften Angehörige des Welt-
klerus als Autoren der ersten erhaltenen Hauptredaktion ausscheiden, da
sich eine Reihe kritischer Bemerkungen gegen sie findet, z. B. Nr. 73 *All
Souls Day,* 45–55, 339–349.

Dennoch fallen die starken Sympathiekundgebungen für einige Benedik-
tinerabteien im Süden und Südwesten Englands auf. Die Privilegien
Glastonburys (Nr. 41, *Dunstan,* 39–54) und besonders Malmesburys (Nr. 42,
Aldhelm, 29–46, 91–94) werden gepriesen und im letzteren Falle nach Art
politischer Schelt- und Mahnlieder gegen die möglichen Zugriffe von Bischöfen und Königen verteidigt.[98] Offensichtlich spricht hier ein beson-

---

[96] Vgl. D. Knowles, a.a.O. S. 132.
[97] Vgl. Horstmann, *Altenglische Legenden, N. F.,* S. XLIV, und ten Brink, a.a.O. S. 348.
Nach der einleuchtenden Beweisführung von B. D. Brown, "Robert of Gloucester's
'Chronicle' and the 'Life of St. Kenelm'", *MLN* 41, S. 13ff., belegen die Übereinstimmungen zwischen Legendar und Chronik nur, daß die Chronik die Kenelm-
legende – nicht umgekehrt das Legendar die Chronik – als Quelle benutzt hat. Die
älteren Untersuchungen von William Schmidt, *Über den Stil der Legenden des MS. Laud
108,* Diss. Halle 1893, sind viel zu allgemein, um den Beweis für die These zu liefern,
daß die Legenden Thomas Becket, Kenelm, Edward, James, John Ev., Michael,
Nicholas, Patrick und vielleicht auch Dunstan, Edmund Rex und Matthäus vom Verfasser A. der Chronik stammen.
[98] Vgl. auch Nr. 19, *Oswald the Bishop,* 131–133, über die Neubegründung von Worcester,
Nr. 5, *Wulfstan,* 27–30, über die Weiterführung des dortigen Klosterbaus, und Nr. 32,
Alphege, 5–10, über die Geschichte von Deerhurst, Gloucestershire.

deres Interesse des Autors für die genannten Häuser, und man könnte geneigt sein, die Frage einer eventuellen benediktinischen Verfasserschaft von hier aus erneut zu prüfen.[99] Mit Recht ist auch gefordert worden, daß das auffällige Lob der Zisterzienser (*St. Patrick*, 705–708) und die Verwandlung des Altbenediktiners Cuthbert in einen Zisterzienser der Abtei Jervaulx in Yorkshire erklärt werden müßten, wenn man an der Entstehung des südenglischen Legendars bei den Bettelorden festhalten wolle.[1]

Wenn man von der historischen Situation und Frömmigkeitshaltung der Franziskaner und Dominikaner des 13. Jhs. in England ausgeht, so ist die Lösung des Problems einfacher, als sie auf den ersten Blick scheint. Schon B. D. Brown weist auf die für die *friars* der Zeit charakteristische Verbindung von glühendem seelsorglichen Eifer mit betonter Kirchentreue und orthodoxer Theologie hin und bemerkt, daß die gleichzeitig vorgebrachte Kritik an den Mängeln des Klerus und am Prunk der Großen bei aller Deutlichkeit doch maßvoll sei.[2] In der mit dem südenglischen Legendar eng verbundenen *Southern Passion* wird mit Nachdruck gesagt (1965–1972, 1979–1982), daß im Versagen eines Priesters nur ein Einzelfall, nicht die Unfähigkeit des ganzen Standes gesehen werden dürfe. In einem Legendar, das u. a. die Heiligen der alten Bischofssitze und Klöster Englands behandelte, war Anlaß zu weiterer Rücksichtnahme gegeben. Außerdem bestand, jedenfalls auf dem Gebiet der Laienseelsorge, in der ersten Hälfte des 13. Jhs. ein im ganzen gutes Einvernehmen zwischen Episkopat und einflußreichen Abteien einerseits und Wanderpredigern andererseits. Den Verantwortlichen der Kirche waren die *friars* eine willkommene Hilfe bei der theologischen Belehrung der Mönche wie bei der Betreuung des Volkes.[3] Die Bettelmönche ihrerseits waren, um ihrer Tätigkeit überhaupt nachgehen zu können, auf die Unterstützung der Bischöfe und Klöster angewiesen.[4] Aber nicht nur die praktische Klugheit, sondern auch die Ideale der brüderlichen Liebe und vollkommenen Armut und Demut forderten Selbstlosigkeit gegenüber der gesamten Kirche. Charakteristisch ist die Verhaltens-

---

[99] Vgl. H. Käsmann, Besprechung *"The South English Legendary*, ed. Ch. D'Evelyn u. A. J. Mill, Bd. III"*, *Anglia* 78 (1960), S. 232–238.

[1] Ebd. S. 236.

[2] Vgl. über den Pomp der stolz zu Pferde reitenden Herren Nr. 50, *Swithun*, 50 (und Cuthbertlegende oben S. 227, Anm. 61). Entsprechendes gilt für die gelegentliche Sittenkritik z. B. an der leichten Verführbarkeit der Mädchen Nr. 76, *Edmund of Canterbury*, 123–124.

[3] Über die eigentümliche Neigung der englischen Franziskaner, von Anfang an – und anders als Franziskus selbst – das Ideal völliger Armut mit dem einer theologischen Bildung für die Predigt zu verbinden, vgl. schon Thomas von Eccleston und A. G. Little, a.a.O. S. 27 und XXXI.

[4] Vgl. über die anfangs guten Beziehungen zwischen Episkopat und Dominikanern bzw. Franziskanern D. Knowles, a.a.O. S. 163–166, 180–188; über das eigenartige Verhältnis der Minoriten zu den alten Mönchsorden, das in der Seelsorge von Kooperation und persönlichen Freundschaften, in Rechts- und Finanzfragen von Rivalitäten gekennzeichnet war, ebd. S. 191–193.

weise der Franziskaner gegenüber den Zisterziensern von Scarborough, das wie das Jervaulx der Cuthbertlegende im nördlichen Yorkshire gelegen ist. Hier boten sie (ca. 1239–1243) den Verzicht auf ihre Privilegien sowie ihren eigenen Rückzug an, um die Mönche nicht zu beleidigen.[5] Vor allem mußte es im Interesse eines erbaulichen Erzählens liegen, alle etwaigen Spannungen zu vermeiden, durch welche das harmonische Bild der Einheit aller Heiligen und Gläubigen hätte gestört werden können. Thomas von Eccleston deutet an keiner Stelle einen Antagonismus zwischen den alten Orden und den Bettelmönchen an,[6] während die monastischen Chronisten hier bekanntlich viel weniger Zurückhaltung übten. Thomas betont sogar die beispielhaft liebevolle Aufnahme, die die ersten Franziskaner bei den Benediktinern fanden,[7] und auch ein freundschaftliches Verhältnis zu den Zisterziensern klingt an.[8] Es überrascht deshalb keineswegs, in der südenglischen Legendensammlung das Lob einzelner Abteien und Bistümer sowie eine ausgesprochene Katholizität der Haltung anzutreffen. Mit Ausnahme der Predigermönche läßt sich keine Bevorzugung einer der kirchlichen Gruppen erkennen. Die Verdienste des Episkopats und der Kathedralkirchen, der Säkularkanoniker (diese z. B. Nr. 19, *Oswald the Bishop*, 33), der Altbenediktiner, Zisterzienser und der neuen Orden werden grundsätzlich mit der gleichen Hochachtung vor ihren Heiligen genannt, wobei gelegentlich das Anliegen der Gesamtkirche durch Berücksichtigung der nationalen Verhältnisse in England modifiziert wird (Nr. 41 *Dunstan*, 137–154, Nr. 50, *Swithun*, 31–32).

Angesichts dieser allgemeinen Situation und der vielfachen persönlichen Freundschaften zwischen Bettelmönchen und den Angehörigen der älteren Orden darf man für einzelne Legenden englischer Lokalheiliger durchaus an die Möglichkeit einer Zusammenarbeit zwischen Wanderpredigern und Insassen benediktinischer Klöster im englischen Süden und Südwesten denken, auch deshalb, weil in den Bibliotheken der Abteikirchen, in denen die Reliquien der Heiligen verehrt wurden, das Quellenmaterial am ehesten zugänglich war. Möglicherweise haben Benediktiner dieser Häuser Passagen oder auch ganze Versionen zu Einzellegenden beigesteuert, wie vielleicht im Falle der Aldhelmlegende. Aber auch die Bettelmönche mochten Anlaß haben, die Privilegien Glastonburys zu rühmen, waren sie doch selbst auf königliche Bevorzugung und finanzielle Unterstützung angewiesen und möglicherweise auch an einem guten Verhältnis zu dem einflußreichen

---

[5] Vgl. A. G. Little, a.a.O. S. XXVIII.

[6] Gelegentliche Schwierigkeiten wie in Bury 1258 unterdrückte er, vgl. A. G. Little, ebd.

[7] "Isti novem per monachos de Feskamp caritative in Angliam transvecti et curialiter in necessitatibus exhibiti" (a.a.O. S. 6). Von John of Reading, dem ehemaligen Benediktinerabt von Osney, der 1235 in den Bettelorden eintrat, heißt es (a.a.O. S. 18) "qui nobis omnis perfectionis exempla reliquit".

[8] Vgl. a.a.O. S. 16.

Benediktinerhaus interessiert. Die zwischen Cuthbert und dem Zisterzienserkloster Jervaulx hergestellte Verbindung mag ein Zufall sein,[9] könnte jedoch eine ähnliche Rücksichtnahme auf zeitgenössische Verhältnisse, hier den Einfluß der Zisterzienser im Norden, sein. Ferner zeigt gerade diese Änderung, daß der oder die Verfasser der Gesamtsammlung nicht unbedingt an den Leistungen der Benediktiner interessiert waren. Umgekehrt werden auch die Verdienste der Zisterzienser nicht überall ausgesprochen, wo es möglich gewesen wäre. In der Dominiklegende z. B. fehlen die bei Jacobus a Voragine mehrfach gegebenen Hinweise auf eine Zusammenarbeit zwischen Dominikus und den Zisterziensern. Statt dessen werden in der südenglischen Fassung (150–155) Wesensverwandtschaft und gemeinsames Vorgehen von Dominikanern und Franziskanern betont, wie es ja auch schon in Thomas von Ecclestons Chronik trotz der an einer Stelle angedeuteten Rivalität geschieht.[10]

Die offenbleibende Frage ist, ob der oder die Verfasser bei den Franziskanern oder Dominikanern zu suchen sind. Eine Argumentation lediglich auf Grund des Vorkommens der Franziskus- oder Dominikuslegende in bestimmten Manuskripten ist wegen der unklaren Chronologie der Handschriften und ihrer Relation zueinander nicht beweiskräftig.[11] Auch eine Zuordnung nur auf Grund stilistischer und frömmigkeitspsychologischer Kriterien ist problematisch, weil sich schon vor Entstehung des Legendars die beiden Orden in ihrer seelsorgerischen Arbeit, Predigtpraxis und Organisation stark einander angeglichen hatten. Die Sammlung zeigt die beiden Grundzüge, die ursprünglich das Wesen des einen oder des anderen Ordens ausmachten: die homiletisch klare, planvolle und belehrende Anlage nach Auffassung der Dominikaner und die emotionalere Darstellung der demütigschlichten Nachfolge Christi franziskanischer Art, die nicht durch intellektuelle Beweisführung, sondern mehr durch praktische Beispiele und

---

[9] Vgl. oben S. 228.

[10] A.a.O. S. 80–81, vgl. dazu Little, S. XXIV. Mehr Gewicht kommt aber den Äußerungen guten Einvernehmens zu. Wie die Benediktiner so nehmen auch die Dominikaner die Franziskaner äußerst liebevoll auf (S. 9): "Quatuor igitur fratres superius nominati, cum venissent Londoniam diverterunt ad fratres praedicatores, et ab eis benigne suscepti sunt: apud eos etiam manserunt diebus XV, comedentes et bibentes quae apponebantur eis sicut familiarissimi." Von einem dominikanischen Magister heißt es (S. 25): "Unde magister praedicatorum bonae memoriae frater Jordanus dixit [...]." Ausdrücklich wird zur Liebe zu den Dominikanern aufgefordert, weil man ihnen viel zu verdanken habe (S. 82): "Dixit aliquando frater Albertus, quod valde debemus diligere fratres praedicatores, quia in pluribus profuerunt ordini nostro et occasionaliter instruxerunt [...] nos ad futura pericula praecavenda."

[11] Diese Bedenken müssen gegenüber M. E. Wells, "The 'South English Legendary' in Its Relation to the 'Legenda aurea'", *PMLA* 51 (1936), S. 337–360, und "The Structural Development of the 'South English Legendary'", *JEGP* 41 (1942), S. 320–344, angemeldet werden. Trotz wichtiger Hinweise auf das Verhältnis des Legendars zur *Legenda aurea* und auf die spätere Entwicklung der Sammlung vermögen die dort gegebenen Gründe für franziskanische Verfasserschaft nicht zu überzeugen.

Bilder eines heiligmäßigen Lebens bekehren will. Die stärkere Berücksichtigung volkstümlicher Frömmigkeitsgefühle könnte auf Franziskaner weisen, denen an der detaillierten Systematik des Dominikaners Jacobus a Voragine nichts lag. Auch lassen sich deutliche Parallelen zur Gesinnung und Darstellungsweise der Chronik des Thomas von Eccleston erkennen, die ganz ähnlich von Nächstenliebe, Milde und Güte spricht und vignettenhaft kleine Bilder rührender Frömmigkeit zeichnet,[12] der gleichzeitigen franziskanischen Buchmalerei entsprechend.[13] Jedoch darf man nicht vergessen, daß die Sammlung schon des Vortrags vor dem Volke wegen einfach gehalten sein mußte und daß im letzten Drittel des 13. Jhs. die franziskanische Religiosität bereits zu einem Bestandteil der allgemeinen Frömmigkeit geworden war, die von beiden neuen Orden propagiert wurde. Sie äußert sich in der ursprünglich von Franziskanern verbreiteten, von Volksandachten umrahmten Verehrung der Menschwerdung und Passion Christi (mit Weihnachtskrippe und Kreuzweg), des Altarsakramentes, des heiligen Namens Jesu (vgl. *Jesu-Dulcis-Memoria*-Dichtungen) und des – auch in der *Legenda aurea* genannten – kostbaren Blutes. Eine eventuelle dominikanische Verfasserschaft käme also trotz franziskanischer Frömmigkeitshaltungen durchaus in Frage.

Dafür sprächen die erwähnten ungewöhnlich starken Sympathiekund-

---

[12] Immer wieder werden brüderliche Nächstenliebe und Güte betont. Von Haymo de Faversham heißt es (Zitate nach A. G. Little, a.a.O., hier S. 85): "qui fratres, sicut erat benignissimus et dulcissimus, in omni pace et caritate tenere curavit." Ähnlich wie in der Cuthbertlegende die Ottern Cuthbert gesund lecken, drängen sich die Mitbrüder, da sie in ihrer Armut über kein anderes Mittel verfügen, um den halberfrorenen Novizen Salomon, "sicut porcis mos est", um ihn zu wärmen (S. 12, vgl. dazu Knowles, a.a.O. S. 140). Sie sind immer voll tiefer Freude, wenn sie zusammen sind; nur wenn sie sich trennen müssen, werden sie traurig, begleiten einander und weinen (S. 26): "Hoc solummodo suavissimum cordis eorum contristare videbatur affectum, quod ab invicem separari oportebat. Unde frequenter usque ad partes remotas fratres recedentes conducebant, et effusis abunde in recessu lacrymis affectionis fidem mutuo demonstrabant." Wie Cuthbert in der südenglischen Legende ist Agnellus von frommem Gebetseifer erfüllt (S. 78): "Tam devotus autem erat in officio divino, ut non solum in missa, sed etiam in [...] choro, et cum esset per viam, videretur continue flere, ita tamen quod perpendi non potuit in strepitu vel gemitu vel deformatione vultus. Officium quoque dicebat semper stando, et acriter increpavit fratrem, qui sedendo dixit in minutione horas suas." Als er seinen Tod nahen fühlt, ruft er drei Tage lang "Veni, dulcissime Jesu!" (S. 76). Nachdem er die Brüder gesegnet hat, "ipse sibi manu sua clausit oculos et manus super pectus in modum crucis collocavit" (S. 78). Auch der Gebetseifer der ersten Brüder in England ist so groß, daß die Kapelle die ganze Nacht über nicht leer ist (S. 25). Vincentius von Worcester, unnachgiebig gegenüber sich selbst, begegnet anderen gütig und milde und wird "sicut angelus" von allen geliebt (S. 63). Haymo de Faversham vermag so bewegend zu predigen, daß viele zur Beichte bereit sind und durch ihn getröstet werden (S. 28): "Praedicavit ergo ita motive, ut multi different cummunicare quousque fuissent ei confessi. Sedit itaque tribus diebus in ecclesia et audivit confessiones et confortavit non mediocriter populum."

[13] Vgl. unten Abb. 5, S. 249.

gebungen für den Predigerorden und die geschickte Polemik gegen seine Verleumder in der Dominikuslegende (158–179).[14] Aber auch dies ist kein schlüssiger Beweis. Vor allem bleibt das schwer erklärbare Faktum, daß in den MSS. Corp. Christi Coll., Cambr. 145 und B. M. Harley 2277 die Legenden beider neuen Ordensgründer, die in späteren Manuskripten wieder erscheinen, fehlen, so daß mit der Möglichkeit gerechnet werden muß, daß diese Redaktion von einem anderen Bearbeiter oder einer anderen Bearbeitergruppe als den Bettel- oder Predigermönchen stammt. Für das Gesamtunternehmen jedoch scheint es das Wahrscheinlichste, daß an ihm – wenigstens in späterer Zeit – beide Orden gemeinsam beteiligt gewesen sind. Daß die tatsächlich zwischen den beiden bestehenden Rivalitäten im Interesse der Laienseelsorge zurückgestellt werden konnten, beweisen die obengenannten mehrfachen Äußerungen des Zusammengehens.

9. Zusammenfassung: Das legendarische Erzählen im südenglischen Legendar

Alle untersuchten Stücke, obwohl sie verschiedene hagiographische Überlieferungen vertreten, zeigen übereinstimmend eine auf das *amabile* und *mirabile* im Heiligen gerichtete Erbauungstendenz, die sich strukturell so auswirkt, daß das Miterleben des wunderbaren Behütetseins, des geduldigen Leidens und des Frommseins zum eigentlichen Gegenstand der Darstellung wird und den meist objektiver geführten Bericht der ausführlicheren und älteren Hagiographie emotional auffüllt. Während man bei Aelfric von Ausdruckskunst sprechen konnte, läßt sich das Verfahren der südenglischen Sammlung als das schlichte Darbieten des erbaulichen Eindrucks vom Geschehenen bezeichnen. Da die Heiligen und ihre Taten den Gläubigen vertraut geworden sind, bedarf es keiner missionarischen Verkündigung oder feierlich-hieratischen Betonung der Tugenden mehr, sondern das fromme Gemüt wird angehalten, im Geschehen die Wirkung des Wunderbaren mitzuempfinden und zu betrachten.

Das Verfahren ist im ganzen mehr lyrischer als epischer Art. Zwar

---

[14] Dominikaner als Verfasser werden angenommen von B. D. Brown, a.a.O. S. CX, und W. A. Hinnebusch, *The Early English Friars Preachers* (= Dissertationes Historicae, Fasc. XIV, Institutum Historicum FF. Praedicatorum Romae ad S. Sabinae), Rom 1951, S. 311, der mit Berufung auf B. Altaner, "Beziehungen des hl. Dominicus zum hl. Franziskus", *Franziskanische Studien*, IX (1922), 2–21, ausführt: "It is inconceivable that a Franciscan should have praised St. Dominic in warmer tones than St. Francis. The invariable Dominican and Franciscan tendency to glorify their respective founders is clearly demonstrated by a study of the early legends and chronicles of both Orders. When both Saints play a part in the same episode in Franciscan sources, Francis is cast in the predominant role. When a Dominican recounts the incident, Dominic mysteriously grows to heroic proportions and overshadows Francis." Auch A. G. Little, "Illuminated Manuscripts", *Franciscan History and Legend in Mediaeval Art*, S. 44, plädiert für dominikanische Verfasserschaft.

246

bleibt, legendarischer Ausgewogenheit gemäß, die tragende Grundlage der Darstellung ein schlicht setzender Geschehnisbericht, der trocken und blaß sein kann, besonders in knapp summierenden Stücken wie *Fabian* (Nr. 6), *Julian the Confessor* (Nr. 10), *Longinus* (Nr. 22) und *Matthew* (Nr. 64), oder chronikartig wie in manchen Legenden englischer Lokalheiliger. Aber selbst hier – sogar in dem ausführlichen *Thomas à Becket* (Nr. 87) – werden die frommen Begleitgefühle integriert, die das Erzählen verlangsamen.[15] Mitleiden und besonders Mitfreuen mit dem Heiligen und ein Mitfühlen des Wunderbaren sind stets spürbar. Hauptdarbietungsmittel ist die in sich ruhende Szene, das gleichbleibende, gefühlsgetönte Andachtsbild, das durch Wiederholungen und durch mehrfaches Reagieren von Nebenfiguren den Hörern deutlich vor Augen gestellt wird und ihnen die frommen Stimmungen direkt eingibt. Dabei spielt das deskriptive Element eine nur geringe Rolle. Zwar finden sich in visionshaften Legenden verhältnismäßig stoffreiche Raum- und Personenbeschreibungen, etwa des Fegefeuers und der himmlischen Freuden in *Patrick* (Nr. 23), der Gestade und Erscheinungen sowie des Höllenrandes und des Meersturmes in *Brendan* (Nr. 40) oder der Lage der Hölle in *Michael*, Teil III (Nr. 65). Aber das sind Ausnahmen. Wesentlicher für das südenglische Legendar ist die Beschränkung der konkreten Bildlichkeit auf wenige und einfache Grundlinien, die nur umrißhaft der visuellen Anschaulichkeit dienen, primär jedoch durch Emotionalisierung auf erbauliche Wirkungen abgestellt sind, gleichsam als Anleitungen zu andächtigem Betrachten und Miterleben, dessen Unmittelbarkeit durch ein detailliertes Beschreiben nur gestört werden könnte. Interessanterweise wird in einem Falle – dem der *Maria-Magdalena*-Legende – eine offenbar schon vorher existierende spielmännische Erzählliedfassung zunächst in die Sammlung aufgenommen,[16] in späteren Redaktionen aber durch eine Version im legendarischen Stil ersetzt.[17]

---

[15] Vgl. etwa die über den *Quadrilogus* (*BHL* 8194–8200) hinaus gehende andachtsbildartige Intensivierung des Blutwunders nach der Ermordung Beckets (2163–2170):

> þe wite brain was ymeng . wiþ þe rede blod þere
> þe colour was wel uair to se[o] . þei it rulich were
> Al round it orn aboute is heued . as it were a diademe
> Al round þere aboute lay . war of me tok gret ȝeme
> For wanne me peint an halwe . ȝe ne seoþ noȝt bileued
> þat þer nis ipeint a round . al aboute is heued
> þat is icluped diademe . and me say þare a uair cas
> B[i] þe diademe of is heued . þat he halwe was.

[16] MS. Laud 108, ed. C. Horstmann, EETS. OS. 87, S. 462–480 (Nr. 66).

[17] EETS. 235, S. 302–315 (Nr. 53). Ähnlich ist die Relation zwischen den beiden Versionen der Vorgeschichte der Thomas-Becket-Legende (Heirat zwischen Gilbert und der Sarazenenprinzessin, die Beckets Mutter wird). Fassung *a* (u. a. erhalten in MS. Laud 108) erzählt die Vorgänge in romanzenhaft farbigen Einzelheiten (vgl. dazu P. A. Brown, *The Development of the Legend of Thomas Becket*, Diss. Philadelphia 1930, S. 33). Fassung *b* (u. a. erhalten in MS. Harl. 2277 und Ashmole 43) ist wesentlich legendari-

Im wesentlichen werden die dem frommen Volk bekannten Haltungen und Gebärden des *Sanctus* schlicht und erbaulich vor Augen geführt: der leidende Martyrer, entblößt, geschunden, blutüberströmt und in Fesseln (ohne Ausmalung drastischer Einzelheiten),[18] der andächtig Niederkniende und Betende,[19] der predigende Apostel und Bekenner,[20] die dem Teufel den Fuß in den Nacken setzende Jungfrau,[21] der den Bischofsstab tragende[22] oder Mildtätigkeit übende Heilige.[23] Die Bildhaftigkeit wirkt flächig, blaß und schlicht, aber von innigem Gefühl erfüllt – wie in der frühen franziskanischen Malerei in England[24] –, nicht mehr plastisch wie bei Gregor dem Großen. Gleichzeitig schwindet der akthafte Aufbau des Geschehens. Oft scheint alles still zu stehen wie unter dem Bann des Wunderbaren, und an die Stelle der Eigenbewegung der Nebenfiguren – oder der Tiere[25] – tritt nur noch das Reagieren auf die Präsenz des Heiligen durch Worte, Gebärden oder Blicke. Die räumliche und zeitliche Fixierung der Ereignisse bleibt dabei meist ungenau. Der Hintergrund landschaftlicher oder architektonischer Art schwindet – wie ebenfalls in der zeitgenössischen Andachtsmalerei –, die Entfernungen scheinen verkürzt. Ein resultathaftes Setzen hat die Stelle erzählerischer Entwicklung und zeitlicher Sukzession eingenommen. In einigen Fällen scheint eine direkte Orientierung an der Kirchenmalerei vorzuliegen, so in der Franziskus-

scher im Ton. Der Unterschied wird schon in den Eingangsversen deutlich. Fassung *a* (1–4): "Wolle ȝe nouþe i-heore þis englische tale, þat is here iwrite, / Of seint Thomas of Caunterburi, alhou he was bi-ȝite! / Of Londone is fader was, / a borgeis hende and fre, / Gilbert Bekat was is name, þe bok tellez me." Fassung *b*: "Engelond, glad þu beo, for þu miȝt wel eþe, / And al holi chirche also for one monnes deþe, / þe erchebiscop seint Thomas, þat hire wel dere boȝte / Wiþ his der worþe brayn, þat þe scharpe swerd soȝte." (Zitate nach H. Thiemke, *Die me. Thomas Beket-Legende des Gloucesterlegendars*, Palaestra 131, Berlin 1919, S. 1 u. S. 14.)

[18] Vgl. außer den oben behandelten Margareten-, Caecilien- und Edmundlegenden Nr. 7, *Sebastian*, 47–51; Nr. 8, *Agnes*, 41–43, 69–74, 111–114, 123–126; Nr. 32, *Alphege*, 174 bis 175; Nr. 33, *George*, 31–46; Nr. 34, *Mark*, 26–28.

[19] Vgl. außer den oben behandelten Stücken Nr. 8, *Agnes*, 90,115; Nr. 14, *Agatha*, 101 bis 106; Nr. 16, *Valentine*, 27; Nr. 80, *Andrew*, 73.

[20] z. B. Jakob auf der Leiter, Nr. 37 *Philip and James*, 65–80; Franziskus vor den Vögeln, die ihm lauschen, *Francis* (Laud 108), 328–346, 347–369.

[21] Vgl. Nr. 52, *Margaret*, 178.

[22] Vgl. über *Wulfstan* oben S. 233.

[23] Vgl. besonders Nr. 75, *Martin*, 15–18, wo statt der nuancierten und vielgliedrigen Darstellung des Vorgangs bei Sulpicius Severus (*Vita Martini*, Kap. 3) die vereinfachten Gebärden des Schwertziehens und Mantelzerteilens unter gleichzeitiger Betonung des Mitleidregenden gegeben werden:

A wyn[ter] as þis child rod . bi þe wey alone
A pouere man he mette naked . þat sore for chile gan grone
Seint Martin breid out his swerd . as we fyndeþ in bok
His mantel he carf half atwo .

[24] Vgl. dazu oben S. 213 f.

[25] Vgl. das Wolfswunder in der Edmundlegende oben S. 235 f. und Franziskus' Vogelpredigt in der Buchmalerei Abb. 5, S. 249.

Abb. 5. Vogelpredigt des hl. Franziskus, Eton College (13. Jh.).
Text S. 202, 214, 219, 222, 245, 248.

legende (*Francis*, Laud 108, 377–417),[26] wo nach einem entsprechenden Hinweis[27] zunächst der die Zeichen des Herrn tragende sechsflügelige Engel (377–389) betrachtet wird und dann ebenso Franziskus selbst *ase a schewingue and Ansaumple* (401). Einen anderen Aspekt der bildhaften Konzeption repräsentiert *George* (Nr. 33, 8–30), wo Spuren des mittelalterlichen geistlichen Spiels sichtbar zu werden scheinen. Der Passus mutet an wie eine der Stationen eines St.-Georg-Spiels. Nach kurzer Mitteilung der Vorgeschichte (1–7) heißt es, daß Georg dies alles (das Töten der Christen durch den Kaiser) sah, „als er gerade vorüberschritt", daß er sich dann bekreuzigte, mit dem Hl. Geist wappnete und auf den Kaiser und sein Gefolge zuging (8–12). Wie in einer gespielten Szene folgt eine Schlag auf Schlag geführte, pointierte Wechselrede (13–30), in welcher das Wesen des *holyman* (4) im Kontrast zu dem des *luþer prince* (5) dargeboten wird.

Wie immer die Einzelausführung der Bildlichkeit beschaffen sein mag, es geht um Darbietung eines konkreten Ausgangspunktes für die Andacht, um das Suggerieren frommer Emotion, nicht um bloße Schilderung oder Vorganghaftigkeit. Besonders bei Darstellung der Wunder finden sich andachtsbildartige Verdichtungen.[28]

Dieses Erzählverfahren verbindet sich mit einem Gesamtaufbau und einer Verknüpfungsweise von predigthafter Klarheit. Stärker als in der Mehrzahl der ausführlicheren hagiographischen Viten wird die darzustellende Wirklichkeit auf die Grundlinien von heiliger Tugend und teuflischem Gegenspiel reduziert. Die Konstante des Wesens eines Heiligen – seine Milde, Standhaftigkeit, Jungfräulichkeit, vollkommene Armut usw. – wird immer deutlich und miterlebbar hervorgehoben. Das Prinzip der Zuordnung der Einzelheiten ist grundsätzlich das der Wiederholung oder einfachen Kontrastierung. Dazu kommt die Neigung zu belehrendem und erklärendem Kommentar, etwa über Sinn und Zeit der Kirchenfeste, die Bedeutung gewisser Sinnbilder, Bräuche oder Fremdwörter, die historischen oder

---

[26] Ed. Horstmann, EETS. OS. 87, S. 64f.

[27] Ase men seothþ ofte in churche depeint: ho-so lokethþ þare-to (381).

[28] Vgl. neben den oben durchgeführten Einzelinterpretationen das Lichtwunder in Nr. 41 (*Dunstan*, 3–20), das im Gegensatz etwa zu dem in der *Vita Guthlaci* des Felix nicht die Phasen des Vorgangs – hier des Verlöschens und Wiederaufleuchtens der Kerzen am Lichtmeßtag – gibt, sondern umständlich die Tatsache des unerklärlichen Verlöschtseins (6–11; vgl. besonders 7: "Here riȝt it barnde swuþe wel. & here riȝt it was al oute") und dann die des ebenso wunderbaren Neuentflammtseins der Kerze in der Hand der Mutter herausstellt (12–18, besonders 12–13: "Sein Donstones moder taper. afure werþ anon / þat he[o] held þere in hure hond. he[o] nuste wanne it com"). Wichtiger als der Verlauf des Geschehens ist das emotionale Reagieren der Menschen und die abschließende Deutung des Lichtscheins als der Glanz, der von hier aus über ganz England sich ausbreiten sollte (19–20). Ähnlich wird etwa Nr. 8, *Agnes*, 80–85, nicht das Zusammenbrechen des jungen Mannes dargestellt, sondern das Faktum berichtet, daß er tot aufgefunden wurde. In Nr. 32, *Alphege*, 167–168, wird die Tatsache vorausgesetzt, daß das Wunder bekannt geworden ist.

geographischen Verhältnisse Englands. Diese Merkmale sowie die geschickt auf die mündliche Vortragssituation bezogene, mitunter deklamatorische Sprachgebung, lassen unschwer einen in der homiletischen Vortragspraxis bewanderten Verfasser oder eine derart geschulte Verfassergruppe erkennen.

Dabei wird die Gestalt des Heiligen nicht im Sinne der Aelfricschen und anderer frühmittelalterlicher Heiligenleben ins Erhabene gesteigert, sondern bleibt auf der Ebene eines schlichten, menschlichen Frommseins, das die gesamte Darstellung beherrscht. Die Gegebenheiten der geistlichen Ämter werden nicht sonderlich beachtet. Den Passionen der Martyrer ist das Harte – wenn auch keineswegs das Mitleiderregende –, den Mönchen und Eremiten das methodisch und stufenweise aufwärtsführende Ringen um Selbstheiligung genommen. Sie alle scheinen auf natürlichere, kindlichere Weise fromm, wie vom Glanz der Gnade und von stiller Ergebung in Gottes Willen erfüllt, dabei voller Sanftmut und Liebe für die anderen, selbst im Leiden.[29] Die gewisse Objektivität der hagiographischen Viten ist auch hier reduziert auf volkstümlich einfache Vorstellungen. So wie diesen Heiligen kann jedem Frommen Gottes hütende Hilfsmacht zuteil werden. Dies ist wohl das wesentlichste erbauliche Begleitgefühl der südenglischen Sammlung. Der Heiligen Leben und Wunder werden gesehen mit den Augen derer, die sich durch die Betrachtung der Begnadung sterblicher Menschen beglückt, getröstet und in ihrer Hoffnung und Sicherheitserwartung bestärkt fühlen. Mehr als in anderen Fassungen wird betont, daß die Wunden der Gemarterten geheilt, Kranke wie Cuthbert oder die Mutter Lucias (Nr. 82, *Lucy*, 23–55) durch Engel oder Heilige gesund gemacht und die auf Gott vertrauenden Hungernden und Armen in Christus gestärkt werden. Als Prototypen für diese Speisung darf man die Franziskus- und die Dominikuslegende nennen, deren Ton unverkennbar auf die oben behandelte Speisung eines Cuthbert übertragen worden ist.[30] Ganz ähnlich werden Brendan und die Seinen auf ihrer Meerfahrt mit Broten und Trauben (Nr. 40, *Brendan*, 279–290, 417–428), und die Mönche auf der Insel mit Nahrung und Kerzen (ebd. 291–306) versorgt. *St. Nicho-*

---

[29] Vgl. außer den oben behandelten Stücken Nr. 4, *Hilary*, 50–54; Nr. 15, *St. Scholastica*, 2 (im Gegensatz etwa zu Guthlacs willensstark und scharf ausgedrückter Entschlußfassung bei seiner Konversion, s. *Vita Guthlaci*, oben S. 89); 12, 29–32, 50; Nr. 16, *Valentine*, 17; Nr. 17, *Juliana*, 2; Nr. 24, *Edward the Elder*, 15–18, 53–58; Nr. 32, *Alphege*, 15–17, 56, 61–66; Nr. 40, *Brendan*, 319–326; Nr. 41, *Dunstan*, 76; Nr. 54, *Christina*, 71–72; Nr. 56, *Christopher*, 113, 116; Nr. 58, *Oswald the King*, 25–28.

[30] Vgl. *St. Francis* (MS. Laud 108, ed. Horstmann, a.a.O. S. 60, V. 218–223:
So þat huy comen into a stude : and ofhungrede weten sore,
þat some of þe freres hadden i-þouȝt : in þe ordre to beo non-more.
þo cam þere a wel fair man : and brouȝte heom mete i-novȝ –
Sone huy nusten ȝware he bi-cam : ne ȝwoder-ward he drovȝ.
þis freres i-seiȝen fule þo : þat an Aungel it was :
þe studefastore in heore ordre : huy weren for þis cas

las (Nr. 81) beschenkt in einer Reihe von Mirakeln Notleidende. Wie Margareta geben Blasius (Nr. 13, 41–48) und andere Heilige ihren Verehrern konkrete Hilfsversprechen. Im vierten Mirakel der Nikolauslegende beruft sich der um sein Kind bittende Vater auf seine lange Verehrung des Heiligen (Nr. 81, 471–478). Vor allem darf jeder treue Verehrer Mariens mit dem Schutz der Gottesmutter rechnen, auch wenn er in anderer Hinsicht gefehlt hat.[31] Dabei wird den Dienern und Freunden Gottes neben Hilfsleistungen auf Erden vor allem die Tröstung im Himmel zuteil, einer Margareta so gut wie einem Alphege, den St. Dunstan für seine Leiden stark macht (Nr. 32, 157–162):

> *þer com sein Donston*
> *Fram heuene to þis holyman . & grette him uair anon*
> *Alphe he sede oure swete Jouerd . þe sende gretinge by me*
> *And seiþ þat a noble croune . he haþ ȝare to þe*
> *Beo studeuast for þis o day . ssel beo þi day of pine*
> *And suþþe anoþer wiþ ioie inou . ssel laste wiþoute fine.*

Besonders deutlich sind die neuen Frömmigkeitshaltungen in den Legenden der beiden Ordensstifter Franziskus[32] und Dominikus[33] formuliert. In der Franziskuslegende werden als die wesentlichen Forderungen der neuen Orden genannt:

> *"ȝif þou wolt parfijt beo,*
> *Sul al þi guod and ȝif pouere men : and sethþe siwe me !"* (160b–161)
> *þat man ne scholde seluer ne gold : bi þe weie lede.* (163)
> *"ho-so wole come after me : him-sulf he schal for-sake*
> *And is owene rode bere : and þene wei after me so take."* (166–167)

Entsprechend werden Einfachheit und Armut der Minoriten betont, die barfuß, ohne Tasche, Stab und Geld über Land ziehen sollen (142–151). Ähnlich werden in der Dominiklegende (309) die drei Worte *pouerte,. and loue,. and Meoknesse* als das Testament des Ordensgründers herausgestellt. Auch andere Legenden betonen immer wieder neben der Bewährung von Liebe und Demut die von Armut und Bescheidenheit.[34] Daß es sich dabei

---

[31] Vgl. die Marienmirakel der Theophiluslegende (Nr. 45).

[32] MS. Laud 108, ed. C. Horstmann, EETS. OS. 87, S. 53–67.

[33] MS. Laud 108, ed. C. Horstmann, ebd. S. 278–288.

[34] Vgl. u. a. Nr. 32, *Alphege*, 63 (Unempfindlichkeit für Glanz und Stolz der Welt); Nr. 50, *Swithun*, 43–50, 80 (der Heilige lehnt als Bischof von Winchester jeden Pomp und das Reiten zu Pferde ab und gedenkt des evangelischen Gebotes vollkommener Armut); Nr. 81, *Nicholas*, 83–85. Möglicherweise liegt in dieser Tendenz ein Grund dafür, daß in der Cuthbertlegende das anschauliche Wunder von der Fütterung des Pferdes, auf dem der Heilige geritten ist, übergangen wird. Daß im Spätmittelalter der reitende Mönch Gegenstand einer populären Kritik war, belegt Chaucers Darstellung des *monk* im Prolog der *Canterbury Tales*. Jedoch fehlt auch in den englischen Brevieren das genannte Wunder, und es kann sein, daß das südenglische Legendar sich einfach dieser Tradition anschließt (vgl. oben S. 227).

zugleich um Einfachheit im Spirituellen handelt, die sich deutlich im kindhaft vertrauenden Bittgebet äußert, wird durch jede Legende der Sammlung belegt.[35] Die Heiligen sind nicht mehr die großen Thaumaturgen, sondern die behüteten Freunde Gottes.

10. *Exkurs: Modifikationen des Erzählstils in Manuskripten und Bearbeitungen des späten 14. und des 15. Jhs.*

Die Frage, wie weit in späteren Manuskripten des südenglischen Legendars das Erzählen sich unter dem Einfluß andersartiger literarischer Konventionen und frömmigkeitsgeschichtlicher Voraussetzungen wandelt, kann aufgrund des Fehlens vollständiger gedruckter Ausgaben hier nur ansatzweise behandelt werden. Jedoch lassen sich in dem zugänglichen Material ähnliche Tendenzen wie in den bereits herangezogenen späteren Fassungen der Caecilienlegende erkennen.[36] Grundsätzlich bleibt zwar die einmal ausgeprägte Gestaltungsweise erhalten, aber dazu treten sowohl ein stärker moralisierender Zug als auch eine Neigung zu unterhaltsamerem Erzählen, was sich besonders in Konkretisierungen der Andachtsbilder und in einer psychologisch bewegteren Personendarstellung zeigt.

Im 14. Jh. lassen sich einige Anpassungen an den zügigen Erzählstil der zeitgenössischen Romanzen bzw. des nordenglischen Legendars erkennen. Ein Beispiel ist die Kurzfassung der Kenelmlegende.[37] Die motivgeschichtliche Sonderstellung – es handelt sich um ein Heiligenleben ohne eigentliche Vita – begünstigte hier die Umwandlung. Der junge König Kenelm, der aus dynastischen Gründen auf Geheiß seiner ränkevollen Schwester umgebracht wird, erscheint praktisch nur während seines ahnungsvollen Traums und während seines Martyriums. Dagegen treten die Motive und das Verhalten der Gegenspielerin vor und nach der Tat sowie ihre spätere Bestrafung stärker in den Vordergrund. Energischer als in der typischen Heiligenvita bestimmt also die von einer Nebenperson ausgehende Handlung das Geschehen, das über weite Strecken die Bewegung profaner Geschichten erhält, bis in die Erzählung der Translation und der posthumen Wunder hinein. Mit einer gewissen Berechtigung läßt sich die Ermordung Kenelms deshalb zu den „Sagas"[38] zählen, jedoch weisen Handlungsführung und Motivbildung eher auf die Konventionen der

---

[35] Vgl. oben S. 248, Anm. 19 zu den Gebetsgebärden.

[36] Vgl. oben S. 222, Anm. 42.

[37] Erhalten in MS. Vernon (= Bodl. 3938) fol. 39 v (ca. 1385–1390) und MS. Lambeth 223, fol. 132–133b (ca. 1400). Demnächst ed. R. v. Antropoff, *Die Entwicklung der Kenelmlegende*, Diss. Bonn, 1962; dort auch ein detaillierter Vergleich der verschiedenen Versionen.

[38] Vgl. C. E. Wright, *The Cultivation of Saga in Anglo-Saxon England*, London 1939, S. 76 u. 104.

zeitgenössischen Romanze. Es fällt auf, daß die Erstdarstellung im südenglischen Legendar[39] trotz dieser Stoffgegebenheiten in wesentlichen
Teilen andachtsbildartig betrachtend verfährt. Durch intensive Behandlung
des Traums des jungen Kenelm (117–134), der Klage und der Traumdeutung der Amme (140–146) und dann vor allem des Martyriums, das,
durch das Stabwunder ergänzt, verlangsamt dargeboten wird (153–156),
ergibt sich der charakteristische Ton der südenglischen Sammlung. Entsprechend werden die Inventionswunder (215–304), und als Kontrast dazu
die Bösartigkeit der Schwester betont (88–104, 109–116, 337–360). Die
spätere Kurzfassung vereinfacht das alles zu einer zügig und wendepunktartig konzipierten Mirakelgeschichte von durchsichtigem Kausalnexus.
Charakteristisch ist, daß die beiden Inventionsmirakel (Auffinden des
Grabes durch die Kuh und Unterrichtung des Papstes durch den wunderbaren Brief) in den Mittelpunkt gestellt und – wohl der spannenderen
Wirkung wegen – in ihrer Reihenfolge vertauscht werden. Kennzeichnend
ist auch, daß der Ablauf der Ereignisse lückenlos dargestellt wird. Wie
stark der Erzähler – nach Romanzenart – auf das Wie des Geschehens
achtet, zeigt eine Wendung wie (49):

> *Listeness ʒif ʒe wol wete . in what maner and how,*

die einer Formulierung in der Margaretenlegende des 14. Jhs. sehr ähnlich ist.[40]

Eine ähnliche Konzentration auf das Mirakelhafte wird in einer Kurzfassung der Benediktlegende im MS. Vernon sichtbar.[41] Die Erzähl-
absicht wird in Vers 18 ausgedrückt:

> *Of sum miracles þat he dude . wel ichulle ou teche*

Hiermit wird die Benediktlegende ähnlich vereinfacht wie die Cuthbertlegende bereits in der ersten Fassung des südenglischen Legendars. Nur
fehlt jetzt das innige Andachtsgefühl des 13. Jhs. Der Bericht ist faktischer
und nüchterner. Die fünf Wunder (1–34, 35–42, 43–62, 63–74 und 75–88)
werden ziemlich sachlich mitgeteilt. Nur ganz selten klingt der ältere Ton
des südenglischen Legendars noch an (z. B. 88: *þe chyld was sound . and heold
þe cuppe . in his hond wel stille.* 91: *Now God for his wete loue*).

Ähnliche Entwicklungen lassen sich im 15. Jh. verfolgen. Aufschlußreich sind besonders die Veränderungen in MS. Bodl. 779, von dessen
Legenden schon Horstmann sagt, daß sie zwar „im Sinne und Stile der
älteren Sammlung gedichtet sind", daß sie aber „ebenso als freie Bearbeitungen der Quellen" erscheinen, indem sie „entweder aus dürftigen Quellen
selbständig entwickelt und ausgeführt, oder aus längeren ausgezogen"

---

[39] EETS. 235, S. 279–291.
[40] Vgl. unten S. 292; vgl. auch Prolog zum nordengl. Legendar, unten S. 264.
[41] MS. Vernon, fol. 16r. Verf. möchte an dieser Stelle R. v. Antropoff für freundliche
Überlassung einer Abschrift dieser Fassung danken.

sind.[42] Ein charakteristisches Beispiel ist die Cuthbertlegende, die von 108 Versen in den früheren Manuskripten auf 94 reduziert wird.[43] Zwar finden sich gewisse äußerlich steigernde Zusätze wie (2) *god dede many fayr meraklus* (unter Hinzufügung des Wortes *many*) oder (13) *& gan to wepe swyrc sore*, (14) *þe chyldren hadde gret del of hym* und (23) *wepe & syke wel sore*. Jedoch werden solche Passagen weggelassen, in denen stillere Empfindungen oder fromme Betrachtungen zum Ausdruck gelangen. So entfallen aus der früheren Fassung die Verse 41–42 (Ausdruck des Schmerzes beim Anschwellen des Knies), 44–45 (Hoffnung, daß Gottes Hilfe nah ist), 67–68 (das kleine Andachtsbild, das Cuthberts liebevolle Fürsorge für die ihm anvertrauten Gäste wiedergibt), 77–78 (das stimmungsvolle und zugleich anschauliche Bild vom Schnee draußen), 93–94 (Ende der Begegnung mit den Ottern, die den Heiligen geheilt haben) und 97–98 (der Mönch, der Cuthbert beobachtet hat, schweigt auf dessen Bitte). Das Ergebnis der Kürzung ist eine sowohl vergröberte als auch stimmungsärmere Version.

Andere Fassungen des MS. Bodl. 779 lassen ein gesteigertes Bedürfnis nach Stoffbuntheit, insbesondere nach dem Reiz des Merkwürdigen sowie Fernen und Fremdartigen erkennen, wie es ähnlich auch in der *Gilte Legende* und in Caxtons *Golden Legend* hervortritt.[44] Damit verbindet sich, wie ebenfalls in den genannten Prosasammlungen, ein auf eindeutige Erklärung und Erläuterung gerichteter Zug. Ein Beispiel für die Art der Abweichungen gibt die Franziskuslegende, die gegenüber der früheren Version (MS. Laud 108, 475 Verse)[45] nicht nur gänzlich verändert, sondern auch auf 616 Verse ausgeweitet ist.[46] Nebenfiguren wie der Vater werden psychologisch lebendiger erfaßt (vgl. etwa 143–145, 157–159). Sie treten auch deutlicher als Handlungsträger hervor. So wird gleich zu Beginn die Grobschlächtigkeit des Vaters des Heiligen dadurch illustriert, daß er – was in einem volkstümlich lebendigen Dialog dargestellt wird – auf den Willen seiner Frau nicht die geringste Rücksicht nimmt (3–6):

Aftir þat he was I-bore, : þe modir seyde anon,
"Syre, ich wele þat oure sone : ben I-cleped Jhon."
"be stille, dame," quaþ þe fadir, : "& haue þou þin pays!
ffor ich þe segge to soþe, : hote he chal franceys."

Charakteristisch ist ferner, daß auch dann, wenn in der älteren Version (107ff.) die Betrachtung nur dem heiligen Franziskus gilt, der Vater agierend hervortritt (181–184). Außerdem wird das konkret Sichtbare

[42] „Des Ms. Bodl. 779 jüngere Zusatzlegenden zur südenglischen Legendensammlung", *Arch.* 82 (1889), S. 307–353, 369–422, hier 422.
[43] Ed. J. T. Fowler, *The Life of St. Cuthbert in English Verse, c.A.D. 1450*, Surtees Soc. 87 (1889), S. [3] – [9].
[44] Siehe unten S. 389f., 402f.
[45] Ed. Horstmann, EETS. OS. 87, S. 53–67.
[46] Ed. Horstmann, *Arch.* 82 (1889), S. 312–323; der Schluß der Legende fehlt im Manuskript.

stärker ausgeführt. Während in MS. Laud (81) die Bestrafung des heiligen Franziskus durch seinen Vater nur mit einem Vers behandelt wird, heißt es nun ausführlich (135–140):

> *þe fadir þat him ladde : sory was I-nouȝ,*
> *& hom to his house : viliche he him drouȝ;*
> *& anon so he was : In to his hous I-come,*
> *In to on of his chaumbris : his sone he haþ I-nome*
> *& so faste he him bet : fram foot to þe croune*
> *þat al a red blood eche leme : hy ornen al adoune.*

Das ist ebenso schaubildartig konzipiert wie in den Prosalegenden oder in Bokenhams Sammlung des 15. Jhs. Entsprechend wandelt sich die Darstellung des ersten Werkes der Barmherzigkeit (das Schenken des Gewandes an den Armen) und die anschließende Vision Christi. In der ersten Fassung werden die Begegnung (7–11) und der Traum (12–34) äußerst schlicht und unter Betonung des Mitleids mit dem Hilfebedürftigen erzählt. Während der Vision Christi wünscht Franziskus, ein Ritter des Herrn zu werden. In der zweiten Fassung wird alles ausführlicher und gegenständlicher. Bei der Begegnung mit dem Armen (23–42) wird zunächst das neue Gewand des Franziskus beschrieben (24), dann sein höflicher Gruß (26 f.); darauf folgt der Dialog zwischen den beiden. Franziskus verwundert sich zunächst, warum der andere nicht standesgemäß gekleidet ist – wodurch wieder das Sichtbare unterstrichen wird (28–30). Nach der Erklärung des anderen (31–34) streift Franziskus, von Mitleid gerührt, sein Gewand ab. Die Darstellung dieser Phase endet in der bildhaft deutlichen Gegenüberstellung der beiden Personen: der Beschenkte dankt und zieht das Gewand an (39), Franziskus geht ganz nackt nach Hause (40). Dieser Konkretisierung wird die moralisch pointierte Bemerkung angeschlossen, daß heutzutage wohl niemand mehr so handeln werde (41–42). Ähnlich wird der Traum dargestellt (43 ff.), in welchem Christus deutlich schaubar als der Gekrönte dasitzt, der mit demselben Gewand gekleidet ist, das Franziskus dem Armen gegeben hat (44–46). Als Erläuterung wird hinzugefügt, daß Franziskus zu dieser Zeit praktisch noch ein Heide war, weil in seiner Heimat die Taufe erst an Erwachsenen und mit deren freien Willen vollzogen wurde (53–58). Hier scheint ein Interesse an den Sitten des fremden Landes mitzusprechen. In ähnlicher Weise wird in Vers 543 von *ferne countre* gesprochen. Auch die etwas groben moralischen Mahnungen werden mehrfach wiederholt, so Verse 447–450 und 480. Auch gedanklich klärende Zusammenfassungen kehren mehrfach wieder (z. B. 97 ff.). Dagegen treten die Andachtsgefühle der früheren Fassung nicht mehr so deutlich hervor. Ein Beispiel dafür ist die veränderte Darstellung der Wundmale des heiligen Franziskus. Während die ältere Fassung liebevoll bei dem Bilde des in die Einsamkeit sich zurückziehenden Heiligen verweilt (392–417), wird nun alles mehr aus dem Blickwinkel predigthafter Erläuterung gesehen, und zwar von den in einer Kirche Versammelten, denen plötzlich der gekreuzigte Franziskus erscheint (487–502).

Die romantisierende Freude am Fernen und Fremden läßt sich auch weiterhin in der Sammlung erkennen. Dabei fällt der etwas unbekümmerte Ton des Erzählers auf, der gern, in der ersten Person redend, hervortritt. Beispiele sind Wendungen wie *Ich wot, in ferne countre* (*St. Fey*, Vers 1)[47] oder (*Crispin and Crispinyan*, 1–2):

Moche harme Ich habbe I-told, : & more ic telle can,
by þe lither emperour : þat het maximian.[48]

Beispiele für belebenden und volkstümlich getönten Dialog finden sich ebenfalls immer wieder, z. B. (*St. Nicasius*, 65): *"Wel, wel," quaþ þe iustise :* *"Ic here þy wordus alle".*[49]

Es paßt zu dieser Geisteshaltung des Kompilators und Bearbeiters, daß er für die Margaretenlegende die balladenhafte Fassung des 13. Jhs. (*S.M.*)[50] übernimmt. An die Stelle der fromm betrachtenden Haltung tritt allenfalls ein belehrender und gedanklich rubrizierender Zug. An die Art Bokenhams gemahnen in dem Stück auf das Fronleichnamsfest (*þe feste corpus day cristy*) das wiederholte Bemühen um Erklärung (75, 140, 142, 143), das Zerstreuen von Zweifeln an der Verwandlung von Wein und Brot in Blut und Fleisch (131–140) und die Beweisführung mittels zahlreicher Beispiele.

Daß es sich bei dem Streben nach unterhaltsamer Darstellung um eine allgemeine Entwicklungstendenz des Legendenerzählens im 15. Jh., und nicht um einen Einzelfall handelt, wird durch andere Manuskripte der südenglischen Sammlung bestätigt. Ein typisches Beispiel ist die romanzenhafte Ausgestaltung der Vorgeschichte der Thomas-Becket-Legende in MS. Bodl. 14716 = Rawl. poet. 225 (15. Jh.), wo der früheren Fassung als besondere Pointe hinzugefügt wird, daß Gilberts Hochzeitsfeier mit einer Londoner Bürgerstochter bereits in Gang war, als die nach ihm suchende Sarazenentochter an der Tür erschien.[51] Interessant sind ferner die zwei Fassungen der südenglischen Guthlaclegende. Die erste Version wurde gegen Ende des 14. Jhs. in MS. Corp. Christi College Cambr. 145 eingefügt, die zweite (ausführlichere) findet sich in MS. Cott. Julius D. ix (15. Jh.)[52] In der älteren Legende wird der emotionale Grundton des

---

[47] Horstmann, a.a.O. S. 323.
[48] Horstmann, ebd. S. 343.
[49] Horstmann, ebd. S. 327.
[50] Vgl. oben S. 188 ff.; Anmerkung Horstmann, a.a.O. S. 369.
[51] Vgl. dazu P. A. Brown, a.a.O., S. 34; Text ebd. S. 262–268.
[52] Beide Texte ed. Whitney French Bolton, *The Middle English and Latin Poems of Saint Guthlac*, Diss. Princeton 1954 (maschinenschriftlich); Mikrofilm: University Microfilms, Ann Arbor, Michigan, Doctoral Dissertation Series, Publ. No.: 13669. Der Text des 15. Jhs. (allerdings nicht ganz zuverlässig) auch bei H. Forstmann, *Untersuchungen zur Guthlac-Legende* (= Bonner Beiträge zur Anglistik, Heft XII, S. 1–40), Bonn 1902.

südenglischen Legendars nachgeahmt. Es heißt etwa unter Betonung des Gütigen und Milden (108–109):

> *And seynt Bartholemeu myldeliche . to synt Guthlak alijȝte*
> *Wit mylde wordes he bygan . conforty him anon.*[53]

Entsprechend werden die Freude des einsamen Lebens und (im Schlußgebet) Gottes *swete loue* (173) betont. Das geheimnisvolle Verschwinden Christi, der dem Heiligen erschienen ist, erinnert an entsprechende Stellen früherer südenglischer Legenden (107):

> *Jesus Crist after þis word . passede out of his syȝte.*

Auch Freude über das Befreitwerden von *care* (96–106) kommt zum Ausdruck. Aber wie in den späteren Versionen der Caecilienlegende[54] scheint dabei der Ton einer mehr äußeren Freude mitzuschwingen, z. B. (104): *Jch habbe gret delyȝt.* Dies ist ein Klang, wie man ihn etwa auch in den Spielmannsromanzen vernimmt (vgl. *Sir Orfeo*, 603–604):

> *þus com Sir Orfeo out of his care.*
> *God graunt ous alle wele to fare.*

Deutlich dem späten 14. Jh. angehörig ist der gelegentlich hart moralische und satirische Ton, wie z. B. (50–52):

> *Vewe men hit wolde now do . riȝt soþe vor to telle*
> *Hy habbeþ leuere jn toune . hure an idel tale*
> *Oþer sitte at þe tauerne . to drynk wyn and ale.*

Dieser Zug wird in der späteren Version, die sich außerdem enger an die Guthlac-Vita des Felix von Crowland anlehnt, wesentlich deutlicher (131–132, 145–146, 207–208). Gleichzeitig wird das deskriptive Element stärker (190–198); dabei tritt die Emotionalität der früheren Version zurück, ohne allerdings vollständig zu verschwinden.

Grundsätzlich ergibt sich also in den späteren Bearbeitungen des südenglischen Legendars eine ähnliche Überschneidung von Stiltendenzen wie in der *Gilte Legende* und in Caxtons Sammlung des 15. Jhs.

---

[53] Zitate hier und im folgenden nach der Ausgabe von W. F. Bolton.
[54] Vgl. oben S. 222, Anm. 42.

DRITTER TEIL

DAS SPÄTMITTELALTER
(14.–16. Jh.)

Überblick über die frömmigkeits- und formgeschichtlichen Wandlungen in der englischen Legendenliteratur des Spätmittelalters

In der gesamten geistlichen Literatur Englands treten, wie sich an Lyrik, Drama, Predigt und Legende ablesen läßt, im 14., 15. und frühen 16. Jh. andere Haltungen als im 13. Jh. in den Vordergrund. Die Legendenautoren betonen statt der religiösen Gefühle der Liebe, des Sich-Mitfreuens und des Mitleidens praktische Hilfserwartung, Belehrung, moralische Betrachtung oder feierliches Heiligenlob sowie eine auf Anschaulichkeit zielende Darstellung. Der Wandel vollzieht sich nicht abrupt. Wie sehr jedoch die frommen Emotionen franziskanischer Prägung zurücktreten, läßt sich schon an Predigten und Traktaten der Zeit ablesen. Im *Speculum Sacerdotale*, einer englischen Predigtsammlung des frühen 15. Jhs.,[1] wird, offensichtlich in Reaktion auf die Kritik der Lollarden, vor falschgerichteter Heiligenverehrung gewarnt, die Gott aus den Augen verliere. Statt direkter Hilfserwartung werden Meditation, Nachahmung und Liebe gefordert: *And sires, therefore martirs are to be worschipid for meditacion and folowyng of here good wayes that they have made to us, and for charite, but not for servitude or power.*[2] Daß in dieser Reihung *charite* als letztes genannt wird, scheint ebenso charakteristisch wie in einem Traktat über den Dekalog die Mahnung, in den gemalten Heiligenbildern nicht nur den äußeren Glanz, sondern die dahinterstehende geistliche Bedeutung zu erfassen *(And now men shulden be more gostly and take lesse hede to siche sensible signes).*[3] Dabei wird nun zwar besonders auf die Liebe zu Gott hingewiesen, welche die Heiligen in ihrer Passion bewiesen hätten, aber die Aufforderung an die Gläubigen lautet nicht, das Leiden innerlich mitzuerleben, sondern es im äußeren Bilde „zu sehen und zu erkennen":

And thus by images and peynture y-maked by mannes honde thou mayste y-se and knowe how holy seyntes of hevene lovede almy3ty god, and how grete and dyverse passiouns they suffrede for love that they hadde to him – as by the ymage of seynte Laurence that is y-peynte or y-grave holdynge a gredel in his honde bytoknyng and schewyng how Laurence was y-rosted upon a gredel, and also by ymage of seynte Kateryne that ys ypeynt holdyng in here hond a whel

[1] Vgl. dazu G. R. Owst, *Literature and Pulpit in Medieval England*, Oxford ²1961, S. 123, 135 ff.
[2] Zitiert nach G. R. Owst, a.a.O. S. 135.
[3] Ebd. S. 144.

and a swerd, schewyng what passioun the holy virgyne Katryne suffrede;
and so by ymages of other seyntes thou myst somdel y-knowe what passioun they
suffrede for love that they hadde to almyȝte god.[4]

Was also fehlt, ist die „Verinnerlichung", die spontane und persönlich klingende Gefühlsreaktion auf das Vorgestellte. Ähnlich indirekt ist in vielen Legenden das Verhältnis zu den hervorgehobenen Tugenden. Ein leidenschaftliches Aufrufen zur Nachfolge wie in altenglischer Zeit gibt es nicht mehr. Die Tugenden werden bildhaft und rubrizierend herausgestellt. Was an Emotionalität bleibt, ist – neben einigen Nachklängen des franziskanischen Frömmigkeitstons – ein ästhetisches Erleben und hymnisches Feiern des himmlischen Glanzes und der Vollkommenheit der Heiligen. Diese der spätgotisch-höfischen Kunst, Frömmigkeit und Lebensart entsprechende Tendenz, die sich auch in der Geschichte der englischen religiösen Lyrik niederschlägt,[5] tritt besonders bei Lydgate hervor, ist aber auch schon bei Chaucer und vielen anderen Verfassern zu spüren, besonders in der Freude an höfischem Zeremoniell und Prunk, die am deutlichsten im 16. Jh. hervortritt.[6] Die vorherrschende Haltung ist die einer größeren Distanz, aus der die äußere Erscheinung reicher und objektiver gesehen und auch der geistliche Gehalt vollständiger und gedanklicher erfaßt werden können. In den homiletischen Prosalegenden des John Mirk (15. Jh.) erscheint all das ins grob Realistische und handfest Moralische gewendet. Hier wie in der *Gilte Legende* und bei Caxton tritt eine bürgerlich-volkstümliche Auffassung neben die sonst dominierende des späthöfischen Stils. Allerdings ist auch ein freieres und subjektiveres Verhältnis zur Überlieferung möglich, wie es sich in der schottischen Sammlung, bei Chaucer, Capgrave, Bokenham und bei Bradshaw zeigt.

Die sich aus den veränderten Haltungen ergebenden Wandlungen sind vielfältig und betreffen sowohl die inhaltlich-stoffliche wie die formale Seite der Legende. Ganz allgemein ist eine Annäherung an außerlegendarische Stoff- und Formtraditionen zu bemerken, die mit der immer stärker werdenden kompilatorischen Tendenz Hand in Hand geht. Zwar wird immer noch der besondere Wahrheitsanspruch und religiöse Wert der Legende gegenüber nur erdichteten Geschichten hervorgehoben, aber eine weitgehende Vermischung der Stile und Erzählweisen ist unverkennbar. Zu Zwecken der moralischen Belehrung wird das Leben der Heiligen teils mit der einprägsamen Klarheit von *exempla* erzählt, teils führen katalogartige Aufzählungen und moraltheologische Betrachtungen zu einem expositorischen Predigt- oder Traktatstil. Auch unabhängig davon

---

[4] Ebd. S. 142–143.
[5] Vgl. Verfasser, „Geschichte der englischen Marienlyrik im Mittelalter", *Anglia* 69 (1950), S. 3–88, hier S. 43–69, 74–88.
[6] Vgl. unten S. 347 f.; zum spätgotischen Schönheitsempfinden allgemein J. Huizinga, *Herbst des Mittelalters*, Stuttgart ⁸1961, und W. F. Schirmer, „Dichter und Publikum zu Ende des 15. Jhs. in England", *ZfÄsth.* 28 (1934), S. 209–224.

wird gern mit gelehrtem Apparat und rhetorischer Umrahmung durch Prolog und Epilog erzählt. Lydgates panegyrische Haltung äußert sich sowohl in einem hymnischen Anrufungsstil wie in einer eposartig erhabenen Steigerung der Darstellung. In vielen Fällen werden außerdem die Heiligen in Anlehnung an späthöfische Erzählliteratur und Gesellschaftsideale als vornehme, adlige Erscheinungen gesehen, ihrem Charakter wie besonders ihren feinen Manieren nach. Auch andere Vorstellungs- und Stoffbereiche, wie Chronikhaftes und Geographisches, Kataloge antiker Autoren, heidnischer Götter und der Sieben Freien Künste, werden zur Belehrung und Unterhaltung ausführlicher als früher behandelt. Annäherungen an den Ton der Historiographie oder allgemeiner Lehrbücher sind häufig.

Der Zug zur Veranschaulichung, der sich schon in der Häufung verschiedenartiger Materialien greifen läßt, wirkt sich vor allem formal aus. Das Andachts- und Sinnbild der früheren Sammlungen erscheint meist konkretisiert und z. T. auch psychologisiert. An seine Stelle treten szenisch bunte Darstellungen nach Art der Romanzenliteratur (wie etwa im nordenglischen Legendar) oder detailreich ausgemalte Schaubilder, wie sie sich in der schottischen Legendensammlung, bei Bokenham und bei anderen Autoren des 15. und 16. Jhs. erkennen lassen. Die Entwicklung zur erzählerisch-deskriptiven, dabei psychologisch lebendigen und menschlich interessanten Art der Darstellung läßt sich bekanntlich auch in der Kunstgeschichte nachweisen. Mit Berufung vor allem auf Gregors des Großen Wort, daß die Bilder der Heiligen und des Kreuzes die *libri laicorum* seien, haben Prediger des 14. und 15. Jhs. wie Rypon of Durham und Walter Hilton die sakralen Bilder zwar gegen die Angriffe der Lollarden verteidigt, gleichzeitig aber vor der zu farbigen und schmuckreichen Malweise der Zeit gewarnt.[7]

Äußerlich läßt sich der Wandel des Legendenerzählens in der Verwendung neuer metrischer Formen fassen. Das romanzenhafte Kurzreimpaar des 14. Jhs., die alliterierende Langzeile und die wohllautende *Rhymeroyal*-Strophe Chaucers und seiner Nachfolger enthalten ganz andere strukturelle Voraussetzungen für ein geistliches Erzählen als das septenarische Reimpaar des südenglischen Legendars oder die schlichte Prosa der *Legenda aurea*. Auch in den im 15. Jh. entstehenden englischen Prosasammlungen wandeln sich Sprache und Stil.

Im ganzen gesehen, treten in der Legende des späteren Mittelalters nicht nur die religiösen Gefühle, sondern überhaupt die Erbauungstendenzen zurück. Zwar steht die Hagiographie im 15. Jh. noch in hoher Gunst, aber meist wird ein reichlich vorliegendes schriftliches Material mit mehr oder weniger handwerklichem Können kompiliert und bearbeitet, vorwiegend – wie schon bei Lydgate und Bokenham – auf Bestellung von Auftraggebern. Die Relation des Verfassers zum Stoff ist deshalb oft zufällig und

---

[7] Vgl. dazu G. R. Owst, a.a.O. S. 133–148.

locker, das Herausprägen bestimmter Frömmigkeitshaltungen und seel-
sorglicher Anliegen, das in altbenediktinischer oder franziskanischer Zeit
eine Selbstverständlichkeit war, kann nicht mehr in allen Fällen erwartet
werden. Die Legende erscheint mitunter als ein Stoff, der nicht viel anders
als ein weltlicher behandelt wird. Mehr und mehr löst sie sich von der
Frömmigkeitsgeschichte und kann deshalb eher als in früheren Jahrhunderten als Teilbereich und mit den Kriterien und Begriffen der allgemeinen
Literaturgeschichte betrachtet werden, obwohl es Ausnahmen wie Lydgate
gibt.

A. Verslegenden des 14. Jhs. im Kurzreimpaar

Vorüberlegungen: Das Kurzreimpaar und das erbauliche Erzählen

Im 14. Jh. tritt die Septenarzeile, die aufgrund ihrer Länge immer wieder
die Aufnahme emotionaler Elemente in den einzelnen Vers gestattete, zurück. Abgesehen von den Erweiterungen des südenglischen Legendars, die
dem einmal vorgezeichneten Muster folgen, und abgesehen auch von
Chaucer und seiner Schule ist das nun im Legendenerzählen vorherrschende Metrum das modische Kurzreimpaar der Versromanze und
des Versromans, gelegentlich auch die strophisch gebundene Kurzzeile.
Hiermit wird ein Medium gewählt, das aufgrund seiner Kürze nur schwer
die Möglichkeit bietet, den Erzählbericht mit erbaulicher Emotion oder
Reflexion zu verschmelzen. Wohl kann auf eine berichtende Zeile oder
Zeilengruppe eine betrachtende oder emotionale folgen, aber dann ergibt sich mehr ein Nacheinander zweier verschiedener Elemente als das
Ineinander in der Septenarzeile. Die Grundstruktur ist die einer klaren
Gliederung, nicht die eines schlichten und selbstverständlichen gegenseitigen Durchdringens. Der einteilende Kurzvers hebt die Konturen schärfer
heraus. Der Erzählbericht, da nicht mehr unmittelbar von Erbauungsgefühl
durchsetzt, fließt schneller dahin als im schwerfälligen Septenar. Er kann
sich beweglich und geschmeidig jeder neuen Phase des Geschehens
anpassen, kann Schritt für Schritt die neuen Einzelheiten benennen und
szenisch und bunt erzählen. Er ist die ideale Form für ein handlungs-
reiches und stofffreudiges Darstellen. Ebenso detailliert und scharf können
die erbaulichen Punkte hervorgehoben, betrachtet und lehrhaft kommentiert werden. Überhaupt sind jetzt eher eine Erzählung, Beschreibung und
gedankliche Anordnung aus der Distanz möglich. Ein unmittelbar gefühls-
mäßiges Miterleben findet sich selten. Wo nicht ein weltliches Unterhaltungsbedürfnis dominiert, tritt ein stark didaktisches Anliegen in den
Vordergrund.

I. Das nordenglische Legendar

1. *Das nordenglische Legendar und der Stand der Forschung*

Die nordenglische Homiliensammlung liegt in drei Redaktionen aus dem 14. Jh. vor.[1] Erzählende Bestandteile sind die *narrationes* zu den Homilien[2] und das Legendar, das in der dritten Redaktion[3] an die Stelle des rein homiletischen *Proprium Sanctorum* in den beiden anderen getreten ist. Für eine Geschichte der englischen Heiligenlegende ist vor allem dieser Teil von Interesse. Auch unter den genannten *narrationes* – es handelt sich um *exempla* verschiedener Herkunft – finden sich einige Heiligenlegenden[4]: Marina (Nr. 15), Placidus (Nr. 17), Theophilus (Nr. 48), Pelagia (Nr. 52), Thais (Nr. 34), Petrus Tollonarius (Nr. 21), Alexius (in der Homilie in festo S. Johannis Bapt.), von denen Placidus (1060 Verse) und Theophilus (680 Verse) bedeutende Länge haben. Die Auswahl zeigt eine Bevorzugung erzählerisch interessanter Stoffe; die Darstellung ist zügig und zugleich exemplarhaft klar. Jedoch braucht darauf hier nicht weiter eingegangen zu werden, da das Legendenerzählen der nordenglischen Sammlung durch die Untersuchung des eigentlichen Legendars eindeutig genug erfaßt werden kann. Dieses enthält im Gegensatz zum südenglischen Zyklus keine englischen Lokalheiligen, sondern ausschließlich die bekanntesten Heiligen der gesamten Kirche, zu denen auch Thomas v. Canterbury gehört. Die zwei Manuskripte der nördlichen Sammlung zählen zusammen 34 Stücke, alle in Kurzreimpaaren geschrieben.[5] Die Reihenfolge ist die des Kirchenjahres. Als Verfasser kommen Geistliche der Diözese Durham in Frage.[6] Der Verwendungszweck war offensichtlich die Unterweisung der Laien; das geht aus dem Prolog der ganzen Homiliensammlung und aus der Gestaltung der Legenden selbst hervor.

Die Forschung ist meist bei der Feststellung stehengeblieben, daß ein Erzählen nach der beweglichen und klaren Art zeitgenössischer Romanzen vorliegt und mit dem Kurzreimpaar aus dem Französischen übernommen worden ist.[7] Lediglich Brandl hebt außerdem die lehrhafte Seite der Stücke

---

[1] Ausführliche Beschreibung der Redaktionen und ihrer Handschriften bei Horstmann, *Ae. Leg. N. F.*, 1881, S. LVII–LXXXIX und zusammenfassende Übersicht bei G. H. Gerould, *Saints' Legends*, S. 164–176; vgl. auch Wells *Manual*, S. 287 ff.

[2] Nach MS. Vernon, ed. C. Horstmann, *Arch.* 57 (1877), S. 241–316.

[3] MSS. Harley 4196 und Cott. Tib. E. VII, nach diesen Manuskripten ed. von C. Horstmann, *Ae. Leg. N. F.*, 1881, S. 1–173.

[4] Vgl. Inhaltsübersichten bei Horstmann, a.a.O. S. LX–LXII, und Brown, *Register* I, S. 58–65, 77–83, 158–165, 187–192, 432–438, 478–483, 508–510.

[5] Vgl. Inhaltsübersichten bei Horstmann, a.a.O. S. LXXXV–LXXXVII, und Brown, *Register* I, S. 283–284, 347–348.

[6] Horstmann, a.a.O. S. LXIII; Gerould, *Saints' Legends*, S. 168f.

[7] So erkennt schon Horstmann (a.a.O. S. LXXXIX) „Formgewandtheit, leichten

hervor,[8] ohne ihr allerdings weiter nachzugehen. Die Relationen zwischen Erbauungstendenzen und Erzählformen bleiben zu untersuchen.

Kennzeichnend dafür sind schon die wenigen Verse des Prologs, der dem MS. Harl. vorausgeht:

> *Here may men luke, who likes to lere,*
> *Of liues and dedis of saintes sere,*
> *And in olde times how it bifell,*
> *Als men in inglis tung mai tell.*
> *Out of latyn þus er þai draune,*
> *Omong laud men forto be knaune.*
> *And first es ordand forto shewe*
> *þe solempne fest of Saint Andrew.*

Im Gegensatz zur Einleitung der südenglischen Fassung nennen die zweite und dritte Zeile den Stoff (Leben und Taten der Heiligen) und seine ereignishafte Seite, sogar das Wie des Verlaufs *(how it befell)*. Dies ist zwar eine formelhafte Wendung, die in der Reimbindung *befell/tell* in der Romanzenliteratur häufig vorkommt, aber deswegen nicht weniger aufschlußreich für das Erzählvorhaben ist. Außerdem wird das Ganze als eine für den Laien bestimmte Übersetzung aus dem Lateinischen bezeichnet. Die Erbauungstendenz der Sammlung wird noch nicht sichtbar, es sei denn, man verstünde das Wort *lere* der ersten Zeile im Sinne eines Belehrenwollens, jedoch kann es auch einfach „erfahren" heißen. Das Stück *De omnibus sanctis historia* (Nr. 29) gibt darüber deutlichere Auskunft. Es folgt wie die

---

Fluß der Erzählung, Glätte der Diction, Reinheit und Wohllaut der Sprache [...]; die Tib.-Legenden verrathen etwas mehr Strenge und Regelmäßigkeit im Satz- und Versbau, die des Ms. Harl. mehr Bewegung und Anmuth; die Empfindung des Dichters bleibt latent, auch die Reflexion tritt nie hervor, der Dichter ist nur Erzähler, die Fabel selbst ist ihm die Hauptsache." Auch ten Brink sieht im nordenglischen Legendar eine gewandtere, knappere Erzählart, die „deutlich das Gepräge des vierzehnten Jahrhunderts und des normannischen Einflusses" trägt und mit dem Kurzreimpaar verbunden ist (a.a.O. S. 338). Dieses Urteil wird von Schofield übernommen (a.a.O. S. 394), ebenfalls von C. L. Thomson, *CHEL* I, S. 335–359. G. H. Gerould vermißt im Legendar Frische der Darstellung und steht damit im Gegensatz zu den anderen Urteilen, gibt jedoch keine Belege: "It contains no lives of native saints, and never strays out of the beaten track of the most commonplace hagiography. It could have served no purpose beyond giving its readers a chance to peruse, at various seasons of the year, legends suitable to the greater feasts" (174f.). Dagegen lobt er an dem Verfasser der *narrationes* der ersten Redaktion flüssiges und kraftvolles Erzählen (ebd. S. 176). Sein Urteil trifft zu. Jedoch vergißt Gerould, daß die Stoffe der *narrationes* wesentlich bewegter, z. T. novellistisch sind (Horstmann spricht in diesem Sinne von „legendarische[n] Anekdoten", a.a.O. S. LXIV), wodurch sich eine lebendigere Darstellung von selbst ergibt. Seine Bewertung der Stücke des Legendars scheint nicht gerechtfertigt.

[8] Nach ihm sind die nordenglischen Legenden geschrieben „nicht mit dem Märtyrergeist des Thomas Becket, dafür von Anfang an mit glatter französischer Technik; weder sehr lyrisch, noch phantastisch, weder auf formellen Reiz, noch auf derben Humor bedacht, aber mit einem kräftigen sittlichen Imperativ" (a.a.O. S. 649).

Allerheiligenbetrachtung des südenglischen Legendars wahrscheinlich der *Legenda aurea*, behandelt aber die vier Gründe für das Fest logischer und klarer als der südliche Zyklus. Es beginnt (1–8) mit einer Inhaltsübersicht dessen, was „man lernen kann". Die Verse 9–26 geben wie die *Legenda aurea* die Aufzählung der vier Punkte als Übersicht, wonach es in erklärender Überleitung heißt (27–28):

þir foure skils sall be declard
More plainely, who will tak reward.

Entsprechend deutlich und mit didaktischer Tendenz werden die einzelnen Punkte herausgehoben, wobei z. B. die Verse 201–208 die handfeste Mahnung enthalten, daß auch diejenigen, die in der Kirche sonst schlafen oder spielen, an diesem Tage die Heiligen recht ehren sollten, um ihre Versäumnisse wiedergutzumachen. Einen solchen Ton findet man in der südenglischen Sammlung nicht. Die Vision des Küsters wird konkreter gegeben als in der *Legenda aurea*. Nicht mehr von seiner „Verzückung", sondern von seinem Einschlafen ist die Rede; die Pracht des Himmels – Gott holt Maria zu sich auf den Thron – wird stoffreicher und in Ausmalung des Zeremoniells erzählt (271 f.):

Byfore þe kyng all knelid þai downe
With reuerence and deuocioune,

während das südenglische Legendar schlichter und emotionaler sagt (66):

Alle onured oure suete Louerd : þer he sat in heuene.[9]

Mit diesen Zügen der Erzählfreude, des Didaktisch-Expositorischen und des angemessen Zeremoniellen ist die nordenglische Sammlung in ihren wesentlichen Eigentümlichkeiten schon gekennzeichnet.

2. Die Caecilienlegende[10]

Im Gegensatz zum südenglischen Legendar übernimmt die nordenglische Version die Stoffülle der *Passio s. Caeciliae* (*BHL* 1495) und steigert deren geschehnishaften Zug durch phasenhafte Gliederung und Bestimmtheit der Zeit, des Ortes und der Motive. Dazu tritt eine stets deutliche Beziehung auf den beispielhaften Wert des Heiligenlebens, so daß sich bei aller Bewegtheit und Breite ein exemplhaft klarer und zügiger Aufbau ergibt, dem das Verweilende und Emotionale des südenglischen Legendars abgeht.

Der didaktische Grundzug zeigt sich schon in dem vom Allgemeinen zum Besonderen vorschreitenden Anfang. Während das südenglische Legendar unvermittelt mit dem Namen der Heiligen einsetzt, stellt die nordenglische

---

[9] EETS. 236, S. 460 ff. (Nr. 72).
[10] *Index* 1671, a.a.O. S. 159–164.

Version das Leben Caeciliens in den großen Zusammenhang des göttlichen Heilsplanes als ein Beispiel für die Offenbarung der Macht Gottes im Leben einer Jungfrau (1–10):

> *Jhesus Crist, ful of pete,*
> *To mankind es of mercy fre*
> *And schewes his pouste & his might*
> *Oft-sithes here unto sum men sight,*
> *So þat we may his mightes ken,*
> *Als wele in wemen als in men,*
> *And all-þermost in maydens ȝing*
> *þat will be boun to his biding.*
> *þat may men by ensaumple se*
> *Of saint Cecill, þe mayden fre.*

Es folgt (11–22) eine Charakteristik Caeciliens in Form eines Tugend-katalogs. Während in der südenglischen Fassung außer Caeciliens edler Abstammung nur ihre Christusliebe und ihr ständiges Gebet um Bewahrung der Jungfräulichkeit als Grundlinie des weiteren Verhaltens genannt werden, spricht die nordenglische Version detaillierter von Caeciliens Milde (12), Gottesgelehrtheit (13f.), Gebetseifer (15f.), ihrer Taufe durch Urban (17f.) und zusammenfassend von ihrer allgemeinen Beliebtheit bei Freunden und anderen Menschen (19f.) mit der Begründung (21f.):

> *Bycaus scho was both fayre & gude*
> *And untill all folk milde of mode.*

Diese Formel – ein Lob ihrer gesellschaftlichen Vorzüge – könnte ebenso gut in einer Versromanze stehen. Eine Beschränkung auf eine entscheidende Richtung ihres Lebens fehlt. Das weitere Geschehen ist deshalb nicht so genau vorausbestimmt. In der nächsten Phase (23–30), die von der Heirat berichtet, wird Valerian verhältnismäßig objektiv charakterisiert. Während die südenglische Fassung nur von seiner *gret nobleye & richesse* (6) spricht und diesen Zug konsequent weiterverfolgt und während Chaucer später nur Valerians Jugend herausstellt[11], werden nunmehr katalogartig beide Seiten und außerdem die Schönheit und der Unglaube des Jünglings genannt (25–28):

> *ȝong he was and faire of skin*
> *And komen of ful nobill kyn,*
> *Bot hathin he was & unbaptist*
> *And knew no-thing þe law of Crist.*

Durch das *Bot* wird zugleich eine gewisse Spannung auf die kommenden Ereignisse erzeugt. Der Eindruck entsteht, als ob lediglich sein Heidentum, nicht aber die Ehe überhaupt für Caecilia eine Schwierigkeit bedeute.

---

[11] Vgl. unten S. 305.

Die der lateinischen *Passio* folgende Motivierung ihres Nachgebens – Angst vor ihren Freunden – bleibt im Psychologischen und läßt ihr späteres Verhalten noch offen (29f.):

Cisill durst none oþer do
Bot als hir frendes tald hir to.

Nach dieser das Interesse weckenden Exposition steigert sich das Erzähltempo. Caeciliens Demut (33) wird im Zusammenhang szenischer Bewegung erwähnt, nicht als Gegenstand fromm verweilenden Miterlebens (31–38):

þe day was sett : þai suld be wed.
In clathes of cold þai both war cled;
Bot Cicill had þar-of no pride –
Ful hard clething was next hir hid;
Outward scho was richely arrayd,
So alls hir frendes had puruayd.
þus on þis wise when þai war wed,
Ful fele folk þaire frendes fed.

Auch ihr Beten, das sie während ihres Ganges zur Kammer verrichtet, ist in den Geschehnisverlauf verflochten (41–42):

Cicill es þan to chamber went,
Calland to Crist with gude entent.

Als sie den großen Klang von Engelstimmen und Instrumenten vernimmt, läßt sie ihr Lied mit der Musik zusammenklingen (43–47).[12] Die *Passio s. Caeciliae* ist hier von hagiographischer Blässe. Die südenglische Version betont den Kontrast von *menstralsie* und der Psalmen singenden Heiligen.

Die präzise zeitliche und gedankliche Gliederung und Verknüpfung der Erzählstruktur wird äußerlich im häufigen Gebrauch temporaler, konsekutiver und adversativer Konjunktionen sichtbar (häufiges *þan*, *þus* und *bot* und ähnliches), wodurch das Geschehen bis in kleine Teilschritte und Kausalverbindungen verfolgt wird. Wie in den bereits zitierten Passagen (vgl. etwa 37) wird immer wieder das Einleiten und Abschließen von Teilstrecken betont, so auch das Ende der Hochzeitsfeier vor Caeciliens Gang in die Kammer (39–40):

When þe bridal was broght till ende,
þat ilka man þaire wai gan wende.[13]

---

[12] Es handelt sich um eine der frühen Anspielungen auf Caeciliens Macht der Musik, die in der mittelalterlichen Entwicklung der Legende eine große Rolle spielt. Über das Wahrnehmen von Musik und Festeslärm vgl. auch die nordenglische Katharinenlegende, unten S. 272f.

[13] Andere Beispiele zeitlichen Gliederns sind 51, 124f., 145f., 165f., 237ff., 329f.; hierher gehören auch die zahlreichen erzählerischen Neueinsätze wie 241–247.

Der Entschluß Caeciliens zu jungfräulichem Leben wird mit einem klaren *Bot* von dem bisher Berichteten abgehoben (55–56):

> *Bot in hert ful wele scho thoght*
> *To kepe hir clene, if þat scho moght.*[14]

Kennzeichnend ist ferner die gewisse psychologische Tönung der Darstellung, die sich schon im Mitteilen der Gedankenfolgen der Heiligen andeutet (33, 55). Ein bezeichnendes Beispiel ist das Gespräch, in dem die Neuvermählte ihrem Ehemann von dem Engel erzählt. Ihre Worte (59–74) sind situationsgemäß nuanciert, etwa (62) *And, gude syr, luke ʒe ʒow noght greue!* oder (74) *Swilk grewance, sir, es gude to drede.* Wirklichkeitsnah und profan ist die Reaktion Valerians: er wird zornig, nur die Furcht zügelt seine Erregung (75f.):

> *Valerian þan wex all wrathe,*
> *For drede he durst do hir no schathe;*

und in effektvoller Litotes wird ergänzt (77):

> *Of hir wordes he was noght payde.*

Seine Rede bekommt schließlich einen drohenden Klang (79):

> *Woman, if þou will þat I trow,*

während im südenglischen Legendar seine Anrede den Gefühlston inniger Frömmigkeit hat (15: *Swete hearte*) und Aelfric (wie die *Passio*) das Numinose in der Furcht Valerians herausstellt. Aber die nordenglische Fassung wählt den profanen Ton nicht unüberlegt. Valerian soll offenbar noch weltlich und heidnisch wirken, während Caecilia gesittet und gütig spricht (92). Erst später (119f.) wird gesagt, daß Valerian von der Gnade Gottes ergriffen wird. Wie Caeciliens Verhalten eine gewisse Erlebnisbewegung aufweist, so durchläuft Valerian eine Art Entwicklung. Dies ist ein Unterschied zu allen bisher betrachteten Versionen, in denen sich seine Konversion mit den ersten Worten Caeciliens als eine sofortige wunderbare Wandlung vollzieht.

Man könnte im ganzen also von einem erzählerischen Ausfüllen der für die erbauliche Legendenwirkung weniger wichtigen Zwischenstrecken sprechen, und dieser Zug läßt sich durch die ganze nordenglische Version verfolgen. Die Erscheinung des vom Himmel niedergestiegenen alten Mannes wird in Einzelheiten gegeben, unter Erwähnung sogar seiner rechten Hand, welche die Valerians ergreift, was sonst nirgends belegt und auch für den Zusammenhang belanglos ist (149–156). Valerians Rückkehr von Papst Urban zu Caecilia wird zusätzlich motiviert (183–185, er soll ihr Beistand und Trost sein) und konkret und detailliert ausgeführt (186–190).

---

[14] Auch die *Passio s. Caeciliae* bringt die Bitte um Bewahrung der Jungfräulichkeit erst Ende Kap. 3.

268

Die Bereicherung der Phasen durch Motivierung und Einzelheiten führt zu einer Verzahnung und Gliederung des Geschehens, die es in der südenglischen Sammlung nicht gibt. Der Verfasser schaltet mit dem Stoff ziemlich frei. Weder übernimmt er ihn mit der ehrfürchtigen Scheu eines Aelfric, noch versenkt er sich in ihn wie der Autor der südenglischen Version. Wo es ihm der Übersichtlichkeit wegen ratsam erscheint, kürzt er geschickt. Zwar sind *Brevitas*-Formeln in der Hagiographie geläufig, wenn es etwa um zusammenfassende Darstellungen von Wundern geht,[15] aber in der nordenglischen Fassung bekommen sie den unbefangen plaudernden Erzählton, der an Chaucers Autoreinsprachen in den *Canterbury Tales* erinnert (z. B. 301–306):

> *To tell þaire life, it war ful lang,*
> *Or meruayles þat war þam omang;*
> *Bot in þis tretice will I tell*
> *What ferlis in þaire ded byfell*
> *And what wonders god for þam wrogt*
> *Yn time þat þai to ded war broght.*[16]

Auch inhaltlich ist dieser Passus bemerkenswert, da er die darstellerische Absicht bestätigt, die aus der Struktur erkennbar wurde. Es geht um die erzählbaren, konkreten Begebenheiten, um das Was und Wie im Verlauf der Ereignisse und Wunder *(What ferlis [...] And what wonders)*. Im südenglischen Legendar dagegen wird mit emotionaler Anteilnahme vorwiegend von *uair miracle* gesprochen. Die Erzählhaltung ist in beiden Fällen ganz verschieden.

3. Die Andreas- und Katharinenlegende
(im Vergleich zu den südenglischen Versionen)

Der an der Caecilienlegende ermittelte Formenbestand läßt sich in der ganzen Sammlung nachweisen; es möge genügen, das ohne genauere Quellenuntersuchung und lediglich am Vergleich mit dem südenglischen Legendar an zwei weiteren Legenden zu überprüfen.

a. Die Andreaslegende

Es ist bezeichnend für das südenglische Legendar, daß selbst eines der stoffreichen Aposteleben auf ein schlichtes, emotional getöntes Andachtsbild mit nur leicht ausgeführten Handlungslinien reduziert wird. Die Quelle scheint die *Legenda aurea* oder eine dieser sehr ähnliche Version zu

---

[15] Vgl. dazu die bei Curtius, *Europäische Literatur u. lat. Mittelalter*, S. 481 ff. gegebenen Beispiele.
[16] Interessanterweise hat Chaucers Caecilienleben an derselben Stelle eine ganz ähnliche Kürzungsformel, Vers 358 ff.

sein. Das nordenglische Legendar dagegen, offensichtlich einer der ausführlicheren Fassungen folgend, erzählt verschiedene ganz konkrete Begebenheiten in ihrem geschehnishaften Nacheinander.

Während die südenglische Legende[17] mit einer gefühlsgetönten Betrachtung des *Manfischer* (6) und seiner Berufung durch Christus beginnt (1–10), nennt die nordenglische[18] Andreas nur in der ersten Zeile als den geliebten Apostel Christi und beginnt sofort mit der ereignisreichen Erzählung. Der Gegenspieler des Andreas, der Richter Egeas, wird mit neuem erzählerischen Einsatz in seinen objektiven Eigenschaften vorgestellt (5–16): Er ist Richter, heißt Egeas, ist dem Götzendienst ergeben, zwingt alle, seinen Göttern zu opfern und straft jeden furchtbar, der sich weigert. Danach wird wieder recht stoffreich vom Eintreffen des Andreas berichtet. Das südenglische Legendar dagegen führt das einleitend gegebene Bild des Heiligen weiter aus, indem es in einem Sammelbericht (11–18) seine Missionstätigkeit schildert. Als deren Auswirkung – also in das erbauliche Heiligenbild einbezogen – wird die Bekehrung der Frau des Egeas erwähnt (14), auch der Richter wird nur in emotionaler Reaktion auf dieses Ereignis eingeführt (15–16), unter zweimaliger Verwendung des Wortes *wroþ* bzw. *wraþþe*:

> þerfore þe iustise was wroþ: & wende to Patras
> To þe cite in gret wraþþe: as seint Andreu was.

Der Richter bleibt ohne die Eigenbewegung, die er in der nordenglischen Sammlung hat. Das gilt auch für sein Streitgespräch mit Andreas (23–50), in dem dieser etwa in schlichtem Volkston sagt (40):

> Gret vertu ich wole þe telle: of þe swete holi rode,

während der Richter fragt (33):

> Hou miȝte hit beo quaþ þe Iustise: þat his wille were þerto.

Dagegen fordert er in der nordenglischen Fassung einen exakten Beweis (72):

> How proues þou þan, it was his will?

So tritt hier immer wieder an die Stelle der südenglischen Emotionalität ein sachliches Disputieren, in welchem Thesen und Beweise herausgestellt werden. Selbst in den Gebeten zeigt sich der Unterschied. Die Formeln des südenglischen Legendars drücken spontanes Frömmigkeitsgefühl aus:

> (74) *Hail beo þu swete rode he seide: swettest of alle treo*
> (76) [...] *wel glad ich þe iseo*
> (77) *& wel glad ich come to þe: wel glad afong þu me*
> (79) *Nym me nou al fram þis men: to mi Louerd þu most me sende*
> (80) *For al myn hope & mi wil is: þurf þe to him wende.*

---

[17] *Index* 2848, EETS. 236, S. 543 ff. (Nr. 80).
[18] *Index* 2847, a.a.O. S. 3 ff.

In der nordenglischen Fassung ist das Emotionale nur noch mittelbar gegeben. Die Anrufung des Kreuzes lautet (146): *Hayl be þou, haly and blisced croyce!* (ohne *swete*). Die Verse 151f. entsprechen fast wörtlich dem südenglischen Vers 77, jedoch besteht ein charakteristischer Unterschied insofern, als in der nordenglischen Formulierung logisch-resultativ verknüpft wird:

With ioyful hert I cum to þe,
So þat þou gladli resayue me.

Entsprechend stellt Andreas in der nordenglischen Fassung seine Gottesliebe in einer Art Rückblick dar, als etwas, das einen zeitlichen Verlauf gehabt hat (157–158):

I haue þe lufde with hert and will
And couayted euer to cum þe till.

Das zusätzlich eingefügte Gebet (161–167) ist ebenfalls gedanklicher konzipiert als Analoges in der südlichen Version.

Natürlich ist auch das äußere Geschehen in der nordenglischen Legende exakter gegliedert als dort. Im Gegensatz zu (19):

Seint Andreu sone to him com: sire he seide nym зeme,

wird gesagt (19–22):

And sone when saint Andrew herd tell
Of þat foul fare how it bifell,
þedir ful playnli gun he pas
And þus he sayd vnto Egeas: [. . .]

Ähnliches Absetzen der Phasen voneinander findet sich immer wieder.[19] Das Lichtwunder beim Tode des Andreas wird zu einem zeitlich gestuften Vorgang (241–48), während die südenglische Fassung hauptsächlich die Wirkung auf die Umstehenden betont (96–98). Die Schlußverse hier stellen erneut die Freude der Gläubigen und das Dulden des Martyrers heraus, also die für die Erbauungstendenz und ihre Gestaltung charakteristischen Elemente (107–108):

Swiþe glad þat lond is : þat he euere þer com
In þisse manere seint Andreu : þolede martirdom.

Statt dessen berichtet die nördliche Sammlung in erzählerischer Ausführlichkeit vom segenbringenden Öl, das aus dem Grab entsprang, und fügt ein weiteres langes Mirakel hinzu.

---

[19] z. B. 177f., 191f. und 210.

b. Die Katharinenlegende

Die Katharinenlegende des nordenglischen Legendars[20] zählt zu den best-
erzählten Stücken der Sammlung. Sie benutzt als Quelle eine der längeren
lateinischen Passionen, vermutlich die sehr ausführliche *BHL* 1663,[21]
möglicherweise auch die dieselbe Fassung mitverarbeitende *Legenda
aurea*.[22] Für eine farbige Ausgestaltung bot die Passio viele Anregungen,
jedoch zeigt die Art der Bearbeitung unverkennbar den eigenen Stil der
nordenglischen Sammlung. Gegenständlichkeit und Bewegtheit der Darstellung werden gerade in diesem Stück deutlich.

Erzählerisch ausbreitend wird z. B. in den ersten 42 Versen vom Kaiser
Maxentius berichtet, der allen Menschen seines Landes befiehlt, den
Göttern zu opfern, wobei u. a. ein anschaulicher Katalog der Opfergaben
gebracht wird (31–34):

> *þe riche men broght giftes grete,*
> *Als mules and asses, schepe & nete,*
> *& pouer men broght in þaire hand*
> *Samle fowles to þaire ofrand.*

Auch der Festeslärm bei der Opferung wird beschrieben (35–38):

> *þus when þai war gederd þeder,*
> *Riche and pouer, ilkone to-geder,*
> *Trumpes and pipes ful grete plente*
> *Blew þai, with oþer maner of gle.*

Mit Vers 43f. kommt ein neuer erzählender Einsatz:

> *So fell it : in þat same cete*
> *Wond a king curtas & fre.*

Der König heißt Costus, die Königin ist *ane nobill woman* (47); erst in Vers 49
wird Katharina, ihre Tochter, eingeführt:

> *Bot a dogter, þat was þaire haire,*
> *And scho was curtais, mild & faire.*
> *Katerin hight þat maiden milde.*

Die Fassung im südenglischen Legendar,[23] die, abgesehen von einigen
Kürzungen und Vereinfachungen, der *Legenda aurea* ziemlich genau folgt,[24]
beginnt umgekehrt mit einer kurzen Charakteristik der Heiligen, wobei ihre

---

[20] *Index* 3177, a.a.O. S. 165ff.
[21] Ed. E. Einenkel, *The Life of St. Katherine*, EETS. OS. 80.
[22] Vgl. dazu H. Varnhagen, *Zur Geschichte der Legende der Katharina von Alexandrien*, Erlangen 1901, S. 11, und ders., *Zur Gesch. d. Legende d. Katharina von Alexandrien nebst
lateinischen Texten*, Erlangen 1891, S. 7; vgl. auch oben S. 179ff. und unten S. 331ff.
[23] *Index* 2954, EETS. 236, S. 533ff. (Nr. 79).
[24] Vgl. H. Varnhagen, *Zur Geschichte der Legende der Katharina von Alexandrien*, Erlangen
1901, S. 4–6.

Abstammung, der Name des Vaters, ihre Gelehrsamkeit und ihr Alter genannt werden (1–6); erst dann folgt als Exposition für das Geschehen das Geheiß des Kaisers, nach welchem jeder nach Alexandrien kommen und dort den Göttern opfern muß (7–10). Es wird auch gleich gesagt, daß Katharina den Tod erlitt (6). Die Handlung ist also legendarisch eindeutig vorausbestimmt und wird im folgenden nur noch erbaulich betrachtet.

In der nördlichen Fassung wird dagegen der weitere Verlauf in aller Ausführlichkeit erzählt: Katharina vernimmt den Festeslärm und fragt nach seiner Bedeutung (54–61); sie geht in Begleitung zum Tempel (62–68) und beobachtet das Treiben der verschiedenen Menschen genau (69–76), wobei sie diejenigen, die gern opfern, von denen unterscheidet, die es nur unwilligen Herzens tun. Der ganze Passus ist aus der Perspektive Katharinens gesehen und entsprechend psychologisch getönt. Die südenglische Version (11–14) gibt nur die Umrißlinien. Zwischenstrecken des Geschehens, wie der Gang zum Tempel, werden übergangen. Statt dessen wird mitfühlend gesagt (12):

Sainte Katerine baldeliche : þiderward gan drawe.

Auch in der Unterredung Katharinens mit dem Kaiser wird die Emotionalität der südlichen Darstellung deutlich. Katharina wirft ihm vor, daß er die steinernen Götter *In gret ioye & wonder in ȝoure hurte* [...] anbete (21). Er solle statt dessen Sonne, Mond und Sterne bewundern (23–25) und einsehen, daß niemand außer dem einen Gott solche Wunder wirken könne (29). In der nordenglischen Fassung ist von Bewunderung oder Freude nicht die Rede. Es heißt gedanklicher (100): *& knaw þare es no god bot he.* Aus einer lehrhaften Definition der Macht Gottes (101–110) ergibt sich die Schlußfolgerung (111–112):

þarfore unto him turn þi thoght
& wirschip him þat þe has wroght!

Dieselben Unterschiede kennzeichnen die Disputation mit den Gelehrten, die im südenglischen Legendar wieder gefühlsbetont und ohne klare Raum- und Zeitbestimmtheit dargestellt wird, während in der nordenglischen Fassung Umstände wie Katharinens Rückführung in den Palast nach dem Gespräch mit dem Kaiser oder der Erfolg der Suche nach den Gelehrten (166 ff.) Beachtung finden. Die Engelserscheinung dagegen bleibt unerwähnt, womit die in der südlichen Fassung gegebene emotionale Verknüpfung und Vorausbestimmtheit des weiteren Geschehens entfallen und eine um so spannungsreichere Erzählung möglich wird.

Auch die psychologisch differenziertere Personendarstellung läßt sich in der nördlichen Version wieder beobachten. Die Heilige selbst spricht in wechselndem Ton, erst ehrerbietig, dann mit Bekennermut, dann mit Verachtung vor dem Kaiser. Sie redet ihn erst mit *Sir* an (135), nach seinem Wutausbruch mit *Terant* (693). Ihr Beten ist nuancenreicher als im südenglischen Legendar, wo es als gleichbleibend schlichte Gefühlsaussprache erscheint. Vor allem die Gestalt des Kaisers ist mit einem gewissen psychologischen Kolorit versehen. Nach den ersten Bekenntnisworten Katharinens wird er nachdenklich und betrachtet sie eingehend (113–120). Seine Überraschung malt sich in Lobesworten (121–122). Dann heißt es in schmeichelnder Rede (145) *Damisell curtayse and hende* oder (313–315):

A, worthi maydin mikel of prise,
Worthi woman war and wisse,
Faire of face, of carping kowth.

Als er sich verraten fühlt, „brüllt er, daß der Hof erbebt." (651 f.) Er wendet sich an Katharina *with grete uoise & greuose chere* (681) und schreit sie an (683–684):[25]

wikked woman, wo þo be!
No langer sal þou turment me.

Das wirkt psychologisch echt. Nach allem, was geschehen ist, fühlt er sich gequält. Seine Reaktion auf die nochmalige Bekenntnisrede Katharinens ist nicht nur rasende Wut, sondern auch Schmerz (701):

þan was þe Emperoure ful wo.

In der südenglischen Fassung ist weder die Personengestaltung noch die geschehnishafte Gliederung annähernd die der nordenglischen. Ihre Emotionalität gilt nicht der Darstellung einer differenzierten Psychologie der beteiligten Personen, sondern den erbaulichen Grundgefühlen, mit denen die Heilige betrachtet wird.

4. Zusammenfassung: Das Erzählen im nordenglischen Legendar

In der nordenglischen Sammlung geht es nicht, wie an allen Beispielen deutlich wurde, um ein schlichtes Setzen des Wesentlichen wie im südenglischen Legendar, sondern um ein detailreiches und differenziertes Erzählen. Nicht die Wirkung des Geschehens und besonders des Wunderbaren auf das fromme Gemüt steht im Mittelpunkt, sondern der Vorgang selbst in seiner objektiven Gegebenheit. Es kommt nicht zur Bildung eigener, nur der Erbauung dienender Darbietungsformen. Vielmehr werden die Konventionen der zeitgenössischen höfischen Verserzählung übernommen, bis in die Einzelmittel psychologischer Motivierung, detaillierter Beschreibung und episodenhafter Handlungsführung hinein. Die sich ergebende Gliederung in kleine Erzählschritte hebt sich auch deutlich ab von Aelfrics episch großformigem und feierlich expressivem Linienstil. Mehr als in der gesamten vorausgehenden englischen Legendenliteratur – abgesehen nur von den wenigen Spielmannslegenden des 12. und 13. Jhs. – werden die Bereiche des Menschlichen, Zeitlichen und Räumlichen in ihrer Eigenfarbe und Eigenbewegung betont. Im ganzen ergibt sich gegenüber

[25] Vgl. die ganz ähnliche Stufung der Anreden in *Seynt Mergrete* oben S. 171.

dem südenglischen Legendar eine stärkere Realistik. Verschiedene Rede-
weisen, Gestik und Mimik der Figuren werden präzise erfaßt, ähnlich wie
in den Illustrationen des Cambridger MS. der *Vita s. Edwardi conf.*, in der
sich ebenfalls höfische Eleganz mit Wirklichkeitsnähe, psychologischer
Tönung und episodenhaft gegliederter Bewegung verbindet.[26] Die größere
Farbigkeit der nördlichen Sammlung erinnert auch an spätmittelalterliche
Legenden- und Mysterienspiele. Es überrascht keineswegs, daß gerade die
Northern Passion, die sich in einer Reihe von Manuskripten des nördlichen
Homilienzyklus findet, ein Vorbild für geistliche Spiele wurde.

Dennoch läßt sich die nördliche Sammlung nicht einfach nur als eine
Verweltlichung der Legende bezeichnen. Zwar muß vom Blickpunkt der
religiösen Zweckbestimmung der Heiligenlegende der Stoffreichtum als
eine Zugabe aus reiner Erzählfreude erscheinen, aber die Darstellung bleibt
doch stets auf die erbaulichen Zusammenhänge bezogen. Allerdings hat das
betrachtende Moment nicht mehr die Unmittelbarkeit und Emotionalität
des südlichen Legendars. Ein gedanklich ordnendes, vorzugsweise auf
Erklärung und moralische Lehre gerichtetes Verfahren waltet vor. Es
läßt sich – wie die Konventionen des weltlichen Erzählens – aus einer
gewissen Distanz an die Sache herantragen. Beide Tendenzen, die stoff-
freudige und die belehrende, wechseln einander ab, durch die Zeilen und
Abschnitte des Kurzreimpaars in ein gegliedertes Nacheinander gebracht.
Die Fusion, die der südenglischen Sammlung ihren besonderen Legenden-
ton gibt, liegt nicht mehr vor.

II. Die schottische Legendensammlung

1. Inhalt, Anordnung und bisherige Erforschung

Die schottische Legendensammlung, früher irrigerweise dem schottischen Dichter John Barbour zugeschrieben,[1] ist gegen Ende des 14. Jhs.

---

[26] Letzteres wird durch die Zweiteilung des Bildes, die weiterweisende Gebärde des
Heiligen und das Hinausschreiten der Bettler über den Bildrand deutlich. Vgl. oben
Abb. 6 (Taf. IV). Cambridge Univ. Libr., MS. Ee. 3. 59., fol. 23 v. Das MS. wird Matthew Paris zugeschrieben (vgl. O. E. Saunders, *Engl. Buchmalerei*, 2 Bde., München
1927, I, S. 95), weist jedoch zu stark realistische Züge auf, um diese Zuordnung als
gesichert erscheinen zu lassen. Über Zunahme und ästhetische Funktionen der Gebärde
in me. Romanzen des 14. Jhs. vgl. W. Habicht, *Die Gebärde in me. Dichtungen.*

[1] So von C. Horstmann, *Ae. Leg. N. F.*, 1881, S. CVI–CVII, sowie in der in Fußnote 3
genannten Edition; vgl. die stichhaltigen Gegenargumente bei P. Buss, *Sind die von
Horstmann herausgegebenen schottischen legenden ein werk Barbere's?*, Diss. Halle 1886, und
Anglia 9 (1886), S. 493–514.

entstanden.[2] Sie liegt nur in einem einzigen, leicht beschädigten Manuskript vor, das von C. Horstmann[3] und später von W. M. Metcalfe[4] veröffentlicht wurde. Im Gegensatz zu den bisher besprochenen Sammlungen bringt die schottische die Legenden nicht in der Reihenfolge des Kirchenjahres, sondern hierarchisch nach Heiligengruppen geordnet, wie es auch französische Prosasammlungen tun, die damals in England kursierten.[5] Allerdings läßt sich das Klassifizierungsschema nach Aposteln und Evangelisten, Martyrern, Bekennern und Jungfrauen nur am Anfang und Ende eindeutig erkennen. Innerhalb der ersten Klasse hält der Verfasser, wie er auch zu Beginn der Legenden mehrfach sagt, bewußt die Rangordnung *(degre)* der Heiligen ein. Er bringt zuerst die Legenden der Apostel, beginnend mit den Apostelfürsten Petrus und Paulus, dann nach einem Prolog über die Evangelisten die Legenden von Markus, Lukas und Barnabas und hierauf die Legenden von Magdalena (als *Co-apostel* bezeichnet) und deren Schwester Martha, die wie Barnabas zu den Jüngern Jesu zählen und nach Maria die beiden wichtigsten Frauen des Neuen Testaments sind. Die folgenden Gruppen sind weniger klar. Nur z. T. liegt stoffliche Zusammengehörigkeit vor, die gelegentlich in den Einleitungen zu den Einzellegenden ausgedrückt wird.[6] Am Schluß stehen zehn Jungfrauenlegenden: Agnes, Agatha, Cecile, Lucy, Cristine, Anastace, Effame (Euphemia), Juliana, Tecla, Katerine.[7]

Unter den insgesamt fünfzig Legenden werden nur zwei schottische Heilige behandelt (Machor und Ninian); englische Lokalheilige fehlen ganz. Die Hauptquelle der Sammlung ist, wie der Verfasser selbst sagt,[8] die *Legenda aurea*, besonders deutlich bei Julian, Georg, Mathias und Jacobus minor. Ebenfalls nach Aussage des Autors basiert Thadea auf den *Vitae patrum*, jedoch sind diese auch die Hauptquelle der *Legenda aurea*, so daß die Verwendung der älteren Quelle nicht ganz sicher ist.[9] Gelegentlich scheint auch das *Speculum historiale* des Vinzenz von Beauvais herangezogen worden zu sein.[10] Für die beiden schottischen Lokallegenden von Machor und Ninian sind ausführliche lateinische Viten benutzt worden; die

---

[2] Horstmann, *Ae. Leg. N. F.*, 1881, S. CVII, setzt sie zwischen 1380 und 1390 an; vgl. auch Wells, *Manual*, S. 304. Das Manuskript stammt aus dem frühen 15. Jh.

[3] *Barbour's des schottischen Nationaldichters Legendensammlung nebst den Fragmenten seines Trojanerkrieges*, Heilbronn, 2 Bde., 1881 und 1882.

[4] *Legends of the Saints in the Scottish Dialect of the Fourteenth Century*, 3 Bde., STS. 13, 18, 23, 25, 35, 37. Hiernach wird im folgenden zitiert.

[5] Vgl. Gerould, *Saints' Legends*, S. 179.

[6] Vgl. dazu C. Horstmann, *Ae. Leg. N. F.*, S. LXLVII–CI.

[7] Inhaltsübersicht ebd. S. LXLII–LXLIII, und Brown, *Register* I, S. 183–186; über Gruppierung und ihre Prinzipien s. auch Metcalfe, a.a.O., I, S. X–XVII.

[8] Einleitung zu Blasius, Vers 17.

[9] Vgl. Gerould, *Saints' Legends*, S. 181 f.; anders Horstmann, a.a.O. S. CI.

[10] So Horstmann, ebd., und Metcalfe, a.a.O., I, S. XVIII; Gerould, a.a.O. S. 182, hält das für unbewiesen.

(jetzt verlorene) *Vita s. Macharii*[11] und die *Vita s. Niniani* des Ailred von Rievaulx.[12]

Wie bereits erwähnt, hat sich die Forschung vor allem mit der Frage der Verfasserschaft befaßt. Metcalfe glaubt an einen anonymen Autor, der aber außer der Einleitung wahrscheinlich nur die am Anfang stehenden zwölf Apostellegenden geschrieben habe.[13] Demgegenüber betont Gerould mit Recht, daß gewisse Unterschiede zwischen einzelnen Legenden aus der Verschiedenheit der Stoffe zu erklären seien und daß der gleichbleibende Stil und die Neigung, jede Legende (ausgenommen die der letzten Gruppe) mit längeren oder kürzeren subjektiven Einleitungen zu versehen, zur Annahme eines und desselben Verfassers berechtigten.[14] Aufgrund der nicht immer konsequenten Anordnung der mittleren Gruppen vermutet Horstmann, daß die Sammlung schubweise ergänzt worden ist und nicht von vornherein auf den jetzigen Umfang berechnet war.[15]

Über die Struktur der Legenden der schottischen Sammlung liegen nur einige unbestimmte Äußerungen vor. Horstmanns Überlegungen gehen von allgemeinen literarästhetischen Aspekten aus und greifen in der Bewertung zu hoch.[16] Ten Brink hebt summarisch „Barbours zugleich einfache und lebendige Darstellung" hervor.[17] Brandl bemerkt eine „humanistische Milde der Lebensanschauung" sowie – bei Darstellung des Treibens der Kupplerin in St. Theodora – eine realistische Breite.[18] Der letztere Zug aber, den auch Horstmann schon hervorhebt, erklärt sich mehr aus der Quelle und dem Stoff der Legende als aus der besonderen Darbietungsweise. Wells urteilt unrichtig, wenn er sagt: "Each piece [...] begins with the story, holds to the story, ends with the story."[19] Wesentlich treffender ist Geroulds Charakterisierung der Sammlung. Mit Recht wendet er sich gegen eine literarische Überbewertung und gegen Horstmanns Annahme, daß der Verfasser die Quellen sehr frei behandelt habe. Er erkennt lediglich ein paraphrasierendes Verfahren und "a closer approximation to the manner of Latin legends". Er detailliert nicht weiter, meint aber wahrscheinlich damit "Greater sophistication [...] more frequent references to

---

[11] Vgl. Horstmann, a.a.O. S. CIf., und Metcalfe, a.a.O., I, S. XVIIIf.

[12] Vgl. unten S. 284, Anm. 34.

[13] A.a.O., I, S. XXIII–XXXII.

[14] *Saints' Legends*, S. 178f.

[15] *Ae. Leg. N. F.*, S. LXLVII–CI.

[16] *Ae. Leg. N. F.*, S. LXXXIX–CIX; besonders S. CVIff.; Horstmann sieht richtig die außerordentliche Gewandtheit in der Handhabung der dichterischen Formen, besonders des Enjambement, geht aber in seinem Bemühen, den Autor mit John Barbour zu identifizieren, zu weit, wenn er sagt: „An dichterischem Werte überragt sie [die Sammlung] alle anderen Legendensammlungen; ja sie dürfte unter Barbour's Werken selbst leicht das vollendetste sein." (S. CIX); schon ten Brink, a.a.O., II, S. 412f., wendet sich kritisch gegen dieses Urteil.

[17] A.a.O., II, S. 413.

[18] A.a.O. S. 666.

[19] *Manual*, S. 306.

the Church Fathers."[20] Andererseits bestätigt er die schon von Horstmann und ten Brink gesehene schlichte Frömmigkeit; er spricht von "simple-minded piety",[21] welche verhindere, daß die Gelehrsamkeit des Autors anspruchsvoll oder aufdringlich wirke. Der wichtigste Hinweis Geroulds ist, daß der Verfasser im Gegensatz zu den anderen Sammlungen weniger an sein Publikum als an den Gegenstand der Legenden selbst gedacht habe.[22] Er stützt sich dabei auf den Prolog, wonach der Verfasser die Legenden geschrieben hat, um selbst gefährlichen Müßiggang zu meiden. Auch das Erzählverfahren läßt diesen Grundzug erkennen.

2. Erbauungstendenzen nach dem allgemeinen Prolog und den Einleitungen zu Einzellegenden

Den Worten des Prologs und der Struktur nach ist die Sammlung ziemlich sicher zur privaten Lektüre und Betrachtung geschrieben worden.[23] Der Autor führt sich ein als alternder Geistlicher, der, da er nicht mehr in der Kirche wirken kann, nun Legenden schreibt, nachdem er vorher schon ein Christus- und Marienleben und 66 Marienmirakel fertiggestellt hat (34–42). Sein Anliegen ist moralischer Art; er schreibt (36) *for till eschew ydilnes*, und zwar nicht nur im eigenen Interesse,[24] sondern auch zur sanften Mahnung und Erbauung seiner Leser, die angeleitet werden sollen, über das heilige Geschehen „nachzudenken" (42):

> *to gere deuot men think one It.*

So stellt er einleitend, mit Berufung auf Cato und den Rosenroman, den Müßiggang als aller Laster Anfang hin (1–12) und legt den weltlichen und geistlichen Herren (*þo lordis [...] þat steris landis & haly kirke*, 13–14) ans Herz, sich nach Erfüllung ihrer Standespflichten der frommen Betrachtung zu widmen (15–20):

> *ʒit, quhene þai hafe þare thing done,*
> *þat afferis þare stat, alsone*
> *þai suld dresse þare deuocione,*
> *in prayere & in oracione,*
> *or thingis þat þare hart mycht stere*
> *tyl wyne hewine, tyl þai are here.*

---

[20] *Saints' Legends*, S. 182.

[21] Ebd. S. 177.

[22] "He [the author] had his mind fixed, I should say, less on the public for which he was writing and more on the legends themselves than the makers of the English collections" (ebd. S. 182f.).

[23] So auch Wells, S. 306, und Horstmann, *Ae. Leg. N. F.*, S. CIX; merkwürdigerweise sagt Horstmann im Widerspruch dazu in der Einleitung zu seiner Ausgabe der Sammlung, daß sie für den mündlichen Vortrag bestimmt gewesen sei (S. IX).

[24] Wie Gerould, *Saints' Legends*, S. 183, diesen Passus einseitig versteht.

Das beste Mittel hierzu sei die Lektüre von Heiligenleben, die ein Spiegel der Tugenden seien (25–26):

þat as merroure ar vs to,
to kene vs how we suld do.

Die wesentliche Darbietungstendenz ist also nicht mehr wie etwa bei Aelfric die unmittelbare Aufforderung zur Nachahmung, sondern die Betrachtung der Vollkommenheit. Jeder drängende Ton oder Reformeifer ist geschwunden. Durch die Betrachtung wird erfahrbar, was „wir tun sollten" (26), nicht müssen. Es geht um gütige Mahnung zu einem Leben unter „Führung des Heiligen Geistes" (49), wie der Verfasser mit Bezug auf Marias Jungfräulichkeit sagt. Der gedanklich-kontemplative Zug setzt – anders als die Emotionalität des volkstümlichen südenglischen Legendars und die konkrete Anschaulichkeit und Lehrhaftigkeit der nordenglischen Sammlung – ein zur Betrachtung bereites, höheres Publikum voraus, „die Herren von Land und Kirche", also gebildete Personen, Adlige und Geistliche. Dem entspricht die gehobenere Sprache, die besonders deutlich wird in den von Jacobus a Voragine entlehnten Namensinterpretationen und in den der literarischen Mode folgenden katalogartigen Beschreibungen und Gefühlsschilderungen.

Den betrachtenden Grundzug übernimmt die schottische Sammlung wesentlich aus der *Legenda aurea*. Auch in der Ausgewogenheit von Bericht und gedanklicher und emotionaler Betrachtung folgt sie ihrer Vorlage. Jedoch gehen die Elemente nicht mehr so unauffällig ineinander über. Was bei Jacobus mit schlichter Selbstverständlichkeit gesetzt erscheint, ist jetzt mehr der Gegenstand erneuter und subjektiver Reflexion sowie eines stellenweise geschickten, stoffreichen Erzählens und Veranschaulichens. Der Zug zu persönlicher Sehweise zeigt sich schon in der Art, in welcher die Legenden paarweise oder nach Gruppen zusammengestellt werden.[25] Obwohl sich die Gesichtspunkte bei einigen Heiligengruppen verschieben – bei Christopher, Blasius, Clemens und Laurentius wird die Verehrung der Heiligen wegen ihrer Hilfsmacht als Nothelfer empfohlen –, kann man doch sagen, daß das unaufdringliche moralische Anliegen des Hauptprologs weiterhin vorherrscht, so ganz deutlich in den Einleitungen zu Maria Magdalena, Maria Aegyptiaca, Julian, Eustas, Theodora und Eugenia. Die Legende der hl. Justina gilt als Beispiel für die Wirkung des Kreuzzeichens. Dabei wird das Exemplum von einem Juden erzählt, den ein Kreuzzeichen vor bösen Geistern rettete; und die vorher erzählten Legenden von Christopher und Theodora werden als weitere Beispiele genannt.

---

[25] Vgl. die wiederholten Erörterungen über Zusammengehörigkeit oder Vergleichbarkeit von Legenden in den jeweiligen Einleitungen, z. B. im Vorwort zu *Eugenia*, ed. Metcalfe, I, S. 124, in welcher diese Legende unter denselben Gesichtspunkt gestellt wird wie die vorausgehende *Theodora*. Entsprechend werden die beiden Büßerinnenlegenden von *Maria Magdalena* und *Maria Aegyptiaca*, ed. Metcalfe, I, S. 296, zusammengesehen.

Die *Margareta* der schottischen Sammlung geht sowohl auf die *Legenda aurea* als auch auf den Mombritius-Typus zurück. Die Abhängigkeit von der *Legenda aurea* wird vor allem in der Übernahme der Namensetymologie am Anfang deutlich. Wie dieser Teil so läßt die eigentliche Erzählung schon in einigen inhaltlichen Abweichungen von der Tradition eine moralische Blickrichtung erkennen. Margareta wird auf dem Lande erzogen. Dort lernt sie das Christentum kennen und wendet sich ab von ihrer hochangesehenen Familie sowie von Reichtum und Lust der Welt (75 b–78):

> *& to Crist gef hir so hale*
> *þat of þe warld scho gef na tale,*
> *& had na thocht of hyre gret kyne,*
> *na of riches, na of warldis wyne.*

Sie folgt also den Evangelischen Räten der freiwilligen Besitzlosigkeit und Jungfräulichkeit. Um ihrer Armut willen muß sie die Schafe hüten (83–84). Ihr reicher Vater kehrt sich von ihr ab (82).[27]

Formal ergibt sich eine entsprechende Kombination von farbigem Erzählen späthöfischer Art und moralisch-geistlicher Deutung. Die Schönheit Margaretens wird versromanhaft gepriesen unter Hervorhebung der feinen Haltung ihres Hauptes (93–98), aber dies geschieht nicht, wie in der etwa gleichzeitig entstandenen Version des M.S. Ashmole 61,[28] um der äußeren Wirkung willen, sondern um die innere Schönheit des Glaubens als um so größer davon abzuheben (93–102):

> *nocht-þane scho wes of sik boute*
> *þat it wes wondir for to se:*
> *for farare thing mycht be nane*
> *In ony degre, in flesch or bane;*
> *& hyr fare hafyng als with þat*
> *in al hyr dede sa wele hyre sat.*
> *bot зet wes scho al-out fairare*
> *thru treutht scho had in cristis layre,*
> *to quham scho pleysit in al degre*
> *of consciens thru fyne bewte.*

Olibrius erscheint teils mit dem psychischen Verhalten des Liebhabers einer weltlichen Erzählung, teils legendenhaft vereinfacht als die Verkörperung des Bösen (114–124):

---

[26] *Index* 4114, ed. Metcalfe, II, S. 47–68.
[27] Die Enterbung Margaretens findet sich auch in der (der Mombritius-Fassung verwandten und ebenfalls weit verbreiteten) Caligula-Version (*BHL* 5306), ed. E. A. Francis, *PMLA* 42 (1927), S. 87–105: "paternis eam privans bonis" (S. 99).
[28] Vgl. unten S. 292 ff.

& til hir beute tuk sic kepe
þat he withine wes het in hy
with ful wil of lychery,
sa þat he reste be na way mocht,
til þat scho was befor hym brocht.
þane he beheld hyre inkrely,
& of hyr beute had ferly;
& ay þe mare he has hyre sene
with outwart & with inwart ene,
þe hardar wes he wet within
with hyr fleschly for to syne.

Die Gespräche zwischen ihm und Margareta haben die dem Romanzen-
metrum entsprechende lebendige Bewegung, die vielfach durch geschicktes
Enjambement hervorgehoben wird (etwa 143 b ff. oder 159 ff.), bleiben aber
klar auf das moralische Anliegen bezogen (z. B. 163 f., 171 f.). Entsprechendes gilt für die Fälle schaubildartiger Konkretisierung. Olibrius besteigt
seinen hohen Richterstuhl, um mitleidlos das vor den heidnischen Göttern
befohlene Opfer zu überwachen (215–229). Margaretens Marterungen
werden in grausamen Einzelheiten geschildert, zunächst durch die Befehls-
worte des Olibrius (261–272), sodann im Bericht über die Vollstreckung
durch die Soldaten (273–278). Jedoch wird der äußeren Not der Heiligen
ihre innere Glaubenshaltung entgegengesetzt. Stärker als in den übrigen
Fassungen wird betont, daß Olibrius das Entkleiden Margaretens befohlen
hat (264–267):

þat þai suld tak þat maydin schen,
& dispoil hyre of hyr clathis –
þat til woman ful lath is –

In Wirklichkeit aber steht die Jungfrau angetan mit der Rüstung des
Glaubens und der Frömmigkeit da (279–282):

bot scho wes cled in haubersione
of treutht & of deuocione,
& enkrely behaldand hewine,
sic prayer mad with myld stewine.

Christliche Metaphorik und äußere Wirklichkeit sind unvermittelt nebeneinander gestellt.[29] Bei der letzten Marterung der Heiligen wird das Sengen
in schauerlicher Genauigkeit (unter Nennung des Folterinstruments)
beschrieben: der Jungfrau werden glühende Platten an die Seiten gelegt,
so daß der Geruch zum Himmel steigt, aber es ist *thankful rek*, der sich
in plesand smelling of suetnes & sacrifice (555–557) zu Gott erhebt. Es wird also
plötzlich wieder der geistliche Aspekt beleuchtet: es handelt sich in Wahr-

---

[29] Über andere Behandlungsweisen der Paulinischen Metaphern in Versionen der
Caecilienlegende vgl. oben S. 141.

heit um den Wohlgeruch eines Dankesopfers. Und so sehr Margareta äußerlich verbrannt ist, so wird sie doch innerlich vom Tau des helligen Geistes gekühlt (558–563). Ein solch schroffes Gegenüberstellen von derber Wirklichkeit und – ebenfalls konkretisierter – Heilswahrheit gab es im südenglischen Legendar oder in der *Legenda aurea* noch nicht. Dort waren beide Bereiche verbunden in franziskanisch getöntem Miterleben des Leidens und der Freuden der Heiligen. Die gewandelte Auffassung zeigt sich auch in der Darstellung des Lichtwunders im Kerker. Die schottische Sammlung beschreibt die Dunkelheit ganz real (379–382), um sie dann wirkungsvoll mit dem Licht zu kontrastieren, das zur Tröstung Margaretens geschickt wird (383–386). Dem entspricht es, daß das Sinnbild vom strömenden Blut der Heiligen anders als in der *Legenda aurea*[30] zunächst als äußeres Schaubild erscheint, in der härteren Stofflichkeit des späten 14. Jhs. (343–345) –

> *eftyre sown þe blud fel*
> *als clere of hyre as of a wel*
> *as dois watir one wyntir day –*

und daß sich daran die fromme Betrachtung knüpft, deren eigentümlich moralischer Ton in der Scham zum Ausdruck kommt, die Olibrius angesichts der Marterung empfindet (371–374); alle früheren Versionen sprechen hier nur vom Grauen des Präfekten.

Es gibt auch Stellen, an denen das verbindende äußere Geschehen ganz übergangen und die Aufmerksamkeit ausschließlich auf den geistlichen oder psychologischen Aspekt gerichtet ist. So werden bei der Gefangennahme Margaretens weder das Erscheinen der Boten, noch der Wortwechsel mit ihnen erwähnt; es heißt lediglich in passivischer Konstruktion (125–126):

> *þan ware handis wyolent*
> *layd one þat cristis Innocent,*

Dann folgt, vom Vergleich des Schafes unter den Wölfen ausgehend, die Betrachtung der inneren Verfassung Margaretens (127–134):

> *þat as a schepe ymang wlfis brath*
> *beheld quha fyrst suld do hir scath,*
> *lukand a-bout on ilke syd*
> *quha fyrst suld rewis hir þat tyd,*
> *& has na helpe, sted in sic pres,*
> *bot god, in quham hyr hope al was.*
> *for-þi deuotely cane scho pray*
> *til hyme, & þire wordis say.*

Hier wie an anderen Stellen ist die Gefühlsaussprache zwar differenzierter als im südenglischen Legendar, aber als Gegenstand der Reflexion auch indirekter.

---

[30] Vgl. oben S. 205f.

282

4. Die Theodoralegende[31]

Die Theodoralegende wird mit Recht von Horstmann als gelungenes literarisches Kunstwerk gerühmt. Es handelt sich um den z. T. recht profanen Stoff einer Legendennovelle, die u. a. das Motiv der verkleideten Frau im Männerkloster behandelt.[32] Man darf deshalb eine erzählbuntere Darstellung erwarten. Aber selbst an diesem Stoff läßt sich, was Horstmann und die ihm folgenden literaturgeschichtlichen Darstellungen übersehen, das schon an der Margaretenlegende ermittelte moralisch betrachtende Anliegen und eine entsprechende Erzählweise erkennen. Schon in der Einleitung wird vor den Schmeicheleien und Verführungskünsten alter Kupplerinnen gewarnt und gleichzeitig auf die helfende Macht des Kreuzzeichens verwiesen. Die Warnung richtet sich besonders an Frauen (27f.); alte Hexen könnten ihnen nichts als *schamful rede* (32) geben. Als ein Beispiel soll erzählt werden, wie es Theodora erging (35f.).

Als Quelle hat dem Verfasser offenbar die *Legenda aurea* vorgelegen. Er erweitert sie jedoch durch ein psychologisierendes und moralisierendes Ausmalen der Gefühle beträchtlich, vorwiegend mittels eingeschalteter Dialoge oder katalogartiger Gefühlsschilderungen. Dabei bringt der novellistische Stoff – mit seinen Motiven des Liebesverlangens, der Verführungsversuche, der Verführung selbst, der Reue und der geduldigen Buße trotz vieler neuer Versuchungen – es mit sich, daß mehr menschliche, sogar sündhafte Gefühle und Absichten dargestellt werden können als etwa in einer Martyrer- oder Bischofslegende. Die Liebessehnsucht des Jünglings (72–82, 112–114) und der Magd in der Herberge, die Fragen der Kupplerin nach dem Grund der Traurigkeit des Jünglings (115–184) und ihre Verführungskünste (191–325), die Reue Theodoras (343–356, 389–394), der Schmerz ihres Mannes (431–438), seine Unruhe und Schlaflosigkeit, nachdem ihm der Engel das Wiedersehen mit seiner Frau angekündigt hat (447–452), die sehnsüchtigen Bitten, die der Teufel in Gestalt des liebenden Mannes vorträgt (628–636) – all das sind für den Verfasser der schottischen Sammlung Möglichkeiten psychologisch getönter Darstellung. Dennoch wird ein schlicht-frommer Grundzug bewahrt, und die moralischen Gesichtspunkte werden in klarer gedanklicher Gliederung hervorgehoben, was äußerlich schon am Gebrauch zahlreicher kausaler, konsekutiver und finaler Konjunktionen erkennbar ist. Demgegenüber treten die Ausweitungen stofflicher Art zurück. Wo sie erscheinen, sind sie weniger geschehnishaft bewegt als deskriptiv.

Eine immer wiederkehrende Technik des Verfassers ist es, seine Personen erst nach moralischer Beleuchtung der Absichten oder Gefühle

---

[31] *Index* 2151, ed. Metcalfe, II, S. 99–123.
[32] Delehaye, *Lég. hagiogr.*, spricht von einem „kleinen religiösen Roman". Vgl. auch Brandls Charakterisierung der stoffgleichen Marinalegende unten S. 289, Anm. 2.

handeln zu lassen. Ein Beispiel dafür sind die Verse 527 ff. An der jungen Magd im Wirtshaus wird zunächst die Absicht zu sündigen hervorgehoben (528). In ihrem Dialog mit Theodorus werden nochmals ihr Liebesgefühl und Verlangen (531–536), dann die moralische Mahnung des Theodorus (539–542) ausgesprochen. Vor dessen Antwort wird noch einmal gesagt, daß er weiß, was sie will (537 f.). Danach sieht die Magd das Mißlingen ihres Vorhabens, befindet sich aber in so großer Leidenschaft (543–546a), daß sie zu einem anderen geht (546 b). Erst diese letzte knappe Halbzeile enthält weiterführenden Geschehnisbericht. Alles andere war Betrachtung der Gefühle und moralischen Aspekte. Die *Legenda aurea* hat für die ganze Phase nur einen kurzen Satz.[33] Entsprechend wird aus dem *ille sibi indulgeri peteret* des Jacobus eine lange Vorüberlegung und Begründung für Theodoras Hinnahme der Bestrafung durch den Abt (585–596), der noch eine verdeutlichende Rede angeschlossen wird (598–602). Die gleiche Funktion haben die vorwurfsvolle Frage des Abtes nach der Anklage des Theodorus (573b–578), die Tugendrede Theodoras, als sie ihren jungen Liebhaber zunächst zurückweist (101–108), und das lange Gespräch mit der verführerischen Kupplerin, das sowohl psychologisch geschickt wie moralisch belehrend ist, indem es nämlich die plumpe Täuschung der arglosen Theodora herausstellt (191–325) – zweifellos ein Meisterstück des Verfassers.

5. Die Ninianlegende
(im Vergleich zur "Vita s. Niniani" des Ailred von Rievaulx)

Daß die schottische Sammlung mehr betrachtend und erzählend ausweitet als verdichtet, zeigt auch die nach der *Vita s. Niniani* des Ailred von Rievaulx[34] gearbeitete Ninianlegende.[35] Während die stofflich vergleichbare Cuthbertlegende des südenglischen Legendars aus Bedas *Vita s. Cuthberti* nur einzelne Wundertaten auswählt und sie volkstümlich-emotional gestaltet, folgt die Ninianlegende bis Vers 718 ihrer Quelle ohne nennenswerte Auslassungen[36] und ergänzt sie dann durch einen Bericht über die große Verehrung der Reliquien des Heiligen in Galloway (719–814) und durch vier neuere Mirakelgeschichten, die in zwei Folgen (drei Wunder 815–1358 und ein viertes 1359 bis Ende) nachgetragen werden. So ergibt sich ein Gedicht von 1447 erhaltenen Versen, dessen Schluß mit einem Blatt des Manuskripts verlorengegangen ist.

---

[33] Graesse, a.a.O. S. 398.
[34] *BHL* 6239 (Vita) u. 6240 (Miracula), ed. u. a. in Horstmanns Ausgabe d. schott. Sammlung, II, S. 138–146 (nach Migne, *P. L.* 195 Sp. 196–796); dort auch das *Officium Niniani* aus dem *Breviarium Aberdonense*, S. 147–151.
[35] Ed. Metcalfe, II, S. 304–345.
[36] Lediglich das in Kap. 10 enthaltene Mirakel wird vor die Begebenheiten des Kap. 9 gestellt, und von den vier Mirakeln des Kap. 12 werden drei fortgelassen.

Ailreds Vita[37] ist im schmuckreichen Stil der konventionellen panegyrischen Hagiographie des hohen Mittelalters geschrieben. Bedas historiographischer Passus über Ninian[38] wird zwar in der *praefatio* zitiert, aber
nicht als Quelle benutzt mit der charakteristischen Begründung, daß sie als
nur historische (also nicht hagiographische) Darstellung zu knapp sei
(prout historiae suae tenor postulare videbatur).[39] Als Quelle wird eine ausführliche Vita genannt, die in keiner Weise von den bei Beda angegebenen
Grundlinien abweiche und für die in Anspruch genommen wird, daß sie
historico more geschrieben sei. Nach Ailred war Ninian der Sohn eines christlichen Fürsten aus Withern in Galloway, wo er später Bischof wurde. Als
Jüngling ging er nach Rom. Dort studierte er viele Jahre und wurde
aufgrund seiner überragenden Frömmigkeit und Weisheit zum Bischof
geweiht und nach dem westlichen Britannien entsandt. Auf dem Wege
nach dort besuchte er St. Martin, von dem er zwei Steinmetzen erbat,
die ihm später halfen, an dem von ihm erwählten Bischofssitz Witerna die
erste Steinkirche Englands zu bauen.[40] Diese weihte er dem hl. Martin,
der damals gerade gestorben war (397).[41] Als Bischof wirkte Ninian viele
Wunder. Er heilte z. B. den König Tuduvallus (Kap. 4), erwies die Unschuld eines der Unzucht angeklagten Priesters (Kap. 5) und unternahm
die Bekehrung der Pikten (Kap. 6).

Die schottische Legendenversion vereinfacht die hochrhetorische Wort-
gebung der lateinischen Vita und übergeht manchen panegyrischen Passus.
Ailred (Kap. 4) leitet z. B. die Heilung und Konversion des Königs
Tuduvallus ein mit den Worten:

*Itaque lucerna super candelabrum posita, cepit his qui in domo Dei erant
signis lucere coelestibus, et radiantibus virtutum flammis, verbo Domini
lucido et ignito mentes illuminare tenebrosas et succendere frigidas.*

Die schottische Fassung beginnt gleich erzählerisch konkret (271–274):

*In þat cunctre duelt þare þane
a king, þat wes a fellone man
& contrare to s. Niniane preching,
& for his lare wald do na thing,*

Die hier gegebene Charakteristik des Königs ist legendenhaft vereinfacht.
Bei Ailred heißt es katalogartig:

---

[37] Entstanden wahrscheinlich zwischen 1154 und 1160, vgl. F. M. Powicke, *The Life of
Ailred of Rievaulx by Walter Daniel*, Lo. 1950, S. XCVII. Über ein Gedicht des 8. Jhs. auf
Ninian vgl. W. Levison, "An Eighth-Century Poem on St. Ninian", *Antiquity* 14 (1940).
[38] *Hist. Eccles.* III, 4., ed. Plummer, I, S. 133.
[39] Vgl. über Bedas eigene Unterscheidung zwischen Hagiographie und Historiographie
oben S. 79.
[40] Mit Sicherheit war es nicht die erste Steinkirche in England, vgl. Butlers *Lives of the
Saints*, rev. Thurston u. Attwater, Lo. 1956, Bd. III, S. 569.
[41] Daß schon so früh eine Kirche dem hl. Martin geweiht wurde, ist sehr unwahrscheinlich; vgl. ebd. S. 570.

Fuit in regione eadem rex quidam (nam tota insula diversis regibus divisa
subjacuit) Tuduvallus nomine, quem divitiae, potestas, et honor erexerant
in superbiam; quem concupiscentia carnis, et concupiscentia oculorum, et
divitiae mundi, elacionis suae et superbiae incentivum;

Oder Ailred bricht bei Behandlung des Unschuldserweises des Priesters
in Jubelworte aus,[42] während es in der schottischen Sammlung nur heißt
(349) *& lo, gret ferly for to say.* Statt der Rhetorik folgt eine praktische Bitte
um Hilfe (363–366).

Bezeichnender jedoch als Vereinfachungen dieser Art sind für die schottische Version die eingeschobenen reflektierenden Partien. In der *Vita
s. Niniani* verbindet sich der betrachtende Zug mit der Tendenz, den
Heiligen zu preisen. Die schottische Sammlung repräsentiert einen anderen
Erbauungstypus. Sie kontrastiert z. B. nicht nach rhetorischem Muster
einen Katalog der schlechten Sitten der Zeit[43] mit der strahlenden Tugend
des Heiligen,[44] sondern beschränkt sich auf die Betrachtung der Tugenden
Ninians (479 ff.). Deutlicher wird der moralische Ton in Zusätzen wie
227–252 oder 719–728. Weitere reflektierende Stellen kehren merkwürdigerweise wörtlich in anderen Legenden der Sammlung wieder,[45] was zu
beweisen scheint, daß dem Verfasser ihre Einschaltung etwas ganz Selbstverständliches war. Bezeichnend ist, daß eine der wenigen berichtenden
Stellen bei Ailred in Betrachtung umgewandelt wird. Statt der objektiven
Geschehnisfolge[46] wird die moralische Entrüstung Ninians gegeben (327
bis 331):

> *bot þe bischope wist in haste*
> *be schewing of þe haly gaste,*
> *þat innocent þe prest wes;*
> *ʒet wes he noyt neuire-þe-les*

---

[42] "O rem stupendam, et omni admiratione dignam! O miram Dei clementiam! O ineffabi-
lem fidei Christianae virtutem! Vere omnia possibilia credenti, sed quid dico? Non
expectata est aetas ad instrumentum, non doctrina ad officium, non tempus ad usum:
sed fide impetrante vis divina linguam infantis disertam fecit et ex ore infantis et
lactantis confundit reum, convincit mendacem, innocentem absolvit" (S. 142, Kap. V).

[43] Kap. 9 (S. 143, Anfang des Kapitels bis "[...] ut ab invicem consumamur").

[44] "Non sic beatissimus Ninianus, non sic: cujus quieti turba non ebfuit, nec meditatio-
nem impeduit iter, [... usw.]."

[45] Nin. 37–60 = Machor 333–354; Nin. 65–84 = Machor 355–374; Nin. 75–84 =
Justina 619–628.

[46] Kap. 5: "Mulieri interim impleti sunt dies ut pareret, peperitque filium, non in sacer-
dotis ut putabatur, sed in patris simul et ignominiosae matris obprobrium. Convocat
enim ad ecclesiam Pontifex omnes clericos universumque populum, habitoque ad eos
sermone exhortatorio, manum etiam imposuit baptizatis. Interea procax faemina omni
pudore postposito, cum suis prorumpens in populum in faciem presbiteri projecit
puerum, inauribus totius ecclesiae ipsum patrem pueri, ipsum corruptorem sui ac
deceptorem vociferans. Fit clamor in populo: pudor bonis, risus malis. At sanctus
silentium imperans plebi jubet sibi puerum praesentari, non nisi unius noctis aetatem
habentem" (S. 141 f.).

þat haly kirk suld sclaunderit be
or prestede in sic degre.

Hier wie an anderen Stellen werden Erleuchtung und Führung durch den
Hl. Geist betont. Am Anfang (11–98) widmet sich der Verfasser so ausführlich dem Tugendstreben Ninians unter diesem Aspekt (vgl. besonders
15, 81), daß er nur zögernd in den Erzählbericht (die Reise nach Rom)
übergeht. Aber auch hier wird häufiger und ausführlicher von den Gründen
und Zielen der Reise als von dieser selbst gesprochen (95–106):

he thocht he wald pas forthyrmare
& be parfite in-to sic lare,
fore scorne it ware gret to se
þe thechure suld vnkennand be.
þare-for his kyne & his cunctre
he levit, & passit oure þe se,
& dressit hyme rome [for] to seke,
gyf he mycht þare his science eke,
& for to sek sanctis sere,
þat plentusly in þat place were,
fore til eke his deuocione,
& get þe papis benysone.

Den Vollzug der Reise vermelden nur zwei knappe Zeilen (112–113). In
altenglischer Zeit – etwa im *Andreas* der Cynewulf-Gruppe – hätte sich der
in der epischen Tradition dichtende Verfasser die Gelegenheit zu einer
Seefahrtschilderung mit Sturm und anderen Gefahren nicht entgehen
lassen. Auch in der Eustachiuslegende des John Partridge im 16. Jh.
wird ganz anders verfahren. Die schottische Legende behält für die Ereignisse in Rom den betrachtenden Stil bei (129–144). Erst danach folgt –
über die Quelle hinausgehend – eine Rede des Papstes, in welcher Ninian
erfährt, daß er Bischof werden soll (147–156), wobei wieder vor allem
die Tugenden des Heiligen verdeutlicht werden.

6. Zusammenfassung: Das Legendenerzählen in der schottischen Sammlung

Die vorstehenden Untersuchungen erweisen die schottische Legendensammlung als typisch spätmittelalterliche Erbauungsliteratur. Eine gewisse
Farbigkeit der Darstellung wird angestrebt. Der Verfasser bedient sich
einzelner beschreibender und psychologisierender Formen der modischen
höfischen Literatur, aber das die Erzählung formende Prinzip ist eine
moralisch-erbauliche Betrachtung. Selbst eine Legendennovelle wie
Theodora, in der eine menschlich spannungsreiche Verwicklung nach
Lösung drängt, wird zwar anschaulich, aber nicht unter Steigerung der
novellistischen Effekte erzählt. Der kontemplative Zug entspricht dem der
Legenda aurea, der Hauptquelle und beispielgebenden Form, jedoch wird er

wortreicher als dort ausgeführt. Während Jacobus grundsätzlich auf klare Erbauungslinien hin verdichtet, weitet die schottische Sammlung aus und paraphrasiert, wie es oft in spätmittelalterlichen Erzählwerken geschieht. Dabei wird der Ton subjektiver als in der *Legenda aurea*. Man vernimmt besonders in den Einleitungen zu den einzelnen Legenden die moralisch mahnende und belehrende, dabei menschlich verstehende und gütige Stimme des Autors, die gelegentlich etwas redselig wirkt. Die Geschehnisse sind materialreicher, aber es wird nichts aufgenommen, was sich nicht der vorgezeichneten Linie und erbaulichen Absicht einordnet; der Verfasser sagt einmal (Einleitung zu St. Blasius)[47], daß er der *goldine legende* (17) „ohne jede Hinzufügung" folgen will.[48] Die Eigenbewegung der Einzelheiten, wie sie etwa in den Episodenlegenden des 12. und 13. Jhs. vorliegt, wird gemieden. Aber es kommt auch nicht zu dem selbstverständlichen Ineinanderfließen von schlichtem Bericht und gefühlsgetönter Betrachtung, die das südenglische Legendar und die *Legenda aurea* kennzeichnen. Wie schon in der nordenglischen Sammlung zu bemerken war, stellt das spätere 14. Jh. die Elemente mehr gliedernd neben- und gegeneinander. Die Darstellung wird härter und profilierter. Konkrete Stofflichkeit und psychologische und moralische Betrachtung wechseln einander ab. Aber das reflexive Element der schottischen Sammlung bringt die Einzelzüge doch näher zusammen als im nordenglischen Legendar. Mitunter ergeben sich bildhafte Einheiten, die allerdings nicht mehr die Emotionalität der Andachtsbilder des südenglischen Legendars aufweisen, sondern eher stoffreich und psychologisch kolorierte Schaubilder für die fromme Betrachtung sind. Formgeschichtlich stellen sie eine eigentümliche Verbindung von Deskriptivem und Devotionalem dar, die in einer gewissen Parallelität zu Chaucers Legende steht, sich allerdings deutlich von deren Gefühlston und ästhetischer Harmonisierung unterscheidet.

III. Einzellegenden des 14. Jahrhunderts

1. *Übersicht*

Für das 14. Jh. bestätigt sich die in den früheren Epochen gemachte Beobachtung, daß Einzellegenden eher als die in legendarischen Zyklen stehenden Stücke dazu neigen, die literarischen Formen des zeitgenössischen weltlichen Erzählens zu übernehmen. Stärker als in früheren Jahrhunderten

---

[47] Ed. Metcalfe, I, S. 361.
[48] "but ony ekine set þare-to,
as in sentence mare ore les" (20–21).

dringt jedoch mit den Formen eine profane Auffassung in die Darstellung. Das gilt für das spielmännische Kurzreimpaar und seinen versromanzen- oder fabliauhaften Ton wie für die meist ungereimte Langzeile des *alliterative revival*. Diese Entwicklung ist von der Forschung bereits herausgearbeitet worden und braucht, abgesehen von einigen ergänzenden Einzelinter- pretationen, nicht detailliert dargestellt zu werden.

Die stärksten Grade weltlicher Formung weisen die schon dem Stoffe nach romanzenähnlichen und mitunter moralisch bedenklichen Legenden *St. Euphrosyne*,[1] *St. Marina*[2] und *Trentalle St. Gregorii*[3] auf. W. F. Schirmer sagt treffend, daß in diesen Stücken „die Heiligengeschichte zu einem Fabliau mit frommem Einschlag geworden" ist und sieht die *Gregorius- legende*[4] „mittwegs zwischen geistlicher und weltlicher Epik, da sie den grausigen Ödipusstoff nicht restlos in die Heiligenatmosphäre hinein- zuziehen vermag."[5] Auch in den dem Stoff und dem Ton nach würdigeren Einzellegenden wird meist durch die Verwendung des Kurzreimpaars oder kurzzeiliger Strophen eine schnelle Erzählbewegung spürbar, die an die Versromanzen der Zeit erinnert. Dabei wirkt weniger als im nord- englischen Legendar und in der schottischen Sammlung ein didaktisches Element ausgleichend ein. Stücke dieser Art sind: die sehr früh liegende *Joseph*legende mit ihrem bunten Bild einer mittelalterlichen Stadt beim Einzug der Kaufleute,[6] die etwa 1800 Verse umfassende erste englische Version des populären *Gospel of Nicodemus*,[7] die in zwölfzeiligen Strophen geschrieben ist und dramatische Kraft mit psychologischer Tönung des Erzählens verbindet,[8] das etwas schlichtere *Childhood of Jesus*,[9] dessen flie-

---

[1] *Index* 1465, ed. Horstmann, *Engl. Studien* 1 (1877), S. 300–311 und *Sammlung ae. Leg.*, Heilbronn 1878, S. 174–182; die Legende ist wie die ebenfalls im MS. Vernon erhaltene Legende "Barlaam and Josaphat" (*Ae. Leg.*, Paderborn 1875, S. 215–225) in unge- lenken Kurzreimpaaren geschrieben, beides vermutlich Übersetzungen aus dem Französischen (vgl. Gerould, S. 229).

[2] *Index* 1104, ed. Horstmann, *Sammlung ae. Leg.*, S. 171–173, auch K. Böddeker, *Ae. Dichtungen des MS. Harl. 2253*, 1878, S. 254–263; nach Gerould, S. 221, "an undistin- guished piece of versification in rhyming couplets"; nach seiner Meinung ist die Version im nordengl. Legendar "a terser and more vigorous piece of work". Brandl nennt die Marinalegende des MS. Harley 2253 „die verfänglichste Legende des englischen Mittelalters" (a.a.O. S. 642).

[3] Diese wenig erbauliche und nur sensationelle Geschichte fand offensichtlich wegen ihres unterhaltenden Charakters weiteste Verbreitung u. liegt in zahlreichen MSS. vor, vgl. *Index* 83, 1653 u. jüngere Version 3184.

[4] *Index* 204, ed. C. Keller, *Die Gregorius-Legende*, Heidelberg 1914.

[5] *Geschichte d. engl. u. amerik. Lit.*, Tübingen ³1959, I, S. 98.

[6] *Index* 4172, ed. W. Heuser, *Das frühmittelenglische Josephlied*, Bonner Beitr. 17 (1905), S. 83–121; vgl. Gerould, S. 223.

[7] *Index* 512, ed. W. H. Hulme, *The Middle English Harrowing of Hell and Gospel of Nico- demus*, EETS. ES. 100.

[8] Diese Eigenschaften dürften erklären, warum es den Yorker Mirakelspielen eine wichtige Vorlage war; vgl. Gerould, *Saints' Legends*, S. 225–226.

[9] *Index* 250, ed. Horstmann, *Sammlung ae. Leg.*, S. 101–110, S. 111–123, *Arch.* 74 (1885),

ßende Erzählung und geschickt variierende zwölfzeilige Strophenform Gerould hervorhebt,[10] und eine Reihe von Legenden in sechszeiligen Schweifreimstrophen – *Assumptio Mariae*,[11] *St. Eustachius*,[12] *St. Alexius*,[13] eine *Höllenvision St. Pauli*[14] –, denen Brandl aufgrund der zwei kurz absetzenden Schweifreimverse eine Unterbrechung des Erzählflusses und die Möglichkeit erbaulich-predigthafter Hervorhebung zuspricht,[15] die allerdings nicht immer genutzt wird. Gerould erkennt in der Alexiuslegende die Formung für den mündlichen Vortrag.[16] Vor allem die im spielmännischen Kurzreimpaar geschriebenen Stücke wie die um 1300 anzusetzende *Story of Joseph*,[17] *The Pistill of Susan*,[18] die neun Marienwunder der *Vernon Miracles*[19] und andere Mirakelgeschichten[20] weisen zügigen Erzählfluß auf und

S. 327–339; vgl. auch H. Landshoff, *Kindheit Jesu, ein engl. Gedicht aus d. 14. Jh.*, Diss. Berlin 1889.

[10] *Saints' Legends*, S. 226.

[11] Advocates MS. 19. 2. I. (Auchinleck MS.), f 73, ed. M. Schwarz, *Engl. Studien* 8 (1885), S. 427–464.

[12] *Index* 211, ed. Horstmann, *Ae. Leg. N. F.*, S. 211; hier führt der abenteuerreiche Stoff (Seereise des Placidus-Eustachius, Entführung seiner Frau durch Seeräuber, Raub seiner Kinder durch Wolf und Löwe und glückliche Wiedervereinigung vor dem Martyrium) zu einer partienweise versromanhaften Darstellung. Die Version in den Predigterzählungen der nordenglischen Sammlung betont dagegen trotz farbiger Erzählung exemplarhaft die Geduld und das Gottvertrauen des Heiligen (*þe story off placidas*, ed. C. Horstmann, „Die Evangelien-Geschichten des MS. Vernon", *Arch.* 57 (1877), S. 241–316, S. 262–272). Vgl. zu einer Fassung des 16. Jhs. unten S. 365ff.

[13] *Index* 1876. Erhalten in vier MSS.; wichtigste Ausgabe J. Schipper, *Die zweite Vers. d. me. Alexiuslegenden*, Wien 1887; vgl. auch M. Rösler, *Die Fassung d. Alexius-Legende*, Wiener Beitr. 21 (1905), und Gerould, *Engl. Studien* 37 (1907), S. 134–141.

[14] *Index* 3089. MS. Laud 108, ed. *Arch.* 52 (1873), S. 35–38.

[15] A.a.O. S. 637.

[16] *Saints' Legends*, S. 227.

[17] Ed. Heuser, *Bonner Beitr.* 17 (1905), S. 83–121; „voll Handlung und packender Rede und auf jedes belehrende theologische Beiwerk verzichtend, dabei knapp (540 Zeilen)", Schirmer, a.a.O. S. 118.

[18] *Index* 3553, ed. Horstmann, *Arch.* 74 (1885), S. 339–44; Horstmann, *Anglia* 1 (1878), S. 85–101; andere Ausgaben s. Gerould, S. 368; Gerould erkennt in dieser Legende poetische Beschreibung nach Art der alliterierenden Schule des 14. Jhs. (S. 239).

[19] *Index* 1984, 4136, 971, 1966, 1713, 423, 1477, 69, 90, ed. Horstmann, *Minor Poems of the Vernon Manuscript*, EETS. OS. 98, S. 138–167; Schirmer (a.a.O. S. 120–121) zeigt an den in ihrer naiven Frömmigkeit unvergänglich reizvollen Marienwundern, „wie leicht dieser anheimelnd rührende Ton in Derbheit übergeht"; er sieht in ihnen „ein von Wundern durchwirktes Alltagsleben", in das grobe Scherze hineingeflochten werden, wenn auch eine durchweg andächtige Haltung vorherrscht.

[20] Vgl. *The Smith and his Dame* (*Index* 978, ed. Horstmann, *Ae. Leg. N. F.*, S. 322–328); *Gast of Gy* (*Index* 3028, ed. G. Schleich, „The Gast of Gy. Eine engl. Dichtung d. 14. Jhs. nebst ihrer lat. Quelle 'De Spiritu Guidonis'", *Palaestra* 1 (1898), S. 1–119); *Tale of an Incestuous Daughter* (*Index* 1107, ed. Horstmann, *Ae. Leg. N. F.*, S. 334–337); *Child of Bristowe* (*Index* 1157, ed. ebd. S. 315–321); *Blood of Hayles* (*Index* 3153, ed. ebd. S. 275–281); *Tundalus* (*Index* 1724, ed. A. Wagner, *Tundale, das me. Gedicht*, Halle 1893); und *Narratio de virtute missarum* (*Index* 1986, ed. Wright-Halliwell, *Reliquiae Antiquae*, I, 61). Schirmer (a.a.O. S. 121) sieht in diesen Stücken fromme Erzählungen, von

sind mehr volkstümliche Geschichten als Legenden. Typisch für diesen Stil ist auch eine Margaretenlegende in Kurzreimpaaren, die, da sie formgeschichtlich gute Vergleichsmöglichkeiten mit den früheren englischen Versionen bietet, stellvertretend für diese Gruppe untersucht werden soll.[21]

Brandl nennt als Beispiel für die zunehmende Verweltlichung und Vergröberung in der zweiten Hälfte des 14. Jhs. eine neue Version des *St. Alexius*, in der er den „Flitter populärer Romanzen" erkennt, da an dem „höchst ungalanten Helden die Ritterlichkeit und Turnierkunst gerühmt" werde.[22] In diesen Zusammenhang gehört auch die krasse Teufelei einer *Coelestin*legende,[23] die nicht etwa eine Vita des Papstes gibt, sondern eine kuriose Mischung des Theophilus- und Faustus-Motivs mit dem der Sieben Todsünden[24] und die in einem kraftvoll beschreibenden und z. T. dramenähnlich dialogisierenden Stil geschrieben ist. Von besonderem Interesse ist eine *Christopher*legende,[25] ein nur teilweise erhaltenes Gedicht von den Ausmaßen und der Struktur einer Versromanze; das Kurzreimpaar wird flüssig und leicht gehandhabt, und die wichtigen Szenen werden mit erzählerischem Geschick farbig herausgeblendet. Gerould rühmt die Kraft der Beschreibung, durch welche die Würde des Riesen bei seiner Suche nach dem Herrn der Welt und sein demütiges Dienen deutlich vor Augen geführt werden.[26] Künstlerische Reife zeigt auch Gowers unten zu behandelnde, von der Legendenforschung noch nicht berücksichtigte *Konstantin*legende.

Außer der Christopherlegende bezeichnet Gerould die im Stil des *alliterative revival* geschriebenen Stücke und Chaucers *Caecilien*leben als die literarisch anspruchsvollsten Heiligenlegenden seit den Tagen Aelfrics. Zu den alliterierenden Legenden gehören die unten noch zu besprechende *Erkenwald*legende und *John the Evangelist*,[27] in dem alliterierende Verse endreimend zu kunstvollen Strophen verbunden werden, die mehr lyrischen als erzählenden Charakter haben. Hier werden die Hauptereignisse aus dem Leben des Evangelisten nach dem Neuen Testament und apokryphen Schriften knapp summiert, während sich im Ausdruck der zarten Empfindung des Johannes für die Mutter des Herrn feinere Gefühlsschattierungen erkennen lassen. Hinzu kommt der Reichtum der Wortgebung, der für die alliterierende Schule charakteristisch ist und dem Gedicht eine die Phantasie anspre-

---

denen es nicht mehr weit sei „zu moralischen Geschichten rein weltlicher Art, wie dem *Peniworþ of Witte*" (ed. J. Ritson, *Ancient Popular Poetry*, Lo. 1833).

[21] Vgl. unten S. 292 ff.

[22] A.a.O. S. 659; *Index* 217. Text MS. Laud 622, ed. F. J. Furnivall, *The Life of St. Alexis*, EETS. OS. 69, S. 19–79.

[23] *Index* 195, ed. Horstmann, *Anglia* 1 (1878), S. 67–85.

[24] Nach Gerould, S. 228, gibt es für diese Kompilation keine Parallele in der übrigen Legendenliteratur.

[25] *Index* 1990, ed. Horstmann, *Ae. Leg. N. F.*, S. 454–466.

[26] *Saints' Legends*, S. 235 f.

[27] *Index* 2608, ed. Horstmann, *Ae. Leg. N. F.*, S. 467–471.

chende Wirkung verleiht. Die Legende ist der allegorischen Elegie *Pearl* nicht unähnlich, wenn sie auch nicht deren Vollendung erreicht.[28]

Einer ganz anderen, offensichtlich von Chaucers Caecilienlegende geprägten Formtradition gehört eine zu Ende des Jahrhunderts entstandene *Christina*legende[29] an, die, wie man aus dem Prolog erfährt, William Paris in seinen Mußestunden schrieb, als er als Dienstmann des Thomas de Beauchamp, Earl of Warwick, 1397 mit diesem ins Exil auf die Isle of Man ging. Zwar hatte der Verfasser keine Übung im Verseschreiben, jedoch gelang ihm eine Übersetzung, welche Kenntnis von Chaucers Diktion und Strophenform verrät.[30]

2. Mergarete, MS. Ashmole 61

Diese Version der Margaretenpassion[31] ist z. T. bis in den Wortlaut von den oben[32] untersuchten Episodenlegenden *Seynt Mergrete* (*S. M.*) und *Meidan Maregrete* (*M.M.*) beeinflußt worden, so daß man von einer Umarbeitung des früheren Typus sprechen kann. Horstmann nennt sie eine „schlechte Nachbildung",[33] und Gerould schließt sich diesem Urteil an, indem er ausführt,[34] daß zwar die Umrißlinien und sogar die Details der Geschichte gegeben würden, daß aber der Sinn für den geistlichen und auch den eigentlich erzählerischen Wert des Stoffes fehle. Dieses Urteil trifft zu; jedoch lohnt sich für die formgeschichtliche Überschau eine genauere Untersuchung.

Von der ersten Zeile an springt der schnell fließende Erzählbericht ins Auge (1–6):

> *Old & ʒonge, þat here be,*
> *Lystyns a whyle vnto me,*
> *What I schall ʒou sey:*
> *How it befell vpone a dey*
> *Off a virgyn, feyre & suete,*
> *Whos name was Mergarete.*

Nach diesem Aufmerksamkeitsruf wird das Interesse auf das Geschehnishafte gelenkt (*How it befell vpone a dey*), nicht auf etwas Erbauliches. Die Neugier des Hörers wird weiter durch die sonst in der Tradition nicht belegte Ankündigung erregt, daß Margaretens Vater nicht nur ein Fürst, sondern ein mächtiger, viele Künste verstehender Gelehrter ist (7–9), und

---

[28] Vgl. dazu Gerould, *Saints' Legends*, S. 236 f.
[29] *Index* 2877, ed. Horstmann, *Sammlung ae. Leg.*, 1878, S. 183–190.
[30] Vgl. Gerould, *Saints' Legends*, S. 246.
[31] *Index* 2673, ed. Horstmann, *Ae. Leg. N. F.*, S. 236–241.
[32] S. 187 ff.
[33] A.a.O. S. 225.
[34] *Saints' Legends*, S. 231.

auch Olibrius wird später (365) als Zauberer und Schwarzkünstler bezeichnet. Das zügige Erzählverfahren läßt sich gut im Vergleich zu den episodenhaften Versionen des 13. Jhs. erkennen. Während es z. B. in *S.M.* (25–28) heißt:

> *Anon so Mergrete was yborn, | hir moder was wel wo,*
> *For hir fader hadde beden | to deþ þat sche schuld go.*
> *Sche þouȝt so saue þe childes liif | and bring hir out of wo:*
> *Ful priueliche and stille | to Aȝie sche sent hir þo.*

wird in der Ashmole-Fassung daraus (31–35):

> *Bot hyre modor, þat hyre bore,*
> *Made fore hyre full grete care*
> *And bethouȝt hyre beforne,*
> *That, a-none as sche was borne,*
> *In-to Aȝy sche hyre sente.*

S.M. berichtet in schlichter Reihung zunächst von den Gefühlen der Mutter in dieser Situation, dann von der daraus sich ergebenden Rettungsabsicht und -ausführung. In Ashmole wird alles präzise im voraus geplant und durch das einleitende *Bot* vom Vorhergehenden abgesetzt. Die freiere Behandlungsweise spricht auch aus dem unbefangen plaudernden Ton in Neueinsätzen wie (73 ff.):

> *Than was in þat cuntre a kynge,*
> *A nobull man of grete cunnynge,*
> *He was a kyng of grete myȝht:*
> *Olybrius fore-soth he hyȝht.*

Daß die leibliche Schönheit Margaretens, die in *S.M.* nur kurz erwähnt wird (49b: *a fair maiden y se*), in spielmännischen Formeln gepriesen wird, gehört in diesen Zusammenhang (43–44, 67–68):

> *Sche was feyre & comly off chere*
> *And off hyre bewty feyre & clere*
>
> *And when sche was XV ȝerys olde,*
> *Sche was feyre woman & bold.*

Im Gespräch mit dem Boten fällt kein Wort über ihr Christentum. Die Aufforderung mitzukommen weist Margarete mit bestimmten, aber höflichen Worten und "myld of chere" (97) zurück. Im Grunde werden nur Belanglosigkeiten in konventionellen Formeln ausgedrückt (89–102):

> *Tyll it befelle on a dey,*
> *As he rode by þe wey,*
> *He saw þat louely meydene*
> *Kepynge schepe vpon þe grene.*
> *Anone he commandyd a knyȝht*
> *To brynge hyre to hym anone ryȝht.*

The knyȝht wente anone hyre to
And seyd þat sche must with hym go.
The meydene, was so myld of chere,
Ansuerd hym, as ȝe schall here,
And seyd: sche hade no-thinge to do
Oute of þat ground with hym to go;
Sche prayde hym off hys curtassye
To pase hys wey & late hyre be.

Erst an dieser Stelle scheint der Verfasser sich zu besinnen und ruft sich mit einer an Chaucer erinnernden Kürzungsformel[35] zur Ordnung zurück (103–106):

And, schortly þis tale to telle,
He wente awey fro þat damselle
And come to Olybryus, þe kynge,
And told hym all þat tydinge.

In dem folgenden Botenbericht vernehmen wir zu unserer Überraschung, daß Margareta sich zu Jesus Christus bekannt hat. Dabei wird, wie so oft in den Verserzählungen des 14. Jhs., vom Redebericht zu abschließender wörtlicher Rede übergewechselt (107–117). Jedoch gibt der Verfasser keine erbauliche Betrachtung oder Belehrung. Als man Margareta abführt, spricht sie kein Gebet wie in den anderen Fassungen; nur die Art und Weise des Vorgangs wird mitgeteilt, wobei allenfalls die Formel *meke & styll* das Erbauliche leicht berührt (132–134):

With þem sche wente meke & styll
Vnto þe kynge aȝen hyre wyll,
And fulle feyre sche hym grete.

Überhaupt wird ja, wie der Verfasser selbst sagt, eine *tale* (103) geboten. Selbst die Bekenntnisreden haben den Ton profanen Sprechens angenommen. Margareta versichert z. B. (146): *Fore-soth, I wyll hym neuer foresake,* und auf des Präfekten Ruf (186) *And Jhesu Christe pute oute off þi thouȝt!* antwortet sie schlagfertig (187): *Nay, sche seyd, þat wyll I nouȝht.* Ähnlich unbekümmert ist ihre Replik an anderer Stelle (256–257):

Beleue on my god, þou mayd!"
"Nay, fore-soth, sir, sche seyd,

Ebenso fehlt den Gebeten, die zahlenmäßig zurücktreten, der innige Ton des 13. Jhs. Beispiele sind etwa 286–291, eine indirekte Gebetswiedergabe (319–325) oder das lange Fürbittgebet am Schluß (528–564). Dagegen werden Äußerlichkeiten wie die Drachenerscheinung in aller Farbigkeit geschildert (302–309):

[35] Vgl. unten S. 307.

Sche lokyd a lytell be hyre syde:
And saw a dragone be hyre glyde
That was of colour as grasse grene,
With fyre flawmyng, foule to sene,
Out off hys mouth, fyre brynning bryȝt.
Sche was agrysed off þat syȝht,
Sche fell done vnto þe grounde,
Fore fere sche tremblyd in þat stonde.

Des weiteren wird die Drachenepisode zur volkstümlichen Spuk- und Gruselgeschichte. Nicht mehr der Erzfeind der Menschheit, sondern der zu einem Schwarzkünstler gewordene Olibrius hat die Untiere ausgesandt, und ihre Aufgabe ist es, das Mädchen nach Gespensterart zu erschrecken, nicht mehr, es zu versuchen. So bekennt der zweite Drache (360–365):

In dragons wyse we come to þe
To spyll þi wytte & make þe wode to be;
The kynge sir Olybryus
In þis lyknes sent vs þus
Forto strey þi fare body,
With hys craft & nygramansy.

In seinen weiteren Reden weiß er, seine Teufeleien recht anschaulich zu schildern, etwa 368f. oder 388–399. Ebenso lassen andere stoffliche Erweiterungen die veräußerlichende Tendenz erkennen. Die Martern werden um weitere Scheußlichkeiten (brennendes Öl und flüssiges Blei) vermehrt, und Margareta wird während der ersten Folter geblendet. Dadurch wird ihre Bitte, ihre Feinde sehen zu können, zum Gebet um Wiedererlangung der physischen Sehkraft (290f.), das erhört wird (298f.). Von dem geistlich konzipierten *lux veritatis* der Rebdorf-Version – um den äußersten Gegenpol zu nennen – sind wir weit entfernt. Auch die im Kerker geschehene wunderbare Heilung des Leibes, in den früheren Versionen kaum einmal erwähnt, wird als etwas konkret Sichtbares aufgefaßt (426–427):

He saw hyre come in als feyre case
Of flesch & blode as euer sche was.

Das Ganze ist eine stofflich und formal vergröberte, dabei volkstümlich unterhaltsame Geschichte, keine erbauliche Heiligenlegende mehr.

3. Exkurs: Die alliterierende Erkenwaldlegende

Obwohl *De Erkenwalde*[36] eine Mirakelgeschichte ohne vitahaften Verlauf und außerdem in der Langzeile des *alliterative revival* geschrieben ist, soll sie ihrer formgeschichtlichen Bedeutung wegen hier untersucht werden. Sie

[36] Ed. Horstmann, *Ae. Leg. N. F.*, S. 265–274.

erzählt, wie St. Erkenwald den Leichnam eines seit mehr als tausend Jahren toten Heiden tauft, der gerecht gelebt hat, aber nicht zur Schar der Erlösten gehört, die Christus bei seiner Höllenfahrt befreite. Nun wird ihm die Gnade zuteil, daß seine Seele, die noch in dem lebensfrischen und redenden Leichnam wohnt, durch die das Taufwasser ersetzenden Tränen des Bischofs gerettet wird. Dieses Wunder findet sich in keinem der Berichte über den Heiligen;[37] möglicherweise hat der Verfasser die Geschichte in einem der von ihm genannten *crafty cronecles* (44) gefunden, oder er stützt sich auf eine mündliche Tradition.

Wie in den meisten der Einzellegenden des 14. Jhs. wird nicht eigentlich die erbauliche Wirkung oder fromme Betrachtung in die Darstellung einbezogen, sondern es geht um die Ereignisse als solche. Dabei steht der alliterierenden Stiltradition gemäß die Methode wortreicher Schilderung im Vordergrund, z. B. bei Deskription des Steinsarges (47–54), des Leichnams (76–96), der Meßfeier mit der Pracht des Zeremoniells und der Gewänder (128 ff.) und der Grabesvisitation durch Bischof Erkenwald. Aber da alles von Anfang an auf ein bestimmtes Handlungsziel, die Aufklärung des geheimnisvollen Fundes, gerichtet ist, bleiben auch die detailreichen Einzelszenen Teil der sich steigernden Gesamtbewegung. Gefühlsreaktionen auf das Wunder werden nur knapp erwähnt (54, 73, 105–106). Bezeichnend ist, wie der Diakon in einer längeren Rede (146–158) vor dem Grabe nüchtern und klar die Gründe dafür vorbringt, daß es sich bei dem lebensfrisch erhaltenen Leichnam um ein Wunder handeln muß. Das Wort „Wunder" fällt erst in der letzten Zeile, nachdem die exakte Beweisführung vorausgegangen ist – ein Verfahren, das von der spontanen Gefühlsaussprache im südenglischen Legendar deutlich absticht. In der langen Antwort des Bischofs (159–176) wird das Wunder als ein Machtbeweis Gottes verstanden, der den Ratlosen auf ihre Bitte das dahinter verborgene Geheimnis erklären werde. Dies ist keine gemütvolle Betrachtung, sondern Belehrung und zugleich Blickrichtung auf den weiteren Geschehensverlauf. Auch die anderen Reden, obwohl feierlich und deklamatorisch, werden geschickt in die szenische Bewegung verflochten, oft schon durch Einsetzen im schlichten Gesprächston (*Nay, bisshop*, 265; *ȝea, bot sayes þou*, 273), durch eingeschobene Schilderung der von ihnen ausgelösten Wirkungen (z. B. 217–220) oder durch Anknüpfen an konkrete Einzelheiten (z. B. an Krone und Szepter, die dem Leichnam beigegeben sind, 221–224, und an die Tatsache, daß seine Kleider unbeschmutzt und sein Leib unverwest sind, 259–262). Ebenso läßt die Überlegung, wieweit eine Einbalsamierung der Grund für das lebensfrische Aussehen des Toten sein könnte (261), einen stärkeren Wirklichkeitssinn als im 13. Jh. erkennen. Auch das moralische Anliegen tritt mehr hervor, wird aber ebenso geschickt wie die anderen Elemente auf die Situation bezogen, so wenn der Leichnam vom *riche*

---

[37] Vgl. Gerould, *Saints' Legends*, S. 238.

kynge of resone (267), dem Urheber des Wunders, sagt, daß er die Menschen am meisten liebe, wenn sie, wie er (der Tote) das Rechte täten.

Die Reaktion des Toten auf die entscheidende Frage des Bischofs nach dem jetzigen Aufenthaltsort der Seele ist von besonderer szenischer Anschaulichkeit. Er stöhnt und wendet sich (281–282), dann betet er zum Herrn und klagt, daß er vor Erscheinen des Erlösers gelebt habe und daß seine Seele, der ewige Pein drohe, in seinem Leibe zurückgelassen worden sei (283–308). Alle Umstehenden sind zu Tränen gerührt, dem Bischof versagt die Stimme (309–314). Auch die Emotion wird also mit dem Geschehen verbunden, nicht aus der Perspektive des Erzählers gegeben. Nachdem der Bischof die Tauformel gesprochen und mit seinen Tränen das Antlitz des Toten benetzt hat, spricht dieser ein Lob- und Dankgebet auf die Gnade des Herrn und dankt dem Bischof, daß er ihn durch seine reinen Tränen erlöst und der Taufe teilhaftig gemacht hat (324–340). Dann verfällt das Gesicht, der Körper verfault, und die Anwesenden verlassen unter Glockengeläut die Grabstätte. Bis zu seinem Endpunkt wird das Ereignis also in seiner Vorganghaftigkeit gesehen. Jedoch wird auch lehrhaft klar als Grund für das plötzliche Verwesen der Leiche hinzugefügt, daß mit der Aufnahme der Seele in den Himmel Leib und Kleider zerfallen mußten (345–346).

Das Erkenwald-Wunder ist eine schön und würdig erzählte Legende, deren Wirkung neben der Feierlichkeit der Reden und der klaren Formulierung des gedanklichen Zusammenhangs in der stoffbunten und zügig bewegten Szenendarstellung beruht. Mit Recht mißt Gerould ihr besonderen ästhetischen Wert bei.[38] Gattungsgeschichtlich jedoch bedeutet die Gestaltungsweise einen Rückgriff auf die bereits vorgeprägte, außerhalb der Legendenliteratur bestehende Formensprache des alliterierenden Stils des 14. Jhs. Nicht zu Unrecht hat man im *Gawain*- und *Pearl*-Dichter den Verfasser vermutet.[39] Formen, die wie im südenglischen Legendar aus den der Legendenüberlieferung immanenten Erbauungstendenzen selbst entwickelt worden wären, liegen nicht vor.[40]

---

[38] *Saints' Legends*, S. 238: "They [i. e. the lines] have the charm of color and sound and movement that goes with romantic poetry, and a restraint of mood by which the sensuous appeal is moulded into beauty. It is a rare thing to find a saintly miracle so sweetly and yet so powerfully told."

[39] Brandl, S. 663; Gerould, S. 237. Das von M. W. Bloomfield, "'Sir Gawain and the Green Knight': An Appraisal", *PMLA* 76 (1961), S. 7–19, bes. S. 17f., betonte Prinzip der geschickt hervorgerufenen und aufrechterhaltenen Spannung im *Gawain* läßt sich weitgehend auch in der Erkenwaldlegende erkennen. Vgl. zu dieser die treffenden Bemerkungen bei J. P. Oakden, *The Poetry of the Alliterative Revival*, Manchester 1937 (Teilabdruck aus Oakden, *Allit. Poetry in Middle English*, 1935), S. 77, über "the careful unfolding of the narrative" und die dem *Gawain* ähnliche Überraschungswirkung des *dénouement* und deskriptiver Passagen.

[40] Brandls Urteil, daß der Verfasser sich an „der mystischen Pracht des alten Kirchentums" (a.a.O. S. 663) erbaute, wird allenfalls durch die Feierlichkeit der alliterierenden Reden gestützt; die Struktur der Darbietung ist die einer stoffreichen Schilderung.

John Gowers *Confessio Amantis*, ein das Liebesthema abwandelndes Werk von über hundert Geschichten, die jeweils einen moralischen Satz zur Unterweisung des Liebenden erläutern, ist alles andere als eine Legendensammlung. Dennoch finden sich in dem 1393 in letzter Fassung beendeten Werk einige Erzählungen legendenhaften Inhalts[41] und auch eine wirkliche Heiligenlegende, die Bekehrungsgeschichte Konstantins,[42] die wahrscheinlich der Version der *Legenda aurea* folgt.[43] Dem Anliegen der *Confessio Amantis* gemäß, wird sie mit einem präzisen moralischen Satz eingeleitet. Sie soll ein *exemplum de virtute caritatis contra Inuidiam* sein,[44] und Gower selbst führt in seiner Vorrede über die *caritas* aus (3173–3177):

> *Ayein Envie is Charite,*
> *Which is the Moder of Pite,*
> *That makth a mannes herte tendre,*
> *That it mai no malice engendre*
> *In him that is enclin therto.*

Entsprechend klarlinig baut sich die Geschichte selbst auf. Jedoch gibt Gower viel mehr als ein knappes Exempel.

Das sorgfältige Darstellen zeigt sich schon in den ersten Zeilen. Während die *Legenda aurea* nur sagt: *Ipse autem Constantinus merito persecutionis tyrannicae in incurabilem cecidit plagam leprae,*[45] bringt Gower das stufenweise Fortschreiten der Krankheit, das durch konsekutiv verknüpfte Syntax (*Suche [...] That [...] So [...]*) gedanklich sauber zusammengehalten wird (3190–3197):

> *Suche infortunes to him come,*
> *Whan he was in his lusti age,*
> *The lepre cawhte in his visage*
> *And so forth overal aboute,*
> *That he ne mihte ryden oute:*
> *So lefte he bothe Schield and spere,*
> *As he that mihte him noght bestere,*
> *And hield him in his chambre clos.*

---

[41] Dazu könnte man rechnen *The Trump of Death* (I, 2021 ff. = Barlaam und Josaphat), *Nabugodnosor* (I, 2785–3042), *The Travellers and the Angel* (II, 291–364), die „Antilegende" *Pope Boniface* (II, 2803–3084), *Dives and Lazarus* (VI, 975–1109), *Story of Gideon* (Richter VII), (VII, 3627–3806), *Saul and Agag* (VII, 3807–3845), *Folly of Rehoboam* (VII, 4027–4129), obwohl es sich dabei vorwiegend um alttestamentliche Stoffe handelt.

[42] *Index* 2662. *Constantine and Silvester, Confessio Amantis,* II, 3187–3496, *The Works of John Gower,* ed. Macaulay, Oxford 1901, II, S. 216–224.

[43] Ed. Graesse, Cap. XII, 2, S. 71–73.

[44] So die Marginalie, a.a.O. S. 216.

[45] Graesse, a.a.O. S. 71.

Die schlichte Anschaulichkeit der letzten Verse dieses Passus verdient hervorgehoben zu werden. Hier ist der Griff eines begabten Erzählers spürbar, der unter Verzicht auf Rhetorik klar und sinnfällig, in harmonischer Ausgewogenheit zu erzählen weiß. Auch die Beratung der Gelehrten, die als Heilmittel für den Kaiser das Blut kleiner Kinder empfehlen, wird als gegliederter Vorgang unter gleichzeitiger gedanklicher Zusammenfassung gegeben (3202–3215). Der Inhalt des Auftrags an die Boten wird ebenfalls genau mitgeteilt (3215b–3221), so daß das weitere Geschehen rahmenhaft vorausbestimmt ist. Dennoch wird die Ausführung nicht einfach nur vermeldet, sondern in geschickter Weise bis zum eigentlichen Thema, der inneren Wandlung Konstantins, entwickelt. Dabei spielen vier wichtige Faktoren eine Rolle: das Empfinden für den Schmerz der klagenden Mütter, das in einer akkumulativen Gefühlsschilderung Ausdruck findet (3222 bis 3238), der Blick für die Örtlichkeit und den Kausalnexus der äußeren Handlung (der Kaiser wird durch die im Hofe jammernden Mütter und Kinder aus dem Schlafe geweckt und schaut aus dem Fenster, 3239–3242), das klare Verständnis für das moralische Problem und der Sinn für psychologische Entwicklung (Konstantins Gewissenserforschung und Bekehrung in seinem Selbstgespräch, 3243–3273). Letzteres ist der Hauptunterschied zur *Legenda aurea*, in der die Strecke eines Entschlußfassens und Sich-Entscheiden-Müssens nicht existiert und auch das äußere Geschehen weniger geschickt mit dem Ganzen verknüpft ist. Der Kaiser begegnet hier den klagenden Frauen auf seinem Wege zum Gesundbad, empfindet Mitleid (wie nur kurz festgestellt wird) und hält eine lange Rede über und für die Mildtätigkeit. Die Bekehrung wird also als plötzliches Wunder und erbauliches Faktum gesehen. Gower dagegen bringt eine Reflexion, die zum Entschluß des Kaisers führt. Zwar geht es dabei nur um ein Durchspielen fester sittlicher Wahrheiten und um die Bejahung der Gerechtigkeit als erster Tugend des Herrschers, aber es wird doch seelische Bewegung spürbar. Danach schaltet sich (wie bei der Gefühlsschilderung der klagenden Frauen) der Erzähler kommentierend ein. Er erläutert den Sinn des Monologs (3280–3285):

And thus this worthi lord as tho
Sette in balance his oghne astat
And with himself stod in debat,
And thoghte hou that it was noght good
To se so mochel mannes blod
Be spilt for cause of him alone

und stellt in einer Gefühls- und Gedankenschilderung abschließend den Sieg des Mitleids heraus (3286–3294).

In alledem haben wir den Ansatz zu einem psychologisch entwickelnden Verfahren, jedoch innerhalb eines begrifflich klar umrissenen Rahmens. In das auf persönliche Entscheidung gerichtete Selbstgespräch werden – aus allgemein didaktischer Perspektive – die zentralen moralischen Begriffe eingefügt. Immer wieder lösen auch Betrachtungen und sentenzartige Gegenüberstellungen (z. B. 3295–3300 und 3317–3324) das erzählende Darbieten ab.

Das Gowersche Verfahren ließe sich auch an der Vision der Apostel Petrus und Paulus zeigen, die dem Kaiser viel ausführlicher als in der *Legenda aurea* und Punkt für Punkt den Weg für sein weiteres Leben weisen (3339–3364). Einen entsprechend großen Raum nimmt die belehrende Predigt des Papstes Sylvester ein, die allerdings in indirekter Rede und ziemlich trocken vorgetragen wird (3383–3430). Man spürt, wie bei Gower trotz menschlicher Tönung der Erzählung das didaktische Anliegen leicht in den Vordergrund dringen kann. Dazu paßt seine (schon im allgemeinen Prolog zur *Confessio Amantis* und in der *Tale of Boniface* ausgesprochene) Kritik am Schisma, die er mit der mahnenden Unterscheidung zwischen Weltlichem und Geistlichem verbindet (3490–3496).

Der Gesamteindruck der Darstellung ist der großer Ruhe und Klarheit. Hierin unterscheidet Gowers Stil sich scharf von dem der meisten Kurzreimpaarlegenden des 14. Jhs., in denen schnell fließende Erzählbewegung vorherrscht. Lediglich die Stücke der schottischen Sammlung lassen sich in ihrem betrachtenden Aufbau mit der Konstantinlegende vergleichen. Aber Gower wendet weniger Rhetorik an und konzentriert sich mit einfachen und treffenden Formulierungen auf das Wesentliche. So gelingt es ihm, die Elemente des Berichtens und der Betrachtung in ein geradezu klassisches Verhältnis zueinander zu bringen. Es entsteht ein moralisch-erbauliches Erzählen von hohem ästhetischen Rang, das, da es eine gewisse psychische Bewegung einschließt, menschliche Tiefe erreicht.[46]

Obwohl bei Gower also eine für erbauliche Wirkungen ideale Ausgewogenheit und Verflechtung der Elemente besteht, fehlt der für die Heiligenlegende wesentlichste Zug frommer Verehrung. Gower will kein Heiligenbild für die Andacht geben, sondern, wie er einleitend sagt, ein belehrendes Exempel, das er nicht anders als die weltlichen Stoffe seiner Sammlung behandelt. Dennoch verdient das Stück in einer Geschichte der englischen Legendenliteratur einen Platz, da es eine für das späte Mittelalter kennzeichnende Entwicklungslinie illustriert, die von der religiösen zur moralischen Legendenerzählung führt.

---

[46] Vgl. auch die moralische und menschliche Vertiefung des in seiner *Tale of Florent* behandelten Stoffes, den Chaucer in der *Wife of Bath's Tale* der Person der Erzählerin anpaßt und deshalb zu einer überraschungs- und anspielungsreichen Geschichte wendet. S. dazu M. Wickert, *Studien zu John Gower*, Köln 1953, bes. Kap. 6 „Gowers Erzähltechnik".

B. Verslegenden des 14., 15. und 16. Jhs. vorwiegend in der *Rhyme-royal*-Strophe

Vorüberlegungen: Die *Rhyme-royal*-Strophe und das erbauliche Erzählen

Von großer Bedeutung für die Kunstlegenden Chaucers, Lydgates, Boken-hams und anderer ist die Verwendung des *rhyme royal*, einer Strophe, die, ursprünglich in der französischen geistlichen Lyrik beheimatet, von Chaucer in die englische Dichtung eingeführt wurde. Die Reimordnung der sieben fünftaktigen Verse *(ababbcc)* zeigt eine Zweiteilung, die an die Folge von Aufgesang *(abab)* und Abgesang *(bcc)* in Strophen hochmittelalterlicher Kunstlyrik erinnert. Obwohl auch andere Zäsuren innerhalb der Strophe möglich sind *(ababb cc* oder *aba bbcc)*, ergibt sich doch Zweigliedrigkeit als strukturelles Prinzip, wobei der doppelte *b*-Reim in der Mitte einen fließenden Übergang zwischen beiden Teilen ermöglicht und das Reimpaar *cc* einen festen Abschluß bedeutet.

Bewegliche Zweigliederung der Einheit bestimmt oft auch – sofern die ästhetische Eigenart der Strophe empfunden und verwirklicht wird – die syntaktische Fügung, obwohl im einzelnen das Verfahren differiert. Vielfach wird ein übergreifender, hypotaktisch aufgebauter Satz verwendet, dessen erster Teil – als Nebensatz – die Voraussetzungen und Vorbedingungen schafft, auf welche der zweite als Hauptsatz antwortet. Oder beide Teile sind syntaktisch zwar Hauptsätze, stehen aber gedanklich in dem Verhältnis etwa von Ursache und Wirkung, Aussage und Folgerung, Frage und Antwort, Anrufung und Bitte, äußerer Beschreibung und innerer Sinngebung, oder sie gruppieren sich als Vergleich oder Kontrastierung. Grundsätzlich bietet sich also eine gute Möglichkeit, ein Berichten oder Nennen mit erbaulicher Betrachtung zu verbinden. Wie das septenarische Reimpaar des 13. Jhs. scheint deshalb die Chaucer-Strophe besonders geeignet für ein frommes Legendenerzählen. Im Unterschied aber zu den schlicht aneinan-dergereihten und auf einen emotionalen Grundton gestimmten Langzeilen der südenglischen Sammlung gestattet ihr gegliederter Bau neben der gefühlsmäßigen eine mehr gedankliche Durchdringung und zugleich ru-brizierende Anordnung des Materials. Es ist eine Ausgewogenheit der Elemente möglich, in der wie in der *Legenda aurea* Verstehen und Wissen stärker berücksichtigt werden. In der Tat wird auch in den meisten Fällen die *Legenda aurea* als Quelle benutzt. Das zeigt sich u. a. in der häufigen Übernahme der Namensinterpretationen, die sich als rein meditative Ge-bilde für eine Behandlung in der Chaucer-Strophe besonders eigneten.

Allerdings verbindet dieser Zug sich mit einer der *Legenda aurea* noch frem-den späthöfisch-ästhetischen Tendenz. Die Weite der Stropheneinheit, das feierliche Schreiten der Verse und die wohlklingende Reimfolge lenken den Blick mehr auf die Möglichkeiten sprachstilistischer Vollendung und for-dern literarischen Ehrgeiz heraus. Da außerdem, wenn die Ausgewogenheit der Einheiten voll zur Geltung kommen soll, in jeder Strophe nur eine Ereignisphase, ein Gebet oder eine Rede usw. gebracht werden können, ergibt sich oft die Notwendigkeit, ein an sich kleines Stoffelement durch kunstvolle Paraphrasierung und Amplifikation auszuweiten. Im allgemeinen werden die Verse nicht mit neuen stofflichen Einzelheiten aufgefüllt, sondern mit feierlichen Anrufungen, Vergleichen, Metaphern, Reden und Gebeten – Elementen also, die in keiner allzu engen eigenen Sachbindung stehen und sich verhältnismäßig leicht rhetorisch formulieren und in den Fluß der Reim- und Strophenordnung bringen lassen. Diese ornamentale Tendenz kann – wie bei Lydgate – so stark in den Vordergrund treten, daß das harmonische Verhältnis zwischen den Darbietungsformen verlorengeht.

I. Chaucers Caecilienlegende *(Second Nun's Tale)*

Nach dem gegenwärtigen Stand der Quellenforschung[1] ist Chaucers Caecilienlegende eine Kombination der Fassung der *Legenda aurea*,[2] der er bis Vers 348 folgt, und der ausführlicheren *Passio s. Caeciliae* (*BHL* 1495), die dem zweiten Teil seiner Darstellung zugrunde liegt.[3] Dabei zwingt nichts zu der Annahme, daß Chaucer einer Vorlage gefolgt sei, in welcher bereits beide Versionen verbunden waren. Man darf ihm zutrauen, daß er selbst aus beiden Quellen eine Redaktion hergestellt hat.[4]

Hinsichtlich der Entstehungszeit steht auf Grund der Nennung der Legende im Prolog zu *The Legend of Good Women* nur fest, daß sie vor diesem Werk, also vor 1385 oder 1386 geschrieben sein muß. Die von C. Brown vertretene Auffassung, daß sie wegen ihres schlichten Stils früher als der poetisch anspruchsvollere, Dante nachgebildete Teil des Prologs (*Invocatio*

---

[1] Vgl. Gerould in Bryan und Dempster, *Sources and Analogues of Chaucer's Canterbury Tales*, Lo. 1958, S. 667–671.

[2] Ed. Th. Graesse, a.a.O. S. 771–777; Gerould, in Bryan und Dempster, a.a.O. S. 671 bis 677.

[3] Während ten Brink ursprünglich annahm, daß alle Abweichungen Chaucers von der *Legenda aurea* dessen eigene Zutat seien, haben Kölbing (*Engl. Studien* 1 [1877], S. 215–248) und Holthausen (*Arch.* 87 [1891], S. 265–273) für fast alle diese Punkte Entsprechungen in der *Passio* nachgewiesen. Editionen: Mombritius (Neuausgabe Paris 1910), I, 336–341, und Bryan und Dempster, a.a.O. S. 677–684. Den folgenden Erörterungen wird die kritische Neuausgabe nach französischen Manuskripten des 8. und 9. Jhs. von H. Delehaye zugrunde gelegt, die auch bei Besprechung Aelfrics benutzt wurde (*Étude sur le légendier romain. Les saints de novembre et de décembre*, Brüssel 1936, S. 194–220).

[4] So auch Tatlock, "Chaucer and the Legenda aurea", *MLN* 45 (1930), S. 296–298.

ad Mariam) entstanden sei,[5] ist unbeweisbar und berücksichtigt zu wenig das Wesen der Gattung. Die Kritiker, die an der Caecilienlegende Originalität vermissen, übersehen, wie Gerould mit Recht betont, daß Einfachheit der Darstellung und Treue gegenüber der Überlieferung zur Eigenart des Legendenerzählens gehören und daß die Größe der Chaucerschen Leistung gerade darin besteht, daß poetische Wirkungen ohne Verfälschung der Vorlage erzielt werden.[6]

Das Wesentliche ist, daß Chaucer sich nicht – wie die Verfasser der altenglischen Legendenepen, der Episodenlegenden des 13. Jhs., der romanzenähnlichen Stücke des 14. Jhs. und der Erkenwaldlegende – auf die Vorstellungswelt und Formensprache einer profanen Erzählkonvention einstellt, sondern im Nachempfinden seiner Hauptquelle, der *Legenda aurea*, die rein erbaulichen Wirkungen darzustellen sucht. Dabei spricht es für seinen feinen Formsinn, daß er Legenden und legendenähnliche Erzählungen in die für kontemplatives Erzählen geeignete *Rhyme-royal*-Strophe kleidet, die er sonst nur, so im *Troilus*, großen epischen Gegenständen vorbehält. Unter Betonung des religiösen Anliegens nennt er seine Bemühungen um die Caecilienlegende ein gutes Werk, das notwendig den Glauben ergänzen müsse (64–65), bittet die Gottesmutter um Erleuchtung und Hilfe (71–77) und ist willens, sich von irdischer Freude und Liebe abzuwenden (74). Wichtig ist, daß er deshalb keinen Wert auf subtile Erzählkunst legt, die, wie man ergänzen darf, höfisch-weltlichen Stoffen angemessen gewesen wäre (78–80):

> *Yet preye I yow that reden that I write,*
> *Foryeve me that I do no diligence*
> *This ilke storie subtilly to endite* [...][7]

Vielmehr übernimmt er „Wort und Sinn" der Quelle, von der er ausdrücklich bemerkt, daß ihr Verfasser sie zu Ehren der Heiligen, also nicht zu irgendeinem weltlich-unterhaltenden Zweck geschrieben hat (81–84):

> *For bothe have I the wordes and sentence*
> *Of hym that at the seintes reverence*
> *The storie wroot, and folwen hire legende,*
> *And pray yow, that ye wole my werk amende.*

[5] "The Prologue of Chaucer's 'Lyf of Seint Cecile'", *Mod. Phil.* 9 (1911/12), S. 1–16.

[6] In *The Sources and Analogues of Chaucer's Canterbury Tales*, S. 669, spricht Gerould treffend von "rich tonal beauty", während seine Kennzeichnung der Version der *Legenda aurea* als "a piece of mediocre Latin prose" zu wenig die Verdichtung auf das Erbauliche hin berücksichtigt. Über Chaucers Auffassung der Heiligengestalt aus sowohl devotionaler wie menschlicher Sicht sagt er treffend: "[...] he nevertheless made the figure of the saint as vivid against the background of miracle as are all the personalities in his maturer work. The virgin's holiness shines through the limpid flow of the poet's favorite stanzas [...]; yet her humanity is not obscured." (*Saints' Legends*, S. 243).

[7] Zitate hier und im folgenden nach F. N. Robinson, *The Works of Geoffrey Chaucer*, Lo. ²1957, S. 207 ff.

Daß er ganz getreulich der Legende, also der vorgeprägten Form folgt, sagen auch die Verse 24–26:

> *I have heer doon my feithful bisynesse*
> *After the legende, in translacioun*
> *Right of thy glorious lif and passioun.*

Aber zugleich zeigt sich hier eine interessante Modifikation. Chaucer schreibt ihr „glorreiches" Leben und Leiden, womit eine gewisse preisende Tendenz (wie vielleicht auch in dem *at the seintes reverence*, 82) bemerkbar wird, die sich in dem feierlichen Anrufungsstil der folgenden Verse (27f.) und vor allem in der mit erlesenen Bildern geschmückten *Invocatio ad Mariam* (29–84) äußert, die dem Gebet Bernhards (*Paradiso*, 33) und lateinischen Hymnen nachgebildet ist.[8] So verbindet sich bei Chaucer der legendarisch einfache Grundriß mit einer ästhetisch anspruchsvollen Tendenz, die auch in den klangvollen Reimen seiner Strophe spürbar wird. Alles aber bleibt einbeschlossen in des Autors devotionaler Grundhaltung, die allerdings in einer gewissen subjektiven Tönung, als Haltung eines betrachtenden Ich, erscheint. Dies bedeutet ein zweites leichtes Abwandeln der *Legenda aurea*, deren Darstellung und Betrachtung von einer schlichten Sachbezogenheit gekennzeichnet sind. Chaucers weitausholende, mehrfach gestufte Strophenform gibt Raum, neben dem eigentlichen Geschehnisbericht die Wirkung des heiligmäßigen Verhaltens der Personen auf den Dichter aufzunehmen. Die Darstellung wird erweitert durch Hinweise, Einschiebsel, Attribute und Adverbien aller Art. Dabei handelt es sich zwar gelegentlich um bloße Füllsel, mit denen der Autor versucht, den Forderungen des Metrums und des Reims gerecht zu werden (etwa 120 *as hir lif seith* und 124 *as I writen fynde*), jedoch rücken Erweiterungen wie (125) *and God to love and drede* das Wesen Caeciliens mehr in das Blickfeld. So wird auch in der zweiten Strophe Caeciliens Demut und Milde als gleichbleibende und zu betrachtende Eigenschaft hervorgehoben (während hier das nordenglische Legendar, 32–38, szenisch erzählt). Ein einleitender Temporalsatz (*And whan this mayden* [...]) führt hin auf das vom Hauptsatz getragene Andachtsbild (131–133):

> *She, ful devout and humble in hir corage,*
> *Under hir robe of gold, that sat ful faire,*
> *Hadde next hire flessh yclad hire in an haire.*

Diesen syntaktischen Aufbau übernimmt Chaucer aus der *Legenda aurea*, macht ihn aber durch Ergänzungen sinnfälliger. Wo Jacobus objektiv feststellt *et desuper deauratis vestibus tegebatur*,[9] gibt Chaucer mehr den stimmungsvollen Gesamteindruck, der sich zusammensetzt aus dem Gefühl

---

[8] Einzelheiten siehe Verfasser, „Geschichte der englischen Marienlyrik im Mittelalter", *Anglia* 69 (1950), S. 3–88, hier S. 33–37.

[9] Graesse, a.a.O. S. 771.

für das wohltuend Schöne und Angemessene der äußeren Gewandung (*that sat ful faire*) und für die tiefe Frömmigkeit der Heiligen (*ful devout and humble*). Auch spürt man in einer Wendung wie *in hir corage* ein gewisses psychologisches Einfühlungsvermögen Chaucers, der nicht nur eine Sachaussage macht, sondern mit feinem menschlichen Verstehen spricht.[10] Entsprechend heißt es (141 f.):

The nyght cam, and to bedde moste she gon
With hire housbonde, as ofte is the manere.

Das *moste* impliziert Caeciliens inneres Widerstreben, und der Zusatz *as ofte is the manere* des Autors Lebenskenntnis. Jacobus sagt nur schlicht: *Venit autem nox, in qua suscepit una cum sponso suo cubiculi secreta silentia.*[11] Den Ton der inständigen Bitte übernimmt Chaucer unverändert (144): *O sweete and wel biloved spouse deere* (= *Leg. aur.*: *o dulcissime atque amantissime juvenis*)[12], ohne wie das nordenglische Legendar zu gröberen erzählerischen Mitteln zu greifen. Aber er deutet das ungestüme Liebesverlangen des Jünglings an (128: *That was ful yong of age*) und stellt es in feinen Kontrast zum Bild der heiligen Reinheit Caeciliens. Hieran knüpft die nächtliche Unterredung behutsam an (148): *Valerian gan faste unto hire swere*[13] (die *Leg. aur.* konstatiert sachlich: *Jurat Valerianus*),[14] und in milder Farbe, vielleicht mit einem lächelnden, aber doch frommen Verstehen, läßt er als menschlichen Zug die weibliche Schläue Caeciliens erscheinen, indem er betont, daß sie Valerian erst nach seinen Schwüren in ihr Geheimnis eingeweiht habe (151): *And thanne at erst to hym thus seyde she.* Die *Legenda aurea* sagt nur: *Tunc illa ait.*[15]

Trotz der leisen „Vermenschlichung" hier und da erliegt Chaucer nie der Versuchung, die Szenen nach Art profanen Erzählens auszuweiten und zu psychologisieren. Die Konversion Valerians wird rein legendenhaft, als ein plötzliches Gnadenwunder gegeben, (162): *Valerian, corrected as God wolde.* Chaucer folgt also durchaus „dem Wort und Sinn" der *Legenda aurea* (*Tunc*

---

[10] Vgl. dazu das berühmte *Wilton-Diptychon*, entstanden ca. 1380–1390, unten Abb. 8 u. 9 (Taf. VI u. VII), dessen späthöfisch graziöser und reich ornamentierter, jedoch in Farbgebung und Linienführung einfacher Stil eine ähnliche Vermischung von ästhetischem Empfinden und schlichtem, aber tiefem Frömmigkeitsgefühl zeigt. Der auf der linken Tafel kniende König Richard trägt eine goldgeschmückte, rote Brokatrobe, die man in beinahe wörtlicher Entsprechung zu Vers 132 sehen kann und dessen höfisch-zeremonielle Anbetungshaltung sich mit Chaucers "at the seintes reverence" (82) vergleichen läßt. Ferner spricht aus den schlanken, zitternden Händen Richards und aus der huldvollen Bewegung des Kindes und Marias auf ihn zu eine auch bei Chaucer gegebene feinnervige Sensibilität und damit psychologische Tönung. Vgl. über das Ineinandergreifen von Naivität, mystischer Stimmung und höfischem Schönheitssinn im Wilton Diptychon auch E. Rickert, *Painting in Britain. The Middle Ages*, Lo. 1954, S. 170–172.

[11] Graesse S. 772. [12] Ebd.
[13] Sperrungen nicht bei Robinson. [14] Ebd.
[15] Ebd.

Valerianus nutu Dei correctus).[16] Auch das Dankgebet des Papstes Urban (191–199) hebt wie die *Legenda aurea* die wunderbare Überwindung des ungestümen Valerian hervor, was in den anderen englischen Versionen nicht so deutlich geschieht. Dem entspricht es, daß Chaucer, wieder getreulich nach Jacobus, den Kommentar des Ambrosius zu dem Kranzwunder in den Legendenbericht schiebt (270–283), ohne hier die Einheit der Strophen zu beachten. Die fromme Betrachtung ist ihm wichtiger als der Fortgang der Erzählung (281–283):

> *The mayde hath broght thise men to blisse above;*
> *The world hath wist what it is worth, certeyn,*
> *Devocioun of chastitee to love.*

Bei aller feierlichen Stilkunst weiß er auch, einen schlicht volkstümlichen Ton zu halten, der an die Emotionalität des südenglischen Legendars erinnert:

> (216) *Tho vanysshed the olde man, he nyste where*
> (245) *Withinne his herte he gan to wondre faste*
> (257) *So shaltow seen hem, leeve brother deere*
> (272) *Solempnely this noble doctour deere*
> (291) *And was ful glad he koude trouth espye*
> (293) *Seyde this blisful faire mayde deere*
> (308) *Me thynketh that it were a wonder dede*
> (321) *This lyf to lese, myn owene deere brother.*

Hierdurch erhält die Version den vollen Klang legendenhafter Ausgewogenheit, in der sich Darstellung, Reflexion und frommes Gefühl auf feine Weise durchdringen.

Auch im zweiten Teil, welcher der ausführlichen Mombritius-Version folgt, lassen sich Ausweitungen der beschriebenen Art erkennen. Aber Chaucer gestaltet hier mehr erzählerisch berichtend als vorher. So sagt er etwa in klarer Orts- und Zeitbestimmtheit und mit höfisch-rhetorischer Beschreibungsfloskel (379–382):

> *Cecile cam, whan it was woxen nyght,*
> *With preestes that hem cristned alle yfeere;*
> *And afterward, whan day was woxen light,*
> *Cecile hem seyde with a ful stedefast chere,*[17]

Oder es heißt (519–525):

> *The longe nyght, and eek a day also,*
> *For al the fyr, and eek the bathes heete,*

---

[16] Ebd.

[17] Mombr., Kap. 23: "Tunc sancta Caecilia venit ad eos nocte cum sacerdotibus, et universi baptizati sunt. Igitur cum aurora noctis finem daret, facto magno silentio, Caecilia dixit: [...]."

306

She sat al coold, and feelede no wo.
It made hire nat a drope for to sweete.
But in that bath hir lyf she moste lete,
For he Almachius, with ful wikke entente,
To sleen hire in the bath his sonde sente.[18]

In der lakonisch summierenden Formel *But in that bath hir lyf she moste lete*
mit dem begründend angeschlossenen Erzählbericht glaubt man das zügige
Berichten aus Chaucers Profanerzählungen zu erkennen; es klingt auch an,
wenn er in der für ihn charakteristischen Weise etwas ungeduldig kürzt,
z. B.:

(360) *But atte laste, to tellen short and pleyn*
(394) *To tellen shortly the conclusioun*
(512) *Thise wordes and swiche othere seyde she.*

Es scheint, als ob Chaucer, wenn er von der ausführlichen hagiographischen
Vita ausgeht, nicht mehr ganz die legendarische Verdichtung der *Legenda
aurea* gelinge, sondern stellenweise nur ein Verkürzen. Dennoch beweist er
auch hier seinen sicheren Blick für das Wesentliche, indem er das langatmige
Verhör der beiden Brüder streicht und das Heiligenbild Caeciliens um so
beherrschender in den Mittelpunkt rückt. Die Höhepunkte der feierlichen
Lehr- und Bekenntnisreden und Caeciliens mahnendes Wort an das gefangene Brüderpaar sind von starker erbaulicher Wirkung.

Chaucers große Vorliebe für betrachtendes Erzählen ist nicht auf seine
Legenden beschränkt, sondern charakterisiert sein ganzes Werk. Dabei
weiß er sich je nach der schwankhaften, moralischen oder sakralen Be-
schaffenheit des Stoffes auf Lachen, Mahnung oder würdige Devotion einzustellen. Im Falle des von ihm erzählten Marienmirakels in der *Prioress's
Tale* kennzeichnet er selbst die von ihm beabsichtigte Wirkung: *Whan
seyd was al this miracle, every man | As sobre was that wonder was to se.*[19]

Aber er gibt außer dem Vorgang nicht einfach nur die objektiv bezogene
humorvolle, erbauliche oder belehrende Betrachtung (wie etwa Gower),
sondern die Projektion der Gegebenheiten auf sein feinfühliges, verstehen-
des und wissendes Ich, das verschiedene Aspekte gleichzeitig zu sehen weiß
und dessen leise kommentierende und andeutende Stimme immer hörbar
bleibt. So verbindet sich die von der Sache geforderte Stimmung oder
Moral mit einer subjektiven Nuancierung, die im Prolog der Caecilienlegende schon durch die Betonung der Situation des bewußten Nachempfindens
spürbar wird und noch deutlicher hervortritt in Chaucers Sinn für das

---

[18] Mombr. Kap. 31: "Cumque fuisset in calore balnei sui inclusa et subter incendia
nimia lignorum pabulum ministrarent, die integro et nocte tota quasi in loco frigido
inlibata perstitit sanitate, ita ut nec una pars membrorum eius saltim sudoris signo
lassasset."

[19] Robinson, a.a.O. S. 164, Vers 691f.

Menschliche (mit seinen rührenden und leicht humorvollen Aspekten) und in seinem ästhetischen Bedürfnis nach angemessener Feierlichkeit. Ein panegyrischer Stil gehört zwar von jeher zu einer der formalen Möglichkeiten der lateinischen Hagiographie; bei Chaucer jedoch erscheint statt liturgisch preisender Rhetorik ein späthöfisches Schönheitsempfinden, das sich im wohllautenden Fließen der Syntax ebenso äußert wie in den durch schwere romanische Reimwörter erzielten melodischen Wirkungen. Insofern ist sein Caecilienleben eine mit literarischem Anspruch, aber zugleich aus frommer Betrachtung geschriebene K u n s t l e g e n d e, die stilgeschichtlich, wie gezeigt, auf der gleichen Ebene liegt wie das Wilton Diptychon. Als Kunstlegenden lassen sich auch die Episodenlegenden des 13. Jhs. und die Erkenwaldlegende bezeichnen. Jedoch stellen sie Übertragungen der Legendenstoffe in weltliche Erzählkonventionen und Dichtstile dar. Chaucer dagegen sucht mit seiner Strophenform und Sprache den besonderen legendarischen Klang nachzubilden, den er in der *Legenda aurea* fand. Er ordnet seine Kunst dem Anliegen der Legende unter, nicht umgekehrt die Legende einer bereits bestehenden anderen Form. So gelingt ihm, ins Ästhetische gesteigert, eine Ausgewogenheit der Elemente, die sich sonst in der englischen Legende der zweiten Hälfte des 14. Jhs. nicht mehr findet. Wie Menschliches und Heiliges, Schönheitssinn und Frömmigkeit, so werden auch Preisungen und schlichter Erzählbericht harmonisch miteinander verbunden. Bei seinen Nachahmern im 15. Jh. ist davon kaum noch etwas zu spüren.

II. Lydgates Legendendichtung

1. Die Margaretenlegende

John Lydgate, der gefeiertste Legendendichter des 15. Jhs.,[1] schrieb, wenn man die „lyrisch ausgemalten Wunderlegenden"[2] und das umfangreiche Marienleben *The Life of Our Lady* nicht mitzählt, fünf eigentliche Heiligenlegenden: *St. Margarete, St. George, St. Petronilla*[3] und die beiden Legendenepen und Doppelviten *St. Edmund and St. Fremund*[4] und *St. Albanus and*

---

[1] Vgl. W. F. Schirmer, *John Lydgate. Ein Kulturbild aus dem 15. Jh.*, Tübingen 1952, S. 129; G. H. Gerould, *Saints' Legends*, S. 256.

[2] Schirmer, a.a.O. S. 148; hierher gehören *Dan Joos, How the Plague was ceased in Rome*, die *Miracles of St. Edmund* und dem Inhalt nach auch *St. Giles* und *St. Austin at Compton*.

[3] Texte bei H. N. MacCracken, *The Minor Poems of John Lydgate*, EETS. ES. 107.

[4] Ed. C. Horstmann, *Ae. Leg. N. F.*, Heilbronn 1881.

St. Amphabel.[5] Von den drei Heiligenleben herkömmlicher Länge ist „nur
Margareta eine richtige Legende, beim Georg wird das Leiden von dem
ritterlich-weltlichen Triumph des Drachenkampfes überschattet, und Petronilla ist vor allem ein Griseldis-artiges Lob der Geduld mit Zugabe eines
frommen Wunders".[6] Als eine der besten Heiligenlegenden des 15. Jhs.
überhaupt[7] soll die Margaretenlegende im folgenden untersucht werden.[8]

Die Auffassung der Heiligen ist von der in der *Legenda aurea*, die als
Quelle benutzt wurde,[9] sehr verschieden und hebt sich auch deutlich ab von
früheren englischen Versionen der Legende sowie von Chaucers *Caecilia*.
Während Chaucer, der seiner Vorlage getreu folgen will, sich in die Devo-
tion und menschliche Lage der Heiligen einfühlt, richtet Lydgate von
Anfang an sein Augenmerk auf die in den Himmel Erhobene und mit der
Palme des Sieges Gekrönte (40–42):

> *And for she was thurgh deth victoryous,*
> *Thurgh hir triumphe she gate the palme in heuene,*
> *With laurer crowned above the sterres seuene.*

Dabei geht es um die Betrachtung und das panegyrische Lob ihrer glanzvollen Tugenden und Gnadengaben, vor allem ihrer siegreichen Standhaftigkeit.[10] Das Heiligenbild ist spiritualisiert und erhöht; auch von
Heroisierung läßt sich sprechen,[11] so wenn die heldische Jungfrau dem
besiegten Teufel triumphierend den Fuß in den Nacken setzt (309–315) und
in den nachfolgenden Reden ihren Sieg pathetisch unterstreicht (z. B.

---

[5] Ed. C. Horstmann, in *Festschrift zum 50jährigen Bestehen der Königstädtischen Realschule zu Berlin*, Berlin 1882.

[6] Schirmer, a.a.O. S. 148.

[7] Gerould, *Saints' Legends*, S. 261; Schirmer, a.a.O. S. 134.

[8] Wegen der ausführlichen Einzelinterpretationen der Margaretenlegende bei Schirmer, a.a.O. S. 133–135, und Hildburg Quistorp, *Studien zu Lydgates Heiligenlegenden*, Diss. Bonn 1951 (masch.), S. 42–53, können sich folgenden Bemerkungen auf das gattungs-geschichtlich Relevante beschränken.

[9] Daß Lydgate, wie er selbst sagt, neben der lateinischen eine französische Quelle ver-wendet habe, weist allenfalls auf eine französische Fassung der *Legenda aurea*. Der Ein-fluß einer anderen Version des Margaretenlebens ist nicht erkennbar.

[10] Vgl. *parfit holynesse* (16), *this floure of goodelyhede* (404), *this maide, moste of excellence* (481). Schon in der dritten Strophe des Prologs heißt es vorausdeutend (17–21):
> Hir chaste lyf, hir tendre Innocence.
> Hir martirdam wrought by grete duresse, –
> Ay vnmutable in hir stablenesse,
> Vn-to the dethe ay one in hir suffraunce,
> So was hir herte roted on constaunce.
Ähnliche Stellen finden sich in der ganzen Legende, z. B. (161) *Perseuere stable, and varien on no side*; (219) *I shal abide in this oppinioun*; (255) Anprangerung der Umstehenden als *chaungeable*; (263 f.) *But the soule shal perseuere stable, | For Cristes feith abiden immutable* (392) die Teufel können den Menschen schaden, außer *Whan ther is made myghty resistence*; (496) *a merour of constaunce*.

[11] Vgl. Quistorp, a.a.O., u. Schirmer, *Lydgate*, S. 135.

316–317). An den Ereignissen, die für diese Blickrichtung unwesentlich sind, ist Lydgate nicht interessiert. Für die Jugendgeschichte, die „einstmals" geschah, verweist er auf seine Quelle, die *Legenda aurea* (78–84):

> *In Anthiochye, a famous grete Citee,*
> *This blyssed mayde, this martir gloryous*
> *Whilom was born, hire legende ye may see, –*
> *Hir fader callid Theodosius;*
> *And as the storye playnly telleth vs,*
> *A patryark he was of Paynym lawes*
> *After the ryghtes used in tho dawes.*

Es geht nicht um das vergangene Leben, sondern die gegenwärtige Glorie und geistliche Substanz. *Mater* [...] *of grete intellygence*, so sagt Lydgate (7), sei in seinen unvollkommenen Worten verborgen wie ein Schatz in einem schwarzen Kästchen oder ein makelloser *Royal Ruby* (13) in einem erbärmlichen Beutel.

Trotz dieses Bescheidenheitstopos verwendet er einen hochfeierlichen Stil, dessen „güldene" Diktion die pathetischen Bekenntnisreden, Wortgefechte, Gebete und Anrufungen bestimmt und dessen Gemessenheit auch strukturell durch die Dreiteilung in Prolog, Legende und Geleit zum Ausdruck kommt.[12] Es ergibt sich ein Ton liturgischer Feierlichkeit, der, wie Quistorp richtig sieht, viel mit den Gepflogenheiten der lateinischen Hagiographie gemeinsam hat. Jedoch hat Lydgates Sprache bei aller Begrifflichkeit nicht mehr die eindeutige Sinnbezogenheit der älteren Hagiographie[13] oder auch der nach Dantes Vorbild formulierten Anrufungen in Chaucers *Invocatio ad Mariam*. Sie dient mehr einer ästhetisch schmückenden Tendenz. Lydgate bemüht sich gleichsam um die Beschreibung des erhabenen Gesamteindrucks. [...] *to discryue hir parfit holynesse* (16), bezeichnet er als seine künstlerische Absicht. [...] *tenbellisshe with my style* (4), sagt er an anderer Stelle und erbittet von der Heiligen *aureat lycoure* [...] *Of retoryke* (56, 58), um angemessen (*duely*, 59) die Passion schreiben zu können. Jedoch bleibt die rhetorische und panegyrische Tendenz unlösbar mit dem kontemplativen Anliegen verbunden. *To ffostre and ffede ffolk Contemplatyff* (22), stellt Lydgate in *The Legend of St. Gyle*[14] als seine Absicht heraus. Er bemüht sich um eine gewisse Veranschaulichung und Ausschmückung der absoluten Heiligkeit. Die ästhetisch wahrnehmbaren Wirkungen des Sprachklangs sind nur Umschreibungen des gesteigerten Heiligkeitserlebnisses. Die Struktur der gelegentlich verwendeten Meta-

---

[12] Vgl. dazu die aus der Schule von W. F. Schirmer hervorgegangenen Arbeiten von Elfriede Tilgner, *Die Aureate Terms als Stilelement bei Lydgate*, Diss. Berlin 1936 (Germ. Stud., H. 182), und H. Quistorp, a.a.O.; außerdem W. F. Schirmer, a.a.O. S. 61–67, und *Kleine Schriften*, Tübingen 1950, S. 40–56.

[13] Vgl. über den liturgischen Stil des Mombritiustypus der Margaretenlegende oben S. 170 ff.

[14] Ed. MacCracken, a.a.O. S. 161–173.

phorik ist nicht die einer dinggegebenen Anschaulichkeit, sondern die mosaikartig zusammengesetzter geistlicher Aspekte, so etwa – in Abweichung von Jacobus a Voragine – (22–28):

In Crystes feith she gan hir so delyte,
For whom she lyste despyse al worldly glorye,
This daysye, with leves rede and white,
Purpul hewed, as maked is memorye,
Whan that hir blode was shad oute by victorye,
The chaste lely of whos maydenhede
Thorugh martyrdam was spreynt with roses rede.

Es entspricht dieser Haltung, daß der schlichte Erzählbericht zurücktritt. Die andachtsbildartige Sehweise wird beibehalten, jedoch in einer rhetorisch amplifizierten, von der Verdichtung der *Legenda aurea* abweichenden Form. Bei Margaretens Marter erscheint das Bild des strömenden Blutes umrißhaft, ohne die drastischen Einzelheiten von *Seinte Marherete* (225–231):

The Iuge thanne vpon a galowe tre
Lete hangen vp this holy pure virgyne,
Hir flesshe be rente in his cruelte,
Whos blode ran doun right as eny lyne;
Lyke a quyke this maiden in her pyne
Shad oute hir blode, hir veynes al to-rent,
Til of hir body the lycour was al spent.

Dazu tritt eine blasse Spiegelung des Bildes der Heiligen in der ausführlichen Gefühlsschilderung der Umstehenden (232–252):

Allas the while! thei that stode beside,
Full sore wepten of compassyoun;
Allas! for doole! thei myght vnnethe abide
To sene hir blode so renne and rayle doun
So importable was hir passyoun
For Cristes feithe, that the peple abraide
And of pite thus to hir thei saide:
"O Margareta, allas, whan we take hede
Hou thou whilom were faireste vn-to see,
But now, allas! thi body is al rede,
Steyned with blode, whereof we han pite,
Allas! allas! hou myght it euere be
To sene a mayde yonge, fresshe, and tendre of age
Mighty to endure of tourment suche arage?
"Whi hast thou lost thyn excellent fairenesse,
Whi hast thou lost this shape and thy beaute?
And fynal cause of thi mortal distresse
Is thi wilful incredulite.

> *Lete fantasies out of thyn herte fle*
> *Now at the last, that thou maist in eese*
> *Of thy turment the bitternesse appese."*

Auch als Olibrius sich von der Gemarterten abwendet, erscheint die Vorstellung wieder statuarisch und groß (269–270):

> *The rede blode rayle aboute hir face,*
> *Like a ryver rennyng on the grene;*

Desgleichen wird die zweite Folter nur großflächig, mit feierlich-vorneh-
mer Gelassenheit veranschaulicht, wobei die Seiten des entblößten Körpers
und das um ihn aufwallende Wasser wie Umrahmungen des im Mittelpunkt
leuchtenden *gemme of maydenhede* sind (408–420):

> *And for she wolde do no sacryfice*
> *The fals goddes, by mortal violence*
> *She was dispoiled in ful cruel wyse*
> *And naked stode, that folke myght hir despise;*
> *And after that this gemme of maydenhede*
> *Was brent with brondus bright as eny glede,*
> *Hir sydes skorched, whilom white as melke,*
> *The cruel mynystres liste hir nat to spare,*
> *For Cristes sake, hir body, softe as selke,*
> *Mercyles, naked stode and bare;*
> *And to avment and encrese hir care,*
> *In boyling water she was caste and bounde,*
> *The wawys burblyng with bolles grete & round.*

Selbst wenn Lydgate sich versromanhafter Konventionen bedient wie
in der katalogartigen Schilderung der Gefühlsreaktion des Olibrius auf
Margaretens Schönheit, gibt er eine eigenartige Verbindung von Anschaulichkeit und Abstraktion, indem er am Schluß moraltheologische Begriffe
(*love inpacyent*, [...] *cely Innocent*, 118, 119) in Verbindung mit Metaphorik
(*This cruel wolfe*, 118) verwendet (113–119):

> *He was rauesshed anoon with hir beaute,*
> *Hir grete fairnesse whan he dide aduerte,*
> *Hir fresshe face eke whan he dide see;*
> *Hir heuenly Iyen perced thurgh his herte,*
> *Brent in his corage with importable smerte:*
> *This cruel wolfe, for love inpacyent,*
> *Cast him devowre this cely Innocent.*

Ähnlich heißt es in der nächsten Strophe nach einer von Lydgate einge-
fügten Reflexion des Olibrius über seinen eigenen Zustand in teils abstrakter, teils konkreter Formulierung (127–128):

312

And with that thought he made for to gone
His seruauntes to hir Innocence.

Man könnte hier an die Art renaissancehafter Würdetitel (abstrakter Wert-
begriff plus Possesivpronomen) denken.[15] Jedoch handelt es sich, dem
ganzen Tenor der Legende nach, primär um das verdeutlichende Heraus-
heben des heiligen Tugendmaßes, wie es alter hagiographischer Tradition
entspricht (vgl. etwa *humilitatem meam* oder *virginitatem meam* in der Margaretenpassion der Mombritius-Fassung, ed. B. Assmann, a. a. O., S. 212,
Z. 140 und 143). Man hat den Eindruck, daß Lydgate nur andeutungsweise
die versromanhaften Topoi benutzt, ängstlich darauf bedacht, keinen zu
profanen Eindruck aufkommen zu lassen. Das gilt auch für die höfisch
vornehme und zugleich christlich überlegene Haltung, mit welcher Margareta auf die ersten Fragen des Olibrius reagiert (148–154):

She, not to Rekel for noon hastynesse,
But ful demure and sobre of contenaunce,
Gan looke on him, by grete avisenesse,
Dressyng to God hir hertes remembraunce,
Of chere nor colour ther was no variaunce;
Constaunt of herte, this holy blyssed mayde
To the Prefecte euene thus she saide:

Wesentlichen Anteil an dieser Darbietungsweise hat die klangvoll
gehandhabte Chaucer-Strophe, in welcher sich besonders die Reden durch
eingeschaltete Anrufungen, Lobesformeln und Wesensbetrachtungen ausweiten lassen. Lydgate dehnt jede Redeeinheit auf wenigstens eine Strophen-
länge (z. B. Str. 20, 27), gelegentlich auch auf mehrere (24–26, 35–36) aus.
Charakteristisch für das Material, mit dem er die Strophen auffüllt, ist
Strophe 37; hier wird durch analysierende Betrachtung aus dem *mali
consiliarii* der *Legenda aurea*[16] (253–256):

Quod she: "Goth hens, ye fals counsaylirys,
Ye worlde peple, vnsad and euer vntrewe,
Flesshely, chaungeable, and in youre desirys
Delityng euere in thinges that be newe.

Entsprechend umständlich sind die Vorbereitungen zu den Reden. Es heißt
vor Margaretens letztem Gebet (442–445):

But first she praied of humble affeccyoun
To the Iuge, to graunten hir leysere
That she myght make hir orisoun,
And haue a space to lyue in hir praiere.

---

[15] Vgl. Quistorp, a.a.O. S. 52.
[16] Graesse, a.a.O. S. 401.

Dieses feierliche Ansetzen läßt sich auch bei Chaucer beobachten, jedoch verfährt er nicht mit Lydgates Gemessenheit und Aufwand. Er ignoriert sogar gelegentlich die durch die Strophe nahegelegten Gliederungsmöglichkeiten und läßt – nicht zum Vorteil der künstlerischen Wirkung – innerhalb einer Strophe mehrere kurze Reden miteinander wechseln.[17] Lydgate dagegen gibt im Falle der Strophe 27 statt des bewegten Dialogs zwischen Margareta und Olibrius in der *Legenda aurea* eine weitausholende, würdig geschmückte Antwort Margaretens.

Bei dem durchgängig kompilierenden Verfahren Lydgates läßt sich nicht sagen, daß er die der Strophenform innewohnenden Möglichkeiten syntaktischer Zweigliederung immer genutzt hätte. Jedoch gelingen ihm, gestützt auf den gedankenklaren Satzbau der *Legenda aurea*, recht wirkungsvolle Strophen, deren zweiteiliger Bau dem betrachtenden Moment besonders gut Ausdruck verleiht. In Strophe 26, die den Abschluß der Rede des Olibrius (Str. 24–26) darstellt, folgt auf eine Reihe von Warnungen die Aufforderung, vom Glauben abzufallen; die Strophe hat ihre gliedernde Mitte in dem folgernden *wherfore*:

> To thi beaute it were a ful grete loos,
> To thi youthe and to thi maydenhede,
> To leve on him that deied on a croos,
> I holde it foly; w h e r f o r e take goode hede,
> For-sake his feithe, and do as I the rede;
> First lat that God of the be denyed
> Which on a tre was hange and crucified.

Ähnliche Stellen in dem folgenden Wechselgespräch zwischen Margareta und Olibrius sind: (200) *But tourn thyn herte, and thi wittes dresse*, (214) *For first I shal in ful cruel wyse*, (222) *So for his sake, of hole affeccyoun*.[18] Zwar stammt in den genannten Fällen das Gefüge der Sätze von Jacobus a Voragine, aber Lydgate weiß es wohllautend auszuschmücken. Andere Beispiele sind die gefühlvoll gesteigerten Klagen der Umstehenden (Str. 35–36) oder die Antworten Margaretens an das Volk (Str. 37) und an Olibrius (Str. 38). In Str. 30 verwendet Lydgate eine andere Teilungsmöglichkeit der Strophe, indem er von den litaneiartig aufgereihten Zeilen die letzte als summierende Folgerung abhebt (210): *With-oute his mercy may no while endure*. Ähnlich erscheint das Bild der blutig Leidenden wirkungsvoll im letzten Vers der Strophe 231: *Til of hir body the lycour was al spent*.

Unterschiede im Sprechton verschiedener Personen sind in diesem Stil nicht mehr möglich. So wird etwa aus dem *superatus sum* des Teufels in der *Legenda aurea*[19] eine Strophe, die an gemessener Feierlichkeit von keinem

---

[17] z. B. *Second Nun's Tale*, 260–266.
[18] Sperrungen in allen Fällen nicht bei MacCracken.
[19] Graesse, a.a.O. S. 402.

314

Gebet übertroffen und in die (mit gliederndem *But*) Heiligenlob aufgenommen wird (Str. 49):

This encreseth grete party of my peyne,
Whan I consydre with-ynne my-self and see
How thi fader and moder bothe tweyne
Were in their tyme friendly vnto me;
But thou allone, thurgh thy virginite,
Thi chaste lyf, thy parfyt holynesse
Han me venquysshed and outrayed in distress.

Ten Brink hat recht, wenn er Lydgates Methode rhetorischen Auffüllens
als „bequem" bezeichnet. Seine Paraphrasierungen sind nicht an den Fortgang der Geschichte gebunden; sie müssen sich lediglich auf die erhabene
Heiligkeit der Hauptperson beziehen. Das entstehende Gewebe ist locker
und nicht verschieden von dem der Lydgateschen geistlichen Lyrik. Der
geringen Zahl von Gedanken und Gefühlen steht ein Vielfaches an Worten
gegenüber. Von der Konzentration der *Legenda aurea* ist nichts mehr zu
spüren.

Anders liegen die Verhältnisse in Lydgates *Georgs*legende[20], weil es sich
hier um die Beschreibung einer mit Bildern aus dem Georgsleben ausgemalten Halle handelt. Zwar wird das für die Margaretenlegende kennzeichnende Lob des sieghaften Martyrers ausgesprochen (120, 180–182,
183), aber die Bilder werden konkreter beschrieben und durch schlichteren
Handlungsbericht, der Reihenfolge des gemalten Zyklus gemäß, verbunden.
Der Drache, der in der Margaretenlegende aus geistlicher Sicht als Verkörperung Satans erscheint (281ff.), wird jetzt volkstümlich-anschaulich
gesehen (40–42):

A gret dragoun, with scales siluer sheene,
Horryble, dreedful, and monstruous of sight,
To-fore þe Citee lay booþe day and night.

Entsprechend heißt es von der Königstochter (78–81):

At hir oute goyng hir fader for þe noones
Arrayed her with al his ful might
In clooþe of golde with gemys and with stoones,
Which shoone ful sheene ageyne þe sonne bright,

und von St. Georg (85–86, 122–123):

Saint George it was, oure ladyes owen knyght,
þat armed seet vpon a ryal steed
And Saint George, to encresce his glorye,
Pulled out a swerde and smote of his hed.

---

[20] Ed. MacCracken, a.a.O. S. 145–154; vgl. dazu W. F. Schirmer, *Lydgate*, S. 135.

Auch seine Marterung wird ohne die Spiritualisierung in der Margareten-
legende behandelt (169–175). Dem entspricht es, daß die Syntax jetzt von
zum Teil schlichter parataktischer Reihung ist (z. B. 134–140). Die Verein-
fachung hat ihren Grund wohl auch darin, daß das Georgsleben für die
Gilde der Londoner Waffenschmiede geschrieben wurde und nicht wie die
Margaretenlegende für adlige Auftraggeber. St. Georg ist mehr der populäre
„Ritter ohne Furcht und Tadel" als eine vornehme, christlich-höfische
Idealgestalt, die den „Damen von Stand" als Beispiel hingestellt wird
(Marg. leg. 519f.).

2. Das Legendenepos "Edmund und Fremund"[21]

Die in der Margaretenlegende beobachteten Züge treten noch deutlicher
in der eposhaft ausgeweiteten Legende *Edmund und Fremund* hervor, die
wegen der Vergleichsmöglichkeiten mit früheren Versionen hier nur in
dem St. Edmund gewidmeten Teil betrachtet werden soll.[22]

Als Hauptquelle Lydgates hat Quistorp die große Edmund-Kompilation
des MS. Bodl. 240[23] ermittelt und außerdem bewiesen, daß zusätzlich die
Vita des Abbo von Fleury verwendet worden ist. Ob Lydgate darüber
hinaus noch andere Quellen benutzt hat, ist nicht mit Sicherheit zu sagen.
Er verwendet mit der Kompilation des MS. Bodl. 240 eine schon versromanhaft aufgeschwellte Stoffüberlieferung[24], wodurch er sich von vornherein von den früheren englischen Bearbeitern unterscheidet. Aber selbst
seine reichere Quelle weitet er auf die für ihn charakteristische Weise aus.
Da er das Werk im Auftrag seines Abtes schrieb, um es dem jungen
König Heinrich VI. als Gastgeschenk zu überreichen,[25] der von Weihnachten 1432 bis zum Georgstag 1433 im Kloster Bury St. Edmunds
weilte, bemühte er sich offensichtlich um einen besonders prachtvollen
Stil und behandelte in episch breitem Aufbau neben dem Leben, der Passion
und den posthumen Wundern des Hauptheiligen (Bücher I und II) noch
Vita und Passion des Neffen Edmunds, des mercischen Königs Fremund
(Buch III), der als Rächer Edmunds starb. Wie I. P. McKeehan gezeigt
hat,[26] handelt es sich bei dieser Stoffverbindung um ein Verfahren nach
Art der Fortsetzungsepen, in denen ebenfalls Sohn oder Enkel als Rächer

[21] Ed. C. Horstmann, *Ae. Leg. N. F.*, Heilbronn 1881, S. 376–445.
[22] Die Untersuchung kann sich auch hier auf einige aus gattungsgeschichtlicher Perspektive notwendige Aspekte beschränken. Vgl. die ausführlichen, im Quellenvergleich geführten Interpretationen bei H. Quistorp, a.a.O. S. 104–172 (über Edmund S. 111–138),
und W. F. Schirmer, *Lydgate*, S. 141–144.
[23] Ed. C. Horstmann, *Nova Legenda Anglie*, vol. II, Oxford 1901, S. 575–688.
[24] Vgl. über das Anwachsen des Stoffes oben S. 142f.
[25] [...] *to the kyng forto do plesaunce*, a.a.O. S. 380, II, 187.
[26] "St. Edmund of East Anglia, the Development of a Romantic Legend", *The University
of Colorado Studies* 15 (1925), S. 63f. und S. 35.

den Kampf des ursprünglichen Helden fortführen. Gemäß der besonderen Bestimmung der Lydgateschen Version wird in ihr das Ideal des christlichen Königs gefeiert, das für Lydgate zugleich das des christlichen Ritters ist, des Beschützers und Verteidigers der Kirche, insbesondere der dem hl. Edmund geweihten Klosterkirche Bury St. Edmunds. Sich unmittelbar an Heinrich wendend, wünscht er ihm, daß er durch die Gnade Edmunds, der selber ein ritterlicher König war, *floure in tryumphal prowesse* werden möge (I, 178), und er stellt als leuchtende Vorbilder Heinrichs Vater, Arthur, Karl den Großen, den hl. Edward und den hl. Ludwig heraus (I, 179 ff.).[27] Dennoch handelt es sich hier sowenig wie in der Margaretenpassion um ein unmittelbar didaktisches Anliegen. Es geht um feierliches Sichtbarmachen, Preisen und Betrachten hoher Tugenden.

Gleich im Prolog wird das deutlich, indem Lydgate – als Ersatz für eine Namensinterpretation – die Wappen des Heiligen auf Banner und Feldzeichen als Symbole des Martyriums, des vollkommenen Königtums, der Virginität und der drei christlichen Tugenden Glaube, Hoffnung und Liebe deutet.[28] In die gleiche Richtung weisen die preisenden Erweiterungen innerhalb der Legende selbst: das Lob der Eltern Edmunds (unter Einführung von Vergleichspersonen aus der antiken Mythologie und dem Alten Testament), die Ausmalung der Prophezeiung der römischen Witwe, in der Alkmund ein berühmter Sproß verkündet wird, und die Beschreibung des idealen Ritters und Königs Edmund unter Verwendung konventioneller Lobestopoi. Versromanhafte Zusätze sind die Beschreibung von Edmunds Aufbruch, bei dem ihm sein Vater ritterliche Gefährten und einen Lehrmeister mitgibt, die rührende Abschiedsschilderung und die Erwählung der ritterlichen Schar, die Edmund zur Krönung geleitet. Dagegen sind, wie schon Quistorp sagt,[29] unmittelbar „predigthaft-erbauliche Zusätze" seltener.

Buch II enthält – ein sehr seltener Fall in Lydgates Legendendichtung – eine strukturelle Veränderung des Stoffes, offenbar mit dem Ziel, Widersprüche der Überlieferung zu beheben. Die Schwierigkeit, die sich aus der Unvereinbarkeit von königlichen Pflichten und freiwilligem Martyrium ergibt, wurde schon in den früheren Versionen deutlich. Lydgate verknüpft die volkstümliche Tradition, die Edmund im Kampf siegen läßt, mit der ekklesiastischen Abbos, die den freien Entschluß zum Martyrium in den Mittelpunkt rückt. Er läßt den König zunächst siegen und während der Schlacht in den Tugenden des ritterlich-königlichen Kämpfers erstrahlen. Dann läßt er ihn den freien Entschluß fassen, nie wieder Blut zu vergießen. Erst danach erhalten die dezimierten Dänen Verstärkung, und vor der Übermacht der Feinde wird Edmund zum opferbereiten Martyrer.

---

[27] Vgl. Quistorp, a.a.O. S. 104.
[28] Einzelheiten Quistorp, a.a.O. S. 109–111.
[29] Ebd. S. 133.

Daß Lydgate die Erzählmöglichkeiten des Stoffes nicht genutzt hat, ist seit ten Brink immer wieder mit Recht unterstrichen worden.[30] Jedoch tritt an die Stelle des Erzählens nicht nur Heiligenlob, sondern auch, wie in der Margaretenlegende, ein auf die geistlichen Substanzen gerichtetes betrachtendes Verfahren. Mittel der Verknüpfung sind Vergleiche, Beispiele, Erörterungen und Kontrastierungen, wodurch sich neben dem panegyrischen ein stark argumentierender Ton ergibt. Einleitendes oder verbindendes *thouh* (z. B. II, 407), *yit* (z. B. II, 409), *but* (z. B. II, 920) oder ähnliches ist ebenso häufig wie in der Margaretenlegende und bewirkt wie dort vielfach eine angenehm fließende Gliederung der Strophen. Charakteristisch für Lydgates thematisch gruppierende Art ist außerdem die reiche Verwendung von Kapitelüberschriften[31] und ähnlichen Themenhinweisen im Text.[32] Lydgate handhabt zwar das Einteilen nicht mit der Pedanterie eines Bokenham, jedoch ist es ein wichtiger Grundzug seines Darstellens. Wo z. B. Aelfric bei Schilderung des Wütens Ingwars in der Stadt eine bewegte Situation gibt und wo das südenglische Legendar unmittelbar emotional miterlebt, stellt Lydgate eine wortreiche, von Heiligenlob durchsetzte Betrachtung an (II, 337–350), ohne sich den Einzelheiten des Geschehens selbst zuzuwenden. Die Schlacht gegen die Dänen ist weniger Schilderung als Lob Edmunds als *Christis champioun* und *ful manly knyht* (II, 379–380), das in großer Akkumulation (II, 381–392) variiert wird. Nach dem glanzvollen Siege Edmunds folgen seine sich über etwa 40 Verse erstreckenden Betrachtungen, die in dem Entschluß zum Martyrertode gipfeln. Sowohl Edmunds Motive wie die Form der Darbietung sind interessant. Edmund erwägt, *What pereile folwith to shede so moche blood* (II, 399), und macht sich Vorwürfe, daß er so viel Blut vergossen hat. Obwohl er ein tapferer Ritter ist, gebieten ihm Klugheit und Gewissen, einen Eid zu leisten, nach dem er nie wieder Blut vergießen will.[33] Vor allem bedauert er, daß die getöteten Heiden, da im Unglauben befangen, nun in der Hölle ewige Pein erdulden sollen (414–417), auch hält er es für einen großen Schaden, wenn zwischen zwei Völkern so verderblicher Zwist herrscht.[34] Um Christi willen ist er entschlossen, das Blutvergießen zu meiden (II, 425–427). Er denkt an

---

[30] So von Quistorp, a.a.O. S. 137f.

[31] So heißt es etwa in Buch II, Vers 441 und 442: "This chapitle declarith the Title of the martirdam of Edmond, the kyng of Estyngland".

[32] Vgl. etwa II, 440f.: "And whil the kyng in pes thus doth soiourne, / To speke of Hyngwar my stile I wil retourne", oder II, 368–71, wo eine summarische Übersicht über die Schlacht vor der Schilderung im einzelnen gegeben wird; in diesem Zusammenhang lassen sich auch die den Gebeten und Reden vorausgehenden Ankündigungen und Vorbereitungen sehen.

[33] "Thouh he was bothe manly and vertuous / And a good knyht, his story thus deuyseth, / Yit of prudence this kyng victorious [...] a uow he made in deede / Neuer his liff no blood to sheede" (II, 407–413).

[34] II, 418–420, ein Passus, der, wie überhaupt diese Absage an den Krieg, charakteristisch gerade für Lydgates Friedensliebe ist; vgl. dazu W. F. Schirmer, a.a.O. S. 142.

318

den Kreuzestod des Heilandes und seine Auferstehung, bekennt sich mehrfach zum Frieden (z. B. 432–434) und will den Spuren Christi folgen
(435–438). Keine der früheren Versionen gibt diese Begründung für den
Entschluß zum Martyrium; dort sind die Unannehmbarkeit der Bedin-
gungen Ingwars, die Aussichtslosigkeit des Kampfes oder gar der pure
Zufall (südenglisches Legendar) der Anlaß. Es ist unverkennbar, daß
Lydgate durch Herausstellen dieser rein christlichen Überlegungen und
Tugenden erbauen will. Punkt für Punkt werden die Gründe beleuchtet
und durch reihende Bemerkungen wie (II, 418) *Considered also* verbunden.
Lydgate wählt nicht die wörtliche Rede, sondern die Form des Rede- oder
Gedankenberichts, den er als Autor nach Punkten gliedert. Keineswegs
hat diese Stelle den Charakter eines spontanen Erlebens,[35] sondern gerade
hier zeigt sich in aller Deutlichkeit Lydgates rubrizierender Stil. Eine gewisse psychologische Entwicklung, ein allmähliches Reifen des Entschlusses
– was hier für einen Erzähler so nahe gelegen hätte[36] – findet sich nicht
einmal im Ansatz. Von vornherein wird überschriftartig gesagt, daß Edmund über die Gefahren des Blutvergießens nachdenkt (II, 396–399), und
dann folgen die Begründungen eine nach der anderen. Lydgates Quelle ist
wie bei der Schlachtschilderung entschieden bewegter.[37] Auch in der Boten-
und Beratungsszene waltet Betrachtung durch den Verfasser vor. Bei der
Reaktion des Bischofs (II, 519–532) wird sein Zustand gleich festgelegt –
The Bisshop stondyng in a perplexite (II, 519); seine Wendigkeit wird entspre-
chend kommentiert (II, 547–553). Um so strahlender erscheint vor diesem
Hintergrund das makellose Verhalten Edmunds, das mit einem kontrastie-
renden *But* (II, 554) eingeleitet wird. Ob man das Aufblicken Edmunds als
Zeichen seiner ritterlichen Kampfbereitschaft, also seiner heroischen
Haltung, verstehen soll, wie Quistorp meint, oder als Gebetshaltung und
Zeichen absoluten Gottvertrauens, ist nicht ganz sicher. Auch in früheren
Viten und Legenden[38] und in den Evangelien ist beim Beten vom Aufblick
zum Himmel die Rede. Jedenfalls fehlt das Zubodenblicken oder Schwei-
gen, das bei Abbo und Aelfric eine vorübergehende Ratlosigkeit oder ein
Betroffensein auszudrücken schien. Die Darstellung Lydgates wirkt von
vornherein feierlich und spiritualisiert. Bezeichnend für die Reduktion
der menschlichen Wirklichkeit ist auch, daß er bei der Gefangennahme
Edmunds die anschauliche Episode seiner Quelle übergeht[39] (dort wird
Edmund beim Beten in einer Kapelle überrascht) und den König auf den
Tyrannen warten läßt, wobei seine geistlichen Tugenden nochmals heraus-

---

[35] Wie Quistorp, S. 124, meint.
[36] Vgl. etwa die moralische Reflexion des Kaisers in Gowers Konstantinlegende, oben
S. 299f. oder Katherinens Selbstgespräch in Capgraves Darstellung, unten S. 340f.
[37] Vgl. *Nova Legenda Anglie*, II, S. 585, Z. 30ff.
[38] z. B. in der Margaretenlegende der schottischen Sammlung, Verse 279–282, zitiert
oben S. 281.
[39] *Nova Legenda Anglie*, II, S. 586, Z. 6ff.

gestellt werden (II, 656–661). Vor Ingwar läßt Lydgate den Heiligen länger und prunkvoller als in der Quelle eine Bekenntnisrede halten, in welcher die konventionelle Bildersprache der christlichen Erbauungsliteratur verwendet wird (II, 708–721): Die Ausdauer ist das Vorfeld, der Glaube der Schild, die Standhaftigkeit das Schwert, die Hoffnung der Brustpanzer. Edmund trägt den *spere of trust vpward erect to heuene* (II, 715) und ist *Redy to deie as his owyn knyht* (II, 721). Hier tritt zu der allgemeinen Spiritualisierung deutlich die von Quistorp herausgestellte Steigerung zu beispielhafter Gottesritterschaft. Die Form ist die der Betrachtung und des Heiligenlobs. Mosaikartig setzt Lydgate die Bilder ineinander, nicht immer scharf umgrenzt in ihren Konturen und Bedeutungen, sondern mehr als Ausdruck des großen Pathos und seines Bemühens um würdigen Wortschmuck.

Ähnlich getragen von Betrachtung ist die Darstellung der Marterung Edmunds (II, 743–833). Vorganghafte Einzelzüge der Quelle werden weggelassen,[40] der temporale und kausale Zusammenhang des äußeren Geschehens bleibt unbetont. Dagegen wird das fromme Flehen des Heiligen zu Christus erbaulich-feierlich herausgestellt, wobei wieder in gliedernder und abstrahierender Sprache die einzelnen Tugenden aufgezählt werden. Der Vergleich mit Sebastian wird unter Nennung verschiedener Gesichtspunkte ausgeweitet (II, 764–770). Wie im südenglischen Legendar steht der leidende Martyrer, nicht das Geschehen im Mittelpunkt. Aber Lydgate weitet sein Andachtsbild durch teilweise allegorisierende Begriffsumschreibungen aus, so daß eine stark gedanklich durchwirkte Anschaulichkeit entsteht, die für den modernen Leser von merkwürdiger Blässe bleibt. Höhepunkt der Marterdarstellung ist das Gebet Edmunds, das mit feierlicher Rhetorik und *most deuoutly* gesprochen wird (II, 799–826), nachdem der Heilige – wie Margareta – um Aufschub zu diesem Zweck gebeten hat.

Eine entsprechende Gestaltung läßt sich bei den Inventions- und Translationswundern erkennen. Das Verstecken des Hauptes durch die Dänen berichtet Lydgate nur ganz summarisch (II, 834–840), verbindet aber schon diesen Passus mit Betrachtung. Edmunds Haupt ist *A gloryous tresour of gret worthynesse* (835),[41] die Dänen handeln *of froward cursidnesse* (837). Christi gnadenvolles Eingreifen wird theologisierend-begrifflich behandelt, wodurch das Wunder von vornherein aus dem Heilsgeschehen begründet wird (841–845). Die konkrete Begebenheit wird nur kurz gestreift (845–847), dann hebt Lydgate reflektierend den Gegensatz zwischen der natürlichen Gier eines Raubtieres und der wunderbaren Friedfertigkeit des den Kopf bewachenden Wolfes hervor (848–854). In diesem Ton der Erörterung

---

[40] z. B. der Umstand, daß die Henkersknechte Edmund bis zu ihrem Ermatten geißelten,
Nova Legenda Anglie, II, S. 586, Z. 39 ff.: *Vinctus itaque fustibus crudelissime ac diutissime ceditur, deficiuntque carnifices in torquendo.*

[41] Vgl. die ähnliche Bildlichkeit bei Kennzeichnung der Leiber der Heiligen in der *Legenda aurea*, oben S. 202 f.

Abb. 7. „de daer", Verkündigung, Beaufort-Stundenbuch (1401—1410). Text S. 323.

Tafel V

Folgende Tafeln VI und VII:

Abb. 8. und 9. Wilton-Diptychon: König Richard und seine Schutzheiligen (links),
Madonna mit den Engeln (rechts), 1380—1390 (?). Text S. 305 A 10.

Tafel VI

Tafel VII

Abb. 10. William Baker, Marienmirakel, Wandbilder der Kapelle von Eton College (1479—1488). Text S. 348, 353f., 359.

Tafel

mischt die nächste Strophe feierliches Gottes- und Heiligenlob, und das Wunder wird als ein Beispiel für die Erhöhung der Martyrer durch Gott gedeutet (855–861; 855: *Thus kan the lord his martyrs magnefie*). Gerade dieser Zug ist charakteristisch. Im südenglischen Legendar war das Wunder Hilfe und Tröstung für den treuen Diener Gottes oder freudige Überraschung für die Umstehenden und Zuhörenden. Bei Beda und Aelfric war es Bestätigung der Allmacht des Herrn und der zur Nachfolge auffordernden Tugend des Heiligen. Nun aber ist es – wie die vielen preisenden Anrufungen – eine Form der Heiligenerhöhung, was in der nächsten Strophe durch Hinweis auf das Beispiel Daniels und Johannes' d. T. sowie durch Einreihung Edmunds in die Schar der *Crystis myhty champiouns* (866) unterstrichen wird.

Der Aufbau der Wunderdarstellung von der geistlichen Betrachtung aus erinnert in etwa an die Art der älteren Hagiographie, aber Lydgates Gedankenaussprache ist weniger objektiv als dort. Wo Beda feste, klare Bezüge setzt, da erscheint Lydgate fließend und verschwommen, mehr auf Lobpreisen bedacht. Vor allem fehlt bei ihm der hagiographische Geschehnisbericht, der sich bei Beda ebenso wie in Gregors Benedikt-Vita oder in den neutestamentlichen Legenden und Wundererzählungen findet. Auch von seiner Quelle unterscheidet Lydgate sich deutlich. Bodl. 240 bringt die Suche nach dem Haupt, das Auffinden und das Aussehen der Reliquie und des Wolfes in natürlicher Reihenfolge. Lydgate dagegen berichtet die Suche und das Auffinden erst nach der Betrachtung des Wunders und bietet auch dann mehr Kontemplation als Erzählung.[42] Einleitend wird summarisch von der Versammlung der Christen zum Zweck der Suche gesprochen (869–875). Aber aus den *christiani* der Quelle werden *The crystene peeple of hih deuocioun* (873), womit ihre große Frömmigkeit gekennzeichnet ist. Entsprechend werden im folgenden (876–897) ihre devotionalen Gefühle nach Auffinden des Rumpfes und während der Suche nach dem Kopf analysiert. Die Frommen befinden sich zwischen Hoffnung und Furcht, sie durchforschen weinend und seufzend die Wälder, und der Bericht gipfelt in ihren Klagerufen (885–889) und einer feierlichen Anrufung, die charakteristischerweise mit der Bitte beginnt (890–891):

Suffre vs onys beholde thy blyssid face
And seen at leiser thyn angelyk visage!

Es wird also um ein erbaulich-verweilendes Betrachten *(at leiser)* gefleht, was den Bitten um Aufschub und Raum für ein feierlich-demütiges Gebet entspricht. All dies ähnelt im Ansatz dem andachtsbildartigen Verweilen, dem wir im legendarischen Gestalten seit dem 13. Jh. mehrfach begegneten. Bezeichnenderweise aber gibt Lydgate überhaupt keine Beschreibung des Hauptes, sondern bespricht nur die Wirkung der Stimme und des Anblicks

---

[42] Nicht nur, wie Quistorp, a.a.O. S. 131, meint, „eine sehr rührselige Geschichte".

auf die tieffrommen Christen (911–917). Auch die medizinischen Einzelheiten des Wunders, die seine Quelle in Anlehnung an Abbo bringt, läßt er fort. Statt dessen holt er zu einer großen Betrachtung aus (918–931), in welcher er die Verwunderung der Leute als unbegründet zurückweist – ähnlich wie es vielfach in hagiographischen Viten, z. B. Bedas Cuthbert-Vita, geschieht. Zum Beweis beruft er sich auf das biblische Vorbild von Bileams Eselin (Num. 22, 28) und auf den sprechenden Hirsch in der Eustachiuslegende und sagt, daß es in Gottes Macht liege, zu *Schewen this myracle at reuerence of his knyht* (924). Dann gibt er eine Analyse der Gefühlsreaktion der Umstehenden auf die wunderbare Auffindung des Hauptes (932–945). Sie empfinden nicht Staunen (wie in der Quelle), sondern eine eigenartige Mischung von Freude und Schmerz. Die Tränen z. B. werden als *Distillid a-doun of ynward kyndnesse* (935) verstanden. Aber der Jubel dominiert (944f.):

> For for his deth thouh, they felte smerte,
> This sodeyn myracle reioisid ageyn ther herte.

Entsprechend vollzieht sich das Forttragen des *relik souereyne* (947) *with dew reuerence* (948). Ohne die Entdeckungsgeschichte bei der Translation zu erzählen, berichtet Lydgate nur vom wunderbaren Zusammenwachsen von Rumpf und Kopf. Der purpurrote Streifen am Hals wird als mahnendes Gedenkzeichen des Martyriums gedeutet (953–959), während die südenglische Fassung hier konkret beschreibt. Auch über das Verhalten des Wolfes wird reflektiert. Lydgate erkennt nicht nur natürliche Treue und natürlichen Schmerz, sondern ein (wenn auch unvollkommenes) Empfinden des Tieres für den hohen Wert des Schatzes und die Größe des Verlustes (960f.):

> The said wolff in maner gan compleyne
> That he so hih a tresor hath forgo.

Mit Edmunds Kopf verliert der Wolf *al his plesance* (966), wozu Lydgate noch kommentierend bemerkt (967–969):

> It is no merueile, the beeste was not to blame
> Thouh he were wo to parte fro his richesse!
> Which ageyn nature maad him to be tame.

3. Zusammenfassung

Schon Chaucer, Lydgates großes Vorbild, verband in seiner Caecilienlegende Devotion und ästhetisches Empfinden in einer späthöfisch anmutenden Weise. Dennoch stellte er sich – worin Lydgate ihm nicht folgte – auf die Einfachheit und Ausgewogenheit des Legendenerzählens bei Jacobus a Voragine ein. Bei Lydgate dagegen treten die Tendenzen des Preisens und des erbaulichen Betrachtens auf Kosten der eigentlichen Darstellung des Geschehens in den Vordergrund. So entsteht Legenden hymnik und Legenden kontemplation, nicht aber ein eigentliches Legenden erzählen. Die andachtsbildartige Grundstruktur der *Legenda aurea* behält Lydgate zwar bei, vergeistigt und ästhetisiert sie jedoch durch vielfache Betrachtung und „güldene" Sprachwendungen, mit denen das Heiligenbild wie mit kostbarem Schmuck besetzt wird. Zugleich ergibt sich durch das immer wiederkehrende feierliche Preisen der Erlesenheit der Heiligen ein intensiver Stimmungswert, während die äußere Erscheinung der Gestalten und das Geschehen blaß bleiben. In alledem ähnelt Lydgates Stil dem der Verkündigung im Beaufort-Stundenbuch (ca. 1401–1410, Brit. Mus. Royal MS. 2 A XVIII, fol. 23 verso),[43] in dem sich ebenfalls hohe Spiritualität und ästhetisches Gefühl für reiches und formvollendetes Dekor durchdringen und dem auch ein andachtsbildartiger Stimmungswert eigen ist. Dieser nimmt sich allerdings weicher aus als Lydgates mehr liturgischer Ton. In *The Life of Our Lady* jedoch kommt auch Lydgates Legendendichtung zu intimeren lyrischen Wirkungen (z. B. Kap. 19, Str. 202–212).[44] Im ganzen liegt seine formgeschichtliche Bedeutung darin, daß er der Heiligenlegende, die in vielen Kurzreimfassungen des 14. Jhs. ans Profane streifte, neue geistliche Würde zu verleihen sucht.

III. Bokenhams Legenden (1443–1446)

1. Übersicht und Forschungsstand

Der Augustinermönch Osbern Bokenham lebte während der Zeit seiner literarischen Tätigkeit in dem Augustinerhaus zu Stockclare, Suffolk, hatte adlige und gebildete Freunde, war selbst ein gelehrter Mann und unternahm mehrere Reisen, z. B. 1445 nach Venedig, wie wir aus den Prologen zu seinen Legenden erfahren. Er schrieb eine (nicht mit Sicherheit identifizierte) Legendensammlung, *compiled of legenda aurea and of oþer famous legendes at the instaunce of my speciale frendis and for edificacioun and comfort of alle tho þe whiche shuld redene hit or here hit*, wie er zu Beginn seiner *Mappula Angliae*[1], einer nach Higdens Polychronicon übersetzten Beschreibung Englands, sagt. Möglicherweise handelt es sich dabei um die in Prosa verfaßte *Gilte Legende*.[2] Beide Werke stimmen darin überein, daß sie zahlreiche Legenden englischer Lokalheiliger enthalten (Bokenham nennt die von *seynt Cedde*,

---

[43] Vgl. oben Abb. 7 (Taf. V).
[44] Vgl. W. F. Schirmer, *Lydgate*, S. 131.
[1] Ed. Horstmann, *Engl. Studien* 10 (1887), S. 1–41, S. 6.
[2] Vgl. dazu unten S. 382f.

seynt Felix, seynt Edwarde, seynt Oswalde, and many oþer seyntis of Englond.)[3] Interessant ist, daß er das Bedürfnis empfand, die in diesen Stücken erwähnten, wenig bekannten Königreiche und Landesteile Englands[4] genauer zu erklären – *for the more clerere vndirstandynge.* Durch das genauere Studium der *Mappula Angliae* sei es sehr leicht *to vnderstande alle þat es towched þer-of in the seyd legende.*[5] Der hier deutlich werdende kompilatorische und belehrende Zug, der eine Reihe von außererbaulichen Materialien (geschichtlicher, geographischer und allgemein beschreibender Art) einbezieht, kennzeichnet ebenso seine erhaltenen Verslegenden, in die er außerdem gelehrte poetische Konventionen aufnahm.

Diese Sammlung,[6] die nur in einem einzigen Manuskript vorliegt und ebenfalls auf der *Legenda aurea* fußt, wurde laut allgemeinem Prolog in den Jahren 1443 bis 1446 geschrieben, und zwar in der *language of Suthfolk speche*, wie im Prolog zur Agneslegende[7] gesagt wird. Sie enthält 13 Frauenleben: Margareta, Anna, Christiana, Ursula (11000 Jungfrauen), Faith (Fides), Agnes, Dorothea, Maria Magdalena, Katharina, Caecilia, Agatha, Lucia und Elisabeth v. Thüringen. Des Autors genaue Angabe über die Entstehungszeit ist ungewöhnlich. Sie zeigt etwas von seiner unbekümmert persönlichen Art, die – neben der Haltung tiefer Frömmigkeit – auch in den Legenden selbst spürbar wird. Sieben der Legenden schrieb er für Freunde und Gönner – vorwiegend adlige Damen, die er mit Namen in den Prologen nennt[8] –, die Wahl anderer Legendenstoffe erklärt er aus persönlichen Gründen.

Weniger als Lydgates Legendendichtung ist die Bokenhams untersucht worden. Gerould hebt das Wechseln der Strophenformen und die Bevorzugung des *rhyme royal* hervor. Die Persönlichkeit Bokenhams charakterisiert er als gelehrt, bescheiden und fast etwas einfältig. Das Erzählen erscheint ihm direkt und einfach sowie schnell, jedoch auch von zarter Emotionalität und gelegentlich leisem Humor getragen.[9] H. Quistorp stellt außerdem als die Besonderheiten Bokenhams im Vergleich zu Lydgate heraus: die Verwendung der Legendenerzählung (als schlichte Inhaltsparaphrase), den stärkeren didaktischen Zug (Verwendung des scholastischen *accessus* zu Beginn des Prologs, der Namensinterpretationen der *Legenda aurea* usw.), das Zurücktreten des feierlichen Anrufungsstils sowie ein schlichtes, nicht ins Erhabene gesteigerte Heiligenbild.

---

[3] Horstmann, a.a.O., S. 6.

[4] "[...] dyuers partis, plagis, regnis & contreis of this lande Englonde, þe wche, but if þey be declared, byne fulle hard to knowene" (ebd.).

[5] Ebd.

[6] Ed. M. S. Serjeantson, *Legendys of Hooly Wummen*, EETS. OS. 206.

[7] Ebd. S. 111, 4064.

[8] Vgl. allgemein über die Bedeutung adliger Auftraggeberinnen für Legendendichtungen W. F. Schirmer, *Lydgate*, S. 133 f.

[9] *Saints' Legends*, S. 192 ff.

Im ganzen scheint, abgesehen von einigen sprachlichen Floskeln, der Einfluß Chaucers stärker als der Lydgates. Mit Chaucer verbinden Bokenham die getreuliche Übersetzung der Namensinterpretationen, die Aufnahme erläuternder Exkurse sowie der legendarische Ton der Einfachheit, von dem bei Lydgate nichts zu spüren ist.[10]

2. Bokenhams Prolog und Margaretenlegende

Die Bemerkung Bokenhams über seine nicht erhaltene Legendensammlung, daß sie *for the edificacioun and comfort of alle tho the whiche shuld redene hit or here hit* geschrieben sei,[11] hebt sich deutlich ab von der in Lydgates Prolog zur Margaretenlegende ausgedrückten Absicht, die Heilige zu preisen. Genauere Auskunft über seine Erbauungstendenzen und literarischen Absichten gibt der allgemeine, in Kurzreimpaaren geschriebene Prolog zu den Frauenleben. Hier äußert sich der Verfasser zur eigenen Person, zum Gegenstand, zur Form und zum Anliegen, vorwiegend bei Abfassung der Margaretenlegende.[12] Sich selbst bezeichnet er als einen Augustinermönch, dessen Namen er verschweige, um durch seine geringe Bedeutung der Aufnahme des Werkes nicht zu schaden. Möglicherweise in Anlehnung an die betreffende Stelle im Prolog zu Lydgates Margaretenlegende veranschaulicht er seinen Gedanken durch die bekannte mittelalterliche Vorstellung vom wertvollen Kern in rauher Schale,[13] versieht ihn aber mit anderen Gleichnisvarianten, die er sauber rubrizierend durchgeht (44–66): eine Rose blühe auf einem Dorn, Gold werde in schwarzer Erde gefunden, die Perle wachse in einer armseligen Muschel und der Sohn sei nicht verantwortlich für die Schlechtigkeit des Vaters. Danach wird der Gedanke nochmals explizit ausgesprochen (67–69). Diese punkthaft verdeutlichende Art gibt schon einen Eindruck der Bokenhamschen Darstellungsweise.

Als seine *matere* (73) kündigt Bokenham einfach das *lyf of blyssyd Margarete* (75) an. Sein Kunstverfahren (*The forme of procedyng artificyal*, 83) entspreche nicht annähernd der neuen Schule kunstvoller Rhetorik, wie sie *Galfryd of ynglond* (86, Gottfried von Vinsauf)[14] begründet habe. Er zollt dem Meister funkelnder Wortkunst höchstes Lob (83–97), stellt aber für sich selbst fest,

---

[10] Diesen Punkt scheint Quistorp zu gering zu bewerten, wenn sie von Bokenhams „im allgemeinen formal und inhaltlich wenig erquicklichen Legenden" spricht (a.a.O. S. 240).

[11] Vgl. oben S. 323.

[12] Zur allgemeinen Form des Prologs vgl. H. E. Allen, "The 'Manuel des Pechiez' and the Scholastic Prologue", *Rom. Rev.* 8 (1917), S. 424–452.

[13] Derselbe Vergleich findet sich auch in dem Bokenham bekannten Katharinenleben Capgraves, vgl. unten S. 333, Anm. 22, in ähnlicher Form *Legenda aurea*, S. 676f.

[14] Die Marginalie der Herausgeberin nennt irrtümlich Chaucer.

daß er nur schlicht dem Geschehen (der *story*) der Legende folgen werde
(97–104a):

> *But for-as-meche as I neuere dede muse*
> *In thylk crafty werk, I it now refuse,*
> *And wil declaryn euene by and by*
> *Of seynt Margrete, aftyr the story,*
> *The byrthe, the fostryng, and how she cam*
> *Fyrst to the feyth and sythe to martyrdam,*
> *As ny as my wyt it kan deuyse*
> *Aftyr the legende;*

Die Absage an *crafty werk* zugunsten eines ruhigen, einfachen Erzählens der
Reihe nach *(euene by and by)* und der Legende gemäß *(aftyr the legende)* entspricht dem schlichten und erbaulichen Stil der *Legenda aurea* und damit
einer Konvention, auf die auch Chaucer sich bewußt einstellte. Allerdings
fällt an Bokenhams Formulierung das Wort *declaryn* auf, das im 15. Jh. zwar
oft für „Erzählen" verwendet wird, das aber auch das erklärende, etwas
trockene Verfahren des *doctor of dyuynite*[15] trifft. Im übrigen schließen seine
wiederholten Unfähigkeitsbeteuerungen[16] literarischen Ehrgeiz nicht aus,
obwohl er einen legendarisch einfachen Grundton wahrt.

Als Hauptgrund für die Abfassung der Margaretenlegende nennt
Bokenham – außer der Bitte eines Freundes in Cambridge (175 ff., 207) –
seine Absicht, Begeisterung, Liebe und Verehrung für eine Heilige zu
wecken, die vor jedem Mißgeschick bewahren könne, wenn man sie recht
verehre (123–132). Während diese praktische Seite von Lydgate erst am
Schluß, im Zusammenhang mit Margaretens Fürbittgebet, erwähnt wird,
berichtet Bokenham schon hier von wunderkräftigen Reliquien und erzählt
als Exempel von einem an sich selbst erfahrenen Rettungswunder.

Die Margaretenlegende selbst[17] gliedert sich in drei Teile: Prolog mit
interpretatio nominis nach der ausdrücklich (282) genannten *Legenda aurea*
(241–336); Leben (337–869), das neben der *Legenda aurea* der *passio* des
Mombritius-Typus folgt;[18] und *translatio* und *miracula* (939–1400), ähnlich
denen in den *Acta SS.* mitgeteilten.[19] Zwischen Leben und Translation
steht ein Einschub in Kurzreimpaaren, in welchem der Verfasser sich an
seinen Freund und Auftraggeber wendet und von seiner Erschöpfung durch
das lange Schreiben spricht (869–938): Wie ein müder Pilger bedürfe er nun
der Ruhe; Geist, Hand und Auge seien matt geworden, und die Feder so
zerkratzt, daß sie das Buch mit Tinte beflecke. Erst zum Michaelistage, in

---

[15] So wird er im Nachsatz zur Sammlung, a.a.O. S. 289, bezeichnet.
[16] z. B. auch im Prolog zum Agnes-Leben, 4043–4066.
[17] A.a.O. S. 7–38.
[18] Vgl. G. Willenberg, *Die Quellen von Osbern Bokenhams Legenden*, Diss. Marburg 1888,
und Serjeantson, a.a.O. S. XXII. Die Quellenkombination von *Legenda aurea* und
ausführlicher Vita ist eine weitere Parallele zu Chaucers Caecilienleben.
[19] Juli V, Prolog S. 33b–34a, Leben S. 34a–39b, *translatio* und *miracula* S. 39b–45b.

zehn Tagen, könne er die Arbeit fortsetzen. Dieser liebenswürdig-humorvolle Ton zeigt, wie großzügig und schlicht der Verfasser bei aller Gelehrsamkeit Frommes und Heiliges mit Persönlichem und Weltlichem zu verbinden weiß. Letzteres geschieht auch in der unbekümmerten Erwähnung der Parzen Atropos und Lachesis im Prolog (245–249) unmittelbar vor der Behandlung der Tugenden Margaretens. Bokenhams gemütvoll harmonisierende Beschaulichkeit steht in deutlichem Gegensatz zu Lydgates hochpathetischer Feierlichkeit.

Der eigentlichen Legendendarstellung behält er die Chaucer-Strophe vor, die er mit handwerklicher und epigonenhafter Sorgfalt verwendet. Während Chaucer die Einheit der Strophe gelegentlich auflockert und überspielt und während sie bei Lydgate unter der Fülle der litaneiartigen Anrufungen aus dem Blick geraten kann, verwendet Bokenham sie als gliedernde Form für seine bedächtigen und sorgfältigen Unterscheidungen. Oft läßt er auf den Geschehnisbericht des ersten Teils erklärende und begründende Zusätze im zweiten Teil folgen, wie schon zu Beginn der Legende (344–357):[20]

This Theodosius had a wyf ful mete
To hys astate, of whom was born
A doughtyr fayr, and clepyd Margarete,
As prouyded was of god beforn.
But ryht as of a ful sharp thorn
Growyth a rose bothe fayr & good,
So sprong Margrete of the hethene blood.

For thow hyr fadyr & modyr in ydolatry
Were born & fostryd, and eek dede fyne
Here lyf in the same, and myserabylly
Aftyr here deth went to helle pyne.
Yet hyr dede grace so illumyne
That she bothe crystnyd and martyrd was,
And went to heuene, that gloryous plas.

In beiden Fällen liegen Einheiten vor, in denen Bericht und Betrachtung mit einer gewissen treuherzigen Umständlichkeit verbunden werden. Ähnliches ließe sich an vielen anderen Strophen zeigen. Wie schon bei Chaucer und Lydgate gelingen in diesem Versmaß besonders Gebete und Reden, etwa 484–494, 673–687, 498–504 und 540–546; allerdings erreicht Bokenham nicht die Feierlichkeit und den Wohllaut des Lydgateschen Stils. Nur selten versucht er, im Gegensatz zur inneren Gesetzlichkeit der Strophe, schnellen Redewechsel in eine Einheit zu pressen, z. B. (512–518):

"Sey me, damysel, of what kyn thou art,
And whethyr thou be bonde or ellys fre."
"Seruage in me had neuere no part,

[20] Sperrungen nicht im Original.

> *For cristene I am sekyr, sere," quod she.*
> *"I aske of what kynrede thou art," quod he.*
> *"I serue," she seyth, "that souereyn godheed*
> *That hedyr-to hath kept my maydynheed."*

Dagegen kann man grundsätzlich von einem materialreichen Auffüllen der Strophen bei Bokenham sprechen. Im Gegensatz zu Chaucer und Lydgate finden sich konkret beschreibende Strophen, so z. B. ein Schönheitskatalog von schulgerechter Ausführlichkeit (449–454):

> *And whan he sey hyr forheed lely-whyht,*
> *Hyr bent browys blake, & hyr grey eyne,*
> *Hyr chyry chekys, hyr nose streyt & ryht,*
> *Hyr lyppys rody, hyr chyn, wych as pleyne*
> *Pulshyd marbyl shoon, & clouyn in tweyne,*
> *He was so astoynyd of that sodeyn caas . . .*

Dies ist, obwohl die Aufzählung nicht so weit wie in dem oben genannten anglonormannischen Leben der Maria Aegyptiaca geht,[21] eine der ausführlichsten Schönheitsschilderungen einer Heiligen in der englischen Legendenliteratur. Offenbar zeigt Bokenham mit einem gewissen Stolz, daß er die Kunst der Beschreibung versteht, obwohl er das vorher in einem Bescheidenheitstopos bestritten und im Vergleich zu Boethius, Homer, Ovid, Vergil, Gottfried von Vinsauf und den *fresh rethoryens* Gower, Chaucer und Lydgate seine Unfähigkeit beteuert hat (407–420). Daß er die Beschreibung als bestimmte stilistische Aufgabe sieht, zeigt die Formulierung *crafth of descrypcyounn* (407). Im formgeschichtlichen Vergleich zur andachtsbildartigen Darstellung des südenglischen Legendars könnte man von einer Tendenz zum konkreten Schaubild sprechen, wie sie schon in der schottischen Sammlung des 14. Jhs. anklang.[22] Weitere Beispiele dafür sind die augenfällig geschilderten Marterungen (575–578, 652–656), deren Grausamkeit allerdings nicht wie in der schottischen Sammlung hervorgehoben wird, weil offenbar das Drastische nicht zur harmonisierenden Art Bokenhams paßt. Dagegen beschreibt er den Drachen mit spürbarer Lust am konkreten Detail (689–700):

> *An huge dragoun, glasteryng as glas,*
> *Sodeynly from a corner dede appere*
> *Of the presoun, wyth an horryble chere.*
> *Hys herys were gylt, his berd was long,*
> *Hys teth of iryn were mythy & strong;*
> *Owt his nosethryllys foul smoke he blew,*
> *Hys eyne glastryd as sterrys be nyht,*
> *Hys tunge ouyr his crowne he threw,*
> *In his clawys a swerd burnyshed bryht.*

---

[21] Vgl. oben S. 169.   [22] Vgl. oben S. 281 u. 288.

And anoon the presoun wex ful of lyht
Of the feer wych owt dede renne
From his mouth & fast gan brenne.

Auch Gefühlsregungen werden, rhetorischer Praxis folgend und über die Quelle hinausgehend, als sichtbare Erscheinungen, namentlich als Wechseln der Gesichtsfarbe, dargestellt (z. B. 575–578, 652–656).

Aber wie der konkret-stoffliche Bereich, so wird der geistliche in aller Ausführlichkeit behandelt. Vor dem erwähnten Schönheitskatalog z. B. zählt Bokenham die sieben Kardinaltugenden auf, die Margareta als Heilige in hohem Maße besitze (421–427). Im Prolog werden, über die *Legenda aurea* hinausgehend und mit Bezugnahme auf Isaias, die sechs Tugenden Margaretens mit den sechs Flügeln der Cherubim verglichen, was auf allegorisierende, nicht farbig beschreibende Weise geschieht (321–328):

These sexe vertuhs be fyguryd mystyly
In the sexe weng ys wych that Isaye
Of the cherubyns in hys vysyoun sy
Vp-on the hy throne, wyth hys gostly yhe,
Stondyng, and to oure purpos now signyfye
That this blyssyd mayde Margrete wurthyly
Be these sexe vertuhs to heuene dede stye,
Ther in ioye to dwellyn perpetuelly.[23]

So wechseln die Blickrichtungen, bleiben aber harmonisch einander zugeordnet, was dem Grundriß der als Vorlage mitverwendeten *Legenda aurea* entspricht. Insofern und auch wegen der im ganzen vorwaltenden Einfachheit wirkt die Darstellung legendenhaft ausgewogen und erbaulich. Ein wesentlicher Unterschied jedoch zu der emotionaleren Legendendichtung des 13. Jhs., insbesondere zur südenglischen Sammlung, besteht darin, daß nun alles detailliert ausgesprochen und Punkt für Punkt, ohne wechselseitige Durchdringung, nebeneinandergestellt wird. Diese Neigung meldete sich schon in der nordenglischen und der schottischen Sammlung an und verband sich bei Lydgate mit hymnisch-preisenden Zügen. Bei Bokenham tritt ein didaktisches Anliegen und Freude am Zusammentragen verschiedenartiger Gesichtspunkte und Stoffe hinzu – eine Tendenz, die bei einigen seiner Zeitgenossen, z. B. Capgrave, noch ausgeprägter ist.

---

[23] Vgl. dagegen die andachtsbildartig schlichte und emotionale Darstellung der Erscheinung Christi in Gestalt eines sechsflügeligen Engels in der Franziskuslegende des südenglischen Legendars, 377–389, ed. Horstmann, EETS. OS. 87, S. 64f. Zur Tradition der Engeldarstellung vgl. H. Morris, "Some Uses of Angel Iconography in English Literature", *Comp. Lit.* 10 (1958), S. 36–44.

IV. Capgraves Katharinenleben (vor 1445)

Der gelehrte Augustiner John Capgrave, der sich als erfolgreicher Prediger, Verfasser zahlreicher lateinischer Traktate und einer Chronik Englands[1] einen Namen machte,[2] war einer der fleißigsten Hagiographen seiner Zeit. Er bearbeitete die große lateinische, später von Wynkyn de Worde gedruckte Sammlung *Nova Legenda Angliae*[3] und schrieb in englischer Sprache außer zwei Prosaleben[4] und einem 1440 verfaßten *St. Norbert*[5] ein umfangreiches Katharinenleben. Möglicherweise stammt auch eine kürzere, in achtzeiligen Strophen geschriebene Dorotheenlegende von ihm.[6]

Das hier genauer zu behandelnde *Life of St. Katherine*, das fünf Bücher mit insgesamt 8624 Versen in der *Rhyme-royal*-Strophe umfaßt[7], ist eine Parallele zu den Lydgateschen Legendenepen und wurde vor 1445, also noch zur Zeit des aktiven Predigerlebens Capgraves,[8] geschrieben. Es erweitert den Stoff in der für das Spätmittelalter charakteristischen Weise um eine breit ausgeführte Vorgeschichte. Die Darstellung berichtet zunächst von den Vorfahren Katharinens und, nach dem Tod des Vaters, von ihrer feierlichen Krönung zur Königin von Alexandria (I). Es folgt ein großer Disput zwischen ihr, der Mutter und dem Parlament der Großen des Landes, wobei Katharina gegen alle Argumente eine von den anderen gewünschte Heirat ablehnt und nur der Vermählung mit einem überirdisch vollendeten Bräutigam zustimmen will, dessen Bild sie entwirft (II). Daran schließt sich ihre wunderbare, durch die Gottesmutter veranlaßte und von dem Einsiedler Adrian bewirkte Bekehrung zum Christentum, worauf ihre mystische Hochzeitsfeier mit Christus (während einer Himmelsvision) folgt (III). Die beiden letzten Bücher behandeln gemäß der älteren Tradition Katharinens Ablehnung des heidnischen Götzendienstes und ihr erfolgreiches Streitgespräch mit den fünfzig Philosophen (IV) und schließlich ihr Martyrium (V).

Die englische Überlieferung der Konversionsgeschichte weicht in Einzelheiten wie der Parlamentsdebatte von den Ausgestaltungen der Katharinenlegende in Europa ab, während sich das Motiv der Ehe mit Christus auch sonst findet;[9] sie liegt vor in einer 1420 oder kurz vorher entstandenen

---

[1] Ed. Hingeston, RS., 1858.

[2] Vgl. Gerould, *Saints' Legends*, S. 268.

[3] Ed. C. Horstmann, *Nova Legenda Anglie*, 2 Bde., Oxford 1901.

[4] Vgl. unten S. 404.

[5] Vgl. dazu Gerould, *Saints' Legends*, S. 269.

[6] Vgl. dazu ebd. S. 271 f.; ed. C. Horstmann, *Sammlung ae. Legenden*, S. 191–197.

[7] Ed. C. Horstmann u. F. J. Furnivall, *The Life of St. Katherine of Alexandria by John Capgrave*, EETS. OS. 100.

[8] Vgl. Gerould, *Saints' Legends*, S. 269.

[9] Vgl. die genauen Textvergleiche bei Auvo Kurvinen, *The Life of St. Catherine of*

und in die *Gilte Legende* aufgenommenen englischen Prosafassung,[10] bei Capgrave und in einer panegyrischen lateinischen *Passio gloriosissime virginis et martyris Katerine*, die möglicherweise von einem gewissen Johannes Staneborn stammt und erst seit kurzem bekannt ist.[11]

Trotz dieser Überlieferung sind die Quellenverhältnisse der Capgraveschen Kompilation nicht leicht zu durchschauen.[12] Nach Capgraves eigenen Worten war seine Hauptvorlage für die Bücher I–IV eine von einem englischen Priester gegen Ende des 14. Jhs. hergestellte englische Version, deren Sprache ihm dunkel und schwer (Prolog 61–62, 233) sowie wortreich erscheint[13] und deren Verfasser er aufgrund seiner Dialekteigentümlichkeiten und seines Stils als Mann aus dem *west cuntre* (Prolog 225) bezeichnet. Auf die später in die *Gilte Legende* aufgenommene Fassung trifft diese Charakterisierung der Sprache und des Stils kaum zu. Staneborns lateinische Version weist nach den Forschungen von A. Kurvinen die meisten Übereinstimmungen mit Capgraves Werk auf und dürfte auf dieselbe (verlorengegangene) Quelle zurückgehen. Daß diese jedoch auch in lateinischer Sprache vorgelegen habe und – wie die englische – von einem gewissen Arrek verfaßt worden sei, ist eine Hypothese, die ihr Entstehen im wesentlichen einem konventionellen Mißverständnis des Capgraveschen Prologs verdankt. In diesem ist nicht – wie die Forschung angenommen hat[14] – von einem einzigen Autor die Rede, der sowohl die Übersetzung vom Griechischen ins Lateinische als auch deren Übertragung ins Englische besorgt hätte, sondern von zwei verschiedenen Bearbeitern. Als Verfasser der lateinischen Version nennt Capgrave Arrek (Prolog 173–175, 199–200), der etwa ein Jahrhundert nach dem Tode des Athanasius 12 Jahre lang in

---

Alexandria in Middle English Prose, D. Phil. thesis, Oxford 1961 (maschinenschriftlich, Bodl. Libr. MS. D. Phil. d 2381), S. 179–213. Für die freundliche Überlassung des Manuskriptes, das demnächst von der Oxford Univ. Press publiziert werden soll, sei der Verfasserin an dieser Stelle gedankt. Vgl. auch A. Hilka, „Zur Katharinenlegende", *Arch.* 140 (1920), S. 171–179. Die ältere Übersicht bei H. Knust, *Geschichte der Legenden der Hl. Katharina von Alexandrien und der Hl. Maria Aegyptiaca nebst unedierten Texten,* Halle 1890, S. 46–59, ist nicht immer zuverlässig.

10 Vgl. dazu unten S. 392 ff.

11 MS. Laud. Misc. 205, Nr. 801 des *Summary Catalogue* der Bodl. Libr.; vgl. Auvo Kurvinen, "The Source of Capgrave's 'Life of St. Katherine of Alexandria'", *NM* 61 (1960), S. 268–324; dort detaillierte Inhaltsparaphrase, kurze Charakteristik des Stils und Teilabdruck.

12 Schon Bokenham, der sein Katharinenleben kurze Zeit später schrieb und sich ausdrücklich auf Capgraves Fassung bezog, hatte keinen Zugang zu den von Capgrave benutzten Quellen der Konversionsgeschichte und beschränkte sich deshalb auf die Passion der Heiligen nach dem Vorbild der *Legenda aurea*. Vgl. Bokenham, *Legendys of Hooly Wummen* 6347–6367, a.a.O. S. 173 f.

13 Vgl. die bei A. Kurvinen, *NM* 61, S. 276 f. aufgeführten Stellen IV, 2112–2114, 2145 bis 2147, 2152–2156 und 2278–2279. (Zitate und Versangaben hier und im folgenden nach MS. Arundel 396, nicht Rawlinson Poetry 118.)

14 So Furnivall in seinen *Forewords*, S. XXIII, und Marginalien, S. 15, der Ausgabe; Gerould, *Saints' Legends*, S. 269; A. Kurvinen, a.a.O. S. 268 und passim.

Alexandria Griechisch studiert und dann die Übersetzung angefertigt habe (183–186, 198–201). Diese lateinische Fassung ist die *Passio auct. Pseudo-Athanasio*,[15] deren Verfasser sich – allerdings ohne die phantastischen Einzelheiten bei Capgrave – auf den griechischen Text des Athanasius bezieht und der – womit der von Capgrave erwähnte Arrek seine Erklärung finden dürfte[16] – seinen Namen in einigen Handschriften als „Arechis" angibt.[17] Capgrave, der auch nach eigenen Äußerungen mit mehreren Fassungen der Legende vertraut war,[18] kannte also die älteste lateinische, pseudo-athanasische Überlieferung, höchstwahrscheinlich auch den darauf fußenden sog. Vulgata-Text,[19] den er für das fünfte Kapitel mitbenutzt zu haben scheint, wenn auch nicht so ausführlich wie Staneborn.[20]

Neben dieser älteren, auf Arechis-Arrek zurückgeführten lateinischen Tradition gibt Capgrave die englische Übersetzung eines nicht mit Namen genannten englischen Priesters als seine Hauptquelle an. Daß dieser nicht mit Arrek identisch ist, geht aus den unterschiedlichen Bezeichnungen für beide Personen hervor. Während der ältere Übersetzer, von dem nur in einem eingeschobenen Passus die Rede ist, als *oon arrek* (173) oder als *this arrek* (199) bezeichnet wird, heißt der Engländer stets *a preest* (47), *this preest* (54) und *This preest of whom I spak not long ere* (71). Genau so – nämlich als Bezeichnung für den englischen Autor – ist die bisher mißverstandene Wendung *þis preest* (204) aufzufassen, d. h. sie ist weiter zurückzubeziehen als auf den nur eingeschobenen Bericht über den gerade vorher genannten *this arrek* (199). Von dem englischen Priester, nicht von Arrek, erzählt Capgrave, daß er zur Zeit des Papstes Urban V. (also zwischen 1362 und

---

[15] *BHL* 1659, ed. H. Varnhagen, *Zur Geschichte der Legende der Katharina von Alexandrien nebst lateinischen Texten*, Erlangen 1891, S. 10–18.

[16] Gerould, *Saints' Legends*, S. 269, übersieht diese Parallele. "Of Arrek we know nothing whatever, and are perhaps justified in feeling some doubts as to whether he was not a fictitious person [...]." A. Kurvinen, a.a.O. S. 274–276, erkennt die Verwandtschaft zwischen beiden Namen, hält sie jedoch fälschlich für eine Capgrave zuzuschreibende Verwechslung von Arechis und "the English priest Arrek" (276).

[17] *BHL* 1660, z. B. Brüssel, Bibl. royale, 9810–14, fol. 53v, 12. oder 13. Jh., vgl. Varnhagen, a.a.O. S. 3. Nach dem *Catalogus codicum hagiographicorum Bibliothecae regiae Bruxellensis*, I, ii, Brüssel 1889, S. 374f. lautet der Passus: "Hanc passionem græco primum eloquio scriptam a præfato Athanasio, a variis translatoribus postmodum constat fuisse vitiatam, adeo ut legi in coetu fidelium minime posset. Ego Arechis fidelium fratrum devotione compulsus atque amore ipsius sanctissimæ martyris; de inepto famine elevans, magis sensum quam verba sequens, incomposita resecans et necessaria addens, plenissime latinis auribus tradere curavi ad laudem et gloriam nominis Domini nostri Jesu Christi, qui cum Patre et Spiritu sancto vivit et regnat Deus per omnia sæcula sæculorum. Amen" (zitiert nach A. Kurvinen, a.a.O. S. 275f.).

[18] Vgl. (wie auch bei Kurvinen, a.a.O. S. 276 vermerkt) II, 52; III, 43; IV, 78; V, 766; besonders deutlich V, 894 ("In storyes redde I deuers too or three").

[19] *BHL* 1663, ed. E. Einenkel, vgl. oben S. 180.

[20] Vgl. jedoch A. Kurvinens Hypothese (a.a.O. S. 273), daß Capgrave nur durch das Medium der angeblich in England entstandenen neuen lateinischen Version mit dem Vulgata-Text bekanntgeworden sei.

332

1370) und während der Regierung König Peters von Zypern (1360 bis 1369) das Katharinenleben des Arrek fünfunddreißig Jahre lang gesucht, aufgrund einer Vision auf Zypern gefunden (50–51, 121–126) und ins Englische übersetzt habe (57, 204–205); später sei er in Lynn gestorben.

Die Einzelheiten der Quellenverhältnisse sind jedoch, da der wichtigste der von Capgrave benutzten Texte nicht überliefert ist, für eine formge-schichtlich orientierte Untersuchung von geringem Wert. Aufschlußreicher sind Capgraves Äußerungen über den Zweck seiner Darstellung. Seine erklärte Absicht ist einerseits die Vollendung der ihm vorliegenden eng-lischen Version, der die Passion Katharinens fehlte (allgemeiner Prolog 58–60); deshalb muß er für das letzte Buch ausschließlich auf lateinische Quellen zurückgreifen (Prolog zu Buch V, 62–63). Andererseits will er die nach seiner Meinung komplizierte und schwer verständliche Sprache der älteren englischen Fassung vereinfachen. In der Tat ist Capgraves Sprach-stil trotz rhetorischer Elemente nicht überladen, sondern leicht verständ-lich und idiomatisch.[21] Die Verwendung verdeutlichender Vergleiche und Vorstellungen[22] sowie eine entsprechende Wortgebung und Syntax lassen den erfahrenen, an ein breiteres Publikum sich wendenden Prediger erken-nen, dem das Versifizieren ebenso leicht von der Hand geht wie das Ab-fassen von Prosalegenden, Traktaten und Homilien.[23] Allerdings ist für ihn die Chaucer-Strophe nur ein der Zeitmode entnommenes Versmaß, dessen ästhetische Möglichkeiten er nicht beachtet.[24] Man vermißt eine der metrischen Form gemäße innere Beziehung der Verse aufeinander; viel-fach kommen auch Strophe und Sinneinheit nicht zur Deckung.[25]

Aber Capgrave versteht unter „Vereinfachung" nicht nur eine Neufas-sung in einem schlichten Stil, wie ihn etwa die Version der *Gilte Legende* bietet. Vielmehr meint er ein Umsetzen (*set it more pleyn*, Prol. 233) in ein von klaren Gedanken gelenktes und präzise kommentiertes Darstellen, in

---

[21] Vgl. auch A. Kurvinen, a.a.O. S. 318 f.

[22] Beispiele: Wie Funken zeigen, daß das Feuer nah ist, so zeigen K.s heilige Worte, daß sie Christus sucht (Prolog zu Buch II, 1–12). Vergleich zwischen Bienen und Menschen, unter denen K. wie eine Arbeitsbiene ist, die den Honig der Heiligkeit in den Stock bringt; sie sammelt Glaube, Hoffnung und Liebe (Prolog zu Buch IV, 1–77). K. wird einer Rose mit fünf Blättern verglichen, die den fünf Büchern des Capgraveschen Werkes entsprechen. K. vergleicht in ihrem Streitgespräch mit dem Kaiser Wort und Sinn mit äußerer Rinde und süßer Frucht bzw. mit Blättern und Früchten (IV, Kap. 10, 680–692); konkreter und derber als in der Überlieferung verhöhnt sie des Kaisers Ansinnen, von ihr ein zu verehrendes Standbild machen zu lassen, mit dem Argument, daß eine solche Figur den täglichen Verunreinigungen durch Vögel, Hunde und Kinder ausgesetzt sei (V, Kap. 8, 470–477, 484–488).

[23] Vgl. zu letzteren auch unten S. 406 f.

[24] Dieser Einwand gilt trotz Bokenhams *laudatio* auf Capgrave, in der die Strophen als "balaadys rymyd ful craftyly" bezeichnet werden (*Legends of Hooly Wummen*, 6359, a.a.O. S. 173).

[25] Neueinsätze mit dem letzten oder zweiten Vers sind häufig, vgl. etwa III, 384, 393, 882.

dem nichts dunkel bleibt oder übersprungen wird[26] und das dazu dienen soll, das Leben der im Himmel mit Privilegien ausgestatteten Katharina offener und deutlicher zu verkünden (Prol. 44–46):

Therefore wil I the serve so as I kan,
And make thi lyef, that more openly it shalle
Be knowe a-bovte of woman and of man.

Hiermit ist die entscheidende Darbietungstendenz ausgesprochen. Dem Prediger Capgrave geht es vornehmlich um genaues Erklären. Dazu treten die im 15. Jh. geläufigen Neigungen zur Konkretisierung und zeremoniellen Darstellung des Geistlichen. Aber Capgrave erreicht dabei weder die Anschaulichkeit der Legenden Bokenhams oder der *Gilte Legende* noch Lydgates Spiritualität und Erhabenheit. Es fehlt auch, wie beinahe überall in der Legendenliteratur des 15. Jhs., die unmittelbare Aussprache frommer Emotion. Die Liebe zu der Heiligen wird zwar gelegentlich erwähnt, aber nicht mehr – wie im südenglischen Legendar – als intensives, die Gestaltung bestimmendes Gefühl, sondern als Voraussetzung für das Heilswirken der Fürbittmacht, die der Gesamtheit aller, welche die Heiligen lieben, zukommt (Prol. 42–44):

The same grace hast þou of god, thi love,
Purchased, lady, on-to thi lovers alle.
Therefore wil I the serve so as I kan.

Als erstes Beispiel für das immer wieder ausdeutende und kommentierende Verfahren Capgraves sei das wunderbare Zusammentreffen zwischen Katharina und ihrem Bekehrer, dem greisen Adrian, genannt (III, Kap. 7). Der Einsiedler findet sich durch die Wunderkraft seiner himmlischen Begleiter unversehens in den geschlossenen Garten versetzt, in dem Katharina ihren Studien nachgeht (376–378):

he is now come where as this empresse
Saat in hir gardeyn, stodyenge ful sore;
Sodeynly entred set is he hir before.

Beide sind voll Erstaunen, Adrian über Katharinens edle Schönheit, Katharina über die plötzliche Gegenwart des vor ihr knieenden fremden Mannes (379–383):

---

[26] Nur selten findet sich bei Capgrave eine Kürzung; allerdings wird sie dann nicht mit der in der hagiographischen Literatur sonst üblichen *Brevitas*-Formel vermerkt (vgl. oben S. 13), sondern stichhaltig begründet. So übergeht er IV, Kap. 44 (2276–2287) die Disputation über Adams Sündenfall mit den Argumenten, daß (1.) dieses biblische Thema nicht in ein Heiligenleben gehöre und er (2.) eine lange, eines ins andere verflechtende Geschichte nicht liebe (2283: "I loue no long tale, euere hangynge in oon"). Letzteres bedeutet wohl nicht nur, wie in der Marginalie des Herausgebers gesagt wird, "I don't like a long tale", sondern läßt Capgraves charakteristisches Bedürfnis nach gegliederter, kapitel- und buchweise ordnender Darstellung erkennen.

fful soore a-stoyned were thei þanne bothe-too,
The on for meruayle of hir hy bewte,
The other was marred, if we shulde sey soo,
That she a man soo sodeynly there gan see
Before hir knelynge ryght in hir secree.

Aber Capgrave empfindet das Gesagte als kompliziert und rätselhaft; er bezeichnet es als "conseit", das – gleichsam wie eine vorangestellte, schwierige These – nun geklärt werden soll (384): *As if ȝe wiln this conseit heere more pleyn.* Diese Klärung ist für ihn ein Nachtragen von an sich offenkundigen und deshalb in der Quelle nicht vermerkten Einzelheiten[27] sowie deren exakte zeitliche Reihung und gedankliche Gliederung. So vermeldet und begründet er zunächst das Erstaunen des Eremiten (384 bis 400), dann das Katharinens (400–406) und schließlich das Niederknieen Adrians (413). Schon vorher macht er mit Hinweis auf die Paulinischen Briefe die Erwählung eines so schwachen Werkzeuges wie Adrian verständlich, und nachher wird die Verwunderung Katharinens über Adrians Worte mit der Marias bei der Verkündigung in Parallele gesetzt; wie bei dieser habe Christus zwar vorher schon in ihrem Herzen gewohnt, aber sie habe es nicht gewußt und deshalb voll Erstaunen fragen müssen (III, Kap. 10).

Ein solches Verfahren ist weniger erzählend als expositorisch und führt in seiner Umständlichkeit zu beträchtlicher Länge.[28] Auf ein meist nur kurzes Konstatieren der überlieferten Tatsachen (etwa IV, Kap. 5, 302 bis 308 oder V, Kap. 34, 1897–1918) folgen ausführliche Erwägungen über ihren Sinn oder überhaupt ihre Verstehbarkeit. Dabei ist Capgrave nicht zu kompliziert; meist konfrontiert er predigthaft eindeutig zwei Positionen. Mitunter können äußere Fakten ganz übergangen werden. So schickt z. B. Katharina, als sie die Ursache des Lärms auf den Straßen erfahren will, ihren Diener nicht aus, sondern erhält von diesem sofort die Erklärung, daß es sich um die Opfer zu Ehren des Geburtstages des Kaisers handelt, und sie wird davor gewarnt, das Haus zu verlassen (IV, Kap. 5, 442ff.). Charakteristisch ist auch, daß die Heilige nicht – wie in den anderen erhaltenen Fassungen der Konversionsgeschichte – den ihr von Christus angesteckten Ring küßt, als ihr Blick nach der Vision darauf fällt, sondern daß der Ring

---

[27] Schon im Prolog zum gleichen Buch begründet er die etwaige Unglaubwürdigkeit mit mangelhafter Überlieferung (III, 24–25): "Moche thyng hath be doon whiche hath ben ful ryf/And is not wretyn ne cam neuere to oure hande."

[28] Schon Caxton verfährt ganz anders, und auch Capgrave konnte zu anderem Zweck thesenhaft knapp sein (vgl. unten S. 405). Das von ihm in der Katharinenlegende und noch von Barclay vertretene Übersetzungsideal (vgl. unten S. 360) wurde später von den Humanisten verworfen. Die Übersetzer des *Terens in englysh* (ca. 1520) erklärten: "The englysh almost as short as the latten is / And staf to kepe ryme a dyffycult matter / To make the sentence opynly to appere / which if it had a long expocysyon / Then were it a comment & no translacyoun." (Zitiert nach W. Nelson, *The Life of St. George by Alexander Barclay,* EETS. OS. 230, S. XXI.)

von Adrian als Argument für eine seelsorgerische Tröstung und Mahnung verwendet wird (III, Kap. 24, 1378f.):

Therefore be glad, and look on your ryng!
It wil remembre yow youre gloryous weddyng.

Als das Parlament der Edlen nach Alexandria berufen wird, gibt Capgrave zwei Begründungen für die Wahl des Ortes (I, Kap. 9, 519–527). Bei der wunderbaren Speisung Katharinens im Kerker durch himmlisches Brot (V, Kap. 15) werden zur Beglaubigung biblische Vorbilder herangezogen (890–893), und unter Berufung auf Augustin wird die Frage gestellt und beantwortet, ob und wieweit die von einer Taube gebrachte himmlische Speise zugleich körperlicher und geistlicher Art sein konnte (896–906). Capgrave schließt sich der Auffassung Augustins an (907–909), stellt seine Meinung aber zur Diskussion, ohne den Leser daran binden zu wollen (910–911):

Thus wene I, [but] I wil no man bynde
But if he wil, for to leue my tale.

Am Schluß seines Werkes weist er unverbürgte, lediglich von Pilgern ver- breitete Gerüchte über Wunder am Grabe Katharinens zurück, um nicht „sein ganzes Werk zu vergiften" und sein Ansehen als *clerk* aufs Spiel zu setzen; nur wer wirklich am Grabe der Heiligen gewesen sei, könne solche Berichte beurteilen und beweisen (V, 1961–1978).

Diese Methode, die einer rationaleren Haltung entspringt als sie sonst in der Legendenliteratur zu beobachten ist, läßt sich als ein erzählerisch ein- gekleidetes, homiletisches Argumentieren bezeichnen, das kaum eines der überlieferten Wunder ohne Erörterung hinnimmt. Lediglich vor den letzten Glaubensgeheimnissen macht Capgrave halt, aber selbst das Einge- ständnis, daß der Verstand unzureichend sei, wird als Argument für die Überlegenheit der christlichen Wahrheit formuliert.[29] Erbauungstendenzen wie die Erweckung frommen Mitfühlens im südenglischen Legendar des 13. Jhs. oder wie das lebendige und exemplarhaft klare Illustrieren von Glau- benswahrheiten in der nordenglischen Sammlung des 14. Jhs. fehlen ganz, andere, wie das Heiligenlob, klingen nur an (etwa III, 29–32). Damit unterscheidet Capgrave sich auch von den im späten 11. oder frühen 12. Jh. entstandenen pseudo-athanasischen Versionen, die, ihrem frömmig- keitsgeschichtlichen Standort gemäß, sowohl der Verherrlichung Gottes und der Heiligen *(ad honorem illius sanctissime et posteriorum fidelium)* als einer tiefen religiösen Liebe Ausdruck geben *(in fide sancte Trinitatis et christiane religionis amore* bzw. *fidelium fratrum devotione compulsus atque amore ipsius sanctissimae martyris).*[30]

---

[29] Vgl. (III, 669) "ffor feith is not prouable"; (672) "lete argumentys walke, þei arn not to oure behoue".

[30] Vgl. auch Epilog *BHL* 1660, zitiert S. 332, Anm. 17, und *BHL* 1664 (Vulgata): "Finito itaque illius certamine sanctissimo in fide sancte Trinitatis et christiane religionis

Capgraves Eigenart läßt sich bei einer systematischen Untersuchung der von ihm verwendeten bzw. modifizierten Darbietungsformen noch deutlicher erkennen. Der Erzählbericht, der in der Fassung der *Gilte Legende* dominiert,[31] spielt kaum noch eine Rolle, abgesehen von einigen zusammenfassenden Partien (z. B. I, Kap. 8). Andachtsbildartige Verdichtungen kommen nicht vor. Als bei Erscheinen des Engels der Kerker plötzlich von Glanz erfüllt ist, wird das nicht mehr wie in der Margaretenlegende des Jacobus a Voragine mit schlichtem Frömmigkeitsgefühl als eine wunderbare Helligkeit bezeichnet,[32] sondern als Licht, das ganz real die Gewölbe und dunklen Ecken des Gefängnisses ausleuchtet (IV, 1195–1197) und so stark ist, daß Katharina das Bewußtsein verliert (1198–1200). Die neun oder zehn Tröster, die Katharina umgeben, werden nicht mit Andacht betrachtet, sondern geben dem Verfasser Anlaß zu überlegen, warum sie zugegen seien (V, 841–851). Die Darstellung der Marterung Katharinens wird nicht zum Bild des aus lauterstem Quell strömenden Blutes, wie in der *Legenda aurea*,[33] sondern es heißt konkreter (639): *Whan al was blood.*

Das letzte Beispiel zeigt aber auch, daß auf das Gegenständliche nur verallgemeinernd Bezug genommen wird. Bokenhams schaubildartige Detaillierung fehlt ebenso wie die symbolische Vertiefung einer früheren Zeit. Capgrave begnügt sich mit der einfachen Nennung oder summarischen Kennzeichnung des Konkreten. Deskription findet sich selbst nicht bei Behandlung der Götter des Maxentius (IV, Kap. 4).[34] Capgrave gibt außer Namen und typischen Attributen nur zusammenfassende und rühmende Kennzeichnungen wie *ful weel arayed* (400) oder *ful weel I-portrayed* (402) für das Äußere der Standbilder. Der Bericht über die Krönung Katharinens in Alexandria (I, Kap. 13) ist farbiger, läßt jedoch ähnliche Summierungen erkennen. Die Zeremonie wird unter Beobachtung aller üblichen Feierlichkeiten vollzogen (*wyth alle the observaunce*, 722), alle Götter werden angerufen (*to alle the goddes, both more and lasse*, 725), alle Tore werden offengehalten, *that euery man shulde be ryght gladde*, (738) usw. Bei Schilderung von Katharinens Vision der himmlischen Stadt (III,

amore, ego Athanasius scriptor, cum essem famulus ipsius sancte virginis et martiris domine mee Katerine, hanc passionem ejus seriatim cum omni diligentia scribere curavi, ad honorem illius sanctissime et posteriorum fidelium profecturam. Hic autem Athanasius postea fuit Alexandrie civitatis episcopus, sicut refert beatus Jeronimus ubi tractat de intitulationibus psalmorum" (Zitiert nach A. Kurvinen, a.a.O. S. 275).

[31] Die Begegnung zwischen Adrian und Katharina lautet dort (MS. Addit. 35298): "þan he aroos hym vp and highet hym fast towardis the cyte of Allysaunder & passid þe deserte & so forthe tille þat he came to þe cyte, and than he came soone in to the paleys & as he had lerned of oure ladye, so he did & entrid in at the doris þat he founde opyn and passid forthe fro chambre to chambre tylle he came to hir secrete studye where no creature viste to come but hir silfe allone." Fortsetzung s. unten S. 397.

[32] Vgl. oben S. 207.

[33] Vgl. oben S. 205.

[34] Geroulds Auffassung, *Saints' Legends*, S. 271, daß Capgrave hier an Chaucer erinnere, kann ich mich nicht anschließen.

Kap. 20) wird außer Argumentation nur die Preisung des unbeschreiblich schönen Glanzes, eine Verbindung also von Lichterlebnis und Unsagbarkeitstopik, gegeben. Über die Gesichter und Gewänder der geschauten himmlischen Wesen glaubt der gewissenhafte Capgrave nicht sprechen zu können (918–919), weil darüber keine Äußerungen der heiligen Personen vorlägen und eine besondere Sprache dafür erforderlich sei (922–924). Obwohl am Tempel etwas prachtvoll Anzuschauendes angekündigt wird (*but þere was a syght!* 953), folgt nichts als ein preisender und kurzer Katalog der Könige und Kaiser (d. h. der Martyrer), die dorthin strömen und deren Kleider vielfach so hell sind, daß es „Irdischen unmöglich ist, so leuchtende und frohe Farben auszudrücken" (957–958). Selbst als Katharina genauer sehen kann, wird keine Beschreibung, sondern eine allgemeine Belehrung geboten. Die Himmlischen trugen, so heißt es, auf den Kleidern die Zeichen ihrer Passionen, der eine dieses, der andere jenes, je nach ihrem Leiden (967–973). Nicht eines der Embleme wird anschaulich oder symbolisch behandelt. Die Krone, die später (Buch V) einer der Engel Katharina im Kerker reicht, wird nur als „schön und königlich" bezeichnet – *ffayre and ryal, we can it noȝt discryue* (849). Der allgemeine Prolog stellt die Freuden des Himmels ebenso vergröbernd wie summarisch als ein Trinken und Speisen mit Christus dar (Prol. 251).

Lediglich das Zeremonielle wird, spätmittelalterlichem Stilgefühl gemäß, ausführlich behandelt. Die hohe Stellung im Himmel, die nach dem zeitgenössischen Heiligenkult der Nothelferin Katharina unmittelbar hinter Christus und Maria zukam,[35] wird im Prolog dadurch ausgedrückt, daß die Heilige als dritte in dem von Christus angeführten Reigen erscheint (Prol. 12–21). Marias und Katharinens Empfang bei Christus (Buch III) ist von prunkvoller Feierlichkeit, die auch in der *Gilte Legende* und bei Caxton herausgestellt wird. Maria führt Katharina heran und überreicht dem Herrn einen Ring, den er an den Finger der Heiligen steckt. Capgrave bezeichnet unter Bezugnahme auf seine Autoritäten den Stein des Ringes – *a fayr grauen thyng | Oute of a stoon* (1284–1285) – als *Calcedony* (1286) und vergleicht seine Farbe mit einer Regenwolke und dem Wasser. Ausführlicher und nach Art der Lapidarien (*The auctoures seyn*, 1289) werden seine Wunderkräfte behandelt (1288–1295).[36] Das Brautlied der himmlischen Chöre beschließt die Feierlichkeiten (1296–1309).

Hauptdarbietungsmittel Capgraves sind – neben den immer wieder eingestreuten Predigtkommentaren – die zahlreichen und langen Reden der

---

[35] Vgl. auch Bokenham, *Legendys of Hooly Wummen*, 6372. Zur starken Verbreitung der Katharinenverehrung während des späten Mittelalters H. Knust, a.a.O. passim; für den deutschen Bereich Literaturübersicht bei S. Sudhof, *Die Legende der hl. Katharina von Alexandrien im Cod. A 4 der Altstädter Kirchenbibliothek zu Bielefeld*, Berlin 1959, S. 7–10.

[36] Vgl. auch Staneborn-Version Kap. 71; die Fassung der *Gilte Legende* ist hier viel einfacher.

338

Personen, die – den Autor vertretend – ihr eigenes Verhalten umständlich bestimmen oder begründen. Dies geschieht zweimal nach dem Muster einer förmlichen Debatte. Zum Zweck der Disputation mit der Königin (Buch II) versammelt sich das Parlament der Edlen und wählt einen Sprecher, der in geziemender Form vor die Königin tritt und das Anliegen der Versammelten vorträgt. Er verfährt sowohl ehrerbietig im Ton als auch bestimmt in der Sache und läßt Capgraves eigenes Redetalent erkennen (Kap. 1, 113–154). Katharina weiß den vorgebrachten Wünschen mit einer allgemeinen moralischen Argumentation zu begegnen (Kap. 2, 197–231). Es folgen die oratorisch geschickte Antwort eines mächtigen Herrn (Kap. 3), die präzise Gegenthese Katharinens (Kap. 4), der neue Gesichtspunkt des Prinzen von Kappadozien, wiederum respektvoll, aber klar vorgetragen (Kap. 5), und Katharinens Dank für seine höflichen und klugen Worte, verbunden jedoch mit ihrer Kritik an der Einseitigkeit seiner Gedankenführung (Kap. 6). In dieser Art geht das Disputieren hin und her, bis das Parlament, nachdem es sich zurückgezogen hat, der Königin eine Schlußresolution verlesen läßt. Analog verläuft das Streitgespräch mit den fünfzig Philosophen (Buch IV). Katharina muß mit einer Darlegung ihrer Thesen beginnen. Diese bestehen in der Ablehnung der heidnischen Klassiker als eitel und in einem kurzen christlichen Glaubensbekenntnis. Die Debatte behandelt in derselben Reihenfolge zunächst die heidnischen Götter (die Katharina als lasterhaft schmäht und auch in der allegorischen Deutung der Philosophen verneint), dann Grundfragen und scheinbare Paradoxien der christlichen Lehre, die von Katharina erfolgreich gegen die Bedenken der Philosophen verteidigt werden.

Selbst die Gebete, die hinter den Reden zurücktreten, sind argumentativ aufgebaut. So entschuldigt Adrian sich vor Gott, daß ihn sein Körper, keinesfalls seine Seele am Beten gehindert habe (III, Kap. 3, 99–112). Daß er die Gottesmutter nicht sofort erkannt hat, rechtfertigt er mit dem Hinweis auf seine Einfalt und das Wunderbare ihrer Erscheinung (III, Kap. 5, 244–251). Als Katharina Gott um das Bersten der für sie aufgestellten Tötungsräder bittet, betont sie, daß das nicht aus Todesfurcht geschehe, sondern für die Umstehenden, die durch ein Wunderzeichen bekehrt werden könnten (V, Kap. 23, 1338 ff.).

Aber die vielfachen Reden dienen nicht nur der theologischen oder moralischen Argumentation. Gelegentlich verwendet Capgrave sie, um die menschlichen Aspekte einer Situation hervorzuheben und zu erklären. Damit kommt ein in der hagiographischen Tradition seltener psychologischer Zug in die Auffassung der heiligen Personen, dessen Hauptquelle Augustinus gewesen sein dürfte, mit dessen Schriften Capgrave vertraut war.[37] Ein Beispiel ist Capgraves Kommentar zu Katharinens Trancezustand, den er als ein Fallen zwischen zweierlei Dinge erklärt (III,

---

[37] Vgl. unten S. 405 und die von Capgrave übersetzten Passagen S. 407.

Kap. 14, 610–622). Ähnlich wird Katharinens Furcht nach ihrer Vision damit begründet, daß sie noch nicht von Fleischlichkeit befreit war (III, 988–1001). Von besonderem Interesse ist die als Monolog gegebene Selbstbetrachtung Katharinens, in welcher sie sich – noch bevor sie laut antwortet – ihre Lage klarmacht (II, Kap. 2). Sie fühlt, daß sie in eine Krise geraten ist, und wünscht, sie wäre nie Königin geworden. Sie erkennt, daß sie ihre bisher geheimgehaltenen Gedanken nun publik machen muß, und sie vergleicht dabei ihren Geist mit einem auf den Wellen fahrenden großen Schiff, das nun doch vom Ende der Welle, die es vorher getragen hat, überspült zu werden droht. Sie fürchtet, genau diesen Punkt erreicht zu haben, und fragt sich, ob sie ihr Leben ändern soll (155–196):

> Fvll astoyned and al abashed soore
> was þis lady, whan she herde him þan.
> "O noble god", thought she, "that I now whore"
> No qveen ne lady! for I ne wot ne can
> Voyde the sentens of þis ilke wyse man;
> My preuy counseyll whiche I haue bore longe,
> Now muste it ovte, and that thengeth me wronge.
> "ffor if I shewe þat I soo longe haue bore,
> The preuyest poynt of my perfectyon,
> Me thenketh suerly þanne þat I haue lore
> The hey degree of my deuocyon.
> Whan veynglory cometh, vertu is þan goon;
> Vertu seruyth to plese god oonly,
> And not the puple – oonly ryght thus red haue I.
> "If I consele my counsell, than shal I falle
> Into the indignacyon of alle my puple here;
> If I denye her askynge in this halle
> And telle no cause, I putte hem more in dwere.
> Whiche þing I doo, I falle euere in daungere.
> Yet wondre I sore þat myn hert is so sette
> On swiche a poynt, that I can not lette,
> "And yet it is ageyn my owne lawe,
> Whiche I am swore to kepe and to defende!
> Myn mende it fareth ryght as on þe wawe
> A grete shyp dooth: for whan he best wende
> To be skaped, than cometh the wawes ende,
> he filleth the ship and forth anon is goo.
> On-to this poynt I drede I am brought too.
> "I supposed ful wel to leue now at myn eese:
> Now must I leue my stody and myn desyre,
> My modir, my kyn, my peple if I wil plese,
> I muste leue stody and wash myn book in myre,
> Ryde ovte on huntynge, vse al newe a-tyre!

God, þou knowest my preuy confession,
I haue made al a-nother professyon!
"If I myght kepe it, I shal yet, and I may,
Contynue the same, to god I make a vovgh.
Shulde I now chaunge my lyf and myn aray,
And trace þe wodes abovte vndir the bow?
I loued it neuere, how shuld I loue it now?"
Thus thought this mayde be hir-selue allone,
And after softly with syhynge gan she grone.

Obwohl dies alles mit dem Eingangsvers als ein Gebet an Gott gerichtet ist, unterscheidet es sich doch von Buß- und Bittgedichten des späteren Mittelalters in mehrfacher Hinsicht. Gott wird nur mit den ersten Worten angerufen, dann ist die Perspektive die der Selbstanalyse. Gegenstand der Betrachtung ist nicht die Schuld des reuigen Sünders, sondern die Schwierigkeit der Situation. Den Anlaß der Äußerung geben nicht Reue oder Bußfertigkeit, sondern die zwingend gefühlte Notwendigkeit, sich zwischen zwei Wegen entscheiden zu müssen und zu handeln. So ergibt sich eine psychologische Bewegung, die den meisten spätmittelalterlichen Legenden fehlt[38] und wie ein Vorklang elisabethanischer Bühnenmonologe wirkt. Gewisse Parallelen lassen sich im mittelenglischen geistlichen Drama aufweisen, allerdings nur in Moralitäten, nicht in Legendenspielen, da konventionellerweise nur die Not des Sünders und Durchschnittsmenschen, nicht die der heiligen Personen gezeigt wird.[39] Daß es bei Capgrave anders ist, erklärt sich im wesentlichen aus dem Nachwirken der *Confessiones*. Aber der vielseitig tätige und gebildete Prediger konnte auch Motive der Exempel-Literatur und des moralischen geistlichen Spiels übernehmen, so wie er an anderen Stellen Material aus Chroniken verwertete.[40] Wenn er Katharina in dem Bemühen zeigt, sich über Adrian klar zu werden, der wie ein Bettler aussieht, aber wie ein Doktor spricht (III, Kap. 18, 778 bis 791), wird man an Darbietungsformen der *moralities* erinnert.

Allerdings zeigen die genannten Beispiele auch, daß das Psychologische

---

[38] Vgl. zu Gower, oben S. 299, zu Lydgate, S. 319.

[39] Vgl. etwa in *The Castle of Perseverance* (ed. F. J. Furnivall u. A. W. Pollard, *The Macro Plays*, EETS. ES. 91), Teile der Reden von Humanum genus, z. B. 301–326 und besonders (376–380): "Whom to folwe, wetyn I ne may: / I stonde in stodye, & gynne to raue; / I wolde be ryche in gret a-ray, / & fayn I wolde my sowle saue: / as wynde in watyr I waue." Dagegen gibt es in *Mary Magdalene* (602–614) und *The Conversion of St. Paul* (188–189), beide ed. F. J. Furnivall, *The Digby Plays*, EETS. ES. 70, nur ein plötzliches Konversionswunder ohne jedes Zögern des Heiligen.

[40] Vgl. besonders den Bericht über die Könige von Alexandrien (I, Kap. 9–12) und dazu Capgraves eigene Quellenhinweise Kap. 9, 530–532. Die Chronikliteratur war ihm als Verfasser des englischen *Chronicle of England* und des lateinischen *Liber de Illustribus Henricis* (beide ed. F. C. Hingeston, RS. 1858) vertraut. Über Capgrave als Chronist s. C. L. Kingsford, *English Historical Literature in the Fifteenth Century*, (Oxford 1913) ²New York o. J. (Burt Franklin Bibliogr. and Reference Series No. 37), S. 39.

von der homiletischen Argumentation überprägt ist, die vorzugsweise zwei Aspekte (wie den Widerstreit von Körper und Seele) konfrontiert. Capgrave dringt nicht in differenziertere Bereiche des Seelischen vor. Für die mystischen Erlebnisse seiner Personen fehlten ihm, auch nach eigenem Zeugnis (III, 922–924), Blick und Ausdruckskraft. Trotz Augustins Einfluß bleibt die mitreißende innere Bewegtheit frühmittelalterlicher Viten aus.

V. Das metrische Cuthbert-Leben (ca. 1450)

Das metrische Cuthbert-Leben des 15. Jhs.[1] ist, obwohl literarisch wertlos, ein für die allgemeine Entwicklung der Legendenliteratur typisches Erzeugnis. Es handelt sich nicht um ein fortlaufend erzähltes Einzelleben, sondern um eine in vier Bücher gegliederte Kompilation verschiedenartigen und umfangreichen Quellenmaterials.[2] Die insgesamt 8362 holprigen Kurzverse erscheinen in den Büchern I, II und IV als Reimpaare, in Buch III in der romanzenhaften Schweifreimstrophe *aabccb*. Die Darstellungstendenz ist auf die Befriedigung eines stofflich orientierten Unterhaltungs- und Bildungsbedürfnisses gerichtet. Der Erzähler verhält sich in der Hauptsache wie ein Chronist, der mit mehr oder weniger Gelehrsamkeit ein interessantes Stück Landes- oder Lokalhistorie und eine romanzenhaft ausgestaltete Vorgeschichte[3] zur Kenntnis bringen will. Die Verbindung beider Züge ist im Spätmittelalter nichts Neues, auch nicht das Schreiben für adlige Auftraggeber.[4] Im vorliegenden Falle waren diese offensichtlich mehr an einer genaueren Kenntnis der Herkunft, Taten und Wunder des großen Lokalheiligen als an der frommen Betrachtung seines Lebens interessiert.[5] Cuthberts Heiligkeit wird zwar berücksichtigt, jedoch geschieht das unter Betonung der örtlichen Umstände und Ereignisse, ins-

---

[1] Ed. J. T. Fowler, *The Life of St. Cuthbert in English Verse, c. A. D. 1450*, Surtees Soc. 87 (1889), S. 1–245.
[2] 55–58: And diuers othir cronykill
      Of cuthbert and his [= belongings], tell' I will',
      þe whilk writen I haue sene,
      And herde tell' of whare I haue bene.
[3] Vgl. über das romanzenhafte Anwachsen eines Legendenstoffes auch die König-Edmund-Legende, oben S. 142f.
[4] 9–10: þarfore be bysy on þis buke,
      Lord and lady, for to luke.
[5] Vgl. die auf die Tatsachen gerichteten Eingangsformeln
    (1–4): Saynt cuthbert lyfe who lyste to lere,
      And forto knawe þat coresaynte clere,
      How he was borne, whare, of what (strynde),
      What dedes he did, here is made mynde.

besondere der vielen Mirakel vor und nach seinem Tode.⁶ Dem eifrigen Leser kann der Autor in den vier Teilen seines Buches eine abwechslungsreiche Lektüre versprechen (9 ff.).

Mit dieser stark stofflichen Orientierung verbindet sich – wiederum charakteristisch für das 15. Jh. – ein moralischer Ton, bei dem die Sorge um Schicklichkeit und gesellschaftliches Ansehen dominiert. Die Wirkung auf andere Menschen scheint mitunter wichtiger als die Beurteilung des Verhaltens durch Gott. Dabei wird selten nach einzelnen Tugenden differenziert. Der Maßstab ist der einer veräußerlichten Ständemoral, der auch die populäre Profanliteratur der Zeit weitgehend beherrscht.

Schon Buch I, das dem auf irischen Quellen fußenden romanzenartigen *Libellus de Ortu Sancti Cuthberti* (E. 12. Jh.) folgt,⁷ vereint aventiurenhafte Stofffreude mit gesellschaftlicher Wertung. Cuthberts Großvater mütterlicherseits, ein König, wird im Schlaf mit all den Seinen von einem benachbarten Herrscher erschlagen, nur sein Töchterchen wird verschont. In einer dem *Libellus* III nachgebildeten Reflexion folgt der Gedanke, daß Gott gelegentlich die Guten leiden lasse und daß auch Christus gelitten habe, um vielen Menschen ein Beispiel zu geben. Hierbei wird jedoch summarisch von guter Lebensart und guten Sitten gesprochen (113–116):

To sere men þaire sufferynge
Is ensample of gude lyuynge.
Cryst himself sufferyd of shrewes,
For þe ensample of gude thewes.

Nur die Tugend der Geduld wird hervorgehoben (117–118), als deren Muster sich das gefangene und zu knechtischer Arbeit gezwungene Königskind erweist (137–148):

what thing shuld her comforth or plese,
the quene turned to hir disese.
all this disease neuer þe les
she tholed with' paciens and with' pes;
she gruched noght with' na reproue,
but held it all' to hir behoue.
In paciens sho had hir thoght,
For dises dered hir noght.
þar is na thing sauours sa swete,
To sighand saule hys bale to bete,
Aa þe vertu of sufferance;
It meses payne and penance.

⁶ 5–8: What lyfe he leuyd, and in what (place),
What gyftes of god he gat thorgh grace,
So mony myracles in his lyfe
And eftir his dede in rewmes ryfe.
⁷ *BHL* 2026, ed. J. Raine, *Miscellanea biographica*, Surtees Soc. 8 (1838), S. 63–87.

Das Bild der schlichten Dulderin erinnert ebensosehr an die Romanzen-tradition (vgl. Griseldis) wie das Motiv der unzerstörbaren Schönheit[8] oder der Umstand, daß der König in Sinnenlust zu der Gefangenen entbrennt (155–158), von ihr aber gemieden wird. Romanzenhaft ist ferner die episodische Gestaltung[9] und durchsichtige Kausalverknüpfung der Einzelheiten: Das Mädchen verirrt sich im Walde, während sie Zweige für die Gemächer der Königin sammelt; weil sie diese Arbeit nicht gewohnt ist, hält sie sich länger als ihre Begleiterinnen dort auf, begegnet deshalb dem König und wird von diesem, nachdem sie sich seinen lockenden Worten widersetzt hat, vergewaltigt. So wird Cuthbert gezeugt; der moralisierende Kommentar kann angesichts der Umstände die Unschuld des Mädchens hervorheben (195–200).

Der König, von der Klage des Mädchens gerührt, schickt es zu seiner Mutter, die es wie ihre eigene Tochter aufnimmt. Die Veranlassung für sein Handeln ist jedoch sein Bestreben, den guten Ruf des Mädchens zu wahren; Gott soll verhüten, so ruft er aus, daß (211–212):

Of þi grete grace þe noble fame
Thurgh' my shrewdnes be putt to shame,

und niemand soll das Mädchen schmähen können (214–215):

þar sall' na seruand in na oute,
Nouthir scorne þe noreproue.

Am Hofe der Mutter wird es seiner guten Manieren wegen von allen geliebt.[10] Um ein noch reineres Leben führen zu können, begeben sich die Königin und die junge Frau in ein Kloster, wo Cuthbert geboren wird. Als der Bischof von der Niederkunft erfährt, glaubt er, die heilige Stätte sei durch Fleischeslust entweiht. In den heftigen Vorwürfen, die er der Königin macht, spielen aber die Verletzung des Ansehens des Klosters und die Gefahr der öffentlichen Schande eine größere Rolle als die Sünde selbst (333–338):

þat he be getyn, nun suppose,
In hordome, here with' in þis close

---

[8] 149–154: þys virgyne sufferd swynk and swete,
    Sho sufferd·calde, sho sufferd hete,
    So sho was to dyses vsed,
    þat no trauayle sho refused.
    Playnt no menyng sho nane made,
    Hir bodyly beute ay abade.
[9] Vgl. die aventiurenhaften Einsätze, 173:
    So it befell, þe time come to [...]
und 185f.:
    It fell' þat by a ryuer side,
    þe kyng on hawkyng went þat tyde.
[10] 251–252: For hir gude thewes hir fauourd all'
    þe lady, þe menȝe, grete and small.

And þat þis holy place be fyled
þurgh' þe getyng of þis childe,
þe birth' of whaim fell' þus apert
Men trowes þurgh' þin ill' desert.

Als er die Wahrheit erfährt, ist sein Herz erleichtert, weil nun das Kloster über jeden bösen Verdacht erhaben ist (349–354):

þe bischope mode was all' mesyd
þe whene with' soft wordes he plesyd.
Loue [praise] we god, he says, by dene
þat þus hase kepyd þis place clene.
Of þis case, ni felde na toune,
May fall' nane ill suspecioun.

In Buch II, der Übersetzung der Bedaschen Cuthbert-Vita, steht das Interesse am geschichtlichen Stoff im Vordergrund. Die Reflexionen der Vorlage werden fortgelassen oder gekürzt.[11] Andererseits werden die Namen der Örtlichkeiten von vornherein genannt, so etwa der des Klosters Melrose bei Cuthberts Eintritt dort (1003–1004),[12] während Beda in allgemeiner Weise und ohne Namensnennung von der Hinnahme des Joches monastischer Askese spricht.[13]

Des Kompilators Vorliebe für das Lokalhistorische und Unterhaltende ist in den beiden letzten Büchern noch deutlicher. Hier folgt er zunächst (Buch III) dem 4. Buch von Bedas Kirchengeschichte[14] und dem anonymen *Auctarium de Miraculis et Translationibus* aus dem 12. Jh.,[15] dann (Buch IV) der *Brevis Relatio*[16] (einem Abriß des Lebens Cuthberts) und dem Traktat *De Translationibus* des Symeon von Durham.[17] Es handelt sich, abgesehen von dem zusammenfassenden Lebensbericht zu Beginn des 4. Buches, um posthume Wunder, insbesondere im Zusammenhang mit den mehrfachen Translationen der Gebeine Cuthberts. Dabei hat der Bearbeiter die Notwendigkeit empfunden, für den mirakulösen Stoff des 3. Buches einen anderen Stil zu wählen (1157–1161):

---

[11] So heißt es (1009–1010):
    þe grace of god him calde þar to,
    Fra his childhede wele to do.
Beda dagegen sagt (Kap. 1): "Sed ut haec in maiori aetate posset, superna illum gratia ad uiam ueritatis paulatim a primis iam puericiae incitauerat annis" (Colgrave, *Two Lives*, S. 154).

[12] For þat time, a monke to be,
    Vnto mailrosse went he.

[13] Kap. 1: "iugo monachicae institutionis collum subdidit" (Colgrave, ebd.).

[14] Der Verfasser selbst (4158–4160) nennt irrtümlich Bedas 3. Buch.

[15] *BHL* 2029, ed. Th. Arnold, *Symeonis monachi opera*, RS. 75, I, S. 229–261, II, S. 333–362.

[16] *BHL* 2031, ed. I. H. Hinde, *Symeonis Dunelmis opera*, Surtees Soc. 51 (1868), S. 223–233.

[17] *BHL* 2030 = *Historia Dunelmensis ecclesiae*, II,6 – III,20, ed. Th. Arnold, a.a.O. S. 56–108.

Now I think to chaunge my stile,
Of cuthbert myracles to tell' a while,
Aftier þe thrid buke
Of þe storys of yngeland
Of bede sayng.

Er verwendet die in der Romanzenliteratur konventionelle Strophe *aabccb* und teilt die wunderbaren und interessanten Begebenheiten ereignishaft mit, unter Verwendung romanzenhafter Schemata wie der Aufzählung von Ort, Person, Zeit, Stand, Namen und Ruhm des Helden vor Einsetzen der eigentlichen Episode, z. B. (4162–4169):

In haly eland abbay,
þare was a monke þat many a day
þare was hostilere
Beaddodhen was his name
he was a man of gude fame
Knawen bathe nere and ferr.
Washed clathes in þe se.

Das Hauptanliegen des Autors ist jedoch die Häufung immer weiterer chronikartigen Materials, was sich besonders an den gelegentlichen Ausweitungen der Quellen erkennen läßt. Zu nennen sind: die Berechnung des Alters Cuthberts, wobei sich kleinliche Gelehrsamkeit und nüchterner Wirklichkeitssinn verbinden (6617–6646); die aus mehreren Quellen gearbeitete und verschiedene Meinungen vergleichende Darstellung Eatas (6535–6542); der geographische Exkurs über Northumberland (6701 bis 6706); der Hinweis auf die Abstammung aller nordenglischen Klosterkirchen und Kathedralen von Lindisfarne (6713–6720); der Bericht über das Schicksal der Mönche, die auf Holy Island verblieben sind (6763 bis 6770); eine Zeitberechnung (6847–6852); Bemerkungen über die voneinander abweichenden Namen des Königs Osvigius bei verschiedenen Autoritäten (8203–8214) und schließlich des Verfassers Theorien über Cuthberts Verbot, Frauen in seine Kirche einzulassen (7283–7322). Diesem Passus geht eine Symeon von Durham folgende Darlegung der Gründe voraus. Wegen der Unordnung im Doppelkloster Coldingham, das später vom Feuer heimgesucht wurde, habe Cuthbert so entschieden. Der englische Bearbeiter fügt hinzu (7201–7209), daß während der hundert Jahre, die der Heilige in Chester-le-Street begraben lag, Frauen ungestraft zu ihm kommen konnten, weil man dort von der Bestimmung nichts gewußt habe. In Durham aber sei das Verbot bekannt, und des Heiligen Wille müsse gelten. Er versucht also eine einfache Erklärung aus den örtlichen Verhältnissen, ohne auf Betrachtungen moraltheologischer oder asketischer Art einzugehen.

Im ganzen darf man sagen, daß das literarisch unbedeutende Cuthbert-Leben den für die Zeit charakteristischen Versuch darstellt, die Legende in

Richtung auf Reimchronik und Versromanze auszuweiten. Etwas ähnliches kehrt in den Legendenepen und -historien des frühen 16. Jhs. wieder, allerdings in künstlerisch ausgewogeneren Formen und mit vertieftem moralischen Gehalt.

VI. Legendenepen und -historien des 16. Jhs.

1. *Allgemeines zur frömmigkeits- und stilgeschichtlichen Situation der letzten englischen Verslegenden vor und während der Reformation*

In seiner Darstellung der Literatur des 16. Jhs. schließt C. S. Lewis Autoren wie Barclay als "bad poets" von jeder ernsthaften kritischen Bemühung aus,[1] nimmt einen John Partridge nicht zur Kenntnis und läßt allenfalls Henry Bradshaws *St. Werburge* als "not quite contemptible" gelten, weil ihr Verfasser es verstehe, hier und da Vergnügen zu bereiten; allerdings sei auch er meist so "dull and feeble", wie es nur in mittelalterlicher Literatur möglich sei.[2]

Dieses Urteil trifft von einem allgemeinen literarästhetischen Standpunkt aus zu, wird jedoch Texten nicht ganz gerecht, die nicht nur als Dichtung, sondern als hagiographische Erbauungsliteratur gemeint sind. Zudem kommt ihnen als den letzten Zeugnissen der Gattung eine formgeschichtliche Sonderstellung zu. Wie weit in ihnen Traditionelles mit Neuem verbunden wird und inwiefern dieses als Weiterentwicklung der bereits im 15. Jh. wirksamen Tendenzen oder eventuell als Äußerungen einer schon humanistisch orientierten Zeit gewertet werden können, sind Fragen, deren Untersuchung lohnt.

Grundsätzlich läßt sich eine Steigerung des schon im 15. Jh. und bei Chaucer wirksamen späthöfischen Lebensgefühls ästhetischer Richtung erkennen. In den englischen Legendenbearbeitungen tritt deutlicher als vorher die Freude am Dekorativen hervor. Jedoch handelt es sich nicht nur wie bei Chaucer, Lydgate, Bokenham oder Capgrave um das Bedürfnis nach vollerer Ausschmückung und Stilisierung des geistlichen Lebens. Vielmehr verbindet sich bei Bradshaw, jedenfalls passagenweise, ein ausdrückliches Gefallen am irdisch Schönen mit dem religiösen Anliegen. Was bisher meist auf die späthöfische Profanliteratur beschränkt geblieben war, erscheint deutlich innerhalb der Hagiographie. Die Grenzen zwischen beiden Bereichen verschwimmen noch mehr als im 15. Jh. Mit einem

---

[1] C. S. Lewis, *English Literature in the Sixteenth Century*, Oxford (1954) ²1959, S. 127 f.
[2] Ebd. S. 123.

primär ästhetischen Sinn für die erbauliche Harmonie des Schönen, Guten und Frommen werden die Elemente ineins gesehen. Kontrastierungen wie die von festlichem Prunk und einsamem Gebet werden als wohlproportionierte Variation innerhalb eines überschaubaren Ganzen empfunden, nicht mehr als einander ausschließende Lebenshaltungen. Bei Bradshaw ergibt sich eine Ausgewogenheit der Darstellung, die wie ein letztes Aufleuchten mittelalterlicher Legendenpoesie in neuer Gewandung wirkt.

Die zeitgenössische Sakralmalerei zeigt eine ganz ähnliche Ästhetisierung und Konkretisierung des Devotionalen. Zu den wichtigsten englischen Zeugnissen gehören die flämisch beeinflußten Wandbilder der Kapelle des Eton College, in denen wie bei Bradshaw prachtvolles Zeremoniell und Haltungen einer beinahe pietistisch anmutenden Frömmigkeit zu einem wohlgegliederten Ganzen verbunden werden.[3] Entsprechend liegen die Verhältnisse bekanntlich schon in der niederländischen Malerei des 15. Jhs. In Jan van Eycks *Madonna des Kanzlers Rolin*[4] sind die frommen Erscheinungen der Gottesmutter und des Gläubigen vom reichen Zierat erlesenster Architektur umgeben, durch die sich ein Durchblick auf eine minutiös ausgemalte Stadt-, Fluß- und Gebirgslandschaft öffnet. Dieser Rahmen gehört keineswegs notwendig zum geistlichen Thema, wird aber auf geheimnisvolle Weise mit ihm eins, weil er wie ein angemessen kostbarer Schmuck wirkt, in dem das Auge die vielen Einzelheiten nicht um ihrer selbst willen wahrnimmt, sondern als koloristische und perspektivische Stimmungsträger des einen andachtsvollen und schönen Gesamteindrucks. Das schwierige Problem, trotz Detaillierung zu einem einheitlichen Ton zu gelangen, wird hier mit reifster Kunst und beseelender Frömmigkeit gelöst. Die Leistungen im Bereich der englischen Legendendichtung sind, wie überhaupt in der zeitgenössischen Literatur, sehr viel bescheidener. Innerlichkeit und Harmonie, die bei einem Jacobus a Voragine, im südenglischen Legendar oder in der Andachtsmalerei des 13. Jhs. von vornherein durch Verdichtung auf das Wunderbare hin gegeben waren, gelingen nur noch selten. Das stark gestiegene Stoffinteresse, vornehmlich historischer Richtung, und die aus der Profanliteratur übernommenen Beschreibungsmethoden erweisen sich meist als stärker. Die in dieser Zeit bevorzugte Bezeichnung *historie* für eine Legendenbearbeitung ist symptomatisch.

Natürlich gibt es neben diesen Gestaltungstendenzen noch den Ausdruck tiefer Devotion, wenn er auch seltener geworden ist. Ein Beispiel ist der Benediktiner Bradshaw, der in vielem die monastische Frömmigkeit seines Ordens erkennen läßt. Jedoch gemahnt die Bevorzugung des Stillen und Einfachen bei ihm auch an des Thomas von Kempen *De Imitatione Christi* und an die gesamte Bewegung der *devotio moderna*, die von den Niederlanden

---

[3] Vgl. Einzelheiten unten S. 353 f. und oben Abb. 10 (Taf. VIII).
[4] Vgl. dazu J. Huizinga, a.a.O. S. 406 ff.

nach England schnell und nachhaltig ausstrahlte.[5] In den Legendenhistorien führt, verglichen mit dem Werk Lydgates oder des Jacobus a Voragine, die Blickrichtung auf die elementaren christlichen Tugenden, insbesondere die Brüderlichkeit, zu einer gewissen Moralisierung und Entspiritualisierung der Tradition. Es geht nicht mehr um die Betrachtung der Geheimnisse des Glaubens und des göttlichen Wunderwirkens. Auch bei Darstellung des sittlich Vorbildlichen werden keine geistlichen Betrachtungen mehr angestellt (wie noch bei Capgrave). Statt dessen wird das fromme und moralische Leben in seinen typischen Erscheinungen veranschaulicht. Dies geschieht meist in Bindung des jeweiligen Verhaltens an einen geistlichen oder weltlichen Stand oder an Formen des Kultus und Brauchtums (wie Hochzeitsfeiern, christliche Feste und Prozessionen). Damit erscheint die Tugendübung zugleich als das von der Gesellschaft Erwartete. Diese ständische Bindung des Moralischen und Devotionalen ist bereits in der älteren Legendenliteratur spürbar. Im beginnenden 16. Jh. wird sie stärker und gröber; der Ton erinnert oft an den des Volksbuches und der zeitgenössischen *books of courtesy*.[6] Es paßt dazu, daß auch in der Malerei der Epoche Darstellungen von Heiligen als Illustrationen bestimmter Tugenden und als Gegenbilder von Lastern auftreten können.[7] In alledem wird letztlich der Einfluß des Bürgertums spürbar, das, sofern es als Lesepublikum wirksam wurde, vor allem die Ansprüche des städtischen Patriziats vertrat, d. h. einem Geltungsbedürfnis Stimme verlieh, das den überkommenen Wirklichkeitssinn und Tugendeifer mit einem Streben nach dem Dekorum höfisch stilisierten Lebens verband. Auch die Prosalegenden Caxtons spiegeln diese Tendenzen. In reformatorischer Zeit zeichnet die einem Fernkaufmann gewidmete Placidus-Eustachius-Legende des John Partridge ein Bild christlich-bürgerlicher Moral in einer bunt detaillierenden und gelegentlich metaphorischen Sprache, die bereits den Einfluß der frühen Renaissance-Literatur erkennen läßt.

Die gesteigerte Freude am praktischen Realwissen und die Forderung

---

[5] Die erste erhaltene Übersetzung erschien um 1440; vgl. J. K. Ingram (ed.), *Thomas a Kempis's De Imitatione Christi*, EETS. ES. 63, S. 1–50. Eine spätere Fassung in rhetorisierender Prosa wurde 1504 von Pynson gedruckt, ed. Ingram, a.a.O. S. 151–283. Über den Stilunterschied vgl. H. S. Bennett, *Chaucer and the Fifteenth Century*, Oxford 1947, S. 215 f.

[6] Vgl. Texte zur Tischzucht und allgemeinen Etikette bei F. J. Furnivall (ed.), *English Meals and Manners*, EETS. OS. 32 und R. W. Chambers und W. W. Seton (eds.), *A Fifteenth-Century Courtesy Book and Two Franciscan Rules*, EETS. OS. 148; Übersicht bei H. S. Bennett, a.a.O. S. 156–160.

[7] Vgl. „Das Jüngste Gericht" (flämisch, ca. 1490, möglicherweise von J. Mostaert), Kon. Museum van Schoonen Kunsten, Antwerpen, abgebildet neben dem Titelblatt bei M. W. Bloomfield, *The Seven Deadly Sins*, Michigan State College Press 1952; dazu Kommentar ebd. S. 366 u. 379 f. Auf diesem Bilde verkörpern unter einer Darstellung des Jüngsten Gerichts Propheten oder christliche Heilige die sieben Werke der Barmherzigkeit (ein besonders im 15. Jh. beliebtes Thema), während die Sieben Todsünden durch Szenen aus dem Alltag dargestellt werden.

nach sittlicher Lebensführung im Rahmen einer religiös positiven Haltung lassen sich auch als eine Parallele zum beginnenden englischen Humanismus sehen. Man braucht nur an das Aufstapeln von Wissensstoff bei den englischen Frühhumanisten[8] sowie an des Erasmus Eintreten für die moralische Weisheit eines guten christlichen Lebens und an seine geringere Einschätzung der übernatürlichen Aspekte des Glaubens zu denken.[9] Wie weit jedoch der ästhetische Grundzug dem Kulturkomplex des Spätmittelalters oder dem der aufblühenden Renaissance zuzuordnen ist, läßt sich nicht eindeutig sagen. Bei Bradshaw weist vieles auf ein neues Schönheitsgefühl. Seine Darbietungsmethode unterscheidet sich in anderer Weise als die romanzenhaften Stilisierungen früherer Zeit von der eigentlich mittelalterlichen Legende und ihrer asketischen und erbaulichen Verneinung des Weltlichen um der himmlischen Tugenden willen. Eine Parallele ließe sich nur aus spätantiker Zeit nennen – des Hieronymus Paulus-Vita, in der ein ähnlicher Schönheitssinn, allerdings idyllisch-pastoraler Richtung, wirksam ist. Andererseits verbindet sich gerade bei Bradshaw das Ästhetische mit dem Ausdruck intensiver Frömmigkeit.

2. Bradshaws Werburge-Legende (1513)[10]

Henry Bradshaw, Benediktinermönch der Abtei zu Chester, schrieb das 1513 vollendete und 1521 von R. Pynson gedruckte, mehr als 5000 Verse umfassende Werburge-Leben zum Lob der Patronin seiner Stadt und seines Klosters. *Patrones of Chestre | protectrice of the countre* (II, 1741) nennt er die Heilige, deren Schrein in der Abteikirche verehrt wurde, und er erwähnt die zu ihren Ehren in der Festtagsliturgie gesungene Sequenz (II, Kap. 21 jeweils am Schluß der Strophen).

Daß Bradshaw mit seiner Darstellung auch ein praktisches Ziel für seine Abtei verfolgte – wie es in der Klosterhagiographie des Mittelalters vielfach geschah –, sei nur am Rande vermerkt. Ein ganzes Kapitel (II, Kap. 22) ist *A charitable mocion and a desyre to all the inhabytauntes within the countie palatine of Chestre for the monasterie.* Hiermit wendet er sich primär an die Adligen. Im übrigen aber gilt seine Darstellung einem allgemeineren, vorwiegend bürgerlichen Publikum. Für dieses will er sowohl nützlich als

---

[8] Vgl. dazu W. F. Schirmer, *Der englische Frühhumanismus. Ein Beitrag zur engl. Literaturgesch. d. 15. Jhs.*, 2. rev. Aufl. Tübingen 1963, passim, und zusammenfassend S. 169–171.

[9] Vgl. dazu zusammenfassend D. Knowles, *The Religious Orders in England*, III: *The Tudor Age*, Cambridge 1959, S. 146 f.

[10] Ed. C. Horstmann, *The Life of Saint Werburge of Chester by Henry Bradshaw*, EETS. OS. 88. Auch ein Leben der hl. Radegunde (ed. F. Brittain, Cambridge 1926) wird Bradshaw zugeschrieben (vgl. Horstmann, a.a.O. S. VIIf. und Gerould, *Saints' Legends*, S. 277 f.). Für Bradshaws Verfasserschaft spricht die Blickrichtung auf ein einfaches Publikum, der moralische Ton sowie der Stoff (das weltentsagende Leben einer Königin und Heiligen, die wie St. Audry in der Werburge-Legende ein keusches Eheleben führt und sich durch eine fromme Klostergründung hervortut).

auch angenehm schreiben. So wie er die Geschichte des Neuen Testamentes als *Pleasaunt and profytable* und als *soules cure* für die Zuhörer bezeichnet (I, 1726), so nennt er im Titel sein Werburge-Leben *very frutefull for all christen people to rede* (S. 1) und spricht am Schluß von dem Angenehmen der Wirkung (II, 2027–2028):

> *If there be any thynge within this litell boke*
> *Pleasaunt to the audience | contentyng the mynde.*

Die Verbindung von *prodesse* und *delectare* entspricht den Idealen der Horazischen Poetik, mit denen er offenbar ebenso vertraut war wie mit einem guten Teil der antiken Literatur. Bemerkenswert und für den englischen Frühhumanismus charakteristisch[11] ist, wie stark die Vorbilder sittlicher Lebensführung und fester, gerader Frömmigkeit betont werden.

Schon im Stofflichen wird Bradshaw dem zweifachen Anliegen gerecht. Er verbindet eine Legende (*good and true*, I, 93) mit *hye hystoryes* (I, 85), was im Titel des Buches auch durch die Wendung *the holy lyfe and history of saynt werburg* (S. 1) ausgedrückt wird. Als mögliche große Gegenstände historischer Epen und Lieder nennt Bradshaw die sieben Weltalter, die Geschichte Englands und der vier Weltreiche (I, 87–88), und er läßt den Spielmann während der Hochzeitsfeier von den Taten Alexanders und der römischen Könige und Kaiser bis zu Cäsar und Octavian singen (I, 1695 bis 1722). Obwohl er sich in konventioneller Bescheidenheitstopik als zu ungelehrt bezeichnet, Stoffe dieser Art zu behandeln (I, 85–86), hält er doch die chronikartigen Digressionen in seinem Werk für wichtig, weil er glaubt, den Sinn der Darstellung auf diese Weise vertiefen, die Hörer erfreuen und ihr Interesse anregen zu können (II, 66–70). Dies entspricht der Forderung der antiken und humanistischen Epentheorie nach belebenden Episoden. Bradshaw behandelt in den zwei Büchern mit Prolog, Epilog und detaillierter Kapiteleinteilung nicht nur die Vita der Heiligen, die als Königstochter viele Freier ausschlägt, Benediktinerin, Äbtissin von Ely und mehrerer anderer Klöster wird, sondern auch die Geschichte ihrer Translationen und posthumen Mirakel,[12] die Genealogie altenglischer Königshäuser,[13] eine Geschichte und Geographie der altenglischen Königreiche, speziell Merciens[14] und Chesters[15] sowie (in kurzer Form) die Leben der heiligen Verwandten Werburges.[16] Nur zum Teil konnte er darin der lateinischen Werburge-Legende Gocelins[17] folgen, die offenbar

---

[11] Vgl. dazu W. F. Schirmer, *Der englische Frühhumanismus*, a.a.O. passim.
[12] I, Kap. 30–33; II passim.   [13] I, Kap. 3–5.
[14] I, Kap. 2; II, Kap. 1.   [15] II, Kap. 3–4.
[16] Alle in Buch I: St. Audry, Kap. 18, St. Sexburge, Kap. 19, St. Ermenilde, Kap. 20, Eintritt der Könige Ethelred und Kenred in ein Kloster, Kap. 21 und 22.
[17] *BHL* 8855, ed. *Acta SS*, Febr. 1, S. 386–390 (3. Aufl. S. 391–394), und in C. Horstmanns Ausgabe der Werburge-Legende, S. XIX–XXVI. Kap. I dieser Vita bringt, Goscelins historischer Neigung entsprechend, die Genealogien Werburges; Kap. 9–10 behandeln Translationen und posthume Wunder, allerdings weniger ausführlich als Bradshaw.

in *the true Passyonary* des Klosters (I, 694) enthalten war. Sein starkes historisches Interesse veranlaßte ihn, zahlreiche andere Quellen zu benutzen und zu nennen[18] und eine (nicht erhaltene) Chronik, *De antiquitate et magnificentia urbis chestriae chronicon*, zu verfassen.

Dennoch wird die Buntheit des Stoffes von dem moralischen und devotionalen Anliegen Bradshaws durchdrungen. Die Verwandten Werburges folgen dem Vorbild der Heiligen (I, 1751–1757), in den geschichtlichen Ereignissen werden die frommen Absichten der jeweiligen Könige und Herren, insbesondere ihre Verehrung der hl. Werburge betont, und in Historie wie Vita wird gleichermaßen der Kontrast zwischen eitler Weltfreude und kluger Entsagung herausgestellt, unter mehrfacher Bezugnahme auf das Gleichnis von den fünf klugen und den fünf törichten Jungfrauen[19] oder auf andere Beispiele und Sprichwörter aus der Bibel und der Profangeschichte.[20]

Jedoch werden die Gegensätze nicht schroff herausgestellt. Weltliche Schönheit (I, 771–784), königlich prachtvolle Feierlichkeit wie beim Hochzeitsfest zu Ehren des Eintritts Werburges in das Kloster (I, Kap. 16), auch die Ehe (vgl. die Argumente, mit denen Werburges Vater sie als von Gott gewollt und vernunftgemäß bezeichnet, I, 1401–1414) werden nicht von vornherein abgelehnt, sondern – an ihrem Platz – anerkannt, wenn auch den geistlichen Werten untergeordnet. Der Grundton ist monastisch, jedoch gütig, nicht beißend wie oft in den moralischen Gedichten des späten 14. Jhs. Das Beispiel Werburges und anderer Heiliger, die den höchsten irdischen Würden, Freuden und Reichtümern entsagt haben, wird allen Damen vor Augen gehalten (I, 1779 ff.). Sie werden gemahnt, sich nicht von Schönheit und Gefühlen blind machen zu lassen (1781), sondern auf die mächtige Königstochter zu schauen (1793–1794), die ihre königlichen

---

[18] Vgl. C. Horstmanns Ausgabe, S. XVII, Anm. 5. Bradshaw erwähnt u. a. Beda, Henry of Huntingdon, William of Malmesbury, Giraldus Cambrensis, Alfred of Beverley und das *Polychronicon* des Ranulph Higden, seines Landsmannes und früheren Mönches seiner eigenen Abtei.

[19] Vgl. etwa (I, 1338–1351):

She well consydered / with due dyscrecyon
Of this present lyfe / the great wretchydnesse,
How dredefull it is / full of varyacyon,
Deceuable / peryllous / and of no sykernesse;
The tyme vncertayne / to be knowen, doubtlesse;
For here is no cytee / nor sure dwellynge place,
All thynge is transytory / in short proces and space.
Wherfore this vyrgyn / gladde and benyuolent,
Folowynge the counseyll / of blessed Mathewe,
Was on of fyue vyrgyns / euer redy present,
Had her lampe replete / with oyle full of vertue,
Redy for to mete / her spouse, swete Ihesu,
With charytable werkes / in her soule contynuall –
Therfore she was taken / to his blys eternall.

[20] Vgl. die bei Horstmann, a.a.O. S. XXVI, Anm. 1, gegebene Liste.

Kleider abgelegt habe und nun in schlichtem Gewande einhergehe (1784–1785):

> *Beholde how she hase | clerely layde away*
> *Her royall ryche clothes | and is in meke aray.*

Im Kontrast dazu werden die aufwendigen Modetorheiten der Zeit beschrieben und kritisiert (1786–1792). Vor allem werden diejenigen Frauen getadelt, die niederer Herkunft sind, jedoch über ihren Stand hinausstreben und sich, hohen Damen gleich, mit königlichen Gewändern schmücken (1800–1806). Aber sie werden freundlich angeredet (*Swete | comly creatures | ladyes euerychone*, I, 1779) und gebeten, sich an Werburge ein Beispiel zu nehmen (1784: *Beholde how she hase | clerely layde away;* 1793: *A playne exsample | now ye may take*). Umgekehrt wird bei den Heiligen nicht gleich die Überfülle, sondern das allmähliche Anwachsen der Tugenden betont.[21] Dies entspricht sowohl benediktinischer Gesinnung[22] als auch einem Lebensgefühl spätmittelalterlich-renaissancehafter Art, das dem Weltlichen eine größere Berechtigung als früher einräumt.

Dabei ist für die Gesamtwirkung wichtig, daß das harmonische Verhältnis zwischen dem Profanen und dem Religiösen durch entsprechende Anordnung des Geschehens veranschaulicht wird. Die Novizin Werburge ist während der ausführlich geschilderten Feierlichkeiten im Festsaal nicht anwesend, betet aber im gleichen Hause in einer Zelle (1581–1582):

> *As for the sayd moynes | was not them amonge*
> *But prayenge in her cell | as done all nouyce yonge.*

Die Gegenüberstellung von Schönheitsbedürfnis und asketischem Verlangen erfolgt also nicht auf argumentative oder polemische, sondern ästhetisch erfahrbare Weise. Das Strukturprinzip ist das einer ruhigen Gliederung des Gesamtbildes nach typisierten Haltungen und räumlichen Einheiten, die trotz ihrer Verschiedenheit ganz selbstverständlich nebeneinander gesetzt werden.

Von ähnlicher Art ist die Komposition der Marienmirakel auf den Wandbildern in der Kapelle von Eton College (ca. 1479–1488). Das sechste und ein Teil des siebten Bildes von Osten an der Nordwand[23] zeigen im Vordergrund auf den gemalten Konsolen die hl. Etheldreda (links) und die hl. Elisabeth v. Thüringen (rechts). Links von Etheldreda ist das Wunder der Frau dargestellt, die im Vertrauen auf Maria das Christuskind von einer Madonnenstatue nahm und als Geisel für ihren gefangenen Sohn verwendete, der daraufhin die Freiheit erlangte. Das Thema des rechten Bildes

---

[21] Vgl. I, 764–770, 2017–2023.
[22] Vgl. dazu oben S. 43.
[23] Vgl. oben Abbildung 10 (Taf. VIII); dazu T. Borenius u. E. W. Tristram, *Englische Malerei des Mittelalters,* München 1927, S. 43–47 sowie Tafeln 89–93, und Margaret Rickert *Painting in Britain. The Middle Ages,* Lo. 1954, S. 206f.

ist das Kerzenwunder der frommen adligen Dame,[24] die am Lichtmeßtag in ihrer Kapelle keinen Gottesdienst hören konnte, aber vor dem Altar niederkniete und in einer Vision die gekrönte Gottesmutter mit einer Schar von Jungfrauen an einer wunderbaren Messe teilnehmen sah. Das Bild zeigt, wie die Himmelskönigin an der Spitze ihres Gefolges an den Altar getreten ist, um die Kerzen dem Priester darzubringen, und wie auch die schlafende Dame (rechts vorn) von einem Engel eine Kerze erhält.[25] Der stillen Versunkenheit der Frau im linken Bild ist die feierlich bewegte, in Prozession heranschreitende Gruppe rechts konfrontiert. Neben der einsamen Gebetskammer vollzieht sich im Kirchenraum das liturgische Zeremoniell eines im Mittelalter sehr hohen Festes. Beide Bereiche jedoch stehen in wohlausgewogener Proportion zueinander; sie werden als Glieder eines Ganzen von der gleichen baldachinartigen Architektur überwölbt und treten aus der gleichen geheimnisvollen Raumtiefe hervor.

Die stilgeschichtliche Verwandtschaft zwischen den Bildern und der Werburge-Legende zeigt sich auch in Einzelheiten wie der Prozessionsdarstellung. Der Zug, in dem die Reliquien Werburges nach Chester gebracht werden (II, 267–350), bewegt sich in gemessener Feierlichkeit und hierarchischer Ordnung. Nach dem Klerus folgen *in degree* (281) die weltlichen Herren der Grafschaft, die Bürger von Chester, die Jungfrauen, Witwen und Frauen, und es heißt z. B. (281–287):

> *Next to the clergie approched in degree*
> *The lordes of the shyre, knyghtes, barons, all*
> *With feruent deuocion | praysyng the trinite*
> *Whiche sent to them suche comfort spirituall.*
> *The cite3ens ensued with gladnes cordiall,*
> *With bokes and beades | magnifieng our maker*
> *For this great treasure to kepe them from daunger.*

Vor dem Schrein knien alle nieder (297–301):

> *They kneled all downe with mycle reuerence,*
> *Salutynge the shryne with honour victoriall,*
> *Magnifiyng with melodye and tunys musicall*
> *This glorious virgin | nothyng done amis,*
> *Syngynge Te deum to the kyng of blysse.*

---

[24] Es handelt sich um eines der Mirakel zu *De purificatione b. Mariae virginis*; vgl. *Legenda aurea*, Graesse, a.a.O. S. 165f.

[25] Jacobus a Voragine erwähnt keinen Engel; der Überbringer der Kerzen wird nur als *quidam* bezeichnet, später, als die Frau ihre Kerze opfern soll, als *nuntius*. Jedoch kennt das Kerzenwunder in der Etheldreda-Legende einen Engel; er entzündet die Kerze wieder, die der Teufel ausgeblasen hatte, als die Heilige sich im nächtlichen Gebet befand (vgl. *Vita s. Etheldreda Eliensis*, ed. C. Horstmann, *Ae. Leg. N. F.*, S. 282–307, Verse 349–372). Da Etheldreda links von dem Bild dargestellt ist, kann dieser Zug von der Etheldreda-Legende auf das Marienmirakel übertragen worden sein.

Dann wird ein Heiligenlob in erhabenem Anrufungsstil gesprochen (311 bis 329), und nach Schilderung der festlich geschmückten Straßen von Chester (330–336) wird nochmals alles als *great worship, decoure and dignite* (337) und *great humilite | [...] with humble reuerence* (339–340) bezeichnet.

Grundsätzlich ähnlich, wenn auch stärker auf die weltlichen Freuden gerichtet, wird das Hochzeitsfest geschildert. Während die englischen Katharinenlegenden des 15. Jhs. noch das Motiv der mystischen Vermählung mit Christus in Form einer Himmelsvision verwenden,[26] wird jetzt eine irdische, allerdings königlich würdevolle Hochzeitsfeier mit ihrem Gepränge vor Augen gestellt. Bradshaw beschreibt nicht den Verlauf der einzelnen Empfänge (*By playne declaracyon | vpon euery partye*, I, 1572), sondern den Stil der Prachtentfaltung im ganzen (*royally [...] with honour and royalte*, 1732), insbesondere die prunkvolle Ausstattung der Halle, und zwar nacheinander Fußboden (1573–1575), Wandbehänge (1576–1666), gedeckte Tische (1667–1680) sowie die Gespräche beim Mahl (1681–1687) und die Lieder der Spielleute (1688–1729). Der königlichen Stellung Werburges und dem hochzeitlichen Fest entspricht der Reichtum des Wandschmucks, der mit einer für das Schönheitsgefühl jener Zeit charakteristischen Bewunderung für alles Glänzende[27] betrachtet wird (1576–1580):

> *Clothes of golde and arras | were hanged in the hall,*
> *Depaynted with pyctures | and hystoryes manyfolde,*
> *Well wrought and craftely | with precyous stones all*
> *Glyterynge as Phebus | and the beten golde*
> *Lyke an erthly paradyse | pleasaunt to beholde.*

Ähnliche Äußerungen freudigen Entzückens finden sich immer wieder, z. B. *goodly wrought* (1583), *curyously* (1590), *Fresshly were browdred* (1617), *fayre and bryght* (1618), und die von allen Bildern ausgehende Wirkung wird zusammenfassend als „himmlisches Vergnügen" bezeichnet (1651–1652):

> *All these were sette | in goodly purtrayture –*
> *Them to beholde | was a heuenly pleasure.*

Hier wie in der oben zitierten Wendung *erthly paradyse* (1580) durchdringen sich ästhetisches und religiöses Gefühl. Auch sonst wird dem geistlichen Anlaß des Festes Rechnung getragen. Die meisten Gobelins zeigen biblische Gestalten und Heilige, in heilsgeschichtlicher bzw. hierarchischer Gruppierung. Aus dem Alten Testament werden genannt: Adam und Eva mit der Schlange zwischen sich, Kain und Abel bei ihrem Opfer, Tubal und Tubalkain, Noah und sein Schiff, die zwölf Söhne Jakobs, Josef in Ägypten, Moses, die zehn Plagen in Ägypten, Josuah, die Könige Saul, David und Salomon. Am Kopfende über dem „hohen Tisch" *in the pryncypall place [...] as reason was* (1625, 1627) erscheinen die

---

[26] Vgl. Capgrave oben S. 330f. und *Gilte Legende* und Caxton unten S. 392ff.
[27] Vgl. dazu Huizinga, a.a.O. S. 394–396.

neun Ordnungen der Engel, daneben die Gottesmutter mit den zwölf Aposteln, die vier Evangelisten und die Jünger Christi beim Predigen. Es folgen die Martyrer: die unschuldigen Kinder, Stephan, Laurentius, Vincentius, darauf „wie es sich gehört" (*ryght conuenyent*, 1646) die Bekenner: Nikolaus, Benedikt, Hieronymus, Basilius, Augustinus, Gregor der Große, Ambrosius und Martin; und schließlich die Jungfrauen, mit Lilien gekrönt und von der Gottesmutter angeführt: Katharina, Margareta, Agatha, Caecilia, Agnes, Charitas, Lucia, Wenefreda und Apollonia. Auf der anderen Seite der Halle werden aus den *Noble auncyent storyes* (1661) genannt Samson, der seine Feinde unterwirft, Hektor von Troja, durch Verräter erschlagen, und der edle Arthur, *kynge of this regyon* (1664).

Über die Art der Darstellung wird außer der Freude am Glänzenden und kostbar Gewirkten wenig gesagt. Die Aufteilung der Bildfläche wird nur gelegentlich und umrißhaft durch kurze präpositionale Wendungen gekennzeichnet, z. B. *bytwene them the serpent* (1584) bei Erwähnung von Adam und Eva, *standynge vpon the mount playne* (1593) mit Bezug auf Abraham, der seinen Sohn Isaak opfern will, *in busshe flammynge as fyre* (1602), als Gott dem Moses im Dornbusch erscheint, *passynge the reed see* (1605) bei der Flucht der Israeliten aus Ägypten, *at the mounte of Synaye* (1607), als Moses die Gesetzestafeln erhält, und *Dyuyded in thre Ierarchyses* (1629), als die neun Ordnungen der Engel erwähnt werden. Detailreicher und farbiger werden die gedeckten Tische im Saal beschrieben (1667–1669):

> *The tables were couered | with clothes of Dyaper,*
> *Rychely enlarged | with syluer and with golde;*
> *The cupborde with plate | shynynge fayre and clere.*

Aber auch hier geht es nicht um das einzelne, sondern um die Wahrung der angemessenen Form (1674–1675):

> *To this noble feest | there was suche ordynaunce,*
> *That nothynge wanted | that goten myght be.*

Wie die ganze Festesschilderung und überhaupt die Struktur des Werburge-Lebens so wird die Musik bei Tisch als wohlproportioniert in ihrem Wechselspiel von Einklang und belebender Variation empfunden (1691 bis 1694):

> *Dyuers other mynstrelles | in crafty proporcyons*
> *Made swete concordaunce | and lusty dyuysyons –*
> *An heuenly pleasure | suche armony to here,*
> *Reioysynge the hertes | of the audyence full clere.*

Die Ästhetisierung und Konkretisierung des Emotionalen bewirkt zugleich eine Entspiritualisierung des Gehaltes. Das Religiöse erscheint grundsätzlich reduziert auf korrekte und angemessene Verhaltensweisen, wobei die höfische und die monastische Welt in einer bürgerlich-volkstümlichen Vereinfachung gesehen werden. *Good maners and conynge | maken a man,* sagt Bradshaw mit einem populären Sprichwort im Prolog zu II, 7. Werburge erscheint zunächst auch als Inbegriff höfischer Umgangsformen. Ihre *vertuous maners | and excellent fame* (I, 785) ziehen viele edle Herren an. Sie wartet mit dem Sprechen, bis ihr das Wort erteilt wird, und sie gibt mit ihrer Rede ein beifällig aufgenommenes Beispiel von Ehrerbietung und Eloquenz (I, 976–980):

Doynge her duty | with all due reuerence;
Folowynge her doctryne | full sapyently,
With lycence optayned | spake eudently,
After suche maner | that all the audyence
Reioysed to here | her lusty eloquence.[28]

Ihren Vater bittet sie mit der ganzen Hochachtung der wohlerzogenen Tochter (I, 1359–1372). Ihr Übertritt in das Kloster bedeutet Verzicht auf königliche Ehren; sie ist jetzt – wie in einfacher Objektivierung gesagt wird – Dienerin statt Herrin, eine Magd, die ihren Schwestern untertan ist und den Körper der Seele unterwirft (I, 2528–2534):

She was a mynyster | rather than a maystres,
Her great preemynence | caused no presumpcyon;
She was a handmayd | rather than a pryores,
Seruynge her systers | with humble subieccyon;
Subduynge her body | to penaunce and afflyccyon,
Subiecte to the soule | as reason wolde shulde be,
A true sacryfyce | offered to the trynyte.

Der Ton hat etwas von des Thomas a Kempis *De Imitatione Christi*. Werburge ist allen ihren Nonnen ein *Perfyte exsample | of vertue in her dede* (I, 2519). Bei ihrem Tode nimmt sie die Kommunion (I, 2960). In der Rückschau kann man ihr Verhalten mit ständisch festgelegten Lebensformen charakterisieren. Sie war *A princesse | a virgin | a nonne | and a president* (I, 3314). Ähnlich verläßt König Kenred Gold und Purpur (*crowned with golde, Clothed in purpull*, I, 2444–2445) und geht in ein Kloster. Dies ist von volkstümlicher Anschaulichkeit; dennoch wird der innere Wandel erbaulich klar ausgedrückt (*consyderynge | the great holynes Of his noble parentes* [...] *Moeued his mynde | to seke for lyfe eternall*, I, 2465–2471; *He refused this worlde | pleasures and honoure*, I, 2485). Aber auch hier werden die durch den Ordensstand festgelegten Übungen der Askese, des Gebetes und der Meditation betont, mit Hinweis auf die Regel Benedikts (2489–2492):

There was professed | to saynt Benettes relygyon,
Vsed vygyls | fastynges | prayer | medytacyon;
Where this holy monke | frome this lyfe transytory
With vertu departed | to eternall glory.

---

[28] Vgl. über St. Audry I, 1863–1869.

Ähnlich wird auf die in der Benediktinerregel (Kap. 7) festgelegten zwölf Stufen der Demut und auf die drei wesentlichen Gebote der Armut, der Keuschheit und des Gehorsams hingewiesen (I, 2577–2583).

Eine starke Vergegenständlichung ergibt sich schon wie in der Prozessionsschilderung durch die Kennzeichnung der Körperhaltung, in der sich Tugend oder Frömmigkeit ausdrücken, z. B. (I, 708–709):

> *Sadde and demure | of her countenaunce,*
> *Stable in gesture | proued in euery place,*

oder (I, 750–756):

> *Fyrst in the mornynge | to chyrche she wolde go,*
> *Folowynge her mother | the quene, euery day,*
> *With her boke and bedes | and departe not them fro,*
> *Here all deuyne seruyce | and her deuocyons say*
> *And to our blessed sauyour | mekely on knees pray,*[29]
> *Dayly hym desyrynge | for his endeles grace and pyte*
> *To kepe her frome synne | and preserue her in chastyte.*

Wie hier und in anderen bereits zitierten Beispielen wird meist auch der mit der Lebensart oder Tugend verbundene typische Raum in volkstümlicher Vereinfachung erwähnt. Sexburge, so heißt es, hatte lieber ein Kloster als einen schönen Palast (I, 2040), machte diesen oft zum Spital, ihr Privatzimmer zum Oratorium, übte in Hof und Halle Werke der Barmherzigkeit, ging oft zur Kirche oder pries den Herrn in der Verborgenheit (I, 2066–2072).[30] Entsprechend wird der königliche Stand mit der Naivität des Volksbuches als Besitz von Macht, Gold, schönen Kleidern, Hofstaat und festlichem Gepränge gesehen und mit Formeln ausgemalt, die z. T. an die spielmännischen Episodenlegenden des frühen 13. Jhs. erinnern. Als der Prinz der Westsachsen um Werburge wirbt, verspricht er ihr (I, 820–826):

> *'ye shalbe asured | a quene for to be,*
> *ye shall haue ryches | worshyp | and honour,*
> *Royall ryche appareyll | and eke the sufferaynte,*
> *Precyous stones in golde | worthy a kynges tresour,*
> *Landes | rentes | and lybertees | all at your pleasur,*
> *Seruauntes euery houre | your byddynge for to do,*
> *With ladyes in your chambre | to wayte on you also.'*

Hohe Vollendung und Heiligkeit, die *vertues morall*, so entschuldigt Bradshaw sich (I, 2591–2597), kann er aus „Mangel an Gelehrsamkeit" nicht ausdrücken. Auch das Psychologische tritt bei ihm zurück. Er liebt keine Gefühlsanalysen wie Capgrave. Die Bestürzung Werburges, als der Prinz

---

[29] Vgl. in Abb. 10 (Taf. VIII) die kniende Frau links und dazu S. 354f. u. 359.
[30] Vgl. ebd.

der Westsachsen ihr einen Antrag gemacht hat, führt er nicht aus, sondern läßt eine gütige Darlegung ihrer Gegengründe folgen (I, 827–840). Die Motive, die den Vater zur Tötung seiner Söhne veranlassen, werden nicht genügend entwickelt (I, Kap. XII). Nach der Untat bereut er sofort (I, 1240 bis 1260), aber Bradshaw zeigt nicht seine innere Not, sondern stellt erbaulich die Mittel der Tröstung heraus. Die Mahnung der Königin, Buße zu tun, findet ein willigeres Ohr als der Rat der Freunde, weltliche Zerstreuungen bei Jagd und Spiel zu suchen (I, 1261–1267). Die Gefühlsäußerungen sind, wo sie ausführlicher gegeben werden, von der Einfachheit eines Kirchenliedes – so z. B. im Gebet Werburges, die ihren Tod erwartet (*Well-come my lorde | well-come my kynge*, I, 2963–2990) – und gelegentlich von der Feierlichkeit der Lydgateschen „güldenen" Diktion – so bei der Klage der Schwestern um Werburges Tod (I, 3137–3174). Auch die zahlreichen Reden erfolgen jeweils der typischen Szene und Rolle gemäß, z. B. als Antrag (I, 810–826), Schmeichelrede (I, 904–917), Verurteilung (I, 939–973, 981–994, 1003–1022), inständige und ehrerbietige Bitte (I, 1359 bis 1372), ausführliche Erklärung und Belehrung (I, 1373–1421), Tröstung der Mitschwestern (I, 2914–2955) oder geistliche Ermahnung (I, 3002 bis 3053). Ganz ähnlich verharrt auf dem Wandbild der Kapelle des Eton College die Frau vor der Madonnenstatue in der gesammelten Ruhe der frommen Beterin, die von keiner psychischen Erregung gezeichnet ist. Ihr Gesicht ist von einer gewissen herben Unbewegtheit und doch dem geschauten Devotionsbilde ganz hingegeben. Entsprechend verhalten wirken ihre beinahe zaghafte Gebärde und der schwere Stoff ihrer vornehmen Gewandung.

Wie immer wieder sichtbar wurde, hat Bradshaw nicht für die Gebildeten, sondern für ein allgemeines, vorwiegend bürgerliches Publikum geschrieben.[31] Das mag seinen literatursoziologischen und frömmigkeitsgeschichtlichen Grund darin haben, daß zu seiner Zeit eine umfangreiche Bearbeitung eines Legendenstoffes für ein anspruchvolles Publikum nicht mehr in Betracht kam.[32] Jedoch scheinen auch die besonderen Verhältnisse in Chester eine Rolle gespielt zu haben. Bradshaw denkt offenbar an den Landadel und das Bürgertum dieser Stadt, also an ein typisch spätmittelalterliches Publikum, dem die Bilder eines repräsentativen Lebensstils willkommen sein mußten.[33] Hinzu kommt seine eigene schlichte Frömmigkeit. So ist seine Darstellung zwar einfach, aber keineswegs kunst-

---

[31] Some small treatyse / to wryte breuely
To the comyn vulgares / theyr mynde to satysfy (I, 83–84).
Vgl. auch Epilog (II, Kap. 24, 2013–2019), wo im Gegensatz zum *clerke* ausdrücklich von *marchaunt men | hauyng litell lernyng* gesprochen wird und von der Verbreitung der Heiligenlegende unter *rude people*.
[32] So R. Kapp, *Heilige und Heiligenlegenden in England*, Halle 1934, S. 65. Vgl. auch unten S. 375.
[33] Vgl. dazu grundsätzlich Huizinga, a.a.O. bes. Kap. II u. III.

los. Als Kenner der Literatur ist Bradshaw mit Chaucer und Lydgate vertraut.[34] Nach dem Vorbild des letzteren verwendet er nicht selten rhetorische Diktion.[35] Andererseits greift er auf die alte Langzeile und einprägsame formelhafte Wendungen zurück.[36] Bis in Metrum und Wortgebung hinein reicht die eigentümliche Mischung von späthöfisch-zeremonieller Art und volkstümlicher Überlieferung. Daneben läßt sich ein bereits humanistisch orientiertes ästhetisches Empfinden erkennen.

3. Barclays Georgslegende (1515)

Neben Bradshaws Werburge ist Alexander Barclays *St. George* zu nennen,[37] eine Arbeit, die der Widmung zufolge 1515 abgeschlossen wurde und offensichtlich kurz darauf bei Richard Pynson erschien. Zur Zeit der Abfassung war Barclay noch Benediktinermönch in der Abtei Ely. Wie seine bekannteren Werke, die rhetorisch überladenen Bearbeitungen des Narrenschiffs (1509)[38] und lateinischer Eklogen (ca. 1515)[39], so zeigt das damals wie später kaum beachtete Georgsleben einen starken Zug zu ornamentaler Sprache sowie zu moralisierender und konkretisierender Darstellung. Auch das modische Versmaß, die Chaucer-Strophe, behält Barclay für seine Legende bei, ohne sie jedoch besonders glücklich zu handhaben.

Seine Quelle, der *Georgius* des Giovan Battista Spagnoli (Il Mantovano oder Mantuanus), zuerst publiziert in Mailand 1507 und von Barclay neben seiner englischen Version abgedruckt, ist als typisches Produkt der italienischen Humanistenschule in einem glatten und korrekten Latein geschrieben, mit klassisch-mythologischem Apparat ausgestattet und von unbestechlicher Moralität. Im übrigen fußt Spagnoli auf der *Legenda aurea*, vermeidet jedoch einzelne Begebenheiten als zu phantastisch.[40] Barclay bearbeitet den lateinischen Text mit der im späten Mittelalter immer größer werdenden Freiheit des Hinzufügens und Streichens, über die er u. a. im Vorwort zu *The Ship of Fools* spricht.[41] Wie in anderen Übersetzungen läßt er zu schwierige Anspielungen fort und ersetzt sie durch Vorstellungen aus dem Alltagsleben. Er trachtet danach, den Sinn offen herauszustellen, aber sein Mittel ist nicht Capgraves umständliche Exposition, sondern eine

---

[34] Vgl. II, 2023.
[35] Vgl. die ausführliche Liste bei Horstmann, a.a.O. S. XXXVIIIf.
[36] Vgl. die ausführliche Liste ebd. S. XXXII, Anm. 2.
[37] *The Life of St. George by Alexander Barclay*, ed. W. Nelson, EETS. 230.
[38] *The Ship of Fools*, ed. T. H. Jamieson, Edinburgh 1874.
[39] *Barclay's Eclogues*, ed. B. White, EETS. 175.
[40] Vgl. W. Nelson, a.a.O. S. XIX.
[41] "I haue but only drawen into our moder tunge, in rude langage the sentences [den Sinn] of the verses as near as the parcyte of my wyt wyl suffer me, some tyme addynge, somtyme detractinge and takinge away such thinges a[s] semeth me necessary and superflue." Zitiert nach W. Nelson, a.a.O. S. XX. Vgl. dagegen das humanistische Übersetzungsideal der Terenz-Übersetzer von 1520, oben S. 335, Anm. 28.

erzählfreudige, bunte Darstellung, die durch Schilderungen und Reden das moralische Anliegen anschaulich vor Augen führt. Allerdings ergibt sich bei ihm nicht Bradschaws intensive wechselseitige Durchdringung von äußerer Erscheinung und Sinngebung.

Als Hauptbeispiele seiner Kunst sind die Schilderung des Drachen (680–714) und des Drachenkampfes zu nennen, dessen Einzelphasen detailreich wie auf den Tafeln eines spätmittelalterlichen Bilderzyklus ausgeführt werden: Georgs Speerstoß in Rachen und Leib des Drachen (869–871); das Verhalten des Pferdes, das zunächst vom Aufprall benommen ist, dann selbständig vorgeht und sich wieder beruhigt (872–889); schließlich der erneute Angriff Georgs, der nun sein blitzendes Schwert gebraucht, dessen Schein, wie es anschaulich heißt, die Stadtmauer mit Phöbus' Hilfe aufleuchten läßt und das nach dem Hieb zerbricht (890–896):

> The valyaunt george: of courage was egall
> And drewe his sworde | glasyd so clere and bryght
> That the flamynge shadowe | stroke on the cyte wall
> By Phebus aydyd: and strykyn with his lyght
> With suche weapen: the champyon bolde and wyght
> All drede expulsyd: the monstre dyd withstande
> Tyll tyme his swerde | was broken to his hande.

Danach trifft Georg des Drachen Herz mit einem anderen Speer (897–903), und das Untier sinkt in sich zusammen (904–907).

Barclay erzählt vorganghafter als Bradshaw. Für die Einzelphasen ergibt sich ein zeitintensives, verweilendes Beschreiben von schaubildartiger Wirkung. Barclay selbst spricht davon, wenn er den Anblick des verendenden Drachen als *syght* (917) für die Zuschauer auf der Stadtmauer bezeichnet (911–917):

> Nowe lyeth this monstre: displayed on the grounde
> Stryuynge with deth | hyr cruell yre put by
> She pantyd for payne | of the sayd mortall wounde
> Stretchynge hyr lymmes | vpon the grauell drye
> The people standynge | vpon the wallys hye
> Within the cyte: and also they without
> Behelde the syght: with ioyfull crye and shout.[42]

Dieser Tendenz entspricht es, daß er sorgfältiger als das lateinische Original die auf Mauer und Tor gemalten Bilder des Drachen und des Kampfes behandelt (1146–1155) und von Spielen berichtet, in denen alljährlich das Geschehene wiederholt und der Nachwelt übermittelt worden sei, ähnlich wie die Griechen die Taten des Herkules oder des Jupiter verewigt hätten (1156–1162). Andere Beispiele von Deskription sind die farbige Darstellung des Quellwunders beim Bau der von Georg gewünschten Kirche (1226 bis

---

[42] Vgl. dagegen die unanschauliche Darstellung, die Capgrave mit dem Wort *sight* verband, oben S. 338.

1232) einschließlich der Grabenanlage zur Bewässerung der Felder (1240 bis 1246) oder die nach klassischen Mustern und im Anschluß an die Vorlage ausgeführten Tages- und Jahreszeitenschilderungen (Abend 1884–1890, Morgen 1947–1955, Frühling 2535–2541) – was alles nicht zum herkömmlichen Legendenerzählen, sondern in die Konventionen der weltlichen Erzählliteratur gehört. Auch das äußere Erscheinungsbild des Heiligen und seines Widersachers, des Zauberers, wird nach der lateinischen Fassung ausführlich und mit Sinn für bewegungsreiche Gebärden beschrieben. Georg zeigt sich in seiner vollen Gestalt und lächelnd (2031 bis 2037), der Zauberer gebietet mit einer Handbewegung Schweigen (2038 bis 2044), die Menge sieht aufmerksam zu (2045–2046), Georg, wiederum lächelnd, leert den mit Gift gefüllten Becher, indem er noch die Tropfen vom Rande leckt (2059–2065), während gleichzeitig die Gesichtsfarbe des Zauberers vor Erregung wechselt (2066, 2073, 2094). An anderer Stelle verbirgt sich der König vor Scham und Wut (2170); sein Rasen wird mit dem eines geifernden Drachen verglichen (2444–2450). Der Scharfrichter mit seinem Beil späht gierig nach seinem Opfer. Selbst Georgs Haltung an der Hinrichtungsstätte wird beschrieben (2605–2618), wobei die zum Himmel erhobenen Hände (2613) deutlich an Benedikts Gebärde beim Sterben erinnern,[43] die dem Mönch Barclay gut bekannt sein mußte. Auch die Marterung erscheint in drastischen Einzelheiten (1800–1834), ebenfalls das als Tötungsmaschine konstruierte Rad (2140–2149). Während in der *Legenda aurea* die wunderbare Zerstörung dieses Werkzeuges und das Unversehrtbleiben Georgs nur konstatiert werden *(sed statim frangitur et Georgius illaesus penitus invenitur)*[44], sagt Barclay im Anschluß an seine Vorlage gelehrt und anschaulich zugleich, daß der Herr die vier Winde aufgerufen und einen Sturm entfacht habe, in dem das Rad zerbrochen sei (2157–2166). Ähnlich zerfällt auf Georgs Gebet hin der heidnische Tempel in seine Teile (2325–2348). Der Engel befreit Georg durch Licht und angenehmen Duft von der ganz realen Dunkelheit und dem Übelgeruch des Kerkers (1898–1904).[45] Die *Legenda aurea* dagegen spricht in der ihr eigenen mitfühlenden Weise, noch ohne Verstofflichung, von Süße und Trost der wunderbaren Engelerscheinung.[46]

---

[43] Vgl. oben S. 63.

[44] *Legenda aurea*, Graesse, S. 262.

[45] A.a.O. S. 78: Thus whyle the martyr / alone lay wythout lyght
       The pryson smellynge / wyth fowle and dedely sent
       A messanger / cam downe from god almyght
       wyth lyght of heuen / and bawme moste redolend
       Into the pryson / whan he was come present
       The mysty Dongyon / where as the martyr lay
       was swetely smellynge / and bryghter than the day.

[46] A.a.O. S. 262: "Eadem nocte dominus cum ingenti lumine ei apparuit et ipsum dulciter confortavit, cujus melliflua visione et allocutione sic confortatus est, ut pro nihilo duceret cruciatus".

Voll konkreter Bewegung ist bei Barclay auch die summarische Darstellung der Christenverfolgung. Messen hören auf, Altäre werden dunkel (1625–1626), Planeten und Sterne sehen die Seelen dichter als wirbelnde Staubteilchen in der Sonne zum leuchtenden Himmel aufsteigen (1597–1600) und Flüsse werden rot von Blut (1609–1610):

Thyse cruell tyrantes | by slaughter playnly wode
Made ryuers redde | with fautles martyrs blode.

In der *Legenda aurea* erscheint Entsprechendes andachtsbildartig als Symbol des fließenden Blutes.[47] Selbst eine Brevitas-Formel wird von Barclay ins Gegenständliche gewendet – mit einer Vorstellung, die frühhumanistischer Freude am Sammeln von Wissensstoff entspricht: um die vielen Martern der Christen darzustellen, wäre ein Band dicker als die Bibel erforderlich (1592–1593).

Wie schon einige der Beispiele zeigten, ist die Schilderung der Gefühle von derselben Anschaulichkeit wie die der äußeren Geschehnisse. Besondere Belege sind die Klage um die zu opfernde Königstochter (624–651), der Jungfrau eigenes *complaynt* (779–819) und die allgemeine Freude über ihre Errettung (918–931, 939–959). Statt des frommen Mitfühlens in der *Legenda aurea* wird ausführliche Gefühlsbeschreibung gegeben, auch in der Begrüßungsrede der Mutter, als die Tochter gerettet zu ihr zurückkehrt (974–987). Interessant ist ferner das nach der Vorlage ausgestaltete frohlockende Selbstgespräch des Kaisers Dacian, als er glaubt, Georg zum Opfern vor den Heidengöttern überredet zu haben (2234–2289). Nach einem Gedankenbericht durch den Erzähler (2234–2254) flüstert der Kaiser mit sich selbst und rühmt sich der gelungenen List, zunächst in der zweiten, dann in der ersten Person von sich redend. Es handelt sich nicht um Gefühlsanalysen wie bei Capgrave, sondern um deskriptive Veranschaulichung und moralisches Werten vom Leser bzw. Zuhörer aus. Die Perspektive ist – wie meist im geistlichen Spiel, zu dem auch die Gebärdensprache paßt, – die der exempelhaften Demonstration für das Publikum, nicht die des Selbsterlebens der Person. In dieser Hinsicht wirkt Barclay mittelalterlicher und konventioneller als Capgrave und stimmt mit Bradshaw überein.

Wie hier gibt Barclay grundsätzlich die Veranschaulichung nicht um ihrer selbst willen, sondern mit der Absicht, die Laster der Verfolger und besonders die Tugenden des Heiligen klar herauszustellen. Letzteres geschieht oft in panegyrischer Sprache. Wie der Bilderzyklus und die Spiele damit erklärt werden, daß sie den Ruhm Georgs der Nachwelt übermitteln sollen, so beginnt die Darstellung nicht mit einer frommen Betrachtung, sondern mit einem Lob des tapfersten und geduldigsten aller Ritter, des

---

[47] A.a.O. S. 264: "sanguinis tui effusio baptismus tibi reputabitur et corona. [...] nec dubitare possumus, quod rosea perfusa sanguinis unda reseratas poli januas ingredi meruit".

noble knyght, der als vollkommener Spiegel und als Blüte des Rittertums gepriesen wird (212–214). Seine Unübertrefflichkeit wird im Vergleich zu Herkules, Kastor und Pollux, Karl dem Großen und König Arthur – den Helden der Griechen, Franzosen und Britanniens – hervorgehoben (295 bis 308). Dann werden die Einzeltugenden des *valyaunt knyght* (331) im Gegensatz zum unbeherrschten Verhalten gewöhnlicher *men of warre* (337) behandelt: seine Schönheit, Standhaftigkeit und Enthaltsamkeit sowie seine Einzelfertigkeiten in der Waffenkunst, im Reiten und im Schwimmen (351–469). Dabei ist es Barclays eigentlichstes, im englischen wie im lateinischen Prolog ausgedrücktes Anliegen, für den Duke of Norfolk, seinen Auftraggeber, und alle übrigen Ritter Englands das Vorbild eines Mannes zu schildern, der gute Sitten mit innerer Tugend verbindet (80). Die englische Jugend wird von ihm aufgerufen, von sinnlosen Spielen abzulassen und dem von ihrem Patron gegebenen Beispiel mannhafter Tapferkeit zu folgen (323 ff.).

Die Verbindung von Etikette, Ständeethik und christlicher Moral entspricht – wie bei Bradshaw – dem Zeitgeist. Monastische Weltentsagung kommt zum Ausdruck, aber nicht ohne deutliche Bindung an das sittlich konzipierte Ritterideal. Georg verzichtet – wovon in der lateinischen Fassung nichts erwähnt wird – auf die ihm zur Frau angebotene Königstochter, da er sich als geistlicher Ritter ganz der Keuschheit geweiht hat (1184–1204). Die ihm geschenkten Schätze gibt er an Kirchen und Arme (1212–1218). Während seiner Pilgerfahrt ins Heilige Land entsagt er dem äußeren Rittertum, um noch heiliger leben zu können (1378–1379). Er denkt an Unbeständigkeit und Eitelkeit der Welt und andererseits an das himmlische Leben, das ihm die Karmeliter an den heiligen Stätten vorgelebt haben (1380–1386). Als er vor den Kaiser tritt, verzichtet er auf seine Ritterrüstung, weil er wegen seines Standes nicht begünstigt werden will (1653–1655). Im Grunde erscheint er dadurch nur noch ritterlicher. Während seiner Marterungen geht es um die Bewährung der Tugenden der Standhaftigkeit und Geduld, nicht um das tröstliche Bild wunderbaren Behütetwerdens und der Befreiung von Schmerzen wie in der *Legenda aurea*. Georg ist auch als *pacyent martyr* (1870) noch der ritterliche Held.

Auch sonst werden christliche und ständische Tugend harmonisch miteinander verbunden. Georg kämpft nur gegen Tyrannen und für das Rechte und Wahre (254, 404–406). Selbst bei den Karmelitern werden neben der Frömmigkeit ihre guten Sitten *(maners)* gesehen (1395). Georgs charakteristische Mahnrede an den bekehrten König und seine Stadt enthält einen Katalog der zu meidenden Laster. Dabei wird ähnlich wie in Barclays *Mirrour of Good Maners* (1523)[48] das für jeden Stand Schickliche betont (1301–1302) und die Forderung erhoben, daß Könige und Priester beson-

---

[48] Veröffentlicht in Cadwoods Ausgabe des *Ship of Fools* von 1570, Neudruck Spenser Society 1885.

ders vorbildlich sein müßten. Dieses harmonische Zusammensehen von innerer Haltung und äußerem Lebensstil entspricht der Geisteshaltung des ausgehenden Mittelalters. Eine interessante Nuance jedoch ist, daß nach Barclay die Ausrichtung des äußeren Lebens auf den Glauben nicht nur Frieden und Gewissensruhe schenkt, sondern auch die Gewähr für Wohlstand bietet (1324–1325). Man könnte in dieser Verknüpfung von innerweltlicher Askese und weltlichem Erfolg einen leisen Vorklang calvinistischen Denkens sehen.

4. Partridges Placidus-Eustachius-Legende (1566)

Die Placidus-Eustachius-Legende des sonst unbekannten John Partridge, der sich selbst als *seruante and dayly oratour* eines *Merchant Adventurer* bezeichnete und diesem sein Werk widmete, erschien 1566 in London im Druck.[49] Sie ist als Zeugnis der bereits reformatorischen Zeit leicht erkennbar. Der für die mittelalterliche Legende charakteristische Zug der Heiligenverehrung fehlt. Daß die annähernd 1300 Verse im Balladenmetrum einen eigentlich hagiographischen Stoff behandeln, wird vom Verfasser vorsichtig verdeckt. Schon der Titel *The Worthie Hystorie of the Most Noble and Valiaunt Knight Plasidas, otherwise called Eustas, Who, was Martyred for the Profession of Jesus Christ* verschleiert den Zusammenhang, und im Text findet sich nichts, was den eifrigsten Protestanten hätte zum Widerspruch reizen können. Eustachius wird, wie bereits Gerould bemerkt,[50] nicht mehr als Heiliger, sondern nur noch als Beispiel größter Geduld gesehen. Statt einer Legende wird eine moralische Geschichte erzählt. Der Held bewährt sich auf gefahrvollen Reisen und in den schlimmsten Wechselfällen des Lebens. Er konnte deshalb gerade für einen Fernkaufmann und Handelsherrn des 16. Jhs. als Vorbild dienen. Als Quelle des Werkes darf die *Legenda aurea* bzw. Caxtons *Golden Legend* angenommen werden; die Stoffverteilung stimmt mit der bei Jacobus und Caxton überein, allerdings gestaltet Partridge im einzelnen mit der größten Freiheit.

Schon die Widmung hebt die Darstellung eines „so bemerkenswerten Beispiels der Geduld" (S. 473) als Anliegen hervor und stellt Eustachius in eine Reihe mit klassischen Exempeln dieser Tugend (mit Hinweisen auf Demokrits Diktum, daß der beste Mensch *a pacient man in miserie* sei, auf eine ähnliche Äußerung des Anaxagoras und auf die große Geduld des von Alexander gefangengenommenen Perserkönigs). Ähnlich wird im Prolog *To the Reader* den Lesern *pacience* ans Herz gelegt, mit Berufung auf Sokrates und auf Heilige, die sie bewährt hätten (17–18):

---

[49] Bei Henry Denham for Thomas Hacket, ed. C. Horstmann, *Ae. Leg. N. F.*, S. 472–488.
[50] *Saints' Legends*, S. 317.

The saincts haue shewed what pacience is,
howe precious in Gods sight.

Von ihrer Geduld im Elend könne man in *stories* (19) lesen – wie unter Umgehung des Wortes „Legende" gesagt wird –, und auch die vorliegende Geschichte beweise das auf das klarste (19–24). Dann wird von der seltenen Geduld Hiobs gesprochen (25–26). Hiermit wird eines der größten und ein für Protestanten wie Katholiken gleichermaßen richtungweisendes Vorbild genannt, dem die von den Martyrern bewiesene Geduld an die Seite gestellt werden kann (26–44). Noch auffälliger werden in *The Verdicte of the Booke* (der Anrede des Buches an den Leser) die eigentlich hagiographischen Aspekte übergangen. Man könne, so heißt es unter Betonung der moralischen Nutzanwendung, hier von großer Geduld sowie von Gottes Vorsehung und Macht lernen und durch Lektüre einen Schatz heben, der wertvoller als Gold und Edelsteine sei (S. 474).

Die von der mittelalterlichen Legende abweichende Sehweise zeigt sich deutlich in der Auffassung Gottes und der Wunder. Letztere werden teils gemieden (z. B. zwischen 806 und 807 die Tröstung des Eustachius durch Gottes Stimme)[51], teils nach Art alttestamentlicher Gotteserscheinungen umstilisiert. Der Hirsch erscheint vor Placidus nicht mehr legendenhaft mit dem Kreuz im Geweih und redend,[52] sondern der Herr in seiner Machtfülle (*The mighty God in Skyes aboue*, 99) ruft ihn, wie im Alten Testament seine Propheten, aus den Wolken an (*I am thy God, then sayd the Lord*, 107). Er macht ihn zu seinem Knecht und fordert Abkehr von den Götzen und Verehrung für sich (99–102, 107–132). Zur Rechtfertigung dieses Anspruchs wird auf das Erlösungswerk verwiesen (109–110), aber die Worte, mit denen die Verachtung dieser Welt um des Himmelreiches willen gefordert wird, haben etwas vom Ton der Lehren des Buches *Ekklesiastes* (121–124):

Arise therfore, go wende in hast, –
this life is but a grasse,
To-day full faire, hir glistring hew
to-morow quite is past.

Auch die Reaktion des Placidus ist im wesentlichen die der alttestamentlichen Gestalten. Er empfindet Furcht, bittet um Vergebung (133–136) und lobt Gott in einem ausführlichen (in der *Legenda aurea* fehlenden) Gebet (143–200), in dem er auch seine eigene Unvollkommenheit und – dem Ton reformatorischer Kirchenlieder nicht unähnlich – ein starkes Gottvertrauen ausdrückt (161–172):

[51] *Legenda aurea*, Graesse, S. 715: "Venit autem ad eum vox dicens: confide, Eustachi, quia cito honorem tuum recuperabis et filios et uxorem recipies."
[52] "Qui cum cervum diligenter consideraret, vidit inter cornua ejus formam sacrae crucis supra solis claritatem fulgentem et imaginem Jesu Christi, qui per os cervi, sicut olim per asinam Balaam, sic ei locutus est dicens: [...]" (a.a.O. S. 712).

366

I do confesse, my heauenly king,
that no good is in me,
But that the goodnesse which I haue,
doth all discende from thee;
Without thy grace and goodnesse, I
no day at all can say
But that I should be ouerthrowen
and brought to deathes decay.
But thou, O God, art my defence,
my aide, my hope, and trust;
Thou art my king, my God, my Lord,
my sauiour, true and iust.

Es paßt dazu, daß die Vorsehung des Herrn betont wird.[53] Hierauf weisen außer der Widmung Bemerkungen wie 623–624 hin, wo das Eingreifen Gottes zur Rettung der Kinder von vornherein ausgesprochen wird, oder die Gebete des Eustachius, in denen er Gott mit erhabenen Titeln biblischen Klanges anruft (z. B. 669–700).

In der *Legenda aurea* sind die Relationen ganz andere. Gott erscheint als der gütige Christus, der, von den guten Werken des Placidus gerührt, ihn erleuchten will[54] und mit Gnadenmitteln tröstet.[55] Eustachius empfindet zwar Furcht, als der Hirsch spricht, aber er wird gleichsam von der wunderbaren Liebe Christi erfüllt und wendet sich ihm voll kindlichen Vertrauens zu.[56] Während Partridge ihn über den Verlust seines Kindes heftig klagen läßt (615–622), fügt Jacobus in frommer Betrachtung hinzu, daß die Gnade Gottes ihn gehalten habe.[57]

Im übrigen wird das Moralische bei Partridge viel stärker betont. Eustachius fleht eindringlicher und häufiger als in der *Legenda aurea* um Geduld und Gehorsam (175–192, 707). Ebenso wie die Vorbildlichkeit seiner Frau (747–768) wird die Bösartigkeit falscher Freunde (443–464) hervorgehoben. Des Eustachius Kinder werden nach Auffassung des 16. Jhs. und stärker

---

[53] Dieser Zug bahnt sich bereits in der *Gilte Legende* des 15. Jhs. an. Vgl. unten S. 379.

[54] "[...] et quia operibus misericordiae sedulus insistebat, ad viam veritatis meruit illustrari" (ebd.). "[...] elemosinae tuae coram me adscenderunt et ob hoc veni et per hunc, quem venabaris, cervum ego quoque te ipse venarer" (a.a.O. S. 713).

[55] "Cui dominus: beatus es, Eustachi, qui accepisti lavacrum gratiae meae [...] et rursus in spiritualibus divitiis exalteris" (ebd.). Vgl. dagegen Partridge (113–120): "Thy children eke let them be taught / one God to honour pure! / Then thou my kingdome shalt posesse, hereof thou mayst be sure: / Where thou shalt liue eternally / if thou this life detest, / And shalt, if thou fight manfully, / for aye with me be blest."

[56] "Qui cum cervum diligenter consideraret [...] (a.a.O. S. 712); revela mihi, quod loqueris, et sic credam in te. [...] credo, domine, quia tu es, qui omnia fecisti et qui errantes convertis. [Nicht Gott fordert dazu auf, sondern Placidus fragt in liebender Zuneigung von sich aus:] vis, domine, ut haec eadem uxori meae et filiis nuntiem, ut et ipsi pariter in te credant?" (a.a.O. S. 713).

[57] "volens se in aquam projicere, nisi eum divina providentia continuisset" (ebd. S. 714).

als in der *Legenda aurea* zu Mustern gesellschaftlicher Tugenden (927–932). Sie bemühen sich – worin frühhumanistische Gesinnung spürbar wird – gleich ihren Eltern um Bildung (41–46), machen sinnvollen Gebrauch von ihrer Freizeit, indem sie gelegentlich mit ihrem Vater auf die Jagd reiten, „um den Geist zu erfrischen" (47–55), und zeigen liebevolle Sorge um ihren Vater (567–568). Von geringerer Bedeutung ist das Moment psychologischer Verlebendigung, obwohl es stärker als in der *Legenda aurea* ist. Es ergibt sich teils aus den Klagen alttestamentlicher Art, teils aus den Gefühlsschilderungen im Stil der zeitgenössischen Profanliteratur (vgl. die Nachdenklichkeit des Placidus am Ende der Jagd, 215–224, die Begründung des Zuhörens der Frau aus ihrer Neugier, 1089–1096, und die zugleich moralisierende Schilderung der Lüsternheit des Kapitäns, 499 ff.).

Hauptcharakteristikum der Darstellung ist jedoch eine außerordentlich farbige Schilderungskunst, die meist ohne innere Verbindung mit dem moralischen Anliegen bleibt. Es handelt sich um reine Ausschmückung, die von den Konventionen der weltlichen Literatur nicht zu unterscheiden ist.[58] Dabei wird die äußere Vorganghaftigkeit durch eine klar gliedernde, romanzenhafte Erzählweise hervorgehoben, in welcher jeder Einzelschritt auf den Fortgang des Gesamtgeschehens bezogen wird (vgl. etwa die einleitenden umfangreichen Temporalsätze wie 509 ff.). Beispiele bunter Deskription sind die Schilderung des Frühlings mit den Topoi klassischer Mythologie (57–72), der Anfang und das Ende der Jagd (73–76, 209–214), die Seereise mit Abfahrt (471–496) und Landungsmanöver (521–526, 747–768) und vor allem die Stadtbelagerung und -eroberung (933–1076), die mit den militärischen Einzelheiten der Angriffs- und Verteidigungstaktik sowie in genauer zeitlicher Staffelung des zwei Tage und eine Nacht dauernden Unternehmens dargestellt wird.

Die Tendenz zur Entspiritualisierung, die in den anderen Heiligenleben des 16. Jhs. und in einigen des 15. Jhs. schon anklang, ist hier auf die Spitze getrieben. Auch andere rhetorische Mittel der Veranschaulichung wirken in diesem Sinne. Zu nennen ist ein fünffacher Vergleich des brüllend angreifenden Satan mit einem talwärts stürzenden Wasser, einem verwundeten Eber, einer anbrandenden Meeresflut, einem Angriff von Soldaten auf eine Stadt und mit einem herumstreifenden Löwen (411–438). Dabei geht es weniger um das Prinzip des Bösen als um die tableauhafte Anschaulichkeit der Vergleiche. Die Freude an bildhafter Darbietung zeigt sich ferner in der gelegentlich verwendeten Synekdoche (*totum pro parte*, 1211 bis 1212) und vor allem in der metaphorischen Übertragung von Naturphänomenen auf die seelisch-moralische Situation des Placidus. Hierdurch ergibt sich eine über die mittelalterliche Legende hinausweisende und schon

---

[58] Helen C. White, *Tudor Books of Saints and Martyrs*, Madison 1963, S. 282, spricht allgemein von "the proper romantic guise" der Eustachius-Legende Partridges, ohne allerdings das moralische Anliegen zu berücksichtigen.

der neuzeitlichen bzw. klassischen Poetik angehörende Symbolik der Darstellungsweise. Das Wandern durch die dunkle Nacht wird zum Symbol der Verlassenheit des Placidus, zumal vorher (443–464) die Untreue der falschen Freunde betont worden ist (471–472):

In midst of all the darkesome night
from house and friends they goe.

Auch die „wogende See", die Eustachius nach Verlust seiner Frau schweren Herzens verläßt, scheint für seine innere Not zu stehen (557–558):

But from the shoares of surging seas
with heauy minde doth wende.

Der Strom mit seinen *troublesome waues* (573), *dolefull shoares* (588) und dem am entgegengesetzten Ufer baumbewachsenen *fertile ground* (590) wird als Symbol für die Schwere der Entscheidung gesehen. In der bitteren Anklage an die ungerechte Fortuna (575–584) wird von *floudes of miserie* (579) gesprochen. Metaphorisch läßt sich ferner die konkrete Bitte des Eustachius um *some ioyfull resting-place* (704) verstehen. Man spürt, bei aller Bescheidenheit des Ansatzes, einen auf das elisabethanische Epos vorausdeutenden Stil. In der *Legenda aurea* dagegen heißt es begrifflich und anschaulich zugleich: *da requiem, domine, tribulationibus meis et pone custodiam ori meo, ne declinet cor meum in verba malitiae et ejiciar a facie tua.*[59]

Obwohl Partridge kein bedeutender Erzähler war, läßt all dies erkennen, daß mit ihm die Tradition des mittelalterlichen Legendenerzählens in England ihren Endpunkt überschritten hat. Zwar kennt auch die typische Heiligenlegende eine symbolische Konzeption, z. B. bei Gregor dem Großen oder Jacobus a Voragine, aber unter ganz anderen Voraussetzungen. Dort ergibt sich der Sinn jeder Einzelheit aus der einhelligen Ordnung des Ganzen. Marterungen, Wunder, Sünden usw. sind von vornherein Zeichen für das Wirken Gottes (oder des Teufels), weil sie Manifestationen der ewigen Mächte selbst sind und also in einer ganz realen – nicht nur metaphorischen – Beziehung zu ihnen stehen und an ihnen teilhaben. Hinzu kommt der grundsätzlich biographische Grundzug der Hagiographie, wonach es sich um das wirklich geschehene Leben eines historischen Heiligen handelt. Dies gibt der Legende ihren merkwürdigen Doppelcharakter von Transparenz und dennoch Wirklichkeitsbezogenheit. Bei Partridge ist trotz des Hinweises auf die göttliche Vorsehung die Ordnung des Ganzen weniger umfassend und von geringerer geistiger Kraft. Er bemüht sich statt dessen, markanten Einzelphänomen eine jeweils eigene symbolische Bedeutung beizulegen. Dieses Vorgehen entspricht den Gepflogenheiten der profanen Literatur und Rhetorik der Renaissance, ist jedoch der mittelalterlichen Legende noch fremd.

---

[59] Graesse, S. 715.

C. Prosalegenden des 15. Jhs.

I. Bearbeitungen und Übersetzungen der *Legenda aurea*

1. *John Mirks "Festial" (vor 1415)*

a. Allgemeines

Die große Mehrheit der überlieferten alt- und mittelenglischen Legenden ist Versdichtung. Prosalegenden gibt es, abgesehen von den rhythmisierten Stücken der *Meidenhad*-Gruppe und der Sammlung Aelfrics, kaum vor dem 15. Jh., und auch dann bleibt ihre Zahl begrenzt. So wichtig sie für die Geschichte des englischen Prosastils sind, so haben sie doch meist kein eigenes erzählerisches Gepräge, sondern folgen als bloße Übersetzungsliteratur ziemlich wörtlich ihren Quellen. Ihre Bedeutung für die Gattungsgeschichte der Heiligenlegende ist deshalb gering. Dennoch lassen sich auch an ihnen einige Wandlungen stil- und frömmigkeitsgeschichtlicher Art ablesen, die zumindest als Hintergrund zu den markanteren zeitgenössischen Verslegenden von Bedeutung sind.

Mirks *Festial*[1] allerdings verdient als freie Bearbeitung der *Legenda aurea* für den Zweck der populären Predigt ein größeres gattungsgeschichtliches und typologisches Interesse. Es handelt sich hier um eine Sammlung von etwa siebzig Prosapredigten für die wichtigsten Kirchenfeste. Die Homilien zu den Festen Christi stellen die Bedeutung des jeweiligen Tages heraus und verwenden illustrierende *exempla* verschiedener Herkunft. Die Stücke zu den Heiligenfesten bringen nach kurzer seelsorgerischer Einleitung die jeweils stark gekürzte Legende, vielfach mit einer Auswahl der wichtigsten *miracula*. Die Gesamtanordnung ist die des Kirchenjahres. Der Zyklus ist, wie sich aus einer Bemerkung über die Erhebung des St. Wenefreda-Festes zum Feiertag ergibt, vor 1415, möglicherweise um die Jahrhundertwende entstanden. John Mirk, ein Augustiner-Chorherr zu Lilleshul in Shropshire, schrieb die Sammlung, dem Prolog zufolge, in der Absicht, denjenigen Pfarrgeistlichen, die zu wenig Zeit, Gelehrsamkeit oder Bücher für die Vorbereitung ihrer Predigten hatten, eine Hilfe für den Gottesdienst zu bieten.[2] Schon ten Brink spricht treffend von einem „Tröster für Prediger",[3] und Horstmann hat darauf hingewiesen, daß die Stücke „unmittelbar für den Vortrag an die Gemeinde eingerichtet und zugeschnitten" waren, „mit den üblichen Anreden und Schlußformeln, so daß sie vom Blatt weg vorgelesen werden konnten."[4] Offenbar ihrer vielseitigen praktischen Verwendbarkeit wegen fand die Sammlung sehr weite

---

[1] Ed. Th. Erbe, EETS. ES. 96.
[2] Der Prolog ist in Erbes Ausgabe nicht abgedruckt; die wesentlichen Stellen bei Horstmann, *Ae. Leg. N. F.*, S. CXI–CXII.
[3] A.a.O. II, S. 354.   [4] A.a.O. S. CXII.

Verbreitung. Sie ist in zahlreichen Manuskripten erhalten und wurde zwischen 1483 und 1532 in 18 Auflagen gedruckt, häufiger als jedes andere mittelenglische Werk.

Der literarische Wert der Sammlung ist, wie schon Gerould feststellte,[5] unbedeutend. Die Geschichten werden in grober Vereinfachung, sowohl volkstümlich anschaulich als auch lehrhaft klar erzählt.[6] Als Hauptquelle hat der Verfasser nach den Worten des Prologs die *Legenda aurea* verwendet, jedoch mit zahlreichen Erweiterungen praktischer und lehrhafter Art für den Geistlichen und die Pfarrgemeinde.[7] Die *narrationes* der Predigten zu den Festen Christi sind meist den *Gesta Romanorum* entnommen.

b. Die Margaretenlegende

Um ein Bild von der Darbietungsweise zu bekommen, genügt die gründlichere Untersuchung eines einzelnen Beispiels, der Margaretenlegende.[8] Es handelt sich, wie der Verfasser bei vielen anderen Stücken treffend hinzufügt, um einen *sermo brevis*, eine knappe, einprägsame und anschauliche Predigt, nicht um eine legendarische Erzählung. Die kurze Einleitung ermahnt die Verehrer der Heiligen, sich nicht mit häuslichem Fasten zu Ehren Margaretens zu begnügen, sondern am Morgen des Festtages die Messe zu besuchen. Als seine Absicht bezeichnet der Prediger: *Then forto sture your deuocyon þe more to þys holy maydyn, I wyll schow yn parte of his lyfe, and what scho suffyrde for Godys loue.*[9] An der Formulierung erkennt man, daß er konkret zeigen *(schow)* und zugleich abkürzen will *(yn parte)*. Der praktische Zweck ist die Intensivierung des Margareten-Kults. Die preisende Tendenz Lydgates fehlt ebenso wie das emotionale Miterleben des südenglischen Legendars, die still betrachtende Art der *Legenda aurea* oder die Reflexion der schottischen Sammlung.

Zu Beginn werden Orts- und Zeitangaben weggelassen, auch der Name des Vaters der Heiligen bleibt ungenannt. Typisierend werden nur die Hauptfakten hervorgehoben, so das Heidentum des Vaters (S. 199, Z. 30 bis S. 200, Z. 1) – *I red yn her lyfe þat scho had a gret man to her fadyr, and was paynen, and leued on false goddys and mawmetry* – und Margaretens Tugenden der Keuschheit, Demut, Armut und Christusliebe (S. 200, Z. 3–10):

scho herde speke of God an of oure Lorde Ihesu Christ, how he boȝt mankynd wyth his deth out of thraldom of þe fende, and how he louyd specialy

[5] *Saints' Legends*, S. 184–188 (besonders S. 187).
[6] Vgl. auch Wells, *Manual*, I, S. 303, "Definiteness of point and directness of procedure and of statement, characterize the collection."
[7] "I haue drawe this treti sewyng owt of legenda aurea with more addyng-to", "nedful for hym to techyn and othur for to lerne" (zitiert nach Horstmann, a.a.O. S. CXI u. CXII).
[8] Ed. Erbe, a.a.O. S. 199–202.
[9] Ebd. S. 199, Z. 27–29.

all þat woldon leuen in chastite, and seruyn hym yn sympulnes and yn
poverte. Then, when Margret herde of þys, scho toke such a loue to Ihesu
Cryst, þat scho mad a vow yn her hert, þat scho wold neuer haue part of
a manys body, but lyf yn her maydynhed al her lyfe-dayes aftyr.

Olibrius ist von Anfang an *nygh wod for wroth* (S. 200, Z. 21–22). Einzelheiten des psychischen Reagierens werden noch weniger gesehen als in den
anderen Versionen der Margaretenlegende. Reden und Gebete werden
gestrichen bzw. auf knappsten Bericht reduziert. Es geht nicht mehr um
ein frommes und andachtsbildartiges Vergegenwärtigen des frommen Verhaltens der Heiligen, sondern um die Anliegen der zuhörenden Gemeinde.
Charakteristischerweise sind zwei der insgesamt drei von Mirk erwähnten
Gebete Margaretens Fürbitten für die Christenheit. Das dritte Gebet ist
lediglich die Bitte, den Feind *wyth bodly syght* zu sehen (S. 200, Z. 28 f.),
worauf der Angriff des Drachen in grober Anschaulichkeit vor Augen
geführt wird. Auf den Effekt des Berstens des Untiers wird nicht verzichtet, jedoch läßt der *common sense* des John Mirk die Jungfrau nur in den
Rachen, nicht in das Innere des Ungeheuers gelangen. Hier wie überhaupt
ist der Bericht geschehnishaft und zügig, von einer holzschnittartig verkürzenden Einfachheit und Kraft.[10]

Dabei finden sich immer wieder predigthafte Erklärungen. Nach der
Besiegung des zweiten Teufels durch die Jungfrau weist Mirk darauf hin,
daß dies der Grund sei, warum Bilder und Statuen die Heilige mit einem
Drachen unter dem Fuß und einem Kreuz in der Hand darstellten.[11] Der
homiletischen Praxis entsprechen auch die geschickten Vor- und Rück-
verweise, die das Gedächtnis der Zuhörer stützen sollen. Ferner fällt die
polysyndetische Syntax auf, durch welche die zeitliche Verknüpfung und
Gliederung der Ereignisse einprägsam gemacht wird.[12] Auch in ihrer
klaren und lebendigen Folge sind die Sätze auf wirkungsvollen Kanzel-
vortrag angelegt.[13]

[10] Vgl. etwa: "þen Margret lokyd abowte hur, and segh þe fende stondyng yn a hurne, al maset, wyth hys hondys bowndyn byhynd hym; and scho start to hym, and pullyd hym downe vndyr her fete, and sette her fote yn his necke, and þroste hym downe to þe erþe wyth al her myȝht" (S. 200, Z. 34–S. 201, Z. 2). Recht kraftvoll ist Margaretens Antwort an den Teufel: "Hold thy jangelyng, þou fynde" (S. 201, Z. 10).

[11] "Herfor Margret ys payntyd oþur coruen wher scho ys wyth a dragon vndyr her fete and a cros yn her hond, schowyng how by uertu of þe cros scho gate þe victory of þe fynde" (S. 201, Z. 7–9).

[12] Vgl. etwa: "Then, when Margret herd þys" (S. 201, Z. 27) oder: "And when scho was yn þe watyr and prayd þus, anon þe bondys breken, and scho come" (S. 201, Z. 35f.) oder: "Then, when þe pepul sygh and herde þis, anon þay cryde and sayde" (S. 202, Z. 7).

[13] Vgl. im letzten Beispiel der Fußnote 12 etwa das Einschieben des Temporalsatzes, wodurch ein fließender Sprechrhythmus entsteht.

2. Die "Gilte Legende" (wahrscheinlich 1438)

a. Allgemeines zu Quellen und Inhalt der Sammlung

Im Gegensatz zu den Predigtbearbeitungen in Mirks *Festial* stellt die *Gilte Legende* reine Übersetzungsliteratur dar und bietet deshalb für eine Formgeschichte des Legendenerzählens wenig Aspekte. Dennoch werden die Quellen leicht verändert, und zwar in einer Weise, die neben manchem Zufallsbedingten gewisse Prinzipien erkennen läßt. Diese erklären sich im wesentlichen aus der Einstellung des Verfassers bzw. der Verfassergruppe auf ein einfaches Publikum. Die *Gilte Legende* enthält Züge, die als typisch für die Volksfrömmigkeit im 15. Jh. gelten können. Was bei Lydgate und Bokenham in anspruchsvoller Stilisierung erscheint – vor allem das Bedürfnis nach prunkvoll-ornamentaler Form –, wird hier auf niederer Ebene wiederholt. Man könnte von „gesunkenem Kulturgut" sprechen, da von den *aureate terms* der Lydgateschen Schule und von Konventionen der Romanzenliteratur in vereinfachender Weise Gebrauch gemacht wird. Jedoch verbindet sich diese Tendenz mit der Tradition legendarischer Schlichtheit und Erbaulichkeit, die aus den übersetzten Vorlagen übernommen wird. Frömmigkeitsgeschichtlich und literatursoziologisch nimmt die Sammlung deshalb eine Stellung ein, die sich trotz der vorhandenen Unterschiede mit der des südenglischen Legendars im 13. und frühen 14. Jh. vergleichen läßt. Eine wichtige direkte Verbindung zwischen beiden Zyklen besteht insofern, als in der *Gilte Legende* die Fassungen des südenglischen Legendars für die Leben englischer Heiliger und für den zweiten Teil der Michael-Legende als Vorlagen verwendet wurden.

Dieser Zusammenhang ist von der Forschung bisher übersehen worden.[14] Die Quellenuntersuchungen haben sich ausschließlich mit der schwierigen Frage beschäftigt, ob der oder die Verfasser mehr der lateinischen oder der französischen Version der *Legenda aurea* gefolgt sind, die beide in den Schlußbemerkungen zu zwei Manuskripten genannt werden.[15] Das Pro-

---

[14] Nur beiläufig spricht C. Horstmann, *Ae. Leg. N. F.*, S. CXXX, von einer Ähnlichkeit zwischen dem Prolog von Harl. 4755 und dem des südenglischen Legendars. Grundsätzlich richtig – wenn auch ohne Kenntnis des Zwischengliedes, nämlich derjenigen Manuskripte der *Gilte Legende*, die die zusätzlichen Leben englischer Heiliger enthalten – sagt er von Caxton: „für die englischen Heiligen benutzte er einheimische Quellen, so wahrscheinlich die südliche Legendensammlung" (ebd. S. CXXXV). P. Butler, *Legenda Aurea – Légende Dorée – Golden Legend. A Study of Caxton's Golden Legend with Special Reference to Its Relations to the Earlier English Prose Translation*, Diss., The Johns Hopkins University, Baltimore 1899, S. 69, bemerkt zum 2. Teil der Michael-Legende in MS. Addit. 11565: "it [...] is the prose form of what is found in the *Early South Eng. Legendary* (Laud. MS. 108), p. 311; the relations between the two must be discussed later." Dennoch geht er auf diese Relation nicht weiter ein, auch nicht, wenn er (S. 77) Horstmanns Bemerkung über Caxton und das südenglische Legendar zitiert.

[15] MS. Douce 872, fol. 163 (zitiert nach Horstmann, *Ae. Leg. N. F.*, S. CXXXII): "And also here endith the lives of Seintis that is callid in latynne Legenda Aurea and in

blem wird nicht eindeutig zu lösen sein, bevor nicht kritische Ausgaben aller drei Sammlungen vorliegen.[16] Auch über die Textgeschichte der in sieben Manuskripten überlieferten englischen Übersetzung wird vorher kaum endgültige Klarheit zu erzielen sein. Nach dem bisherigen Forschungsstand[17] betrug der ursprüngliche Umfang, wie er im Index des MS. Harl. 4775 angegeben wird (ergänzt um das in der Übersicht vergessene Kap. 171) wahrscheinlich 179 Legenden,[18] stieg jedoch in MS. Addit. 35298 (früher Ashburnham Appendix 91) auf 199 Legenden an.[19] Über den Zeitpunkt der Ausweitung läßt sich nichts sagen. Bei den neuaufgenommenen Stücken, die sich großenteils auch in den MSS. Addit. 11565[20] und Lambeth 72 finden,[21] handelt es sich vorwiegend um die aus dem südenglischen Legendar übernommenen englischen Heiligenleben, und zwar (Zählung nach A. Kurvinens Liste) um St. Edward the Confessor (79), St.Winifred (80), St. Erkenwald (81), The Pardon of all the Churches in Rome (86), St. Edmund of Canterbury (95), St. Bridget (96), St. Edmund the King and Martyr (97), St. Frideswide (98), St. Edward the King and Martyr (99), St. Alphege (100), St. Augustine of Canterbury (101), St. Oswald (102), St. Dunstan (103), St. Aldhelm (104), St. Theophilus (105), St. Swithun (106), St. Kenelm (107), St. Chad (108), St. Cuthbert

Englissh the gilte legende: the which is drawen out of Frensshe into Englisshe, The yere of oure Lorde a MCCCC and XXXVIII, bi a synfulle wrecche, whos name I beseche Jhesu Criste bi his meritis of his passioune and of alle these holie seintis afore written that hit mai be written in the boke of euerlastinge life. Amen." – MS. Harl. 630 (zitiert nach P. Butler, a.a.O. S. 54): "Here endeth the Boke of the life of Seintes called in latyn legenda aurea. compiled and drawen into englissh bi worthi clerkes and doctours of Diuinite suengly aftre þe tenur of þe latin."

[16] Für die französische Version als Hauptquelle entschied sich zuerst C. Horstmann, *Ae. Leg. N. F.*, S. CXXXIII. Dieser Auffassung stimmten zu G. H. Gerould, *Saints' Legends*, S. 195 ("The translator [or translators], it should be stated, followed the order and the text of the French version by Jean de Vignay rather than the Latin, though there are slight differences in content between the French and English translations which can be explained only on the hypothesis that the Latin was used as final authority."), und Sister Mary Jeremy, O. P., "The English Prose Translation of the 'Legenda aurea'", *MLN* 59 (1944), S. 181–183, und "Caxton and the Synfulle Wretche", *Traditio* 4 (1946), S. (423–428) 424, wo der Einfluß der französischen Version mit dem Vorkommen von Wörtern wie *tristinesse, orphelins, Thessalonique, reine* und *forsiblement* belegt wird. P. Butler, a.a.O. S. 70–73, bringt jedoch Belege für die Verwendung der lateinischen Version als Hauptquelle. Möglicherweise liegen die Verhältnisse von Fall zu Fall und bei wechselnden Übersetzern verschieden.

[17] Vgl. besonders Auvo Kurvinen, "Caxton's 'Golden Legend' and the Manuscripts of the 'Gilte Legende'", *NM* 60 (1959), S. 353–375.

[18] Vgl. die Listen bei C. Horstmann, a.a.O. S. CXXXIV–CXXV, und (genauer) P. Butler, a.a.O. S. 50–52; dazu A. Kurvinen, a.a.O. S. 358ff.

[19] Vgl. Inhaltsübersicht bei A. Kurvinen, a.a.O. S. 358–363. Dieses noch nicht edierte Manuskript wird den folgenden Untersuchungen zugrunde gelegt, sofern nicht Einzeleditionen nach anderen Manuskripten vorliegen.

[20] Vgl. dazu P. Butler, a.a.O. S. 64–70.

[21] Über die Relationen der drei MSS. zueinander s. A. Kurvinen, a.a.O. S. 357.

374

(109), St. Feith (110), St. Dorothy (111), St. Leger (112) und St. Brendan (113). Hiervon enthalten MS. Lambeth 72 die Nummern 95 bis 111 und MS. Addit. 11565 (teils unvollständig) die Nummern 104 bis 111 und 113. Weitere Zusatzlegenden des MS. Lambeth 72 sind drei ausführliche Darstellungen: ein Leben des Thomas von Canterbury, das wesentlich detaillierter als Nr. 10 der MSS. Harl. 4775 und Addit. 35298 ist, ein in 16 Kapitel unterteiltes Barbara-Leben und die im 15. Jh. äußerst populär gewordene, 56 Kapitel umfassende Geschichte der Drei Könige von Köln, die auch in zahlreichen Einzelmanuskripten überliefert ist.[22] MS. Addit. 11565 enthält ebenfalls ein ausführlicheres Thomas-Leben und außerdem den (in den anderen MSS. nicht enthaltenen) 2. Teil der Michael-Legende nach der Fassung der südengl. Sammlung.

Die Mitverwendung des südenglischen Legendars in der ausgeweiteten Fassung der *Gilte Legende*, die später wieder von Caxton herangezogen wurde, ist für die Frage nach Kontinuität und Wandlung des Legendenerzählens von großem Interesse. Der Rückgriff auf den älteren Zyklus, der von franziskanischem Frömmigkeitsgefühl und einer die Empfindung direkt und schlicht ausdrückenden Sprache getragen wird, gibt der Prosa des 15. Jhs. eine Emotionalität, die man in der übrigen zeitgenössischen Legendenliteratur kaum findet. Allerdings treten neue, dem ausgehenden Mittelalter angehörende Erbauungs- und Darstellungstendenzen hinzu. Das liebevolle Mitfühlen mit den Leiden, Tröstungen und Freuden der Heiligen verbindet sich mit einem starken Bedürfnis nach glanzvoller Feierlichkeit. Außerdem wird ein realistischeres Sehen und begrifflich prägnanteres Festlegen der Ereignisse deutlich. Dazu kommt eine predigthaft moralisierende Tendenz. Sie läßt sich schon im Prolog zu MS. Harl. 4755 greifen. Hier wird das Leben der Heiligen als Spiegel bezeichnet,[23] und einfachen Leuten wird zur Förderung von Tugend und Glauben das häufige Lesen oder Hören des Buches empfohlen:

> *Here biginneth the meroure and the liuynge of holie Martires and of*
> *seintes that suffriden here in her liuis grete peyne and passioune in encresinge*
> *her Joie in the blisse of heuen, to excite and stere symple-lettrid men and*
> *women to encrese in vertue bi the offten redinge and hiringe of this boke.*
> *For bi hiringe mannes bileuinge is mooste stablid and Istrengthid.*[24]

Das frömmigkeits- und literaturgeschichtlich Interessante hieran ist, daß die Legenden als Lektüre für ein ungebildetes Publikum gelten. Diese Zuordnung entspricht dem Zurücktreten der Legende in der Kunstdichtung des mittleren und späteren 15. Jhs. Die schottische Legendensammlung des 14. Jhs., in der ebenfalls der Heiligen Leben als Spiegel der Tugenden

[22] Vgl. dazu unten S. 402f.
[23] Auch das südenglische Legendar wird in einem MS. des 15. Jhs. (Cotton Julius D IX) *Mirrour of saiitis liuis* genannt (zitiert nach Horstmann, a.a.O. S. CXXX).
[24] Zitiert nach Horstmann, ebd.

bezeichnet wurde, war noch an Leser adligen Standes gerichtet und forderte zur Kontemplation auf. Die *Gilte Legende* des 15. Jhs. ist wesentlich anspruchsloser.

b. Die Margaretenlegende

Ein Stück wie die Margaretenlegende[25] zeigt kaum Abweichungen vom lateinischen Text der *Legenda aurea*, der in diesem Falle als Hauptquelle gedient zu haben scheint. Dies wird u. a. durch umständliche wörtliche Übersetzungen wie *that canste not be fulfylled* für *insatiabilis* (Graesse, S. 401) nahegelegt. Dennoch lassen sich einige charakteristische Änderungen des lateinischen Wortlautes erkennen. Volkstümliche Emotionalität kommt zum Ausdruck in Wendungen wie *and therefore I drede not to dye for his loue* für *et ideo pro Christo mori desidero* (Graesse, ebd.) und *that so cruelly had vexid hir & faught with hir* für *qui secum pugnat* (Graesse, ebd.). Damit geht eine gewisse Konkretisierung Hand in Hand. Aus der andachtsbildartigen Spiritualisierung *quod sanguis de eius corpore tamquam fonte purissimo emanavit* (Graesse, ebd.) wird *that the blode shulde renne plentevously as a welle oute of hir bodye*, und bei Erwähnung des wunderbaren Leuchtens (*et mira ibi claritas fulsit*, Graesse, ebd.) wird anders als in den früheren Versionen[26] zusätzlich der Gefängniswärter als Beobachter genannt: *and then þere was sene of the kepere a mervelous brightnes in the prison*. Bei Bezwingung des zweiten Teufels wird vergröbernd hinzugefügt: *and þan she bete hym so that the feend cryed*. Andererseits fehlen, als Margareta vom Drachen verschlungen wird, drastische Einzelheiten wie *os super caput ejus ponens et linguam super calcaneum porrigens* (Graesse, ebd.), allerdings auch die Feststellung, daß es sich hierbei um apokryphes Material handelt. Unerwähnt bleibt ferner, daß Margareta vor Anwendung der Feuermarter entkleidet wird (*exuitur*, Graesse, S. 402). Es mag sein, daß hier aus moralischen Gründen jede Möglichkeit einer anstößigen Vorstellung vermieden werden sollte. Predigthaft wirkt, daß Margaretens Hilfsmacht für das Leben gebärender Frauen und ihrer Kinder auch auf die Erlangung des Christenglaubens bezogen wird:

> *so that thaye myght be savid bothe the wommans lyfe and the childe to haue crystendome.*

Eine Neigung zu preisender Haltung wird spürbar, wenn am Schluß die Eigenschaften Margaretens nicht, wie in der *Legenda aurea*, im Ton tiefer Betrachtung gegeben werden, z. B. (Graesse, S. 403):

> *fuit timoris Dei plena, justitia praedita, religione coopersa, compunctione perfusa, honestate laudabilis, patientia singularis,*

sondern z. T. als Schmuck erscheinen, der die Heilige umgibt:

---

[25] Bisher nicht ediert; Zitate nach MS. Addit. 35298.
[26] Die Mombritius-Fassung nennt nur Theotimus als Augenzeugen, s. S. 174, Anm. 16.

she was sadde and stable in the love and drede of god and wurshypid with
holye religioun arayed with compuncioun envyronyd with prayseable pacience.

c. Die Cuthbertlegende

Exakter, weil mit Sicherheit jeweils nach einer einzigen Quelle, dem südenglischen Legendar bearbeitet, lassen sich die Veränderungen der *Gilte
Legende* in den Leben englischer Heiliger erfassen. Die Cuthbertlegende
soll als Hauptbeispiel dienen.[27] Die wichtigsten Unterschiede der beiden
Versionen lassen sich deutlich an der Darstellung des Brotwunders ablesen. Im südenglischen Legendar wird zunächst (60–68) von dem Besuch
der Engel allgemein und dann (69–84) von dem Einzelwunder erzählt. Die
Gilte Legende zieht das zu einem Gesamtvorgang zusammen, wobei auf
die Emotionalität der Vorlage verzichtet wird. Statt der andachtsvoll
miterlebenden Vergegenwärtigung des frommen Verhaltens Cuthberts
(63–68):

Angles þer come ofte to him . & wiþ him ofte he ete
As þei it oþer gistes were . þe gistnynge was wel swete
Wel gladlich gistes þen mete he ʒaf . he nolde noman werne
þen mete þat bad porcharite . he nas noþing steorne
Him sulf he hom wolde ʒiue . water to hore honde
And serui hom of alle mes . & biuore hom stonde

wird ein summarischer Bericht mit begrifflichen Fixierungen (wie *in
likenes of*) gegeben (S. 100, Z. 22–24):

*for angels come to hym thider ofte tymes in likenes of othir gestys, and
he wolde serue hem ful diligently with mete, drynke, and al othir necessaryes.*

Charakteristisch ist hier auch die Abwandlung des Freudegefühls *(wel
gladlich)* in ein moralisches Prädikat *(ful diligently)*. Wo spontanes Miterleben beibehalten wird, erscheint es leicht in anderer Nuancierung. So
wird aus der schlichten Freude Cuthberts (82: *wel þat he was glad*) eine
äußerlich sich kundtuende Heiterkeit (S. 100, Z. 32: *and made ful mery*),
wie man es ähnlich in Carols des 15. Jhs. beobachten kann.[28] Es entspricht
dieser Schwächung bzw. Wandlung des Gefühlsmomentes, daß die konkret schaubaren, materiellen Einzelheiten und Umstände des Geschehens
stärker in den Vordergrund treten. So wird etwa aus (südengl. Legendar,
77–79):

[27] Ed. (nach MS. Addit. 11565) P. Butler, a.a.O. S. 99–101; die Version in MS. Addit.
35298 stimmt bis auf orthographische und grammatische Abweichungen wörtlich
damit überein; Zitate nach Butler. Südenglische Fassung EETS. 235, S. 118–121; vgl.
dazu auch oben S. 223 ff.
[28] Vgl. Verfasser, „Gesch. d. engl. Marienlyrik i. Mittelalter", a.a.O. S. 42.

Wel þicke it was þer oute ysnywed . he ne miȝte finde is fore
Ware forþ he wende awei . in þe snowe ne in þe vlore
As he soȝte þisne gist . & wende aboute wide

die Formulierung (S. 100, Z. 27–28):

that same tyme was a gret snowe, and then he lokyd to se by ther fete
what wey thei went; but he cowde se no steppe of them.

Auch an anderen Stellen der *Gilte Legende* lassen sich diese Tendenzen nachweisen. Mehrfach erscheinen die andachtsbildartigen Passagen der südenglischen Version zu einer schaubildartigen Stofflichkeit gewendet. Die schon dort gegebenen konkreten Gebärden des Niederfallens und Händeringens (12–13) werden übernommen und durch ähnliche ergänzt, z. B. S. 99, Z. 27–28:

and seint Cuthbert as he kepte shepe in the felde lokyd upwarde and se.

Beim Auffahren der Seele Aidans wird *gret melody* vernommen (S. 99, Z. 29–30), wovon die südenglische Fassung nichts erwähnt. Als Cuthbert nächtlich betend in der kalten See steht, wird seine Blöße betont (S. 100, 35 f.), was veranschaulichend und rührend zugleich wirkt:

he wolde go into the colde water al naked.

Die südenglische Fassung sagt in der ihr eigentümlichen Gefühlsinnigkeit (86–87):

Sein Cuberd wel stilleliche . wendeþ forþ al one
Into þe colde se he ȝeode.

Ein feiner Unterschied ist ferner, daß Cuthbert nicht mehr selbst, wie in der südenglischen Version, nach Tröstung sucht (47):

Solas to habbe in a day . he let him bere aboute,

sondern daß die Brüder ihn hinaustragen, um ihm Erleichterung zu verschaffen (S. 100, Z. 9–10):

his brethern to do hym conforte bare hym into the felde.

Während im ersten Fall persönliches Empfinden ausgesprochen wird, waltet im zweiten objektivierender Berichtston vor.

Dazu kommt, wahrscheinlich aus dem Bedürfnis, sich schnell und sicher verständlich zu machen, eine Neigung zu erklärenden Begriffen und zusammenfassendem Kommentar. Während im südenglischen Legendar das fremde Kind dem jungen Cuthbert in liebevollem Ton einen nur leichten Vorwurf macht (20–22), gibt es in der Prosafassung klar den Grund für seine Warnungen an (S. 99, Z. 14–16):

al my heuynes is only for the, that thou usist suche veyne pleys; ffor oure
lorde hath chosyn the to be an hed of holy churche.

378

Ähnlich wird das Erscheinen des Engels überhaupt damit begründet, daß er vom Himmel entsandt sei, um Gottes erwählten Diener *(his chosyn seruant)* zu trösten (Z. 18). An anderer Stelle wird die himmlische Hilfe aus der Vorsehung Gottes erklärt (S. 100, Z. 18 *by the purviance of god*), während im südenglischen Legendar nur das Wunderbare als solches gefühlt wird (56):

An angel of heuene it was . þat oure Louerd þuder sende.

Eine Vermutung der Mönche, die im Legendar direkt ausgesprochen wird (96):

þe monkes wende euerichone . þat he come out of is bedde,

erscheint in der Prosafassung in einer negativen Formulierung, die erläuternd wirkt (S. 101, Z. 6–7):

but his brethern knewe no thyng of his stonding this euery nyght in the se up to the chyn.

Begriffliche Festlegungen und predigthaft klaren Aufbau gibt es selbstverständlich schon im südenglischen Legendar. So heißt es etwa (37):

Swuþe wel is ordre he held . he was of gret penance.

Jedoch geht die *Gilte Legende* einen Schritt weiter und wendet in diesem Falle auch die erste Hälfte der Zeile zu einer begrifflichen Festlegung (S. 100, Z. 3–4): *in gret fastyng and penaunce.* Entsprechend heißt es zu Beginn der Wunderberichte (S. 99, Z. 3–4):

oure lorde shewid for hym a faire myracle to drawe hym to his loue.

Dagegen setzt das südenglische Legendar mit der Erzählung der Einzelheiten und unmittelbaren Äußerung des Frömmigkeitsgefühls ein (5–7):

þer com go a lite child . hit þo3te þreo 3er old
A swete creature & fair . it was milde & bold
To þe 3onge Cuberd he 3eode . leue broþer he sede

Die Prosafassung verzichtet auf diese Emotionalität; aus der Reihe der Adjektive *swete, fair, milde, bold* bleibt nur das die äußere Schönheit bezeichnende *feyre* erhalten, das zugleich superlativisch gesteigert wird, und aus *leue* wird das weniger emotionale *goode* (Z. 6–8):

sodenly there stode amonges them a feyre yong childe of the age of thre yere, that was the feyrest creature that euer thei byhilde, and anone he seid to cuthbert: "goode brother [...]".

Dennoch ist dieser Passus von Empfindung getragen. Es handelt sich um das im südenglischen Legendar noch kaum bemerkbare Bedürfnis, das ungewöhnlich Schöne der Erscheinung zu rühmen. Hiermit verbindet sich der für das 15. Jh. ebenso charakteristische Sinn für prunkvolle Feierlichkeit. Der Bericht über die Translation Cuthberts nach Durham, die in der südenglischen Fassung noch fehlt, spricht von einem *worshipful shryne*. Die Schlußfloskel bringt zum Ausdruck, daß Gott darum in der Welt ohne Ende zu preisen sei (S. 101, Z. 16–17). Die hier zum Ausdruck kommende Frömmigkeitshaltung unterscheidet sich deutlich von der der älteren Fassung, in der auch beim Tode Cuthberts mitfühlend gesagt wird, daß er in die Freuden des Himmels eingegangen sei, wohin Gott alle durch Cuthberts Gebet gelangen lassen möge (107–108).

Dazu tritt in der *Gilte Legende* die Betonung der moralischen Aspekte. Wo die südenglische Version die gleichbleibende Frömmigkeit Cuthberts in andachtsbildartiger Vereinfachung ausdrückt (28):

> *And inis ȝonghede niȝt and day . ofserued Godes ore,*

sagt die Prosa unter Heraushebung vorbildlicher Einzelheiten (S. 99, Z. 20–26):

> *but bygan to leue a ful holy lyfe, [. . .] and anone he drewe to goode levyng, and was euer in his preyers, bothe nyght and day; & euer he preid to oure lorde that he wolde ȝeue hym grace to do tho thynges that shulde plese hym, and to forsake al thynges that shulde displese hym. And he leuyd so holy a life that al peple had gret ioy of hym.*

Bei Cuthberts Prüfung durch die Gicht spricht das südenglische Legendar von seinem Suchen nach Tröstung, während jetzt seine Geduld betont wird (S. 100, Z. 7–9):

> *And euer he toke it ful paciently, and seid when it plesid oure lorde it shulde passe awey.*

Cuthberts Dankesäußerungen werden, über die südenglische Fassung hinausgehend, mehrfach wiederholt (z. B. S. 100, Z. 3, Z. 16). Moralisierung bringt auch der Schluß, indem die beispielgebende Wirkung des heiligmäßigen Lebens auf viele Menschen ausgesprochen wird (S. 101, Z. 11–13):

> *And then euer aftir he leued a ful holy lyfe, and brought muche peple to goode leuyng by his holy prechyng and goode ensample ȝeuyng.*

Das südenglische Legendar sagt hier nur (102):

> *His bissopriche he weste wel . & wel þat folk gan lere.*

Dagegen unterbleibt in der Prosaversion der die südenglische Fassung abrundende Rückgriff auf den emotionalen Ton der wunderbaren Prophezeiung des Engels (103–104).

d. Die Aldhelm- und Swithunlegende

In entsprechender Weise werden – was hier nur angedeutet werden kann – die anderen englischen Heiligenleben des südenglischen Legendars in

Prosa verwandelt. In der Aldhelmlegende[29] z. B. tritt der konkretisierende Zug deutlich hervor. Der große Lerneifer des Knaben Aldhelm (6–8) wird übergangen; um so gegenständlicher wird von seinem späteren Wirken als Kirchenbauer gesprochen. Statt (12):

And of þe grete abbei þat þer is . muche del let rere

heißt es nunmehr unter Betonung des königlich großzügigen Aufwands des aus Königsgeschlecht stammenden Heiligen (S. 101, 25–26):

And than he dide there gret coste in bildyng, & dide there make a ful rial abbey.

Bei Darstellung des Sonnenstrahl-Wunders wird die südenglische Version (21–24):

He nom of is chesible after masse . & nomon it nolde auonge
Vpe þe sonne bem þerbiside . wel faire he gan is honge
þe sonne bem bar þe chesible . as monyman ysay
þe chesible is at Malmesbury . ȝute to þis day

vergegenständlicht und ästhetisiert zu (S. 101, Z. 35–S. 102 Z. 4):

And when the masse was done ther wolde no man take his vestyment fro
hym, and than he se the sonne beme shyne in at an hole in the glas wyndowe,
and he hyng his Chesiple theron, that al men myght se this gret miracle.
And the same Chesiple is yet atte malmysbury; the coloure therof is purpul.

Der Sinn für das kultisch Feierliche wird wie in der Cuthbertlegende durch Erwähnung des *ful worshipful schyryne* (S. 103, Z. 4) angesprochen. Dagegen kann die Erklärung der „Bibel" als des Buches, das das Alte und Neue Testament enthält (südenglische Fassung 79–80) jetzt wegfallen, weil das Wort offensichtlich seit Wycliffe und den Lollarden geläufig geworden ist (S. 102, Z. 28).

Änderungen in der Swithunlegende[30] bestätigen das bisher gewonnene Bild. Wiederholt tritt berichtende Prosa (z. B. S. 103, Z. 15–17):

And than this holy seint swythen seruyd oure lorde in ful gret deuocion,
so that al the peple had gret ioy of his holynes.

an die Stelle der schlichten Emotionalität der südenglischen Fassung (13–14):

Sein Swiþþin þis ȝonge man. swuþe ȝong bigan
Forto serui Iesu Crist . and to beo holy man.

Aus direkter Gefühlsaussprache und parataktischer Reihung (südengl. Fassung 21–22):

---

[29] Ed. (nach MS. Addit. 11565) P. Butler, a.a.O. S. 101–103; südenglische Fassung EETS. 235, S. 211–214.
[30] Ed. (nach MS. Addit. 11565) P. Butler, a.a.O. S. 103–105; südenglische Fassung EETS. 235, S. 274–279.

þe king louede him swuþe wel. and honurede him inou
And made him chef conseiler . & to is conseil mest drou

wird ein Konstatieren von Fakten und eine konsekutive Verknüpfung
(S. 103, Z. 19–20):

and bycome a ful holy man, so that kyng Egbert made hym hys chaunceler
& chefe of his conseil.

e. Zusammenfassendes über Anliegen, gattungsgeschichtliche Stellung und Verfasserschaft

Der Verfasser bzw. Bearbeiter der *Gilte Legende* bemüht sich auch sonst,
die Begebenheiten präzise zu benennen und einen Kausalnexus zwischen
ihnen herzustellen. Seine Prosa unterscheidet sich deshalb von dem ein-
fühlenden und einfach addierenden Verfahren seiner Quelle. Andererseits
übernimmt er viele Gefühlsäußerungen sowohl aus der *Legenda aurea* wie
aus dem südenglischen Legendar. Zwar sind die seit dem 13. Jh. vollzogenen
frömmigkeits- und stilgeschichtlichen Wandlungen unverkennbar; des
Autors Blick richtet sich mehr auf eindrucksvolle Prachtentfaltung, moralische Aspekte und realistische Einzelheiten als auf inniges Mitfühlen. Denn-
noch ergibt sich aus der Rückwendung auf die älteren Fassungen eine sonst
im 15. Jh. selten gewordene Verbindung von Gedanklichkeit und Emotion,
feierlicher und bunter Konkretisierung und dennoch frommer Anteilnahme.[31] Aus dem Traditionszusammenhang mit der kontemplativen Prosa
der *Legenda aurea* und mit der Gefühlsintensität und Schlichtheit des südenglischen Legendars kommt die *Gilte Legende* zu einem volkstümlich
einfachen, aber ausgewogenen Stil, der in der Geschichte der englischen
Prosa des späten Mittelalters seinesgleichen sucht und dessen Ton schon
von Caxton nicht mehr getroffen wird. Ihre Sprache vermag – wenn auch
manchmal umständlich – der anschaulichen Vorstellung und gedanklichen
Betrachtung ebenso Ausdruck zu verleihen wie der rührenden Empfindung
religiöser oder alltäglicher Art. Ein besonders charakteristisches Beispiel
ist die Katharinenlegende, die im Vergleich zu Caxton unten noch untersucht werden soll.[32]

Im Bereich der metrischen Kunstlegende gelang es zuerst Chaucer, die
Harmonie legendarischen Erzählens nachzubilden. Im 15. Jh. vermochte
ihm darin nur Bokenham zu folgen. Da dieser seinen eigenen Worten zufolge eine Legendenkompilation nach der *Legenda aurea* und anderen berühmten Quellen verfaßt hat,[33] darf mit der Wahrscheinlichkeit gerechnet
werden, daß die *Gilte Legende* sein Werk ist oder daß er doch daran mit-

---

[31] Das Streben nach Erweckung von Gefühl und Vorstellung einerseits und nach Belehr-
rung andererseits spricht wahrscheinlich schon aus der Wendung *to excite and stere*
symplelettrid men des oben zitierten Prologs des MS. Harl. 4755, sofern *stere* als ae. *steoran*
(lenken, leiten) und nicht als ae. *styrian* (in Bewegung setzen, erregen) aufgefaßt wird.
[32] Vgl. unten S. 392 ff.   [33] Vgl. oben S. 323.

gewirkt hat. Die Katharinenlegende kann zwar nicht von ihm stammen, da er in seinen *Legendys of Hooly Wummen* sagt, daß ihm die ausführliche Vor- und Konversionsgeschichte unbekannt sei.[34] Jedoch würden auf ihn einige Eigenarten der Diktion,[35] die persönliche Art der Selbstkennzeichnung als *synfulle wretche* und die genaue Jahresangabe in MS. Douce 372 weisen. Ferner ließe sich eine Parallelität zwischen der in MS. Harl. 4755 geäußerten Erbauungstendenz und Bokenhams (im Prolog zur Margaretenlegende geäußerten) Absicht sehen, Begeisterung, Liebe und Verehrung für seine Heilige zu wecken.[36] In beiden Fällen erscheint in sehr ähnlichem Wortlaut das Streben nach direkter Gefühlsbeeinflussung, das in der Legendenliteratur des 15. Jhs. sonst kaum noch ausgesprochen wird. Auch Bokenhams im Prolog zur *Mappula Angliae*[37] mitgeteilte Zweckbestimmung seiner früheren Legendenkompilation *(for edificacioun and comfort of alle þo þe whiche shuld redene hit or here hit)*[38] paßt in diesen Zusammenhang. Zwar stehen die schlichte *Gilte Legende* und die in Versen und für gebildete adlige Auftraggeber geschriebenen *Legendys of Hooly Wummen* in verschiedenen literarischen Traditionen, jedoch atmen beide verwandten Geist.

3. Caxtons "Golden Legend" (1483)

a. Caxtons Quellen und seine Haltung gegenüber der Legendentradition

Caxton ging in seiner 1483 erstmals erschienenen *Golden Legend* von drei Hauptquellen aus: der *Gilte Legende*,[39] der *Legenda aurea* und einer erst im 15. Jh. entstandenen Umgruppierung und Erweiterung der ursprünglich von Jean de Vignay (vor 1340) verfaßten französischen *Légende Dorée*.[40]

---

[34] *Legendys of Hooly Wummen*, a.a.O. S. 173, Verse 6354–6360.

[35] Vgl. Sister Mary Jeremy, O. P., "Caxton and the Synfulle Wretche", *Traditio* 4 (1946), S. 427f. Allerdings handelt es sich hier um vorläufige Bemerkungen, denen eine gründliche Wortschatzuntersuchung folgen müßte.

[36] Vgl. oben S. 326.

[37] Ed. C. Horstmann, *Engl. Studien* 10 (1887), S. 1–41.

[38] Ebd. S. 6.

[39] Vgl. außer P. Butler, a.a.O. S. 49–75, Sister Mary Jeremy, O. P., "Caxton and the Synfulle Wretche", *Traditio* 4 (1946), S. 423–428, und zuletzt Auvo Kurvinen, "Caxton's 'Golden Legend' and the Manuscripts of the 'Gilte Legende'", *NM* 60 (1959), S. 353–375, wo MS. Addit. 35298 (früher Ashburnham Appendix 91) als die Handschrift der *Gilte Legende* identifiziert wird, die entweder von Caxton benutzt worden ist oder unter den erhaltenen Manuskripten dem von Caxton verwendeten am nächsten kommt.

[40] Die erweiterte Form ist erhalten in 2 MSS. des späten 15. Jhs. – Brit. Mus. Stowe 50–51 und (unvollständig) Fitzwilliam Museum 22, Cambridge, – und in 2 wahrscheinlich 1480 in Paris gedruckten Exemplaren: Brit. Mus. 1275 h. 3 und Cambridge Univ. Libr. A. B. i 17. Vgl. dazu P. Butler, a.a.O. S. 41–47, und Sister Mary Jeremy, O. P., "Caxton's 'Golden Legend' and De Vignais 'Légende Dorée'", *Medieval Studies* 8 (1946), S. 97–106, hier S. 97–99.

Er selbst weist auf diese drei Vorlagen hin,[41] neben denen er von Fall zu Fall andere Überlieferungen verwendete,[42] die er u. a. durch seine Tätigkeit als Verleger kennengelernt hatte.[43] Mitunter folgt Caxton wörtlich seiner Vorlage, so dem Aldhelm-Leben der *Gilte Legende*. Vielfach jedoch weicht er von seinem Haupttext ab. Gelegentlich entlehnt er die Formulierungen aus allen drei Versionen gleichzeitig, und es kommt dann zu umständlichen Synonyma-Gruppen.[44] Wie weit es sich dabei um zufällige oder mit rhetorischer Absicht vollzogene Amplifikationen handelt, ist schwer zu entscheiden; jedenfalls entsprechen diese Ausweitungen Caxtons Ideal von repräsentativer Diktion. Deutlicher zeichnet sich in den von ihm vorgenommenen Kürzungen seine prinzipielle Einstellung zur Sprache und speziell zur Legendenüberlieferung ab. Man glaubt in ihnen die Hand des zu Wohlstand und Ansehen gelangten *Merchant Adventurer* zu erkennen, der erst nach einem vielseitigen und erfolgreichen Leben als Fernkaufmann seine Arbeit als Übersetzer und Buchdrucker begann. Obwohl er ganz im Rahmen der mittelalterlichen Heiligenverehrung bleibt, verrät doch seine Sprache, daß er weder Sinn noch Zeit für mystische Betrachtung und theologische Spekulation hatte. Sie zeigt ferner, daß er die Wirklichkeit gelassen einzuschätzen und auf klare Begriffe zu bringen wußte, daß er Rang, Namen und würdige Formen respektierte und auf Untadeligkeit der Sitten und der Moral pochte. Mit Caxton bearbeitet zum erstenmal in England ein Laie eine umfangreiche Legendensammlung. Damit wandelt sich der Erzählton, wenn auch nicht immer in derselben Weise.

[41] "I had by me a legende in frensshe / ano ther in latyn / & the thyrd in englysshe whiche varyed in many and dyuers places and also many hytoryes were comprysed in the two other bookes / Whiche were not in the englysshe book and therfore I haue wryton one oute of the sayd thre bookes / which I haue ordryd otherwyse than the sayd englysshe legende is / whiche was so tofore made / ," Prologue 2, ed. W. J. B. Crotch, *The Prologues and Epilogues of William Caxton*, EETS. OS. 176, S. 72 f.; in modernisierter Orthographie bei F. S. Ellis, *The Golden Legend or Lives of the Saints as Englished by William Caxton*, 7 Bde., Lo. (Temple Classics) 1900, I, S. 2 f.; für die Legendentexte wird diese Ausgabe, im folgenden als "Ellis" abgekürzt, benutzt.

[42] So z. B. für die Margaretenlegende (vgl. dazu unten S. 391) und für die Legende von St. Rocke, Ellis V, S. 1 ff. (vgl. dazu P. Butler, a.a.O. S. 85).

[43] Vgl. unter den von ihm besorgten Drucken John Mirks *Festial* (Juni 1483), die den *Brut* zugrundelegenden und ergänzenden *Chronicles of England* (1480, vgl. dazu C. L. Kingsford, *English Historical Literature in the Fifteenth Century*, Oxford 1913, N. Y. o. J., S. 113–115, 119–122) und seine Edition und Erweiterung der (von Trevisa angefertigten) englischen Übersetzung des Higdenschen *Polychronicon* (1482). In den *Chronicles* finden sich u. a. die Legenden der hll. Augustinus (Apostels der Angelsachsen), Ursula, Edmund Rex und Edward Conf.

   Das große *Polychronicon* enthält eine Fülle von Legendenmaterial. Caxton selbst stellt es im *Prohemye* neben die *Golden Legend* und beschreibt seinen Inhalt u. a. als "the historial actes and wonderful dedes, syth the fyrst makyng of heuen and erth vnto the begynnyng of the regne of kyng Edward the fourth" (zitiert nach C. Babington, ed., *Polychronicon Ranulphie Higden Monachi Cestrensis; together with the English Translations of John Trevisa* [...], RS., Lo. 1865, Bd. I, S. lxii).

[44] Vgl. die Beispiele bei A. Kurvinen, a.a.O. S. 372–374.

Das eigentümlich Neuartige ist weder das *augmenting* der Sprache noch das gelegentliche Beibehalten eines volkstümlich einfachen Englisch, was beides schon in der *Gilte Legende* angelegt ist. Die bisherige Forschung hat sich meist darauf beschränkt, Caxtons Streben nach kunstvoller Diktion und Syntax französischen Musters herauszustellen, und hat diesen Zug verschiedenartig, meist negativ, beurteilt.[45] Mit dieser Fragestellung ist sie Caxtons eigenen Äußerungen gefolgt, der immer wieder zwischen *olde and homely* und *fayr & straunge termes* geschwankt hat *(And thus bytwene playn rude | & curyous I stande abasshed)*[46], obwohl er grundsätzlich dem sprachlichen Dekorum den Vorzug gab. Die Kategorien der Stilebenen jedoch sind die der allgemeinen Stilistik. Differenziertere Gesichtspunkte ergeben sich erst aus inhaltsbezogenen Einzeluntersuchungen. Auch hier stößt man zunächst auf eine allgemeine Tendenz Caxtons, die man in allen seinen Arbeiten belegen kann. Er zielte – wenn man von der Vorliebe für Synonyma-Paare absieht – auf einen ökonomischen und konzisen, klar auf die Sache gerichteten Stil. Er lehnte jeden unnötigen, von der Materie nicht gebotenen Wortreichtum ab und lobte Chaucer besonders seiner knappen und treffenden Ausdrucksweise wegen.

> *Gefferey Chaucer [. . .] comprehended his maters in short | quyck & hye sentences | eschewyng prolyxyte | castyng away the chaf of superfluyte | and shewyng the pyked grayn of sentence | utteryd by crafty and sugred eloquence.*[47]

Wegen der schnelleren Verstehbarkeit entschied er sich auch für das in seiner Zeit gesprochene und gegen das ältere, inzwischen unverständlich gewordene Englisch:

> *but in my Iudgemente | the comyn termes that be dayli vsed ben lyghter to be vnderstonde than the olde and auncyent englysshe.*[48]

Die entscheidende Frage ist jedoch, was im konkreten Einzelfall als sachgefordert oder was als überflüssig zu gelten hat. Damit wandelt sich die generelle Fragestellung sprach- und stilgeschichtlicher Art zu einer Besinnung auf das jeweils von der literarischen Gattung, dem Thema und dem Anliegen Geforderte. Aus dieser Sicht ergibt sich für die *Golden Legend*, daß Caxton mit seinem Streben nach direkter Aussage wichtige

---

[45] So R. W. Chambers, *The Continuity of English Prose from Alfred to More and His School*, a.a.O. S. CXVIII; vgl. auch A. D. Greenwood, *CHEL*, II, S. 333, von Chambers a.a.O. zustimmend zitiert: "A comparison of his editions of *The Golden Legend, Polychronicon*, and *The Knight of the Tower* with the original English versions leaves the older prose easily first. Again and again, the modern reader will find the word rejected by Caxton more familiar than its substitute; again and again, Caxton's curtailments, inversions, or expansions merely spoil a piece of more vigorous narrative." Übersicht und Literaturangaben zu wechselnder Beurteilung der Diktion und Syntax Caxtons bei H. S. Bennett, *Chaucer and the Fifteenth Century*, Oxford 1947, S. 209f. und 267–270.

[46] Prolog zu *Eneydos* (1490), ed. Crotch, a.a.O. S. 107–110.

[47] Zitiert nach Crotch, a.a.O. S. CXIXf.

[48] Prologue zu *Eneydos*, zitiert nach Crotch, a.a.O. S. 109.

Nuancen des Legendenerzählens übergeht, insbesondere die emotionalen und spiritualen Aspekte frommen Betrachtens sowie die Wirkung erbaulich-verdeutlichender Wiederholungen. Man kann die Veränderungen Caxtons als fortschrittliche Rationalisierung begrüßen, wenn man Sprache als Instrument möglichst präziser Mitteilung wertet.[49] Vom literar- und frömmigkeitsgeschichtlichen Standpunkt aus bietet sich jedoch ein anderes Bild, das von der Forschung nicht klar gesehen worden ist. Auch die Aufsätze von Sister Mary Jeremy, in denen wertvolles Material gesammelt und geordnet ist, arbeiten das eigentlich Formbestimmende nicht heraus.[50] Obwohl das Prinzipielle bei der mitunter inkonsequenten Haltung Caxtons nicht immer gleichermaßen hervortritt, läßt es sich doch als eine allseitig wirkende Tendenz zur präzisen, leicht verstehbaren Zusammenfassung bestimmen.[51] Im Bereich des Geistigen bedeutet das eine Schwächung des spirituellen Gehalts, der nicht mehr so stark wie in den Quellen Gegenstand der Betrachtung ist, sondern auf geläufige Begriffe reduziert wird. Dasselbe gilt für die Äußerungen frommer Emotionalität, die Caxton sparsamer und meist mit einer distanzschaffenden Förmlichkeit behandelt. Auch das Konkrete erscheint bei ihm oft nur umrißhaft; aber es wird als etwas tatsächlich Gegebenes mitgeteilt, dem keine oder wenige Gefühlswerte anhaften. Es wirkt mitunter holzschnittartig vergröbert. Dagegen weiß Caxton mit seinem Sinn für das Formelle den gemessenen Ton offizieller Ansprachen gut zu treffen. Auch passen herkömmliche Wertbegriffe, besonders solche moralischer und allgemein gesellschaftlicher Art, in seine Sprache und Vorstellungswelt. Ob man seine Art des Vereinfachens als bewußte Anpassung an die Denkweise eines anspruchslosen Publikums erklären sollte, ist fraglich.[52] Die tiefere Wurzel scheint im geistigen Habitus

---

[49] Vgl. A. Aspland (ed.), *The Golden Legend* (Holbein Society Facsimile Reprint), Lo. 1878, S. 34: "It was the first attempt to render hagiology amenable to the laws of reason and decency. Every life was carefully rewritten, and [...] pared [...] down to suit more sober tastes and less prurient imaginations."

[50] Hier sind aus den oben genannten Aufsätzen hervorzuheben "Caxton's 'Golden Legend' and De Vignai's 'Légende Dorée'" und besonders "Caxton's 'Golden Legend' and Varagine's 'Legenda Aurea'", S. 215, wo Verfasserin als charakteristische Auslassungen Caxtons aufzählt: "(a) narrative episodes, most of which are variants of incidents already narrated. (b) panegyric passages; (c) citation of authorities; (d) scriptural quotations, especially when grouped; (e) controversial or doctrinal dialogues."

[51] Dem Prinzip lassen sich nicht nur die von Sister Mary Jeremy genannten charakteristischen Auslassungen Caxtons zuordnen, sondern auch sein "literalizing of figurative language" und "generalizing of specific terms", die Sister Mary Jeremy einseitig unter der Rubrik "Error and Distortion" behandelt (ebd. S. 218, Beispiele S. 219).

[52] Helen C. White, die nur vage von Caxtons Tendenz zur Vereinfachung spricht (a.a.O. S. 64), betont diesen Aspekt aus der Sicht der Prosa des 16. Jhs. zu stark: "And perhaps most important of all, his obvious desire to put things clearly so that the common people might understand should receive perhaps more attention than it has. Here Caxton clearly anticipates that movement in sixteenth-century prose writing that was to put so much stress upon clarity and simplicity [...]." Verfasserin übersieht, daß

Caxtons selbst, des Repräsentanten spätmittelalterlich-bürgerlichen Unternehmertums, zu liegen.

Man erkennt seine Blickrichtung schon im 2. Prolog und im Epilog. Zwar sind beide der französischen *Légende Dorée* nachgebildet,[53] jedoch fällt die Betonung des moralischen Zwecks und ein größeres Interesse am Faktischen auf. Unvermittelter als im Prolog zur schottischen Legendensammlung des 14. Jhs. wird gesagt, daß die Arbeit für den Autor ein Mittel war, gefahrvollen Müßiggang zu vermeiden, und daß auch die Leser oder Hörer durch die Beschäftigung mit den Heiligenleben von *slouthe and ydelnesse* ferngehalten werden könnten –

> *that it prouffyte to alle them that shal rede or here it redde | and may encreace in them vertue | and expelle vyce and synne | that by the ensaumple of the holy sayntes amende theyr lyuyng here in thys shorte lyf | that by their me rytes | they and I may come to euerlastyng lyf & blysse in heuen amen |* (S. 73).

Weder von dem meditativen Grundton der an ein anspruchsvolleres Publikum gerichteten schottischen Sammlung noch von der geistlichen Betrachtung Vignays ist etwas zu spüren, bei dem der entsprechende Passus lautet:

> *Si depri le glorieus pere de paradis que il li plaise a moy donner sens et temps et esperance de parfaire deuement cest œu ure commencisee. Si que ce soit al a loenge de son glorieus nom. et toute la court celestial. et au profit de lame de moy. et a ledificacion de tout ceulx. et celles qui le liure liront ou orront* (S. 73).

Statt dessen zeigt Caxton sich – wie die Verfasser der zeitgenössischen Legendenepen – für berühmte Taten und Ereignisse der Vergangenheit aufgeschlossen. Außer den Heiligenleben will er *somme other notorye dedes and actes of tymes passed* berichten. Dieses Moment hat keine Parallele bei Vignay und darf als wichtiges Zeugnis für Caxtons persönlichen Geschmack und den seines Jahrhunderts gewertet werden, der noch deutlicher im *Polycronicon* und in den *Chronicles of England* zum Ausdruck kommt.[54] Dagegen fehlen religiös-erbauliche Betrachtungen oder Emotionen in den Prologen und im Epilog. Damit tritt das eigentlich Wesensbestimmende des mittelalterlichen Legendenerzählens und insbesondere der von Caxton benutzten Hauptquellen in den Hintergrund. Die Frage ist, ob diese Beobachtung durch die Legendenübersetzungen und -bearbeitungen bestätigt wird. Zu diesem Zweck sollen zunächst einige der größeren Einfügungen Caxtons in den Text untersucht werden.

---

auch die frühen englischen Legendensammlungen meist an ein allgemeines und einfaches Publikum gerichtet waren, ohne daß deshalb das Spirituelle oder Fromm-Emotionale zurückgestellt wurde.

[53] Vgl. die Texte bei Crotch, a.a.O. S. 71–73.
[54] Vgl. dazu oben S. 384, Anm. 43.

Zum Fest der *Circumcisio Domini* erzählt Caxton als Beispiel für die Verehrung des *flesh of our Lord which was cut off at his circumcision*[55] ein Ereignis, das sich in Antwerpen zugetragen haben soll und ihm dort bekannt geworden ist. Daß er in dem Vorfall mehr das Merkwürdige als das Erbauliche sieht, scheint schon aus dem Ton des einleitenden Satzes hervorzugehen:

> *And as touching this, I have heard say there, that there was a cardinal sent from Rome for to see it.*[56]

Der Schluß spricht eher Zweifel als Wunderglauben aus:

> *If it be true, to some it seemeth marvel, because it is so that the flesh that was cut off, was of the very flesh that was cut off his body human.*[57]

Schon Jacobus a Voragine konfrontierte Zweifel und Glauben, gab aber vornehmlich der Faszination durch das Wunderbare Ausdruck. Auch ist seine Argumentation prägnanter und läßt das abwägende Verfahren eines scholastisch geschulten Geistes erkennen:

> *Sed si hoc verum, valde utique mirabile est. Cum enim caro ipsa sit deveritate humanae naturae, credimus, quod resurgente Christo rediit ad locum suum glorificatum.*[58]

Demgegenüber bleibt Caxton vage, ohne Sinn für das theologische Problem.[59]

Jedoch berücksichtigt er in seinen Einfügungen oft moralische Gesichtspunkte. So wird etwa im Petrus-Leben bei Darstellung des Bösewichtes Nero hinzugesetzt, daß er die Senatoren vor den Augen ihrer Frauen erschlagen ließ, um sich an deren Not zu weiden, und daß er jeden Tag ein neues Kleid trug.[60] Wie hier Grausamkeit und Eitelkeit auf simple Art exemplifiziert werden – in einer an die Herodesgestalt der Mysterienspiele des 15. Jhs. erinnernden Weise[61] –, so in anderen Fällen einfache Tugenden. Ein Beispiel ist in der Augustinus-Legende die Geschichte vom kleinen Kind am Meeresstrand, das versucht, mit einem Löffel das Meer auszuschöpfen, und den hl. Augustinus belehrt, daß das leichter sei als der Versuch, das Geheimnis der Trinität zu ergründen. Nach Caxtons eigener Aussage hat er dieses Wunder durch ein Altarbild in Antwerpen, nicht über eine von ihm benutzte Version der *Legenda aurea*, kennengelernt. Seine

---

[55] Ellis I, S. 40; der gesamte Passus in Caxtons Orthographie auch bei Crotch, a.a.O. S. 74.
[56] Ebd.   [57] Ebd.   [58] Graesse, S. 86.
[59] Vgl. dazu grundsätzlich auch Sister Mary Jeremy, "Caxton's 'Golden Legend' and Varagine's 'Legenda Aurea'", a.a.O. S. 215f.
[60] Ellis IV, S. 24.
[61] Vgl. auch die homelitische Bearbeitung des Stoffes in Mirks *Festial*, a.a.O. S. 191–194.

Erzählung ist klar gegliedert und auf die sentenzartig eindeutige Lehre bezogen:

> *It was so that this glorious doctor made and compiled many volumes, as afore is said, among whom he made a book of the Trinity, in which he studied and mused sore in his mind, so far forth that on a time as he went by the sea-side in Africa, studying on the Trinity, he found by the sea-side a little child which had made a little pit in the sand, and in his hand a little spoon. And with the spoon he took out water of the large sea and poured it into the pit. And when S. Augustin beheld him he marvelled, and demanded him what he did. And he answered and said: I will lade out and bring all this water of the sea into this pit. What? said he, it is impossible, how may it be done, sith the sea is so great and large, and thy pit and spoon so little? Yes, forsooth, said he, I shall lightlier and sooner draw all the water of the sea and bring it into this pit than thou shalt bring the mystery of the Trinity and his divinity into thy little understanding as to the regard thereof; for the mystery of the Trinity is greater and larger to the comparison of thy wit and brain than ist this great sea unto this little pit. And therewith the child vanished away.*[62]

Am Ende dieses Passus würde das südenglische Legendar des 13. Jhs. der Verwunderung über das rätselhafte Verschwinden des Kindes Ausdruck gegeben haben.[63] Caxton aber gibt ohne Umschweife als handfeste Moral der Geschichte eine Warnung für die Ungebildeten, nicht weiter als vom Glauben geleitet über das Wesen Gottes nachzudenken:

> *Then here may every man take ensample that no man, and especially simple lettered men, ne unlearned, presume to intermit ne to muse on high things of the godhead, farther than we be informed by our faith, for our only faith shall suffice us.*[64]

Die Erzählung über die Entstehung des Psalmes *Miserere*, die in das Leben Davids eingefügt wird, zeigt außer der belehrenden Tendenz Caxtons feinen Sinn für das Vornehme, insbesondere für die imponierende Wirkung klangvoller Namen ferner und berühmter Länder. Als seinen Gewährsmann nennt er mit sichtlicher Genugtuung einen gelehrten Herrn, der hohe Ämter in Arragon, Katalonien und Burgund bekleidet und mit dem er sich während einer Reise auf dem Kontinent unterhalten hat[65]:

> *For as I once was beyond the sea riding in the company of a noble knight named Sir John Capons, and was also doctor in both laws, and was born in*

---

[62] Ellis V, S. 66; Originaltext bei Crotch, a.a.O. S. 75.

[63] Vgl. etwa zur Cuthbert-Legende oben S. 224.

[64] Ellis V, S. 66.

[65] Ellis II, S. 33f.; Originaltext bei Crotch, a.a.O. S. 74. Vgl. auch Caxtons Erwähnungen seines Besuches in Köln in der Ursula- und Mariä-Geburt-Legende, Texte bei Sister Mary Jeremy, "Caxton's Original Additions to the 'Legenda aurea'", *MLN* 64 (1948), S. 259–261.

Malyorke, and had been viceroy and governor of Arragon and Catalonia, and that time counsellor unto the Duke of Burgundy, Charles, it happed we communed of the history of David (S. 33).

Die Geschichte selbst besagt, daß David sich, um für seinen Ehebruch zu büßen, einundzwanzigmal bis zum Kopf und nackt in die Erde eingegraben und jeweils so lange ausgeharrt habe, bis in seinem Fleisch die Würmer zu kriechen begonnen hätten; erst in dieser Not habe er je einen Vers des Psalmes geschrieben. Caxton hebt die an sich schon deutliche Moral ausdrücklich hervor:

> *This was a great penance and a token of a great repentance, for there be in the psalm twenty-one verses, and twenty-one times he was dolven* (S. 34).

Auch der Erzähler und Erzählanlaß werden noch einmal erwähnt, wobei als weitere Namen die der machtvollen Handelsstädte Gent und Brüssel in Flandern und Brabant eingestreut werden:

> *Thus this nobleman told me, riding between the town of Ghent in Flanders and the town of Brussels in Brabant* (S. 34).

So werden weltlicher Geltungsanspruch und drastische Bußübung unvermittelt nebeneinandergestellt; jedoch verliert der Gegensatz an Schärfe und geistlichem Gewicht, weil von Davids Selbstkasteiungen beiläufig und wie von einer Merkwürdigkeit gesprochen wird.

c. Die Cuthbertlegende

Wichtiger als die von Caxton selbständig formulierten Passagen jedoch ist das Zeugnis der übersetzten bzw. bearbeiteten Legenden, die trotz des Fehlens moderner Gesamtausgaben der französischen und englischen Hauptquellen an einigen Beispielen untersucht werden sollen. Während die Aldhelmlegende[66] beinahe wörtlich aus der *Gilte Legende* übernommen wird – abgesehen von Caxtons moralisierender Schlußfloskel *that we may in this wretched vale of this world so bewail our sins and amend our living* –, zeigt die Cuthbertlegende, die ebenfalls nahezu wörtlich auf die ältere englische Sammlung zurückgeht, einige charakteristische Abweichungen.[67] Gefühlsäußerungen werden zwar weitgehend beibehalten (z. B. *that all the people had joy of him*, C, S. 94), jedoch werden übergangen

A_1, S. 100: *the abbot [...] was right glad of his recouveryng*
A_1, S. 100: *and made ful mery*.

Statt A_1, S. 100 *wherfore he had gret merueyle* sagt Caxton, der den ganzen Passus über die wunderbaren Brote in anderer Reihenfolge und mit an-

---

[66] Texte Ellis III, S. 192–194, und P. Butler, a.a.O. S. 101–103 (MS. Addit. 11565).
[67] Texte Ellis III, S. 94–97, und P. Butler, a.a.O. S. 99–101. In den folgenden Zitaten C = Caxton, A_1 = MS. Addit. 11565, A_2 = MS. Addit. 35298.

deren Einzelheiten bringt, *three fair white loaves of bread all hot which were of marvellous beauty and sweetness* (S. 96). Er spricht also nicht von Verwunderung als einem psychischen Vorgang, sondern verwendet *marvellous* als preisendes Adjektiv für die Schönheit der Brote. Auch einige theologische Verdeutlichungen des göttlichen Gnadenwirkens, die sich in der *Gilte Legende* finden, werden fortgelassen, und zwar

A$_1$, S. 99: *an angel of our lorde sent fro heuen to the confort of his chosyn seruant cuthbert*

A$_1$, S. 99: *that he [= oure lorde] wolde yeue hym grace to do tho thynges that shulde plese hym* (vgl. C, S. 94: *to do that which might please him*)

A$_1$, S. 100: *by the purviance of god.*

Charakteristischerweise fügt Caxton im letztgenannten Fall seinerseits einen formalen, inhaltlich weniger gewichtigen Begriff hinzu (S. 95): *knew by revelation.* Dieser steht generalisierend für den in älteren Fassungen schlicht ausgedrückten Vorgang des inneren Gewahrwerdens (A$_1$, S. 100): *and knewe wel anone aftir.* Die Neigung zu erlesen und offiziell wirkenden Allgemeinbegriffen läßt sich auch im Bereich des Alltagsgeschehens beobachten. Während die *Gilte Legende* in Anlehnung an das südenglische Legendar in anheimelndem Ton sagt (A$_1$, S. 100): *and went oute to the bakhowse for to fecche them hote bred,* formuliert Caxton förmlicher und allgemeiner (S. 95f.): *and went into the houses of office for to serve them.*

d. Die Margaretenlegende

Geringfügige, aber kennzeichnende Veränderungen weist auch die Margaretenlegende auf.[68] Sie ist eine der Mischredaktionen, für die Caxton neben den Hauptquellen weiteres Material, darunter in diesem Falle die Mombritius-Fassung, herangezogen hat.[69] Das Andachtsbild des aus lauterstem Quell strömenden Blutes in der *Legende aurea*, das schon in der *Gilte Legende* konkretisiert wurde, ist jetzt noch weiter vergegenständlicht zu *like as a stream runneth out of a fresh springing well* (S. 68). Ebenso faktisch wird das Verschwinden des Teufels berichtet (*And anon the earth opened, and the fiend sank in,* S. 70), das bei Jacobus a Voragine (*et daemon statim evanuit,* Graesse, S. 402) und in der *Gilte Legende* (A$_2$: *and anon the feend vanished away*) noch ortsunbestimmt erscheint. Caxton verwendet auch, wie in seiner Geschichte über die Entstehung des Psalmes *Miserere,* einige Namen ferner Städte und Länder, von denen er Babylon der Mombritius-Tradition entnimmt (vgl. S. 69: *And after his death it happed that they of Babylon found this vessel* und S. 70: *the provost Olybrius, that time in Campolymeath the city of Aurelia*).

---

[68] Ellis IV, S. 66–72.

[69] Vgl. auch Sister Mary Jeremy, "Caxton's 'Golden Legend' and De Vignai's 'Légende Dorée'", a.a.O. S. 105, Anm. 39.

Die Schlußbitte der Legende drückt, der gewandelten Frömmigkeitshaltung gemäß, nichts als eine nüchtern-praktische Hilfserwartung aus: *Then let us remember this holy virgin that she pray for us in our needs, etc.* (S. 72)

e. Die Katharinenlegende (im Vergleich zur Fassung der *Gilte Legende*)

Wesentlich deutlicher sind die Veränderungen in der Katharinenlegende.[70] Caxton übernahm die in der englischen Tradition reicher ausgestaltete Vor- und Bekehrungsgeschichte der Heiligen aus der *Gilte Legende*, und zwar wahrscheinlich aus MS. Addit. 35298 (= A₂),[71] das deshalb dem folgenden Vergleich zugrundegelegt wird.[72] Motive wie die Auseinandersetzung Katharinens mit ihrem Parlament, ihre Bekehrung durch den Einsiedler Adrian und ihre mystische Vermählung mit Christus während einer Himmelsvision konnten teils die Freude an feierlichem Zeremoniell und Redestil, teils die religiöse Phantasie und das Bedürfnis nach erzählerischer Ausgestaltung ansprechen.

Die Fassung der *Gilte Legende* weist alle diese Züge auf, außerdem eine homilitische Tendenz, die besonders in dem von Caxton übergangenen Lehrgespräch zwischen Adrian und Katharina hervortritt. Wie in der gesamten Sammlung, stehen begrifflich zusammenfassende Formulierungen neben solchen, die emotionale Anteilnahme ausdrücken. Allerdings handelt es sich im Gegensatz zum südenglischen Legendar des 13. Jhs. weniger um das Gefühl für das Wunderbare als um das Miterleben menschlicher Freude oder Trauer und vor allem um das Lobpreisen der als einmalig empfundenen Schönheit, Pracht und hohen Geltung Katharinens, die in der Verehrung des 15. Jhs. ihren Platz unmittelbar hinter der Gottesmutter eingenommen hatte. Die erzählerische Konkretisierung und ästhetische Steigerung der *Gilte Legende* läßt sich deutlich in der Darstellung der mystischen Hochzeitsfeier erkennen, die als *royalty* und eine Folge von *comfortable sights* aufgefaßt wird, wie der Text auch noch in Caxtons Bearbeitung (C, S. 16) sagt. Das äußere Erscheinungsbild der Heiligen,[73]

---

[70] Text Ellis VII, S. 1–30.

[71] Vgl. oben S. 383, Anm. 39.

[72] Für freundliche Überlassung eines Mikrofilms des MS. möchte ich H. Käsmann, Bonn, an dieser Stelle danken. Über die Quellenverhältnisse und Relationen der Handschriften zueinander vgl. A. Kurvinen, *The Life of St. Catherine of Alexandria in Middle English Prose*, a.a.O. S. 138—216; allgemeine Literatur zur Katharinenlegende ebd. und oben S. 179, Anm. 14. Kritische Edition der Versionen *a* und *b* nach MSS. Corpus Christi College Oxford 237 und Stonyhurst Archives XLIII bei A. Kurvinen, a.a.O. S. 217–343; Version *d* ed. H. H. Gibbs, *The Life and Martyrdom of Saint Katherine of Alexandria, Virgin and Martyr*, Roxburghe Club, Lo. 1884; Teilabdruck (Jugendgeschichte und Konversion) von Version *a* nach MS. Cotton Titus A. XXVI, fol. 180–202 v bei H. Knust, a.a.O. S. 66–78.

[73] Vgl. etwa *with a sobir cheer & a meke loke* (auch bei Caxton, S. 5), *and with this she cast hir eyen downe to the erthewarde mekelye and hilde hir stylle* (auch bei Caxton, S. 7), *& with a*

ihre Sprechweise[74], die äußeren Umstände und die phasenhafte Gliederung des Geschehens werden beachtet.[75] Dies wie auch der volkstümlich preisende Ton der Darstellung erinnert an Gepflogenheiten der Spielmannsepen des 14. Jhs. Hinzu kommen erbauliche und verdeutlichende Wiederholungen markanter Passagen. Katharinens Auseinandersetzung mit dem Parlament und ihre Ablehnung einer weltlichen Ehe erscheinen ein zweites Mal in Adrians Botschaft (von Caxton S. 10 übergangen) und ein drittes Mal in den Worten der Gottesmutter und der ihr antwortenden Katharina (von Caxton gekürzt übernommen S. 13). Als Ganzes ist die Fassung der *Gilte Legende* ein eigentümlich gemischtes, aber nicht uneinheitlich wirkendes Gebilde, das die Legendentradition mit Predigt- und Romanzenzügen auf eine populäre und idyllisierende Weise verbindet.

Caxton kürzt den älteren Text erheblich, und zwar vorwiegend um spontane Gefühlsäußerungen. Charakteristisch ist, wie er (nach Darstellung der geistlichen Hochzeit) in gemessenen Worten von der Katharina zukommenden Würde feierlicher Verehrung spricht (S. 15):

> *This was a glorious and singular marriage to which was never none like before in earth, wherefore this glorious virgin, Katherine, ought to be honoured, lauded, and praised among all the virgins that ever were in earth.*

Die Worte der *Gilte Legende* dagegen sind von heftiger Anteilnahme bewegt, die sich in dem direkten Ausruf einer persönlichen Autoreinsprache äußert. Dabei steht wie bei Caxton die angemessene Festlichkeit des Heiligenlobes im Vordergrund, aber es wird auch Liebe zu der Heiligen gefordert, was von Caxton übergangen wird (A₂):

> *A lorde, whate ioye & blysse was in that blessid virgyns soule alle þat tyme. I trowe þere was neuer none suche felte before, outtake hir ioye that conceyuid and bare hym that is souereyne ioye and blysse: which was hys blessid moder. [...] This was a solempne and a singuler mariage þat was neuer none suche before in erthe. wherefore this gloryous virgyn is worthye to be gretelye wurshipt and louyd among alle þe virgyns that euer were in erthe.*

Auch sonst meidet Caxton oft die emotionalen Wendungen oder ersetzt sie durch begriffliche Formulierungen, die mehr der Information des Lesers als der Erweckung intensiven Miterlebens dienen. Man kann das schon

---

glad chere saide to hir in this wyse (von Caxton S. 12 übergangen) oder *the gloryous empresse with a sad & glad & a right reuerent chere lokid vpon them and saide* (Caxton, S. 12 hat nur *our blessed Lady said*).

[74] Vgl. etwa *Than saide hir moder to hir with an angry voyce* (auch bei Caxton, S. 7) und *with a dredefulle voyce* (Katharina im Gespräch mit dem plötzlich vor ihr erschienenen Adrian, ausgelassen bei Caxton, S. 10).

[75] Vgl. die immer wiederkehrenden temporalen Bestimmungen wie *and whan this holye & blessid childe was borne* (von Caxton gekürzt S. 4 übernommen) oder *and whan this young queen kateryne had thus ended hir tale* (Caxton, S. 5 sagt formeller: *And when this young queen Katherine had achieved her answer*).

ablesen an dem häufigen, wenn auch nicht regelmäßigen Verzicht auf ge-
fühlvolle Epitheta. Beiwörter wie *swete* und *tendir*, die in der *Gilte Legende*
den Ton des südenglischen Legendars nachklingen lassen, werden mehrfach übergangen. So heißt es S. 2 *martyrdom* (statt *tendir martirdom*), S. 13
in comforting (statt *with swete wordis confordith hir*) und S. 14 *took up his mother*
(statt *his moder than he took him up godelye*) und *said to her* (statt *said to hir in
frendlye wyse*). Mit dem ebenda von Caxton ausgelassenen Passus[76] fällt eine
Wendung wie *saide moost swetelye* fort. Andererseits wird etwa beibehalten
(S. 15) *my dear spouse*. Deutlich ist ferner das Zurücktreten von *merveylous*
oder *wonderliche*, worin sich ein Nachlassen des Wunderglaubens kundtut.[77]
Aber auch *holye, gloryous, soverayne* oder *solempne*, die mehr dem ins Feierliche gesteigerten Heiligenkult des 15. Jhs. entsprechen, werden sparsamer
als in der Quelle verwendet, etwa S. 2 *preaching* (statt *holye prechyng*) und S. 4
this virgin (statt *gloryous virgyn*).

Entsprechendes läßt sich über die Titel Gottes und der Heiligen sagen.
Obwohl Caxton (S. 12) die in der Marienverehrung seines Jahrhunderts
üblich gewordenen Würdetitel[78] wie *royal empress, Our most sovereign Lady,
Queen of heaven, Lady of all the world, Empress of hell, Mother of Almighty God,
King of bliss* übernimmt und auch an anderen Stellen in Übereinstimmung
mit den Quellen verfährt (z. B. S. 11 *blessed Lady*, S. 13 *O most blessed Lady*,
S. 14 *King of bliss, my Lord, my God and my son*, S. 15 *O blessed Lord, this
glorious virgin*, S. 16 *our Lord*), so sagt er doch unter Änderung der Quellen
einfacher und prosaischer:

S. 12	*our blessed Lord*	statt	*oure sourayne lord, alle myghty god, youre moost blessid sone*
	our blessed Lady	„	*the gloryous empresse*
S. 13	*the holy virgin*	„	*this yong queen kateryne*
	our Lady	„	*the moost sourayne queen*
	our Lady	„	*this noble quene of grace*
	our blessed Lady	„	*this queen of ioye*
S. 14	*our Lady*	„	*this heuynlye queen*
	our blessed Lady	„	*his blessid moder*
	our Blessed Lord	„	*the sourayne kyng.*

Ferner entfallen mit der Streichung des umfangreichen Lehrgesprächs
zwischen Adrian und Katharina (S. 10) kirchliche Formulierungen wie
eine Umschreibung des Wesens der Trinität *(the endeles might of the fader
almyghty, the wysedom of hys sone, alle wytty and the godenes of the holye goost iii
persons in one god)*, eine Metapher für Katharinens christliche Demut *(she
roos hir up mekelye as a lambe)*, Lobestitel Christi *(king of alle kingis and lord
of alle lordships)* und hymnische Anrufungen Mariens *(the queen of alle*

---

[76] Vgl. unten S. 397.
[77] Vgl. weitere Belege unten S. 398.
[78] Vgl. dazu Verfasser, "Gesch. d. engl. Marienlyrik im MA.", a.a.O. S. 49f.

queenes and ladye of alle ladyes and þe floure of alle the bewtye of women). Wenn Caxton einen marianischen Topos wie *queen of alle queenes* beibehält, fügt er ihm doch sachliche Erklärungen bei, z. B. S. 11: *our blessed Lady, Christ's own mother, queen of all queens.* Rhetorische Anrufungen in der Manier Lydgates wie *youre moost highnes* (für Christus) übergeht er grundsätzlich (z. B. S. 14). Dies alles zeigt trotz gelegentlicher Schwankungen, wie der nüchterne *Merchant Adventurer* dem eigentlich Spirituellen und Devotionalen ausweicht und es durch geläufigere und verständlichere, dem Gehalt nach also weniger differenzierte Wendungen ersetzt.

Noch deutlicher läßt sich die Verlagerung der Sehweise im Vergleich zusammenhängender Passagen erkennen. Rühmende Formeln wie (A₂)

> *the which of bodilye shappe was moost semelye and moost godelye aboue alle other & in riches moost plentevous and in alle gode condicons none lyke to hym*

> *it was so feyre of visage and shaplye of bodye þat alle folkis merveylid of hir grete bewtye and by þat tyme that she came to the aige of vii yere she encresid so in bewtye and stature that alle hopid þat se hir that in tyme comyng she shulde be þe ioye and praysing of the londe of cipre, a more gloryous companye withoute anye comparison*

werden zu ruhigen, knappen Feststellungen und damit in ihrem Gefühlsgehalt reduziert:

> *which was a noble and seemly man, rich and of good conditions* (C., S. 3)

> *she was so fair of visage and so well formed in her members that all the people enjoyed in her beauty* (C., S. 4).

> *another more glorious company* (C., S. 12).

Auch andere Äußerungen spontaner Emotion werden abgeschwächt. Während in der *Gilte Legende* die Bejahung der Jungfräulichkeit vom Blickwinkel Katharinens aus als Freude und liebevolles Verlangen dargestellt wird und dabei ihr Bemühen um Rücksichtnahme auf die Mutter und die Edlen des Landes anklingt

> (A₂) *for alle hir ioye had euer be to kepe clene hir bodye & hir soule from alle corrupcioun and she had so grete and so perfite a loue to þe vertue of chastite that she had leuer for to suffre deth than for to blemyssh it in anye thyng. but for to vtter hir councelle so sodenlye she thought it was not for the best. and therefore with a sobir cheer & a meke loke she saide in this wyse to this lorde,*

bezeichnet Caxton das Leben in Virginität als den einmal gefaßten Entschluß Katharinens, der ohne weiteren Kommentar als Faktum konstatiert wird. Das ernste Gesicht und der demütige Blick der Heiligen erscheinen nur noch als äußeres Bild, ohne den in A₂ ausgedrückten Gefühlszusammenhang (S. 5):

for she had concluded to keep her virginity, and rather to suffer death than to defile it. And then with a sad cheer and meek look she answered in this wise.

Ähnlich wird aus

(A₂) *to kepe hir moder & hir lordis in rest*

die distanziertere und förmlichere Wendung (C, S. 5):

to content her mother, the lords, and her subjects.

In diesen Zusammenhang gehört ferner die mehrfach von Caxton vollzogene Versachlichung der persönlichen Relationen zwischen den Sprechenden, besonders wenn es sich um öffentliche Reden handelt. So heißt es etwa (C, S. 5):

considering the great wisdom of my lady my mother, and of the lords, with the good obeisance of the commons, trusting in their good continuance,

während die ältere Fassung hier sagt (A₂):

consideryng the grete wysedom of my lady my moder & of you alle my lordis with grete thought and kyndnes that ye haue shewid me forto my rewme & trusting fullye in your gode contynuaunce.

Es verwundert nicht, daß auch das Motiv der mystischen Liebe bei Caxton gefühlsschwächer als in der *Gilte Legende* erscheint. Zwar werden die Reden Katharinens vor dem Parlament, in welchen sie das Bild des himmlischen Bräutigams entwirft, nahezu wörtlich wiedergegeben (S. 7 u. S. 8), und es werden Wendungen beibehalten wie (S. 8):

for I promise you plainly that for to die therefore I shall never have other husband but only him that I have described, to whom I shall truly keep me with all the pure love of mine heart. [...] And this noble young Katherine [...] whose heart was set afire upon this husband that she had devised, that she could do nothing, but all her mind and intent was set on him, and continually mused how she might find him, but she could not find the means, how well he was nigh to her heart that she sought. For he had kindled a burning love which could never after be quenched for no pain ne tribulation, as it appeared in her passion.

Aber gerade diesen Formulierungen ist es eigen, daß sie vorwiegend in förmlichen und abstrahierenden Begriffen von den Emotionen sprechen. Bei Darstellung der Hochzeitsfeier wandelt Caxton weitgehend den innigen Ton der Liebesbekenntnisse in generalisierende Begriffe und nüchterne Berichtssprache um. Wo er sagt (S. 14f.):

our Lord [...] said to her: Come my spouse, and give to me your hand. And there our Lord espoused her in joining himself to her by spiritual marriage, promising ever to keep her in all her life in this world, and after this life to reign perpetually in his bliss,

396

lautet der Text der *Gilte Legende* (A₂):

> *and saide to hir in frendlye wyse: kateryne, doughter, can ye fynde in youre herte to loue me best ouer alle thyng? & than shee beholdyng that blessid visage there angels haue contynually ioye to beholde yn, saide: a noost swettyst & blessid lorde so I haue do and shalle while I leue, for I louyd neu no thyng so moche as you onlye. than saide the blessid kyng: kateryne, yeue me your honde. and she with souerayne ioye offrid to hym hir honde. and than that gloryous kyng saide to hir: kateryne, here I take the to my weddid wyfe, behotyng you trulye neueuer [sic] to forsake you, while youre lyfe lastith. and after your present lyfe I shalle bryng you to endeles lyfe, where ye shalle dwelle with me in blys withoute ende*

In ähnlicher Weise faßt Caxton begrifflich zusammen (S. 10: *And there he found her in holy her contemplation*), was in der *Gilte Legende* als erzählerische Verlebendigung der Schönheit und Versunkenheit Katharinens gegeben wird (A₂):

> *and whan he entrid in at the dore than he se where sate the moost fayrest creature and the moost godelyest that euer creature behilde. & she was so sad in hir studye that she herde hym not vn to þe tyme þat he knelid downe besides.*

Vor allem fällt auf, daß Caxton die umfangreiche Glaubensbelehrung Katharinens durch Adrian übergeht (S. 10: *and did to her his message like as ye haue heard*). Da er vorher auch die Worte der Gottesmutter an Adrian um die erbauliche Erklärung des göttlichen Gnadenwirkens in Katharina gekürzt hat (S. 9), fehlt bei ihm jede Betrachtung der wesentlichen Glaubenstatsachen. In der älteren Version dagegen erläutert Adrian auf die Fragen der Heiligen Punkt für Punkt die Stellung Marias und das Wesen Christi (*he enformed hir in alle the peyntis of the feythe* heißt es über das anschließende Gespräch in der Wüste); dies geschieht in einer einfachen und klaren Weise (vgl. *whan this young queen Kateryne herde hym speke this so clerely of hym that she had so besilye sought*).

Eingeschränkt wird von Caxton auch das hymnische Lob der hohen Heiligkeit Katharinens. Bei ihrer Begrüßung im Himmel sagt einer der Heiligen zu ihr (S. 11): *Katherine, stand up our dear sister, for ye be right welcome*, und danach heißt es nur: *and led her farther in*. In der *Gilte Legende* dagegen lautet der entsprechende Passus:

> *Stond up oure dere suster and ye be right welcome with alle oure herte, for by thye grete mekenes & by thye pure chastite oure wourship & ioye shalle be fulle gretelye encresid. wherefore be ye glad in oure lorde for alle virgyns shalle prayse you. comyth forthe with us to the souerayne lorde that wolle werke in you mervelous werks of loue. and þus [MS. þis] thaye passid forthe with grete ioye and solemmpnyte.*

Daß Katharina in erhabenster Weise durch die Liebe Christi verehrt wird, wie Maria es in der *Gilte Legende* ausdrückt (A₂) –

> *for ye be speciallye chosyn among alle wemen to be souereynlye wurshippid with the loue of my moost blessid sone –*,

mag einem Caxton zu gefühlvoll oder möglicherweise anstößig erschienen sein. Er sagt nur (S. 13):

> *for ye be specially chosen of my son for to be honoured.*

Es entspricht seiner nüchterneren Betrachtungsart, daß er das Wunderbare in der Vollkommenheit der Heiligen nicht mehr so wie die ältere Fassung sieht. Während es in der *Gilte Legende* noch heißt (A₂):

> *than she was seit to skole wherein she profite so grete and more mervelouslye above alle other that euer were of hir aige and she receyvid wonderlye alle the crafte of cynyng in alle the vii science,*

sagt Caxton unter Beschränkung auf die Tatsachen (S. 4):

> *she was set to school, where she profited much more than any other of her age, and was informed in the arts liberal.*

Auch vermeidet es Caxton, obwohl er das gesamte Thema der Himmelsvision übernimmt, die wunderbare Erscheinung Christi konkret darzustellen. Die ältere Fassung malt schaubildartig aus (A₂):

> *and with that she behilde the symlyest young kyng stondyng at the auter with a riche crowne upon his hed hauyng, aboute hym grete multitude of angels and seyntis.*

Bei Caxton erscheint das in einer allgemeineren und biblisch verbürgten Form, die weniger Wundergläubigkeit verlangt (C, S. 14):

> *whereas she saw our Saviour Jesu Christ with a great multitude of angels, whose beauty is impossible to be thought or written of earthly creature.*

Dagegen läßt Caxton das weltliche Zeremoniell um Katharina als die hofhaltende Königin weitgehend unverändert. Besonders die feierlichen und offiziellen Ansprachen übernimmt er gern, so z. B. die wohlgesetzten und devoten Formeln, mit denen die Adligen durch ihren Sprecher ihr Anliegen der Königin vortragen lassen. Allerdings meidet er auch hier überschwengliche Gefühlsäußerungen und Titel wie *your souverayne noblenes* oder *your high excellence*, so daß die Reden bei ihm kühler, aber auch sicherer und würdevoller wirken. Während die *Gilte Legende* sagt (A₂):

> *ryght high and myghty princesse & oure moost souverayne ladye in erth lyketh it your souverayne noblenes to wete that I am commandid by the queen your moder and by alle youre lordis and comyns to requyre your highnes to graunte them þat leve & grace that thaye myght go & ordeyne unto you som noble kyng or*

prynce þat myght rule you & youre miny e & us alle in peas and rest like as þe
noble kyng youre fader and oure lorde did before you and þat we myght reioyce
the gracyous lyne of youe the which is oure mooste desire and shalle be oure
moost ioye withoute the which ioye we shalle leve in grete sorowe & hevynes
besechyng your high excellence to tendre oure desire and graunte us of your
high grace a gracyous annswere,

formuliert Caxton (S. 4–5):

Right high and mighty princess, and our most sovereign lady, please it you to
wit that I am commanded by the queen your mother, by all the lords and com-
mons of this your realm, to require your highness that it may please you to
grant to them that they might provide some noble knight or prince to marry
you, to the end that he might rule and defend your realm and subjects, like as
your father did before you, and also that of you might proceed noble lineage
which after you may reign upon us, which thing we most desire, and hereof we
desire your good answer.

Charakteristisch ist an diesem Beispiel noch, daß Caxton den Wunsch nach
einer Heirat Katharinens nicht umschreibt, sondern mit sachlicher Bestimmtheit ausspricht *(to marry you)*. Daß es bei aller Feierlichkeit um Klarheit der Mitteilung geht, beweist auch Katharinens Antwort, die (in Erweiterung der Quelle) mit der Feststellung *Cousin, I have well understood your*
request einsetzt. Man vermeint, in dieser gemessenen Rhetorik etwas zu
spüren von Caxtons spezieller Erfahrung als *Governor of the English Nation*
in Brügge, als welcher er u. a. im Auftrag König Edwards IV. mit Philipp
dem Guten von Burgund verhandelte,[79] sowie von seiner Tätigkeit im
Dienste Margaretens, Schwester König Edwards IV. und Gemahlin Karls
von Burgund, deren glanzvolle Heirat er 1468 in Brügge miterlebt hatte.[80]
Wie sehr sein Wertdenken seinem auf Sozialprestige bedachten Stand ver-
haftet ist, zeigt auch seine hohe Einschätzung von Wohlhabenheit und
Ansehen. Über das Leben König Costus' und seiner Frau sagt er einleitend
[they] lived together prosperously (S. 3), während es in der *Gilte Legende*,
zunächst unter Hintansetzung des Materiellen, heißt *with whom he livid a*
blessid lyfe. Wenige Zeilen darauf stellt Caxton des Königs Bestreben, seinen
Namen in aller Welt zu verbreiten (A_2: *for he wolde haue hys name sprad*
thurgh the worlde), als Geltungsbedürfnis heraus: *because he loved renomee and*
would have his name spread through the world.

Wie Empfindungen religiöser Art so werden von Caxton manche stoff-
liche Einzelheiten der Quelle übergangen, allerdings nicht in demselben
Maße. Immerhin wirkt sich seine summierende Methode auch hier aus.
Er kürzt weniger die Ereignisse im Parlament – obwohl sich auch hier

---

[79] Vgl. H. R. Plomer, *William Caxton*, Lo. 1925, S. 36f.
[80] Vgl. ebd. S. 46f.; über Caxton in Brügge außerdem N.S. Aurner, *Caxton, Mirrour of*
Fifteenth-Century Letters, Lo. 1926, S. 17–32.

kleinere Beispiele finden[81] – als die Ausmalung der wunderbaren Vorgänge im Himmel. Nicht nur das Erscheinungsbild Christi wird gemieden,[82] sondern auch das ebenso konkret dargestellte Verhalten Mariens[83] und die Einzelheiten der mystischen Brautmesse.[84] Die Anschaulichkeit, die Caxton beibehält, ist wegen des Fehlens von Detail von einer groben, umrißhaften Einfachheit, die an die ungelenken Holzschnitte erinnert, die er der Erstausgabe seiner *Golden Legend* beigab. Das Blatt *Assembly of All Saints*[85] zeigt, daß in diesen Illustrationen von dem spirituellen Gehalt und der frommen Emotionalität früherer Andachtsbilder wenig übriggeblieben ist. Auch die psychologische oder räumlich schildernde Darstellungskunst späthöfischen Stils, wie sie in der Buch- und Wandmalerei des 14. und 15. Jhs. vorliegt,[86] ist hier geschwunden. Geblieben ist das sachlich eindeutige Mitteilen, in diesem Falle der herkömmlichen Gruppierung der in den Himmel erhobenen Heiligen, von denen die bekanntesten durch ihre Embleme kenntlich gemacht sind. Diese jedoch haben nicht mehr die Wirkung von Symbolen, sondern sind wie Geräte, mit denen die Figuren ausgestattet sind.

Caxtons Erzählen und Darstellen übertrifft die Qualität der Holzschnitte. Aber er vereinfacht in ähnlicher Weise wie diese die Emotionalität und Spiritualität seiner Vorlagen zu Schwarz-Weiß-Zeichnungen. Allerdings verfährt er keineswegs immer gleichmäßig. Im zweiten Teil der Katharinenlegende, in dem er ziemlich genau der *Legenda aurea* folgt, übersetzt er seine Vorlage bis in die ausführlichen erbaulichen Schlußbetrachtungen hinein und wahrt ihren Frömmigkeitston. Aber sein Schwanken ist symptomatisch. Caxton schreibt nicht aus einer eigenen, den Stoff neu durchformenden Frömmigkeitshaltung heraus. Obwohl seine umfangreiche

---

[81] Vgl. etwa C, S. 4: "And when the parliament was assembled and the young queen crowned with great solemnity" mit *Gilte Legende*, A₂: "and the tyme came that þe parleament was begune & this yong queen was crowned with grete solempnyte with rialle feest and grete ioye to alle hir people, and whan the feest of þe coronacioun was endid."

[82] Vgl. oben S. 398.

[83] Vgl. C, S. 14: "To whom our blessed Lady benignly said" und *Gilte Legende* (A₂) "and whan his blessed moder came to hym she fylle downe flatt and toke the crowne fro hir hed and she saide to hym with humble reuerence."

[84] Vgl. C, S. 15: "And thus this glorious marriage was made, whereof all the celestial court joyed and sang this verse in heaven: Sponsus amat sponsam, salvator visitat illam, with so great melody that no heart may express ne think it." Die *Gilde Legende* (A₂) sagt unter Ausmalung der sichtbaren Einzelheiten und des überschwenglichen Jubels: "and than this gloryous kyng bade adryan: do on þy vestement and go to masse & saye the sirvyce ouer vs as longith to the custome of weddyng. and þat souerayne lorde hilde his spouse by þe honde, knelyng before the auter alle the masse tyme [...] and alle the spiritis of hevyn ioyed of this mariage so feruentlye that it was herde in the same tyme, as þaye knelid this to gedere, howe thaye songen þys vise in hevyn: sponsus amat sponsam salvator visitat illam, and þat so grete melodye that no herte mygt conceyue it."

[85] Vgl. Abb. 11, nebenstehend.

[86] Vgl. oben Abb. 8 (Taf. VI), Abb. 9 (Taf. VII) u. Abb. 10 (Taf. VIII).

Abb. 11. Versammlung aller Heiligen im Himmel. Holzschnitt, Erstausgabe von
Caxtons *Golden Legend* (1483). Text S. 400.

Sammlung beinahe das gesamte Material der mittelalterlichen Legende zusammenträgt, merkt man ihr doch das Eklektische und Epigonenhafte an. Mit ihr wird deutlich, daß die eigentlich mittelalterliche Heiligenlegende sich überlebt hat und – jedenfalls in den Händen eines Laien – zu keiner Erneuerung mehr fähig ist.

II. Einzellegenden

1. "The Three Kings of Cologne", das Antonius-Leben u. a.

Die wenigen erhaltenen englischen Einzellegenden in Prosa sind zu unbedeutend, als daß sie alle berücksichtigt werden müßten.[1] Für das 14. Jh. lassen sich kaum mehr Stücke nennen als zwei auf das Leben des Joseph von Arimathäa beschränkte Fassungen des *Gospel of Nicodemus*,[2] ein *Life of Adam and Eve*[3] (eine lebendige, im schlichten Sprechton des Volkes geschriebene Predigtversion) und *The Three Kings of Cologne*,[4] eine verkürzende, um 1400 entstandene Bearbeitung der im Spätmittelalter äußerst populären *Historia Trium Regum* des Johannes von Hildesheim, die zwischen 1364 und 1375 verfaßt wurde.[5]

Die Dreikönigsgeschichte ist in ihrer lateinischen wie englischen Fassung von stilgeschichtlichem Interesse, weil in ihr auf typisch spätmittelalterliche Weise devotionaler Ton und Freude am Kostbaren – hier am exotisch Fremden – miteinander verbunden werden. Im Jahrhundert Mandevilles, als jede noch so ungenaue Kunde aus dem Orient eine besondere Faszination ausübte, war dieser vielfach unkritischen Kompilation von Heiligenliteratur, Reiseberichten und Beschreibungen des Hl. Landes und Vorderasiens eine ungewöhnliche Wirkung beschieden, wie die zahlreichen erhaltenen Manuskripte beider Versionen und die zwischen 1499 und 1530 hergestellten Drucke der englischen Fassung belegen.[6] Schon Goethe hob in einem Brief an S. Boisserée die volksbuchartige Buntheit und wundergläubige Einbildungskraft der *Historia* hervor.[7] Von besonderem

---

[1] Vgl. Übersicht bei G. H. Gerould, *Saints' Legends*, S. 280–293.
[2] Ed. W. H. Hulme, *The Middle-English Harrowing of Hell and Gospel of Nicodemus*, EETS. ES. 100.
[3] Ed. C. Horstmann, *Sammlung altenglischer Legenden*, Heilbronn 1878, S. 220–227.
[4] Ed. C. Horstmann, *The Three Kings of Cologne*, EETS. OS. 85, S. 1–205.
[5] Ed. C. Horstmann, ebd., S. 206–312. Zu Johannes von Hildesheim vgl. W. Stammler (ed.), *Die deutsche Literatur des Mittelalters (Verfasserlexikon)*, II, Berlin u. Leipzig 1936, Sp. 598–601.
[6] Vgl. Horstmanns Ausgabe, S. V.
[7] Brief vom 22. Okt. 1818; vgl. Horstmann, a.a.O. S. X, Anm. 1.

stofflichen Reiz sind die vielen Beschreibungen der fernen Welt (namentlich der drei Indien) und der weiten Reise der Könige mit ihrem prachtvollen Gefolge, die Ausdeutungen der Propheten und der erlesenen Geschenke, der farbige Bericht über Helenas Suche nach den Gebeinen der toten Könige, deren Bestattung in Konstantinopel und wunderbare Translation nach Mailand und schließlich ihre Überführung nach Köln. Die übergreifende und Einheit gebende Vorstellung, in welcher Schönheitsbedürfnis und fromme Betrachtung zusammenfließen, ist die des lange erwarteten, schließlich aufgehenden und dann richtungweisenden Sterns, der alle anderen überstrahlt und von eigentümlicher Gestalt ist:

And þis sterre þat þus was schewed is no-þing liche to þe sterres þat be peynted here in diuers plasys: for hit hadde many long strakes and beemes, more brennyng and more liȝter þan a bronde of fuyre, and as a Egle fleyng and betyng þe eyr with his wynges, riȝtso þe strakes of þe beemes of þis sterre stered hym-self aboute. And þe sterre had in hym-self a fourme and a liknesse of a ȝonge childe, and aboue hym a signe of þe cros.[8]

Immer wieder wird sein Glanz beschrieben. Als die Könige den Stall von Bethlehem erreicht haben, steht er davor still, erstrahlt in größter Helligkeit, erhebt sich über das kleine Haus und bleibt dort unbeweglich stehen, indem er alles mit seinem Licht erfüllt:

and þan þe sterre stood stille on þe grounde to-fore þis lityl hows. And sone after þe sterre departyd hym-self in so gret liȝt þat all þe litill hows and þe Caue were ful of liȝt; and þan anoon þe sterre ascendid vp in to þe eyre and þere stood stille all-weye aboue þe same plaas; but þe liȝt abode stille in þe plaas þer Cryst was & oure lady.[9]

Die Ruhe und zugleich volksbuchartige Schlichtheit solcher Beschreibungen und Betrachtungen wird besonders deutlich, wenn man sich die dynamische Bewegung der Lichthand Gottes in der Guthlac-Vita des Felix vergegenwärtigt.[10]

Simpler als die Dreikönigsgeschichte ist eine Prosafassung des *Antonius-Lebens*,[11] das die eigentliche Vita durch Inventions- und Translationsberichte erweitert.[12] Der Lebensbericht ist eine verkürzende und vergröbernde Bearbeitung des Evagrius-Textes.[13] Die Dämonenangriffe auf den Eremiten, die bei Athanasius und Evagrius Gestaltwerdungen der seelischen Not sind, werden in ebenso plumper wie naiver Weise konkretisiert, z. B.:

---

[8] Horstmann, a.a.O. S. 35.
[9] Ebd. S. 69.
[10] Vgl. oben S. 87.
[11] Ed. C. Horstmann, „Prosalegenden V", *Anglia* 4 (1881), S. 109–138.
[12] Zu den Quellen der Erweiterungen vgl. Gerould, a.a.O. S. 283, und F. Holthausen, *Arch.* 87 (1891), S. 60–64.
[13] Vgl. dazu oben S. 44 ff.

*Sodanly abowte Antonys celle was made a grete noys, þai rywyn downe hys
house & þe walles made opyn, & many score d(e)uelles pered to hym, summe
in lyknes of bestes, summe in lyknes of serpenttes; þai fulfylled onone þe
place wyt fantesys of lyons, of bulles, of wlues, of neddyres, of serpentes, of
scorpeons, of pardes & of bers, & all þis bestes aftyre þer kynde made deuellyk
noyse: þe lyone rampand cryyng, þe bolle rored & bolyed, þe serpentes hyssyng,
þe wlwes rowngyng, þe pardes of dyuers colowres schewyn dyuerse desaytes &
coloures. Wyt þis noys Antony gretly turmentyd & adrad bodyli, bot wyt-in
in saule he was vngastfulle.*[14]

Beinahe wörtliche Übersetzungen der Quellen sind die Leben der belgi-
schen Heiligen *Elisabeth von Spaelbeek, Christina mirabilis* und *Marie von
Oignies* des MS. Douce 114.[15] Sie sind lediglich als frömmigkeitsgeschichtliche Belege für die Ausbreitung der Kenntnis dieser wohl merkwürdig-
sten Heiligen des hohen und späteren Mittelalters von Interesse.[16]

2. Capgraves "Life of St. Augustine"

Die selbständigsten und wertvollsten Prosalegenden sind John Capgraves
Leben des hl. Augustinus und des hl. Gilbert von Sempringham, von denen
das *Life of St. Augustine*[17] genauer untersucht werden soll. Es wurde dem
Prolog zufolge auf Bitten einer nicht genannten adligen Dame geschrieben,
die am Augustinus-Tag geboren war. Capgrave, selbst Augustinermönch
und späterer Prior und Provinzial seines Ordens, kam dem Auftrag, wie
er sagt, mit besonderer Bereitwilligkeit nach (*sche supposed veryly þat I
wold do it with þe bettir wil*, S. 1, 20), und zwar aus Verehrung für den großen
Kirchenlehrer (*to þe worchip of þis glorious doctour*, S. 1, 23f.) und zur Freude
und Tröstung der Dame (*and to þe plesauns and consolation of þis gentil woman*,
S. 1, 24f.). Unterhaltendes und erbauliches Moment werden also in der
für das 15. Jh. charakteristischen Weise nebeneinander genannt. Dabei
gilt Capgraves eigentliches Interesse dem großen Theologen und Gelehrten,
der alle anderen (wie mit Bezug auf die an seinem Festtag gelesene Epistel
gesagt wird) überstrahlt wie die Sonne die Sterne (S. 2, 10f.). Dem Geist
der Augustinerregel folgend, in welcher die Liebe als das Wesen der Vollkommenheit betont wird, und im Anschluß an Buch IX der *Confessiones*
hebt Capgrave die brennende Christusliebe Augustins hervor und vergleicht sie, in Ausdeutung seines Namens, mit der Hitze und der Reifezeit

---

[14] *Anglia* 4 (1881), S. 120.
[15] Ed. C. Horstmann, „Prosalegenden. Die Legenden des ms. Douce 114" *Anglia* 8
(1885), S. 102–196.
[16] Vgl. oben S. 162f.
[17] Ed. J.J. Munro, *John Capgrave's Lives of St. Augustine and St. Gilbert of Sempringham,
And a Sermon*, EETS. OS. 140.

des Augustmonats. Jedoch ist der Blickwinkel seiner Betrachtung nicht der eines emotionalen Miterlebens. Die Liebe Augustins wird erklärt als die nach Gott wichtigste Ursache für das Reiferwerden der Frömmigkeit bei vielen, denen durch Augustins unvergängliche Werke davon mitgeteilt worden sei.[18] Die Darstellung konzentriert sich denn auch auf die Schriften Augustins, die mit der größten Sorgfalt genannt und beschrieben werden, besonders in den Kapiteln 41–43. Dabei richtet sich Capgraves Blick weniger auf die von Seelennot und Gottesliebe erfüllten leidenschaftlichen Gefühlsäußerungen – obwohl auch diese berührt werden – als auf die Ordensgründungen (Kap. 29, 34, 35) sowie die Lehr- und Predigttätigkeit Augustins, insbesondere auf seine Auseinandersetzungen mit den Häretikern (31, 32 und 40), wobei zum Zweck des Vergleichs auch die Anhänger Wycliffs genannt und als Ketzer in der üblichen Weise der Unsittlichkeit bezichtigt werden (Kap. 22). Abschließend wird als die Hauptbedeutung Augustins die Wissensbereicherung herausgestellt, die seine Werke den Theologen vermitteln (S. 60, Z. 26–29):

Thus endith þe lyf of þis glorious doctour whom all cristen men ar bounde to do worchip, most specialy clerkys and lerned men þat haue grete stuf oute his bokes to her lernyng.

Wie Munro ausführt,[19] ist keine lateinische Version bekannt, die Capgrave übersetzt haben könnte, und da auch jede Beziehung auf *myn auctour* oder ähnliches fehlt, darf man Capgrave als den eigentlichen Verfasser seines Augustinus-Lebens betrachten. Der von ihm mitgeteilte Wunsch seiner Auftraggeberin, *to translate hir treuly oute of Latyn, þe lif of Seynt Augustyn, grete doctour of þe cherch* (S. 1, 17f.), bezieht sich mit ziemlicher Sicherheit auf die Verwendung der lateinischen Werke des Augustinus selbst, von deren Kenntnis Capgrave mehrfach in der ersten Person spricht.[20] Die von ihm selbst verfaßte, aber nicht erhaltene lateinische *Vita s. Augustini*[21] scheint nach Munro nicht die Vorlage gewesen zu sein, weil eine entsprechende Äußerung Capgraves fehlt.

Capgrave stellt das Augustinus-Leben erzählender und zugleich abkürzender als die Katharinenlegende dar. Er selbst nennt die von ihm befolgte Manier *narratyf* und verzichtet ihretwegen u. a. auf die subtilen Dialoge zwischen Augustinus und seinem Sohn Adeodatus (S. 31, 17ff.) sowie an anderer Stelle auf die detaillierte Aufzählung der Sieben Künste (S. 11, 30 – S. 12, 3). Auch von den klassischen Studien Augustins (*Confessiones*, I) und seiner Konsultation der Astrologen (*Confessiones*, II) wird nichts erwähnt. Dennoch läßt sich auch jetzt jene erklärende und zielbewußt auf-

---

[18] Vgl. ebd. S. 2.
[19] A.a.O. S. VII–VIII.
[20] Vgl. Belege bei Munro, a.a.O. VIII, und die zahlreichen Zitate bzw. Übersetzungen aus Augustins Werken, wie in Munros *Notes* ausgewiesen.
[21] Vgl. Edition seiner Katharinenlegende, a.a.O. S. XV.

bauende Methode erkennen, die Capgrave als erfahrener Lehr- und Kanzel-
redner beherrschte. Das geht schon aus der oben mitgeteilten Inhaltsübersicht hervor und wird besonders deutlich bei der systematischen Behandlung der persönlichen Tugenden Augustins (Kap. 36–39) sowie bei der
Charakterisierung seiner Schriften. Aber beinahe jede andere Stelle ließe
sich als Beleg zitieren, z. B. seine Ausführungen über *infantia* (Kap. 4) und
pueritia (Kap. 5). Charakteristisch ist ferner, daß Capgrave zum besseren
Verständnis einzelner Entscheidungen und Handlungen aus Augustins
Predigten zitiert (Kap. 20 u. 21 und besonders ab Kap. 25), z. B.

Kap. 28 (S. 37, 5–12):

As ȝe know, I cam on-to þis cyte with my welbeloued frendis Euodio, Simplicio,
Alipio, Nebridio & Anastasio. I cam hidir with a maner of a sikirnesse, for
I wist wel þat þe good fader Valerius was bischop her. I cam hidyr, not for
to haue powere ouyr ȝou in dignite, but for to dwelle as an outcast in þe hous
of our Lord all þe dayes of my lyf. I cam hidir, not for to receyue seruyse of
oþer men, but for to lyve pesibily in desert with my breþerin.

Kap. 34 (S. 44, 22–32):

It plesid God for to sey on-to me þat I schuld ascende to hier degre, for aftir þe
tyme þat my fame was bore in þe puple, I be-gan to drawe me fro euery place
whech wanted a bischop. But a seruaunt may not sey nay to his lord. Wherefor,
whan I was mad bischop, I aspied wel þat I must chere men þat cam on-to me
with mete and drynk, for if I ded not, I schuld be hald on-gentil, and if I led
my gestis on-to þo monasteries whech I haue mad, þe custom schuld not be
good, for þe most part of þo heremites desire not mech to haue grete conuer-
sacion with þe puple. This was þe cause whi þat I gadered þese clerkis in o
colege.

In Capgraves eigenen Homilien erkennen wir denselben expositorischen
Stil wie in seinen Legenden. In einer der von ihm 1422 in Cambridge gehaltenen Predigten über die auf der Augustinerregel aufgebauten Orden
und Kongregationen[22] vergleicht er in allegorischer Auslegung der Hl.
Schrift sowohl Augustinus mit Jakob wie die 12 genannten Ordensgemein-
schaften mit Jakobs 12 Söhnen. Der Durchführung des Vergleichs wird
eine Begründung nach zwei Punkten vorausgeschickt (S. 145, 1–21), und
jede einzelne Parallelsetzung wird sorgfältig erläutert. Stilbestimmende
und mehrfach wiederkehrende Wendungen sind: *We may likne* (S. 145, 1),
is as mech to sey as (22f.), *may be refered on-to* (S. 146, 1), *This mater is proued*
with grete euydens in þe book (3), *In þese same bokes may men se* (7f.), *(Girdyng) in*
holy scriptur is take for (25f.), *þis may be applied in þe best maner to* (26f.), *Many*
euydens haue I mad (in my book Concordia) (34), *be þis vndirstund we* (S. 147, 10),
for þis cause (S. 148, 2), *Ful wel longith þis interpretacion on-to* (8f.). Bezeichnend sind ferner exakte Unterscheidungen (*I be-leue wel þat þere had þei*

---

[22] Teiledition Munro, a.a.O. S. 145–148.

her beginnyng but þe harder distinccion fro þe first ordr was mad sithe be oþir holy faderes, S. 146, 31–33; *þat Seint Ruffus not be-gan þis ordr, but þat he reformed þis ordre*, S. 146, 34 – S. 147, 1), rhetorisch gestellte Fragen (*What schal we calle bettir þe myddis þan þis present lif?*, S. 146, 14 f.), Eingehen auf etwaige Einwände (*But men wil merueyle perauentur whi þat I sette seculer chanones be-for reguler, and þis [is] my cause*, S. 146, 18 f.) und gegebenenfalls Eingeständnis des Fehlens eigenen genauen Wissens, wodurch die Zuverlässigkeit der übrigen Informationen unterstrichen wird (*Off þis ordre haue I as ʒet no certeyn knowlech*, S. 148, 5; *oþer informacion of hem haue I not at þis tyme*, S. 148, 27 f.). Auch inhaltlich zeigt die Ausführung über das Wesen verschiedener Orden einen Kenntnisreichtum, der gut zur Lehrtätigkeit des Augustiners paßt.

Die Darstellung des Augustinus-Lebens jedoch stellte den Prediger vor die schwierige Aufgabe, wenigstens Höhepunkte der tiefen Selbstschau und Seelenanalyse des großen Bekenners, insbesondere die Erschütterung und das befreiende Licht seiner Bekehrungsstunde (*Confessiones*, VIII) in Worte zu fassen. Dies geschieht Kap. 15 *What sorow Augustin mad aftir þis exhortacion*. Wie schon der Wortlaut dieser Kapitelüberschrift zeigt, vermochte Capgrave nicht viel mit diesem Ausbruch tiefer Erregung anzufangen. Zwar werden einige Stellen annähernd wörtlich übersetzt, z. B. (S. 21, 6) *Grete sorow and horribil ran in Augustin mynde þann* oder (S. 22, 1–5)

and swech lamentable voyses he þrew on-to heuene: O blissed Lord, who longe, who longe? Who longe wilt þou suffir, Lord, þat I go so ferre fro þi seruyse and differre my conuercion fro day to day? To-morow, schal it be to-morow? Why not now, Lord, whi schal not þis same houre make an end of all my filth?

Man erkennt in ihnen deutlich die Muster für entsprechende Passagen in der Katharinenlegende.[23] Aber Capgrave erreicht in seiner trocken erklärenden Art bei weitem nicht die bei Augustinus ausgedrückte stürmische Lebendigkeit und Unmittelbarkeit des Seelischen. Bei Augustinus kämpfen zwei Willen – Geist und Fleisch – mit gesteigerter Gewalt, und es kommt (VIII, 12, 28) zu einem gewaltigen Tränenausbruch: *oborta est procella ingens ferens ingentem imbrem lacrimarum*.[24] Capgrave fehlt dafür die Sprachgewalt. Außerdem erzählt er im Rahmen einer Legende, d. h. in der Tradition eines schlichteren Darstellens. Dazu kommt seine moralisierende Tendenz. Die „ungewohnte Erregung" (*inusitatis motus*, VIII, 11, 27)[25] ist bei ihm (S. 21, 26) *þe sodeyn compunccion þus neuly com*. Aus dem Tränenstrom wird (S. 21, 30): *whech mad him for to wepe plenteuously*. Entsprechend setzt Capgrave Augustins Erregung nach dem Hören des „Nimm und Lies" in geläufige Floskeln und Begriffe um. Aus (VIII, 12, 29)

---

[23] Vgl. oben S. 339 f.
[24] Text nach J. Bernhart, *Augustinus, Confessiones. Bekenntnisse*, München 1955, S. 412.
[25] Ebd.

repressoque impetu lacrimarum surrexi nihil aliud interpretans divinitus mihi iuberi, nisi ut aperirem codicem et legerem quod primum caput invenissem[26]

wird (S. 22, 11–15):

He þout þan þat þis voys cam fro heuene, ȝeuyng him a warnyng þat he schuld ope þe bok whech he brout with him fro þe hous on-to þe gardeyn, and þe first letter þat his eye felle up-on he schuld rede.

Am deutlichsten ist der Unterschied, als Augustinus sich nach dem Lesen der Paulus-Stelle (Röm. 13, 13f.) vom Strahl der göttlichen Wahrheit getroffen fühlt und für das Ideal des heroisch-asketischen Lebens für Christus erglüht. Dieser Höhepunkt seiner Damaskusstunde wird von ihm wie der Einbruch geistlichen Lichtes erlebt, das alle Nacht des Zweifels zerteilt (VIII, 12, 29):

Statim quippe cum fine huiusce sententiae quasi luce securitatis infusa cordi meo omnes dubitationis tenebrae diffugerunt.[27]

Die Bewegung und Kraft dieses Vorgangs begegnete auch in der von augustinischem Geist berührten frühmittelalterlichen Hagiographie, besonders in der Vorstellung der nach dem Herzen greifenden Lichthand Gottes in des Felix Guthlac-Vita.[28] Bei Capgrave aber, ein Jahrtausend danach, ist von der Wucht des Anpralls und der Tiefe des Betroffenseins nichts mehr zu spüren. In Umkehrung der Reihenfolge bei Augustinus sagt er zuerst, daß der Heilige ein Lesezeichen in das Buch gelegt habe, um die Stelle wiederzufinden, und fügt als ruhig konstatierende Erklärung hinzu (S. 22, 24–26):

for þis same texte put in his hert a lite of swech a grace þat alle þe derk errouris whech he had hold wer passed a-wey fro him.

Dies paßt, trotz seiner Unanschaulichkeit, mehr zu der Darstellung des stillstehenden Sterns in der Dreikönigsgeschichte des späten 14. Jhs.[29] als zu der Dynamik der Schriften Augustins.

[26] Ebd. S. 414.   [27] Ebd. S. 416.   [28] Vgl. oben S. 87 ff.   [29] Vgl. oben S. 403.

ZUSAMMENFASSUNG

Die formgeschichtlichen Ergebnisse und ihre gattungspoetische Bedeutung

Es war das Anliegen der geschichtlichen Untersuchung, die beharrenden und die sich wandelnden Strukturen und Formen des Erzählens in den englischen Heiligenlegenden vom frühen bis zum späten Mittelalter und in einigen repräsentativen lateinischen Viten zu erfassen und aus den Faktoren der jeweiligen Darbietungssituation, insbesondere aus den zentralen Erbauungstendenzen, zu erklären. Es zeigte sich, daß die englischen Einzellegenden durchweg stärker von weltlichen Formtraditionen bestimmt werden als die kirchlichen Sammlungen. Im 8. Jh. knüpfen sie an den altepischen, im 12./13. Jh. an den spielmännisch-balladenhaften Stil an, im 14. und 15. Jh. finden sich zahlreiche Legenden nach Art der Kurzreimpaar-Romanzen, gelegentlich mit fabliauhaftem Einschlag, und im 15. und 16. Jh. treten stofflich stark ausgeweitete Legendenepen und -historien hervor. Allerdings ist das nur eine Linie der Entwicklung. Parallel und in einer gewissen Wechselwirkung dazu verläuft die der in den Legendaren gesammelten Heiligenleben, die den Hauptbereich der englischen Legendenliteratur darstellen.

Die Formgeschichte dieser Sammlungen jedoch läßt sich nur in Zusammenschau mit den Konventionen und Wandlungen der lateinischen Hagiographie richtig einschätzen. In der spätantiken und frühmittelalterlichen Vitenliteratur waltet – sofern sie nicht wie die Martin-Schriften des Sulpicius Severus oder die Paulus-Vita des Hieronymus spätantike Formen der Profanliteratur verwenden – als wichtigstes Darbietungsmittel ein schlichter, wenn auch von wechselnder geistiger Bewegtheit getragener Geschehnisbericht vor. Er dient der den Glauben bestätigenden Mitteilung der Ereignisse. Dazu treten direkt geäußerte erbauliche Gedanken in Gebeten, Lobreden und Rückbeziehungen der Geschehnisse auf biblische Vorbilder. Bei Gregor dem Großen wird dieses Verfahren zu sinnbildhafter Eindringlichkeit verdichtet, indem durch ausdrucksstarke Gebärden, Worte und Einzelepisoden der transzendentale Sinngehalt im Geschehen selbst erlebbar gemacht wird. Die gewisse Objektivität seiner Darstellung atmet noch klassisch-antiken Geist, die tiefe Beseelung weist darüber hinaus. Insofern beginnt mit Gregor das eigentlich mittelalterliche Legendenerzählen, obwohl bei ihm der Ausdruck des Frömmigkeitsgefühls noch hinter dem der objektiven geistigen Substanzen zurücktritt. Dieser Stil wird bald – z. B. bei Beda – von einer sich gelehrter gebenden Klosterhagiographie abgelöst. Statt Gregors feiner Verdichtung und Sinnfälligkeit gibt Beda in reicherem Maße gedankliche Exposition und lehrhaften Kommentar, der bei Gregor im Dialograhmen bleibt. Ähnliches läßt sich von den vielen Durchschnittsviten der Zeit sagen. Als Sonderfall ist Felix von Crowland zu nennen, der über weite Strecken seiner Guthlac-Vita germanischen Erzählkonventionen folgt.

Die schon bei Beda erkennbare Tendenz nach umfassender Betrachtung wird im Hochmittelalter noch stärker und wandelt sich gleichzeitig unter dem Einfluß neuer Frömmigkeitshaltungen. Formbestimmend ist das Bedürfnis nach vielfacher frommer Kontemplation und Deutung der Begebenheiten. Nicht so sehr das Geschehen selbst und seine Gehalte werden dargestellt, sondern ihre Wirkungen auf den Betrachter. Gebete, Reden, göttliche Zeichen und Boten, das Verhalten der Nebenfiguren, die sämtlich wie Attribute des im Mittelpunkt stehenden Heiligen wirken, werden als Mittel eingesetzt, um das Miterleben des Wunderbaren und Tröstlichen des göttlichen Gnadenwirkens auszudrücken. Nicht mehr der vergleichsweise natürliche Ereigniszusammenhang steht – wie bei Gregor – im Mittelpunkt, sondern eine mosaikartig zusammengesetzte Akkumulation vielfacher Spiegelungen seiner Wirkungen auf die Seele. Dabei überwiegt die emotionale Betrachtung die intellektuelle, obwohl beides – wie bei den Mystikern – Hand in Hand gehen kann. Grundlegend ist ein vertrauteres, mehr persönliches und von liebevoller Zuneigung erfülltes Verhältnis zum Heiligen, das an die Stelle der im Frühmittelalter vorwaltenden Ehrfurcht tritt. Formgeschichtlich entstehen Erzählgebilde, die man als Andachtsbilder bezeichnen kann. Bei Jacobus a Voragine gewinnen sie einen auch ästhetischen Ausdruckswert durch Konzentration auf einige wenige und bedeutende Situationen und Aspekte. Sie bestimmen entscheidend die Struktur der legendarischen Kurzform, die auch in England Schule macht. Erst im ausgehenden Mittelalter wird die fromme Betrachtung mehr und mehr zu stofflich aufgefaßten Schaubildern konkretisiert, die sich von den Konventionen der profanen Erzählliteratur kaum noch unterscheiden lassen.

In der Formgeschichte der englischen Sammlungen lassen sich erste Andeutungen eines vom althagiographischen Erzählstil unterscheidbaren Verfahrens schon in Aelfrics *Lives of the Saints* erkennen. Aelfric knüpft nicht nur an die ausführlichen lateinischen Viten an, obwohl er sie stellenweise wörtlich übersetzt, sondern er vereinfacht sie auch auf eine für die Erbauung seiner Hörer geeignete Weise. Um die Imitabilität der Heiligen eindringlich herauszustellen, steigert er den hagiographischen Bericht durch Gebärden oder katalogartige Worthäufungen zu Höhepunkten, die der Ausdruckskraft altenglischer Dichtungen nahekommen. Aber die Gesamtstruktur seiner Legenden läßt sich weder aus den weltlichen Erzählgepflogenheiten noch aus den althagiographischen Mustern allein erklären, sondern wesentlich aus dem seelsorgerisch-praktischen Anliegen, das eigene Darbietungsformen ausprägt.

Erst im 13. Jh. zeigen sich im südenglischen Legendar Formen, die überhaupt keinen Rückgriff mehr auf profane Erzählkonventionen erkennen lassen. Auch aus den althagiographischen Vorlagen, deren Funktion auf die von Stoffquellen reduziert ist, sind sie nicht erklärbar. Sie lassen sich

410

verstehen aus dem im ganzen emotionaler gewordenen Heiligenkult, insbesondere aus der nun wesentlich franziskanisch getönten Frömmigkeit und aus der damit gegebenen Hinwendung an ein allgemeines und einfaches Publikum. Die Darstellung, die von der in der *Legenda aurea* beeinflußt ist, beschränkt sich nicht auf das objektive Geschehen oder die von Aelfric geübte knappe und expressive Demonstration des Erbaulichen, sondern die Betrachtung selbst und der Eindruck des Betrachteten auf das Gemüt werden in den Mittelpunkt gerückt. Dabei richtet sich der Blick nicht so sehr auf das Beispielhafte und Ehrwürdige, sondern auf das Wunderbare, Liebenswerte und Trostverheißende im Heiligenleben, das gleichsam aus größerer Nähe und als Bestätigung der göttlichen Schutzmacht für alle Gläubigen gesehen wird. Die sich ergebende Form des erzählerischen Andachtsbildes unterscheidet sich als eine in sich ruhende emotionale Einheit sowohl von der mehr episoden- und akthaften Gestaltungsweise der älteren Viten als auch von der Deskription der zeitgenössischen Profanliteratur. Dabei ist die beschauliche Grundhaltung weniger gedanklich als in der *Legenda aurea*; das volkstümlich Gefühlsbetonte steht, dem mündlichen Vortrag vor einfachen Hörern gemäß, im Vordergrund. Wichtig jedoch ist, daß in beiden Sammlungen die betrachtenden und berichtenden Elemente im Verhältnis ruhiger Ausgewogenheit zueinander stehen. Daraus ergibt sich der eigentümlich „legendarische" Erzählton der Heiligenlegende des höheren und späteren Mittelalters. Mit der äußeren Verkürzung der Darstellung wird ferner die in der ausführlicheren Vita gestaltete Wirklichkeit reduziert auf die den frommen Sinn der Laien ansprechenden Grundzüge. Die gewisse „Objektivität" der Quellen weicht einem liebevoll vereinfachten Bilde des Heiligen, der nur noch als wunderumhüteter, tieffrommer Mensch erscheint, nicht mehr – oder nur andeutungsweise – in seinen standesgegebenen Eigenschaften als Mönch, Abt, Bischof oder König.

Strukturell und formal sind also Unterschiede zur hagiographischen Tradition vorhanden, obwohl natürlich die Umrisse der Gestaltung mit dem Stoff von dort übernommen werden. In einem phänomenologischen Sinne kann man jedoch den neueren Erzählstil als „legendarisch" von dem älteren „hagiographischen" absetzen. In England gewinnt er Traditionsmacht sowohl durch die *Legenda aurea* wie durch das südenglische Legendar. Allerdings werden die schlichte Ausgewogenheit und selbstverständliche Durchdringung von Darstellung und Betrachtung schon bald modifiziert. In den Zyklen des 14. und 15. Jhs. treten die Elemente mehr auseinander und werden sowohl umgrenzter als auch in farbigeren Einzelheiten dargestellt. Die emotionale Betrachtung wird vielfach zur gelehrten Erörterung, das schlichte Andachtsbild zur konkreteren Beschreibung. Dabei finden anspruchsvollere literarische Mittel Verwendung, die teils der zeitgenössischen Versromanze, teils der traktathaften Erbauungsliteratur oder auch der Hymnentradition entstammen. Es ergeben sich ganz unterschiedliche Kombinationen. In der nordenglischen Sammlung des 14. Jhs. wechseln ein beweglicher, zügiger Erzählbericht und eine exakte Auslegung und Belehrung einander ab. Die schottische Sammlung, deren betrachtendes Element stärker und moralischer ist, wahrt zwar deutlicher den von der *Legenda aurea* vorgezeichneten Grundriß einer ausgewogenen Darbietung, gibt ihm aber eine subjektivere Tönung. Bokenham folgt dem lateinischen Vorbild mit einer gewissen Treuherzigkeit, verwendet jedoch rhetorische Mittel, die seine Darstellung sowohl lehrhaft rubrizierend als auch schaubildhaft anschaulich machen. Selbst die beiden Prosaübersetzungen und -bearbeitungen der *Legenda aurea* im 15. Jh. lassen Veränderungen erkennen. Die *Gilte Legende* trifft noch weitgehend den alten Ton, wenn auch leicht ins Dekorative und Moralisierende abgewandelt, während in Caxtons *Golden Legend* vielfach (allerdings nicht durchgängig) an die Stelle der älteren Gefühlstönung und Andacht eine veräußerlichende Schwarz-Weiß-Zeichnung oder begriffliche Summierung tritt.

Interessant ist, daß auch einige Einzellegenden wie Chaucers *Caecilia* oder Lydgates *Margareta* an Jacobus anknüpfen. Chaucer bildet mit frommer Einfühlung und zugleich feiner Stilkunst die Einfachheit, Harmonie und bildhafte Verdichtung seiner Vorlage nach und schreibt auf diese Weise eine der ästhetisch vollendetsten und zugleich erbaulichsten englischen Heiligenlegenden des Mittelalters. Bei Lydgate, der die dekorative Tendenz wie in seiner geistlichen Lyrik verstärkt, überwiegen Betrachtung und Lobpreis das eigentliche Darstellen so sehr, daß man eher von Legendenhymnik als von Legendenerzählen sprechen könnte. Im ganzen gesehen, bringt das 15. Jh. keine bedeutenden Formen mehr hervor. Die stoffreiche Gestaltung einiger längerer Legendenepen sowie die weite Verbreitung der für die knappe Predigt geschriebenen Prosastücke in John Mirks *Festial* sind charakteristisch. Das 16. Jh. setzt mit einigen umfangreichen Darstellungen die Tradition des Legendenepos zunächst fort. Das Ende der Gattung wird dann – in bereits reformatorischer Zeit – greifbar in der Placidus-Eustachius-Legende des John Partridge, der das eigentlich Legendenhafte in eine moralische Geschichte umwandelt.

Von nicht geringer Bedeutung für die Ausprägung des Erzählens erwiesen sich die verwendeten Vers- und Strophenformen. Neben der in der *Legenda aurea* gegebenen schlichten Prosa, die von der *Gilte Legende* und Caxtons *Golden Legend* in verschiedener Weise nachgebildet wurde, scheinen das Septenarpaar der südenglischen Sammlung und die *Rhymeroyal*-Strophe Chaucers, Lydgates und Bokenhams besonders geeignet gewesen zu sein für erbauliches Erzählen, obwohl sich letztere, wie am Beispiel Lydgates ersichtlich, ins einseitig Rhetorische wenden ließ. Das Kurzreimpaar dagegen brachte leicht einen profanen Erzählton mit, der – wie bei Gower und in der nordenglischen und schottischen Sammlung – nur durch eine klar einteilende, gedankliche Gliederung und belehrende Deutung dem geistlichen Gegenstand angepaßt werden konnte; eine inten-

412

sivere Gestaltung von Andachtsgefühlen findet sich in diesem Metrum nicht.

Die Frage, ob und wieweit die formgeschichtliche Untersuchung der englischen Heiligenlegende und einiger repräsentativer Texte der lateinischen Hagiographie des Mittelalters ausreicht, einen Beitrag zu der im Forschungsbericht skizzierten gattungspoetischen Diskussion zu leisten, ist mit den summierten Ergebnissen teilweise schon beantwortet. Es hat sich gezeigt, daß Struktur und Formensprache der Heiligenlegende wesentlich bestimmt sind von einem mehr oder weniger in die Darstellung integrierten und wechselnd akzentuierten Betrachtungsmoment. Erst von diesem, bisher übersehenen Gesichtspunkt aus erklären sich die oben beschriebenen Formen – das immer wiederkehrende Aufweisen, Verdeutlichen und Miterleben –, die zu einer Verlangsamung, bildhaften Gruppierung und zugleich emotionalen, mitunter gedanklichen Intensivierung des Erzählberichts führen. Insofern – und insbesondere durch Auffinden der Formen des erzählerischen Sinn- und Andachtsbildes – stellen die Ergebnisse dieser Arbeit neue Gesichtspunkte für ein literaturwissenschaftliches Verstehen der Heiligenlegende bereit. Wie weit die genannten Formprinzipien auch in der Legendenliteratur anderer Sprachen wirksam sind, müßte noch genauer untersucht werden. In England scheint der Einfluß der kirchlichen Sammlungen stärker gewesen zu sein als in Frankreich und Deutschland, wo die – in englischer Sprache fehlende – hochhöfische Dichtung den Ton der Legendenpoesie früh und nachhaltig bestimmte. Daß sich die Prägekraft erbaulicher Betrachtung auch in der sakralen Bildkunst auswirkt, haben die Vergleiche zwischen Hagiographie und Malerei erwiesen. Analoge Strukturen ergeben sich in nicht-hagiographischen literarischen Gattungen, wenn die erbauliche Betrachtung statt auf Heiligenleben auf andere Gegenstände gerichtet wird, etwa auf die Leidensgeschichte Christi (wie in der *Southern Passion*, die ursprünglich der südenglischen Sammlung angehörte) oder auf geeignete weltliche Stoffe.[1] Chaucer nennt seine Erzählungen von den vorbildlich liebenden Frauen *The Legend of Good Women* und verwendet hier – z. B. in der Lukretia-Geschichte – eine andachtsbildartig verweilende Erzählweise.[2] Ferner schreibt er die Konstanzengeschichte (*Man of Law's Tale*) in den *Canterbury Tales* in erbaulichem Ton und unter Verwendung der *Rhyme-royal*-Strophe.[3] Vielleicht läßt sich das

---

[1] Vgl. zum Prinzip der Wiederholung in mittelhochdeutschen Legendenepen J. Schwietering, *Die dt. Dichtung d. Mittelalters*, Potsdam 1941, S. 92; zur Relation zwischen höfischem Epos und Heiligkeitsvorstellungen J. Bumke, *Wolframs Willehalm. Studien zur Epenstruktur und zum Heiligkeitsbegriff der ausgehenden Blütezeit*, Heidelberg 1959.

[2] Vgl. *The Legend of Lucrece*, F 1732–1739, 1839–1843.

[3] Vgl. die Passivität Konstanzens, die andachtsbildartig betrachtet wird (II B 477–483, 615–689 u. 822–875) im Gegensatz zu Gowers schnell fließender und logisch präziser Version (*Conf. Am.* II, 587–1612). Entsprechend ist der Unterschied zwischen Chaucers emotionaler Wunderdarstellung (550–574) und Gowers sachlicher Mitteilung (759–778).

Vordringen einer mehr kontemplativen Erzählhaltung im späteren Mittelalter, die sich u. a. auch in den allegorisierenden Versromanen und Erzählungen niederschlägt, als Ausstrahlung und Modifikation eines ursprünglich legendarischen Konzipierens verstehen. Daß Legendenmotive vielfach in die weltliche Literatur gewandert sind, ist wiederholt untersucht worden; wieweit jedoch auch die erzählerischen Formen und Strukturen übergreifen können, wäre noch genauer zu erforschen. Allerdings bedürfte es dazu entsprechender formgeschichtlicher Längsschnitte durch die Entwicklung anderer Erzählgattungen, die bisher nur ansatzweise für den englischen Bereich vorliegen.[4]

Daß der „legendarische Erzählton" nicht nur eine nachträgliche wissenschaftliche Konstruktion ist, sondern von den Legendenschreibern selbst empfunden wurde, haben einige oben behandelte Zeugnisse glaubhaft gemacht. Bei diesen Äußerungen handelt es sich nicht nur um die seit der christlichen Frühzeit übliche Unterscheidung zwischen rhetorisch anspruchsvoller Rede (in Predigten, Kommentaren und anderen Zweigen der christlichen Literatur) und der schlichten „Sprache der Fischer", in welcher die biblischen Urkunden und viele Legenden gehalten sind,[5] sondern auch um die Art der erzählerischen Formung. In diesem Sinne läßt sich schon Aelfrics Wort über die würdigere Wirkung seines Kürzungsverfahrens verstehen[6] oder des Abbo von Fleury Kennzeichnung der mündlichen Legendentradition als ein Erzählen *simpliciter et plena fide*.[7] Eine der beiden spielmännischen Margaretenlegenden aus dem 12./13. Jh. (*M.M.*) bezeichnet die Martyrerlegenden von Laurentius und Stephanus, die der heranwachsenden Heiligen von ihrer Großmutter erzählt werden, als *Tales* [...] *ful feire and ful euene* – ein Urteil, in dem das Abgerundete und Gleichmäßige des erbaulichen Legendendarstellens anzuklingen scheint.[8] Chaucer stellt sich bewußt auf das einfache, der Verehrung der Heiligen dienende Erzählen ein und folgt der *Legenda aurea* dem Wort und dem Sinn nach.[9] Der Verfasser der schottischen Sammlung will – und darin zeigt sich der stärker reflektierende Zug des späteren 14. und des 15. Jhs. – so schreiben, daß die Frommen zum Nachdenken über das heilige Geschehen angeleitet werden (*To gere deuot men think of it*).[10] Lydgate, der einen feierlichen Anrufungsstil verwendet, bezieht sich doch auf das vergleichsweise einfache

---

[4] Vgl. etwa F. Fisher, *Narrative Art in Medieval Romances*, Cleveland, Ohio, 1938, und den guten Überblick über die Romanzen der "Alliterative Revival" bei Dorothy Everett, *Essays on Middle English Literature*, Oxford 1955; J. A. Mosher, *The Exemplum in Early Religious and Didactic Literature in England*, New York 1911, gibt keine formgeschichtlichen Aufschlüsse; neuere Literaturübersicht bei J. Klapper, Artikel „Exempel", Reallexikon d. dt. Lit. gesch., Berlin ²1956ff., S. 413ff. Eine allgemeine Betrachtung der literarischen Form der geistlichen Chronik gibt F.-J. Starke, *Populäre englische Chroniken des 15. Jh. Eine Untersuchung über ihre literarische Form*, Diss. Berlin 1935.

[5] Vgl. zu den von E. Norden gegebenen Belegen oben S. 12.

[6] Vgl. oben S. 135.   [7] Vgl. oben S. 142.   [8] Vgl. oben S. 195.

[9] Vgl. oben S. 303.   [10] Vgl. oben S. 278.

Erzählen bei Jacobus (*And as the storye playnly telleth vs*).[11] In der Mitte des 15. Jhs. hebt der der *Legenda aurea* folgende Bokenham das einfache, ruhige, von Punkt zu Punkt schreitende und dabei erklärend darlegende Erzählen hervor.[12]

In Fällen wie diesen scheint der Gebrauch des mittelenglischen Wortes *legend* auf die durch die *Legenda aurea* repräsentierte Form eingeschränkt zu sein. Wenn Chaucer, Lydgate und Bokenham das Wort mit dem bestimmten Artikel oder Possessivpronomen verwenden, meinen sie damit die Sammlung des Jacobus.[13] Hier deutet sich eine wortgeschichtliche Parallele zu den formgeschichtlichen Befunden an, jedoch bedürfte es genauerer Studien zum mittelenglischen kirchlichen Wortschatz, um ihr stärkere Beweiskraft zu verleihen.[14] Der spätmittelalterliche Gebrauch des lateinischen Wortes *legenda*, dessen Entstehungsgeschichte auf das Verlesen während der mönchischen Gebetsstunden zurückweist und das deshalb grundsätzlich jede dem Erbauungsbedürfnis entsprechende hagiographische Vita meint, scheint nicht so eindeutig. Nach H. Günter[15] wird es seit dem 12. und 13. Jh. mehr und mehr für das chorfähige, ganz erbauliche und im Offizium des Heiligenfestes stehende Heiligenleben benutzt. Aber die herkömmlichen Bezeichnungen *vita*, *passio* oder *historia* werden daneben weiterverwendet. Wieweit der Wortgebrauch allmählich enger an die *Legenda aurea* anknüpft, läßt sich nach dem Forschungsstand nicht sagen; ihre frühen Abschreiber bezeichneten sie als *nova legenda* oder *novum passionale*[16], was als ein Zeichen dafür gewertet werden darf, daß man das Neuartige ihres Stils empfand.

Innerhalb der Geschichte der englischen Heiligenlegende ließe sich, was im Rahmen dieser Arbeit nicht zu leisten war, noch manches untersuchen. So wurde z. B. darauf verzichtet, die interne Formgeschichte der südenglischen und nordenglischen Sammlung genauer zu verfolgen. Die Zahl der herangezogenen Einzellegenden war gering; Jesus- und Marienlegenden blieben so gut wie unberücksichtigt. Hier liegt noch ein weites Feld für weiterführende Arbeiten. Eine andere wichtige Aufgabe wäre es, den Einflüssen der französischen Legendendichtung auf die englische genauer nachzugehen, was jedoch nur im Zusammenhang mit einer detaillierten formgeschichtlichen Untersuchung des französischen Zweiges der Hagiographie möglich wäre.

[11] Vgl. oben S. 310.
[12] Vgl. oben S. 326.
[13] Chaucer, *Sec. Nun's Tale* "and folwen hire legende" (83), "After the legende, in translacion" (27); Lydgate, *Marg. leg.* "hire legende ye may see" (80); Bokenham, *Marg. leg.* "As ny my wit it can deuyse / Aftyr the legende" (103f.).
[14] Zum Gesamtproblem des kirchlichen Wortschatzes im Me. vgl. H. Käsmann, *Studien zum kirchlichen Wortschatz des Mittelenglischen 1100–1350. Ein Beitrag zum Problem der Sprachmischung*, Tübingen 1961.
[15] H. Günter, *Die christliche Legende des Abendlandes*, Heidelberg 1910, S. 9f.
[16] Vgl. R. Benz, Einleitung zu seiner Übersetzung der *Legenda aurea*, (Jena 1917 u. ö.) Heidelberg o.J., S. XXI.

Auch die frömmigkeitsgeschichtlichen Ergebnisse der Arbeit bedürften der Ergänzung, vornehmlich durch Überprüfung an nichthagiographischer geistlicher Literatur, die hier nur gelegentlich berücksichtigt werden konnte. Dennoch ließen sich in der Geschichte der Heiligenlegende Grundzüge und Wandlungen der europäischen Frömmigkeit von der Spätantike bis zum Frühhumanismus erkennen. Die Hauptstufen führten von der Geistigkeit der Benediktiner und von einer noch augustinisch anmutenden inneren Bewegtheit über die mystische Ekstase des Hochmittelalters und das schlichte franziskanische Mitfühlen-Wollen im 13. Jh. bis zu Chaucers Devotion und höfischem Schönheitssinn, Lydgates ästhetisierter Spiritualität und der bürgerlichen Moralisierung und Konkretisierung des religiösen Verhaltens im späten 15. und im frühen 16. Jh. Entsprechend wandelte sich das Heiligenbild der Legende vom großen Thaumaturgen, Dämonenbezwinger und heroisch siegenden Martyrer in frühmittelalterlicher Zeit zum still wirkenden Ordensmann oder Bischof, dann zum schlicht-frommen und schließlich volkstümlich-ständetypisch vereinfachten Christenmenschen, der nicht mehr selbst als gewaltiger, von Gottes Kraft getragener Wundertäter auftritt, sondern seinerseits in allen Fährnissen des Lebens Gottes wunderbaren Schutz genießt und deshalb dem Volk immer mehr als anrufbarer Nothelfer und Fürbitter erscheint. Einzelheiten dieser und der formgeschichtlichen Entwicklung, die hier nicht mehr aufgegriffen werden können, sind in den Hauptrubriken des Sach- und Werkregisters zu Übersichten zusammengestellt.

Wie mehrfach bemerkt, gehört die Geschichte der englischen Heiligenlegende in den größeren Zusammenhang der europäischen Legendenliteratur. Um wenigstens andeutungsweise einige der allgemeinen Linien sichtbar werden zu lassen, wurden neben vereinzelten lateinischen Viten verschiedener Jahrhunderte auch Beispiele aus der *Legenda aurea* herangezogen. Jedoch wären gründlichere Studien zur lateinischen Hagiographie und Vergleiche mit der Legendenliteratur in anderen Landessprachen nötig, um alle Spielarten und damit die Gesamtgeschichte der Gattung in den Blick zu bekommen. Für diese weiterführenden Untersuchungen möchte die vorliegende Geschichte der englischen Heiligenlegende Anregung und Beitrag sein.

ABKÜRZUNGEN

Acta SS	*Acta Sanctorum*, Antwerpen 1643 ff.
Anglia	*Anglia – Zeitschrift f. Englische Philologie.*
Arch.	*Archiv für das Studium der neueren Sprachen und Literaturen.*
BHL (m. folg. Nr.)	Nummer in *Bibliotheca hagiographica latina antiquae et mediae aetatis*, 3 Bde., Brüssel 1898–1911.
BKV	*Bibliothek der Kirchenväter*, ed. Bardenhewer, München u. Kempten 1911 ff.
CHEL	*Cambridge History of English Literature*, ed. A. W. Ward u. A. R. Waller, Cambridge 1907 ff.
CSEL	*Corpus Scriptorum Ecclesiasticorum Latinorum*, Wien 1866 ff.
DVj	*Deutsche Vierteljahrsschrift für Literaturwissenschaft und Geistesgeschichte.*
EHR	*The English Historical Review.*
EETS. OS.	*Early English Text Society*, Original Series, London, 1864 ff.
EETS. ES.	*Early English Text Society*, Extra Series, London, 1867–1920.
GL	*Gilte Legende* (i. Register).
Hl.	Heiliger (i. Register).
HZ	*Historische Zeitschrift.*
Index (m. folg. Nr.)	Nummer bei C. Brown u. R. H. Robbins, *The Index of Middle English Verse*, New York 1943.
JEGP	*Journal of English and Germanic Philology.*
LA	*Legenda aurea* (i. Register).
Leg.	Legende (i. Register).
Med. Aev.	*Medium Aevum.*
MGH	*Monumenta Germaniae Historica.*
Migne, P. L.	Migne, *Patrologiae cursus completus*, series latina, Paris 1844 ff.
Migne, P. G.	Migne, *Patrologiae cursus completus*, series graeca, Paris 1857 ff.
MIÖG	*Mitteilungen des Instituts für Österreichische Geschichtsforschung.*
MLN	*Modern Language Notes.*
MLR	*Modern Language Review.*
Mombritius	Boninus Mombritius, *Sanctuarium seu Vitae Sanctorum*, (Mailand ca. 1480), Neuausgabe 2 Bde., Paris 1910.
MP	*Modern Philology.*
NEL	Nordenglisches Legendar (i. Register).
NM	*Neuphilologische Mitteilungen.*
PBB	*Pauls und Braunes Beiträge zur Geschichte der deutschen Sprache und Literatur.*
PMLA	*Publications of the Modern Language Association of America.*
Register	C. Brown, *A Register of Middle English Religious & Didactic Verse*, 2 Bde., Oxford 1916.
RGG	*Die Religion in Geschichte und Gegenwart*, 3. völlig neubearb. Aufl. ed. K. Galling, Tübingen 1957 ff.
Rom. Rev.	*Romanic Review.*
RS.	Rolls Series, *Rerum Britannicarum medii aevi Scriptores*, London 1858–1911.
SEL	Südenglisches Legendar (i. Register).
SL	Schottisches Legendar (i. Register).
SP	*Studies in Philology.*
Spec.	*Speculum – A Journal of Medieval Studies.*

STS   *Scottish Text Society*, Edinburgh und London 1884ff.

Surtees Soc.   *The Publications of the Surtees Society*, Newcastle-upon-Tyne 1835ff.

Traditio   *Traditio – Studies in Ancient and Medieval History, Thought, and Religion*, New York 1943ff.

Wells (m. folg. Nr.) Nummer bei J. E. Wells, *A Manual of the Writings in Middle English 1050–1400*, New Haven, Conn. (1916), ⁵1930.

ZfdtA   *Zeitschrift für deutsches Altertum.*

ZfdtPh   *Zeitschrift für deutsche Philologie.*

ZRPh   *Zeitschrift für romanische Philologie*, Halle 1877ff.

BIBLIOGRAPHIE

Die für die vorliegende Studie verwendete Literatur wird in den Fußnoten voll zitiert und im allgemeinen Forschungsbericht des ersten Teils sowie in den bibliographischen Übersichten der Einzelkapitel besprochen. Auf eine Wiederholung der Textausgaben wird verzichtet. Die nachstehende Liste beschränkt sich auf eine alphabetische Übersicht der herangezogenen Sekundärliteratur.

Aigrain, R., *L'Hagiographie, ses sources, ses méthodes, son histoire*, Paris 1953.
Allen, H. E., "The 'Manuel des Pechiez' and the Scholastic Prologue", *Rom. Rev.* 8 (1917), S. 424–452.
Altaner, B., *Der hl. Dominikus, Untersuchungen und Texte*, Breslau 1922.
Altaner, B., „Beziehungen des hl. Dominikus zum hl. Franziskus", *Franziskanische Studien* IX (1922), S. 2–21.
Altaner, B., *Patrologie, Leben, Schriften und Lehre der Kirchenväter*, Freiburg ⁶1960.
Antropoff, R., von, *Die Entwicklung der mittelenglischen Kenelm-Legende*, Diss. Bonn 1962.
Ardenne, S. R. T. O., d', Einleitung zu *De Liflade ant te Passium of Seinte Iuliene*, EETS. 248.
Atkins, J. W. H., "Early Transition English", *CHEL*, I, S. 217–242.
Auerbach, E., *Mimesis. Dargestellte Wirklichkeit in der abendländischen Literatur*, Bern 1946.
Auerbach, E., „Über das altfranzösische Leodegarlied", *Syntaktika und Stilistika. Festschrift für E. Gamillscheg*, Tübingen 1957, S. 35–42.
Auerbach, E., *Literatursprache und Publikum in der lateinischen Spätantike und im Mittelalter*, Bern 1958.
Aurner, N. S., *Caxton, Mirrour of Fifteenth-Century Letters*, Lo. 1926.

Baker, A. T., "Saints' Lives Written in Anglo-French", *Essays by Divers Hands, Transactions Royal Soc. of Lit. of the U. K.*, New Series, vol. 4, ed. E. Gosse, Lo. 1924, S. 119–156.
Baugh, A. C., "The Middle English Period", *A Literary History of England*, ed. A. C. Baugh, N. Y. 1948.
Bardenhewer, O., *Geschichte der altkirchlichen Literatur*, III, Freiburg 1912.
Bennett, H. S., *Chaucer and the Fifteenth Century*, Oxford 1947.
Benz, R., Einleitung zur Übersetzung der *Legenda aurea*, Jena 1917–1921, ²Heidelberg o. J. [1955].
Bernouilli, C. A., *Die Heiligen der Merowinger*, Tübingen 1900.
Bethurum, Dorothy, "The Form of Aelfric's Lives of the Saints", *SP* 29 (1932), S. 515 bis 533.
Beumann, H., *Widukind von Korvey. Untersuchungen zur Geschichtsschreibung und Ideengeschichte des 10. Jh.*, Weimar 1950.
Blaise, A., *Manuel du Latin chrétien*, Strasbourg 1955.
Bloomfield, M. W., *The Seven Deadly Sins*, Michigan State College Press 1952.
Bloomfield, M. W., "'Sir Gawain and the Green Knight': An Appraisal", *PMLA* 76 (1961), S. 7–19.
Blumenthal, M., *Formen und Motive in den apokryphen Apostelgeschichten* (= Texte und Untersuchungen zur Gesch. d. altchristl. Lit., 4. Reihe, 3. Bd., 1. Heft = 48. Bd., 1. Heft), Leipzig 1933.
Bolton, Whitney French, *The Middle English and Latin Poems of Saint Guthlac*, Diss. Princeton 1954 (= University Microfilms, Ann Arbor, Michigan, Doctoral Diss. Series, Publ. No. 13669).
Borenius, T. u. E. W. Tristram, *Englische Malerei des Mittelalters*, München 1927.
Bornkamm, G., *Mythos und Legende in den apokryphen Thomas-Akten*, Göttingen 1933.

Brandl, A., „Englische Literatur" [Altenglische Zeit], *Grundriß der germanischen Philologie*, ed. H. Paul, II, 1, Straßburg ²1901–1909, S. 941–1134.

Brandl, A., „Englische Literatur" [Mittelenglische Zeit], *Grundriß der germanischen Philologie*, ed. H. Paul, II, Straßburg 1893, S. 551–718.

Brink, ten, B., *Geschichte der englischen Literatur*, Bd. I, ed. A. Brandl, Straßburg ²1899.

Brinkmann, H., *Wesen und Formen mittelalterlicher Dichtung*, Halle 1928.

Broich, U., „Heinrich II. als Patron der Literatur seiner Zeit", W. F. Schirmer und U. Broich, *Studien zum literarischen Patronat im England des 12. Jhs.*, Arbeitsgemeinschaft f. Forschung des Landes Nordrhein-Westfalen, Wiss. Abh. Bd. 23, Köln u. Opladen 1962, S. 27–216.

Brown, Beatrice D., "Introduction" zu "The Southern Passion", EETS. OS. 169.

Brown, Beatrice D., "Robert of Gloucester's 'Chronicle' and the 'Life of St. Kenelm'", *MLN* 41 (1926), S. 13–23.

Brown, C., "The Prologue of Chaucer's 'Lyf of Seint Cecile'", *MP* 9 (1911/12), S. 1–16.

Brown, C., *A Register of Middle English Religious & Didactic Verse*, 2 Bde., Oxford 1916.

Brown, C., "*Beowulf* and the *Blickling Homilies*, and Some Textual Notes", *PMLA* 53 (1938), S. 905–916.

Brown, C. u. R. H. Robbins, *The Index of Middle English Verse*, N. Y. 1943.

Brown, G. B., *The Arts in Early England*, Lo. 1921.

Brown, P. A., *The Development of the Legend of Thomas Becket*, Diss. Philadelphia 1930.

Brüning, I., *Das Wunder in der mittelalterlichen Legende*, (masch.) Diss. Frankfurt 1952.

Brunöhler, E., *Über einige lateinische, englische, französische und deutsche Fassungen der Julianenlegende*, Diss. Bonn 1912.

Bryan, W. F. u. G. Dempster, *Sources and Analogues of Chaucer's Canterbury Tales*, Lo. 1958.

Bucher, Z., „Das Bild vom Menschen in der Regula Benedicti", *Benediktus. Der Vater des Abendlandes. Weihegabe der Erzabtei St. Ottilien*, ed. H. Brechter, München 1947.

Bultmann, R., *Die Geschichte der synoptischen Tradition*, Göttingen ³1957.

Bumke, J., *Wolframs ‚Willehalm'. Studien zur Epenstruktur und zum Heiligkeitsbegriff der ausgehenden Blütezeit*, Heidelberg 1959.

Buss, P., *Sind die von Horstmann herausgegebenen schottischen Legenden ein Werk Barbere's?* Diss. Halle 1886 u. *Anglia* 9 (1886), S. 493–514.

Butler, A. (ed. H. Thurston u. D. Attwater), *Lives of the Saints*, 4 Bde., Lo. 1956.

Butler, C., *Benedictine Monachism*, Lo. ²1927.

Butler, P., *Legenda aurea – Légende Dorée – Golden Legend*, Diss., The Johns Hopkins University, Baltimore 1899.

Campenhausen, H., von, *Die Idee des Martyriums in der alten Kirche*, Göttingen 1936.

Cavallin, S., *Literarhistorische und textkritische Studien zur Vita s. Caesarii Arelatensis* (= Acta Universitatis Lund, N. S. 30, Nr. 7), Lund 1934.

Chambers, R. W., *On the Continuity of English Prose from Alfred to More and His School*, Einleitung zu *Nicholas Harpsfield's Life of More*, EETS. 186 separat EETS. 186 A.

Colgrave, B., "The Earliest Saints' Lives Written in England", *Proceedings of the Brit. Acad.*, 44 (Lo. 1958), S. 35–60.

Crosby, R., "Oral Delivery in the Middle Ages", *Spec.* 11 (1938), S. 88–110.

Curtius, E. R., „Dichtung und Rhetorik im Mittelalter", *DVj* 16 (1938), S. 435–475.

Curtius, E. R., *Europäische Literatur und lateinisches Mittelalter*, Bern 1948.

Curtius, E. R., „Zur Interpretation des Alexiusliedes", *ZRPh* 56 (1936), S. 113–137 (= E. R. Curtius, *Gesammelte Aufsätze zur romanischen Philologie*, Bern 1960, S. 58–80).

Dabrock, J., *Die christliche Legende und ihre Gestaltung in moderner deutscher Dichtung als Grundlage einer Typologie der Legende*, Diss. Bonn 1933 (veröffentlicht Düren 1934).

Dehio, H., *Gesch. d. deutschen Kunst*, II, Berlin ⁴1930.

Delehaye, H., *Les légendes hagiographiques*, Brüssel (1905) ⁴1955 (Abdruck der rev. 3. Aufl. Brüssel 1927), dt. von E. A. Stückelberg, Kempten u. München 1907.

Delehaye, H., *Les légendes grecques des saints militaires*, Paris 1909.
Delehaye, H., *Les origines du culte des martyrs*, Brüssel 1912.
Delehaye, H., *Les Passions des Martyrs et les genres littéraires*, Brüssel 1921.
Delehaye, H., *Études sur le légendier romain*, Brüssel 1936.
Dempf, A., *Die symbolische Franziskuslegende*, Einl. zu der Übersetzung von H. Lützeler, München u. Berlin 1929.
Dempf, A., *Sacrum Imperium*, Darmstadt ²1954.
Demus, O , *Byzantine Mosaic Decoration*, London 1947.
Dibelius, M., *Die Formgeschichte des Evangeliums*, Tübingen ²1933.
Dihle, A., *Studien zur griechischen Biographie*, Göttingen 1956.
Dobschütz, E., von, „Der Roman in der altchristlichen Literatur", *Deutsche Rundschau* 28 (1902), S. 87–106.
Dondaine, P., "Le Dominicain français Jean de Mailly et la 'Légende dorée'", *Archives d'hist. dominicaine*, 1 (1946), S. 53–102.
Dubois, M.-M., *Aelfric. Sermonnaire, Docteur et Grammairien*, Paris 1943.
Duckett, E. S., *Saint Dunstan of Canterbury*, Lo. 1956.
Dudden, F. H., *Gregory the Great*, Lo. 1905.

Ebert, A., *Allgemeine Geschichte der Literatur des Mittelalters im Abendlande*, 3 Bde., Leipzig 1874, ²1889.
Einenkel, E., „Das altenglische Christoferusfragment", *Anglia* 17 (1895), S. 110–122.
Emonds, H., „Geistlicher Kriegsdienst. Der Topos der militia spiritualis in der antiken Philosophie", *Heilige Überlieferung*. Supplementbd. d. Beitr. z. Gesch. d. alten Mönchstums u. d. Benediktinerordens, ed. I. Herwegen, Münster 1938.
Essen, L., van der, *Étude critique et littéraire sur les Vitae des Saints mérovingiens de l'ancienne Belgique*, Löwen 1907.
Everett, Dorothy, *Essays on Middle English Literature*, Oxford 1955.

Faral, E., *Les Arts Poétiques du XIIᵉ et du XIIIᵉ Siècle*, Paris (1924) ²1962.
Fisher, F., *Narrative Art in Medieval Romances*, Cleveland, Ohio, 1938.
Ford, J. D. M., "The Saints' Life in the Vernacular Literature of the Middle Ages", *Catholic Hist. Rev.* 17 (1931).
Forstmann, H., *Untersuchungen zur Guthlac-Legende* (= Bonner Beiträge zur Anglistik 12), Bonn 1902, S. 1–17.
Fowler, J. T., *The Life of St. Cuthbert in English Verse, c. A. D. 1450*, Surtees Society 87 (1889).
Francis, A., "A Hitherto Unprinted Version of the 'Passio Sanctae Margaritae' with Some Observations on Vernacular Derivatives", *PMLA* 42 (1927), S. 87–105.
Frenken, G., Einleitung zu *Wunder und Taten der Heiligen*, München 1925.
Freund, W., *Modernus und andere Zeitbegriffe des Mittelalters* (= Neue Münstersche Beiträge zur Gesch.forschung, 4), Köln u. Münster 1957.
Fritsche, A., *Das angelsächsische Gedicht Andreas und Cynewulf*, Diss. Halle 1879.

Gaiffier d'Hestroy, B., de, "Intactam sponsam relinquens – A propos de la Vie de S. Alexis", *Analecta Bollandiana* 65 (1947), S. 157 ff.
Gaiffier d'Hestroy, B., de, "L'hagiographe et son public au XIᵉ siècle", *Miscellanea historica in honorem Leonis van der Essen*, Brüssel u. Paris 1947, S. 135–166.
Gerould, G. H., *Saints' Legends*, Boston u. N. Y. 1916.
Gerould, G. H., "The Old English Poems on St. Guthlac and Their Latin Source", *MLN* 32 (1917), S. 77–89.
Gerould, G. H., "A New Text of the 'Passio s. Margaritae' with Some Account of Its Latin and English Relations", *PMLA* 31 (1924), S. 525–556.
Gerould, G. H., "Abbot Aelfric's Rhythmic Prose", *MP* 22 (1925), S. 353 ff.
Gerould, G. H., "Aelfric's Lives of St. Martin of Tours", *JEGP* 24 (1925), S. 206–210.

Ghellinck, J., de, *Littérature latine au moyen âge*, Paris 1939.

Ghellinck, J., de, *L'Essor de la littérature latine au XIIe siècle*, 2 Bde., Brüssel u. Paris 1946.

Glöde, O., *Untersuchungen über die Quelle von Cynewulfs Elene*, Rostock 1885.

Glöde, O., „Cynewulfs Juliana und ihre Quelle", *Anglia* 11 (1889), S. 146 ff.

Gonser, P., *Das ags. Prosaleben des hl. Guthlac* (= Anglistische Forschungen 27), Heidelberg 1909.

Gougaud, L., *The Christianity in Celtic Lands* (transl. M. Joynt), Lo. 1932.

Groß, Erika, *Das Wunderbare im altenglischen geistlichen Epos*, Diss. Frankfurt 1939 (veröffentlicht Bottrop 1940).

Grosjean, P., "Gloria postuma S. Martini Turonensis apud Scottos et Britannos", *Analecta Bollandiana* 55 (1937), S. 300–348.

Guardini, R., *Kultbild und Andachtsbild*, Würzburg 1939.

Günter, H., *Legendenstudien*, Köln 1906.

Günter, H., *Die christliche Legende des Abendlandes*, Heidelberg 1910.

Günter, H., *Psychologie der Legende*, Freiburg 1949.

Günther, R., „Über die abendländische Heiligenlegende", *Theolog. Rundschau, N. F.* 1931, S. 18 ff.

Habicht, W., *Die Gebärde in englischen Dichtungen des Mittelalters* (= Abh. d. Bayer. Akad. d. Wiss., philosoph.-histor. Klasse, N. F., Heft 46), München 1959.

Haimerl, F. X., *Mittelalterliche Frömmigkeit im Spiegel der Gebetbuchliteratur Süddeutschlands* (= Münchener theolog. Studien, Hist. Abt. 4) München 1952.

Harnack, A., von, *Das Leben Cyprians von Pontius, die erste christliche Biographie* (= Texte und Untersuchungen zur Gesch. d. altchristl. Lit., ed. Gebhardt-Harnack-Schmidt, 39, 3), Leipzig 1913.

Hatcher, A. Granville, "The Old-French Poem St. Alexius: A Mathematical Demonstration", *Traditio* 8 (1952), S. 111–158.

Hauck, K., „Mittellateinische Literatur", *Deutsche Philologie im Aufriß*, ed. W. Stammler, Bd. II, Berlin ²1960, Sp. 2555–2624.

Hegel, E. – s. Koch, K.

Hellmann, S., „Gregor v. Tours", *HZ* 107 (1911), S. 1–43; ders. „Einhards literarische Stellung", *HVj* 27 (1932), S. 40–110; beide Aufsätze auch in S. Hellmann, *Ausgewählte Abhandlungen zur Historiographie und Geistesgeschichte des Mittelalters*, ed. H. Beumann, Darmstadt 1960.

Helm, R., „Der antike Roman", (= *Handbuch d. griech. u. lat. Philologie*, ed. B. Snell und H. Erbse, Berlin 1948), Göttingen 1956 (= Studienhefte zur Altertumswissenschaft, ed. B. Snell u. H. Erbse, Heft 4).

Herder, J. G., „Über die Legende", *Sämtliche Werke*, ed. B. Suphan, Berlin 1887, Bd. 16, S. 387–398.

Heusler, A., *Die altgermanische Dichtung*, (Berlin-Neubabelsberg 1923) ²1941 und Darmstadt 1957.

Hilka, A., „Zur Katharinenlegende", *Arch.* 140 (1920), S. 171–179.

Hinnebusch, W. A., *The Early English Friars Preachers* (= Dissertationes historicae, Fasc. XIV, Institutum Historicum FF. praedicatorum Romae ad S. Sabinae), Rom 1951.

Hirsch, A., *Der Gattungsbegriff „Novelle"* (= German. Studien 64), Berlin 1928.

Höbing, M., *Legendarische Erzählformen des Wenzelpassionals*, Diss. Münster 1935.

Holl, K., „Die schriftstellerische Form des griechischen Heiligenlebens", *N. Jbb. d. klass. Altertums* 15 (1912) und *Ges. Aufsätze* II, 1928, S. 245–269.

Holmes, U. T., *A Critical Bibliography of French Literature*, ed. D. C. Cabeen, vol. I, "The Medieval Period", Syracuse University Press 1947, ²1952.

Holthausen, F., „Zu Chaucers Cäcilien-Legende", *Arch.* 87 (1891), S. 265–273.

Holthausen, F., „Die Quelle von Cynewulfs Elene", *ZfdtPh* 37 (1905). S. 1–19.

Holthausen, F., „Zur Quelle von Cynewulfs Elene", *Arch.* 125 (1910), S. 83 ff.

Homburger, O., *Die Anfänge der Malschule zu Winchester im 10. Jahrhundert*, 1912.

Horstmann, C., Einleitung zu *Altenglische Legenden, Neue Folge*, Heilbronn 1881.

Huizinga, J., *Herbst des Mittelalters. Studien über Lebens- und Geistesformen des 14. und 15. Jahrhunderts in Frankreich und in den Niederlanden*, deutsch von T. Wolff-Mönckeberg, Stuttgart (1923) ⁸1961.

Jaager, W., *Bedas metrische Vita sancti Cuthberti* (= Palaestra 198), Leipzig 1935.

Jaroschka, W. u. A. Wendehorst, „Das Kreuzensteiner Legendar. Ein Beitrag zur Geschichte der österreichischen Hagiographie des Spätmittelalters", *MIÖG* 65 (1957), S. 369–418.

Jeremy, Sister Mary, O. P., "The English Prose Translation of the 'Legenda aurea'", *MLN* 59 (1944), S. 181–183.

Jeremy, Sr. M., "Caxton's 'Golden Legend' and Varagine's 'Legenda aurea'", *Spec.* 21 (1946), S. 212–221.

Jeremy, Sr. M., "Caxton and the Synfulle Wretche", *Traditio* 4 (1946), S. 423–428.

Jeremy, Sr. M., "Caxton's 'Golden Legend' and De Vignai's 'Légende Dorée'" *Medieval Studies* 8 (1946), S. 97–106.

Jeremy, Sr. M., "Caxton's Original Additions to the 'Legenda aurea'", *MLN* 64 (1949), S. 259–261.

Jolles, A., Einleitung zu *Das Dekameron*, übers. v. A. Wesselski, Leipzig 1928.

Jolles, A., *Einfache Formen*, (Halle 1930) Tübingen und Darmstadt ²1958.

Jones, C. W., *Saints' Lives and Chronicles in Early England*, Ithaca, N. Y., 1947.

Jones, P. J., *Prologue and Epilogue in Old French Lives Before 1400*, Philadelphia (Univ. of Pennsylvania) 1933.

Käsmann, H., *Studien zum kirchlichen Wortschatz des Mittelenglischen 1150—1350. Ein Beitrag zum Problem der Sprachmischung*, Tübingen 1961.

Käsmann, H., Besprechung "The South English Legendary ed. Ch. D'Evelyn u. A. J. Mill, Bd. III", *Anglia* 78 (1960), S. 232–238.

Kapp, R., *Heilige und Heiligenlegenden in England. Studien zum 16. und 17. Jh.*, Halle 1934.

Katann, O., „Die Kunstform der Legende", *Der Gral* 17 (1922/1923), S. 508–511.

Kayser, W., *Geschichte der deutschen Ballade*, Berlin (1936) ²1943.

Kemper, F., *De vitarum Cypriani, Martini Turonensis, Ambrosii, Augustini rationibus*, Diss. Münster 1904.

Kennedy, C. W., *The Earliest English Poetry*, Lo. 1943.

Ker, N. R., "An Eleventh-Century Old English Legend of the Cross before Christ", *Med. Aev.* 9 (1940), S. 84–85.

Ker, W. P., *Epic and Romance*, Lo. 1896.

Ker, W. P., *The Dark Ages*, Edinburgh u. Lo. 1904.

Kirn, P., *Das Bild des Menschen in der Geschichtsschreibung von Polybios bis Ranke*, Göttingen 1955.

Klapper, J., „Exempel", *Reallexikon d. dt. Lit.gesch.*, I, Berlin ²1955–58, S. 413 ff.

Kingsford, C. L., *English Historical Literature in the Fifteenth Century*, (Oxford 1913), ²New York o. J. (Bert Franklin Bibliogr. and Ref. Series No. 37).

Klein, Dorothee, „Andachtsbild", O. Schmitt, *Reallexikon z. deutschen Kunstgesch.*, I, Stuttgart 1937, Sp. 681–687.

Kloos, R. M., *Lambertus de Legia de vita [...] Matthiae apostoli libri quinque* (= Trierer theol. Studien 8), Trier 1958.

Knowles, D., *The Monastic Order in England*, Cambridge (1940) ³1950.

Knowles, D., *The Religious Orders in England*, 3 Bde., Cambr. 1948–1959.

Knowles, D. u. R. N. Hadcock, *Medieval Religious Houses. England and Wales*, Lo. 1953.

Knust, H., *Gesch. d. Legenden d. Hl. Katharina v. Alexandrien u. d. Hl. Maria Aegyptiaca, nebst unedierten Texten*, Halle 1890.

Köhler, O., *Das Bild des geistlichen Fürsten in den Viten des 10., 11. und 12. Jahrhunderts*, Berlin 1935.

Kölbing, E., „Zu Chaucers Cäcilien-Legende", *Engl. Studien* 1 (1877), S. 215–248.

Kölbing, E., „Collationen", *Engl. Studien* 6 (1883).

Kötting, B., „Hagiographie", *Lexikon f. Theol. u. Kirche*, IV, Freiburg ²1960.

Koch, K., und E. Hegel, *Die Vita des Prämonstratensers Hermann Joseph von Steinfeld. Ein Beitrag zur Hagiographie und zur Frömmigkeitsgeschichte des Hochmittelalters* (= Colonia Sacra 3), Köln 1958.

Krahl, E., *Untersuchungen über vier Versionen der me. Margaretenlegende*, Diss. Berlin 1889.

Krumbacher, K., *Der hl. Georg in der griechischen Überlieferung*, München 1911.

Kuhn, H., *Dichtung und Welt im Mittelalter*, Stuttgart 1959.

Kurtz, B. P., "From St. Antony to St. Guthlac. A Study in Biography", *University of California Publications in Modern Philology* 12, No. 2, Berkeley 1926, S. 103–146.

Kurvinen, Auvo, "Caxton's 'Golden Legend' and the Manuscripts of the 'Gilte Legende'", *NM* 60 (1959), S. 353–375.

Kurvinen, Auvo, "The Source of Capgrave's 'Life of St. Katherine of Alexandria'", *NM* 61 (1960), S. 268–324.

Kurvinen, Auvo, *The Life of St. Catherine of Alexandria in Middle English Prose*, D. Phil. thesis Oxford 1961 (masch., Bodl. Libr. MS. D. Phil. d. 2381).

Laistner, M. L. W., "Bede as a Classical and Patristic Scholar", *Transactions of the Royal Hist. Society*, 4th Series 16 (1933), S. 69–94; ders. "The Library of the Venerable Bede", *Bede, his Life, Times, and Writings*, ed. A. H. Thompson, Oxford 1935, S. 237 bis 266; beide Aufsätze auch M. L. W. Laistner (ed. C. G. Starr), *The Intellectual Heritage of the Early Middle Ages*, Ithaca, N. Y., 1957, S. 93–149.

Lämmert, E., *Bauformen des Erzählens*, Stuttgart 1955.

Lampen, W., „Mittelalterliche Heiligenleben und die lateinische Philologie des Mittelalters", *Liber Floridus. Mittellateinische Studien, Festschrift Paul Lehmann*, Erzabtei St. Ottilien 1950, S. 121–129.

Lausberg, H., „Zur afz. Metrik", *Arch.* 191 (1955), S. 183–217.

Lausberg, H., „Zum afz. Alexiuslied", *Arch.* 191 (1955), S. 285–320.

Lausberg, H., „Das Proömium des afz. Alexiusliedes", *Arch.* 192 (1956), S. 33–58.

Lawrence, C. H., *St. Edmund of Abingdon. A Study in Hagiography and History*, Oxford 1960.

Leclercq, J., *L'amour des lettres et le désir de Dieu* (Paris 1957), dt. *Wissenschaft und Gottverlangen. Zur Mönchstheologie des Mittelalters*, Düsseldorf 1963.

Legge, M. D., *Anglo-Norman in the Cloisters*, Edinburgh 1950.

Lehmann, P., „Das literarische Bild Karls des Großen vornehmlich im lat. Schrifttum des Mittelalters", Sitz.ber. der Bayer. Akad. d. Wiss., philosoph.-histor. Abt., 1934, Heft 9; der., „Aufgaben und Anregungen der lat. Philologie des Mittelalters, ebd. 1918, 8. Abhandl.; beide Aufsätze auch P. Lehmann, *Erforschung des Mittelalters*, Leipzig 1941, S. 154–207; 1–46.

Leo, F., *Die griechisch-römische Biographie nach ihrer literarischen Form*, Leipzig 1901.

Levison, W., „Sigolena", *Neues Archiv* 35 (1910).

Levison, W., „Konstantinische Schenkung und Silvester-Legende", *Studi e testi* 38 (Rom 1924).

Levison, W., "Bede as Historian", *Bede, his Life, Times, and Writings*, ed. A. H. Thompson, Oxford 1935.

Levison, W., "An Eighth-Century Poem on St. Ninian", *Antiquity* 14 (1940).

Levison, W., *England and the Continent in the Eighth Century*, Oxford 1946.

Levison, W., „Kirchenrechtliches in den Actus Silvestri", *Aus rheinischer und fränkischer Frühzeit*, Düsseldorf 1948.

Lewis, C. S., *English Literature in the Sixteenth Century*, Oxford (1954) ²1959.

Liebermann, F., *Die Heiligen Englands*, Hannover 1889.

List, J., *Das Antoniusleben des hl. Athanasius d. Gr. Eine literarhistorische Studie zu den Anfängen der byzantinischen Hagiographie* (= Texte u. Forschungen zur byzantinisch-neugriechischen Philologie, ed. N. A. Bees, Nr. 11), Athen 1930.

Little, A. G. (ed.), *Franciscan History and Legend in English Mediaeval Art*, Manchester 1937 (= British Society of Franciscan Studies, vol. 19).

Little, A. G. (ed.), *Fratris Thomae vulgo dicti de Eccleston Tractatus de Adventu Fratrum Minorum in Angliam*, (Paris 1909) Manchester 1951.

Loomis, C. G., "Further Sources of Aelfric's Saints' Lives", *Harvard Studies in Philology* 13 (1931).

Loomis, C. G., "The Miracle Traditions of the Venerable Bede", *Spec.* 21 (1946), S. 404 bis 418.

Loomis, C. G., *White Magic. An Introduction to the Folklore of Christian Legend*, Cambridge, Mass., 1948.

Lüthi, M., *Das europäische Volksmärchen. Form und Wesen. Eine literaturwissenschaftliche Darstellung*, Bern 1947.

Lugowski, C., *Die Form der Individualität im Roman. Studien zur inneren Struktur der frühen deutschen Prosaerzählung*, Berlin 1932.

Luick, K., „Englische Metrik. Geschichte der Heimischen Versarten", *Grundriß der germanischen Philologie*, ed. H. Paul, II, 2 Straßburg ²1905, S. 141–180.

Luick, K., Besprechung von „O. Victor, Zur Textkritik der frühmittelengl. Katharinenlegende, EETS. 80", *Angl. Bbl.* 23 (1912), S. 226–235.

MacBain, W., Einleitung zu *The Life of St. Catherine. By Clemence of Barking*, Oxford (Anglo-Norman Text Society) 1964.

Mack, F. M., Einleitung zu *Seinte Marherete*, EETS. OS. 193.

Malnory, A., *Saint-Césaire d'Arles*, Paris 1894.

Malone, K., "The Old English Period", *A Literary History of England*, ed. A. C. Baugh, N. Y. 1948.

Manitius, M., *Geschichte der lateinischen Literatur des Mittelalters*, 3 Bde., München 1911 ff.

Manning, W. F., "The Middle English Verse *Life of St. Dominic*: Date and Source", *Spec.* 31 (1956), S. 82–91.

Manser, A., „Aus den Gärtchen der Altväter", *Sankt Benedikts-Stimmen* 42 (Abtei Emaus in Prag 1918).

McKeehan, I. P., "St. Edmund of East Anglia, the Development of a Romantic Legend", *The Univ. of Colorado Studies* 15 (1925).

Merk, J., *Die literarische Gestaltung der altfranzösischen Heiligenleben bis Ende des 12. Jh.*, Diss. Zürich 1946.

Merker, P., *Studien zur neuhochdeutschen Legendendichtung*, 1906.

Merker, P., „Legende", *Reallexikon der dt. Lit.gesch.*, Berlin 1926–28, II, 176–200.

Mertel, H., Einleitung zu *Des hl. Athanasius ausgew. Schriften*, 2, BKV 31 (²1917).

Messerer, W., „Einige Darstellungsprinzipien der Kunst im Mittelalter", *DVj* 36 (1962), S. 157–178.

Meyer, P., "Légendes hagiographiques en français", *Histoire Littéraire de la France*, Bd. 33 (1906), S. 328–458.

Meyer, W., *Die Legenden des hl. Albanus des Protomartyr Angliae in Texten vor Beda* (= Abh. d. kgl. Gesellsch. d. Wissenschaften zu Göttingen, Phil.-hist. Kl. N. F. Bd. 8, Nr. 1), Berlin 1904.

Morris, H., "Some Uses of Angel Iconography in English Literature", *Comp. Lit.* 10 (1958), S. 36–44.

Mosher, J. A., *The Exemplum in Early Religious and Didactic Literature in England*, N. Y. 1911.

Müller, G., „Die Form der Legende und Karl Borromäus Heinrich", *Euphorion* 31 (1930), S. 454–468.

Neubner, J., *Die heiligen Handwerker in der Darstellung der Acta Sanctorum*, Münster 1929.

Norden, E., *Die antike Kunstprosa*, 2 Bde., (Leipzig 1898) Darmstadt ⁵1958.

Oakden, J. P., *The Poetry of the Alliterative Revival*, Manchester 1937 (Teilabdruck aus Oakden, *Alliterative Poetry in Middle English: A Survey of the Traditions*, 1935).

Ohm, Th., „Die Gebetsgebärden in der Regel und im Leben des hl. Benedikt", *Benediktus. Der Vater des Abendlandes. Weihegabe der Erzabtei St. Ottilien*, ed. H. S. Brechter, München 1947.

Olrik, A., „Epische Gesetze der Volksdichtung", *ZfdtA* 51 (1909), S. 1–12.

Ott, J. H., *Über die Quellen der Heiligenleben in 'Aelfrics Lives of the Saints'*, I, Diss. Halle 1892.

Owst, G. R., *Preaching in Medieval England*, Cambridge 1926.

Owst, G. R., *Literature and Pulpit in Medieval England* (Cambridge 1933), Oxford ²1961, S. 56–109.

Pächt, O., *The Rise of Pictorial Narrative in Twelfth-Century, England*, Oxford 1962.

Palmer, R. B., "Bede as Textbook Writer: A Study of his De Arte Metrica", *Spec.* 34 (1959), S. 573–584.

Panofsky, E. „Imago Pietatis", Festschrift f. Max Friedländer, Berlin 1927.

Petersen, J., „Zur Lehre von den Dichtungsgattungen", *Sauer-Festschrift* 1925.

Petsch, R., „Die Lehre von den ‚Einfachen Formen'", *DVj.* 10 (1932), S. 335–369.

Petsch, R., *Wesen und Formen der Erzählkunst*, Halle ²1942.

Pinder, W., *Die deutsche Plastik* 1 (Hdb. d. Kunstwissenschaft), 1914–1929.

Pinder, W., *Deutsche Plastik d. 14. Jhs.*, München 1925.

Plesch, J., *Die Originalität und literarische Form der Mönchsbiographien des hl. Hieronymus*, Programm München 1910.

Plomer, H. R., *William Caxton*, Lo. 1925.

Poncelet, A., "Le Légendier de Pierre Calo", *Analecta Bollandiana* 29 (1910), S. 5–116.

Portmann, M.-L., *Die Darstellung der Frau in der Geschichtsschreibung des früheren Mittelalters*, Basel und Stuttgart 1958.

Potthast, A., *Bibliotheca Historica Medii Aevi*, Berlin ²1896.

Powicke, F. M., *The Life of Ailred of Rievaulx by Walter Daniel*, Lo. 1950.

Priessnig, A., *Die biographischen Formen der griechischen Heiligenlegenden in ihrer geschichtlichen Entwicklung*, Diss. München 1924.

Quentin, H., *Les Martyrologes historiques en moyen âge*, Paris 1908.

Quistorp, Hildburg, *Studien zu Lydgates Heiligenlegenden*, Diss. (masch.) Bonn 1951.

Raby, F. J., *Christian Latin Poetry*, Oxford 1927.

Rand, E. K., *Founders of the Middle Ages*, (Cambridge, Mass., 1928) Dover Edition N. Y. 1957.

Reitzenstein, R. *Hellenistische Wundererzählungen*, (Leipzig 1906) Darmstadt 1963.

Reitzenstein, R., *Des Athanasius Werk über das Leben des Antonius. Ein philologischer Beitrag zur Geschichte des Mönchtums*, Sitz.ber. d. Heidelberger Akad. d. Wiss., philosoph.-histor. Klasse 5. Jg. 1914. 8. Abhandlung.

Richardson, E. C., "Jacobus de Voragine and the Golden Legend", *Princeton Theological Review*, 1 (1903), S. 267–281.

Rickert, Margery, *Painting in Britain. The Middle Ages*, Lo. 1954.

Robbins, R. H. – s. Brown, C.

Rohde, E., *Der griechische Roman und seine Vorläufer*, (1876) Darmstadt ⁴1960.

Rosenfeld, H., „Die Legende als literarische Gattung", *GRM*, N. F. 2, 33. Bd. d. Gesamtreihe (1951/52), S. 70–74.

Rosenfeld, H., „Legende", *Reallexikon d. dt. Lit.-Gesch.*, II, Berlin ²1959ff., S. 12–31.

Rosenfeld, H., *Legende*, Stuttgart 1961.

Rosenthal, C. L., *The 'Vitae Patrum' in Old and Middle English Literature*, Philadelphia 1936.

Rühle, O., „Legenda aurea", *RGG* IV, ³1960.

Ryan, J., *Irish Monasticism. Origin and Early Development*, Lo. 1931.

Rypins, S. I., "The Old English Life of St. Christopher", *MLN* 35 (1920), S. 186f.

Saunders, O. Elfrida, *Englische Buchmalerei*, 2 Bde., München 1927.

Schaar, C., *Critical Studies in the Cynewulf Group* (= Lund Studies in English, 17), Lund u. Kopenhagen 1949.

Schade, L., *Des hl. Kirchenvaters Hieronymus ausgewählte Schriften*, BKV 15 (²1914), Einleitung.

Schipper, J., „Englische Metrik. Fremde Metra", *Grundriß der germanischen Philologie*, ed. H. Paul, II, 2, Straßburg ²1905, S. 181–240.

Schirmer, W. F., „Dichter und Publikum zu Ende des 15. Jhs. in England", *Z. f. Ästh.* 28 (1934), S. 209–224.

Schirmer, W. F., *Kleine Schriften*, Tübingen 1950.

Schirmer, W. F., *John Lydgate. Ein Kulturbild aus dem 15. Jahrhundert*, Tübingen 1952.

Schirmer, W. F., *Geschichte der englischen und amerikanischen Literatur*, Bd. I, Tübingen ³1959.

Schirmer, W. F., *Der englische Frühhumanismus. Ein Beitrag zur englischen Literaturgeschichte des 15. Jhs.*, 2. rev. Aufl. Tübingen 1963.

Schlegel, F., „Entwurf einer neuen christlichen Legenden-Sammlung", *Concordia* 1.–6. Heft, 1821–1823, Wien 1823.

Schmeïng, K., *Flucht- und Werbungssagen in der Legende*, Diss. Münster 1911.

Schmid, Chr., „Das Gottesbild der Benediktinerregel", *Benediktus. Der Vater des Abendlandes. Weihegabe der Erzabtei St. Ottilien*, ed. H. Brechter, München 1947.

Schmidt, L., *Die Volkserzählung. Märchen. Sage. Legende. Schwank*, Berlin 1963.

Schmidt, Ph., *Der Teufels- und Dämonenglaube in den Erzählungen des Caesarius von Heisterbach*, Diss. Basel 1926.

Schmidt, William, *Über den Stil der Legenden des MS. Laud 108*, Diss. Halle 1893.

Schnürer, G., „Die Spielmannslegende", *Jahresbericht der Görresgesellschaft* 1914, S. 78–90.

Schönbach, A., *Studien zur Erzähliteratur des Mittelalters, VII. Über Caesar von Heisterbach* (= Sitz.ber. d. Wiener Akad. d. Wiss., Bd. 144 [1901], 159 [1908], 163 [1909]), Sonderausgabe Wien 1902ff.

Schofield, *English Literature from the Norman Conquest to Chaucer*, Lo. 1906.

Schubel, F., *Die südenglische Legende von den elftausend Jungfrauen* (= Greifswalder Beiträge zur Literatur- und Stilforschung, Heft 21), Greifswald 1938.

Schütt, Maria, "The Literary Form of William of Malmesbury's 'Gesta Regum'", *EHR* 46 (1931), S. 255–260.

Schütt, Maria, "The Literary Form of Asser's 'Vita Alfredi'", *EHR* 72 (1957), S. 209 bis 220.

Schwietering, J., *Die deutsche Dichtung des Mittelalters*, Potsdam 1941.

Sckommodau, H., „Zum afz. Alexiuslied", *ZRPh* 70 (1954), S. 161–203.

Sckommodau, H., „Alexius in Liturgie, Malerei und Dichtung", *ZRPh* 72 (1956), S. 165–193.

Sirén, O., *Toskanische Malerei im 13. Jh.*, Berlin 1922.

Sisam, K., *Studies in the History of Old English Literature*, Oxford 1953.

Smith, M. B., „Old English Christian Poetry", *CHEL* I, S. 41–64.

Soeder, R., *Die apokryphen Apostelgeschichten in der romanhaften Literatur der Antike* (= Würzburger Studien zur Altertumswissenschaft III), Stuttgart 1932.

Southern, R. W., *Saint Anselm and His Biographer*, Cambridge 1963.

Southern, R. W., *The Life of St. Anselm, Archbishop of Canterbury, by Eadmer*, Lo. 1963.

Sparnaay, H., *Verschmelzung legendarischer und weltlicher Motive in der Poesie des Mittelalters*, Groningen 1922.

Spencer, F., "Development of the Legend of St. Margaret", *MLN* 4 (1889), S. 393–402, 5 (1890), S. 141–150, 213–221.

Stammler, W. (ed.), *Die deutsche Literatur des Mittelalters (Verfasserlexikon)*, II, Berlin u. Leipzig 1936.

Stammler, W., *Wort und Bild. Studien zu den Wechselbeziehungen zwischen Schrifttum und Bildkunst im Mittelalter*, Berlin 1962.

Starke, F.-J., *Populäre englische Chroniken des 15. Jhs., Eine Untersuchung über ihre literarische Form*, Diss. Berlin 1935.

Steidle, W., *Sueton und die antike Biographie* (= Zemata, Heft 1), München 1951.

Steinen, W., von den, "Heilige als Hagiographen", *HZ* 143 (1930), S. 229–256.

Stenton, F. M., *Anglo-Saxon England*, Oxford 1943.

Sticco, M., "Giacomo da Varrazze", *Enciclopedia Cattolica*, VI, Città del Vaticano 1951.

Stuart, D. R., *Epochs of Greek and Roman Biography* (= Sather Class Lectures 4), Berkeley 1928.

Sudhof, S., "Die Legende, ein Versuch zu ihrer Bestimmung", *Studium generale* 11 (1958), S. 691–699.

Sudhof, S., *Die Legende der hl. Katharina von Alexandrien in Cod. A. 4 der Altstädter Kirchenbibliothek zu Bielefeld*, Berlin 1959.

Tatlock, J. S. P., "Chaucer and the Legenda aurea", *MLN* 45 (1930), S. 296–298.

Thiemke, H., *Die me. Thomas Becket-Legende des Gloucesterlegendars* (= Palaestra 131), Berlin 1919.

Thomson, C. L., "Later Transition English: Legendaries and Chronicles", *CHEL* I, S. 335–359.

Thomson, J. A. K., *Classical Influences on English Prose*, Lo. 1956.

Tilgner, Elfriede, *Die Aureate Terms als Stilelement bei Lydgate*, Diss. Berlin 1936 (Germ. Stud. H. 182).

Toldo, P., "Leben und Wunder der Heiligen im Mittelalter", *Studien zur vergleich. Lit.-gesch.*, ed. M. Koch, Bd. 1–2, 4–6, 8–9 (Berlin 1901–1909).

Tristram, E. W., "Franciscan Influence in English Mediaeval Wall-Painting", A. G. Little (ed.) *Franciscan History and Legend in English Mediaeval Art*, Manchester 1937 (= British Soc. of Franciscan Studies, vol. 19).

Tristram, E. W., – s. T. Borenius.

Usener, H., *Acta S. Marinae et S. Christophori* (= Festschrift zur fünften Säcularfeier der Carl-Ruprechts-Univ. zu Heidelberg), Bonn 1886.

Varnhagen, H., *Zur Geschichte der Legende der Katharina von Alexandrien nebst lateinischen Texten*, Erlangen 1891.

Varnhagen, H., *Zur Geschichte der Legende der Katharina von Alexandrien*, Erlangen 1901.

Vogt, F., "Über die Margaretenlegende", *PBB* 1 (1875), S. 233–287.

Vollhard, W., *Der Einfluß der lateinischen geistlichen Literatur auf einige kleinere Schöpfungen der englischen Übergangsperiode*, Diss. Leipzig 1888.

Waddell, H., *Beasts and Saints*, Lo. 1934 u. ö.

Walberg, E., *La tradition hagiographique de saint Thomas Becket avant la fin du XIIe siècle*, Paris 1929.

Weber, Max, "Die Objektivität der sozialwissenschaftlichen und sozialpolitischen Erkenntnis", *Gesammelte Aufsätze zur Wissenschaftslehre*, Tübingen 1922, S. 146 ff.

Weinreich, O., *Antike Heilungswunder*, Gießen 1909.

Weiss, A., "Andachtsbild", *Lex. f. Theol. u. Kirche*, I, Freiburg i. Br. ²1957, Sp. 505.

Wells, M. E., "'The South English Legendary' in its Relation to the 'Legenda aurea'", *PMLA* 51 (1936), S. 337–360.

428

Wells, M. E., "The Structural Development of the 'South English Legendary'", *JEGP* 41 (1942), S. 320–344.

Wendehorst, A., – s. Jaroschka, W.

Wenskus, R., *Studien zur historisch-politischen Gedankenwelt Bruns von Querfurt* (= Mitteldeutsche Forschungen 5), Münster und Köln 1956.

Westlake, J. S., "From Alfred to the Conquest", *CHEL*, I, S. 108–148.

White, C. L., *Aelfric, A New Study of His Life and Writings* (= Yale Studies in English II), 1898.

White, Helen C., *Tudor Books of Saints and Martyrs*, Madison 1963.

Wickert, Maria, *Studien zu John Gower*, Köln 1953.

Wilhelm, F., *St. Servatius*, München 1911.

Wilhelm, F., *Deutsche Legenden und Legendare, Texte und Untersuchungen zu ihrer Geschichte im Mittelalter*, Leipzig 1907.

Willenberg, G., *Die Quellen von Osbern Bokenham's Legenden aus den ,Engl. Studien', herausgegeben von Eugen Kölbing*, Diss. Marburg 1888.

Wilson, R. M., *Early Middle English Literature*, Lo. 1939.

Wilson, R. M., "Some Lost Saints' Lives in Old and Middle English", *MLR* 36 (1941), S. 161–172.

Wilson, R. M., *The Lost Literature of Medieval England*, Lo. 1952.

Wolpers, Th., „Geschichte der englischen Marienlyrik im Mittelalter", *Anglia* 69 (1950), S. 3-88.

Wormald, F., *English Drawings of the Tenth and Eleventh Centuries*, Lo. 1952.

Wright, L. E., *The Cultivation of Saga in Anglo-Saxon England*, Edinburgh 1939.

Wunderle, G., „Andachtsbild und Andacht", *Zeitschrift f. Aszese u. Mystik* 18 (1943), S. 83 ff.

Wyzewa, Th., de, *Jaques de Voragine, La Légende Dorée, Traduite du Latin*, Paris 1902 u. ö.

Zaunert, P., „Sage und Legende", *Hb. d. dt. Volkskunde*, ed. W. Peßler, II, Potsdam 1934.

Zender, M., *Räume und Schichten mittelalterlicher Heiligenverehrung in ihrer Bedeutung für die Volkskunde*, Düsseldorf 1959.

Zimmermann, A. M., „Jacobus a Voragine", *Lexikon f. Theol. und Kirche*, V, Freiburg ²1960.

Zoepf, L., *Das Heiligen-Leben im 10. Jh.*, Leipzig und Berlin 1908 (= Beiträge z. Kulturgesch. d. Mittelalters u. d. Renaissance, ed. W. Goetz).

Zuidweg, J. J. A., *De werkwijze van Jacobus de Voragine in de Legenda aurea*, Diss. Amsterdam 1941.

Zuidweg, J. J. A., *De duizend en een nacht der heiligenlegenden. De legende van Jacobus van Voragine*, Amsterdam 1948.

VERZEICHNIS DER ABBILDUNGEN
UND ZUGEHÖRIGEN TEXTSTELLEN

Abb. 1: Maurus-Placidus-Episode aus Gregors d. Großen Benedikt-Leben (*Dial.* II, 7), Cod. vat. lat. 1202, fol. 31 r, Biblioteca Apostolica Vaticana, Città del Vaticano. Ende 11. Jh., auf frühere Vorbilder zurückgehend. Taf. I, nach S. 144. Text S. 64 f.

Abb. 2: Kreuzformseite des St. Chad-Evangeliars (Ausschnitt), fol. 220, Lichfield Cathedral. Frühes 8. Jh. Taf. I, nach S. 144. Text S. 85 f.

Abb. 3: Illustration zu Psalm 109, Canterbury-Psalter, MS. Harley 603, fol. 56 v, British Museum, London. Um 1000. Taf. II, nach S. 144. Text S. 86, 90, 117, 118 f., 124, 128.

Abb. 4: Kreuzigung des Sherborne Pontifical, MS. lat. 943, fol. 4 v, Bibliothèque Nationale, Paris. Canterbury oder Sherborne Abbey (?), ca. 992–995. Taf. III, nach S. 144. Text S. 139 f., Anm. 40, S. 150.

Abb. 5: Die Vogelpredigt des hl. Franziskus, Eton College MS. 96, fol. 22 (Petri Pictavensis Compendium Veteris Testamenti). 13. Jh. S. 249. Text S. 202, 214, 219, 222, 245, 248.

Abb. 6: Episode aus der Vita des hl. Edward d. Bekenners: Blinde Bettler suchen Heilung durch das Wasser, in dem Edward seine Hände gewaschen hat. MS. Ee. 3. 59, fol. 23 v, Cambridge University Library. Das MS., aus der Illuminatorenschule von St. Albans stammend, wird Matthew Paris zugeschrieben (O. E. Saunders, *Engl. Buchmalerei*, I, S. 95), ist jedoch wegen der stark realistischen Züge der Zeichnung später (Ende 13. Jh.) anzusetzen. Taf. IV, nach S. 144. Text S. 275.

Abb. 7: „de daer", Verkündigung, Beaufort-Stundenbuch, MS. Royal 2 A. XVIII, fol. 23 v, British Museum, London. 1401–1410. Taf. V, nach S. 320. Text S. 323.

Abb. 8, Abb. 9: Wilton-Diptychon: König Richard und seine Schutzheiligen (links), Madonna mit den Engeln (rechts), National Gallery, London, 1380–1390 (?). Taf. VI u. VII, nach S. 320. Text S. 305, Anm. 10.

Abb. 10: William Baker, Marienmirakel, Wandbilder der Kapelle von Eton College, 6. und ein Teil des 7. Bildes von Osten an der Nordwand, 1479–1488. Taf. VIII, nach S. 320. Text S. 348, 353 f., 359.

Abb. 11: Versammlung aller Heiligen im Himmel, Holzschnitt aus der Erstausgabe von Caxtons *Golden Legend*, 1483 (u. a. Brit. Mus. C. 11. d. 8). S. 401. Text S. 400.

Die Druckgenehmigungen erteilten freundlicherweise für Abb. 1: Biblioteca Apostolica Vaticana, Città del Vaticano; Abb. 2: Dean and Chapter, Lichfield Cathedral; Abb. 3 und 7: The Trustees of the British Museum, London; Abb. 4: Bibliothèque Nationale, Paris; Abb. 5 und 10: The Provost and Fellows of Eton College; Abb. 6: University Library Cambridge; Abb. 8 und 9: The Trustees of the National Gallery, London. Ihnen allen sei an dieser Stelle gedankt.

REGISTER

1. VERFASSER VON PRIMÄR- UND SEKUNDÄRLITERATUR

a. Primärliteratur

b. Sekundärliteratur

(enthält keine Hinweise auf die Bibliographie)

Aigrain, R., 11. 17. 76 A 87. 99 A 96. 198 A 4.
Allen, H. E., 325 A 12.
Altaner, B., 198 A 3. 211 A 18. 246 A 14.
Antropoff., R., v., 253 A 37.
Atkins, J. W. H., 15 A 8.
Auerbach, E., 12. 19. 20 A 45. 22 A 1. 36 A 41. 59 A 73. 62 A 96. 97 A 86. 159 A 5. 183 A 29.
Aurner, N. S., 399 A 80.

Baker, A. T., 168 A 77.
Bardenhewer, O., 49 A 23.
Baugh, A. C., 16.
Bennett, H. S., 16. 349 A 5. 385 A 45.
Benz, R., 4 A 26. 199 A 10. 200 A 15. 415 A 16.
Bernheim, E., 2 A 8.
Bethurum, D., 135 A 21. 136.
Beumann, H., 11 A 1.
Blaise, A., 13 A 10.
Bloomfield, M. W., 134 A 15. 297 A 39. 349 A 7.
Blumenthal, M., 28 A 20.
Böddeker, K., 289 A 2.
Borenius, T., 353 A 23.
Bornkamm, G., 26 A 17.
Brandl, A., 15. 120. 130. 136. 152. 209. 215. 263. 277. 283 A 32. 289 A 2. 290. 291. 297 A 39f.
Brink, ten, B., 15. 119 A 10. 120. 209. 211 A 18. 215 A 27. 241 A 97. 264 A 7. 277. 278. 302 A 3. 315. 318. 370.
Broich, U., 168 A 71.
Brown, B. D., 17. 210 A 11. 237. 240 A 95. 241 A 97. 242. 246 A 14.
Brown, C., 132 A 3. 302.
Brown, G. B., 52 A 34.
Brown, P. A., 168 A 75. 247 A 17. 257 A 51.
Brüning, I., 13. 32 A 28. 60 A 85. 64 A 10.
Brunöhler, E., 107 A 29.
Bucher, Z., 67 A 28.
Bultmann, R., 28 A 20.
Bumke, J., 413 A 1.
Buss, P., 275 A 1.
Butler, C., 43 A 4.
Butler, P., 211 A 18. 373 A 14. 374 A 16, 18, 20. 383 A 39f.

Campenhausen, H., v., 97 A 85.

Cavallin, S., 44 A 6. 47 A 16. 59 A 75.
Chambers, R. W., 132 A 4. 178 A 7. 179 A 11. 385 A 45.
Colgrave, B., 11 A 1. 52 A 34.
Crosby, R., 28 A 21.
Curtius, E. R., 13. 18. 19. 33 A 30. 76 A 94. 135 A 23. 269 A 15.

Dabrock, J., 8 A 42.
Delehaye, H., 1. 2. 4. 7. 34. 35. 52 A 35. 70. 98. 102 A 10. 174 A 15. 188 A 42. 283 A 32.
Dehio, G., 30 A 24.
Demus, O., 22 A 2.
Dempf, A., 13. 145 A 65.
Dibelius, M., 23.
Dihle, A., 47 A 16.
Dobschütz, E. von, 26 A 17.
Dondaine, P., 197.
Dubois, M. M., 132 A 4. 136.
Duckett, E. S., 131 A 1.
Dudden, F. H., 61 A 87.

Ebert, A., 12. 49 A 24. 57 A 61. 60 A 80.
Einenkel, E., 151 A 9. 178.
Emonds, H., 67 A 30.
Essen, L., van der, 10 A 1.
Everett, D., 414 A 4.

Fisher, D. J. V., 135 A 26.
Fisher, F., 414 A 4.
Ford, J. D. M., 18 A 33.
Forstmann, H., 113 A 4.
Fowler, J. T., 169 A 84, 227 A 61.
Francis, E. A., 101 A 7. 170 A 3.
Frenken, G., 99 A 95.
Freund, W., 101 A 7.

Gaiffier d'Hestroy, B., de, 10 A 51. 11 A 1. 138 A 37a.
Gerould, G. H., XIII. 16. 17. 112 A 4. 119 A 10. 120. 130. 136. 149 A 74. 152 A 16. 153 A 21b. 168 A 76. 178. 187 A 39. 188. 195. 196. 209. 240. 263 A 1. 264 A 7. 276 A 5, 9f. 277. 278. 289 A 2,8. 290. 291. 292. 296 A 37. 297. 302 A 1f. 303. 308 A 1. 309 A 7. 324. 330 A 2, 5f., 8. 331 A 14. 332 A 16. 337 A 34. 350 A 10. 365. 371. 374 A 16. 402 A 1. 403 A 12.
Ghellinck, J., de, 13.

434

Wells, M. E., 211 A 18. 212 A 20. 244 A 11. 277.
Wendehorst, A., 198 A 9.
Wenskus, R., 11 A 1. 25 A 12.
Westlake, J. S., 15 A 8.
White, C. L., 135 A 26. 136.
White, H. C., 17. 368 A 58. 386 A 52.
Wickert, M., 300 A 46.
Willenberg, G., 326 A 18.
Wilson, R. M., 16. 168 A 77. 209.
Wolpers, Th., 260 A 5. 304 A 8. 377 A 28. 394 A 78.

Wormald, F., 131 A 1.
Wright, C. E., 96 A 82. 142 A 43. 253 A 38.
Wright, L. E., 94 A 71.
Wright, W. A., 238 A 86.
Wunderle, G., 30 A 24.
Wyzewa, Th. de, 211 A 18.

Zaunert, P., 4 A 26.
Zender, M., 37 A 1.
Zoepf, L., 2. 10 A 1. 34 A 31. 159 A 1.
Zuidweg, J. J. A., 198 A 9. 199 A 14.

2. PERSONENNAMEN

(Heilige und zugehörige Legendenbearbeitungen, Nebenpersonen, Sagengestalten, biblische und historische Personen)

Adam und Eva 108. 116. 117. 333 A 26. 355.
Adeodatus 405.
Adrian 330. 334. 337 A 31. 333. 341. 392. 393. 394. 397.
Aedesius 102.
Aegidius, s. Giles.
Aelfflaed 72.
Aelfwald 83.
Aethelbald 83.
Aetheldred (Etheldreda, Audry) 132. 350 A 10. 351 A 16. 354 A 25. 353. 357 A 28.
Aethelred, König, 83. 351 A 16.
Aethelwold 131. 135.
Afra 7 A 38.
Agag 298 A 41.
Agatha 248 A 19. 276. 324. 356.
Agathangelos 98.
Agnellus 245 A 12.
Agnes 99. 248 A 18f. 250 A 28. 276. 324.
Aidan 71. 75. 82.
Ailred 165.
Albanus 101. 132. 308.
Aldhelm. *William of Malmesbury:* 167. 241. *SEL:* 243. *GL:* 374. 380–382. *Caxton:* 390.
Aldredus 231 A 73.
Alexander 365.
Alexius 7 A 38. 18. 19. 25 A 12a. 263. 290. 291.
Alfred d. Gr. 136.
Alkmund 317.
Alphegus (Alphege) 238 A 81. 241 A 98. 248 A 18. 250 A 28. 251 A 29. 252. 374.

Ambrosius 95. 356.
Amphabel 309.
Anastasia (Anastace) 237. 276.
Anastasius 76.
Andreas (Andrew) 38. 108. 131. *Cynewulf:* 111. 130–131. 132. 287. *SEL:* 248 A 19. *NEL:* 269–271.
Anna 324.
Anselm 165. 177 A 4.
Antonius. *Athanasius (Evagrius):* 38. 44–48. 49. 55. 66. 68. 70. 71. 72. 73. 79. 80. 82. 88. 90f. 92. 94. 100. 109. 144 A 61. 167. 173 A 13. 230. *Prosa (15. Jh.):* 403f.
Apollonia 356.
Argobast 34 A 31.
Arthur 356. 364.
Athanasius 332.
Audry, s. Aetheldred.
Augusta 180.
Augustinus, Bischof v. Hippo, 356. 388. *Possidius:* 79. 95. *Capgrave:* 404–408.
Augustinus (Augustine of Canterbury, Austin), Bischof v. Canterbury, 374. 308 A 2. 384 A 43.

Barbara 375.
Barlaam 298 A 41.
Barnabas 276.
Bartholomäus 92.
Basilius 356.
Beccel 92. 93. 94. 118.
Benedikt 356. *Gregor:* 38. 44. 59–69. 70. 72. 74. 75. 79. 82. 87 A 56. 95. 321. 362. *Aelfric:* 133. *SEL:* 239. 254.

Fabian 247.
Faith, Fey (Fides) 257. 324. 375.
Felicitas 12. 97. 102 A 10.
Felix 76. 81. 324.
Florentin 34 A 31.
Franziskus (Francis) 7 A 38. 34. 158 A 3.
 226. *Bonaventura:* 163. 239. *SEL:* 210.
 242 A 3. 248 A 20. 249. 251. 252.
 255–257. 329 A 23.
Frideswide 374.
Fulgentius 95.
Furseus 90 A 61.

Gallus 54. 56.
Gelasius 99.
Georg 98. *LA:* 207 A 52. *SEL:* 248 A 18.
 250. *SL:* 276. *Lydgate:* 308. 315–316.
 Barclay: 360–365.
Germanus v. Capua 63.
Gideon 298 A 41.
Gilbert, Vater d. Thomas Becket, 247 A 17.
Gilbert v. Sempringham 404.
Giles (Aegidius) 169. 308 A 2.
Godricus 167 A 68.
Gondolf 233.
Gregor d. Gr. 94. 96. 289. 356.
Guthlac 38. 108. *Felix v. Crowland:* 43 A 3.
 82. 83–94. 95. 100. 103. 105. 117 A 8.
 121. 122. 128. 129. 130. 147. 152. 155.
 173 A 13. 190. 202. 250 A 28. 251 A 29.
 258. 403. 408. 410. *Ae. Guthlac A:* 52.
 111. 112–115. *Ae. Guthlac B.* 111.
 115–119. 122. 125. 129. 130. 147. *Ae.
 Prosa (11. Jh.):* 151. *SEL:* 257.

Harold 230 A 69.
Haymo de Faversham 245 A 12.
Heinrich II 167.
Heinrich VI 316.
Hektor 356.
Helena 403. Cynewulfs *Elene:* 38. 86 A 54.
 111. 124. 125–129. 155.
Herefrith 82. 94.
Herkules 361. 364.
Hermann Joseph v. Steinfeld 162.
Hilarius, Papst, 70 A 59.
Hilarius Arelatensis (Hilary) 251 A 29.
Hilarius Pictavensis 52.
Hildegund-Joseph 159 A 6. 162.
Hinguar (Ingwar) 144. 238. 318. 319. 320.
Hubba 144. 238.

Ingwar, s. Hinguar.
Innozenz III. 231 A 73.

Jacobus maior (James) 241 A 97.
Jacobus minor 276. 248 A 20.
Jakob (im Alt. Test.) 355. 406.
Jamnes und Mambres 151.
Johannes d. Täufer 131. 321.
Johannes, Evangelist (John Evangelist),
 210. 291. 241 A 97.
Johannes, Priester, 77.
John of Reading 243 A 7.
Josaphat 298 A 41.
Joseph v. Ägypten 289. 290. 355.
Josuah 355.
Judith 130.
Julian (drei Heilige) 276. 279.
Julian the Confessor 247.
Juliana 38. *Passio s. Julianae:* 107–110. 119f.
 147 A 70. *Cynewulf:* 100. 101. 111.
 119–124. 129. 185. *Seinte Juliene:* 184–186.
 SEL: 251 A 29. *SL:* 276.
Julitta 98.
Jupiter 53. 361.
Justina 279.

Kain und Abel 355.
Karl von Burgund 399.
Karl d. Gr. 364.
Kastor und Pollux 364.
Katharina (v. Alexandrien) 38. 98. 107. 179.
 356. *Seint Katherine:* 107. 179–182. 184.
 NEL: 272–275. 276. *Bokenham:* 324.
 Capgrave: 330–342. 355. 405. *Caxton:*
 392–402. *GL:* 382. 392–402.
Kenelm. *SEL:* 229. 238. 241 A 97. 253f.
 GL: 374.
Kenred 351 A 16. 357.
Kilian 34 A 31.
Konstantin. *Cynewulf:* 125–129. *Gower:* 291.
 298–300. 319 A 36.
Konstanze 413.

Lanfranc 230 A 69.
Laurentius 99. 195. 279. 356. 414.
Lazarus 298 A 41.
Leger 375.
Leodegar 20.
Libertinus 62.
Longinus 247.
Lukas 276.
Lucia (Lucy) 251. 276. 324. 356.
Ludwig 158 A 3.
Luitgard v. Tongern 163.

Macharius (Machor) 276. 277.
Magdalena 276.

3. ORTSNAMEN

Köln 389 A 65. 403.
Konstantinopel 403.

Lilleshul 370.
Lindisfarne 70. 71. 228 A 62. 346.
London 365.
Lothian 169.
Lynn 333.

Mailand 52. 360. 403.
Malmesbury 140 A 41. 241.
Markyate 166.
Melrose 79. 228 A 62. 345.
Mercien 351.
Monte Cassino 239.

Northumberland 346.
Nürnberg 143.

Olivet, Berg 131.
Osney 243 A 7.

Poitiers 53.

Ramsey 140 A 40. 142. 164.

Rebdorf (Bayern) 101.
Repton 90.
Ripon 228 A 62.
Rom 99.

Scarborough 243.
Sherborne 139 A 40.
Stockclare 323.

Trond, Sankt, 163.

Venedig 323.

Wearmouth 77. 94.
Westwood 231 A 73.
Whitby 94. 96. 97.
Winchester 132. 139. 140 A 40. 237.
Withern (Witerna) 285.
Worcester 230 A 69. 237. 241 A 98.

York 230 A 69.

Zypern 333.

4. SACH- UND WERKREGISTER

(Bearbeitungen von Einzellegenden s. Register 2)

Die den Zahlen folgenden Bemerkungen in Klammern gelten jeweils bis zum ersten vorausgehenden Punkt; sie beziehen sich auf mehrere Zahlen, wenn diese nur durch Kommata voneinander getrennt sind.

Abbreviatio in gestis et miraculis sanctorum 197.
Abenteuer und Reisen d. Hl. 26 A 17. 47. 50. 90. 111. 125. 130. 142. 169. 239. 240. 287. 290 A 12. 365. 368. 369. 403.
Abt 35. 80. 133. 161. 166. 284. 346. 351. 411.
Achtsilber, s. Kurzzeile, Kurzreimpaar.
Actus Silvestri 70.
Aeneis 83. 85. 103 A 13.
Ästhetisierung (Schönheitsgefühl), s. auch Dekorative Darstellung, Deskription, Eindruckskunst, Feierlichkeit, Freude, Harmonie, Idyllisierung, Klarheit, Sprachstil (rhetorischer), 188 (*wordes fair and swete*, spielmänn., 12. Jh.). 223 (*vair miracle*, 13. Jh.). 169, 184f., 247, 328 (körperl. Schönheit, höf. Schönheitskatalog). 260 (stärkeres Hervortreten i. Spätma., spätgot.-höf. Art). 301 (ästhet. Tendenz i. *Rhyme-royal*-Strophe). 300f. (Verbindung legendar. Einfach-

heit u. höf. Sch. b. Chaucer). 308 (Chaucers Bedürfnis nach angemessener Feierlichkeit). 310 (ästhet. schmückende Tendenz Lydgates). 322f. (Chaucer, Lydgate). 347f., 350 (Verbindung v. Sch. u. Religiosität i. 15./16. Jh.). 353 (ästhet. Zuordnung statt Polemik). 355 (Sinn für alles Glänzende i. Spätma.). 356. 379, 381, 392 *(GL)*. 391 (Caxton). 402f. (Sch. u. Devotion i. Dreikönigsleg.). 412 (Chaucer).
Ästhetische Wertung d. Leg. *Gattungsgemäß:* 5. 160. 188. 209. 410. *Einseitig:* 15. 17. 209. 347.
Affekte, s. Psychologie i. d. Leg., Heiliger (Auffassung seiner Person), Nebenpersonen.
Akkumulation (Häufung), s. auch Amplifikation, 91. 98. 112. 120. 126. 140. 160. 172. 235. 291. 299. 318. 324. 346. 410.
Alexandriner 215 A 27.

441

90. 133. 134. 184. 230 A 68. 231. 352.
353. 357. 364.
Asketenleben 25. 44. 133. 197.
Assembly of all Saints 400. 401.
Astrologie 405.
Astronomie 164. 238.
Attributierung (erläuternde Zuordnung), s.
auch Konzentration, 25 f. (allg. Struktur-
prinzip in ma. Hagiographie u. Kunst).
233 (Bezogenheit auf Wesenszug).
410 (Nebenpersonen als Attribute der
Heiligen in hochma. Leg.).
Auctarium de Miraculis et Translationibus 345.
Auftraggeber, s. Publikum u. Auftrag-
geber.
Aufzählung, s. Katalog.
Augustinischer Geist i. d. frühma. Leg.
22. 83. 91 A 65. 94. 100. 106. 158. 407 f.
Ausdruckskunst (expressiver Stil), s. auch
Eindruckskunst, 65. 85–94. 110 (Konzentration auf *eine* schnellende Bewegung). 118. 123 f. (Ausdruckskraft dynamischer Verläufe). 147 (expr. Metaphorik). 411 (expr. Demonstration d.
Erbaulichen). 153 f. (expr. Gebärden).
149 (i. Frühma. Expression transzendentalen Wahrheitsgehalts). 246. 274.
Ausdruckswerte d. Darstellung i. d. Leg.,
s. Anschaulichkeit, Ästhetisierung,
Blässe d. D., Dekorative D., Einfachheit, Emotionalität, Entspiritualisierung, Feierlichkeit, Harmonie, Humor,
Gedanklichkeit, Idyllisierung, Klarheit,
Konkretisierung, Lebendigkeit, Moralisierung, Objektivität, Plastizität, Realistische Sehweise, Spiritualität, Stoffreduktion, Stoffreude, Transparenz, Un-
terhaltungsmoment, Volkstümlichkeit.
S. ferner unter Darbietungsformen, Erbauungstendenzen, Sprachstil, Stilge-
schichtl. Bewegungen.
Ausgewogenheit, s. Harmonie d. Darstellung.
Ausruf, s. Interjektion.
Ausweitung, s. Amplifikation, Stoffreude.
Autor, Hervortreten des (Erzählhaltung,
Autoreinsprachen), s. auch Erbauungstendenzen, Emotionalität, Gedanklichkeit, Perspektive, 52 (plaudernde Erzählhaltung bei Hieronymus). 56 f. (Reaktionen d. Ich-Erzählers Sulpicius
Severus). 61 (Gregors Stimme d. Wissenden u. geduldig Lehrenden). 69

(Kontemplative Grundhaltung Gregors). 73 (schlichtfrommes Gedenken
u. brüderl. Mahnen). 111 (Erzählhaltung i. d. Stücken d. Cynewulf-Gruppe).
119 (subj. Ton d. Trauer, nach Art ae.
Elegien). 129 (Epilog d. Autors als
Altersklage i. *Elene*). 159 (Frömmigkeitshaltungen einer mehr persönl. Art
i. Hochma.). 174 (Autor als Augenzeuge, hagiogr. Konvention). 189 (mit-
fühlende Autoreinsprachen). 203 (Namensinterpretation als myst. Betrachtung, *LA*). 212, 215, 218, 250 (mitfühlendes Hervortreten, Parteiergrei-
fen oder Erklären i. *SEL*). 257 (unbe-
kümmertes Hervortreten i. *SEL* d. 15.
Jhs.). 257 (Autor als Kompilator u. Bearbeiter). 260 (Distanz u. freieres Verhältnis zur Überlieferung i. Spätma.).
269 (unbefangen plaudernde Autoreinsprachen). 277 f., 288, 412 (subj.
u. moralisierendes Hervortreten i. *SL*),
299 (eingeschalteter Autorkommentar
bei Gower). 304, 307 (subj. Tönung,
Projektion d. Geschehens auf d. Autor
b. Chaucer). 324, 326 f. (Bokenhams
unbekümmert persönl. Art). 335, 339
(Capgraves erklärendes Verfahren).
393 (Autoreinsprache b. Caxton u. i.
GL). 405 (Sprechen i. d. 1. Person b.
Capgrave).

Ballade (s. auch B.strophe, Volksballade)
5 A 29 (Unterschied zur Legende, W.
Kayser). 9 A 48 (Rosenfeld). 27 (Balla-
deskes u. novellist. Gestalten d. Legende
fremd). 147 (Situation persönlichen
Gegenüberstehens). 155. 187. 190 f.
(Folge: Willensäußerung – Tat). 191
(Psychologisierung). 257. 365. 409.
Balladenstrophe 192 (Emotionalität u.
Erzählen i. d. B.). 365.
Barmherzigkeit, s. Nächstenliebe.
Bauwunder 72.
Bayeux-Teppich 26 A 14. 65 A 15. 156.
Beaufort-Stundenbuch 323.
Beginenviten 162.
Beispiel, s. Exemplum.
Beispielhaftigkeit, s. Imitabilität.
Bekehrung, s. Konversion.
Bekehrungsleben, s. Konversionsleben.
Bekehrungswunder, s. auch Konversion,
223. 299. 305. 330. 334. 341 A 39. 408.

Folterung, s. Marterung.

Formel (Floskel) *Allg.:* 264. 270. 294. 306. 307. 325. 358. 398. *Alliterierend:* 186. *Balladenhaft:* 191. *Brevitasf.:* 269. 294. *Durativ:* 220. *Gebetsf.:* 29. *Kontrastierend:* 186. 206. *Lobesf.:* 222. 266. 313 395. *Psalmenf.* 99. *Reihend:* 155. *Romanzenhaft:* 196. *Schlußf.:* 236. 370. 380. 390. *Spielmännisch:* 293. *Tauff.:* 297. *Zauberf.:* 225. Fortsetzungsepos 316.

Franziskanische Frömmigkeit, s. Frömmigkeitsbewegungen.

Franziskanische Malerei, s. Malerei (Stilepochen).

Frau im Männerkloster, verkleidet, 283.

Freude, geistliche u. fromme (Heiterkeit d. Seele, Himmelsf., Jubel, Beglückung, Mitf.), s. auch *fascinans*, 45. 46. 47. 50. 51. 61. 93. 95 f. 97 f. 104. 105 f. 110 (Erlebnisvorgang i. Hl.). 111. 112. 114. 115. 116. 128 f. 171. 173. 175 f. (liturg. Jubel). 177. 178. 181. 182. 183. 186. 213. 222. 226. 247. 259 (Zurücktreten d. franzisk. Mitf.). 260 (F. an Zeremoniell i. Spätma.). 355 (F. am Schönen i. 16. Jh.). 375. 377 (Veräußerlichung zu Heiterkeit).

Frömmigkeit, s. auch F. bewegungen, Emotionalität, 75. 90. 144. 153. 160. 162. 200. 205. 216. 220. 228. 229. 230. 234. 245. 246. 251. 266. 281. 305. 333 A 22. 358. 411.

Frömmigkeitsbewegungen u. mystische Strömungen, histor. Übersicht, s. auch Emotionalität, Erbauungstendenzen, *Alttestamentliche:* 20. 177 (d. Hohen Liedes). *Spätantik, monastisch:* 11 A 1. 44. 46 f. 49. 54. *Mystik u. Verinnerlichung b. Gregor d. Gr.:* 61. (Erbauung d. Laien). 62. 63. 64. 67. 69. *Frühma., allg.:* 100. 102 f. 105. 134. *Benediktinisch:* 25. 43. 45. 63 f. 65. 71. 72 f. 75. 79 f. 80. 100 f. (aufbauende Arbeit d. Missionare). 106. 110 A 33. 175. 348. 353. *Cluniaz. Reformbestrebungen d. 10. Jhs. i. England:* 131 f. 134. 142. 143. 145. 159. 161. 164. *In ottonischen Viten:* 12. *Übergang v. frühma. z. hochma. Frömmigkeit:* 150. 154. *Hochma. Frömmigkeit, allg.* (neue Gefühlsqualitäten): 157 ff. *Monast.-myst. Frömmigkeit d. 12./13. Jhs.,* s. auch Martyriumsverlangen: 161 f. (Bernhard). 163 f. (Bonaventura). 164 f., 162 f., 168,

177 ff., 180, 181, 182, 183, 184, 186, 231 A 73 (Nonnen u. Reklusinnen, *Meidenbad*-Gruppe). 177–186 (Brautmystik, ebd.). 177 (Anselm, Bernhard, Viktoriner). *Bernhardische Frömmigkeit:* 157 (Passionsmystik). 161 f. 172. 177. 186. 206. *Zisterz. Frömmigkeit:* 19. 157. 162 f. 165. 177. 186. 202. *Jesusfrömmigkeit:* 162. *Marienmystik:* 162. *Sakramentsfrömmigkeit:* 162. *Volksfrömmigkeit d. 12. u. frühen 13. Jhs.:* 166 (zunehmender Wunderglaube). 190. 192. *Franziskan. (Volks)frömmigkeit d. 13. Jhs.:* 19 (*Gloria passionis*). 30 f. A 24 (Voraussetzung f. „Andachtsbild" i. Malerei u. Literatur). 157. 158. 168. 199 f. (Franziskanermystik als Volksfrömmigkeit). 200 (Zurücktreten monastischer Motive). 213. 242 ff. 244 f. 248. 251 ff. 259 (Zurücktreten i. Spätma.). 260 (Nachklänge i. 14/15. Jh.). *Dominikan. Frömmigkeit:* 168. 199 f. (Einfluß franziskan. Volksfrömmigkeit auf Jacobus a Voragine). 213. 242 ff. 244 f. 251 ff. *Spätma. Frömmigkeit, allg.* s. auch Ästhetisierung, Konkretisierung, Moralisierung: 255, 256, 259 ff. (statt Emotionalisierung stärkere Ästhetisierung). 262 (Lösung d. Leg. v. d. Frömmigkeitsgesch.) *Lollarden, Wycliffe:* 259. 261. 381. *Späthöf. Stilisierung:* 304 f. u. A 10 (Chaucer u. Wilton-Diptychon). 364 (geistl. Ritterschaft u. monast. Ideal). *Spiritualisierung b. Lydgate:* 309 ff., 319 f., 323. *Volkstüml.-bürgerl. Frömmigkeit d. 15. Jhs.:* 261 (Zurücktreten eigener Frömmigkeitshaltungen i. Leg. des Spätma.). 287 (typ. spätma. Erbauungslit.). 348 f. (Konkretisierung, Moralisierung, Zeremoniell). 349, 350 f., 356 f. (Vereinfachung d. Monastischen, ständetyp. Bindung d. Moralischen u. Devotionalen). 373. 375. 400 f. (Fehlen eigener Frömmigkeitshaltung b. Caxton). *Devotio moderna:* 348 f. „Pietistische" *Strömungen:* 348. *Frömmigkeit d. Erasmus u. d. engl. Frühhumanismus:* 350. 368. *Frömmigkeit d. reformator. Zeit:* 365 ff. *Vorklang calvinistischen Denkens:* 365.

Fürbittgebet, s. auch Gebet, Hilfsmacht, 172. 173. 176. 192. 194. 203. 294. 372.

Fürstenspiegel 167.

Furcht vor Gott oder den Heiligen, s. *tremendum*.

Gawain 297.

Gebärde i. d. Leg. *Allg.:* 31 f. A 27 (Funktionen i. Leg.). 25 f., 29 f., 62, 99 f., 150, 155 f., 175, 409, 410 (erbaul. Verdeutlichung als Hauptfunktion). *Intensitäts-(Affekt-)Gebärden:* 64 (Definition). 26 (stürm. Bewegung d. Menge). 52 A 32. 56. 86. 87. 93. 118. 173. 174, 176 (Angst u. Wut d. Teufel). 362. 363. 378 (Konkretisierung i. *GL*). *Qualitätsgebärden (vornehml. Gebetsgebärden):* 64 (Definition). 148. 150 (reliefartig). 153, 155, 409, 410 (expressiv). 56, 62, 63, 153 f. A 24, 163, 176 (Prostration). 63 f., 68, 109, 362 (Aufrechtstehen, hieratisch erhobene Hände, benediktin.). 63, 108, 319 (Aufblicken z. Himmel). 154 A 24, 156 (Arme erheben). 63, 68 (Hauptneigen). 51, 68, 140. 248, 335 (Knien). 68, 109 (Gebetsweinen). 90, 108, 154 A 24, 174, 182 (Kreuzzeichen). 147, 155 (Schweigen als Ausdruck innerer Haltung). 147 (Niederblicken). 109, 119, 124 (heroische Bewegungslosigkeit i. Gefahr). 147 (rohe Gangart d. Widersachers). 174 (Fuß auf d. Kopf d. Gegners).

Gebet. *Allg.:* XIII. XIV. 28. 29. 105. 154. 165. 186. 218. 219. 294. 319. 362. 367. 378. 409. 410. *Struktur des:* 99 (situationsbezogen). 103 (lebendig). 126 (episch). 154 (ehrfürchtig). 172 (litaneiartig). 186 (ekstatisch). 248 (erbaul.). 267 (geschehnisbezogen). 270 (spontan). 271 (log.-resultativ). 273 (nuancenreich). 310 („güldene" Diktion). 341 (psychologisch). *Arten des :* s. Bittgebet, Dankgebet, Fürbittgebet, Lobgebet.

Gebetbuchliteratur 161.

Gebetsweinen 68. 109.

Geburtswunder 87 f. 95. 403.

Gedankenbild, s. Sinnbild.

Gedanklichkeit d. Darstellung, s. auch Betrachtung, Sinnbild, Struktur (systemat.), Verknüpfungsweise, 55. 57. 58. 78. 80 f. 95. 103 (Beziehung d. Einzelnen auf d. Ganze). 145 (begriffl. Differenzierung). 200, 203 (scholast. Rubrizieren). 213, 224. 260 (expositor. Traktatstil). 261 (gelehrter Apparat). 265 (log. Klarheit). 265 (v. Allg. z. Besonderen). 267. 270 (Beweisführung). 271 (log.-resultativer Aufbau) 275. 283. 296

(exakte Begründung). 298 ff. (Gower). 301 (rubrizierende Anordnung i. *Rhyme-royal*-Strophe). 310, 312, 320 (Abstraktion u. Anschaulichkeit b. Lydgate). 318 ff. (argumentierender Ton). 318 ff. (thematisch, punkthaft gliedernd). 321 (Unterschied Lydgate–ältere Hagiographie). 325. 329. 334 ff. (expositor. Methode). 375, 377, 378 f. (begriffl. Fixierung statt Miterleben) 382 (Verbindung m. Emotion). 384, 391, 396 f. (Caxtons klare, förml. Begriffe), 405 f. (Capgraves erklärende Methode).

Geduld 100. 106. 144. 229. 246. 290 A 12. 309. 343. 363. 364. 365. 366. 380.

Gefangenschaft 97. 102. 130. 180. 193 A 54. 207. 282. 295. 319. 336.

Gehorsam 79. 113. 134. 189. 227. 231. 242. 358.

Geistliches Spiel, *Morality*, 250. 275 (Mysterienspiel). 289 A 8 (Mirakelspiel). 341 (Legendenspiel).

Genrebild 49. 52.

Geographie 143. 251. 261. 346. 351.

Germanische Dichtung u. Vorstellungen, s. auch Epos (germanisches), Heldenlied, 86 (german. Formgefühl). 112. 119. 121. 124. 126. 127. 128. 129. 138. 145. 151. 155. 182. 410.

Geschehen i. d. Leg., s. auch Zukunft. Allg.: 8 (unep.). 23 (geringer Spielraum, wie in Evangelien). 23 f. (Entwertung). 26 (Motivation v. Ende her). 26 f. (vorausbestimmte Zukunft). 25 (statt Entwicklung Stufen geistl. Vervollkommnung). 27 (ohne Eigenbewegung). 29 f. (symbol. Umsetzung d. äußeren Geschehens zum Sinnbild). 31 (i. Andachtsbild). Qualitäten: *Vorganghaft, akthaft:* 13 f. 46. 48. 55. 64 f. 74. 86. 91. 103 (nomen agentis). 106 (Vorgang statt Beschreibung). 107. 116. 125 f. 141. 292. 325 f. 126, 248 (Zurücktreten). 267, 296, 297 (geschehnishaft konzipiertes Beten). 411. *„Natürl.":* 65. 69. 99 f. 103. *Kräftig bewegt (dramat., schnellend, zügig, kraftvoll, dynam.):* 55–58. 85. 86. 87. 87 f. 90. 91. 92. 93. 94. 100. 108 f. 110. 118. 121. 123 f. 158. 182. 223. 263. 265. 267. 289. 292. 293. 300. 372. *Erlebnishaft (spontan, lebendig),* s. auch Situation sowie unten Sukzession, psych. bewegt): 91. 94. 99. 172 (d. Betens). *Zielbezogen,* s. auch Zu-

Gratia et libero arbitrio, De, 165.

Groteskes, s. Phantastik.

„Güldene" Diktion, s. Sprachstil.

Güte 189. 225. 229. 232. 234. 245. 258.

Häufung, s. Akkumulation, Amplifikation.

Hagiographisch, s. Legendarisch.

Hand Gottes 87. 88. 89. 90. 92. 93. 104. 105. 268. 403.

Handlung *(plot)* 26 (pointiert i. Mirakelgesch.). 27 (keine handlungschaffende Komplikation i. d. Leg.). *Einzelaspekte:* s. Geschehen.

Handwerker, Heilige als, 36.

Harmonie (Ausgewogenheit) d. Darstellung 23 (i. neutestamentl. Heilungswunder). 33f. (i. d. Leg. grundsätzl.). 61–67, 64, 69 (v. Bericht u. Betrachtung, Bewegung u. Ruhe b. Gregor). 79. 95 (erbaul. Harmonisierung). 136. 206. 208. 214. (gleichmäßiger Versgang). 247. 279, 300 (von Bericht u. Betrachtung). 306 (legendar., b. Chaucer). 327. 329. 348 (16. Jh., allg.). 352f. (v. Profanem u. Religiösem). 353, 356 (ästhet. erfahrbare Proportion). 364 (von christl. u. ritterl. Tugend). 382.

Heiden, s. auch Konversion, 12 A 6. 28. 35. 55. 105. 148. 153 A 24. 155. 206. 256. 261. 296. 318. 371.

Heiligenleben (Vita), s. auch Biographie, Lebensschemata. *Allg.:* XIV, 38 (getroffene Auswahl). 2f. (Zoepfs Unterscheidung v. Hl.-Biographie, Hl.-Vita u. Hl.-Leg.). *Typen:* s. Apostell., Asketenl., Beginenl., Bekennerl., Bischofs- u. Abtl., Büßerl., Eremitenl., Jungfrauenl., Konversionsl., Martyrerpassionen, Missionarsl., Mönchsl.

Heiligenlob, s. Lob d. Hl.

Heiligenpredigt 131.

Heiligenverehrung, allg., s. auch Erbauungstendenzen, Frömmigkeitsbewegungen, Publikum u. Auftraggeber, Wunder (Auffassung), 43, 101f. (Bevorzugung von Bekennerleben i. England i. Frühma.). 78 (steigender Cuthbert-Kult). 132f. (Martyrerpassionen zur Erbauung d. Laien b. Aelfric). 142f. (steigende Edmundverehrung). 179 (Verehrung d. hl. Katharina v. Alex.). 187 A 42 (Margaretenverehrung). 201 (Gründe für Heiligen- u. Reliquienverehrung, *LA*).

228 A 62, 234 (Gegebenheiten d. Hl.verehrung als Ausgangspunkt f. volkstüml. Hl.leg.) 259 (Warnung vor falschgerichteter Hl.verehrung). 261 (Kritik d. Lollarden an Hl.malerei). 278 (Hl.leben als erbauliche Privatlektüre). 350 (Werburge-Verehrung in Chester). 364 (Georg als Vorbild engl. Ritter). 384 (Hl.verehrung b. Caxton). 402 (Dreikönigsverehrung).

Heiliger, äußere Erscheinung, s. auch Andachtsbild, Deskription, Gebärde, Schaubild, Sinnbild, 32 (grundsätzl. Betrachtung statt Beschreibung). 45, 46, 48 (das Äußere als Zeichen d. Tugend). 105f., 109 (geistl. Transparenz). 145, 175 (gemarterter Leib). 149 (Leichnam). 163 (Stigmatisierung). 167 (nach Art d. profanen Biographie). 169, 184f., 280, 293, 328f. (körperl. Schönheit, nach Art höf. Schönheitskataloge). 181 (Fehlen eines Schönheitskatalogs). 181, 183, 185f. (Realistik als Ausdruck mystischer Ekstase). 204 (in *LA* Schönheit nur metaphorisch umschrieben). 201 (geistl. Wirkung d. Leiber d. Heiligen). 230 A 68. 248 (einfache, typ. Gebärden u. Haltungen). 259 (äußerer Glanz d. Hl.malerei i. Spätma.). 260 (äußere Erscheinung i. Spätma. realistischer u. detaillierter gesehen). 280 (Konfrontation äußerer u. innerer Schönheit). 281f. (gemarterter Leib u. geistl. Betrachtung). 323 (blaß bleibend). 362 (szenisch anschaul. Gebärden). 392f. *(GL).*

Heiliger, Auffassung seiner Person (Heiligenbild), s. auch Erbauungstendenzen, Lebensschemata, Psychologie i. d. Leg., Tugenden d. Heiligen. Allg.: 24f. (Grundsätzliches zu seiner Auffassung). 24, 32, 86, 146, 216, 231, 272 (zentrale Stellung des Hl. i. d. Leg.). 6 A 37, 24f. (Zurücktreten d. Psychologischen). 25 (themat. Überformung d. Figuren). Typische Einzelauffassungen, s. auch Erbauungstendenzen: *Beispiel,* s. Imitabilität. *Verehrungswürdig,* s. Lob. d. Hl. *Liebenswert,* s. Liebe, Mitleidenwollen. *Wunderbar,* s. Wundergefühl. *Tröster,* s. Tröstung. *Helfer,* s. Hilfsmacht, *Schön,* s. Ästhetisierung. *Heroisch großer Thaumaturg u. Martyrer (vorwiegend Frühma.):* 44. 53. 66. 67 *(athleta Christi).* 94 (Kämpfer gegen Teufel,

Sehweise d. Leg.). 27 (Verwendung histor. Rahmens zur Erhöhung d. Glaubwürdigkeit). 49. 55 (illustrierende Erzählungen d. antiken Historiographie). 78 (historiogr. u. biograph. Element bei Beda). 79 (Unterordnung d. Historizität unter hagiogr. Wahrheitsbegriff bei Beda). 84 (Nachweis d. Historizität). 95 (histor. u. biogr. orientierte Bischofsvita). 101 (Bedas *Hist. eccles.*). 105. 134 (Vereinfachung bei Aelfric). 143. 144. 155, 168 (volkstüml. legendenhafte Typisierung). 157, 158 (Historiographie d. 12. Jhs.) 166–168 (histor.-biogr. Viten d. 12. Jhs.). 168 (Zurücktreten d. Historischen i. Leg. d. 13. Jhs.). 228, 229f., 231f., 237f., 238, 250 (Reduktion bzw. geschickte Einbeziehung d. Historischen i. d. Legendarische, *SEL*). 261 (Annäherung an d. Ton d. Historiographie, 14. Jh.). 285 (Nachahmung historiogr. Stils, *Vita s. Niniani*). 342, 345f. (landes- u. lokalhistor. Interesse, 15. Jh.). 348, 351f. (Legendenhistorie d. 16. Jhs.). 387 (Caxtons histor. Interesse).

Historische Methode 2 (d. 19. Jhs., Delehaye, Bernheim).

Historische Wahrheit, s. Wahrheitsbegriff.

Höfische Dichtung, s. Versromanze.

Höfische Züge i. d. Leg., allg., s. auch Tugenden (gesellschaftl.), König, Ritter, Dame. *Altgerm.*: s. Epos (germ.), Heldenlied. *Hochhöf.*: 168f. 184f. 212 (Christus u. seine Ritterschaft). 247 (Romanzenelemente). *Späthöf.*, s. grundsätzl. auch Ästhetisierung, Deskription, Feierlichkeit, Sprachstil (rhetorisch), Versromanze: 260 (späthöf. Freude an Zeremoniell u. Prunk). 261 (Gesellschaftsideale, allg.). 301 (*Rhyme-royal*-Strophe). 305 A 10 (Wilton-Diptychon u. Chaucer). 306 (höf.-rhetor. Stilmittel, Chaucer). 308 (späthöf. Schönheitsempfinden, Chaucer). 316 (populäres Ritterideal). 320 (Gottesritterschaft). 347 (späthöf. Lebensgefühl ästhet. Richtung). 356 (Vereinfachung d. höf. Dekorums zum Bürgerl.-Volkstümlichen). 364 (Ideale geistl. Ritterschaft).

Holzschnitt 400.

Homiletisches Anliegen, s. Belehrung, Predigt.

Homiliae Catholicae 132.

Homiliae in Evangelia 96.

Humanismus 166 (d. 12. Jhs.). 347. 349f. (Wissensfreude u. christl.-moral. Lebensführung, frühes 16. Jh.). 360 (humanist. orientiertes ästhet. Empfinden). 360 (ital. Humanistenschule). 363 (Sammeln v. Wissensstoff). 368 (frühhumanist. Bildungseifer).

Humor, Komik i. d. Hl.leg. 51. 57. 60. 237 (Situationskomik). 305, 308 (Chaucers leiser Humor). 324, 326f. (Bokenham).

Hymnen, christliche, 102. 103. 109. 172, 176, 260, 261, 304, 394 (hymn. Anrufungsstil). 323, 412 (Lydgates Legendenhymnik). 411 (Hymnentradition).

Hymnische Verehrung i. d. Leg., s. Lob d. Hl.

Idyllisierung (Idylle, Romantisierung, Lyrisierung) 2 (Delehaye). 6 (legendenfremd, G. Müller). 18 (i. deutschen Legenden). 49–52 (Paulus-Vita d. Hironymus). 255–257, 389ff., 402f. (romantisierende Freude am Fremden u. Fernen). 393 (I. durch Romanzenzüge).

Imitabilität d. Hl. (*imitabile*, Vorbildlichkeit, Beispielhaftigkeit), s. auch Moralisierung, 5 (moral. Erbauung). 8 (Grundsätzliches, Jolles). 43. 45–48. 53f. 80. 82. 83. 100. 101. 104f. 111. 112–115. 127. 133f. 153f. 171. 201. 230. 259. 260. 265. 279 (Betrachtung statt Aufforderung z. Nachahmung). 352f. 357. 364 (ritterl. Vorbild). 365ff. (beispielhafte Geduld i. reformat. Zeit). 380.

Imitatione Christi, De, 348. 357.

Intensivierung, s. Steigerung.

Interjektion (Ausruf) 28 (Funktion). 87. 89. 139. 165.

Inventionswunder 142. 148. 254. 296. 320f. 321. 334. 403.

Ironie 123. 189 A 48.

Jugend-d. Hl., s. Kindheit und Jugend d. Hl.

Jungfräulichkeit 104. 121. 137 A 37. 138. 154 A 26. 180. 182. 186. 266. 279. 280. 305. 317.

Jungfrauenleben 35. 38.

Jüngstes Gericht (J. Mostaert?) 349 A 7.

Kaiser, s. auch Antagonisten, 27. 34. 53.

(Grundsätzliches über Relation zu erbaul. bzw. buntem u. phantasiereichem Erzählen). 275. 289. 290. 291. 300. 325. 326. 409. 412.
Kurzzeile 262 (strophisch gebunden).

Langform, hagiographische, s. auch legendarisch, 9.
Laster, s. Sünden.
Laudatio 10 A 50 (antike).
Laude virginitatis, De, 44.
Lebendigkeit d. Darstellung, s. Situation.
Lebensschemata *Allg.:* 1. 3. 8. 34f. 47. 86. *Verschied. Stände u. Berufe:* s. Heiliger (Auff. seiner Person). *Einzelmotive:* s. Eltern d. Hl., Weissagung künftiger Größe, Kindheit und Jugend d. Hl., Ehe d. Hl., Konversion, Eremit, Mönch, Nonne, Reklusin, Abt, Bischof, Versuchung d. Hl., Wohnung d. Hl., Teufels-, Dämonen- u. Drachenkämpfe, Wunder, Kirchen- u. Klostergründung, Ordensgründung, Abenteuer und Reisen d. Hl., Mission, Gefangenschaft, Verhör d. Hl., Marterung, Tod d. Hl., Krönung d. Hl. im Himmel, Translation.
legend (Bedeutung d. me. Wortes) 415.
legenda (Wortbedeutung i. MA) 415.
Legenda aurea 2. 9. 18. 30. 31 A 24. 32. 112. 121 A 17. 160. 164. 174. 189. 192. 196. 197–208. 211. 212. 213. 216. 218. 219. 221. 237. 239. 240. 244 A 11. 245. 261. 265. 272. 276. 279. 280. 282. 283. 284. 287. 288. 298. 299. 300. 301. 302. 303. 304. 305. 306. 307. 308. 309. 310. 313. 314. 315. 320 A 41. 323. 324. 326. 329. 337. 354 A 24. 360. 362. 364. 365. 366 A 51. 367. 368. 371. 373. 376. 382. 383. 388. 391. 400. 410. 411. 412. 414. 415. 416.
Legendar 135f., 150f. (Aelfrics *Lives* als Legendar). 197f. (Entw. d. latein. Legendare).
Legendarisch (i. engeren Sinn = Eigenschaften von Legenden eines Legendars) 9. 10. 14. 32, 410f. („legendarische" Formen i. Ggsatz zu „althagiographischen"). 150f. 160. 199, 208 (neuer Stil d. Legendenerzählens i. d. *LA*). 246–253 (legendar. Erzählen i. *SEL*). 301 (legendar. Ausgewogenheit i. d. *Rhyme-royal*-Strophe). 326, 329 (Boken-

ham). 348 (letztes Aufleuchten d. ma. Legendenpoesie). 382f. *(GL)*. 409. 411 (Traditionsmacht i. England). 413f. (Ausgreifen legendar. Erzählens auf weltl. Gattungen i. Spätma.). 415f. (zeitgenöss. Äußerungen zum legendar. Erzählen).
Legendarium (P. Calo) 198.
Legendarium nonnullorum sanctorum abbreviatum 198.
Légende Dorée 383. 387.
Legendenepos 129. 303. 308. 316ff. 330. 347. 351f. 387. 409. 412.
Legendenerzählung 324.
Legendenhistorie 348 (Begriff). 349. 351.
Legendennovelle 283. 287.
Legendenspiel 341.
Legenden vom Kreuz 151.
Legend of Good Women 302. 413.
Legendys of Hooly Wummen 333 A 24. 338 A 35. 383.
Lektionar von Canterbury 164.
Lehrrede (Mahnung), s. auch Predigt, 23. 28. 33. 45. 47. 58. 62. 77. 80. 111. 114. 123. 137. 140. 179. 233. 256. 279. 284. 307. 359. 364.
Liber de Illustribus Henricis 341 A 40.
Liber epilogorum in gesta sanctorum 198.
Liber in gloria martyrum 99.
Liber regulae pastoralis 61.
Lichtwunder 63 (d. benediktin. Frömmigkeit gemäß). 91. 92. 93 (dynam. Bewegung). 105, 295 (geistl. bezogen). 128 (gemüts- u. stimmungsbezogen). 174, 176 (liturg.-feierl). 207 (andachtsvoll). 222 (lyrisch). 250 A 28 (emotional wirkend). 271 (zeitl. gestuft). 282 (Wirklichkeit u. Heilswahrheit kontrastierend). 337. 376 (konkretisiert). 362 (verstofflicht). 403, 408 (volksbuchhaft fromm).
Liebe *(amabile, fascinans)*, s. auch Nächstenliebe. *Zum Heiligen:* 8. 51. 69. 158f. 159 (Mitlieben-Wollen). 189. 200, 202 *(LA)*. 213, 217, 246, 411 *(SEL)*. 259 (Zurücktreten i. Spätma.). 336. 375. 383. 393. 396 (begriffl. gefaßt b. Caxton). *Zu Gott u. Christus:* 68. 69. 154. 163. 180f. 182. 186. 189. 212f. 259. 336. 404f. *Sponsa-Christi-Motiv, Brautmystik, Vermählung m. Christus:* 158f. 171. 177. 178. 180f. 182. 183. 186. 189. 200. 330. 338. 392. 396.
Lied, s. auch *Carols*, Erzähllied, Helden-

Nova Legenda Anglie 143. 198. 316 A 23.
319 A 37, 39. 320 A 40. 330.
Novelle, s. auch Legendennovelle, 5 (Leg.
ohne novellist. Handlungsführung, Katann. Wesensunterschied zur Leg., G.
Müller). 6 A 37 (Abgrenzung zw.
novellist. „Wendung" [„unerhörter Begebenheit"] u. Leg.wunder, G. Müller).
18 (Leg. umstilisiert zu Versnovellen i. d.
dt. Literatur). 26 (Verwandtschaft zur
Mirakelgeschichte). 27 (Novellist. Gestalten der Leg. fremd). 199. 263f. A 7
(Novellist. Stoffe in Legenden).

Objektivität d. Darstellung, s. auch Di-
stanz zum Hl., Nebenpersonen (Eigen-
bewegung), Konkretisierung, Gedank-
lichkeit, 4, 5, 9 (allg). 95. 224. (obj.
Heilsplan). 227. 246. 254. 270. 296. 378.
384. 395. 398.
Ölmarter 295.
Ölwunder 57. 59. 63. 172. 271.
Offenbarungswunder 224. 388.
Old-English Martyrology 101.
Omnibus sanctis, De, (All Saints) 201. 205
(LA). 213 *(SEL)*. 264 *(NEL)*.
Opus paschale 76.
Ordensgründung 163. 239. 241. 252. 405.
Ortsunbestimmtheit, s. Raumelement i.
d. Leg.

Panegyrikus, s. auch Lobrede, Lob d. Hl.,
1 (als Aufbauelement der Hagiographie,
allg., Delehaye). 261, 308, 310, 318
(panegyr. Ton und Stil Lydgates).
Parabel, s. Exemplum.
Paradigma, s. Exemplum.
Pardon of all the Churches in Rome, The, 374.
Passional 18.
Passionsmystik 181 (Bernhards).
Patristik 12 (patrist. Latein).
Pearl 292. 297.
Personifikation, s. Rhetor. Figuren.
Perspektive (Sehweise) 28 (allg.). 124 (der
Heiligenverehrung). 300 (didakt.). 311
(andachtsbildartig) 341.363 (der exempelhaften Demonstration u. moral. Wertung f. d. Publ.). 366. 372 (prakt. An-
liegen der zuhörenden Gemeinde) 395.
404. *Des Predigers:* 114. 127. 155. 217.
234. *Der Liturgie:* 110. 120. 170. 172. 175.
176. *Der Heiligen:* 110. 172. 273. *Des*

Autors: 56f. 257. 279. *Der erbaul. Be-
trachtung:* 155f. 208.
Peristephanon 76. 99.
Pfeilmarter 148.
Phantastik (Groteskes) 86. 99. 183.
Philosophen-Aretalogie 50.
Plastizität d. Darstellung 65. 248.
plot, s. Handlung.
Politisches, Zeitgeschichtliches, i. d. Leg.
167f.
Polychronicon 323. 352 A 18. 384 A 43. 387.
Posthume Wunder 24. 51. 72. 94. 95. 96.
118. 142. 146. 149. 160. 176. 231 A 73.
233. 236. 239. 253. 316. 322. 326. 336.
345. 351.
Pratum Spirituale 197.
Prediger, Heilige als, 105. 110. 153. 157.
239f.
Predigt, s. auch Heiligenpredigt, Lehrrede
u. Predigtlegende, 28 (Funktion). 45f.
48. 74. 96. 105. 107f. 110. 112ff. 116.
118. 119. 132. 151 (Laienpredigt). 153.
173. 177. 183. 185. 210. 215. 217. 218.
222. 229. 232. 237. 239. 240. 248 A
20 u. 25. 250. 251. 256. 259. 260. 300.
333. 335. 342. 370. 371f. (Abgrenzung
zur Legendenerzählung). 375. 376. 379.
392. 393 (homilet. Tendenz, *Gilte Legende*). 406 (Capgrave). 412. 414.
Predigtlegende 152-156. 178.
Privatlektüre, Leg. als, 240.
Prioress's Tale 307.
Prolog 13 (i. rhetor. Hagiographie, Curtius). 213. 230. 261. 264. 278. 279. 292.
300. 302. 307. 310. 317. 323, 324. 325.
326. 329. 331. 338, 351. 364. 370. 371,
375. 383. 387. 404.
Prophezeiungswunder 44. 47. 65. 66. 71.
72. 228. 230 A 69. 317. 380.
Prunk, s. Feierlichkeit.
Psalmen, Psalter, s. Altes Testament.
Psychologie i. d. Leg., s. auch Heiliger
(Auffassung seiner Person), Nebenpersonen, Erbauungstendenzen, Frömmigkeitsbewegungen, Emotionalität. *Allg.:*
6 (innerpsychol. Rührung legendenfremd). 6 A 37 (anthropol. Einfachheit).
22f. (geringer Spielraum d. psychischen
Verhaltens). 158 (Wandel d. Gefühlsqualitäten i. Hochma.). *Einzelbelege f.
Reduktion d. Psychologischen:* 58f. 67. 75.
113. 138. 150. 158 (i. Hochma.) 175f.
(litaneihaft starr). 204. 206 (Nicht-

beachtung menschlicher Nebenumstände). 358. 359. 372. *Einzelbelege für Betonung d. Psychologischen u. Psychologisierung:* 45 f., 67 (Konkretisierung d. Notgefühle zu Dämonen – „psychol. Realismus"). 50 ff., 55–58 (lebendiges psychol. Verhalten nach Vorbild d. klass. Profanliteratur). 85, 89, 92, 94 (psychol. Motivierung i. Sagastil). 89 (psychische Bewegtheit). 90 (Konzentration auf psychisch bewegte Situation). 103, 107 f., 175 (natürl. Gefühlsbewegung). 122 (Blick auf seel. Situation). 173 (rhetor. Affektdarstellg.). 185 (versromanhafte Psychologisierung). 190 ff., 193 f. (spielmänn.-balladenhafte Psychologisierung). 261 (Psychologisierung d. Sinn- u. Andachtsbildes). 267, 268 f., 273 f. (Einschieben psychol. Motivierung). 282, 283 f. (stoffbedingte psychol. Ausmalung). 287. 289. 299 (psychol. entwickelndes u. gedanklich gliederndes Verfahren, Gower). 305 (Chaucers psychol. Einfühlung). 339–342 (Capgraves Gefühlsanalysen). 366 f. (alttestamentl. Gefühlsreaktionen, reformat. Zeit). 368 (Gefühlsschilderung i. Stil zeitgenössischer Profanliteratur). 369 (metaphor. Darstellung, renaissancehaft).

Publikum u. Auftraggeber. *Gebildete röm. Gesellschaft:* 49. *Mönche, Nonnen u. Reklusinnen:* s. Frömmigkeitsbewegungen. *Klerus:* 95 (Augustinus als Auftraggeber). *Spätantikes Laienpublikum:* 61 (einschl. Durchschnittsklerus). *Ma. Adel, höf. Publikum, Gebildete,* s. auch Höfische Züge, Frömmigkeitsbewegungen: 83, 88 A 59 (königl. Auftraggeber). 119 (anspruchvolles Heldenliedpublikum). 279. 316. 324 (adlige Damen). 326 (ein Freund Bokenhams). 342. 364. 350. 359 (Landadel). *Volkstüml. u. bürgerl. Publ.,* s. auch Frömmigkeitsbewegungen, Volkstümlichkeit: 215 f. 224. 237 f. 240 f. 248. 370 f. 373. 375. *Spätma. Bürgertum,* s. auch Frömmigkeitsbewegungen: 260. 316 (Londoner Waffenschmiede als Auftraggeber). 349. 350 f. (bürgerl. Patriziat). 356 f. 359. 365 (Fernkaufleute u. Handelsherren d. 16. Jhs.). 384, 386 f., 398 f. (Geltungsstreben bürgerl. Unternehmertums).

Quellwunder 72. 361.

Radmarter 109. 180. 186. 362.
Rauchwunder 126.
Raumelement i. d. Leg. 22 (entmaterialsierter, figuraler Raum i. d. Evangelien). 27 (Zurücktreten d. R. i. d. Leg., reliquiare Bedeutung). 45–48 (Raum als Symbol d. Stufen innerer Vollendung). *Ortsunbestimmtheit, Einzelbelege,* s. auch Andachtsbild, Blässe d. Darstellung, Sinnbild: 112. 200 (Zurücktreten d. Landschafts- u. Architekturelemente i. *LA* u. toskan. Malerei d. 13. Jhs.). 202 (Marterungen ohne materielle Instrumente), 204 (Aussparen d. Umweltmaterials). 217, 220, 232, 236, 248 (verkürzte Entfernungen). 273 (i. *SEL*). 371 (grobe Typisierung bei Mirk). *Ortsbestimmtheit,* s. auch Anschaulichkeit, Deskription, Konkretisierung: 49–52 (Idyllisierung b. Hieronymus). 82 (eingeschobene Ortsbeschreibung b. Beda). 128. 141. 150 (Einbeziehung d. Heiligengestalten i. den Raum). 247 (stoffreiche Raumbeschreibung). 265, 273, 296 *(Alliterative Revival).* 299 (Gower). 306 (Chaucer). 358 (volkstüml. typisierter Raum, Bradshaw). 361 f., 368 (bunte Farbigkeit nach humanist. Muster). 391 (Caxton i. Vgl. zu *LA* u. *GL*).

Realistische Sehweise i. d. Leg., s. auch Konkretisierung, 45 f., 67 (psychol. Realismus i. d. Antonius-Vita). 57 (klarer Sachzusammenhang). 74 (fester Wirklichkeitssinn). 181, 183, 185 f. (drast. Realistik zum Zweck leidenschaftl. Miterlebens). 204 (Zurücktreten d. Wirklichkeitsinteresses, *LA*). 237 (volkstüml. Alltagsszenen). 260 (realist. grobe Züge i. 15. Jh.). 268, 275 (Alltagswirklichkeit *(NEL)*. 281 f. *(SL).* 375 (Volksfrömmigkeit d. 15. Jhs.).

Rede, allg.: 28, 29, 410 (Funktion). 32. 34. 99. 112. 119. 126. 129. 145. 147. 175. 191. 219. 223. 273 f. 284. 294. 295. 296. 297. 299. 300. 309 f. 313 f. 320. 327. 338 f. 357. 359. 361. 363. 372. 396. 398. 409. 410. 414. Außerdem s. Debatte, Dialog, Disputation, Formel, Gebet, Interjektion, Lehrrede, Lobrede, Monolog.

Rede, berichtete, s. Bericht.
Rede- u. Gedankenbericht, s. Bericht.
Redewechsel, s. Dialog.
Redeweise, s. Sprachstil.

462

Tode). 380 (Mitgefühl m. d. Freuden d. Himmels, *SEL*).

Topos (Topik). *Allg.:* 54. 219. 317. *Hagiogr. T.:* 48 (Augenzeugenschaft). 80. 90. *T. d. Bescheidenheit:* 84. 310. 328. 351. *T. d. Unfähigkeit:* 13 (allg. i. d. Hagiographie, Curtius). 84. 326. 328. *T. d. Unsagbarkeit:* 13 (allg. i. d. Hagiographie).

Toskanische Malerei, s. Malerei (Stilepochen).

Tractatus de Adventu Fratrum Minorum in Angliam 214 A 23. 239 A 88.

Translation 51. 72. 96. 110. 124. 142. 149. 176. 180. 236. 253. 320. 326. 345. 351. 354. 379. 403.

Translationibus, De, 345.

Transparenz 5 (Durchsichtigkeit, G. Müller). 5 („sinnfälliges Erscheinen des Heiligen i. den Heiligen", G. Müller). 52. 64 A 7. 67. 160. 202. 205.

Traum 27. 254. 256.

Traumdeutung 254.

Travellers and the Angel, The, 298 A 41.

tremendum (timor dei, Furcht vor Gott oder den Heiligen), s. auch Gottesbegriff, 67. 68. 88. 94. 150f. 154. 158. 223. 226. 366f. (nach alttestamentl. Vorbild i. reformator. Zeit).

Treue 193.

Trinität 388.

Tröstung (Gefühl d. Geborgenseins) 68. 69. 102. 103 (durch geistl. Stärkung). 106. 159, 160, 161f., 164, 410 (Hervortreten d. Trosterlebens i. Hochma.). 189. 200, 201, 205f. *(LA).* 213, 228f., 251–253, 411 *(SEL).* 258 (Freude über Befreiung v. Sorge). 367 (kindl. Vertrauen, *LA*).

Troilus and Cressida 303.

Tugendaufstieg, s. Heiliger, Auffassung seiner Person.

Tugenden d. Hl., christliche, s. auch Imitabilität, Moralisierung. *Allg.:* 3 A 18 (Leg. als T.bild, Herder). 7f., 24 A 9 (Leg. = objektivierte T., Jolles). 25. 27. 28 (Häufung d. T.beweise). 36. 46f. 52. 53 (summar. T.schilderung). 62, 66 (Hervorhebung durch Form d. Seelenstreits u. wörtl. Rede). 71 (Lob monastischer T.). 73. 81. 90 (T.katalog d. Mönches). 97 (Erprobung i. Martyrium). 134 (Kardinal- u. Haupttugenden Ael-

frics). 146 (Aelfrics Konzentration auf den T.Katalog). 161 (T.Kataloge statt Machtwunder i. hochma. Hagiographie). 204f., 207f. (Namensinterpretation u. Schlußbetrachtung i. *LA* als Kristallisation von T.- u. Gnadenfülle). 217, 220, 234, 250 (Reduktion auf einfache, konstante Grundlinien, Verzicht auf hohe geistl. T., *SEL*). 260 (im Spätma. rubrizierende Betrachtung u. bildhafte Darstellung d. T., nicht mehr leidenschaftl. Aufruf zur Nachfolge). 266 (romanzenhafte Detaillierung i. *NEL*). 286f. (moral. Betrachtung d. T., *SL*). 309f., 320f. (panegyr. Lob glanzvoller T., Lydgate). 329 (sieben Kardinalt., Bokenham). 349 (ständetyp. Bindung d. T.übung). 349f. (sittl. Forderung d. Frühhumanismus). 353 (allm. Anwachsen d. T.). 358 (typ. Körperhaltung u. Raum d. T.übung). 363 (exempelhafte Demonstration d. T.). 364 (Verbindung v. Ständeethik u. christl. Moral). 406 (systemat. Behandlung). *Tugendaufstieg,* s. Heiliger (Auffassung seiner Person). *Einzeltugenden:* s. Armut, Askese, Demut, Einfachheit, Frömmigkeit, Geduld, Gehorsam, Gottesliebe, Gottvertrauen, Güte, Keuschheit, Milde, Mitleid, Mut, Nächstenliebe, Standhaftigkeit, Treue, Evangelische Räte, Kardinaltugenden, Standespflichten.

Tugenden d. Hl., gesellschaftliche u. natürliche, s. auch König, Ritter, Dame, 6 (natürl. T. grundsätzl. legendenfremd). 69 (altröm. *honestas* u. *gravitas* b. Benedikt). 147 (Hl. als volkstüml. König). 168 (Ritterlichkeit). 261 (höf. Manieren). 266. 343, 344 (Sorge um Schicklichkeit u. gesellschaftl. Ansehen, veräußerlichte Ständemoral), 349 (Tugendübung das gesellschaftl. Erwartete, ständetyp. Bindung d. Moralischen u. Devotionalen i. frühen 16. Jh.). 356f. (Reduktion d. Religiösen auf korrekte Verhaltensweisen). 357 (Hl. als Inbegriff höfischer Umgangsformen). 357 (Objektivierung d. T. zu ständisch festgelegten Lebensformen). 364 (Ständeethik). 368 (Hl. als Muster gesellschaftl. T.). 384 (Untadeligkeit d. Sitten b. Caxton).

Übersichtlichkeit, s. Klarheit d. Darstellung.

113. 117. 119. 121. 134. 144. 182. 225. 283. 380.

Visionen 27. 32. 46. 51. 60. 63. 66. 71. 74. 75. 82. 91f. 98. 102. 125. 128. 129. 137 A 37. 162. 172. 202. 213. 225. 256. 265. 300. 335. 355. 392. 398.

Vita (Leofric Missal) 140 A 41.

Vita, s. Heiligenleben.

Vitae Abbatum 12 A 6. 228 A 62.

Vitae patrum 276.

Volksballade, s. Ballade.

Volksbuch, Volkserzählung 136. 138. 155 (reihende Formel). 349. 358. 403.

Volksfrömmigkeit, s. Frömmigkeitsbewegungen.

Volkslied, s. auch Lied, 194f. (Elemente des). 197.

Volksliteratur 1 (Einreihung d. L. i. d. V.). s. auch Volkstümlichkeit.

Volksmärchen, s. Märchen.

Volkstümlichkeit, allg., s. auch Frömmigkeitsbewegungen, 1, 3f. (Volksphantasie, „Volksseele"). 50. 60. 142. 152. 155. 224. 228 A 62. 232 (v.-nation. Elem.) 234. 237. 240. 251. 257. 260 (bürgerl.-v.). 270. 295. 306. 370. 376.

Vorausbestimmtheit, s. Zukunft.

Vorbildlichkeit, s. Imitabilität.

Vortragslegende, Vortragsweise, s. Mündliche Vortragsweise.

Wahrheitsbegriff d. Leg., s. auch Historie u. Leg., 79 (Unterordnung des histor. unter den hagiogr. W. bei Beda). 212 (Wahrheitsanspruch des *SEL* gegenüber „erlogenen" Rittererzählungen). 260 (allg. Wahrheitsanspruch d. Leg. gegenüber erdichteten Erzählungen).

Wandmalerei, s. Malerei (Arten).

Wassermarter 102. 221. 312.

Wasserwunder 62. 102.

Wechselrede, s. Dialog.

Weckungswunder 231 A 73. 233.

Weissagung künftiger Größe d. Hl. 25. 87. 190. 317.

Wendepunkt 6f. u. A 37 (Verdichtung d. Mirakelgesch. auf einen Wendepunkt. Unterschied zur Wendung in der Novelle, G. Müller).

Wenzelpassional 18.

Werkzeuge d. Teufels, s. Antagonisten.

Wiederholung 28 (als Aufbauprinzip i. d. Leg.). 85 (germ. Stilgefühl). 116f. 137.

213. 215 A 27. 217. 218. 219. 221. 233. 247. 250. 380. 386. 393. 413 A 1.

Wife of Bath's Tale 300 A 46.

Wilton-Diptychon 305 A 10. 308.

Winchester, Malschule des Klosters von, s. Malerei (Stilepochen).

Wirklichkeitsauffassung i. d. Leg., s. auch Ausdruckswerte d. Darstellung, Erbauungstendenzen, Psychologie, Stoffreude, Stoffreduktion) Andachtsbild, Sinnbild, Symbol, 6 A 37 (ontol. Weite u. anthropol. Einfachheit). 7f. (objektivierte Tugenden u. bestätigende Wunder). 19f. (Reduktion d. gegenständl. u. psychol. Wirklichen). 22f. (Grundsätzliches in Übereinstimmung m. d. Evangelien). 22 (Erhabener Gehalt i. einf. Form). 23 Entstofflichung d. Wirklichkeit i. neutestamentl. Wunder). 43f., 63f., 65, 106, 251 (relativ reiche Schichtung u. „Objektivität" früher Viten). 190, 192 (Erfassung weltl. Wirklichkeit). 204 (Zurücktreten d. Wirklichkeitsinteresses). *Legendarische Reduktion:* 222, 250f. (Verdichtung komplizierter hagiogr. Wirklichkeit z. Andachts- u. Tugendbild). 228f. (Projektion auf *eine* Ebene d. Beschützt werdens wie i. Märchen). 225, 237 (Vertraute Alltagsszenen). 296 (stärkerer Wirklichkeitssinn i. 14. Jh.). 369 (Transparenz u. Wirklichkeitsbezogenheit). 384 (nüchterne Einschätzung d. Wirklichkeit b. Caxton). 387 (Caxtons gesteigertes Interesse am Faktischen). 411 (Reduktion d. Wirklichkeit).

Wissenschaften, Erwähnung i. d. Leg. *Allg.:* 78. 179. 349f. 407. *Einzelw.:* s. Astronomie, Geographie, Geschichte, Literatur, Medizin, Naturw., Theologie, Zahlenmystik.

Wohltätigkeit, s. Nächstenliebe.

Wohnung d. Hl. 45. 49. 50. 72. 90.

Wohunge of ure Lauerd, þe, 177.

Wunder i. d. Leg, Auffassung, s. auch Wundergefühl, 4 (Herder). 4 (enge Topik, Herder). 5 A 27, 6 A 37, 199 (Gnadenw. i. Ggsatz zur „Wendung" d. Novelle u. zum Märchen). 7f. (bestätigende Funktion, Jolles). 13f. (Unterschiede zw. althagiogr. u. hochma. W.darstellung). 23f. (Topik d. neutestamentl. Heilungsw.s, Dibelius). 28 (Häufung von W.n u. Tugendbeweisen). 32 (andachtsbildartige Darstellung). 50 (W.geschichten d. antiken Philosophen-Aretalogie). 55 (Vereinfachung d. Spirituellen b. Sulp. Severus). 81 (W. als *exempla* b. Beda). 87 (W. als Zeichen d. Auserwähltheit, Guthlac-Vita). 96 (geistige W. d. *Vita Gregorii*). 119 (Weisheit als größtes W. b. Cynewulf). 134 (W. = Wirken d. Allmacht Gottes, frühma. Frömmigkeitshaltung). 159 (Sich-Versenken i. d. Schönheit d. W.s, hochma. Frömmigkeitshaltung). 160f. (Schutzw. f. d. Frommen statt Machtw. d. Thaumaturgen i. Hochma.). 165 (persönl. Tugend statt dämonenbezwingender W.-taten). 166 (zunehmender W.glaube i. volkstüml. Leg.). 227f. (der Hl. als Empfänger, nicht als Täter v. W.n, *SEL*). 228 (W. als Stimmungsträger, s. dazu grundsätzlich auch Wundergefühl). 248f. (Stillstand d. Geschehens unter d. Bann d. W.baren). 254 (stärkeres Hervortreten d. äußerl. Mirakelhaften i. 14./15. Jh.). 284 (Nachtrag v. Mirakelgeschichten). 321 (Vgl. d. W.auffassung bei Beda, Aelfric, im *SEL* u. b. Lydgate). 321 (W. als Zeichen d. Erhöhung, Lydgate). 349 (Zurücktreten d. Betrachtung d. göttl. W.wirkens i. 16. Jh.). 366 (alttestamentl. Umstilisierung v. Legenden-w.n i. reformat. Zeit). 388, 394, 398, 399f. (nachlassender W.glaube b. Caxton).

Wunderarten, s. Bauw., Bekehrungsw., Blutw., Brotw., Bußw., Engel, Erweckungsw., Feuerw., Geburtsw., Gnadenw., Heilungsw., Inventionsw., Kerzenw., Kranzw., Kreuzw., Lichtw., Machtw., Marienw., Musikw., Ölw., Offenbarungsw., Posthume W., Prophezeiungsw., Quellw., Rauchw., Rettungsw., Schutzw., Sonnenstrahlw., Speisungsw., Stabw., Taufw., Tierw., Verklärungsw., Visionen, Wasserw.

Wundergefühl (Sinn f. d. Wunderbare, *mirabile*), 8. 59. 64. 139. 150. 158 (Hoch-ma.), 159, 410 (Sich-Versenken i. d. Schönheit d. Wunders i. Hochma.). 160f. (Wunderbare Schutzgewährung statt Wundertaten). 163 (extreme W.sucht um 1200). 166 (zunehmender Wunderglaube i. volkstüml. Leg.). 189. 199 A 14. 200, 201, 204, 207 *(LA)*. 213, 214, 215, 218, 219, 221f., 223–229, 233, 236, 246, 248f. (Stillstand des Geschehens unter dem Bann des Wunderbaren), 411 *(SEL)*. 379 *(GL*, Erklären statt Fühlen). 388f. (Caxton i. Vgl. zu *LA*). 390f· (Wandlung vom Erleben zum Preisen b. Caxton).

Würdetitel 313 (Lydgate). 394 (Caxton).

Zahlenmystik 164.

Zeit, Auffassung u. Behandlung i. d. Leg., 22 (symbol. Z. i. d. Evangelien). 33 (Entwertung d. Kategorie d. Z.). 46 (chronologischer u. chronol. unbestimmter Teil d. Antonius-Vita). *Zeitl. Unbestimmtheit:* 112. 200f. 220 (durative Formel). 231. 232. 236. 248. 273. 371. *Wesenhafte Dauer:* 203. 219f. 231. 232. *Zeitbestimmtheit nach Art weltl. Erzählungen:* 126. 265. 306. *Gleichzeitigkeit zweier Ereignisse:* 220. *Zeitl. Nacheinander*, s. Geschehen (Sukzession), Struktur (chronologische).

Zeremoniell, s. Feierlichkeit.

Zerstörung heidnischer Kultstätten, s. auch Rettungswunder, 55. 362.

Zisterziensische Frömmigkeit, s. Frömmigkeitsbewegungen.

Zitate 51 (Spielerische Verwendung). 73 (v. Schriftworten zur Glaubensunterweisung). 77 (antiker Autoren). 406 (als Mittel der Verdeutlichung).

Zukunft, Auffassung i. d. Leg., *Vorausbestimmte Zukunft, Spannungslosigkeit:* 26f. 51. 141. 148. 224. 273. 299. *Zukunftsungewißheit, Spannung:* 89. 126. 139. 155. 191. 192. 204. 233. 254. 266f. (Lockerung d. Vorausbestimmtheit). 273. 292. 296. 297 A 39.